绿色经济

——中国 10 年经典与前瞻

主　　编　沙祖康

执行主编　邓继海　郭建伟

中国金融出版社

责任编辑：孙　柏　王　强
责任校对：孙　蕊
责任印制：张也男

图书在版编目（CIP）数据

绿色经济：中国 10 年经典与前瞻/沙祖康主编 . —北京：中国金融出版社，2021.6
ISBN 978 - 7 - 5220 - 1184 - 4

Ⅰ. ①绿…　Ⅱ. ①沙…　Ⅲ. ①绿色经济—经济发展—研究—中国　Ⅳ. ①F124.5

中国版本图书馆 CIP 数据核字（2021）第 101426 号

绿色经济——中国 10 年经典与前瞻
LÜSE JINGJI：ZHONGGUO 10 NIAN JINGDIAN YU QIANZHAN

出版
发行　**中国金融出版社**

社址　北京市丰台区益泽路 2 号
市场开发部　（010)66024766，63805472，63439533（传真）
网 上 书 店　www.cfph.cn
　　　　　　（010)66024766，63372837（传真）
读者服务部　（010)66070833，62568380
邮编　100071
经销　新华书店
印刷　保利达印务有限公司
尺寸　185 毫米×260 毫米
印张　42
字数　925 千
版次　2021 年 6 月第 1 版
印次　2021 年 6 月第 1 次印刷
定价　128.00 元
ISBN 978 - 7 - 5220 - 1184 - 4
如出现印装错误本社负责调换　联系电话（010）63263947

编委会

主　　编：沙祖康

执行主编：邓继海　郭建伟

顾问编委：

李毅中　国家工信部原部长、中国工业经济联合会会长

解振华　国家发改委原副主任、中国气候变化事务特别代表

陈存根　中央国家机关工委原副书记

尹成杰　原国家农业部常务副部长

刘燕华　国务院参事、科技部原副部长

仇保兴　国务院参事、国家住建部原副部长

赵华林　国务院国资委党委巡视组组长

陈瑞清　内蒙古自治区人大原副主任

康　义　中国有色金属工业学会原理事长

别　涛　国家生态环境部法规与标准司司长

贾敬敦　国家科技部火炬中心主任

周长益　国家工信部原材料工业司原司长

马　荣　国家发改委环资司副司长

唐　元　国务院研究室工交贸易司原司长

胡华龙　国家生态环境部固体废物与化学品管理中心副主任

王宏广　清华大学国际生物经济研究中心主任

范顺科　中国有色金属工业学会党委副书记

欧阳东　中国建筑科技集团监事长、国务院特殊津贴专家

史玉强　河北省商务厅原巡视员

辛小光　国际绿色经济协会监事长

傅玉清　龙基电力有限公司董事长

李　博　上海博德尔环卫集团有限公司董事长

李学良　良慧环保设备贸易有限公司董事长

陈荣明　佳木斯明瑞农业机械制造有限公司总经理

王国章　中城环建科技股份有限公司董事长

于彦奇　青岛卓唯绿色铸造技术有限公司董事长

梁　策　神农百翔（北京）生物科技有限公司董事长

张青云　山东科龙畜牧产业有限公司总经理

联合出品单位

国际绿色经济协会

中国金融出版社有限公司

行业支持单位

雄安科融环境科技股份有限公司

动向国际科技股份有限公司

白世音研究与发展机构

中健普惠（北京）养老产业集团有限公司

纪念中国绿色发展波澜壮阔的10年
激发未来中国绿色发展的思考

（代序）

《绿色经济——中国10年经典与前瞻》是一部丛书中的一本，多维度展现了2010年至2020年10年间中国绿色发展的历程，包括政策解读、行业创新与实践。勾画了2020年后中国绿色发展的趋势与特征。该书是众多领导专家与企业家的一部力作，值得从事和关心中国绿色发展的各界人士一读。

2020年之前的中国10年，跨越了"十一五""十二五"和"十三五"的重要时期，镌刻着从循环经济到节能减排、生态文明建设、绿色发展、高质量发展的绿色时代烙印，取得了举世公认的巨大成就。"绿水青山就是金山银山"，今天在中国已家喻户晓，绿色发展的洪流波浪壮阔。

从全球角度看，可持续发展道路很不平坦。人类自三次工业革命至今，开发和利用自然资源的能力得到了极大提高，但接踵而至的环境污染和极端事故也给人类造成了巨大灾难，支持人类生存发展与经济活动的自然资源日趋枯竭。当今的发达国家和党的十八大之前的中国，走的都是先发展后治理的发展道路。1992年联合国在巴西里约热内卢召开的"联合国环境与发展大会"，通过了以可持续发展为核心的《里约环境与发展宣言》等文件，被称为《地球宪章》。这说明，世界各国已充分认识到，先发展后治理的生产和生活方式是死路，但对如何践行可持续发展缺乏具体的目标和手段。时隔20年之后的2012年，联合国再次在里约热内卢召开可持续发展峰会（被称为"里约＋20峰会"），重申各国对可持续发展的承诺，探讨在此方面的成就与不足，聚焦在消除贫困与可持续发展背景下的绿色经济，最终达成了《我们憧憬的未来》成果文件，在人类发展历史上首次明确了绿色经济是实现可持续发展的重要手段，并决定谈判制订2030年全球可持续发展目标（SDGs）。作为主管经济社会事务的联合国副秘书长，2010年至2012年，我同时担任了联合国可持续发展峰会秘书长，负责筹备和组织召开了这次联合国历史上迄今规模最大、级别最高的专题峰会。由于各国的发展阶段和自然禀赋不同，会上分歧很大，争辩激烈，筹备进程十分艰难，但最终达成了一致。我非常有幸成为这一重大历史事件的负责人和亲历者，这也是我漫长外交生涯的"高光时刻"。

回顾中国10年的绿色发展历程，艰苦卓绝、成就斐然。中国自2006年开始的"十一五"规划时期启动了节能减排的约束性指标考核，至2010年"十一五"收官之际，实现了各项约束性指标，节约能源6.3亿吨标准煤，减少二氧化碳排放14.6亿吨，为应对气候变化作出重要努力。2011年至2015年的"十二五"规划时期，更加明确了绿色转型与绿色发展，尤其自2012年党的十八大以来，以习近平同志为核心的党中央着眼于国际国内两个大局，深刻总结发展实践的客观规律，创造性地提出生态文明建设并纳入"五位一体"总体布局，并明确以"创新、协调、绿色、开放、共享"的五大发展理念推动生态文明建设。2015年之后，中国经济进入以"转变增长速度、优化经济结构、转变发展动力"为核心特征的新常态，成为中国经济发展的大逻辑，而引领"新常态"的经济发展方式正是绿色经济。2016年至2020年的"十三五"时期，以习近平新时代中国特色社会主义思想为引领，中国政府开展了一系列根本性、开创性、长远性工作，提出一系列新理念、新思想和新战略，生态文明理念日益深入人心，污染治理力度之大、制度出台频度之密、监管执法尺度之严、环境质量改善速度之快前所未有。生态文明建设与绿色发展成效更加显著，精准脱贫和污染防治攻坚战成绩斐然。

中国"十二五""十三五"和"十四五"规划的一系列指标中关于生态环境保护、绿色低碳发展和应对气候变化等相关指标是约束性的，尤其是习近平主席2020年9月22日在第七十五届联合国大会上提出的"碳排放力争于2030年前达到峰值，争取2060年前实现碳中和"这一国家自主贡献目标，体现了中国应对气候变化、推进绿色低碳循环发展的决心和行动力度。

过去这10年，中国社会各界推动绿色经济的民间行动也令人无比激动，绿色发展的创新实践令人鼓舞。以国际绿色经济协会10年间的工作为缩影，可见一斑。2010年联合国决定召开以"绿色经济"为主题的可持续发展大会，国际绿色经济协会同年在中国成立，这看起来是一个历史的巧合。说明中国民间社会对国际国内形势有着非常精准的把握，中国社会各界组织和企业已然将推动绿色经济作为一项重大事业。本书收录了部分专家和企业在不同领域推动绿色经济的创新实践模式和成果，从中可发现，10年以来，中国社会推动绿色经济，从行业研究到技术创新、市场应用等不同方面都经历了多轮实践，央企国企民营企业等不同经济体制的工商企业都在推动绿色经济发展过程中发挥了重要作用。可以说，围绕绿色经济，中国社会从上至下、从政府到民间、从科研到市场都已形成共识，并展开了全方位的行动。

立足新时期，展望未来10年，推动绿色经济发展，我们还面临很多艰巨的挑战，还需要砥砺奋进。2021年开始，中国政府通过了《中华人民共和国国民经济和社会发展第十四个五年规划和2035年远景目标纲要》，明确了立足新发展阶段、贯彻新发展理念、构建新发展格局的战略导向，更加重视推动生态文明建设和发展绿色经济。绿色经济已经贯穿到中国经济社会发展的各领域各方面和全过程，在这样的新时期，发展绿色经济要乘势而上、奋力前行。未来 10 年至 2030 年，是中国政府完成"碳达峰"目标之年，中国面临很多艰巨的挑战，由于发展历史和发展阶段的原因，2030 年前要实现"碳达峰"，在工业化、城镇化与能源生产消费等领域需要以"脱胎换骨"的决心和措施，做出巨大努力。尽管面临巨大的困难和挑战，但又是绿色经济发展的最佳机遇。"碳达峰、碳中和"目标宣布后，中国各行业已经展开积极行动，特别是能源、建筑、交通、电力和高耗能产业，已经围绕碳达峰目标做出重点任务和计划。中国各省市结合"十四五"规划，全面制定以低碳为主线的发展路线图，以政府引导、企业为主体的社会参与模式进行全面布局。这样的新时期，是绿色经济先进技术与产业发挥重要作用的黄金时期，可以预见，未来 10 年也将是绿色经济最有成就的 10 年，因此，需要产学研各界把握机遇、担当使命、砥砺奋进，实现自身价值的同时为中国绿色发展的成就做出更大努力。

在这样特定的前后 10 年的坐标之年，国际绿色经济协会和中国金融出版社组织出品《绿色经济——中国 10 年经典与前瞻》图书，确实是一件很有标志性意义的事情，既是对中国绿色发展波澜壮阔的 10 年历程的纪念，也将对未来 10 年中国绿色发展有所启迪。

在此，借《绿色经济——中国 10 年经典与前瞻》图书出版之际，我真诚希望社会各界能以更强的意识、更有力的行动推进绿色发展，为我国生态文明建设做出更大的贡献。

沙祖康
联合国原副秘书长
国际绿色经济协会名誉会长
2021 年 5 月

沙祖康讲话

视频节选

绿色经济——中国十年画卷之时代烙印

2010 年

● 中国"十一五"收官之年，完成了全国首次"节能减排"约束性指标考核任务；国务院发布《关于加快培育和发展战略性新兴产业的决定》，培育和发展节能环保、新一代信息技术、生物、高端装备制造、新能源、新材料、新能源汽车等产业。

2011 年

● 中国"十二五"规划开局之年，"十二五"规划更加凸显了绿色发展指标，明确提出中国积极应对气候变化的主要目标。

2012 年

● 党的十八大首次把生态文明建设纳入了中国特色社会主义事业"五位一体"的总体布局，把"美丽中国"作为生态文明建设的宏伟目标。绿色发展、低碳发展、循环发展成为生态文明建设的主要途径。

2013 年

● 习近平"绿水青山就是金山银山"理念在中国大地全面贯彻和传播。

"建设生态文明是关系人民福祉、关系民族未来的大计。我们既要绿水青山，也要金山银山。宁要绿水青山，不要金山银山，而且绿水青山就是金山银山。"

——习近平 2013 年 9 月 7 日指出

● 雾霾席卷全国许多地区，国务院下发了《国务院关于印发〈大气污染防治行动计划〉的通知》（国发〔2013〕37 号），紧急制定并落实大气污染防治十条措施（"大气十条"）。开启我国有史以来力度最大的空气清洁行动。

2014 年

● 继十八届三中全会提出推进生态文明制度体制建设之后，2014年，十八届四中全会提出加快建立生态文明法律制度。

● 国务院明确推行环境污染第三方治理的政策意见，大大促进了环保市场的健康快速发展。

2015 年

● 中国经济进入以"转变增长速度、优化经济结构、转变发展动力"为核心特征的"新常态"，明确了新时期中国经济发展的大逻辑，全面向绿色经济的发展方式转型。

● 十八届五中全会提出"创新、协调、绿色、开放、共享"的五大发展理念，作为引领中国经济新常态的核心理念。

● 经全国人大常委会于2014年4月24日通过的新修订《中华人民共和国环境保护法》自2015年1月1日开始实施。

● 中央政治局常务委员会会议审议通过《水污染防治行动计划》（"水十条"）。

2016 年

● 正式发布《中国落实2030年可持续发展议程国别方案》。

● 国务院印发《土壤污染防治行动计划》（"土十条"），全面部署我国土壤污染防治工作。

● 经国务院批准，中国人民银行、财政部等七部委联合印发了《关于构建绿色金融体系的指导意见》，开启了绿色金融推动绿色发展的政策体系。

2017 年

● 首届"一带一路"国际合作高峰论坛，习近平倡议建立"一带一路"绿色发展国际联盟。环境保护部、外交部、国家发展改革委、商务部联合发布《关于推进绿色"一带一路"建设的指导意见》。中国绿色发展融入"一带一路"建设。

● 党的十九大提出"中国特色社会主义进入新时代"，全国上下开始了学习贯彻"习近平新时代中国特色社会主义思想"的浪潮，习近平新时代生态文明思想引领生态文明建设和绿色发展，建设生态文明提升为"千年大计"。

● 提出"防范风险、精准脱贫、污染防治"三大攻坚战。

2018 年

● 2018 年中央一号文件全面部署实施乡村振兴战略，推进乡村绿色发展，打造人与自然和谐共生发展新格局。

● 国务院机构改革组建生态环境部、自然资源部，进一步落实生态文明体制改革。

● 2018 年全国生态环境保护大会，习近平发表重要讲话：

"生态环境是关系党的使命宗旨的重大政治问题，也是关系民生的重大社会问题。广大人民群众热切期盼加快提高生态环境质量。我们要积极回应人民群众所想、所盼、所急，大力推进生态文明建设，提供更多优质生态产品，不断满足人民群众日益增长的优美生态环境需要。"

2019 年

● "科创板"正式开板，"节能环保、新能源、新材料、新一代信息技术"等 6 大重点领域，成为"高精尖"绿色技术产业的发展重点。

● 国家发改委公布《绿色产业指导目录（2019 年版）》，明确"节能环保产业、清洁生产产业、清洁能源产业、生态环境产业、基础设施绿色升级、第三方服务"6 大类 201 项绿色产业分类。

2019 年

● 国家发改委、科技部首次印发《关于构建市场导向的绿色技术创新体系的指导意见》，为经济社会向绿色发展方式和生活方式转变提供基本动力。

● 国务院办公厅印发《"无废城市"建设试点工作方案》，全面启动无废城市建设。

2020 年

● "新基建"——2020 年 3 月中央政治局常委会在研究新冠肺炎疫情防控和稳定经济社会运行重点工作时提出"5G 基础设施建设、特高压、城际高速铁路和城市轨道交通、新能源汽车充电桩、大数据中心、人工智能、工业互联网"7 大领域为代表的"新型基础设施建设"。

● "双循环"——2020 年 5 月中共中央政治局常委会首次提出"构建国内国际双循环相互促进的新发展格局"。

● "民法典"——2020 年 5 月 28 日十三届全国人大三次会议审议通过我国首部《民法典》，用 18 个条文专门规定"绿色原则"、确立"绿色制度"、衔接"绿色诉讼"，形成了系统完备的"绿色条款"体系，为习近平新时代生态文明思想在我国法律中的全面贯彻奠定规范基础，为用"最严格的制度、最严密的法治保护生态环境"提供民法制度保障。

● "2030 碳达峰与 2060 碳中和"目标——2020 年 9 月 22 日习近平在第七十五届联合国大会一般性辩论上宣布"二氧化碳排放力争于 2030 年前达到峰值，努力争取 2060 年前实现碳中和"的中国国家自主贡献目标。12 月 12 日，习近平在联合国气候雄心峰会上进一步宣布，到 2030 年，中国单位国内生产总值二氧化碳排放将比 2005 年下降 65% 以上，非化石能源占一次能源消费比重将达到 25% 左右，森林蓄积量将比 2005 年增加 60 亿立方米，风电、太阳能发电总装机容量将达到 12 亿千瓦以上。

● "十四五"规划和二〇三五年远景目标——2020 年 10 月十九届五中全会审议通过了《中共中央关于制定国民经济和社会发展第十四个五年规划和二〇三五年远景目标的建议》。该文件决定大力推动绿色发展。

目　　录

生态文明与可持续发展

生态环境

绿色能源与能效

绿色制造

绿色农业

绿色人居

绿色金融

其　他

▌数字经济专题

▌健康养老专题

绿色企业融媒体展示专栏

生态文明与
可持续发展

落实习总书记长江黄河保护发展指示

——工业要关注两件事

李毅中

工业和信息化部原部长，中国工业经济联合会会长

最近我再一次学习了习总书记对长江黄河流域保护和发展的重要指示，2020年1月3日中央财经委员会（以下简称中央财委）专门研究了黄河流域的生态保护和高质量发展，我想就此谈一谈学习体会与大家交流分享。

当前工业节能减排、绿色发展形势总体向好，绿色制造体系建设稳步推进，涌现了一大批绿色工厂、绿色园区和绿色供应链管理示范企业。节能环保产业持续成长壮大，但是长期积淀形成的问题和矛盾并没有根除，工业仍然是主要的能耗大户和主要的污染源，工业绿色低碳转型任重道远。

习总书记在2016年提出了长江经济带发展要"共抓大保护，不搞大开发"，令人振聋发聩、耳目一新。2019年9月，总书记视察河南，对于黄河的保护治理又提出了新的观点，"共同抓好大保护，协同推进大治理"，保护黄河要"生态优化、绿色发展，以水而定，量水而行"。2020年1月3日下午，中央财委专题研究了黄河流域生态保护和高质量发展，再次强调"坚持量水而行，节水为重，坚决抑制不合理的用水需求"，"实施水、大气、污染的综合治理"。

长江黄河流域工业经济比较集中，贯彻落实习总书记的上述指示，我们工业界要再次审视自己的工作，沿江、沿河工业布局和运营状况是不是合理？污染是不是严重？然后抓住重点、难点，有针对性地改进整治，落实总书记的指示。

当前工业有两件事要引起重视：

第一件事，坚决淘汰落后产能，加快企业，特别是重化工企业的技术改造。

要依法依规淘汰落后产能，依的什么法什么规？环保、质量、安全、效能，既有法律，也有法规，也有指标。运用倒逼机制对不合法、不合规、不达标的小钢铁、小煤矿、小矿山、小水泥、小化工、小炼油、小造纸等企业进行淘汰，不是说小就要关，而是因为它违法违规，浪费资源，污染环境，事故多发，长期不达标，是落后产能要关闭退出。

我在中石化任职时是关小炼油，安监总局是关小煤矿、小化工，到工信部是关小钢铁，我这一辈子的工作就是"关"，当然也建了不少"大的"，但是我感觉关一个"小的"比建一个"大的"还要难，因为越关越多。

改造改进后，新的企业应该具备行业的领先水平。中央经济工作会议指出，要精准

3

治污、科学治污，当然执行过程中要防止简单粗暴。前一段时间就出现这个状况，总书记批评了。要给他们留出整改的时间和空间，给予技术支撑，给予指导。

长江沿岸一公里之内的化工企业，或者是搬走，或者是关闭退出。这个规定看起来好像有点生硬，但是我觉得也只能下这个决心，不然的话，中国的事办不成。目前长江沿岸化工企业整改项目正在执行中。黄河流域工业企业以能源、原材料等重化工为多，大家看看是不是这个状况？甘肃、陕西、山西、河南、山东黄河流域加上河北（河北不算黄河流域），小煤矿、小炼焦、小钢铁、小化工、小炼油、小水泥已经在整治了。我在安监总局时到山西考察，山沟里小炼焦乌烟瘴气，但是通过整治现在已经好多了。

化工行业是典型的高危和高排放行业，近年来化工事故多发，伤亡惨痛，触目惊心。2018年全国化工企业一次死亡10人以上的事故13起，去年11起，十几年来没有过的严重情况。事故同时造成了污染。江苏盐城响水发生大事故了，那么大事故，肯定造成了污染。教训深刻，必须重点治理。据统计，从江苏盐城响水事故以后，工业和信息化部按照国务院的指示进行了梳理，全国危化品生产企业需要搬迁和改造的有1176家，多数集中在长江黄河流域。截至2019年11月底，已经完成了628家搬迁和整改，占比53.4%。也就是说，还有一半2020年年底要全部完成，这个任务可是非常重的。搬一个化工企业一是资金问题，二是就业的问题，三是影响当地当年GDP。国家拿了100亿元也是杯水车薪，这一系列的问题都需要解决，一定要下决心。

保障安全环保，根本措施要靠科技与管理，靠人员素质，靠人员责任心，不是简单地要砍掉多少企业，砍掉多少园区，更不是要取消哪个行业，能把化工行业取消吗？不能。不能简单行事，要分门别类，采取多种方式，推动化工企业规模化、园区化、专业化、绿色化、高端化、智能化，这"六化"是江苏省政府在盐城响水事故以后，经过一个多月的讨论提出来的，以此标准实现绿色清洁安全生产。

企业，特别是刚才讲到的这些重化工企业，新一轮技术改造在以往的成功经验基础之上，要突出"绿色、低碳、智能"。严格按照国家标准，全面治理，做到优质高效，本质安全，近零排放，绿色智能。

第二件事，发展煤化工，产业布局要科学合理，规模总量要严格控制。

近几年我国现代煤化工快速发展，特别是在黄河流域，大多数省区以及长江上游的云、贵、川、渝富产煤炭，宁夏、陕西、山西、河南、内蒙，加上新疆（新疆不属黄河流域），这几个地方的煤制油、煤制烯烃、煤制甲醇，近几年迅猛发展，当然首先要肯定取得的明显成果，但是也存在不少突出问题。我们要总结经验和不足，达成共识，不能"逢煤必化"。其中最重要的制约因素有两个：

第一，总书记讲的"以水而定，量水而行，节水为重"，要遵循水资源的刚性约束。一方面，黄河水量并不大，黄河的平均年总水量为535亿立方米，但平均用水量已达到了300多亿立方米，消耗率达到70%，远远超过了黄河的负载能力。70%的黄河水都给用了，黄河水不够，就开始大量使用地下水，太原、西安等地已经形成了降落漏斗，地下水位明显下降。黄河流域的用水现状是全流域总缺水100多亿立方米。另一方面，黄河流域废水污水排放量达到33.8亿立方米。黄河300多亿立方米用量，多数是农业灌溉，工业把干净的水变成污水再排放，黄河就倒霉了。黄河的干流和主要支流功能区，2015 年水质达标率只有 60%，国家"十三五"规划最后一年，水质达标率要达到 80%，就算是达到了，这个合格率也太低了，更何况现状和"十三五"要求还有很大的距离。

第二，万元工业增加值耗水量。大家注意到，这个指标是五年规划的约束性指标，必须完成的指标。每万元工业增加值耗水量，我们现在是多少呢？去年的数值还没看到，2018 年的数值是 41.3 立方米，意味着每创造一万元的工业增加值要耗水 41.3 吨，这个水平是发达国家的 1.5 ~ 2 倍。其中，黄河流域各省区高低值差别较大，有的省好一点，有的省比这个值要大好几倍。

1 月 3 日中央财委开会，报道里面有这么一句话，"保护黄河要全面实施深度节水、控水行动""以水定产，倒逼产业结构调整"。讲得很坚决。当前煤制油单位水耗 6 吨，煤制乙烯是 22 ~ 30 吨，分别是炼油和油制乙烯的 10 倍和 2 ~ 3 倍。当然随着进一步改进，会逐步降低。煤化工是典型的耗水大户，按照中央财委的决定，我们搞工业的、搞化工的要特别算算账，不能这样下去了。已经有的要怎样节水为重，再建就要慎重，能不能再建，要好好评估。尤其是黄河流域缺水，这是一个十分严重的问题。

第三个控制因素，煤化工要伴生大量的二氧化碳，作为主要温室气体绝不允许大量排放。怎样把我们对世界的承诺落实到我们工业上，落实到煤化工上，就是要控制二氧化碳的排放量。但现在我们恰恰是大量的排放。温室气体使气候变暖，是人类的灾难。数据显示，2018 年全球二氧化碳的排放量为 331.4 亿吨，比上一年增长了 1.7%，而我国二氧化碳的排放量已经达到 100 亿吨，占了全球三分之一。我国的排放量比上一年增长了 2.5%。排放强度虽然在下降，2018 年比 2015 年下降了 43%，但是绝对量还在上升。

我国政府已经向全世界庄严承诺，2030 年碳排放量达到峰值以后下降。我们向全世界的承诺，时间节点是 2030 年，还剩下 10 年。虽然多年来二氧化碳排放强度在下降，但是绝对量还在上升，形势逼人！

煤炭的化学组成主要是碳，含氢量因煤种不同只有 2% ~ 5%。而煤化工的产品是含碳氢的化合物，氢从哪来？大多要从煤水合气化途径而来，产生一公斤的氢要伴生 11 公斤的二氧化碳，如用油制氢要伴生 7 公斤的二氧化碳。如果产品是碳氢化工产品，可以把相当多的二氧化碳固定在化合物中，但是二氧化碳仍然是过剩的，还是有二氧化碳在排放。目前我国氢燃料电池产业兴起，这当然是一个好的发展，但是对于氢从哪里来研究得不够。煤制氢、油制氢这样的方式，把氢气作为目的产品拿出来，原来是氢和二氧化碳合成碳氢化合物，现在把氢提取出来，二氧化碳全都排放了，这是绝对不能容忍的。现在寄托在二氧化碳的封存利用技术叫作 CCUS，或者 CCS，把二氧化碳捕集起来，然后注入地层，这个技术目前正在研究过程当中，还没有实现工业化。

2019 年 6 月，世界能源理事会把这种伴有大量二氧化碳排放的氢称为"灰氢"，显然"灰氢"是不可取的。只有把二氧化碳通过 CCS 或者 CCUS 利用或者存起来，不要去排放，"灰氢"才能变成"蓝氢"，"蓝氢"是可以用的。但是现在 CCS 还没有实现工业化。世界能源组织认为未来要建立一个专用的电网，只用非化石能源发出的清洁电，不用煤电，电解水得到的氢是"绿氢"，认为这是未来的方向，当然要大力降低电耗才经济可行。至于炼油、乙烯、氯碱以及煤焦化生产过程中副产品的废氢可以回收再利用。简单地讲就是"灰氢不可取，蓝氢可以用，废氢可回收，绿氢是方向"，我的概括就这四句话。

因此，在目前的技术条件下，要防止煤制氢、油制氢一哄而起，盲目发展，避免成为造成生态破坏、气候变暖的新的风险。建议国家对煤化工用水、二氧化碳排放建立法规标准，现在还没有法规标准。排多少可以，排多少不行？将来碳税收不收？耗水量达到多少才可以？要下降多少？我呼吁我们有关部门，要认真落实习总书记指示，应该研究这个重大问题，要尽快制定标准并严格执行。

全球应对气候变化进展及
中国绿色低碳发展政策与行动

解振华

中国气候变化事务特别代表

清华大学气候变化与可持续发展研究院院长

解振华讲话
视频节选

最近这 10 年，在全球可持续发展应对气候变化领域发生了非常大的变化。10 年前联合国召开了可持续发展大会，确定了 2020 年至 2030 年全球可持续发展目标，正是在那一年联合国在哥本哈根召开了气候变化大会。大会本来的目的是确定 2020 年之后，2030 年、2050 年以及到本世纪末气候变化的目标，但是那次会议失败了，一直拖了 6 年，2015 年在巴黎气候大会上才确定了全球应对气候变化的长期目标、中期目标。本次会议最主要的是非常明确地提出了应对气候变化这些目标的实现必须要与可持续理念紧密地结合，而且要通过绿色、低碳发展的路径，才能够真正地实现气候变化和可持续发展的目标，实现双赢、多赢。正是基于巴黎气候大会在发展路径、发展方向上面确定了这样一个非常明确的方向，中国这 10 年在气候治理上发生了巨大的变化，在这个领域也做出了卓越的贡献。这是全世界都公认的，中国在可持续发展、应对气候变化方面应该说是比较好的。

我就气候变化和绿色低碳发展跟大家分享一些看法。

第一，全球气候变化的挑战日趋严峻，国际社会必须携手应对，不断加大力度。

政府间气候变化专门委员会 2018 年发布了关于全球升温 1.5 摄氏度的特别报告，显示出全球气温 2017—2018 年，已经比工业化前高出了 1 摄氏度。我们对温度升高的要求是到本世纪末控制在两摄氏度以内，所以现在已经升温了 1 摄氏度，实际上是 1.1 摄氏度，发展的空间很小了。按照这一排放速度，2040 年左右将比工业化前高出 1.5 摄氏度，2065 年前后可能达到甚至超过 2 摄氏度。也就是说，这意味着提前 40 年超过了巴黎协定确定的本世纪末的时间限度。按照这么一个速度下去，未来将要超过 3 摄氏度，甚至达到 4 摄氏度，全球将面临着多重灾难，这说明气候变化已经不是未来的挑战，而是眼前的威胁，而且日趋严峻和紧迫。在这样的全球性挑战面前，没有一个国家能够独善其身，坚持多边主义、合作共赢是世界各国的唯一选择。

当前巴黎协定及其实施细则已经达成，基本上奠定了 2020 年后全球应对气候变化的制度和安排，下一步的关键是在共同而区别的原则指导之下采取行动，加以落实，各方不断加大自主共建的力度。所以各方现在提出的自主贡献的目标与实现《巴黎协定》确定的 2 摄氏度甚至 1.5 摄氏度的目标，还有很大的差距，对应 2 摄氏度甚至 1.5 摄氏度的目标，全球分别要在本世纪下半叶，也就是2070年和2050年要实现净零排放。也就是说1.5摄氏度的话，2050年要实现零排放，要是实现2摄氏度的话，就是2070年全球要实现零排放。现在全球的排放量是多少呢？2018年能源跟工业领域排放为300多亿吨，如果加上土地利用一共是500多亿吨，这个数值实际上跟零排放相比差距相当大，这就是当前全球要解决的问题。2019年年底在马德里召开的联合国气候变化大会，实际上最后没有取得最终的成果，主要是在这个目标的实现和责任的分担上，还存在很大的分歧。

2019年年底在西班牙马德里召开的气候变化大会，继续延续了以往大会加持多边主义，乐施《巴黎协定》的大会基调，但是大会没有完成《巴黎协定》第六条市场机制，这个市场机制主要是建立全球的碳市场，要实现全球的碳排放目标，最终要降低成本，就是要建立一套制度，在这个问题上最后没有达成最终的协议，留在今年继续解决。

所以2020年各方既要完成《巴黎协定》第六条的谈判，又要更新2020年后自主贡献的目标，要提出2050年低碳发展战略，提高行动力度。也就是说，今年的谈判第一个要报告各国2020年之前你做了些什么？采取了哪些措施？实现了什么目标？还有什么问题？对2020年之前的行动要进行一次盘点。然后明确2030年各国和全球确定一个什么样的目标？最后要明确各国家如何制定2050年绿色低碳发展的目标和实行具体政策，这是2021年要完成的任务。

这个任务跟国际绿色经济协会现在所从事的工作是非常一致的，只有通过绿色低碳发展才能够实现这些目标，不可能就气候谈气候，必须要跟经济社会发展结合起来。所以今年全球应对气候变化的任务还是很艰巨的，所以中国的压力也很大。

实际上我们国家现在的排放量占全球的将近30%，现在明确的是中国、美国、欧盟、印度这四大家，总的排放量占了全球的55%，如果要在2050年实现碳中和，这些国家和地区不能够大幅度地减排，实际上这个目标的实现也是不可能的。

所以现在在如此艰巨的任务面前，我们既要实现可持续发展，还要考虑历史责任，按照共同而区别的责任原则来分担这个责任。现在的任务就是各国要采取自主主动积极的行动，来为人类生存跟发展做出自己的贡献，中国在这个领域，按照习主席讲的，这是我们自己要做的事，另外要成为参与者、贡献者和引领者，按照这样的要求，把我们自己的工作做好。

中国到底做了什么呢？我给大家介绍一下。

第二，中国走绿色低碳循环发展的道路，实现经济、社会、环境各个领域协同增效。

习主席指出，应对气候变化是中国可持续发展的内在要求，也是负责任大国的应有担当，这不是别人要我们做的，而是我们自己要做的。我国提出了碳排放2030年左右达峰，并尽早达峰的自主贡献目标，通过长期稳定有力度的目标，来倒逼全社会向绿色低碳转型，我们国家采取了调整产业结构，节约能源资源，提高能源资源的利用效率，优化能源结构，发展非化石能源，发展循环经济，增加森林碳汇等各个方面的政策措施,取得了显著的成效。

我们自主贡献的目标,以 2015 年为基数,2018 年与 2015 年相比,我国的 GDP 增长了 3 倍多,农村的贫困人口减少 2.7 亿人,单位 GDP 的二氧化碳排放下降了 45.8%,已经超过了 2020 年碳强度下降 40%~45% 的上限目标,我们提前两年多完成了 2020 年的任务目标。非化石能源占一次能源的比重达到了 14.3%,到 2020 年有望实现非化石能源比重达到 15% 的目标。我们在可再生能源方面,成绩还是很突出的。我们国家的可再生能源的装机总量占了全球的 30%,增量这一部分占了全球的 44%,可再生能源设备的市场,中国占了全球的 75%,所以这个领域我们发展得还是非常快的。

在交通领域,主要是搞公共交通和电动汽车,中国电动汽车的生产和消费量现在的拥有量已经占了全球的 50%,这个比重也是非常大的。我们的资源产出率,在资源能源的提高效率上还是很高的。

我们碳强度下降主要是靠节能减排实现的,我们的节能这些年降低了 41.6%,相当于什么呢?按世界银行公布的数字,中国最近这 20 年的累计节能占了全球的 58%,一半节能是我们做的,但是我们这方面潜力空间还是很大的。我们跟先进国家比在这方面的潜力还是非常大的,水平还不是很高。

这就是我们的贡献。

另外,森林蓄积量达到了 170 亿立方米,超额完成了 2020 年 136 亿立方米的目标,全球的碳市场已经于 2017 年年底启动,首先涵盖发电行业,已经纳入了 1700 多家企业,全球的碳市场启动之后我国碳市场的交易量也是全球第一的。我们还形成了一个年产值 3 万多亿元人民币的节能环保产业,在这个领域吸纳的就业人口三千多万人。所以特别要指出的是气候变化与大气污染问题同根同源,应对气候变化所采取的调整结构、节能减排、发展非化石能源、技术创新等措施有助于从源头上治理大气污染。我国 2018 年单位 GDP 的二氧化碳比 2015 年下降了 45.8%,单位 GDP 的能耗比 2005 年下降了 41.6%,累计节能 21.1 亿吨标准煤,相当于减少二氧化碳排放量 52.6 亿吨,减少二氧化硫排放量 1050 万吨,减少氮氧化物排放量约 1120 万吨。实际上它既解决了减碳问题,也解决了空气污染、雾霾的问题。它贡献有多大呢?我们大体算了一下有 42%。

上述数据和事实说明,应对气候变化的政策行动非但不会阻碍经济发展,反而有助于提高经济增长的质量,带动新的产业发展,扩大就业,改善生态环境,提高人们的健康水平,发挥协同增效的综合效益。特朗普宣布退出《巴黎协定》,他说美国吃亏了,中国占便宜了,影响了美国的发展,影响了美国的就业,实际上中国跟很多国家应对气候变化的实践证明,应对气候变化的行动不但不会影响经济发展,反而会增加就业,还会创造新的产业,对经济发展具有很重要的意义。

第三,中国想继续推动转型和创新,为推进全球气候治理做出更大的贡献。

我国和其他主要国家的政策实践表明,解决气候问题,不能就气候谈气候,就环境谈环境,就发展谈发展,要将气候行动与经济、社会、环境、健康、就业、稳定、国家安全等问题作为一个大的系统来综合考量。要实现协同发展,从根本上要转变传统的发展方式、生活方式、消费模式,推动转型和创新,走绿色低碳、循环的可持续发展道路。

当前，应对气候变化仍然任重道远。从国际看，美国退出《巴黎协定》是不负责任的单边主义的做法，给应对气候变化的多边努力带来了严重的影响；从国内来看，我国仍然是一个发展中国家，仍需付出艰苦卓绝的努力，才能够完成2030年自主贡献的目标。但《巴黎协定》确定了全球绿色低碳转型的大趋势不可逆转，与我国实现高质量增长和推进生态文明建设的战略选择相一致，所以我们有能力、有信心，完成应对气候变化的目标，推动中国和全球的绿色低碳发展。

我们将继续坚决贯彻落实习近平生态文明思想，采取更加积极的应对气候变化的国家战略，100%落实已经提出的2030年自主贡献的目标，要争取做得更好一些。与此同时，我们正在根据我国本世纪中叶经济社会环境发展的目标，以及《巴黎协定》确定的长期目标，制定我国到2050年长期低碳发展战略，这个战略大体上已经完成，2020年要出台，而且在今年年底气候大会上要公布中国2050年低碳发展的目标，既有目标，又有政策，还有措施，又有行动，这个目标今年是一定要完成的。

将应对气候变化、实现可持续发展与建成社会主义现代化强国相融合，我们将于明年公布今年更新的自主贡献目标和本世纪中叶低碳发展战略，我们相信将要公布的内容是有利的。我们还将继续推动与美国、欧盟等发达经济体的对话，加强应对气候变化的南南合作，要为推动生态文明建设、构建人类命运共同体做出中国的贡献。

扎实推进绿色发展转型，
努力实现碳达峰、 碳中和目标

陈存根
中央国家机关工委原副书记

气候变化是人类面临的全球性问题，二氧化碳排放、温室气体飙升，威胁着地球生态系统，在这样的大背景下，世界各国纷纷以全球契约的形式推动达成应对气候变化的《巴黎协定》，承诺减少温室气体排放，保障地球生态系统的稳定性和人类生命健康，维护全球的环境公平、经济公平和社会公平，实现可持续发展。

一、减少碳排放实现碳中和，防治地球变暖，是全世界必须面临的严峻挑战

中国作为一个负责任的大国，积极履行保护全球生态环境的责任与义务。在 2020 年第 75 届联合国大会一般性辩论上，总书记庄严承诺："我国将提高自主贡献力度，二氧化碳排放率，争取 2030 年前达到峰值，努力争取 2060 年前实现碳中和。"截至目前占全球 GDP50%，碳排放 65% 的国家都制定了各自的碳中和愿景目标，为了确保实现这一雄伟目标，总书记在 2020 年的联合国气候雄心峰会上进一步宣布了我国将采取的更加有力的政策和措施。2020 年 12 月中央召开经济工作会议，抓紧制定碳达峰行动方案，并列为今年的八项重要工作之一。2021 年 3 月 15 日又召开了中央财经委员会第九次会议，要求把碳达峰、碳中和纳入生态文明建设整体布局，如期实现 2030 年前碳达峰，2060 年前碳中和的目标，是我国进入新发展阶段，贯彻新发展理念，构建新发展格局，实现高质量发展的必然要求和时代任务。所以坚定不移以经济社会发展全面绿色转型为引领，以能源绿色低碳发展为关键，加快形成节约资源和保护环境的产业结构、生产方式、生活方式、重点格局，走生态优先、绿色低碳的发展道路。

二、实现"碳达峰碳中和"目标任重道远，必须有抓铁有痕的决心和行动

不管是碳达峰还是碳中和，核心是减少二氧化碳排放量。近年来我们通过深化改革、调整产业结构、优化能源供给、促进节能减排、增加森林碳汇等一系列举措，单位国内生产总值碳排放量持续下降，2019 年较 2015 年下降了 18.2%，较 2005 年下降了 48.1%，非化石能源占比达 15.3%，相当于减少二氧化碳排放量 56.2 亿吨，二氧化硫约 1192 万吨，氮氧化物约 1130 万吨，应对全球气候变化，降低碳排放成绩越加明显。

但是我们也要认识到，我国是最大的发展中国家，能源结构长期以来重煤重电重化，产业基础设施和产业结构主要以能源结构布局为基础形成的，碳排放量很大，同时我国还处在工业化、城镇化发展阶段，碳排放仍在增长，要在这个阶段实现碳达峰，要比欧美国家难度更大，任务更严峻。

因为经济增速、能源需求和消费强度尚未达峰，我国碳排放仍将远高于发达国家，目前的排放量要超过美国和欧盟的组合。电力供给结构仍以煤炭为主，2019 年煤电占比高达72%，替代转型难度大。交通工业建筑等部门脱碳技术仍有瓶颈，据国际能源署预测，未来全球交通运输业石油需求和碳排放增长主要来源是货运，而我国货运排放增长将占全球货运碳排放的90%。农业绿色生产技术在提高碳减排方面则面临着人均蛋白需求量、供应量继续上升的压力。地区与行业发展的不平衡、不协调问题还比较突出。所以实现低碳发展，达到碳达峰、碳中和的目标，挑战重重，压力巨大。正如总书记指出的，实现碳达峰、碳中和是一场广泛而深刻的经济社会系统性变革。必须把碳达峰、碳中和纳入生态文明建设整体布局，必须加快构建清洁低碳安全高效的能源体系，必须在重点行业领域实施降碳行为，必须大力推动绿色低碳技术创新，必须健全完善绿色低碳政策和市场体系，必须在全社会倡导绿色低碳生活，反对奢侈浪费，必须坚持提升山水林田湖草海的生态碳汇增量，这是一场硬仗，必须以抓铁有痕的决心，加强领导统筹谋划，整体布局工作，密切配合，扎实推进。

三、抢抓碳达峰碳中和的机遇，坚持新发展理念，推动产业转型升级，实现经济绿色循环低碳发展

实现碳达峰，促进绿色转型，走绿色低碳高质量的发展道路，既是发展压力又是发展机遇，因为治理达标的需求和投入可能会高达百万亿元。而必须紧紧抓住能源革命和减污降碳这一关键环节，通过转型升级实现技术创新和企业发展，电力绿色转型是实现碳中和的基础，电气化是碳中和的核心，稳步推进水电安全建设核电，大力开发风电、光电，发展分布式光伏储能技术和智能电网，实现再生能源大规模的接入和应用。

以低碳代替高碳，再生能源代替石化能源，交通领域通过技术创新抑制碳排放增长，通过优化结构推进电气化广泛应用，氢能和生物质燃料持续加强脱碳力度。工业领域通过创新技术工艺，变革生产方式和生产原料替代，实现产业升级深度脱碳。比如钢铁、煤炭、水泥等行业，通过技术改造，推广应用氢能、生物能，甚至绿氢、生物质燃料，大幅度提升行业的技术水平和产品质量。建筑行业是碳排放最高的终端消费，要有针对性地进行节能改造，电气化和智能化融合互补，实现建筑脱碳和绿色建筑。

农业产业对气候环境的影响广泛而深刻，围绕实施乡村振兴战略，积极探索农业减排技术，大力推广精准农业，植物蛋白代替肉类和奶制品，发展立体农业，绿色水产养殖，发展秸秆能源化、肥料化、机制化、材料化和石料化。加强生态保护、土地空间规划和用土管制，建设生态宜居乡村，大力实行种植种草湿地海洋保护，大幅度提高绿色密度，增强山水林田湖草海的固碳能力，不断提升生态系统的碳汇总量。

坚持创新驱动，推动新材料研发和新材料替代，用复盘技术，运用大数据、人工智

能、物联网、区块链等数字技术装备能源、建筑、交通、工业、农业，通过产业赋能，实现整个产业和社会的数字化、智能化。在全社会构建全过程的废旧物质循环利用体系，推进垃圾分类减量化、资源化、循环化。

四、加强宣传教育引导，健全完善体制机制，让绿色低碳简约生活成为全社会的共同认识和自觉行动

早日实现碳达峰、碳中和是全社会的共同责任和义务，既是政府的事，也是企业的事，更是老百姓自己的事。要加强宣传教育引导，加快形成绿色生活方式，在全社会营造低碳生活的良好氛围。

一是践行新发展理念，在思想上、理念上、行动上真正树立尊崇自然的美德，绿色发展的正德，保护环境的公德，和尚俭戒奢的品德，积极追求人与自然和谐共生，发展为千秋万代，为长治久安，杜绝为私利骗资源、骗环境，坚持低碳出行，绿色生活。

二是强化顶层设计，统筹兼顾科学规划，分类施策。处理好发展和减排整体和局部，短期和中长期的关系，建立行之有效的监督考核机制，提高各级党委、政府践行绿色发展、循环发展、低碳发展的自觉性。要完善法律制度约束，通过健全法律、完善制度，全面建立建设生态文明，提升发展质量的约束机制。

三是完善政策措施，要面向市场通过财税、价格、金融、土地、政府采购等政策调控建立碳排放权交易，或发展绿色金融等措施，建立促进企业节能减排低碳发展和绿色发展的激励机制。应用新技术发展新业态，推动经济结构、能源结构、产业结构转型升级，构建绿色低碳循环发展经济体系。

四是加强宣传教育引导，碳达峰、碳中和对我国大多数老百姓来说，仍然是一个新名词、新概念，要采取行之有效的措施，加强对广大民众的宣传教育，让每个公民都明白碳达峰、碳中和是什么，清楚重要性、紧迫性、艰巨性，以及和每个人关系的密切性，从而自觉养成勤俭节约、艰苦朴素、文明健康的低碳简约生活方式。坚决摒弃生活中还存在着好面子、讲排场、比阔气、比大款，大手大脚，铺张浪费，甚至穷奢极欲，炫耀资源的陋习。爱惜每滴水、每粒米，每片"绿"，每度电，每张纸，在全社会形成促进碳达峰、碳中和的强大活力。

"十四五"是碳达峰的关键期、康复期，也是攻坚期和决战期，实现碳达峰、碳中和是对我党治国理政能力的一场大考，也是对社会文明，对民族精神的一次大考。人类只有一个地球，地球健康则人类健康，让我们紧密地团结在以习近平同志为核心的党中央周围，为实现碳达峰、碳中和目标，建设社会主义现代化强国而努力奋斗。

中国（30·60）战略的
难点与对策

仇保兴

国务院参事、原住建部副部长

仇保兴讲话
视频节选

习近平总书记在 3 月 15 日有一段讲话："实现碳达峰、碳中和是一场硬仗，也是对我们党治国理政能力的一场大考。"为什么说任务艰巨，因为工业文明对地球"踩上了一脚"，"踩"的面积最大的目前是中国，而这个"脚印"就是二氧化碳。一方面，中国是二氧化碳排放第一大国，总量是美国跟欧盟的总和，二氧化碳排放问题已经成为我国"绿色发展、命运共同体"国际倡议的最大阻力。另一方面，美国和欧盟早已实现碳达峰，有的国家早在 30 年前就已经实现二氧化碳达峰，他们从"碳达峰"走向"碳中和"有 50 年的时间，甚至 70 年的时间，而我们国家只有 30 年的时间，这个情况在世界历史上是没有的，这就是习总书记讲的"艰巨性、复杂性"所在。

联合国有句话："应对气候变化，不同的国家是共同目标，但有差别的责任。"这句话是写在国际法里面的，这句话怎么解释？二氧化碳是非常稳定的，在大气中的浓度是几百年不变的，全球的二氧化碳浓度上升，对应的是在两百多年的工业文明进程中，美国跟欧盟排放的二氧化碳，它们二者排放的二氧化碳加起来占总量的 70% 以上，而中国占了 20% 多。但是，如果我国不把碳排放减下来，中国在国际上这个"头"就抬不起来。我预计，到 2035 年左右我国在累积的碳排放量上将超过美国和欧盟，累计碳排放量一旦超过，中国就变成了共同重点责任，我们再去跟别国讲，我们是"累计"，就没有说服力了。

英国的经验中国已经学会了。英国很早就开始减碳，英国的温室气体排放比 1890 年少了一半，2020 年又继续下降，英国的碳排放是直线下降，为什么会呈现直线下降趋势呢？英国是工业文明的"祖师爷"，英国的电力去煤占 40%，怎么做到电力去煤化？那就是用天然气代替煤，这一项就占到 40%，电力需求继续减少的情况下，二氧化碳的浓度就大大下降，清洁工业又贡献了 40%，化石燃料供给转型贡献 10%，但是运输排放减碳没有进展，电动车进展也很迟缓。所以英国光靠天然气代替煤就减少了四分之三的碳排放，这个中国做不到，我国天然气的 75% 以上要靠进口，中国的天然气储量是世界平均水平的 7%，所以我们没办法用天然气代替煤。另外，我们还可以发现，英国的可再生能源发展非常快，天然气的发电量达到高峰以后下降，更重要的是在需求端大大减少能源消耗，所以英国跟美国在"人均碳排放"比较上，美国是一个人 13.7 吨，而英国只有 5.7 吨，中国是 7.4 吨。

所以我们国家的二氧化碳排放挑战主要是工业用能占比非常高，工业用电占67%。OECD 工业、商业、居民分别为32%、31%、31%，所以是"三三三"，我国是70%多，然后其他的是"三三三"，煤电消耗就占了72%。我国发电基本上是煤发电，所以电力减排，电力要实现碳中和，就可以将用煤量降下30%以上，甚至有的专家说下降率可以达到40%。但是我们国家同级的单位GDP的碳排放降低得很厉害，这个我们是有贡献的，但是还远远不够。

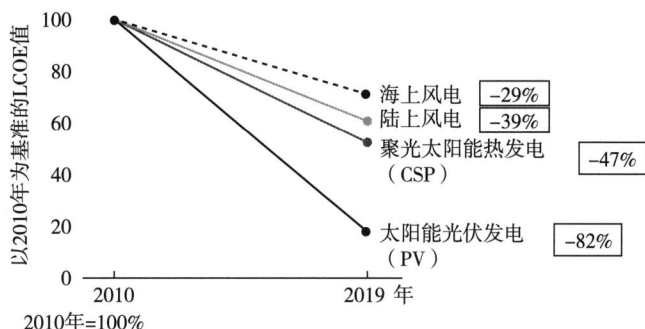

图1　各类可再生能源发电技术成本下降程度

我国太阳能和光伏能源发展非常强势，这十年间，我们的成本下降了82%。2008年国际金融危机的时候，我向财政部提交了一个报告，必须给太阳能企业补助，否则太阳能企业就要"死光"了，财政部接受了我们的意见，我们推出了"屋顶太阳能计划"，一瓦补贴13元，现在不要补贴也已经可以盈利了。从这一点可以看到，我们的"前途命运"有时候是掌握在自己手里的。

另外要引起注意的是我国的核电发展。我们国家如果核算到底要消耗多少核电：2019 年的时候，全国用电258亿 GJ，（这个数字很重要），到了2060年，我国的用电量可能将增加3.8倍达到1000亿 GJ。因为核电80%的原料是进口的，谁能满足我们1000亿 GJ的核电用量呢？首先，天然气不行，把所有天然气都用了也只有60亿 GJ；水电也不行，水电全用了也只有72亿 GJ；生物质发电也不行，生物质也只有78亿 GJ；就算把中国现有的石油都用来发电也只有86亿 GJ。但是有两个能源是可以满足的，一个是风力，另一个是太阳能。全国的风力利用起来，可以满足三个中国的用电量。太阳能更厉害，理论上，只要让青藏高原拿出1%的面积，铺上高效的太阳能板，就可以解决用电问题，但是我们不采取这样的措施，因为这样做，整个生态系统就变得太脆弱。因此，我们提出了一个新的方案，就是以城市为主体的减碳战略，其有四大优势：

第一，城市是温室气体二氧化碳排放的"主角"，占总量75%以上。

第二，我国城市包括农村和原野，有利于整体布局可再生能源和碳汇基地。我国的城市是"山水林和田"，这样一来我们把碳吸收（碳汇）、能源供给（碳源）、能源消费（碳源）有机结合，可以在一个城市里面有效布局。

第三，改革开放四十年城市间的GDP竞争可转向GDP与减碳双轨竞争。过去40年我们取得了巨大的成功，城市间的 GDP 竞争，调动了一线积极性。中国是两个轮子同时"启动"，一个是企业，一个是地方政府。外国的地方政府是个消费政府，而我们是投资政府，所以我们有两个轮子。现在要"碳达峰、碳中和"，我们肯定要两个轮子，两个轨道开展，第一个轨道发展，第二个轨道减碳，两个并行。

第四，"从下而上"能"生成"全国韧性碳中和体系。"从下而上"是指调动企业、地方政府的积极性，生成一个韧性碳中和体系，如果是从上而下这个体系是脆弱的。所以现在各个城市，特别是"长三角"区域已经开始了碳达峰竞赛，这个时候企业手中只要有"利器"，地方政府就会开门欢迎你。

西方制定了一套以城市为主题的温室气体的国际标准《城市温室气体核算国际标准》（GPC），这个国际标准是不对的。第一，固定源能源内容杂乱。因为固定源的能源非常复杂，供给侧跟消费者不分，企业责任和市民行为减碳也不分，是一笔糊涂账。第二，没有响应新技术革命。比如对建筑来说，既作为消费能，又作为产能，最后是零碳，标准制定不专业，所以留有漏洞。因此，我国发展了自己的一套标准，就是以城市作为主体的碳达峰、碳中和的计算办法。

这个计算办法分成五个模块：第一个，碳汇。碳汇就是林业、农业、大自然、河流这些方面的碳储存能力的提升。第二个，建筑。建筑的全生命周期占碳排放的 50%，也就是说，如果是"正能"的建筑，一个建筑从下而上就抵了一大半碳排放。第三个，交通。交通现在占了碳排放总量的 10%，但是未来交通将要上升到很高的减碳位置，所以交通碳减排现在已经开始全面规划。第四个，废弃物处理。这一块的量很大，可以锁定目标与责任方。第五个，工业。这一块正在逐步量化，工业是非常重要的，但是工业减排主要由企业家依据市场信息主导运作，根据碳信号、碳环境、碳税、碳关税、碳交易自己决定，因为企业家对价格信号反应很灵敏，政府在价格信号面前相对迟钝。但是建筑、交通、市政减排量一方面取决于事先的设计和技术选用，另一方面与使用人的行为也相关，必须是事先充分说明清楚，只有这个设计好了，后面的减碳效果就出来了，而且这个关系几十年减排效果，这个如果错了后面就一塌糊涂。碳汇的提升方面，通过植物的锁碳效果比较差，在北方一亩植物的锁碳值只有 0.5 吨。如果将植物的培育与建筑结合起来，在城市中发挥的威力是间接减排。间接减排的能力比锁碳的能力高出 10~30 倍，所以应该在建筑和城市里发挥植物的减碳效果。

"十四五"期间"碳减排"怎么办？一定要把工业制造的碳问题放在后一步达峰，要先把城市之间人均实现碳达峰。国家正在研究以城市为单元，进行碳交易，因为当把制造业的所占份额扣除完，城市间的碳交易就变得有章叫循。

如图 2 示，把技术创新、碳价机制、社会治理体系创新、政策放在一张图上，这个横轴是不确定性（靠谱不靠谱），纵轴是企业投资以后现金流收益情况。大家可以看到，碳价格机制最靠谱，而且收入也是中等偏上的；光伏收益很高，确定性也很好；到了碳捕获，就差点意思，收益虽然很高，但是现在的成本在增长，一吨碳在 100~150 美元波动，远期也不看好。至于核聚变，不是企业需要考虑的。所以碳交易、光伏、风电，还有氢能转化成氨或者甲醇，这几个方面是比较靠谱的，企业要好好下功夫。

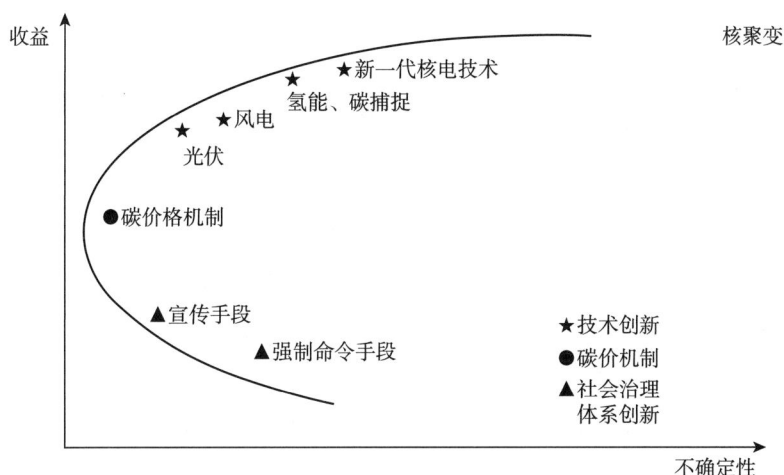

图2 企业投资以后现金流收益情况的不确定性

另外初算了一下，"30·60战略"新增投资150万亿元，城市间的竞争能提升新技术应用的合理性和投资效益，防止错误路径锁定。城市碳中和最大的难点在于工业文明思路的锁定。工业文明规模越大越好，中心控制越强越好，流水线越长越好，贸易距离越远越好，这些都是不对的。例如，北京发生了水门电站的大爆炸，就是工业文明的余产。厨电越大越好也是错误的，现在北京停止两年内的大规模的厨电设备，应该是分布式小型化。

城市减碳（生成）与行业减碳（构成）能互补融合。城市的减排是内生的，是从下而上的，跟行业的电力、水泥、钢铁等行业减排能够互补融合，结合点就在城市。城市还可以通过数字技术创新应用使减排"三可"：碳减排可监测、可评价、可监督，多用信息，少耗能。

多种技术创新组合可使不同气候区的城市发挥"综合减碳"效应，特别是植物在城市建筑中的应用。植物类在建筑中的应用极致程度就是达到"鱼菜共生"。我们的菜大概有60%是人不吃的，菜根、菜帮、菜叶，做成鱼食给鱼吃，鱼的排泄物肥菜，菜又是24小时可以生长，用的LED紫外可使单位亩产提高很多倍，所以鱼菜是小生态。例如，之前跟河南一起进行的联合试验，在屋顶上设计安装"鱼菜共生"生态系统，20吨鱼40吨菜生产出来，这个减排效应是很大的。再比如，成都立体园林建筑，它的锁碳效益不大，但是对于温室气体的减排起了很大的作用。它能让空调使用降低30%～50%，它产生的食品可以减碳，厨余垃圾的利用可以减碳，生物质发电可以减碳，所以四个方面的减碳效应比靠植物锁碳要高出大概30倍功效。

国家在减碳上总的谋划是三步走：2021—2030年达峰阶段，我国大部分城市都要做到人均碳达峰；到了关键期，电力系统碳中和要提前10年，一半的城市碳中和（这个跑在前面）；到了决胜期所有城市碳中和，最后是交通碳中和，制造业碳中和。这三步走，每一个阶段都将给企业带来巨大的机遇。

中国城市碳排放达峰和低碳管理

刘燕华　中国科学研究院地理科学与
资源研究所，国务院参事
李宇航　中国 21 世纪议程管理中心

刘燕华讲话
视频节选

当前，气候变化成为国际社会普遍关心的一个重大全球性挑战。2015 年，习近平主席在气候变化巴黎大会上提出"应对气候变化是人类共同的事业"。并多次提到，应对气候变化不是别人要我们做，而是我们自己要做，是我国可持续发展的内在要求，是推动构建人类命运共同体的责任担当。

习近平总书记在党的十九大报告中，三次提到"气候变化"。第一次提到是在"生态文明建设成效显著"总结中，"引导应对气候变化国际合作，成为全球生态文明建设的重要参与者、贡献者、引领者。"把应对气候变化国际合作作为落实全球生态文明建设的重要手段。第二次是将气候变化作为非传统安全威胁，作为人类面临的共同挑战提出。第三次是在呼吁构建人类命运共同体中，提出："要坚持环境友好，合作应对气候变化，保护好人类赖以生存的地球家园。"

随着几十年全球气候变化研究的深入和共识，随着中国的结构转型与调整，低碳发展的理念已逐步付诸行动之中。目前，全国已有近百个城市宣布了碳排放达峰的目标，如北京、广州、镇江提出 2020 年达峰，武汉提出为 2022 年，兰州、吉林提出至2025 年等。"率先达峰城市联盟"（2015 年）的成立，为推动碳排放达峰起到了重要作用。

一、城市碳排放达峰与低碳发展

（一）碳排放达峰城市要有两笔账，这两笔账分别是城市范围内化石能源消耗的直接排放和耗能产品（如钢铁、水泥等）使用的间接排放

目前，大部分国家和地方的碳排放以能源生产和交通等的直接排放来核定，峰值的核定也是如此。对许多城市来说，为实现达峰采取了很多措施，如关闭煤电、煤改气、限制交通以及引进电力输送等。中国的煤电技术水平属世界一流，关闭之后电力供应是否出现缺口？煤改气表面看来排放降低了，但气从哪儿来？城市交通排放中车辆与道路拥堵是什么关系？靠电力引进的稳定性如何呢？由此，达峰城市必须要考虑短期措施与长远方案的结合，要考虑成本和经济效益。

从公平的角度，高耗能产品的消费者要承担碳排放的部分责任。城市的基础设施密集建设需求量大，人均消费高。尽管目前这部分排放并未纳入核算之中，但迟早会提到

议事日程上。节约型社会、循环经济应及早部署和安排。

（二）城市碳排放达峰的路线图要更清晰

2018 年，中国能源消量总量达 46.4 亿吨标准煤，比上一年增长 3.3%，消费增加集中在城市。在这一大背景下，提出碳排放达峰城市的任务更显艰巨。达峰不可能一蹴而就，需要多管齐下：

一是在政策层面，要有对工业能效提升、清洁生产改造、资源综合利用及绿色技术体系的引导和激励。

二是在金融、税收方面给予优惠和支持，各地方可以先行先试。

三是在技术改进层面，要强化高耗能行业应用高效节能工艺，推广高效节能锅炉、电机通用设备，提高能源管理水平等，只有技术进步，方能实现从行业到全面的达峰。

四是在区域联动层面，达峰城市要与周边、上下游形成互动，实现共建、共享、共同转型升级的局面。

达峰城市是新型城镇化的标志型城市，所引导的必将是区、块、片的进步和优化。

（三）低碳与发展的关系

低碳发展是以低能耗、低污染、低排放为特征的发展模式。低碳并不是把降低 CO_2 排放量作为最终目标，而是通过低碳的努力转变发展模式，提高效益和竞争力，低碳应从三方面发展。

1. 低碳要发展的是技术。通过技术进步，实现资源的高效利用，达到低成本和可持续。低碳技术是绿色技术的组成部分，其中许多核心技术，如风机的变频器、轴承，水电电机，太阳能生产设备，电光、光热转换效率，第四代核能技术等也是国际技术竞争的重点，关系到国际市场的布局，以及价值链的分配。

2. 低碳要发展的是经济。它是后工业时代经济发展的主导模式，以绿色能源体系为标志。低碳经济要对粗放型社会经济利益格局进行调整，无论是企业投入，还是政府的管理方式都要改变，这是一场产业体系、市场体系和管理体系的变革。

3. 低碳要发展的是文明。人类社会经历了从游牧到农业，再到工业文明。当前，已进入生态文明阶段。生态文明、科技、经济、社会，生产与消费的各个属性都含有低碳的内容。在世界进入新一轮革命与竞争中，绿色、云、智能制造是三大支柱。要充分理解低碳是绿色发展的重要含义。

（四）低碳发展的出路在于分布式清洁能源

2015 年，《巴黎协定》提出至 2050 年，实现碳中和，2100 年，实现零排放。本世纪被称为结束化石能源的世纪。地球上可再生能源资源非常丰富，种类也很多，只不过人类利用仍很有限，具有极大的潜力空间。

欧洲，特别是北欧国家，在发展可再生能源方面已经走在了前面，如芬兰可再生能源占能源消费总量的 36%，瑞典可再生能源占 52%，挪威占 60%。英国从 2015 年开始对所有新建筑实施强制绿色建筑标准，2017 年起对传统建筑进行绿色改造。

尽管中国是世界上最大的可再生能源投资国，但与中国能源结构缺陷及人口总量比较，可再生能源发展进程显得步履缓慢。中国规划中至 2020 年可再生能源占比达 15%，至2030年达20%，比发达国家低很多。中国可再生能源资源丰富，发展可再生能源的积极性也很高，但为什么出现大面积的弃风、弃光、弃水现象呢？2018年，风电并网率仅达到60%多，其中有部分是技术原因，更主要是体制机制原因。垄断是发展分布式可再生能源的拦路虎。目前一些曾经的障碍已有了松动，正是在城市发展分布式可再生能源、微电网、局域网的好时机，增加自主可控的能源对于城市来讲更加安全。

二、低碳管理

低碳发展是方向性目标，是宏观政策层面的策略，对于长远的结构转型具有重要意义。关心低碳发展的主要是政府。于是，政府就习惯性的用行政的办法去管理，比如下任务、分指标、责任追究、自上而下的层层压下去。政府管理、执行部门都很辛苦。上级政府为制定、分配指标花费很多精力，下级政府考虑控制能源消费会影响经济，而抱怨上级部分指标分配不合理。企业投资要算计利润周期，转型需要成本，长远的低碳目标与当前的经营、利润有冲突，故而，多少有些不情愿。社会上希望通过低碳降低消费开支，但又苦于缺少物美价廉的产品。为高碳消费而不满。

低碳发展真的受到普遍欢迎吗？就当前的形势来看是远远不够的。长远的宏观战略与现实的微观措施手段之间利益不一致。在这种情况下，低碳管理需要智慧，需要跳出传统，需要改革计划式的管理模式。

低碳管理应该把管理变化为自觉行动和充分的激励。低碳管理应该包含标准、多元平衡、激励和平台这四项基本内容。

（一）低碳管理因制定相应标准

各行各业技术、工艺不断取得进步，质量、成本也不断优化，标准也在不断提高，可以参照发达国家经验，结合中国国情，制定不同行业生产的低碳标准，让企业在低碳发展过程中有个阶段性目标，有个时间过渡期去提升能力，维持生存和持续进步。比如汽车的欧Ⅲ、欧Ⅳ、欧Ⅴ、欧Ⅵ标准，是一步步提升的，既没有造成大批汽车企业的倒闭，也使汽车行业整体向前迈进了。

没有工艺、技术标准，仅凭企业规模大小淘汰企业的"一刀切"的做法很不可取。有些"钢铁循环流程"技术很先进的钢铁厂，因为规模小而被关掉，有些"超高临界"，具世界先进水平的燃煤电厂，因用煤炭，又重新投资改造为煤改气，浪费了许多投资。

标准是低碳管理的一把尺子，不管企业大小，不管国企还是民营，符合标准就鼓励支持，不符合标准就要遭淘汰。也就是说，要让制度说话。

（二）低碳管理要多元平衡

有些地方对淘汰高碳产业有顾忌，原因是这些产业能够提供较多的税收，吸纳较多的就业，支持了财政，保障了社会稳定。如果一纸命令关闭了企业，政府拿什么解决后续的社会问题。因此，低碳管理要算账，综合部署，分布实施高碳产业的淘汰和转型。

管理是一门艺术，管在于理顺关系，理在于有序平稳。决不能因解决一个问题，随后又产生许多问题，并造成系统的紊乱。某一单项问题的放大，将会使整体失衡。许多城市（工程、产业）都在做低碳发展规划。低碳管理管的是人、财、物，分清管理的主体、客体，分清近期与长远的经济成本与效益，分清资产的输入和产出。

（三）低碳管理要有激励机制

即让每一个低碳参与者都有热情，把被动受管理转变为主动、自愿的活动。比如：公布符合低碳产业标准的企业清单，这是企业荣誉和品牌的象征；比如对企业低碳改造后给予补助；比如学习韩国的做法，由政府购买专利、技术并对企业开放，使低碳技术大面积普及；比如扶持低碳企业联盟，共同开发共性技术和自律，表彰低碳消费等。

政府在低碳管理中的角色是调动企业、社会的积极性，把低碳理念转换成生态自觉，使得方方面面在低碳发展中，有成就感、获得感。

（四）低碳管理的平台建设

任何一个区域的发展离不开各层面群体的融通与合作。政府的功能主要是创造环境，不可能事无巨细什么都管。市场的作用主要是经济活动，不可能及时把握决策与信息。政府和市场之间的桥梁，就是平台。政府，编剧；企业社会，演员；平台，舞台。

低碳管理平台被称之为低碳发展的服务体系，属第三方的社会服务组织，应起上连下通、服务企业、创新合作、信息交流、绿色金融等多重作用，政府如何充分利用好平台，购买服务；企业如何借助平台，实现低碳转型，是低碳管理现代化水平和能力的重要衡量内容，也是今后特别需要加强的工作。

全球气候变化挑战日趋严峻紧迫，绿色低碳转型大势不可逆转，中国正积极探索走绿色低碳发展的道路，努力实现2030年左右碳排放达峰目标，这既是我们对国际社会做出的庄严承诺，也是在国内发挥目标引领、倒逼绿色低碳转型的战略举措。通过更好地优化低碳管理手段，将形成凝聚人心、鼓励创新、推动转型的绿色发展新局面，为全球可持续发展做出新的贡献。

新时代对可持续发展理念的再探讨

刘燕华　中国科学研究院地理科学与
资源研究所，国务院参事
李宇航　中国21世纪议程管理中心

可持续发展是20世纪70年代提出的理念，1987年，世界环境与发展委员会发表了《我们共同的未来》的报告，提出了可持续发展的具体概念。1992年，联合国在巴西里约热内卢召开环境与发展国际峰会，通过了《21世纪议程》，将可持续发展由理念推向实际行动。1994年，中国率先发布了《中国21世纪议程》，从具体国情出发提出了中国可持续发展的总体战略、对策以及行动方案。1995年，党中央明确确立了可持续发展战略，1996年又把可持续发展提升为国家战略，全面纳入国民经济与社会发展规划中。

几十年来，随着中国经济社会的不断发展，我们对可持续发展的认识也在不断深化，出现了不少新的提法，如生态文明，创新、协调、绿色、开放、共享的新发展理念，绿色循环低碳发展，绿水青山就是金山银山（以下简称"两山理论"），美丽中国，人类命运共同体等。

本文将与可持续发展有关的提法做了系统疏理，通过研究探讨其内涵及要求，深入分析有关提法之间的逻辑关系，提出图1。

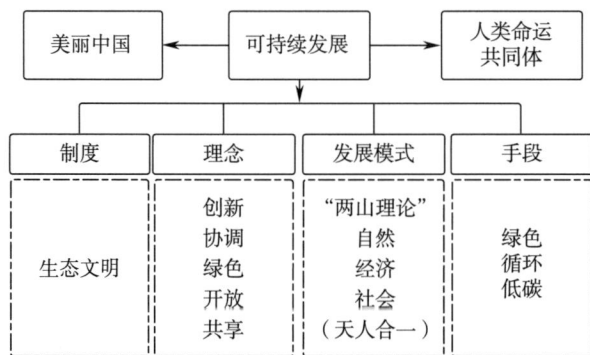

图1　可持续发展有关提法的逻辑框图

从框图中，我们可以理解到：可持续发展是人类社会共同追求的理想和目标，生态文明是制度性跨越，新发展理念是落实生态文明建设的科学指导，绿色循环低碳是实现可持续发展目标的手段，"两山理论"与实践是发展模式，美丽中国是中国面向"两个一百年"奋斗目标的努力方向，人类命运共同体是对世界的责任和担当。

一、可持续发展是人类社会共同追求的理想和目标

可持续发展被人们熟知的定义是 1987 年《布伦特兰报告》中提出的"既满足当代人需要，又不损害后代人满足其自身需求的能力的发展"，强调人口、资源、环境、社会经济的相互联系与协调发展，要求在满足当代人需求的同时又不对后代人满足其需要的能力构成危害的代际平衡，在突破地球资源承载力约束的"增长的极限"的同时，又避免生态环境崩溃导致的"寂静的春天"。

1992 年联合国确定可持续发展战略并推向行动，通过多年不断演进，2015 年 9 月，联合国可持续发展峰会正式通过了《变革我们的世界：2030 年可持续发展议程》，建立了 17 个全球可持续发展目标（SDG$_s$）和 169 个具体目标，覆盖社会进步、经济发展和环境保护三大方面。分领域、分阶段的目标体系是可持续发展问题的核心，推动可持续发展则需要在目标引导下，用倒逼的方式逐步、逐项得以有效落实。这意味着可持续发展理念已经成为包括中国在内的世界各国广泛接受的全球经济社会发展的核心概念和中轴原理[1]。

随着联合国确立 2030 全球可持续发展目标和巴黎会议通过应对气候变化的全球协定，可持续发展越来越受到世界各国的高度重视。近些年，地球生态环境恶化，自然灾害频发，已引起世界的广泛关注，可持续发展目标呼唤持久、更加有效的发展手段和发展模式。

二、生态文明是制度性跨越

人类社会的发展伴随着文明的不断进步，从原始文明到游牧文明、农业文明、工业文明。生态文明是人类文明发展的一个新阶段，是人类对传统文明形态特别是工业文明形态予以深刻理性总结反思和超越的文明结晶，是人、社会、自然和谐共生的物质、精神和制度成果的总和。进入生态文明阶段标志着人类文明的形态和文明发展的理念、道路和模式发生了根本性的变化，将发挥人的主观能动性，积极投入地球系统的良性循环、增强活力的行动之中。

党的十八大以来，以习近平总书记为核心的党中央带领人民实施最严格的生态文明制度和最严密的法治，促进生态文明制度体系日趋完善，部分区域和先进典型的生态文明建设成绩斐然，推动中国生态文明建设取得历史最好成就，推动生态环境保护发生历史性、转折性、全局性变化。党的十八大提出大力推进生态文明建设，推动生态文明建设深刻融入中国特色社会主义事业"五位一体"总体布局和全面贯穿经济建设、政治建设、文化建设和社会建设各方面和全过程。在这一战略指引下，国家生态文明试验区建设全面铺开，中国生态文明建设和生态文明体制改革进程探索实践路径进一步加快，在世界上率先走向建设中国特色社会主义生态文明的道路。

2017 年，习近平总书记在党的十九大报告中系统总结生态文明建设经验，全景式地勾勒出新时代中国特色社会主义生态文明建设的理论和实践全貌。

中华民族正以崭新的姿态屹立于世界的东方，过去生态文明取得的历史性成就，使

我们继续前进的信心更加坚定，我们应把生态文明当作时代发展主旋律来理解，推动其成为整个人类社会未来发展的基本方向。

三、新发展理念是实现可持续发展的科学指导

党的十八届五中全会提出创新、协调、绿色、开放、共享的新发展理念，这是在我国经济社会发展进入新常态，世界经济增长动能逐渐减弱的关键节点提出的治本之策，可将其理解为实现可持续发展的科学指导，以新发展理念为科学指导从而实现更高质量、更有效率、更加公平、更可持续发展的必由之路。

1. 创新是第一动力，人才是第一资源，这是进入新时代的动力系统，习近平生态文明思想的贯彻落实，关键在于创新驱动和制度保障。从传统的工业文明转入生态文明，创新将成为重要驱动力。而创新功能的真正发挥，则取决于知识和技术创新体系的深化改革[2]。抓住了创新就抓住了牵动经济社会发展全局的"牛鼻子"。

2. 协调发展要解决发展中的不平衡问题，正确处理好发展中的各类矛盾。生态文明观的核心是从"人统治自然"过渡到"人与自然的协调共生"。要在协调发展中不断拓展发展空间，在填补薄弱领域过程中逐步增强发展后劲，形成经济社会平衡发展新结构。

3. 绿色发展是构建高质量现代化经济体系的必然要求，是解决污染问题的根本之策。必须实现经济社会发展和生态环境保护协同共进，为人民群众创造良好生产生活环境，才能实现人民对美好生活的追求。与其他四大理念相比，绿色发展理念内涵更丰富，涉及经济、政治、文化、社会的方方面面，是实现可持续发展的必要条件。

4. 开放是把中国的发展和世界的发展深度融合、实现良性互动。开放带来进步，封闭必然落后，开放合作是促进人类社会不断进步的时代要求。生态文明建设这一事关人民福祉、事关民族未来、事关美丽中国和人类命运共同体建设的崭新文明，尤其要以更加包容和开放的心态积极开展国际交流和务实合作，坚持全球视野，推动"一带一路"建设中的绿色合作，全面推进生态文明建设开创新局面。

5. 共享是让人民在发展中有获得感、得到实惠。要把增进人民福祉作为一切工作的出发点和落脚点，让广大人民群众平等参与现代化进程的同时共享现代化成果。良好的生态环境是最公平的公共产品，是最普惠的民生福祉，要着力解决好资源、环境、生态等领域的不公平问题，实现生态文明成果人人共享，促进人与人、人与社会、人与自然和谐发展。

四、绿色、循环、低碳是实现可持续发展的重要手段

世界范围内，新一轮的工业革命与科技竞争正在兴起，以绿色、云计算和智能制造为标志的新兴产业、新业态、新模式将对发展起到关键作用。绿色、循环、低碳应是新一轮革命的三大支柱之一，即绿色的统筹表述，包括资源节约、循环利用、环境治理、生态保护和清洁能源体系，也包括各种绿色技术的创新和价值链重构。没有技术的创新和优势，也就谈不上向价值链的中高端发展及形成新的市场格局。

1. 绿色发展。绿色发展不仅是一种理念，更是实现高质量发展的重要手段。绿色发展是要解决工业文明阶段所无法破解的瓶颈和难题，要破解生态环境保护和经济发展的两难悖论。推动形成绿色发展方式和生活方式，是发展观的一场深刻革命，这就要求走生态优先的绿色发展道路，用最小的资源环境代价取得最大的经济社会效益，从而实现经济社会的可持续发展。

2. 循环发展。党的十九大报告指出，推进资源全面节约和循环利用，实施国家节水行动，降低能耗、物耗，实现生产系统和生活系统循环链接。发展循环经济，关乎绿色发展。近年来，国家围绕建立健全发展循环经济的制度体系，出台了一系列重要法律法规和政策举措，循环经济的制度框架不断健全。倡导和推动垃圾分类，最终目的还是从人民百姓的根本利益出发，探索一条优化人民生活习惯和满足国家根本利益的平衡之路，这也是循环发展的手段之一。

3. 低碳发展。"十三五"时期是中国全面建成小康社会的决胜阶段，要确保实现2020 年碳排放强度比 2005 年下降40%～45%的国际承诺低碳目标，并且要为实现2030年左右的碳排放峰值目标奠定扎实的基础。中国应对气候变化和控制温室气体排放工作还面临着新形势、新任务、新要求。要积极推进能源革命，优化能源生产消费结构，落实节能优先方针，发展新能源与可再生能源，构建清洁低碳、安全高效的能源体系。积极应对气候变化，既是中国可持续发展的内在需求，也是与国际社会一起共同应对全球气候变化的必然选择。

五、"两山理论"与实践是发展模式

习近平总书记提出的"绿水青山就是金山银山"理论，是中国特色社会主义生态文明理论的重要组成部分，是被实践证明的具有重大创新与突破的新理论，正在引领当前中国发展方式绿色转型进入新的运行模式。

生态型经济模式所带来的增长，必然会满足社会日益增长的美好环境需求和人民对美好生活的需求，增进人民生活的福祉。绿色经济是新兴产业、新的增长极。在把生态优势转化为经济优势路径中，首要任务是保护我们生存发展的根本，留得青山在，才能有柴烧，以牺牲环境为代价的时代到了尾声，生态系统服务功能如气候调节、水调节、水存储、养分循环、生物繁衍、基因保留、休闲娱乐、文化、文明传承等，已被认为是珍贵的无形资源和资产。资源有偿使用、生态补偿等，既是基于经济可持续考量，也是社会制度的新的治理方式定位。

"两山理论"为化解当前全球资源、能源、环境危机提供了新思路和新突破，探索出许多创新经验，也为世界可持续发展目标提供了中国样板。"两山理论"的要义就是能够实现生态优势与经济社会发展优势的互相转化，或把生态劣势变成生态优势，通过因地制宜的实践不断优化完善运行模式。

全国多地先行探索"两山理论"实践，用实践诠释"环境就是生命、青山就是美丽、蓝天也是幸福"。在"两山理论"的系统指导下，浙江省率先走向了生态文明之路，积极探索符合本地实际且有本地特色的绿色发展、循环发展、低碳发展模式，让沉睡的山水资源日益显现出经济价值。河北塞罕坝主动修复生态，践行绿水青山就是金山银山，是生态文明建设的一个活标本。近年来，在生态文明建设中，还涌现出大量先进城市和优秀企业，如亿利集团把库布其打造成中国荒漠化地区第一个也是唯一一个"绿水青山就是金山银山"实践创新基地，因此被中国政府授予"国土绿化奖"，被联合国授予"全球治沙领导者"奖。

六、美丽中国是中国面向"两个一百年"奋斗目标的努力方向

"美丽中国"在党的十八大报告中首次作为执政理念出现，2015 年被纳入"十三五"规划。党的十九大报告对生态文明建设和生态环境保护提出了一系列新思想、新要求、新目标和新部署。其中，新目标提出：到 2020 年，坚决打好污染防治攻坚战；到 2035 年，生态环境根本好转，美丽中国目标基本实现；到本世纪中叶，把我国建成富强民主文明和谐美丽的社会主义现代化强国，物质文明、政治文明、精神文明、社会文明、生态文明将全面提升。不难发现，作为发展中的新兴大国，中国的生态文明建设落脚点在"美丽中国"，时间节点为 2035 年和 2050 年，基本现代化和现代化均以美丽的程度来衡量。

美丽的真实含义是坚持人与自然是生命共同体的理念，既有生态的优美，又有环境的清新；既有经济的发达，又有社会的和谐；既有良好的生产环境，又有人民舒适满意的生活环境。建设美丽中国的战略目标是建成生态环境良好的生态文明国家，建成人与自然和谐相处、共生共荣的生态文明社会。中国靠自力更生把自己的事情办好，就是对全球生态文明建设的最大贡献。

建设美丽中国，要在新发展理念的指引下，完善生态文明制度体系，在实践中构建生态文化体系，通过绿色、低碳、循环发展手段，探索优化发展模式，做到人与自然共生、发展与环保并举，最终实现人口、资源、环境相协调，经济、社会、生态效益相统一的美丽中国。

七、人类命运共同体是对世界的责任和担当

2012 年，党的十八大明确提出要倡导"人类命运共同体"意识，习近平在一系列国际场合提出并重申了构建人类命运共同体的中国方案。面对世界经济的复杂变化和环境条件的各种变化，任何一个国家都不可能独善其身，各国之间联系和依存日益加深，但也面临共同的挑战。如全球气候变化是人类面临的非传统安全威胁，危及地球生态安全和人类社会生存与发展。

人类命运共同体旨在追求本国利益时，兼顾他国合理关切，以谋求共同发展。这是全球视野下的价值观、国际事务利益观和治理观，是可持续发展公平性原则的体现，是生态文明在全球范围推进的基本立场。人类命运共同体作为对依附格局、主从结构、丛林秩序和零和规则的反思，是中国为世界和平与发展贡献的重要智慧，不仅赋予国际关系和人类文明进步鲜明的中国特色，也为世界的未来发展描绘了美好蓝图，为凝聚国际社会共同奋斗的全球共识、激励各国共同创造人类美好未来做出了重要贡献。

中国推进"一带一路"倡议，积极应对全球气候变化的行动，坚持全球化的发展道路，在国际事务中的开放性等，均对人类命运共同体，促进全球治理体系变革，为世界和平发展贡献了中国智慧和中国力量。

参考文献

［1］诸大建.可持续性科学：基于对象—过程—主体的分析模型［J］.中国人口·资源与环境，2016（7）：1 – 9.

［2］王志刚.健全技术创新市场导向机制［J］.求是，2013（23）：18 – 22.

2020 年疫情之后的经济纾困：
新基建与国企改革

赵华林

国务院国资委党委巡视组组长

赵华林讲话
视频节选

一、为什么要对冲疫情冲击？

2020 年初新冠肺炎疫情暴发并在全球蔓延，为了保护生命，使医疗体系能够应对这一疫情，世界各国广泛实施隔离、封锁措施，以减缓病毒传播，这也给经济带来了需求侧和供给侧双向同步的负向冲击，国际货币基金组织（IMF）在 2020 年 6 月 24 日的《世界经济展望》中大幅下调 2020 年的经济增长预期，认为全球经济可能出现 3% 的负增长，对中国经济的预测下调至 1.2%，严重程度远超 2008—2009 年金融危机。

中国在抗击疫情和恢复生产方面走在全球前面，胜利来之不易，但是也付出了巨大的经济代价，2020 年一季度，GDP 同比下降 6.8%，增速创改革开放以来最低。从需求侧来看，出口、投资、消费分别同比下降 11.4%、16.1%、15.8%，三驾马车均创历史新低。国际疫情持续蔓延，世界经济下行风险加剧，短期内难以看到需求侧的报复性改善。从供给侧来看，我国防范疫情输入压力不断加大，复工复产形势严峻，4 月上旬，全国工商联直属商会会员企业复工率达到 80%，但复工企业的复产率仅为 63%，一季度第二产业增加值下降 9.6%。同时，疫情冲击可能促进发达国家加快弥补和完善各自或区域化的完整产业链，可能给供给侧带来长期的负面冲击，特别是"逆全球化"的抬头，可能会阻滞高端制造和研发环节向我国的梯度转移，而这恰恰是我国现阶段产业升级、经济发展所急需的。所以，本轮疫情对经济的冲击不同于 2003 年的 SARS，很可能会持续较长时期，甚至会有长期负面影响，正如习近平总书记强调的，"我们要坚持底线思维，做好较长时间应对外部环境变化的思想准备和工作准备"。

如何对冲疫情带来的负向冲击、给经济纾困？我们既需要需求侧的刺激，也需要供给侧的改革，更需要刺激政策和改革措施之间的协调。比如我国在应对 1998 年亚洲金融危机时，也是需求和供给两端同时发力。一方面增发国债发展基础设施刺激需求，以需求刺激托底，同时，基础设施的完善又为产业的发展提供了良好的外部环境，促进了供给；另一方面积极推进国企改革、商品房改革等市场化改革和积极加入 WTO，既通过改革释放活力，又创造新的需求，从而实现了需求侧刺激和供给侧改革之间的良性互动，同时放大了供给增长和需求增长，有效应对冲击，并为中国在新世纪的高速增长奠定了坚实的基础。当前，我们的需求刺激着力点在哪？我们供给侧改革的着力点在哪？

需求侧刺激和供给侧改革良性互动的结合点又在哪？我给出的答案是新基建、国企改革和推动国企改革促进新基建。

二、新基建是需求刺激的着力点

本轮衰退是因为疫情导致的隔离、封锁所带来的，目前谁也无法确定什么时候能够摆脱这种状态，人们无法正常的消费，仅仅依赖消费或者出口刺激无法对冲，只能依赖于投资刺激，才能有立竿见影的效果，才能阻断陷入恶性通缩的循环或者进入滞胀的状态。那往哪投呢？凯恩斯开过玩笑，面对经济危机，让政府雇人挖坑，然后填坑，然后再挖坑……显然，我们不能如此随心所欲，自 2008 年以来，政府、企业、居民轮番加杠杆，杠杆水平都不低，十八大以来的供给侧结构性改革也将去杠杆作为重要内容，不然经济风险太大。因此，投资还是需要好钢用在刀刃上。我认为，"刀刃"的选择有三个标准：一是规模足够大且对经济的带动效应足够大；二是代表未来的发展方向；三是目前的短板。标准一主要体现了投资需求的刺激作用，标准二和标准三则体现了需求侧刺激对供给侧增长的积极促进作用。这三个标准体现了对需求和供给良性互动的关注。

新基建符合上述三个标准。新基建在 2018 年 12 月中央经济工作会议被第一次提及，2019 年写入国务院政府工作报告，2020 年 1 月国务院常务会议、2 月中央深改委会议、3 月和 4 月的中央政治局常委会议持续密集部署，重视程度显著提升。根据国家发改委最新的提法，新型基础设施主要包括三方面内容：信息基础设施、融合基础设施和创新基础设施。信息基础设施主要指基于新一代信息技术演化生成的基础设施，比如，以 5G、物联网、工业互联网、卫星互联网为代表的通信网络基础设施，以人工智能、云计算、区块链等为代表的新技术基础设施，以数据中心、智能计算中心为代表的算力基础设施等。融合基础设施主要是指深度应用互联网、大数据、人工智能等技术，支撑传统基础设施转型升级，进而形成的融合基础设施，比如，智能交通基础设施、智慧能源基础设施等。创新基础设施主要是指支撑科学研究、技术开发、产品研制的具有公益属性的基础设施，如重大科技基础设施、科教基础设施、产业技术创新基础设施等。

首先，对照标准一。以 5G 为例，根据中国信息通信研究院测算，2025 年 5G 网络建设投资累计将达到 1.2 万亿元，5G 网络建设还将带动产业链上下游以及各行业应用投资，预计到 2025 年将累计带动超过 3.5 万亿元投资。到 2030 年，在直接贡献方面，5G 将带动的总产出、经济增加值、就业机会分别为 6.3 万亿元、2.9 万亿元和 800 万个；5G 的间接贡献体现在带动总产出、经济增加值、就业机会分别为 10.6 万亿元、3.6 万亿元和 1150 万个。又比如智慧能源基础设施中的特高压产业链包括电源、电工装备、用能设备、原材料等，产业链长而且环环相扣，带动力极强，据国网基建部最新口径，国家电网公司全年特高压建设项目投资规模为 1811 亿元，可带动社会投资 3600 亿元，整体规模 5411 亿元。根据华为 & 牛津经济研究院的估算，过去 30 年，1 美元数字经济投入将产生 20 美元 GDP，而同期 1 美元非数字经济投入则只产生 3 美元 GDP，前者是后者回报的 6.7 倍。在 2020 年一季度"黯淡"的经济数据中，我们也看到和数字经济相关的亮色，比如一季度信息传输、软件和信息技术服务业增加值同比增长

13.2%，3月计算机、通信和其他电子设备制造业增长9.9%，工业机器人增长12.9%，展现了中国数字新基建的巨大优势，数字产业化、产业数字化的巨大前景。因此，新基建投资既有规模上的优势，也有很强的产业关联带动效应。

其次，对照标准二。新基建是实现我国技术创新的有效路径，也是推动传统产业转型升级的关键支撑。5G与云计算、大数据、物联网、人工智能等领域深度融合，将形成新一代信息基础设施的核心能力，是新基建的核心层，结合充电桩、特高压、城际高速和轨道交通这些经过数字化改造的传统基建的作用，利用智能手机、智能穿戴、无人驾驶新能源车等智能终端，将在流媒体、商业、工业、绿色能源、智慧城市管理、车联网等应用层面催生更多新产业、新业态和新模式。创新基础设施等新基建的完善，也有助于提升我国对全球产业链中的高端制造、研发环节区域布局的吸引力，积极消除"逆全球化"的不利影响。另外，基于传感器＋数据＋模型等要素构建的工业互联网和5G技术的结合，将优化全生命周期管理、协同设计、生产设备优化、质量检测、运营决策、设备预测性维护等方面，有效降低传统产业运营成本，优化资源配置，提高生产效率和生产柔性化，推动传统产业的高质量发展。上述运行机理，不仅仅表明新基建代表未来发展方向，也证明了可以通过需求侧刺激来促进供给侧增长。

最后，对照标准三。我国新基建仍然薄弱。我国基建存量稳居世界第一，但人均水平和质量与发达国家存在明显差距，即使是"铁公鸡"，人均和密度也不如一些发达国家。与新基建相关的，据世界银行数据，2018年中国平均每百万人拥有安全的互联网服务器447个，低于中等收入国家（925个）和全球平均水平（6173个），远低于美国（65768个），根据中国互联网网络信息中心的数据，2019年6月中国网民覆盖面61.2%，而2018年英国94.9%、日本84.6%、德国89.7%、法国82.0%、美国87.3%。又比如，作为新能源汽车的基础设施，充电桩少导致充电难是制约中国新能源汽车发展步伐的重要短板，根据恒大研究院的数据，截至2020年1月底，中国已建成公共充电桩53.1万台，私人充电桩71.2万台，预计到2025年，国内仍需新建约530万台充电桩。最后，新基建中的5G、人工智能、大数据中心和工业互联网本身是新生事物，处于培育期和发展的关键期。因此，新基建的投资，不仅仅是投资，也具有在供给侧结构性改革中所要求的积极的补短板效应。

三、国企改革是供给侧改革的着力点

很对人担心新基建的投资是否会重复2009年"四万亿"的负面效应。比如"一哄而上"、重复建设，目前各地市陆续公布了2020年重大项目投资计划，新基建占重大项目比很大，一些地方的城投公司跃跃欲试，借着货币政策放松的"东风"积极融资，随之而来的产能过剩、杠杆过高将侵蚀过去几年"三去一降一补"的成果。如何防范新基建重蹈覆辙，关键在于供给侧改革的约束和发力。

国企改革一直是我国供给侧结构性改革的重中之重，国企是"三去一降一补"的主力。同时，国有企业也是新基建投资的主力。比如，新基建中最基础的5G基站和大数据中心的建设，围绕绿色能源网的特高压、充电桩建设，以及高铁轨交领域的建设，都是由国有企业、特别是中央企业来承担，比如 5G 基站，主要由几大运营商和铁塔公司负责，2020 年三大运营商资本开支总额约 3348 亿元，5G 相关投资约 1800 亿元，云服务、互联网数据中心、物联网等业务板块收入成为几大运营商增长最快的板块。同时，国有企业也是利用新基建改造升级传统产业的积极实践者，比如中车集团推动高铁轨交领域的智能化、数字化，招商局集团在招商港口利用区块链、大数据等各项新技术，为单证无纸化和电子化流转、闸口自动化等业务创新场景搭建了统一的数字化应用平台等。国有企业在新基建中发挥着"中流砥柱"的作用，彰显了国有企业"成为壮大综合国力、促进经济社会发展、保障和改善民生的重要力量"。根据供给体系更好适应需求结构变化的要求，在新基建投资需求刺激的背景下，国企改革更是供给侧改革的着力点。

以发展混合所有制改革为突破口的国企改革为供给体系更好适应新基建投资需求提供了必要的制度保障。

第一，混合所有制改革为国企新基建投资提供了经营机制的保障。国企的"混改"是为改而"混"，"混"是形式，"改"才是目的，通过引进非公有资本投资者来推进运营机制改革，特别是深化长期束缚国企发展的三项制度改革，就是干部能上能下、职工能进能出、收入能增能减，构建市场化的选人用人机制、市场化的用工制度和市场化的薪酬分配机制。在 2019 年 11 月国资委发布的《中央企业混合所有制改革操作指引》，明确鼓励混合所有制企业综合运用国有控股混合所有制企业员工持股、国有控股上市公司股权激励、国有科技型企业股权和分红激励等中长期激励政策，探索超额利润分享、项目跟投、虚拟股权等中长期激励方式。新基建相关行业技术创新速度加快、创新要素的聚集程度更高，对创新性人才的需求大，灵活高效的激励机制尤为重要，传统僵化的经营机制难以满足新基建的需求。可以说，真正改到位的混合所有制恰恰为国有企业参与新基建投资提供了经营机制上的保障。最近刚刚发布的《中共中央　国务院关于构建更加完善的要素市场化配置体制机制的意见》，提高了劳动力要素、技术要素、数据要素配置的市场化程度，对混合所有制的经营机制改革提供了积极的促进作用。

第二，混合所有制改革促进了新基建中急需市场化导向的互补性和协同效应。在新基建领域中，国企和民企实际上有一定的分工，国有企业更注重于基础层面，而民营企业更注重于市场应用层面，后者更接近市场，"春江水暖鸭先知"。在 5G、人工智能、工业互联网的推动下，to C、to H、to B 端会呈现新的产品形态，而在"云、网、端"协同下，也将产生新的生态化学反应，塑造全新业务模式，如何与市场进行相互融合、交叉赋能、重新定义、重新组合，从而更好更及时地对市场需求、市场创新做出反应？混合所有制改革可以通过引入具有互补和协同效应的战略投资者来解决这一问题。比如，中国联通、中国石化的销售板块通过混合所有制改革引入 BAT 等战略投资者对期后续发展极为重要，不仅对原有国企股权结构、管理方式进行优化，还可将自身优势与行业巨头形成互补和协同。同时，国有资本运营公司、国有资本投资公司，也通过参股、控股新基建民营企业等方式，培育孵化前瞻性战略性产业，比如，工业和信息化部正式公布 2020 年大数据产业发展试点示范项目名单，国新系基金所投资的 5 家企业均成功入选。成功的混合所有制改革，可以放大国有资本功能，优化国有经济在新基建领域的布局和结构调整。

第三，混合所有制改革能在一定程度上避免重复建设、过度融资。混合所有制企业要建立健全现代企业制度，坚持以资本为纽带、以产权为基础完善治理结构，充分发挥非公有资本股东的积极作用，促进非公有资本股东代表能够有效参与公司治理；避免"行政化""机关化"管控，实现从"控制"到"配置"的转变，国有股东以股东角色和身份参与企业决策和经营管理，不干预企业日常经营，依法保障混合所有制企业自主经营权。这样一种企业治理结构基本上能保证混合所有制企业成为一个真正的独立市场主体，对不能盈利的重复建设的动力不足；对企业财务也形成了硬约束，无论是银行还是企业自身，对企业过度融资的动力不足。因此，混合所有制改革对企业治理结构的完善可以在一定程度上避免产能过剩和杠杆高企的问题。当然，在这一方面，仅仅依靠混合所有制改革是不够的，还需要做好顶层设计的统筹规划。

面对百年一遇的疫情冲击，我们既要发力需求侧的新基建投资，加大财政政策、产业政策、贷款政策的支持，鼓励民营企业参与，提高投资效率；也要发力供给侧的国企改革，改治理结构，改经营机制，加强与市场的战略协同，形成供给与需求良性互动的正向循环，推动中国经济早日恢复常态发展。在疫情过后的复工复产中，国有企业的新基建投资有望成为经济发展的新动力，增强中国经济的韧性。

大力培育支撑经济绿色发展
高质量发展的生产要素

史玉强

河北资本研究会首席经济学家

中国经济已经进入"供给"主导新时代。资源、资产、资本、资金（简称"四资"）依次转化的运作功能不但要将现有资源转化为资产、资本，使要素实现最优配置，提升经济增长的质量和数量，还要按着供给侧改革的要求，从供给、生产端入手，通过解放生产力、激活蛰伏的发展潜力，挖掘财富源泉，创造新资源，增加资源供给，大力培育支撑经济绿色发展、高质量发展的生产要素。目前，我国经济的长期潜在增长率取决于五大财富源泉，包括人口与劳动力、土地、资本、技术与创新、制度与政策。这五大源泉基本概括了"四资"的基本内涵。

由于体制机制的制约，目前我国的土地、人力、资本、技术等要素资源转化率太低。制度创新滞后。自然资源，农村土地、债务资产等还处于自然生存状态。整合、优化五大财富源泉是开辟新的财富源泉，增加社会财富总量的根本措施，是"四资"运作的着力点，也是避免"中等收入陷阱"，引导经济走出下行轨道，实现高质量增长的必经之路。

第一个财富源泉是人口和劳动力。

威廉·配第所说"劳动是财富之父"，劳动力资源是社会物质财富的重要源泉；马克思指出"只有一个人一开始就以所有者的身份来对待自然界这个一切劳动资源和劳动对象的第一源泉，把自然界当作属于他的东西来处置，他的劳动才能成为使用价值的源泉，因而也成为财富的源泉"。

人才是第一资源、第一资本、第一推动力。生产社会财富，不仅需要生产资料，而且也需要劳动力。如果没有生产资料，再熟练的劳动力也无用武之地；如果没有劳动力，再丰富的生产资料也不能参与社会财富的创造。正是由于劳动力是社会物质财富的重要源泉，社会物质财富的增长在一定时期和一定程度上需要有一定的人口总量作基础和一定数量的劳动力作支撑。生产资料和劳动力二者要相互匹配，任何一方的短缺，都会影响经济的发展。

近几年来，我国出现出生人口下降、育龄妇女数量下降、劳动年龄人口下降、流动人口下降，老龄人口上升的"四降一升"现象。劳动年龄人口和流动人口双双下降，全国661个城市中，有23个城市在过去几年间出现了城区人口持续下降的情况。人口下降是近几年中国经济增速下降的原因之一。随着中国劳动力短缺和社会老龄化的出现，不管是供给还是需求都将面临紧缩局面，同时抑制经济增长，其结果是中国经济的增长率将急剧下滑。

增加资源供给，首要的是要增加人口数量，涵养好人力资源，获取人口红利。面对人口的"四降一升"严峻局面，要采取战略措施，增加人力资源供给：一是取消长期实行的一孩化政策，全面放开二胎，还要逐步实行全面放开生育政策。二是延长退休年龄，实行渐进式延迟退休政策，将60～64岁的低龄老人逐渐变为大龄劳动力，从而减缓劳动力资源的递减速度，增加劳动力资源的供给规模。三是加强科技和医疗卫生事业的投入，提高人口综合素质。将人口死亡率长期稳定在7‰上下，人均预期寿命提高到76.5岁，孕产妇死亡率降至19.9/10万，5岁以下儿童死亡率为10.7‰，婴儿死亡率跌至7.5‰，提前实现了联合国千年发展目标，各项指标与发达国家尽快接轨，为人力资本积累奠定健康基础。四是大力发展教育事业，促使人力资本积累获得长足进步，在"十三五"期间，实现全面普及九年义务教育，基本确立基本公共教育服务体系和现代职业教育体系，显著提高高等教育大众化水平，持续发展继续教育，初步形成全民终身学习的局面。提高高等教育发展水平，使若干所大学和一批学科进入世界一流行列，若干学科进入世界一流学科前列，创新型、复合型、应用型和技术技能型人才培养比例显著提高，人才培养结构更趋合理。通过人口健康素质的持续改善和受教育年限的普遍提升而积累巨量人力资本，为进一步开发和收获人口质量型红利奠定坚实基础。

同时，要促进人力资源向人力资本的转化。我国长期存在人力资本投资不足的问题，教育经费占GDP比例仅为3.59%，与世界通行的4%有距离，较发达国家差距更大。人力资源向人力资本转化的机制不够健全，工资、福利、卫生和社会保障等人力资源激励机制不够完善。人力资源供给机制不合理，高层次的创新型人才匮乏，高水平的技能型人才缺乏，要推进高层次人才供给侧结构性改革，优化不同层次人才的培养结构，要大力培养高精尖急缺人才，培养造就一大批具有国际水平的、不同类型的人才，特别是科技人才。要提高劳动力市场灵活性、流动性，在制度上促进劳资双方的平衡。要促进劳动力的自由流动，加快改革户籍、养老、医保等制约劳动力自由流动的制度。

第二个财富源泉是土地以及附着在土地上的资源。

"土地是财富之母"，我们的农村土地，虽然实行了40年的家庭土地承包制，但并没有完全变成可以交易、流转、能够计价估值的生产要素，土地没有变成资产和资本。没有完全形成财富的源泉，主要是农村土地没有进入市场，仍停留在自然经济和小农经济的状态。假如土地可以自由流转并适当集中，农业生产效率就会大幅提高。矿山也是一样，如果煤矿、石油等资源或者处于沉睡的自然存放状态，或者由政府垄断，矿产等自然资源交易市场发育不完善，开采比较粗放，资源利用效率不高。

应该说中国的资源和土地供给抑制还比较严重，未来产权优化和释放资源供给有很大空间。在土地方面，重点是加快土地流转制度改革，要有进入市场的通道，要大力推进土地流转制度的改革，提高土地配置效率。

从2016年开始，我国最大的改革是农村第二次土地改革。这一次土改，农村土地通过确权，可以到市场交易和流转，部分土地可以资产化，农民通过交易流转盘活手中的土地，获得财产收益。仅以农村建设用地测算，目前，全国农村集体建设用地约为2.5亿亩，如果全部以每亩80万元的价格入市，大概能够盘活200万亿元的资产。加上农村承包地和宅基地，其产生的价值更是天文数字。

第三个财富源泉是资本。

资本是人类生命赖依生存发展的基本条件，资本的运营为人类生活提供物质保障，资本积累推动着人类社会文明进步。资本问题是我国经济发展和社会进步的核心问题，也是我们在经济活动中被长期忽视的问题。

在《资本的秘密》这本书中，著名经济学家德·索托（Hernando de Soto）通过大量的田野调查和实验论证到，资本的活化，即资本形成的关键在于财产权利的界定，在此基础上才能创造更多的资本。否则，只能处于休眠状态，有等于无。

要想让活起来的资本发挥更大功效，还有一个关键的问题是资本的流向，即如何配置资本，以及由谁来配置资本？这就涉及政府与市场的边界问题。市场作为资源配置手段的优越性，已经得到充分论证。市场是让资本活起来最有效的方式。

从2015年开始，我国经济运行态势出现逆转，经济增长持续下行与CPI持续低位运行，出口和投资增长幅度明显减缓，消费乏力，产能过剩，企业利润率下降，等等。与此同时，宏观调控层面货币政策持续加大力度而效果不彰，投资拉动上急而下徐，为什么传统的需求理论失灵了，重要原因之一就是在于资本抑制和金融抑制。资本短缺、资本闲置和资本浪费同时存在。这些问题直接阻碍或者拖延经济发展进程。假定把金融抑制放开一下，逐步把中小企业资金成本从14%~15%降低到5%，众多中小企业就会焕发出生机勃勃的生命力；同时，我们的资本转化率太低，我国金融体系中80%的资金、资产还是债权资本，没有转化为股权资本投资，中国企业尤其是民营企业的股权资本来源不充分、不充沛。

衡量一个国家资本的发达程度一般以证券化率、资本化率和股权化率来考核，在主要发达国家，证券化率（股票市价总值与国内生产总值的比率）已经达到较高的程度。1995年，美国、日本和英国的证券化率分别达到95.5%、83.5%和121.7%。我国2015年年底的证券化率是78.51%，2016年年底是74%，说明我们还有一定差距。巴菲特认为，资产证券化率低于70%是非常具有投资价值的市场，说明我国目前也是"四资"运作大有可为的历史时期。

我们现实经济活动中，存在许多百万亿乃至万万亿级的潜在资源资产，需要活化转化为资本，实现升值。我们有3万多亿美元的外汇储备，年投资收益率只有3%多，需要研究在新的国际环境下不断完善外汇储备经营管理体制机制，优化货币和资产结构，稳步推进多元化经营，优化海外机构经营平台，确保外汇储备资产的安全、流动和保值增值；我国储蓄资源丰富，储蓄率高，居民、企业加上政府的储蓄有100多万亿元人民币，一边是储蓄者，一边是用钱人，如何把这个巨大的金融储蓄有效地转化成金融资产，配置在银行、证券、保险等各种金融产品上，提供各种各样的工具来进行资产管理，投向实体经济是"四资"运作的重要任务；国有企业资产大约有180万亿元，需要实行国有资本市场化运作，通过改组组建国有资本投资、运营公司，构建国有资本投资、运营主体，实现国有资本所有权与企业经营权分离，促进国有资本合理流动，优化国有资本投向，向重点行业、关键领域和优势企业集中；我国有农民承包耕地13亿亩，其他类型农用地25.7亿亩，农村集体经营性建设用地2.5亿亩，宅基地2亿亩，农村居民点闲置用地面积达3000万亩左右，需要确立农村土地产权制度，让土地进入市场交易；推进土地、水、矿产、森林、草原、海域海岛等六类全民所有自然资源资产有偿使用制度改革，明确自然资源资产产权主体，加快健全自然资源资产产权制度。据初步统计，2018年12月末，银行业境内总资产261.4万亿元。其中，各项贷款140.6万亿元，按照中央部署要将10万亿元以上的银行贷款转为企业股份，截至2019年4月末，全国债转股签约金额已经达到2.3万亿元，还需要有更多银行债权转化为股权；金融机构不良资产规模达2万亿元以上，需要创新不良资产处置方式，转化为有效优良资产，转化为股份资产。以上各项资产转化盘活后就可以在我国大约450万亿元的社会净财富的基础上实现财富倍增。而金融体系和资本市场最大的一个社会功能就是将储蓄转化为投资，转化为股本，将万亿级资金转化为高盈利的资本，投向实体经济。

第四个财富源泉是技术和创新。

邓小平一句"科学技术是第一生产力"说透了技术的实质和内涵，因为科学技术对经济发展起首要的变革作用。现代科学技术广泛渗透到了经济活动中，渗透到了社会生产的各个环节，决定了它成为推动经济发展的决定性因素。科学技术不仅使经济在量上，即规模和速度上迅速增长，也使经济发生质的飞跃，在经济结构、劳动结构、产业结构、经营方式等方面发生了变革。

目前，我国需要从宏观和微观两个方面开发整合科技资源，增加科技资源供给，注入经济发展的新动能。要加强科技的统筹协调，完善市场导向的技术创新机制，增强企业技术创新主体地位，提升科技创新国际化水平。加速集聚国际顶尖科技人才、研发机构等高端科技创新资源，建设国家自主创新示范区和高新技术产业开发区，让其成为创新创业载体，不断优化全社会创新创业生态。

特别是要全面提高自主创新能力，力争在基础研究和战略高技术方面取得重大突破，原始创新能力和国际竞争力显著提升，整体水平实现由跟跑为主向并行、领跑为主转变。强化科技投入机制，研究与试验发展经费投入强度达到2.5%，基础研究占全社会研发投入比例大幅提高，规模以上工业企业研发经费支出与主营业务收入之比达到1.1%。加强人才培养，在创新实践中发现人才，在创新活动中培养人才，在创新事业中凝聚人才，改革人才培养使用机制，培育造就规模宏大、结构合理、素质优良的人才队伍。

围绕打通科技与经济的通道，以技术市场、资本市场、人才市场为纽带，以资源开放共享为手段，围绕产业链部署创新链，围绕创新链完善资金链，加强各类创新主体间合作，促进产学研用紧密结合，推进科教融合发展，深化军民融合创新，健全创新创业服务体系，构建多主体协同互动与大众创新创业有机结合的开放高效创新网络。

当今世界，人类社会正在进入以数字化生产力为主要标志的新的历史阶段。伴随互联网、云计算、大数据等新一代信息技术的发展，数字经济异军突起，成为引领科技革命和产业变革、带动经济增长的重要引擎。发展数字经济已成为培育发展新动能、促进新旧动能转换的必由之路和战略抉择。大力发展人工智能、物联网、虚拟现实、网络安全、大数据、云计算等新兴产业，加快人工智能关键技术转化应用，促进技术集成与商业模式创新，推动重点领域智能产品创新，积极培育人工智能新兴业态，布局产业链高端，造具有国际竞争力的人工智能产业集群，整体带动和提升新型工业化、城镇化、农业现代化发展。发展数字经济，加快推动数字产业化，依靠信息技术创新驱动，不断催生新产业新业态新模式，用新动能推动新发展。推动产业数字化，利用互联网新技术新应用对传统产业进行全方位、全角度、全链条的改造，提高全要素生产率，释放数字对经济发展的放大、叠加、倍增作用。

以创新为发展提供新动能。在我国需求侧管理的边际效应递减，经济发展的新旧动力转换失灵的情况下，通过创新为生产力水平的提升提供新动能。从政府层面讲，主要是为市场公平竞争创造良好宽松的环境，包括体制机制创新、制度创新、政策创新、科技创新等；从企业层面讲，主要是优化生产要素配置，提高全要素生产率，完善供给体系，提高供给质量，实现企业效益和生产力水平的持续提升。

第五个财富源泉是制度和政策。

财富是源自理性化的制度机制，而不是各种自然资源。制度决定人的行为，决定资源的配置，决定各种资源能否得到利用及利用的效率。对一个社会的经济增长或经济发展来说，制度是重要的而且是至关重要的。制度也是经济政策，诺贝尔经济学奖获得者、美国经济学家基德兰德的核心观点是，一个国家、一个地区经济发展快慢的关键因素是政府的经济政策。他列举了来自美洲、欧洲、亚洲的六个国家及两个来自拉丁美洲的国家智利和墨西哥的数据，通过各国的经济数据进行说明，在过去30年，这8个国家有的发展很快，有的发展速度较慢，有些国家人均生产总值可以达到人均1万美金，有的只是一个小的数字。这些国家的发展轨迹非常不同，主要是由于国家所在的地区和国家受不同经济政策所带来的影响。

我们看到中国20世纪80年代的经济体制改革所带来的巨大增长动力。最具代表性的是联产承包责任制的改革，在人口、土地资源和生产技术没有太大变化的情况下迅速提高了粮食产量，解决了十亿人的温饱问题。我国制度供给仍是最大的短板，传统的思维方式、传统的管理方式、传统的行政管理体制限制了新经济、新动能，限制了新商业模式、新业态的发展。通过制度建设、制度供给等为市场提供激励、监督和约束，让市场在资源配置中起决定性作用。短板也是潜力，目前，我国经济体制和制度创新的空间还很大，未来的经济发展和财富增长主要靠制度创新。近期，要推进几项关键改革，实现几项关键制度创新，为未来十年经济发展注入长期动力。

一是供给制度创新，落实供给侧结构性改革。一方面要通过进一步推进市场化改革和完善市场机制，积极发挥市场对资源配置的决定性作用，通过调整各类扭曲性政策和制度安排，激发市场主体活力，去产能、去库存、去杠杆、加快市场出清；另一方面要在继续实施积极财政政策和稳健货币政策的前提下，适度扩大总需求，努力实现供需平衡从低水平向高水平跃升。

二是政府管理制度创新，深化政府机构的"放管服"改革。坚决取消下放一批审批事项，加强事中事后监管，全面提升政府服务水平。实施政府管理经济、社会方式的创新，形成稳定的制度环境，为企业放权，为社会松绑，释放被压抑的生产力。

三是建立现代财政制度，深入推进财税改革，完善税制、调整事权、减税降费，形成政府与公民、中央与地方之间稳定的经济关系以及规范的政府财政管理制度。通过减税让利，重点减轻制造业和小微企业税收负担，支持实体经济发展。对小微企业和科技型初创企业实施普惠性税收减免。增强市场主体活力，提升经济创新力和竞争力。

四是科技体制创新，建立完善国家科技创新的基础制度。围绕破除束缚创新和成果转化的制度障碍，全面深化科技体制改革。提高企业创新能力；推动健全现代大学制度和科研院所制度，培育面向市场的新型研发机构，构建更加高效的科研组织体系；完善科技成果转移转化机制，形成充满活力的科技管理和运行机制，为创新发展提供持续动力。推动政府职能从研发管理向创新服务转变；加快完善科技创新重大决策机制；改革完善资源配置机制，引导社会资源向创新集聚，提高资源配置效率，形成政府引导作用与市场决定性作用有机结合的创新驱动制度安排。建设科技创新基础制度和政策体系，提高科技创新管理的法治化水平，加强创新治理能力建设。健全完善以企业为主体、市场为导向的技术创新体系，构建更加科学的高等学校、科研院所治理结构和发展机制，提高国家创新体系整体效能。

五是完善产权制度，深化产权制度改革。中央明确"经济体制改革必须以完善产权制度和要素市场化配置为重点"。要着力加强产权保护，依法保护各种所有制经济产权和合法利益，依法保护各种所有制经济组织和自然人财产权。公有制经济财产权不可侵犯，非公有制经济财产权同样不可侵犯。切实保护好创新创业者的合法权益，完善法制保障，明确民营财产神圣不可侵犯，确保民营企业不把财产转移到国外。

城市绿色发展

张景安

欧亚科学院院士科技部原党组成员

"守住身边的蓝天绿水"，首先要把我们居住的城市生态文明做好，这不仅关系到国计民生，而且人命关天。我们进入习近平新时代中国特色社会主义思想指导的新时代，习近平总书记非常重视生态文明，党的十八大"五位一体"，把生态文明提到党的议事日程，又写入党的十九大报告，这是当今全球关心的一个热门话题，城市的环保，整个城市的生态文明是今天我们发展美丽中国的重中之重，具有重大的意义。但是，我们要真正实现城市的绿色发展，就必须通过创新来实现，习近平总书记说创新是引领发展的第一动力。创新我们永远在路上，创新是我们的永恒的主题，绿色创新发展是推进我们城市发展的一个关键。

一、绿色文明是当代世界的主旋律

2011年6月，联合国在巴西召开世界环境大会，120个国家元首政府首脑出席，意在推动全世界绿色文明的可持续发展，在这次会议上，世界众多城市的市长参加，专门议论了全世界城市未来的发展。因为就环保来说，是一个世界的话题，而且东半球、西半球也互相影响，由此可见，绿色文明的可持续发展的城市的发展，既是中国的一个关键问题，中国梦的一个关键，也是世界未来发展的一个热门的话题。

自1972年联合国第一次召开人类环境会议的半个世纪以来，世界各国都做出了很多的努力，但是总体来说，全球的生态环境形势依然严峻。尤其是城市很多问题，不仅老的问题没有彻底解决，而且新的问题又产生了，如雾霾、堵车这些问题。因此，在今天来说，围绕未来的可持续发展，解决今天城市的一些重大问题，是我们绿色文明、生态文明的关键。绿色发展、弘扬生态文明、弘扬城市的生态文明先进文化是我们共同的责任和义务，绿色城市发展、生态城市、绿色建筑、绿色制造、城市的绿色产业等的绿色发展，对于我们城市和中国梦都有十分重要的意义。

我们回顾地球的发展史到今天这个地步，应该说是我们在长期的发展中，全世界的人没有科学地、正确地对待大自然，或者说非理性的掠夺式开发和粗放式的生产，使得生态文明、绿色创新、挽救地球生态圈成为一个尖锐的话题，实现人与自然的整个环境和城市的绿色的发展，是我们今天重要的话题，也是我们未来发展的一个正确的出路。众所周知，我们改革开放取得了辉煌的成就，有目共睹、举世瞩目，但是这辉煌的背后，我们付出了多么沉重的代价。

原来我们科技界的领导，国务委员兼国家科委主任宋健同志，他当年是国家环境委员会的主任，也视察国家环境保护工作，检查我们各个城市环境发展工作。就拿水来说，我们付出沉重的代价，当时发现我们几乎所有的水都污染了，非常重视，立即采取措施，部署治理。今天我们又通过创新，把所有污染的水要变好，尤其是城市的水我们要喝，市民生活离不开水。水资源管理非常重要。这些都是消耗的资源和污染的环境、大气和水，以伤害生态和环境为代价的粗放式的发展模式已经难以为继。为此习近平总书记号召要创新解决这些问题，由原来经济发展的老三样的投资驱动等变为创新驱动，由要素投资、资源拉动变为创新驱动。习近平总书记亲自提出制定我国转型升级的创新驱动的规划，而且亲自提出来搞这个规划，亲自主持制定，亲自主持中共中央、国务院创新大会，发布这个规划，而且作了半天的报告，我们就是要用新的生态文明、新的创新驱动来实现中国梦，这将是实现中国梦的一场硬仗。

中国政府和习近平总书记重视环境，尤其重视城市的环境，付出了极大的努力。但是今天来说，再看我们污染的问题，尤其是城市的整个的雾霾的治理、堵车的，还有很多的房价太贵等，影响到未来可持续发展的问题，还有对生产、生活影响巨大的问题，而且党的十九大要求解决的问题，还要通过我们今天的创新来扎扎实实、一件一件来解决，真正实现习近平总书记倡导的创新驱动、内生增长、结构调整、绿色发展，以绿色创新实现绿色发展，加快实现中国梦。

二、走绿色创新的道路

绿色文明的新理念要求，在经济发展中就要尊重自然、保护自然，合理地利用自然，实现人和自然的和谐发展。要发展绿色经济，就要有绿色的创造，有了绿色创造才能创造绿色，建设绿色文明是党的十八大和党的十九大决定的中国特色，而是习近平新时代的伟大的战略的重要任务之一。而实现这个目标，就要实施和落实习近平总书记亲自主持制定的创新驱动发展战略，建设绿色文明进步和谐的创新型国家。

我们国家要继续保持经济持续地增长，要突破资源、环境的瓶颈，实现绿色增长，就必须要掌握核心技术，要自主可控的核心技术，掌握自主可控的核心技术才能具有竞争力，唯一的途径就是要通过自主创新，除此之外，没有别的选择。引进只能缩小差距，创新才能决胜未来。我们几十年的改革开放实践证明，当一个国家与先进国家差距大的时候，引进是一条捷径，我们中国引进国外的先进技术是取得了奇迹性的成就，没有当年的大合资、大引进就没有今天的辉煌。但是等你的国家发展差距开始缩小，你的竞争对手认为你的发展影响他的时候，这时候你再来引进，当然引进永远会有，发展到这个阶段再依赖引进就是白日做梦、自毁前程。重复引进会出现新的问题。所以中国共产党在当时提出大引进、大合资，到今天转变为自主创新的战略，那是不同时期实事求是的科学发展观。所以有的人呢，引进习惯了，到这个时候不太习惯去创新，这必须要从思想上进行转变，引进的时候因为我们当年比较落后，我们大量引进都是淘汰的技术，而且大量的技术都是过期专利，有的专利20年保护期，不需要付专利费，但是我们习惯了，今天你再用人家的，那都是新技术，那都是在专利保护期以内的，你不再收专利费，那就是违反知识产权，就不是文明行为，实际上也不是文明行为，也不符合知识产权。引进只能缩小差距，而且是一个阶段的产物，创新才能决胜未来，我们今天已经过了那个阶段了，我们唯一的选择就是要通过自主创新，要用智慧来改变我们受制于人的状况，由创新实现我们内生增长的增长方式，用中国的智慧创造出中国特色，自主创新道路来解决。从制造业来说，要解决我们低端过剩、高端不足，整个的制造业要插上创新的翅膀，而不是说你不搞这个制造业，那是错误的。那会掉到了去工业化的陷阱，我们说中国制造为你骄傲，之所以我们中国在世界上辉煌，是因为我们有了中国制造。

今天要发展高技术，并不是说你不要中国制造，而是要中国制造加上中国创作的翅膀，比如说做一个雨伞，你要做一个智能的雨伞，插上智能的翅膀，而不是去干别的，干别的风险很大，从无到有的创新按照世界的惯例那多数是小年轻的，大学生他们去创业，而且我们主要是两部分，一部分是我们中国制造的提升，实施《中国制造2025》，使原来的制造加上创造的翅膀，这是一个主流。另外一部分是从无到有，无中生有，基本上都是创新创业，那大多数都是小年轻，20多岁的身无分文、闯天下的小年轻他们去创业，多数失败、少数成功，城市的市长要给这些人一定的支持，尤其是在创新环境各个方面给予支持。当前很尖锐的问题是大城市房价太贵，房价贵就影响到了身无分文、胸怀天下的真正创新。比如有的年轻人上学都靠贷款，他要解决房子问题，又要创业有一定的难度，所以现在有的创业都到二线城市，这也有很多问题要研究。这一代城市的年轻人、穷孩子、上学的、家庭不富裕的，本来他应该享受浪漫的年轻的人生，但是过早地为柴米油盐酱醋茶、还房贷背上压力，这都是市长要考虑面对和解决的难题，怎么使年轻人迸发出创新的活力，营造出创新的环境，营造一个能够使年轻人创新激情蓬勃而出，成为我们中国梦的有生的力量，这是我们需要解决的问题。自主创新是永无止境的寂寞的长跑，创新我们永远在路上，创新多数失败、少数成功，我们要一步一个脚印、前仆后继，充分认识到创新中的难度和它的风险和不确定性，扎扎实实地利用我们的制度优势、人才优势、文化优势，认识到自主创新的艰难性、艰苦性等，增强民族自尊心，用自主创新来创造我们城市美好的环境、现代的企业、环保的发展，真正实现我们既要青山绿水，又要可持续发展。

三、积极营造浓厚的创新文化

创新，绿色创新是需要有绿色创新的文化，这样才能持久，就现在来看，弘扬创新文化、提高诚信文化，有了诚信才能够踏踏实实地搞创新，避免搞抄袭。树立鼓励创新容忍失败的文化氛围，鼓励创新人才有团队精神，现在许多创新单枪匹马很难取胜，有团队精神才能共同创造一个新的东西，这是一个协同创新的时代，创新要有激情的火花，创新的思路是碰撞出来的。20世纪中叶全球化加快，全球化重组世界的格局，加快了各国的互相依赖与联系。因此，需要加快人才国际化的步伐，我们每个城市要有一个能够吸引人才的地方，要有良好的人才环境，要使人来了不愿意走，鸟来了都不愿意飞，真正成为创新人才的栖息地，让整个地球村的村民认为我们中国是一个能够吸引一流人才的高地，能够建设和创造出文明健康的美丽城市、建设花园城市光辉灿烂的明天。加快美丽中国的建设，我们有信心实现我们的美丽中国梦。

生态文明与绿色发展标准体系建设

林　翎　徐秉生

中国标准化研究院

一、我国生态文明建设与绿色发展的基础与现状

党的十九大提出，坚持人与自然和谐共生成为新时代坚持和发展中国特色社会主义的基本方略中重要组成部分，紧扣解决社会主要矛盾，坚持以人民为中心，坚持贯彻新发展理念，坚持质量第一、效益优先，坚持节约优先、保护优先、自然恢复为主的方针，加快生态文明体制改革，建设美丽中国。党的十九届四中全会《中共中央关于坚持和完善中国特色社会主义制度 推进国家治理体系和治理能力现代化若干重大问题的决定》（以下简称《决定》）提出，实行最严格的生态环境保护制度、全面建立资源高效利用制度、健全生态保护和修复制度及严明生态环境保护责任制度。自生态文明被列入我国政府施政纲领和国家理念以来，生态文明建设开始在全国蓬勃发展。《决定》指出，坚持和完善生态文明制度体系，促进人与自然和谐共生。

在优化国土空间开发格局方面，围绕实施区域发展总体战略和主体功能区战略，国家出台实施了一系列区域规划与政策，从不同层次、不同角度对国土开发做出了安排部署；确立了国土集聚开发、分类保护与综合整治"三位一体"总体格局；完善了以用途管制为主要手段的国土空间开发保护制度；部署了集聚开发、分类保护、综合整治、联动发展和支撑保障体系建设等重点任务。

在推动经济结构调整和发展方式转变方面，落后产能的淘汰和传统产业的升级推动了产业结构调整，提升了产业价值链，推动产业向中高端升级。支持节能环保、新能源等绿色发展领域创新企业的成长，组织开展了国家循环经济试点示范，大力推动绿色循环低碳经济发展。

在促进资源节约集约利用和节能降耗方面，在重点领域实施了节能工程，加强了重点能耗企业节能管理，大力推动了节能减排；节约、替代、循环利用的先进适用技术得到了开发与推广；水电、风电、太阳能、核电、生物质能等的开发推动了清洁能源和可再生能源的利用；建立了矿山环境恢复治理保障金制度，建立最严格的耕地和水资源管理制度，开展节水型社会建设试点与节水产品认证，强化了资源节约、集约利用。

在加强环境保护能力建设方面，积极推进污染防治和生态修复，制修订了污染防治相关法律法规和标准，建立和完善了污染防治制度和标准体系；组织开展了全国污染源普查、全国土壤污染状况调查；加大了环保投入，加强了科技支撑，大力推动污染防治

工作，加强生态保护和修复。

在开展生态文明与绿色发展宣教和示范创建方面，开展了多种形式的宣教，营造了有利于生态文明建设的社会氛围；各部委、地方积极开展了多种形式的生态文明示范创建活动。倡导绿色消费，组织开展了节能减排、节能宣传等系列宣传活动，提高了全体公民的节能环保意识；通过财政补贴等方式推动促进节能产品的消费；完善和实施了标准、认证和能效标识制度；大力倡导绿色出行，推动了公共交通、城市轨道交通和快速公交的发展。

综上所述，目前我国生态文明建设与绿色发展方面初见成效，各方面工作有序开展。同时，对生态文明制度体系建设的要求日益提高，需要总结试点示范经验，复制推广成功模式，以标准化手段推动生态文明建设向纵深发展。

二、生态文明建设与绿色发展标准体系构建

标准体系分类框架研究作为生态文明建设与绿色发展标准化的总体布局，可以形象地展示标准体系实际方位、分类状况及其各分类之间的支撑配套关系，进而确定标准采标清单与缺失标准制定清单，形成重点标准研制目录，能够更加方便地指导未来标准的制修订和管理工作。生态文明建设与绿色发展标准体系主要是由标准体系框架图和标准体系表的方式共同表达，两者之间相互对应和补充，共同阐述出标准体系的内容。

我国生态文明建设与绿色发展标准化是一个全新领域，针对生态文明建设与绿色发展应运而生，标准体系的构建正处于探索阶段。通过厘清我国生态文明建设标准体系工作的内涵、边界和主要内容，分析当前及今后生态文明建设的工作重点和形势变化，明确生态文明建设标准体系发展目标，确定与生态文明及绿色发展相关的标准需求，为推进我国生态文明建设与绿色发展提供了标准化的技术支撑和保障，进而体现绿色发展与生态文明相结合的科学发展观念。

由此，基于构建科学适度有序的国土空间布局体系、绿色低碳循环发展的产业体系、约束和激励并举的生态文明体系、政府企业公众共治的绿色行动体系，严守生态保障功能基线、环境质量安全底线、自然资源利用上线，紧紧围绕加快转变经济发展方式、加大环境污染综合治理、加快推进生态保护修复、全面推进资源的集约利用、倡导推广绿色消费，完善生态文明制度体系六大任务，形成了覆盖空间布局、绿色经济、生态环境、生态文化与绿色消费四大领域的生态文明建设与绿色发展标准体系框架（图1）。生态文明建设与绿色发展标准体系中所涉及的标准均为国家标准、行业标准、地方标准，企业标准、团体标准暂不属于本标准体系讨论的范围。

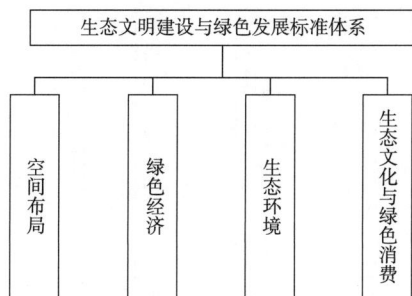

图1 生态文明建设与绿色发展标准体系框架

1. 空间布局标准子体系

空间布局标准子体系层次结构如图2所示，包括陆地空间布局、海洋空间布局、生态人居及生态基础设施四个方面的标准。

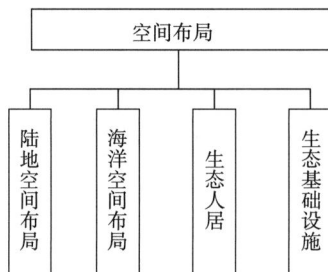

图2　空间布局标准子体系框架

2. 绿色经济标准子体系

绿色经济标准子体系层次结构如图3所示，包括能源资源节约与利用、生态农业、绿色工业及生态服务业四个方面的标准。

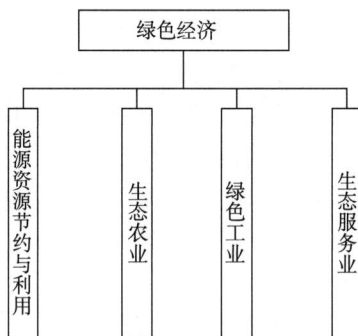

图3　绿色经济标准子体系框架

3. 生态环境标准子体系

生态环境标准子体系层次结构如图4所示，包括环境质量、环境污染防治、生态系统保护与修复、应对气候变化四个方面的标准。

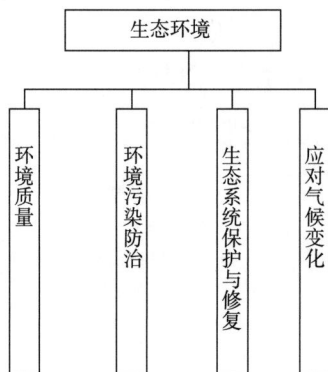

图4　生态环境标准子体系框架

4. 生态文化与绿色消费标准子体系

生态文化与绿色消费标准子体系层次结构如图 5 所示，包括绿色消费、绿色出行、生态文化教育与宣传三个方面的标准。

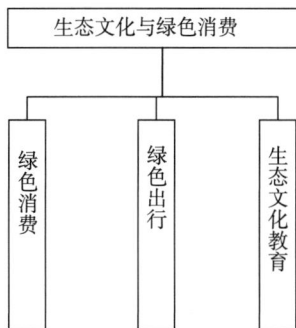

图 5　生态文化与绿色消费标准子体系框架

三、生态文明建设与绿色发展标准体系地方探索与应用

为落实党中央、国务院领导的重要指示精神，充分发挥生态文明标准化标杆引领作用，有必要充分发挥各地、各有关部门的作用，调动全社会力量，总结试点示范经验，复制推广成功模式，充分发挥标准化在生态文明建设中的基础性、战略性和引领性作用，推动生态文明建设向纵深发展，对不断加剧的资源环境约束和人民群众对山更绿、水更清、环境更宜居的热切期盼，坚定不移推进生态文明建设，推动美丽中国建设迈出重要步伐。

基于我国生态文明建设与绿色发展标准体系建设工作，在江西、贵州、海南等国家生态文明试验区建设中，目前已应用并推动构建了富有各地特色的生态文明建设和绿色发展标准体系。

江西省发布《国家生态文明试验区（江西）标准化建设方案》，构建了包含基础与管理、空间布局优化、生态经济发展、生态环境保护、生态文化培育 5 个方面的标准体系；并梳理了现行国家标准、行业标准、地方标准共 2360 项，待研制标准 58 项（类），重点提出 87 项《江西省生态文明相关标准项目研制清单》，同时提出 15 个江西省生态文明标准化建设重点领域，着力发挥标准化的支撑引领作用，努力走出一条具有江西特色的生态文明建设新路子，积极发挥国家生态文明试验区（江西）的全国样板作用。

海南省发布了《海南省绿色标准体系建设三年行动方案》，提出到 2021 年基本构建形成科学适用的海南省绿色标准体系，主导或参与制修订国家、行业及地方标准 50 项以上，建设 100 个国家或省级标准化试点示范项目，形成一批支撑海南绿色发展及生态文明建设的优良实践标准化案例和可复制推广的典型工作模式。

贵州省聚焦长江珠江上游绿色屏障建设示范区、西部地区绿色发展示范区、生态脱贫攻坚示范区、生态文明法治建设示范区、生态文明交流合作示范区的战略定位，紧扣八个方面 32 项重点改革创新任务和 34 项制度成果要求，遵从《生态文明建设标准体系发展行动指南（2018—2020 年）》精神，目前，已构建了能够凸显贵州特色、支撑改革创新试验的贵州生态文明建设标准体系，发布《贵州省生态文明建设标准体系框架》和《贵州省生态文明建设标准体系明细表》。贵州省生态文明建设标准体系框架分为三级层次。一级层次包括基础与管理、绿色屏障、绿色经济、生态文化与旅游、生态脱贫、生态环境大数据 6 大领域，凸显《贵州方案》开展绿色屏障建设制度创新试验等八大任务。二级层次涉及 35 个方面，三级层次涉及 182 个部分，构成了支撑生态文明建设的完整标准体系。《贵州省生态文明建设标准体系明细表》共涉及相关国家、行业、地方标准共 2513 个。其中，国家标准 1058 个，行业标准 1107 个，地方标准 348 个，为贵州生态文明建设提供技术保障。

中国绿色经济政策实践与改革方向

董战峰

生态环境部环境规划院副主任、研究员、博士生导师

绿色经济是一种以人与自然和谐为目标的均衡式经济形态。中国在过去的十年中始终将促进发展转型、发展绿色经济作为中心工作，2015 年 10 月党的十八届五中全会正式提出将绿色发展理念作为指导中国经济和社会发展的五大发展理念之一，绿色经济政策作为实现绿色发展的核心政策，越来越受到国家高度重视，中国创新出台了多项绿色经济政策推动绿色发展，深入推进生态文明建设。系统总结过去 10 年中国绿色经济发展政策的规律趋势，展望未来十年发展重点方向对进一步深化改革具有重要意义。

一、中国绿色经济政策体系基本建立

过年十年的探索与实践，中国绿色经济政策体系取得了重要进展和显著成效。绿色金融、生态补偿、碳排放交易等政策取得阶段性突破，绿色财政、绿色税费价格机制不断健全，在提升发展质量、产业结构调整、能源结构调整、生态环境保护和应对气候变化等方面发挥了重要作用。

绿色财政投入力度持续加大。一是环境污染治理投资逐年增长，中央环保专项资金规模逐年持续加大。2010 年以来，中央财政设立大气污染防治资金、水污染防治专项资金、土壤污染防治专项资金、重金属污染防治专项资金等多项中央环保专项资金。各类环保专项资金规模逐年持续加大，其中：大气污染防治资金由 2013 年的 50 亿元增加到 2019 年的 250 亿元；水污染防治资金由 2014 年江河湖泊生态环保专项资金的 70 亿元增加到 2019 年的 190 亿元。2015 年以来，中国环境污染治理投资总额从 2015 年的 8806.3 亿元增加到 2017 年的 9539 亿元。二是积极创新绿色金融政策融汇绿色经济发展资金。根据中国银行保险监督管理委员会数据，2013 年 6 月末至 2019 年 6 月末，全国 21 家主要银行机构绿色信贷贷款余额由 4.85 万亿元快速增长至 10.6 万亿元，年增长率保持在 10% 以上。2016 年 8 月《关于构建绿色金融体系的指导意见》发布，将绿色金融体系上升至国家战略高度，提出了全球首个相对完整的政府为主导的绿色金融政策框架。2019 年 3 月《绿色产业指导目录（2019 年版）》出台，是中国建设绿色金融政策体系的又一重大突破，也是目前关于界定绿色产业最全面的指引。

绿色定价机制不断完善。一是绿色税收政策体系基本成型。为促进绿色发展，中国陆续出台一系列绿色税收优惠政策，已构建起以环境保护税为主体，以资源税为重点，以车船税、车辆购置税、消费税、企业所得税、增值税等税种组成的绿色税收政策。近

几年绿色税费改革加快，2016 年全面开展资源税改革以来河北省率先开展水资源税改革试点。2017 年 12 月将水资源税改革试点范围扩大到北京、天津等 9 个省区市。2018 年 1 月 1 日《环境保护税法》正式实施，是中国首部专门推进生态文明建设的单行税法。2019 年 8 月《资源税法》发布并于 2020 年 9 月 1 日起实施，成为中国绿色税制建设的重要组成部分。二是环境资源价格政策不断完善。2018 年《关于创新和完善促进绿色发展价格机制的意见》发布以来，青海、河南、云南、内蒙古等多个省区推出相关政策，地方按照污染者付费和补偿成本并合理盈利的原则，将污水处理费、固体废物处理费、水价、电价、天然气价格等资源价格收费政策向环境企业倾斜，创造更加有利于环保投资、营运的环境。

全要素领域覆盖的生态补偿制度逐步建立。中国生态补偿政策力度不断加大，涉及领域不断拓宽，生态补偿制度建设取得重大突破，生态补偿制度框架基本形成，补偿范围覆盖重点生态功能区与流域以及大气、森林、草原、海洋等重点领域。2011 年发布《国家重点生态功能区转移支付办法》，对国家重点生态功能区财政支付进行了规范。2015 年新修订的《环境保护法》首次为生态补偿制度提供了法律支撑。2016 年出台《关于健全生态保护补偿机制的意见》为重点领域、重点区域、流域上下游以及市场化补偿改革提供了总体框架。2019 年《建立市场化、多元化生态保护补偿机制行动计划》等系列文件的出台实施对推进市场化、多元化生态保护补偿机制建设，加快建立流域上下游横向生态保护补偿机制提出了要求。重点生态功能区转移支付力度逐年增大，资金由 2008 年的 61 亿元提高至 2019 年的 811 亿元，累计达到 5242 亿元。

碳排放交易由点到面开始推开。碳排放权交易作为低碳经济的市场调节机制，是中国积极应对气候变化的重要抓手，近年来在制度、技术规范上取得积极进展。2010 年中国正式提出实行碳排放交易制度。2011 年 11 月，国家发展与改革委员会正式批准"两省五市"开展碳排放权交易试点工作。2013 年 6 月，国内首个碳排放权交易平台在深圳启动，七个试点在 2013—2014 年陆续开始交易，截至 2019 年 5 月底，全国碳市场试点配额累计成交 3.1 亿吨二氧化碳，累计成交额约 68 亿元，覆盖电力、水泥、钢铁、化工等高排放重点行业。此外，排污权交易、水权交易、用能权交易等环境资源权益交易试点工作已全面开展并取得阶段性进展。

二、中国绿色经济政策改革思路

发展绿色经济已经成为中国国家重大战略，中国经济已由高速增长阶段转向高质量发展阶段，需要通过绿色经济政策改革提供新动能，推动落实形成绿色发展新格局，实现美丽中国建设的宏伟目标。未来十年要构建更为系统完善的绿色经济政策体系，为绿色经济发展提供长效机制。中国绿色经济政策改革与创新要深入贯彻落实习近平生态文明思想，持续推进生态环境质量改善，推动经济结构加速转型，形成协同生态环境保护和经济产业发展的长效动力机制。

三、中国绿色经济政策改革方向

中国绿色经济政策还在完善过程中，协同推进高质量发展和高水平生态环境治理的政策调控功能需要进一步发挥出来。未来十年的中国绿色经济政策要进一步强化改革与创新，为生态文明和美丽中国建设提供制度保障。

建立与生态文明相适应的绿色财政制度。一是完善绿色财政制度。改革现有财政预算账户，设立与生态文明建设相适应的生态环境专项账户。建立生态环境保护投入稳步增长机制，明确生态环境保护投资比例。继续推进中央和地方生态环境财权和事权相匹配财政体制机制改革，建立生态环境质量改善的财政激励机制。二是完善绿色金融体系。推进设立区域流域绿色发展基金，指导鼓励地方设立生态环境基金，突出财政资金的综合统筹、优化使用，突出资本市场的引入，建立多元化、市场化融资机制。健全绿色信贷指南、企业环境风险评级标准等标准和规范。健全上司公司环境信息强制性披露、定期报告披露机制，规范和督促上市公司、发债企业等尽责充分披露环境信息。

继续深化绿色税费价格政策机制改革。完善环境保护税、绿色税收优惠、资源税、机动车等生态环境保护相关税政策，调整环境保护税征收调控范围，推进将生态环境外部成本纳入资源税改革，促进建立体现生态环境价值及资源稀缺性的绿色税收制度。完善环境基础设施公共服务供给收费政策，推动建立全成本覆盖的污水处理费政策，建立有利于促进垃圾分类和减量化、资源化、无害化处理的税费激励机制。研究建立健全覆盖成本并合理盈利的固体废物处理收费机制，推动农村污水处理设施用电执行居民用电或农业生产用电价格。

完善市场化、多元化生态补偿制度。推动出台国家重点生态功能区转移支付测算办法，强化重点生态功能区转移支付监测评价，加强监测评价与考核结果在转移支付资金分配中的应用。深入推进生态综合补偿，指导地方探索建立生态保护和治理方面专项转移支付资金整合机制，在区域、流域、保护区等范围内建立生态补偿基金制度，整合范围内重点区域与重点领域的生态补偿资金，综合考虑，统筹使用。鼓励地方利用市场机制，采取 PPP、特许经营权、政府购买服务等多元化市场化补偿方式，引入市场机制和社会投资。

健全国家碳排放交易市场。持续推进碳排放总量和强度"双控"，推动全国碳市场的建设运转，推进碳交易机制成为碳排放 2030 年达峰的重要手段。在发电行业率先启动碳排放权交易的基础上，逐步扩大参与碳市场的行业范围拓展到其他重点行业，进一步拓展交易主体范围，增加交易品种，全面建立环境权益交易的 MRV（监测—报告—核查）能力，完善全国碳交易平台和市场。同时，积极探索资源使用权市场化交易，完善水资源合理配置和有偿使用制度，加快建立水资源取用权出让、转让和租赁的交易机制。进一步加快推进节能量、用能权、用水权和绿色电力证书等交易制度探索。

参考文献

［1］王金南，李晓亮，葛察忠．中国绿色经济发展现状与展望［J］．环境保护，2009（5）：53－56．

［2］王文军，刘丹．绿色发展思想在中国 70 年的演进及其实践［J］．陕西师范大学学报（哲学社会科学版），2019（6）：5－14．

［3］王金南，董战峰，蒋洪强，等．中国环境保护战略政策 70 年历史变迁与改革方向［J］．环境

科学研究，2019（10）：1636 – 1644.

［4］璩爱玉，董战峰，李红祥，等．"十三五"环境经济政策建设规划中期评估研究［J］.中国环境管理，20019（5）：20 – 25.

［5］董战峰，李红祥，葛察忠，等．国家环境经济政策进展评估报告2018［J］.中国环境管理，2019，11（3）：60 – 64.

［6］董战峰，陈金晓，葛察忠，等．国家"十四五"环境经济政策改革路线图［J］.中国环境管理，2020（1）：5 – 13.

建设绿色技术银行，推进绿色技术转移转化

王　震

上海科学技术交流中心

摘要：文章将从以下几方面展开，一是关于绿色技术银行这项工作的起源和设计；二是我们当前的建设进展，也是我们在推进绿色技术转移转化上所做的一些探索实践；三是向各位介绍我们面向区域和企业的绿色服务；四是当前我们对外的合作机制。

关键词：绿色技术银行　绿色技术　探索实践　绿色服务

一、关于绿色技术银行

2015 年，习近平总书记出席联合国可持续发展峰会，同各国领导人签署了联合国 2030 年可持续发展议程。在这 17 项目标中就提出要建设"技术银行"，推动环境友好型先进技术向发展中国家转移转化，提升全球可持续发展能力。2016 年，我国发布《中国落实 2030 年可持续发展议程国别方案》，提出形成涵盖可持续发展议程各项目标的技术库，开发、转让、传播和推广环境友好型的技术。

科技部作为该项工作的牵头单位，将建设"绿色技术银行"纳入《"十三五"国家社会发展科技创新规划》和《关于构建市场导向的绿色技术创新体系的指导意见》等重要文件。

2016 年 9 月，经科技部和上海市人民政府部市专题会商，绿色技术银行落户上海并正式开展建设工作。2017 年 12 月，绿色技术银行建设领导小组第一次会议召开，科技部副部长徐南平，上海市市委常委、常务副市长周波出席会议，为绿色技术银行管理中心揭牌。

绿色技术银行是绿色发展领域落实 2030 年可持续发展议程的"技术银行"，是汇聚可持续发展重点领域先进实用绿色技术，强化科技与金融结合，实现科技成果的资本化，加快科技成果转移转化和产业化的综合性服务平台。

绿色技术银行的定位是提供绿色发展领域"技术 + 人才 + 资金"的系统性解决方案，探索可复制、可推广的绿色技术创新与发展的经验模式。

从组织架构上，绿色技术银行由决策层、协调服务层、市场运营层三层管理结构组成。领导小组中，由科技部和上海市作为双组长单位，另有外交部、发改委等多部门和机构组成。领导小组之下设有秘书处，设在科技部社发司。协调服务层包括协调小组和管理中心，管理中心设在上海科技交流中心，主要承担研究制定发展战略，协调各级主

体；组织制定绿色标准规范、开展评估认证、发布技术清单；立足转移转化市场需求开展项目管理；开展对外宣传等职能。市场化运行主体主要包括我们自己成立的运营公司——绿技行（上海）科技发展有限公司，和一些集聚在绿色技术银行平台之上的具备评估、转化、金融服务等功能的市场化服务机构。

二、建设进展

绿色技术银行是一个全新的概念，它的组织架构、运行机制、服务能力建设等各个方面，可以说都是创新和探索。在过去的两年中，绿色技术银行通过标准研究和平台建设实现了"专业化"服务、通过组建市场运营主体探索了"市场化"运行、通过与国际组织的交流合作开拓了"国际化"的局面，践行了成立之初科技部和上海市领导对我们提出的专业化、市场化、国际化的原则和要求。

首先，构建了绿色技术标准体系，规范和指导工作。2019 年国家发展改革委和科技部发布了《关于构建市场导向的绿色技术创新体系的指导意见》，我们的团队也参与了起草和讨论，其中将绿色技术定义为：降低消耗、减少污染、改善生态，促进生态文明建设、实现人与自然和谐共生的新兴技术，包括节能环保、清洁生产、清洁能源、生态保护与修复、城乡绿色基础设施、生态农业等领域，涵盖产品设计、生产、消费、回收利用等环节的技术。

从外延上，将绿色技术划分为环境质量、资源利用、能源利用、生命健康及生态安全五个主要领域，构建了三级绿色技术分类体系，并与世界知识产权组织绿色框架等国际分类标准进行了对接。

另外，基于绿色技术银行的工作，我们还组织同济大学和科技部科技评估中心的专家团队，建立了绿色技术评价导则和绿色技术筛选评估规范，分别用于评价技术的绿色性和已判定为绿色技术的项目转化价值。

在平台建设方面，聚焦绿色技术银行的功能定位和服务内容，我们搭建了信息平台、金融平台、转移转化三大平台。

信息平台：实现了项目的收储、筛选、集成、检索匹配等功能，通过汇聚绿色创新资源，为绿色技术转移转化提供跨领域、跨区域、全过程的集成服务。目前已经入库项目有 7367 项，通过前面提到的绿色技术分类和评价体系，对这些项目进行分级分类管理，筛选重点项目 113 项，核心项目 45 项，形成了集成清洁能源、水环境综合治理、固废资源化等领域的成套技术解决方案 16 套。其中部分项目已由转移转化机构、绿色创投基金、市场运行主体等单位进行了评估、投资、推广，并应用于上海市、长三角、可持续发展创新示范区、中西部欠发达地区及"一带一路"沿线国家。

转移转化平台：通过集聚专业服务机构，实现绿色技术评估、知识产权管理、技术转移转化、政策法律咨询等技术转移转化全链条服务支撑。目前我们与近 40 家技术转移机构建立紧密合作关系，促成众多技术转移转化项目，其中上海交大的项目单项合同金额达 8 亿元。在推进项目转移转化的过程中不断探索绿色技术转移转化的新模式，包括与太原市政府合作，探索利用第三方专业评估机制，形成面向全过程技术应用的"研发方案评估＋价值与风险分析＋研发立项建议"的服务模式，提高后期技术成果转化效率和应用价值。与邹平市政府合作，通过引进先进技术成果、创新型企业及研发团队，面向区域产业升级提供"引进技术＋培育团队＋基金投入"的全要素、多主体服务等。

金融平台：一是以政府引导基金为主，设立了35亿元规模的上海绿色技术创业投资基金；二是成立绿色技术金融协同创新联盟，集聚了工商银行总行等30余家核心金融机构；三是对接上海中小微企业政策性融资担保基金，推出绿色技术贷款担保服务产品。

三大平台通过信息平台门户网站，实现信息、服务以及管理资源的整合，为绿色技术转移转化提供全过程服务。

2019年年初，为了进一步推进绿色技术银行的市场化运行，经原上海市常务副市长周波批示，成立了国资控股、民营资本参与的市场运营主体——绿技行（上海）科技发展有限公司。通过国营控股体现绿色技术银行的政策导向，通过民营资本参与进一步激发公司的创新活力和市场敏感度。目前公司的注册资本是一亿元。

在国际交流合作方面：与联合国环境署、联合国经社理事会、世界银行、世界知识产权组织WIPO GREEN、联合国工业发展组织（UNIDO）、哈萨克斯坦绿色投资促进中心等建立合作关系，在品牌推广、园区共建、项目交流等方面开展合作。另外，绿色技术银行一直在面向国际积极地进行宣传，寻求合作。2017年，绿色技术银行和联合国经社理事会（UNDP）合作举办了"联合国可持续发展目标科技创新研讨会"，探索了绿色技术银行与联合国技术促进机制的合作并签署了谅解备忘录。2018年绿色技术银行高峰论坛，也邀请了联合国工业发展组织和世界知识产权组织参与，在大会上解读生态工业园区和中国绿色发展指数报告等议题。

在《绿色技术银行发展战略与建设方案》中，绿色技术银行提出了面向企业、面向地方政府、面向"一带一路"国家，着力推进的绿色技术转移转化和金融支撑服务，提供绿色发展系统解决方案的发展方向。

2018年，国务院批复了太原、桂林、深圳3个2030国家可持续发展议程创新示范区。作为2030国别方案中由科技部牵头的2项工作，绿色技术银行与可持续发展议程示范区从筹建起就展开了紧密合作。在科技部的指导下，去年绿色技术银行与太原市政府签订了战略合作协议，针对筛选出的20余项需求提供一揽子解决方案，推进黑臭水体治理等重点示范项目落地，推动同济大学与太原市共建可持续发展研究院。

针对一些资源型地区的转型发展，通过筛选、评估科技部推荐技术，围绕氰化渣尾矿处理技术规划循环经济产业园方案，在山东新泰和云南个旧地区进行推广。

在上海，配合国家"水十条"计划，主要筛选了石墨烯光催化、生物膜水治理等多项水治理修复技术，开展黑臭河道治理修复示范。并且在2020年系统梳理地表水环境治理技术体系，针对不同类型的地表水环境治理，形成一系列集技术、工程、运行管理模式、金融模式为一体的系统解决方案。

针对企业的绿色技术转型升级，除了提供绿色技术的咨询、评估、转移转化服务外，绿色技术银行还可以通过绿色产业基金，联动银行，提供投融资服务。2018年，绿色技术银行的上海绿色技术创业投资基金投资了上海绿能的深远海域海上风电项目，投资规模是3.3亿元，带动社会资本4.5亿元，形成共7.8亿元资金规模，有力地推动了智慧型海上风电的开发和未来能源结构转型。

在面向"一带一路"国家的工作中：一是推动国内项目"走出去"，如，推动上海港湾集团将"高真空软土快速硬化系列技术"应用于菲律宾拉古纳湖清污造新城工程，该项目由菲律宾总统杜特尔特见证，在2020年举办的博鳌论坛上正式签约；对接哈萨克斯坦、土库曼斯坦等国在中亚地区推广"地热能分布式供能系统"等绿色适用技术的示范；在荷兰推广了绿色环保包装材料整体技术解决方案，这个项目公司现在已经在荷兰完成了初步的注册工作。二是在交流层面，面向"一带一路"国家举办国际活动。如与云南省共同承办"南亚青年科学家科技创新中国行"活动，组织来自印度、巴基斯坦、斯里兰卡等国的青年科学家调研上海市绿色产业创新和绿色要素集聚区等。

为落实科技部指示，绿色技术银行还积极推进绿色科技扶贫工作。比如在新疆喀什地区重点推介藜麦种植等项目的示范和产业化，已完成2000亩藜麦种植试验田的种植规划，计划通过藜麦产业带动脱贫。在西藏日喀则市亚东县，支持上海海洋大学开展"亚东鲑鱼人工规模化繁育"技术转移工作，直接带动资本投资近3亿元，带动了3个乡镇4个村（居）849户、2343人增收，亚东县成为西藏首批成功脱贫摘帽的贫困县。

以上是绿色技术银行目前推进的一些工作和项目。绿色技术银行是一个开放的平台，欢迎各类主体通过建立合作伙伴关系参与到绿色技术银行的工作中。

与地方的政府的合作有两种形式：第一种是设立分行或其他分支机构，这种形式需要由地方政府支持建立独立的运营主体，在绿色技术银行的统一框架和绿色技术标准下开展相关工作。第二种是通过签署战略合作协议建立战略合作关系，主要合作内容包括：（1）双方建立科技供需信息的共享机制；（2）依托绿色技术银行共同推动绿色发展领域的项目合作，形成综合性服务和系统解决的方案。

目前，绿色技术银行针对地方政府可以提供的绿色服务主要包括：（1）绿色技术的咨询、评估服务及先进适用绿色技术的引进；（2）生态环境检测、影响评价；（3）产业园区绿色升级相关服务，包括智慧能源在线监测系统规划和建设、园区资源利用高效化改造、园区污染治理集中化改造、园区重点行业清洁生产改造、废弃物处理及资源化综合利用等。

与研发机构、企业、金融机构的合作模式，我们有一套合作伙伴关系实施方案，加入后：（1）在统一的框架和标准下开展相关工作；（2）优先获得绿色技术标准及认证、科技成果及需求信息、项目推广宣传等资源；（3）在品牌经营、服务能力支撑等方面开展相关合作。

面向企业我们提供绿色技术转移转化的全链条服务，包括技术咨询、筛选评估、知识产权管理、技术转移、金融支撑等。

全球气候变化预警与倡议

Frederick C. Dubee

联合国全球契约组织高级顾问

我们共同居住在同一个星球上，共同面对相同的挑战。目前全球气候变化速度和短期内的影响，使我们能够目睹并感受到气候变化的速度和影响，并意识到风险。

巴黎达成的《巴黎协定》，当时所说的温度上升控制在 2 摄氏度之内，这是个约束性极高的要求。如果温度上升 3 摄氏度，就会有非常严重的问题，如果温度上升 4 摄氏度，可能就会有难以预料的灾难。这对人类的生存造成了最严峻和现实的威胁。假如温度上升 4 摄氏度，影响将是致命的。通过观察不同城市的情况，会发现整体基础是非常脆弱的。中国基础设施核心所在地北京、天津、上海、广东随着海平面上升，其实都面临着巨大的危险。我们每个人都应该对此保持敏感性，意识到自己的责任所在，同时也认识到必须要做相应的变革。

不仅中国大陆面临着海平面上升带来的问题，纽约、伦敦、里约热内卢、布宜诺斯艾利斯、孟买、东京、雅加达面临着同样的问题，正如中国香港、上海以及珠江三角洲一样。这些城市和地区聚集数十亿人，工业、学术、科技和社会发展都面临着风险。

对于中国珠三角来说，大家肯定更加了解，这里有 1.2 亿人口，将会在未来成为中国发展的核心区域。温度上升 2 摄氏度以后会产生什么影响呢？产业中心、文化中心都会产生危险。如果上升 4 摄氏度就会面临更大的挑战。牛津大学之前预测过，如果温度上升 2 摄氏度和 4 摄氏度，广州、上海也许就不适宜居住了。

另一个和与水相关的话题是水资源的需求。冰川在不断的融化，尤其是喜马拉雅山区。这对于包括长江、黄河等发源于喜马拉雅山区和青藏高原的河流都会产生影响。

我们即使达成了《巴黎协定》中设定的目标，但解决现实中的问题需要我们做得更多。整体风险概率已经到达 66%，如果不作为，风险会更高。今天的行动不只为今天，更是为了明天，而且我们必须采取合适的方案解决现有的问题。我们现在面临的问题是，公共服务领域，企业高层领导层需要做什么样的决策？决策要不断适应经济、社会的整体发展速度和水平。国家和企业的都需要正确处理这些问题，我们必须提前应对这些挑战，提前制定出应对的策略。作为个人，必须要意识到我们每个人都是参与者，因为整体风险太大，我们没有办法忽视。

中国企业参与"一带一路"建设中的
可持续发展理念

张威
国家商务部国际经济研究院副院长

从中国对外投资发展的总体情况看，2015 年，中国对外直接投资的流量超过了当年实际利用外资总额。这在中国的对外开放发展中，是一个阶段性转折的标志，即对外投资首次超过了利用外资。虽然那之后，国家对非理性的对外投资加以约束，对外投资增长有所回落。但总体上看，对外投资发展进入了较快增长期。

从 2002 年开始，中国对外投资国际地位发生了变化。从 2002 年到 2016 年，中国对外直接投资流量从约 27 亿美元，增长到约 1961 亿美元。其间，出现了几个关键节点的变化。2002 年中国对外投资流量在全球的排名是第 26 位，2008 年之后，由于全球金融危机的影响，对外直接投资整体进入了一个相对比较萎缩的阶段。所以从 2009 年，也就是金融危机的第二年开始，中国对外投资冲进了全球对外投资流量的前五名，并且这个趋势一直在持续。到 2012 年，我们进入了全球对外投资流量的前三位，这两年一直保持在全球对外投资流量第二位的水平。存量的位次变化是一直上升的，前些年，中国的对外投资总量不多，存量排名也比较靠后，2002 年的全球排名是第 25 位。随着对外投资的快速增长，到 2016 年，中国对外投资存量已经超过了 13500 亿美元，排名全球第六。按照目前的态势发展，中国对外投资至少存量还会进一步增长。

目前，中国对外开放自身的发展和面临的形势都变了。2000 年，我们正式提出了"走出去"战略，经过 15 年的发展，"走出去"已经超过了"引进来"。这样的发展态势对中国来说，可能带来两方面形势的变化。一是面临的国际形势更加严峻，高水平的投资，高科技领域的投资可能受到越来越多的限制。二是很多大型项目的投资可能面对更多的敏感性冲突。从这个意义上来说，中国企业国际化的脚步迈得越快，中国企业国际化的能力越需要加快提升，包括国际化发展的理念也需要进一步转型。所以，我们希望在中国的对外投资发展到这样一个阶段的时候，中国的企业能成为具有国际化视野和国际化经营能力，并得到东道国信赖以及国际社会尊重的跨国公司。在这个过程中，中国企业可能更多要考虑的是公司治理、经济、环境和社会的平衡、共赢，从而实现海外的可持续发展。

可持续发展本身不是一个新的话题。我们选的定义是 1987 年世界环境与发展委员会的报告《我们共同的未来》给出的定义：可持续发展既能满足当代人的需求，又不会损害后代人满足其自身需求的能力。要做到可持续发展，对企业来说要良好地履行社会责任。企业履行社会责任，ISO 26000 给了一个专门的社会责任的概念，就是要把一个组织，这个组织当然包括企业，把社会环境的因素融入决策，并为其决策和活动对社会和环境的影响承担责任的意愿和行动。也就是说要让企业对它的活动所造成的社会环境影响，承担相应的责任，所以叫企业社会责任。总体目标是致力于可持续发展的，企业社会责任也是达成可持续发展的必要方式和路径。

2017 年 5 月，我们在"一带一路"国际高峰论坛上，同联合国开发计划署（也就是 UNDP）和国资委共同发表了一本报告，叫《中国企业海外可持续发展报告》，这个报告的中英文版已经在联合国的网站上发布了，这是第二本。这个报告是目前为止在联合国网站上跟中国相关的研究报告中点击量最大的。我们之所以放在了去年的"一带一路"峰会上发布，是因为我们发现联合国倡导的 2030 可持续发展议程跟我们的"一带一路"倡议之间理念相通、平台共享而且目标也高度契合。

理念相通是什么？是指"一带一路"倡议跟 2030 议程都秉承了多边共赢的合作理念，包容多元的开放理念和均衡协调的发展理念。同时，双方之间是平台共享的，除了现有的一些合作平台，联合国系统内其实也还有很多的平台，比如 UNDP 是一个平台。联合国工发组织也在推行全球范围内的国际化工业园区发展的典型。在这个过程中，我们也参与了中国园区开发经验的提炼和总结，以作为工发组织未来向全球推广标准化可持续发展的绿色工业园区的模板。"一带一路"倡议跟 2030 议程之间是高度一致并高度对接的。2030 议程一共 17 项目标，其实很多内容跟"一带一路"倡议的合作重点都是高度相关的。今天说到的绿色投资跟 2030 议程第 12 个目标是高度一致的，第 12 个目标强调的是可持续的消费和生产模式，我们在"一带一路"建设中，也特别强调投资和贸易，应突出生态文明理念，加强生态环境、生物多样性和应对气候变化的合作。

我们根据国际通常惯例，对中国企业的海外可持续发展的情况做了一个评估。通常国际上是按照一个企业的社会表现、经济表现、治理表现和环境表现等几个方面对企业做评估，我们来看看中国企业调研出来的结果怎么样。全球范围内有 500 多家中国企业最终有效地回答了我们的问题。

第一，中国企业在海外的社会表现怎么样。这里面包含了很多内容。我们企业一般委托第三方对企业的社会表现方面做评估，并且把社会表现的评估与环境表现的评估放在一起。里面涉及一些重要的指标。比如，对东道国社区的影响，实际上就是中国企业的发展对东道国的影响。在这个过程中，企业怎么选择优先议题？按照 2030 可持续发展议程的 17 个目标，企业在这 17 个目标中怎么选择跟东道国之间形成和谐发展的议题？我们看到，企业第一个首选的是 SDG12，负责任的消费和生产，其次 SDG4，为当地提供尽可能优质的教育。第三是 SDG6，为当地提供更多的清洁饮水和卫生措施。说明中国企业一方面强调项目本身投资的绿色化，另一方面也为当地的绿色发展积极做贡献。另外一个重要指标是对本地员工权益的保障，这也是实现可持续发展目标的重要内容。在所有的样本总数中，大部分的情况下，我们的中国员工跟外国员工的待遇和权益保障是一致的，中间有一些指标差距比较大。总体上，我们的判断是，中外的法律都有严格和明确规定的部分，中外员工的待遇就会比较一致，如果是中外法律的规定有差异，或者这种法律规定不明确的时候，中外员工的待遇和权益就会有所差异。

第二，经济表现。应该说企业在海外经营的时候，如果能实现可持续发展，首先自身的经营活动是可持续发展的。从我们调查企业的发展情况看，总体是不错的，有半数以上的企业能做到基本盈利。这与企业经营的时长是有关系的。从商业回报的角度来说，对企业的发展是有利的。还有一个重要内容是供应链建设以及对当地的技术溢出。供应链建设是指企业在当地的发展和材料采购是怎么做的。中国国内的采购是一大部分，还有一部分是东道国的当地采购。目前，当地采购的比率略少于中国国内的采购，是因为当地的供给能力有些还不能满足企业在海外发展的需求。但从意愿来说，有超过半数的企业都倾向于在当地购买产品和服务，因此这种供应链的延伸既有利于企业自身的可持续发展，对当地经济的发展也是有贡献的。还有跟当地能产生广泛联系的是技术溢出，应该说大部分的中国企业都非常愿意对海外供应商和分包商提供帮助。提供技术溢出的主要方式是为东道国的相关方面提供技术支持和人员交流。

第三，治理表现。一个企业在海外实现可持续发展，应该有很多方面的公司治理做得是比较完善的。这里选了一个主要的目标，就是看企业相关的治理机制是怎样建设的。我们非常高兴地看到，95%的被调查企业，也就是有效的样本企业都建立了诚实经营的管理体制。在反商业贿赂、反腐败、反不正当竞争方面也有相应的机制建设，当然，后三个方向上我们还有进一步完善的空间。

第四，环境表现。关于中国企业在海外的环境表现，大部分企业都非常遵守规定。根据有关数据，65%的中国企业在项目开始之前都做了环评。65%之外，将近20%以上的企业，没有做环评是因为东道国本身没有这个要求。从涉及的行业的范围来看，大部分国家的第一产业有比较严格的环评要求，也就是农林牧渔业。第二产业中，采矿业也是有比较严格的环评要求的。第三产业中的建筑类企业，虽然是服务类的企业但也是有环境评价要求的。从企业正常经营的过程中，可以看到企业采取了非常多的污染控制措施来实现环境的和谐和可持续发展。

大部分的企业有废水处理装置，固废的处理装置，在废气和噪声的处理方面都采取了相应的措施。总体来说，在样本总数中的回答率不算高。为了保证调研的科学性，我们没有仅仅调研中国的企业，我们也调研了东道国的利益相关方，也就是东道国与我们企业海外投资可能产生关联的有关方面。如果从利益相关方的角度来看，中国企业在海外发展的环境方面有进一步提升的空间。利益相关方认为大部分的企业在把商业活动产生的废弃物最小化方面所做的努力是值得肯定的。其次，大部分的利益相关方认为，中国企业采取了负责任的采购政策，也将商业活动对能源和资源的消耗降到了最小化，能够开展环境评估。有一些方面利益相关方认为企业还有提升空间。比如说，运营过程中对东道国动物栖息地的影响最小化。这让我们认识到，可持续发展理念不是根据国家的发展水平，而是根据国家的发展理念而定的。东道国的利益相关方对第三者，比如说动物栖息地的影响，对当地生物物种的负面影响，以及对当地地貌和景观的影响等比较重视，但这些往往是我们企业日常发展中不太关注的。得分较高的项是我们日常活动中都有所关注的，也是东道国发展中需要更多关注的。

中国政府在中国企业海外可持续发展的过程中出台了很多的政策，比如公司治理方面，我们出台了《境外中资企业机构和人员安全管理指南》，文化建设方面，我们出台了《中国境外企业文化建设若干意见》，社会责任方面我们专门出台了《关于中央企业履行社会责任的指导意见》，经济领域有《规范对外投资合作领域竞争行为的规定》，也对中国企业海外员工的管理形成规范。2013 年，我们也出台了《对外投资合作环境保护指南》，这与今天的主题是相关的。

对于企业未来的可持续发展，提几点建议：

第一，在现阶段中国企业海外发展过程中，要进一步提升可持续发展意识。虽然，中国的开放发展路径走过了付出环境和资源代价的过程，但现在很多发展中国家对本国的环境保护，对未来的可持续发展是高度重视的。所以，现在的国际社会合作，包括企业的国际合作，一家独赢的方式是不合理的，应该把"一带一路"共商、共建、共享的理念贯穿其中，提升绿色发展意识、可持续发展意识，这对中国企业来说是很重要的。

第二，要在实现可持续发展的过程中，挖掘机遇。有很多的产品可以做可持续发展创新。在绿色发展过程中，可能有大量的投入，但这些投入可能也会为未来的发展拓展一些新的机遇。

第三，管控风险这件事至关重要。我们说的风险其实包含了很多种类别，但是对大部分的中国企业，尤其是可能对环境造成影响的企业，做环境风险的管控是非常重要的。

第四，要强化沟通。强化沟通的过程中我们要强调的是，中国的企业在中国习惯于跟政府沟通，在海外我们也强调跟政府沟通，但国外的政府管理体制跟我们不一样，这点是企业发展过程中一定要注意的。要跟海外的利益相关方多做沟通，海外的利益相关方包含了当地的社区组织，甚至包括了普通百姓，这个沟通有多重要呢？给大家举一个简单的例子，比如说沃尔玛在美国想设一个超市可能都会是一个非常漫长的过程，这可能不仅在于政府准不准，还因为它可能面对的是跟社区长时间的沟通。所以，未来我们企业在海外国际化发展的过程中，管控风险和强化沟通其实是相辅相成的两个工作，

第五，还需要培养国际化的人才。必须认识到中国企业国际化发展的过程中，不可能把国内的发展模式直接照搬到国际上，而且有非常多的企业的发展经验证明这条路行不通。

希望大家综合运用好这五个方面的建议，也能够在未来的发展中走可持续发展、绿色发展的道路，成为一个受尊重的国际化的中国企业。

生态环境

固体废物绿色循环为高质量发展助力

胡华龙　郑　洋　周　强

生态环境部固体废物与化学品管理技术中心

党的十八大以来，以习近平总书记为核心的党中央高度重视生态文明建设，提出了一系列关于生态文明建设的新理念新思想新战略，形成了习近平生态文明思想，为我国生态文明建设提供了理论指导和行动指南。这既是中国传统文化的优秀传承，也是我国当代社会主义核心价值体系的重要内涵。建设生态文明，需要构建人与自然和谐的世界观和价值观，推进环境治理体系和治理能力现代化，推行绿色循环发展，统筹固体废物利用处置与水、大气、土壤环境污染防治。

一、绿色高质量发展是践行生态文明理念的内在要求

党的十八大报告提出，"必须树立尊重自然、顺应自然、保护自然的生态文明理念"。习近平总书记在全国生态环境保护大会上强调，生态环境是关系党的使命宗旨的重大政治问题，也是关系民生的重大社会问题，要加快构建以治理体系和治理能力现代化为保障的生态文明制度体系。习近平生态文明思想把生态文明建设融入政治、经济、文化和社会建设的全过程，重视程度前所未有，为生态文明建设和生态环境保护指明了方向。

习近平总书记指出："生态环境问题归根结底是发展方式和生活方式问题。要从根本上解决生态环境问题，必须贯彻绿色发展理念。"践行生态文明理念的路径是绿色发展，绿色发展是经济高质量发展的必然要求，要解决好人与自然和谐共生问题，加快形成节约资源和保护环境的空间格局、产业结构、生产方式、生活方式。

二、固体废物绿色循环是助力高质量发展的重要内容

固体废物绿色循环和污染防治是生态文明建设的重要内容，是助力绿色高质量发展的主要任务，是打赢污染防治攻坚战的主战场。固体废物污染防治成效是体现一个国家生态环境保护综合实力和整体水平的重要指标。加强固体废物特别是危险废物污染防治，提升环境风险防控能力，是全面改善水、大气、土壤和生态环境质量的重要内容，是深化生态环境保护工作、保护人民群众生命健康的必然要求，是为人民群众创造优良人居环境的民心工程和民生工程，是提升发展质量和效益的应有之义，对推进生态环境治理体系和治理能力现代化具有重要意义。

党中央、国务院近年来对固体废物绿色循环和污染防治作出一系列重要部署。2018

年6月，中共中央、国务院《关于全面加强生态环境保护 坚决打好污染防治攻坚战的意见》对固体废物污染防治作出重要部署。2018年12月，国务院办公厅印发《"无废城市"建设试点工作方案》，以创新、协调、绿色、开放、共享的新发展理念为引领，推广"无废城市"发展模式。2020年2月，习近平总书记在主持召开中央政治局常委会会议时要求"加快补齐医疗废物、危险废物收集处理设施方面短板"。2020年3月，中共中央办公厅、国务院办公厅印发了《关于构建现代环境治理体系的指导意见》，对构建党委领导、政府主导、企业主体、社会组织和公众共同参与的现代环境治理体系提出明确要求。

三、促进固体废物绿色循环助力高质量发展的对策建议

（一）固体废物绿色循环发展要贯彻全生命周期理念

"减量化、资源化、无害化"是我国固体废物管理遵循的基本原则。"减量化"是指采取绿色设计、清洁生产、循环使用等措施，在生产、流通和消费等过程中降低资源消耗和有害物质使用，减少固体废物的数量、体积或危害性。"资源化"是指将固体废物直接作为原料利用或者对废物进行再生利用。"无害化"是固体废物全生命周期环境管理的基本要求，是指以能够节约自然资源、保护人体健康和生态环境少受乃至不受负面影响的固体废物管理方式，适用于固体废物"从摇篮到坟墓"的全过程。

固体废物全生命周期绿色循环是绿色高质量发展的必然要求，包括源头绿色化、过程绿色化和结果绿色化。首先，在生产的源头采用绿色的原材料和生产工艺，有利于减少固体废物的产生，即源头减量化；还要减少生产过程和产品的危害性，可称作"减害化"，有利于后续绿色循环利用。其次，在循环利用过程中，循环利用的工艺要是绿色的，即各个排污节点要符合环境保护要求，无组织排放要有效控制。最后，循环利用的产品也应是绿色的，即循环利用的产品不仅要符合产品质量标准，还需要符合有害物质限值要求。

（二）固体废物绿色循环发展要统筹水、大气、土壤污染治理

习近平生态文明思想的整体系统观指出，山水林田湖草是生命共同体。固体废物污染是大气、水体、土壤环境污染的"源"与"汇"，废气、废水与固体废物处理之间是相互影响、相互转化、命运相连、密不可分的。二氧化硫、氮氧化物、颗粒物等大气污染物，通过治理富集成为固体废物；废水中的一些有害溶质和悬浮物，通过治理被分离出来成为污泥或残渣；含重金属的污染土壤，通过治理使重金属浓集于飞灰或炉渣中。这些"终态"污染物质转化为固体废物，如果不能得到妥善处理和管理，又会释放到大气、水体和土壤，成为大气、水体和土壤环境的污染"源头"。

废气、污水治理是固体废物的重要来源。例如，我国废气治理产生的脱硫石膏和废水处理产生的污泥每年产生量合计超过1亿吨，生活垃圾焚烧飞灰每年产生数百万吨。要提高绿色循环发展水平，必须系统整体考虑废气、废水、固体废物处理整个过程的成本，废气、废水处理所采用的工艺要有利于固体废物的绿色循环利用，在废气、废水处理满足达标排放的前提下，要统筹考虑次生固体废物的循环利用。

（三）固体废物绿色循环发展要实现产业的合理布局和区域协同

绿色的空间格局、产业结构、生产方式有利于推动经济高质量发展，是实现固体废物绿色循环发展的必要条件。马克思在《资本论》中指出，固体废物的资源化是有基本经济条件约束的。一些固体废物自身具有可用性质，但只有当其产生数量、与之相对应的原材料的价格以及固体废物再生利用的科技水平，使其再生利用在经济上和技术上变得可行时，固体废物才可能在现实中真正转变为资源。因此，提升固体废物绿色循环的基础是综合利用产业要达到一定规模，固体废物的来源要有稳定的量，有量才能实现规模化，才能经济可行，才能进而实现质的提升，才能真正解决"小散污"等问题。相应的，要达到一定的产业规模，必然要求产业合理布局和区域协同。只有合理布局，才能尽可能降低远距离运输成本。只有区域协同，才能避免固体废物循环利用产业规模受制于本地的有限固体废物产生量而无法支撑规模化有序发展的问题。

（四）固体废物绿色循环发展要鼓励全社会共同参与

全社会共治是促进固体废物高效循环利用的必然选择。党的十九大报告指出："构建政府为主导、企业为主体、社会组织和公众共同参与的环境治理体系。"固体废物按照产生源主要来自工农业生产、消费和环境治理三个领域，任何生产生活活动只要有物质消耗就会产生固体废物。与大气和水环境保护相比，固体废物污染防治涉及更多的管理部门和利益相关方。危险废物的出口还会涉及国外的管理部门和企业。这就要求我们每个行业主管部门、每个企业、每个自然人都要对固体废物的监管、利用处置和风险防控承担相应的责任，把相关要求落实到位。因此，推动固体废物绿色循环发展必须鼓励全社会共同参与。

（五）固体废物绿色循环发展要努力打牢制度建设基础

制度建设是实现固体废物高效循环利用的根本依靠。近年来，我国着力推进固体废物污染环境防治政策法规的制修订工作，不断强化固体废物全过程环境风险管控，完善危险废物许可、转移等管理制度，建立信息化管理体系，提升环境监管能力、利用处置能力和风险防范能力，取得了积极的进展。但由于我国固体废物污染防治工作起步较晚，面临着政策法规和管理技术不完善，部分地区、部分种类的危险废物无害化利用处置能力存在瓶颈，监管能力薄弱，财税金融政策支持不到位等问题。

随着新修订的《固体废物污染环境防治法》的公布实施以及"无废城市"建设试点、生活垃圾分类、进口固体废物管理制度改革、推行生产者责任延伸制度等一系列固体废物领域改革创新举措的实施，我国固体废物绿色高效循环利用的路线方针日趋清晰，政策框架不断完善，制度短板逐步补齐。"十四五"期间，我国固体废物绿色高效循环利用工作必将进入发展的高速路，为助力高质量发展、建设美丽中国提供强劲而持续的驱动力。

防沙治沙的中国方案与经典范式

卢　琦[1,2]　雷加强[3]　杨有林[1,3]

1. 中国林业科学研究院荒漠化研究所　北京　100091
2. 中国林业科学研究院沙漠林业实验中心　内蒙古磴口　473800
3. 中国科学院新疆生态与地理研究所　乌鲁木齐　830011

一、引言

在南北信风带及副热带高压的影响下，地球南北纬15°~35°附近形成了两条天然的荒漠带，加之地形、海拔和海陆位置的影响，部分地区荒漠可延展至51°N及55°S附近[1]。原生荒漠区干燥少雨、植被稀疏，系统脆弱，但它在调节气候、物质循环和能量流通等方面有着不可替代的重要作用。工业革命带来的全球土地大开垦运动，打破了自然生态系统的原有平衡，土地荒漠化如影随形。回望整个20世纪，自1927年法国人L. Lavauden首创荒漠化（désertification）一词[2]，与之关联的灾害则愈演愈烈：1934年美国西部黑风暴（Dust Bowl）、20世纪50年代中亚地区白风暴（White Storm，盐尘暴）、1968—1973年非洲萨赫勒地区的特大旱灾等相继发生，引起了国际社会高度关注和重视，以1977年联合国防治荒漠化会议（UNCOD）为标志的"抗荒（anti‒desertification）"行动就此拉开了全球序幕。从1992年"里约峰会"三大环境公约横空出世，到1994年《联合国防治荒漠化公约》（UNCCD）在巴黎签署，标志着全球携手治理荒漠化进入了有章可循、有法可依的新纪元[3]。

2019年2月11日，NASA在其官方推特发文："来自NASA的卫星数据显示，地球比20年前更绿了！"研究显示，从2000年到2017年，中国和印度用全球9%的陆地面积，贡献了全球三分之一的植被面积增加量，为全球荒漠化防治做出了重大贡献。中国防治荒漠化的方案和模式再次成为国际社会的关注焦点。

二、历程坎坷、成就喜人

荒漠化导致土地退化、生态环境恶化、自然灾害加剧、沙尘暴频发，我国每年因荒漠化问题造成了巨大的生态和经济损失，每年由此造成的直接经济损失就超过640亿元，将近4亿人直接或间接受到荒漠化问题的困扰，严重制约着我国的生态安全和可持续的社会经济发展。70年来，中国沙区生态状况明显改善。2014年与2009年相比，全国荒漠化和沙化面积呈现"双减少"，分别减少12120平方公里和9902平方公里；荒漠化和沙化程度呈现"双减轻"，均呈现由重度向轻度转变的良好态势[4]。

对沙漠科学的真正研究和开展防沙治沙的实践活动还是在新中国成立以后才有了质的飞跃。新中国治沙与共和国基本同步，按时间进程中国治沙70年大致可分为三个阶段[5]。

一是全民动员、进军沙漠的起步阶段。1949 年新中国成立之初，中央政府就十分重视沙化治理问题，成立了林垦部，组建了冀西沙荒造林局，动员群众，开启了漫漫治沙路。1950 年由国务院牵头成立了治沙领导小组，在陕西榆林成立了陕北防护林场。进入 50 年代末，我国的防沙治沙工作空前高涨，在陕西榆林和甘肃民勤等沙区实现了首次飞播造林种草实验，治沙技术不断提高。1956 年，包兰铁路沙坡头段 50 多千米穿越腾格里沙漠，在苏联专家 M. 彼得洛夫的指导下，用草方格沙障固沙技术取得成功［其核心是在草沙障（网格）庇护下种植沙生植物，苏联在卡拉库姆沙漠修建铁道和运河就用此法］。1959 年由中国科学院组织各领域众多科技工作者对我国的大部分沙漠、沙地及戈壁开展了综合考察，建立了 6 个综合试验站及数十个中心站，初步形成了北方沙漠观测、科研和试验网络平台。20 世纪 60 年代中期至 20 世纪 70 年代中期，由于受极左思想的影响，我国治沙事业受到了严重阻碍，并且由于大规模的开荒垦地和草原开发，发展农业，造成我国各地农林草地生态环境急剧恶化，尤其是内蒙东部，大面积出现"农田挤草场，草场占林地，林地上山头"的局面，沙化问题日趋严重。

二是国家意志、工程带动的发展阶段。1978 年国务院正式批复"三北"防护林体系建设工程，开启了我国以重大工程建设生态环境的序章，成为生态建设史上的里程碑事件。20 世纪 80 年代，我国实施以经济、社会与环境保护协调发展为目标的可持续发展战略，使我国防沙治沙工作进入了新的阶段。1991 年国务院召开了第一次全国防沙治沙工作会议，之后又出台了《1991—2000 年全国防沙治沙规划纲要》并启动了《全国防沙治沙工程》；2000 年伊始，退耕还林还草工程、京津风沙源治理工程试点等国家重大生态工程先后启动，开启了新时期由国家重大生态工程带动荒漠化治理的新高度。

三是以外促内、全面提速推进阶段。1994 年 10 月签署的《联合国防治荒漠化公约》标志着我国的荒漠化防治工作正式与国际接轨，从中央到地方，多层次、跨领域，齐抓共管的管理体制逐步形成。从 1995 年提交第一个国家履约行动方案到 2017 年成功举办第十三次缔约方大会（COP13），我国荒漠化防治工作由以外促进达到了国际领先的新局面。2007 年 3 月召开的全国防沙治沙大会，明确了全国防沙治沙"三步走"的思路。2013 年批复了《全国防沙治沙规划（2011—2020 年）》，规划明确了全国防沙治沙的基本布局、防治目标和任务。2016 年我国发布了《"一带一路"防治荒漠化共同行动倡议》，启动实施"一带一路"防沙治沙工程。党的十九大报告提出了新时代生态文明建设的重要论述，防治荒漠化是践行绿水青山就是金山银山的必要前提，荒漠化防治工作迎来前所未有的契机，得到进一步稳定推进和良性发展。

2018 年 7 月 12 日，《自然》（Nature）以长篇综述发表澳中美 3 国 19 名科学家的合作论文，明确指出：近 40 年来，中国进行了人类历史上规模最大的土地制度改革，启动了包括三北防护林、京津风沙源治理、天然林保护、退耕还林还草等 16 项投资巨大、影响深远的生态修复建设工程。截至 2015 年，这 16 项工程调动了 5 亿劳动力，在约 620 万平方公里的土地上共投资了 3 700 多亿美元，这一努力在全球范围内都是史无前例的、且成就巨大[5]。从 2000 年至 2017 年，中国通过一系列生态修复工程来进行绿地恢复，大地实现了"由黄变绿"，贡献了全球25%的绿色增加量；对标可持续发展的17项指标，每一项都表现出趋好势头，特别是在指标15.3（土地退化修复）方面，提升最为显著。2000—2015年，中国土地净恢复面积占全球的18.24%（位列第一），对全球土地退化零增长做出了重要贡献[7,8]，中国防治荒漠化的方案和模式再次成为国际社会的关注焦点。

三、道路曲折、方案凸显

中国的治沙方案随我国社会状况的变化几经变更，早期受限于经济条件，我国治沙采用全民动员的形式；中期荒漠化程度加剧，我国推出了全国布局，重点防护，以大型生态工程为代表的治沙模式；新时期结合可持续发展的理念，我国采用全域治理，专业经营，倡导人们从传统治沙到合理用沙，向着"人退沙退"的百年目标努力。在长期的荒漠化防治工作中，积累了丰富经验，总结归纳出治沙"三字经——防、治、用"和综合治理的"四梁八柱"[9]。

第一梁，政府主导。

中国政府在长期的荒漠化防治工作中发挥着主导作用，通过"做规划、上工程、定岗位、确权责"等多效并举、多规合一，做好总策划，整体推进全国荒漠化防治工作有序开展。

第一柱，定规划、上工程。2010年12月，国务院发布中国首个具有战略性、基础性、约束性国土空间开发规划《全国主体功能区规划》，明确了以构建高效、协调、可持续的国土空间开发格局为主要目标，规划了城市、农业和生态三大战略格局。在中国西北受荒漠化影响的地区，把不具备大规模高强度工业化城镇化开发条件的区域划定为限制开发的重点生态功能区，以保障国家生态安全、提供生态产品为主体功能。随后，编制出台了多项纲要和规划，如《全国土地利用总体规划纲要（2006—2020年）》《全国生态保护与建设规划（2013—2020年）》《全国防沙治沙规划（2011—2020年）》《全国防沙治沙综合示范区规划（2011—2020年）》《国家沙漠公园发展规划（2016—2025年）》。

21世纪初，我国对国家重点生态工程进行整合，相继实施了天然林保护工程、退耕还林工程、三北防护林工程和长江中下游地区等防护林体系建设工程，后来又启动了京津风沙源治理工程、野生动植物保护和自然保护区建设工程、岩溶地区石漠化综合治理工程、退牧还草工程、水土保持建设工程等。

第二柱，建机构、确权责。中国政府为了履行《联合国防治荒漠化公约》，成立了19个部门为成员单位的"中国防治荒漠化协调小组"。形成了由林草部门牵头，从中央到地方，多层次、跨领域的协调和管理体系。同时，为了更好地推动全国荒漠化防治的科研、技术和履约能力，还成立了中国防治荒漠化监测中心、中国防治荒漠化培训中心、中国防治荒漠化研究与发展中心、中国林业科学研究院荒漠化研究所、全国防沙治沙标准化技术委员会、中国治沙暨沙业学会、中国荒漠生态系统定位研究网络等相关机构。

与此同时，由国务院主管部门牵头，定期对荒漠化严重的省区进行检查，监督其任务完成情况。

第二梁，全民参与。

主要通过两大路径来实现，一是全民义务植树运动，二是社会团体和企业参与。

第三柱，全民义务植树运动。1981 年，第五届全国人民代表大会第四次会议通过《关于开展全民义务植树运动的决议》。1982 年，国务院发布关于开展全民义务植树运动的实施办法。各级领导率先垂范，党和国家领导人每年带头参加义务植树活动，为适龄公民履行植树义务发挥了示范带动作用。2019 年，社会公众参与超过 5 亿人次，植树造林 3.9 万公顷；中国绿化基金会发起的"百万森林计划"，吸引 1 亿多人次关注和参与、植树 1300 多万株。（2019 年中国国土绿化状况公报，2020）。

第四柱，企业加盟、民间组织（NGO）助力。在我国的荒漠化治理和沙产业发展中，企业也发挥着重要作用，涌现出众多企业加盟防沙治沙工作。

同时，也涌现出一批个人治沙典型，如宁夏的王有德、陕西的石光银，他们都是由个人治沙发展为"联合农户治沙"的企业治沙典型。他们依托"治理荒沙，开发利用荒沙"的总体发展战略，走"公司＋农户＋基地"的路子，把治沙与致富紧密结合起来，为沙区农牧民增收、沙区生态环境改善与经济社会可持续发展闯出了一条新路。另外，在内蒙古、新疆、青海、宁夏、甘肃等西北地区还有很多发展沙产业的企业，为区域防沙治沙和生态经济的发展贡献了力量。

在中国的荒漠化防治工作中，民间组织与社会团体一直是一支不可或缺的民间力量。

第三梁，科技支撑。

第五柱，科学研究与试验示范。中国政府将荒漠化防治列入科学技术发展规划，加强了荒漠化防治基础理论和应用技术的研究。通过国家自然科学基金、国家重点基础研究发展计划（973 计划）、国家高技术研究发展计划（863 计划）、环保公益性行业科研专项，国际科技合作平台基地建设等进行系统部署，投资力度不断加大，支持了沙漠、戈壁基础信息调查，荒漠化发生机制、退化植被恢复与重建机理等基础性和应用性研究，强化了荒漠化治理急需的关键技术研究。

"十二五"规划以来，荒漠化防治技术研究在固沙植物材料的耐旱性、耐盐性和耐寒性方面以及沙区优良经济植物资源选育方面开展了深入研究，正在建立相应的快速繁育技术体系；研究荒漠化地区退化土地治理与植被保育的技术，集成了一批高效的流沙固定、植被快速恢复以及水资源利用技术。同时，结合不同生物气候区荒漠化面临的主要问题，对现有成熟技术进行组装、配套，提出针对不同类型沙化土地的综合治理技术体系；对现有经济植物加工和综合利用技术进行组装、配套，实现对沙区经济植物综合开发利用技术的产业化集成创新；利用遥感手段研究干旱、半干旱区低覆盖度植被遥感信息提取技术，实现对沙区荒漠化监测技术的集成创新。

在荒漠化防治技术应用与推广方面，国家、省（区、市）以及许多县（市）都建立了技术推广网络，各种农、林、牧业实用技术和有关信息能够及时共享，其中也包括大量荒漠化防治技术及信息。

第六柱，荒漠化监测预警与技术标准制定。从 1994 年开始开展全国荒漠化和沙化监测，目前已形成了荒漠化与沙化宏观监测、定位监测、敏感地区专题监测相结合，以国家监测中心、地区监测中心和省级监测中心为主干，以定位监测站、固定监测样线为依托的监测体系，覆盖全国 30 多个省区的 500 多个县级行政区。全国宏观监测每 5 年发布一次监测结果，目前已完成五次全国荒漠化沙化监测，两次石漠化监测，为全国荒漠化防治规划和政策制定提供了基础数据。

沙尘暴是受荒漠化影响地区的主要气象灾害，国家设立了包括地面实况监测、遥感监测、卫星云图和环境监测的沙尘暴综合监测体系。目前已基本形成了沙尘暴综合监测网络，建立了亚洲沙尘暴数值预报系统并投入业务运行，实现了对沙尘暴发生、发展和影响的全过程跟踪与监测，为政府和公众提供了沙尘天气预报和预警服务（中国防治荒漠化协调小组办公室，2014）。

目前，已经批准建立了 26 个荒漠生态站，形成了一个融"观测—科研—示范"三位一体，并与荒漠化防治和区域经济建设多种需求相适应的长期观测与研究网络体系。

第四梁，法规保障。

第七柱，建规立法。我国是世界上第一个将防沙治沙纳入法律的国家，这在世界防沙治沙史上也是一次伟大的实践，该法荣获了 2017 年"未来政策奖"大奖。

2001 年，中国政府颁布《防沙治沙法》，确定了我国开展防沙治沙工作的各项基本原则和制度，明确了社会各方在防沙治沙上的责任和义务，是指导我国荒漠化防治工作的法律基础。同时，《森林法》《草原法》《土地承包法》《水土保持法》《水法》《环境法》等相关法律也与荒漠化防治工作密切相关，必须遵守和执行。经过近 30 年立法实践，中国已经基本上建立起比较完善的防治荒漠化法律体系。

自 2001 年《防沙治沙法》颁布实施以来，目前已有 13 个省区颁布了相应的实施办法或条例。2002 年，国务院通过了《退耕还林条例》，对沙区开展退耕还林工作具有重要指导意义。

荒漠化防治技术标准化是生态建设和保护重要的基础性工作。目前，已经建立了《防沙治沙技术规范》《沙化土地监测技术规程》《土地荒漠化监测方法》《沙尘暴天气监测规范》《封山（沙）育林技术规程》《沙地草场牧草补播技术导则》《风沙源区草原沙化遥感监测技术导则》等国家标准，以及《荒漠生态系统定位观测技术规范》《荒漠生态系统观测研究站建设规范》《极端干旱区荒漠生态系统定位观测指标体系》《干旱、半干旱区荒漠（沙地）生态系统定位观测指标体系》《亚湿润干旱区沙地生态系统定位观测指标体系》《绿洲防护林体系建设技术规程》《京津风沙源治理工程社会经济效益监测与评价指标》等一系列行业标准，这些标准已在荒漠化防治和生态工程建设等领域得到广泛应用，有效地提高了工程建设、监测预警以及科学研究的质量和效益。

第八柱，优惠政策。2005 年，国务院作出了"进一步加快防沙治沙工作的决定"，完善了相关政策和法规，确定了"谁投入、谁所有，谁治理、谁受益"的基本政策，把荒漠化治理和经济发展紧密结合起来。近年来，国家不断出台各种扶持政策，大力支持荒漠化防治工作。其他优惠和激励性政策包括：林业补贴政策，草原生态保护补助奖励，沙化土地封禁保护补助，税收优惠政策，森林生态效益补偿机制等。

四、面向未来，战略升级

（一）对标土地退化零增长"国家行动2035"

2020年4月27日，习近平主持召开中央全面深化改革委员会第十三次会议，会议审议通过了《全国重要生态系统保护和修复重大工程总体规划（2021—2035年)》。会议强调，推进生态保护和修复工作，要坚持新发展理念，统筹山水林田湖草一体化保护和修复，科学布局全国重要生态系统保护和修复重大工程，从自然生态系统演替规律和内在机理出发，统筹兼顾、整体实施，着力提高生态系统自我修复能力，增强生态系统稳定性，促进自然生态系统质量的整体改善和生态产品供给能力的全面增强。早在2017年，习近平总书记就强调要加快推进生态保护和修复。要坚持保护优先，自然恢复为主，深入实施"山水林田湖草"一体化生态保护和修复，开展大规模国土绿化行动，加快对水土流失和荒漠化、石漠化现象的综合治理。加快构建三条红线，四大体系，全方位、全地域、全过程开展的生态环境保护建设。讲话中提到"山水林田湖草"六位一体及全方位、全地域、全过程（全域治理）开展生态环境保护建设，结合此前的"两山理论"，这三大"生态理念"为中国防沙治沙提供了新政策、新方向、新思路。"六位一体"倡导人与自然和谐发展，正视了生态资源蕴含的巨大价值，在乡村振兴的道路上，环境治理势在必行，山水林田湖草协同发展的理念为中国治沙提供了政策指引。"全域治理"一方面体现在治理的广度上，从局部到区域，从区域到全国，从全国到全球；另一方面体现在治理的深度上，即对荒漠生态系统的结构进行调整，功能进行提升，早日实现从治沙到用沙的转变，对中国沙产业的发展提出新的政策要求。

新时代治沙方略，要面向2030、对接可持续发展目标、服务国家需求，总体概括为"24字方针"：保护优先、绿色发展，因地制宜、分类施策，系统治理、整体增强。具体措施安排体现在三个层次：

一是师法自然，谋划工程。谋划和实施新时代国家重点专项生态工程，包括"三北"六期、天保三期、退耕三期、京津三期、草原修复，退耕还湿等。严格按照"因地制宜、分类施策"的原则，适水适绿，宜荒则荒。

二是综合整治、提升能力。按照生态脆弱性与生态重要性两个指标，构建以青藏高原生态屏障，黄土高原—川滇生态屏障，北方防沙带，东北森林带，南方丘陵山地带以及大江大河重要水系为骨架，以国家其他重点生态功能区为重要支撑，以点状分布的国家禁止开发区域为重要组成的"两屏三带"生态安全战略格局。以国家"两屏三带"生态安全战略格局为骨架，在"三线"（生态功能保障基线，环境质量安全底线，自然资源利用上限）、"四体系"（科学适度有序的国土空间布局体系，绿色循环低碳发展的产业体系，约束和激励并举的生态文明制度体系，政府企业公众共治的绿色行动体系）框架下，率先启动开展25个"山水林田湖草"生态修复试点工程。

三是全域治理、强身健体。按照地域、区域、流域等不同生物—地理单元，实施整体管控、系统治理、全域提质增效。主要大江、大河，特别是北方的黄河、塔里木河、黑河、石羊河、党河、疏勒河等流域，实施全流域治理和修复工程。工程区内则强化领域、固化成果。

优先保护：对国家公园及自然保护区采用自然保育、宜荒则荒的保护策略；

绿色发展：以城市为中心，发展区域绿色生态模式；

精准扶贫：进村入户，倡导村民参与，分片划区改善周围环境；

乡村振兴：政府帮扶，以村域为单位进行环境治理，建立特色小镇（森林，沙漠，湿地），发展生态农业，生态旅游，实现环保致富双收益；

调整结构：一是调"三生"（生态、生产、生活的比例和顺序变化）；二是调景观（组分不改、覆盖不变、组合格局改变）；

保障功能：保证85%以上的生态服务功能得以实现（生态服务/大众福祉）；

增加效益：单位消耗/投入降低（降低40%~50%），单位产能提高（吨水产出翻番）；

提高质量：生态总产值（GEP）和GDP同步提高，协同发展指数（GEP/GDP）稳步提升，人民的获得感和幸福感明显提高。

（二）中国方案走向世界[9][10]

2017年9月6日，《联合国防治荒漠化公约》第十三次缔约方大会在中国召开，习近平主席在致大会贺信中强调：防治荒漠化是人类面临的共同挑战，需要国际社会携手应对。在荒漠化形势日益严峻的今天，如何有效地将中国治沙推向全球，集各国之力，共同应对全球尺度上的荒漠化难题，是中国治沙人面临的新的挑战。

中国政府通过构建平台、推广技术、构建体系三种方式，向世界推广中国防沙治沙的宝贵经验。构建平台即凭借"一带一路""中非合作论坛"等国际平台的便利条件，同参与国建立防治荒漠化合作机制，定期进行防沙治沙经验交流；推广技术即将我国荒漠化治理的新方法、新技术、新理念、新思路传递给各参与国，并对其国内相关工作人员进行技能培训；构建体系即向世界介绍我国现行的荒漠化防治管理体系，供其他国家学习与启发。中国方案走向世界是对中国数代治沙人劳动成果的高度肯定，也是中国义不容辞的大国责任。为此，特提出全球携手治理荒漠化的四项建议：

一是制定《公约》议定书，统一全球履约和守约"度量衡"。与《联合国气候变化框架公约》和《生物多样性公约》不同，《联合国防治荒漠化公约》至今仍然没有形成任何具有约束力的议定书或执行协议。虽然提出了土地退化零增长目标以及从土地覆盖变化、植被生产力、碳储量三方面来度量土地退化零增长，但缺乏统一的评估方法与标准。建议《联合国防治荒漠化公约》缔约方大会商议制定具有约束力的议定书，确立可测度、可比对、可核准的履约刚性指标，研发土地退化零增长评估方法与技术，为全球评估土地退化零增长提供统一科学的评估方法与标准，科学评估各国防治荒漠化成效，促进联合履约。

二是构建全球观测网络，建立基于大数据的荒漠化监测评价体系。定期实施全球荒漠监测评估（每4至5年一次），遥看土地变化方寸间。编制各国荒漠化防治技术清单和技术需求清单，构建荒漠化地区可持续土地管理、生态恢复技术名录和信息交流共享平台，建设固沙、抗旱、耐盐碱等特色植物种质资源信息共享平台，促进信息交流，开展全球荒漠生态系统服务评估与价值核算。

三是编制全球自然沙漠（遗产）名录，为后代留下一片原生沙海。参照世界遗产名录，《联合国防治荒漠化公约》、世界自然保护联盟、联合国教科文以及世界沙漠基金等机构和公约，共同编制全球重要沙漠（遗产）名录，设立和建立国家公园、旱地自然保护区、封禁保护区等，有效保护原生荒（沙）漠自然与文化遗产。

四是启动"遏制荒漠化"全球治理行动，构建干旱区人类命运共同体。以中国率先实现土地退化零增长的范例引领全球，力争实现 2030 土地退化零增长。充分发挥《联合国防治荒漠化公约》、联合国环境署、粮农组织、教科文组织等国际组织和公约的协调作用，加强中阿合作论坛、中非合作论坛等双边合作，强化"一带一路"区域、大中亚区域、东北亚次区域等多边合作，落实《"一带一路"防治荒漠化共同行动倡议》，支持与推动全球防治荒漠化合作顺利实施。

五、技术体系与经典模式（简述）

70 年来，我国针对不同生物气候带建立了多种类型的荒漠化治理模式和综合技术体系，推动了区域荒漠化的治理进程。通过机械固沙、工程固沙和生物治沙等措施，建立了如固沙植物材料的快速繁育技术体系、退化土地治理与植被保育技术、高大流动沙丘的机械阻沙技术、防风阻沙林带造林技术、水资源利用技术、沙漠沙源带封沙育草保护技术、弃耕还林还草防止土壤侵蚀及退化技术、沙化土地的综合治理技术体系、沙漠和沙化土地遥感监测技术等防沙治沙技术体系。下面，我们尝试按照传统中医理念，把治沙技术也分为"单方、验方和秘方"等多种"方剂"，下面分别做一简单介绍。

治沙"单方"，顾名思义就是指利用单项技术快速治理沙害的"处方"，例如大面积推广使用于铁路、公路、大型设施以及工程周边区域的机械沙障"草方格""黏土沙障""石块方盘""网状覆膜""立式栏杆"等技术，这种技术就是就地取材，利用废弃的麦草、黏土、石块、高杆作物秸秆、尼龙网等材料，设置的固沙技术（类似外科手术的麻醉工序），被外国人誉为"中国魔方"，其他还有化学方法固定流动沙丘的技术，像废弃石油、液体地膜、沥青乳剂等。生物固沙技术，诸如生物结皮技术、活沙障技术等。也有最近几年民间组织发起的"蚂蚁森林""一亿棵梭梭"等项目。

治沙"验方"，则是通过多年实践证明，生产上行之有效的一些综合治沙技术，是对单项技术的组装、配套，实现了沙害治理的技术集成和创新，典型代表包括："以固为主、固阻结合"的铁路、公路治沙体系（如包兰铁路沙坡头段和塔干公路的综合防沙治沙体系），实现以水定绿的"低覆盖度防沙治沙技术体系"和毛乌素沙地全域治理的"三圈模式"等[11][12][13][14]。

治沙"秘方"，则是根据各地不同的气候、土壤类型及生态经济需求，发展出适用于不同生态—地理区域的一揽子解决方案。目前，我国较为成功的一些防沙治沙模式有：适用于极端干旱区的绿洲保护、流沙固定、沙尘暴治理，如"和田模式""阿克苏模式""敦煌模式""额济纳模式"等；适用于干旱区的流域管理、节水农业、沙地植被恢复、旱地可持续管理、名优特植物保护利用、盐碱地改良等，如"临泽模式""民勤模式""沙坡头模式""磴口模式""库布其模式""二连模式"等；适用于半干半湿地区的沙地经济作物合理经营、沙生植物经济价值开发、固沙植物培育等，代表有"榆林模式""右玉模式""赤峰模式""塞罕坝模式""章古台模式""奇台模式"等；另外还有适用于高寒特殊生境的草地保育和修复、江河源头生态保护与恢复、土地退化治理、区域扶贫、少数民族治沙示范等，如"共和沙珠玉模式""贵南黄沙头模式""玛曲模式""若尔盖模式""一江两河模式"等[14]。

沙漠建新城：石河子、阿拉尔、格尔木、康巴什、乌海、巴彦浩特、沙坡头区等都是沙漠中崛起的宜居之城。实际上，新疆沙漠变绿洲的历史，也是新疆生产建设兵团从"屯垦戍边"向"建城戍边"转变的历史。20世纪90年代以来，新疆生产建设兵团逐步确立了师建城市、团场、建镇的城镇化发展思路。目前新疆生产建设兵团已建成10座自治区直辖县级市（兵团管辖），美丽的阿拉尔就是最好的一个实证；而最近建成的一个则是胡杨河市（2017年12月通过自治区审批）。

上述各类防治荒漠化及土地退化的"中国技术"和"中国模式"，可以为全球受荒漠化危害以及土地退化影响的国家和地区，提供参考的样板和效仿的模板。

参考文献

［1］Anthony J. Parsons & Athol D. Abrahams，Geomorphology of Desert Environments［R］. Springer Science + Business Media B. V. 2009.

［2］Houérou，H. N. L. Man – Made Deserts：Desertization Processes and Threats［J］. Arid Land Research and Management，2002，16（1）：1 – 36.

［3］卢琦，杨有林. 全球沙尘暴警示录［M］. 北京：中国环境科学出版社，2001.

［4］国家林业和草原局，中国荒漠化和沙化状况公报［EB/OL］.（2015 – 12 – 29）. http：// www. forestry. gov. cn/main/69/content – 831684. html.

［5］包岩峰，等. 中国防沙治沙60年回顾与展望［J］. 中国水土保持科学，2018，16（2）：144 – 150.

［6］Brett A. Bryan，et al. China's response to a national land – system sustainability emergency［J］. Nature，2018，559：193 – 204.

［7］中国科学院. 地球大数据支撑可持续发展目标报告［EB/OL］.（2019 – 09 – 27）. http：// www. cas. cn/yw/201909/t20190929 _ 4718585. shtml.

［8］Wang Feng，et al. Ecological restoration in Northern China：a contrasted picture［J］. Land Degradation & Development，2019.

［9］Bao Y. S. et al. Desertification：China provides a solution to a global challenge［J］. Sci. Eng.，2017，4（4）：402 – 413.

［10］宫丽彦，程磊磊，卢琦. 荒地的概念、分类及其生态功能解析［J］. 自然资源学报，2015，30（12）：1969 – 1981.

［11］张克存，屈建军，鱼燕萍，等. 中国铁路风沙防治的研究进展［J］. 地球科学进展，2019，34（6）：573 – 583.

［12］李新荣，等. 长期生态学研究引领中国沙区的生态重建与恢复［J］. 中国科学院院刊，2017，32（7）：790 – 797.

［13］杨文斌，卢琦，等. 低覆盖治沙：原理，模式与效果［M］. 北京：科学出版社，2016.

［14］卢琦，等. 中国沙情［M］. 北京：开明出版社，2000.

新时期中国林业产业绿色发展路径探索

缪光平

中国绿化基金会副秘书长

森林是人类文明的摇篮，是绿色的宝库。林业既是重要的公益事业，也是重要的基础产业。林业产业是涉及国民经济一二三产业的复合产业群体，具有基础性、多样性、生态性、战略性等重要特征及意义。新中国成立以来，林业产业逐步从以木材采伐为主向大力发展绿色生态产业转变，林业产业与生态建设并驾齐驱，为农民增收和经济社会发展做出了重要贡献，生动诠释了"绿水青山就是金山银山"的生态经济学理念。

改革开放目前进入攻坚克难的深水期，中国林业产业将迎来新一轮的机遇和挑战，如何在新形势下固本强基，行稳致远，开辟新领域，取得新突破，是每一个林业人亟待厘清的重要问题。基于以上背景，本文从新世纪尤其是十八大以来中国林业产业取得的巨大成效出发，扼要概括、梳理当前林业产业的新生态、新特点，并尝试为林业产业绿色发展之路提出几点建设性的意见，借以深化林业人对相关论题的思考和认识，推动林业产业的创新发展。

一、林业产业新成效

进入新世纪以来特别是党的十八大以来，党中央把生态文明建设摆在治国理政重要位置，提出了绿水青山就是金山银山、山水林田湖草综合治理等重要理念，采取一系列重大举措加强森林资源培育和利用、湿地资源保护、草原保护、荒漠化防治和生物多样性保护，推进在生态治理的同时加快发展林业产业。在顶层政策设计的驱动下，中国成为世界上森林资源增长最多和林业产业发展最快的国家，林业产业在促进精准扶贫、繁荣区域经济、增进民生福祉等方面发挥着越来越重要的作用。从宏观层面看，林业产业主要取得了以下五方面的显著成效：

一是林业产业规模迅猛发展壮大。我国林业产业总产值已由2001年的4090亿元增加到2019年的8万亿元左右，在不到20年的时间实现了近20倍的增长，其规模和增速位居世界首位，主要林产品产量持续增长，保供给能力明显提升。根据《林业产业发展"十三五"规划》，2020年，我国将有望实现林业总产值达到8.7万亿元的总体目标。林业产业结构进一步优化，第一、第二、第三产业结构比例调整到27∶52∶21。我国2018年林产品进出口贸易额达1653亿美元，已成为世界上最大的木质林产品消费国、贸易国和花卉生产基地，原木、木浆、锯材进口和木制家具、人造板出口均居世界首位，对国际林产品市场的影响力持续提升。

二是林业发展质量和品牌不断提升。产业发展质量明显提升，产业集中度持续提升，产业链条不断延伸，产品系列化、品牌化发展加快，规模以上林业企业大量涌现。截止到2019年，全国共有国家林业产业示范园区16个，林特类中国特色农产品优势区18个，国家林下经济示范基地550家，国家林业重点龙头企业519家，国家林业标准化示范企业261个。制定出台了林业品牌与保护行动计划，在全国范围内开展了林业品牌中国行活动，茶籽油、坚果、竹藤、食用菌等一大批优质林产品品牌集群应运而生，品牌影响力不断增强。

三是产业新兴业态不断涌现。林业产业内涵外延明显拓展，新产品、新业态快速发展。林业生物柴油和生物发电等生物质能源利用逐步进入产业化阶段，竹纤维等生物质材料已实现规模化生产，国务院办公厅专门出台了发展林下经济的指导意见，以林下种植、林下养殖、相关产品采集加工和森林景观利用为主要内容的林下经济蓬勃发展，在满足人民群众高品质生活需要方面发挥了不可替代的作用。林产品电商平台、网店不断涌现，成为林产品流通的重要渠道，"互联网＋"与林业产业深度融合是信息时代智慧经济发展的大势所趋。各地积极推进林业电子商务服务体系、物流配送体系、交易诚信体系、产品认证和质量追溯体系及标准体系建设，林产品电子商务在中国电商领域独树一帜，形成了小产品大市场的电商发展新业态。

四是林业产业融资机制逐步完善。加强产权模式创新，大力推进政府与社会资本合作，国家林业和草原局联合国家开发银行、中国农业发展银行等政策性金融机构，出台信贷优惠政策扶持产业发展。中央财政累计贴息48亿元，扶持林业产业贷款规模达1737亿元。推出的"惠林卡"、"油茶贷"、林权按揭贷款、产业基金等林业金融新品种，缓解了产业发展融资难题。

五是林业产业助力农村经济发展成效显著。林业产出与人们衣食住行密切相关的10万余种产品，不但满足了经济社会发展和人民群众对林产品的巨大需求，还顺应人们亲近自然、认识自然、享受自然的绿色生活方式，促进了人与自然和谐相处。作为"两山"理念发源地，浙江安吉人民牢记习总书记的嘱托，保护、培育、利用好绿水青山，大力发展竹产业、林下经济、森林旅游等绿色产业，实现了生态保护和经济发展的双赢。林业产业的快速发展，促进了农村经济结构调整，拓宽了林农群众就业增收门路，全国直接从事林业产业的就业人数达5600万人，林业重点县农民收入60％以上来自林业。通过发展林业产业，一大批贫困人口实现了稳定脱贫。

总的来看，几十年来我国林业产业发展取得了巨大成就，为几亿农村人口脱贫致富做出了重要贡献，对绿水青山就是金山银山发展理念做出了生动诠释。

二、林业产业新生态

如上所述，林业产业取得了有目共睹的巨大成就，但其也存在着区域发展不平衡、整体创新能力不强、扶持政策和制度供给不足、基础设施和技术装备薄弱等问题；当前受国际贸易争端和摩擦的影响，林产品国际贸易也受到了一定冲击；特别是当前世界经济由于新冠肺炎疫情的暴发正呈现衰退的态势，追求绿色发展、低碳发展、循环发展成为发展的共识。目前，我国率先控制住了疫情，进入疫情常态化防控、推进全面复工复产、大力推动经济社会发展的新阶段。林业产业在连续十多年实现高速增长的情况下，当前也出现了许多值得注意的新变化：

一是国内外市场需求的变化。加入世贸组织以来，中国逐渐成为全球制造业基地，与此同时我国也成为了林产品生产和贸易大国，十多年以来，国际市场对我国林产品的需求一直呈增长态势。但是，一方面，全球经济放缓导致国际市场对我国林产品的需求有所下降，加之我国人口老龄化速度加快进一步推高劳动力成本，不少国内外企业把工厂迁往低劳动力成本的东南亚国家，再加上受疫情影响，我国林产品国际需求趋于饱和的现象短时间内不会有所改观。另一方面，随着生活水平的提高和生态意识、健康意识的加强，国内市场对绿色产品、生态服务和品牌化、个性化产品的需求逐年增长，低端林产品的需求空间将进一步地压缩，我国林业产业将面临如何化解低端林产品过多而高品质需求得不到满足的供需结构失衡问题。

二是林业产业发展形态出现了许多新面孔。林业产业与信息技术融合将使林业产业走向精确化和系统化，例如将卫星技术和遥感技术运用于探测森林资源总量、荒漠化面积等重要林业指标；林业产业与金融业融合催生出金融支持林业碳汇的创新发展方式，例如通过碳汇权益质押贷款、碳债券、投贷结合等方式获取碳汇项目开发资金，快速推进林业碳汇产业化发展；林业产业与现代物流业的融合发展，与能源产业、中医药产业、运动产业、教育产业和服务业等边缘、交叉产业的融合发展，拉长了林业产业链条，聚集并释放出林业产业内部所具有的潜力。信息型林业、金融支持型林业、林产品物流业、标准化林业与林业加工业、综合型林业等新业态、新模式、新趋势，是接下来实现林业产业化的新路径。

三是林业要素配置出现了新情况。林地价值价格逐年上升，劳动力成本明显增加，国家允许科技人员和科技成果入股经营，股权收购、兼并重组、建立私募基金成为林业产业发展新动向；在政策方面，如林业产权制度改革，通过林地和林木等生产资料的重新分配，提高生产要素的使用效率成为新的发力点；而战略性新兴产业的扶持政策，推动了如机制炭、生物质能源、生物材料等的快速发展，为林业产业注入了新的活力；林业金融政策，如林权抵押贷款、林业小额贷款以及贴息贷款等都对推动林业产业发展的作用不可忽视；此外，生态建设和林业产业发展已成为企业履行社会责任、发展低碳经济、推动绿色增长的重要领域。

四是国际贸易环境出现了新壁垒。一方面是纳入《濒危野生动植物种国际贸易公约》严格限制交易的树种增加到246个，全球已有90多个国家和地区限制或禁止原木出口，这在一定程度上将影响到我国林产品国际贸易出口额的增长幅度。另一方面国际贸易保护主义逐步抬头，世界范围内出现一定程度的"逆全球化"，在传统贸易壁垒仍然存在的情况下，技术性贸易壁垒正在逐步增加，绿色贸易壁垒已经成为常态。

三、林业产业绿色发展重点领域及举措

这些新形势、新变化，既给林业产业绿色发展提出了新挑战，也带来了新机遇。在

未来一段时期，林业产业绿色发展，需要继续践行绿水青山就是金山银山的理念，坚持生态优先、合理利用、绿色发展、和谐发展，充分利用好占国土面积70%以上即100多亿亩的林地、草地和湿地资源，利用好我国3万多种野生高等植物、8000多种木本植物在内的物种资源。笔者认为要扎牢林业产业发展基础，发挥出林业产业绿色发展的巨大潜力，需要着重从以下几方面来发力：

一是全面优化林业生产力布局。研究编制林业产业中长期发展规划，优化林业生产力布局，加快产业结构调整，加快发展竹产业、种苗产业、油茶产业、沙产业等特色产业发展，特别是把具有循环、低碳特点的林下经济和森林休闲康养产业发展起来，实现产业发展生态化、生态治理产业化，充分发挥市场在资源配置中的决定性作用和国家产业政策的导向作用。推动林业产业绿色化、优质化和品牌化发展，鼓励林业社会团体和企业参与标准制定，加快建立健全林业产业标准体系和林产品质量追溯体系，特别要加大对食用林产品监测力度，保障人民群众消费安全。

二是培育壮大林业产业集群效应。加快林业产业园区建设，引导技术集成、要素集聚，推行清洁生产和节能减排，提高资源综合利用。培育和引导林业重点龙头企业对标国内外先进水平，做强主业、做精产品、做大市场；引导企业运用资本市场撬动各类资源要素，加快技术创新和技术改造，以市场需求为导向，着力突破一批共性关键性技术；引导企业与科研院所深化合作，提升科技成果转化率及其辐射带动能力。推动产业集群建立行业协会、技术研发、电子商务、金融服务、产品质量检测等公共服务平台，为集群发展提供支撑。

三是倡导发展林业新兴业态。新兴产业和新模式新业态是林业产业中最具成长潜力的因素，充分利用信息、生物、新材料、新技术，培育林业生物质能源、林业新材料、林业碳汇、森林生物制药、森林食品等战略性新兴产业。以深化林产工业与互联网融合发展为重心，支持企业加快数字化、网络化、智能化改造，大力发展个性化定制、网络化协同、云制造，促进形成数字经济时代的新型供给能力。促进技术创新与管理创新、商业模式创新融合，推进林草资源与旅游、休闲、康养、教育、文化、体育、会展等产业深度融合，形成一批新兴产业集群和龙头企业。

四是积极引导林产品产销衔接。采取多种形式引导产销对接，依托重点林产品主产地和重要集散地，培育一批区域性林产品交易市场，打造融价格形成、信息服务、物流集散、科技交流和会展贸易于一体的综合性交易平台。推进"互联网＋"与林产品产销高度融合，大力发展林产品电子商务。主动转移国内优势产能，扩大林产品出口外销。加强林产品市场监管，探索建立林草企业信用监管机制，抓好事中事后监管，确保市场规范有序和健康发展。

五是吸引社会资本进山入林。创新金融产品，吸引社会资本出资设立林业投资基金，合理利用自然景观资源开展生态旅游和森林康养。发挥财政资金引导作用，用好林业贷款贴息、科技推广等财政扶持政策，争取各级财政加大投入力度。推动调整完善森林和草原保险制度，争取进一步扩大保险补贴政策和险种覆盖面。争取国家将林业基础设施建设纳入各级政府基本建设范围，加强林区基础设施建设，改善林业生产经营条件，为社会资本进入山林营造更好环境。

  总之，林业产业是规模最大的绿色经济体，发展林业产业既是践行"创新、协调、绿色、开放、共享"新发展理念，实现"绿水青山就是金山银山"高质量发展的"金钥匙"，也是共建全球生态文明的重要力量。面向新时代，中国林业产业已经开始踏上高质量发展的新征程，正朝着新的目标努力奋进。生态文明建设的累累硕果，筑牢了林业产业发展的资源基础；14亿中国人民对美好生活的向往，蕴含着林业产业发展的巨大动力；林业治理体系的逐步完善和治理能力的不断提升，将有力地支持林业产业开辟新领域、取得新突破。在习近平新时代中国特色社会主义思想指引下，中国林业产业迎来全新的发展机遇，势必为全面建成小康社会、实现中华民族伟大复兴做出更大贡献！

践行绿色发展，建设草业强国

何新天
中国草学会理事长

广义的草业涵盖天然草原和人工草地，我国草业发展历史的变迁，集中体现在草原保护建设事业与草牧业的潮落潮起、曲折前行。近十年来，随着我国经济发展进入新常态，由高速增长阶段转向高质量发展阶段，中国特色社会主义进入新时代，我国社会主要矛盾转化为人民日益增长的美好生活需要和不平衡不充分的发展之间的矛盾。国家经济社会发展历史性变革，深刻影响和改变了我国草业发展的进程，为我国草业发展创造了前所未有的历史机遇，使我国草业经历了惊喜不断、利好叠加的十年黄金发展期，取得了历史性的辉煌成就，标志着我国草业发展进入新时代。

一、我国草业转型发展是历史的必然

我国草业发展在相当长时期主要集中在草原的利用和开发上，而农区和农牧交错区草业发展则长期处于边缘化及起伏不定的状态，由于对草原不适当的功能定位以及对草地农业的认识缺位，致使我国草业发展的历程艰难曲折，长期积累的矛盾和问题突出，加快草业发展转型，既是国家经济社会发展的客观要求，也是我国草业发展的必然规律。

1. 草原生态生产力严重衰退。草原是我国面积最大的陆地生态系统，占国土面积的 41.7%，是农田的 3 倍，林地的 2.5 倍，是国家生态安全的重要屏障，是维护社会经济发展的基础，在涵养水源、水土保持、防风固沙、生物多样性维护、降尘减碳等方面发挥着不可替代的作用。草原又是维护民族团结、边疆稳定、草原文化的重要载体，70% 以上的少数民族生活在草原牧区，草原是牧民赖以生产生活的重要生产资料，是草原畜牧业的重要资源。随着国家经济社会变化的发展，草原蕴藏的巨大风能、太阳能资源、地下丰富的矿产资源及草原文化旅游日益为人们关注和认识。自然和社会赋予了草原生态、经济、社会、文化等重要的功能，但长期以来，一方面我们只偏重草原的经济功能，总认为草原是取之不尽、用之不竭的自然资源和畜牧业生产基础，对草原过度利用，只求经济不顾生态，只求产出不予投入。随着牧区人口的增长，家畜饲养量大幅增长，生产粗放，经营方式落后，生产效率极低，长期牲畜超载、过度放牧对草原生态系统破坏巨大，优良牧草得不到繁衍生息，草原生产力大幅度降低，伴之而来的是鼠虫害、毒杂草、病害日趋严重。另一方面是不合理开发草原资源和土地资源，以及采矿、修路等工程活动征占草原。曾经在"以粮为纲"时期，为增加粮食产量大幅开垦草原，特别是相对水源条件好的优良草场被开垦成农田，使不少草原牧区变成农牧交错区，致使草原面积不断缩小。尤其是本世纪以来，随着工业化、城镇化进程加快，在草原不断开采煤炭、石油、天然气、风能、太阳能等资源，城镇、道路建设严重挤占草原。草原地区工业开发在给当地带来经济效益的同时，也带来了工业污染、草原破坏、地下水位下降、局地气候条件改变等生态环境退化问题，严重危害草原生态系统的安全与健康。由于长期的不合理利用甚至掠夺式利用，从草原不断带走大量的物资与能量，使草原入不敷出得不到补偿，违背了生态系统中能量物质平衡的基本原理，导致草原生态系统功能紊乱、失调、衰退和生产力不断下降。目前，全国90%以上的天然草原都不同程度退化，草原整体退化的趋势没有从根本上得到遏制，这直接导致草原畜牧业难以实现可持续发展，也使长期倚重草原发展的我国草业面临严峻挑战。

2. 农区草产业发展举步维艰。在我国粮食生产是农业的主导，草业被忽视、被挤压、被弃置的状况根深蒂固。在农村畜牧业很长一段时期是作为家庭副业。改革开放以来，虽然畜牧业快速崛起，成为农业农村经济的支柱产业，但从产业结构看主要是以耗粮型的猪禽业为主体，粮食生产能够支撑畜牧业持续快速增长。而以牛羊为主体的草食畜牧业仍以散养及小规模养殖为主体，支撑奶牛及肉牛肉羊产业发展的主要是秸秆及农业生产副产品，对优质牧草专业化、集约化生产拉动很小。20世纪80年代后期至90年代末期，我国大体经过了四轮农业结构调整，即20世纪80年代中期的"压粮扩经"、90年代初的"三高"农业发展、90年代末的三大主粮面积大幅度调减。1999年四川、陕西、甘肃三省率先开展了退耕还林试点，2003年国家正式出台退耕还林政策，并扩大到退耕还草，在政策引导下，各地开始积极发展人工种草，以苜蓿为重点的优质牧草种植快速发展，促进了草产业兴起，全国很多地方调整出农田集中连片种植苜蓿及其他优质牧草，草产业曾一度蓬勃发展，推动了奶牛养殖和肉牛、肉羊养殖快速发展。虽然农业结构几经调整，但农业二元种植结构总体上并没有发生根本性变革，饲草料种植、草牧业发展仍缺乏稳定的保障。自1998年较大幅度地调减粮食种植面积，加上受自然灾害及退耕还林、还草、还湖等因素的影响，粮食产量连年下降，到2004年全国粮食生产连续4年出现当年产量不及消费量的情况，只能依靠动用国库存粮来弥补产销缺口。在这样的形势下，粮食安全再度得到关注。之后，人工种草面积较大幅度减少，特别是苜蓿生产与奶牛养殖严重失衡。2008年发生三聚氰胺事件的后面，则是我国草业发展的徘徊曲折。

3. 农牧脱节、草畜脱节制约草业发展。一方面我国农业长期形成的二元种植结构，与现代集约化畜牧业发展不相适应，尤其是对以奶业、牛肉牛羊为主体的草食畜牧业制约很大，在饲草料生产供给上严重脱节。在有限的耕地和水资源条件下，要大力发展人工种草，建立现代饲草料产业体系和生产体系是不现实的。农牧脱节问题必须通过调整种植结构才能在根本上解决这一矛盾。另一方面从我国草牧业自身看，草畜脱节问题也十分突出，成为当前草牧业发展过程中的尖锐矛盾，这集中体现在以草定畜和以畜定草上。目前在草原牧区牲畜严重超载，草缺畜多，需要以草定畜、实施草畜平衡。而在农区则草畜失调，需要以畜定草，实行增畜增草。由于草原牧区在饲草料资源利用上因政策、市场、技术等原因不能实现优化配置，这种状况直接产生两种后果：一是导致牧区畜牧业始终无法摆脱对天然草原过度利用和过分依赖，不仅严重影响草原生态修复和保护，也极大限制了草原畜牧业的转型发展和提质增效；二是导致农区大量的饲草料资源得不到有效利用，长期困扰我们的秸秆焚烧问题难以从根本上解决。而且由于草食家畜特别是肉牛肉羊等产业发展不充分，对饲草料需求增长有限，影响到农业结构调整及三元种植结构的加快形成，降低了国家粮改饲政策实施的效应，这些因素最终都加重了我国草业前行的步履。

在十年前这一时间节点上，我国草业虽然经过多年发展有了一定的基础，蓄积了相当的能量，但同时也暴露出来十分突出的矛盾和问题，面临很大的压力和挑战，就象久旱的草原渴望甘露的滋润，呼唤转型发展的步伐迈得更快一些。

二、新时代我国草业迎来黄金发展期

近十年，特别是党的十八大以来，党和国家事业发生了历史性变革，国家经济发展进入新常态，调结构、转方式、提质量不断推进，生态文明建设提升到五位一体总体布局，建设美丽中国、统筹山水林田湖草系统治理，深入推进农业供给侧结构性改革，实施乡村振兴战略，都为我国草业发展创造了前所未有的历史机遇。

1. 草原生态保护补助奖励政策春风化雨。为推动牧区发展、增加牧区收入、保护草原生态，党和国家从 2011 年开始在内蒙古、新疆、西藏、四川、甘肃、宁夏和云南等 8 个主要草原牧区省区和新疆生产建设兵团实施"保护草原生态、保障牛羊肉等特色畜产品供给，促进牧民增收"的草原生态保护补助奖励政策。2012 年又将政策实施范围扩大到黑龙江、吉林、辽宁、河北、山西等五省。"十二五"期间中央财政累计投入资金 773.6 亿元。2016 年经国务院批准，第二轮补助奖励政策启动实施，标准进一步提高，范围进一步扩大，每年安排中央财政资金 187.6 亿元。草原生态保护补助奖励政策，是中华人民共和国成立以来对草原最重大的政策性资金投入，资金投入规模之大、政策功能之全、覆盖面之广、持续时间之长都前所未有。经过近十年的不懈努力，草原生态保护制度体系建立健全，草原科学利用技术得到推广应用，草原畜牧业生产方式逐步转变，牧民收入稳定增加，实现了草原生态保护、畜牧业生产转型、牧民生活水平提高的预期目标。草原牧区草牧业生产力开始恢复，2017 年全国鲜草产量 10.6 亿吨，较2010 年增加 8.6%；268 个牧区半牧区县人工种草 466.1 万公顷，较 2010 年增加 3.1%，占全国的 41%；牛羊肉产量分别增加 13.5%、14.8%，一举扭转了草原牧区草牧业生产力多年徘徊低下的局面。

2. 振兴奶业苜蓿行动计划增草提质。三聚氰胺事件发生，让我们深感苜蓿等优质饲草料严重缺乏的切肤之痛。为加快推进奶牛标准化规模养殖、建设优质奶源基地，财政部和农业部于 2012 年启动实施了"振兴奶业苜蓿发展行动计划"，实现了扶持政策的历史性突破，一项政策惠及两大产业。自 2012 年起，中央财政每年安排 5.25 亿元建设50 万亩高产优质苜蓿示范片区，其中 3 亿元用于示范片区建设，2.5 亿元用于生产、收

获和加工机械补贴，0.25 亿元用于良种补贴。示范片区 3000 亩起，每亩补贴标准 600 元，项目主要在苜蓿优势产区和奶牛生产区实施，重点布局在东北、华北、西北的黑龙江、吉林、辽宁、内蒙古、河北、天津、陕西、甘肃、宁夏、新疆 10 个省（区、市）。项目实施明确要求苜蓿种植土地集中连片，单产水平、质量水平要明显提高，特别是要求草畜紧密结合，每个单元片区为 1500 头以上奶牛提供优质苜蓿。振兴奶业苜蓿行动计划实施，有力促进了我国苜蓿种植面积大幅度增加，产量和质量显著提高，为我国奶业提质增效、健康发展提供了有效保障，促进种养结合、草畜配套，为三元种植结构形成进行了极具意义的探索和实践。

3. 农业供给侧结构性改革加大动能。2014 年 10 月汪洋副总理在中南海主持召开的草业发展座谈会上提出草牧业发展思路和重点，强调要发展农田种草，实施粮改饲，建立草牧业试验示范区。2015 年中央一号文件明确提出"深入推进农业结构调整，加快发展草牧业，支持青贮玉米和苜蓿等饲料草料种植，开展粮改饲和种养结合模式试点，促进粮食、经济作物、饲草料三元种植结构协调发展"。在 2016 年中央一号文件中进一步提出要加快建设现代饲草料产业体系，"推动粮改饲统筹、农林牧渔结合、种养加一体、一二三产业整合发展"。2017 年中央一号文件再次重申"按照稳粮、优经、扩饲的要求，加快构建粮改饲协调发展的三元种植结构"。连续三年中央一号文件按照推进农业供给侧结构性改革的战略方针，对实施草牧业和粮改饲进行了全面部署。自 2015 年起，中央财政启动了粮改饲试点，每年安排中央资金 10 多亿元，在"镰刀湾"和黄淮海 17 个省区改种青贮玉米、苜蓿等优质饲草料 1300 万亩。粮改饲政策的出台和实施，有力支持了草牧业发展，草牧业的基础是 60 亿亩草原及农区饲草料生产，其核心是草畜结合，草业先行，一二三产业融合发展，通过推行三元种植结构，大力发展草地农业，使我们能够更为主动和有效地调整草牧业整体布局，将草牧业发展的重点进一步转到农区来。一方面让长期超载过牧的天然草原通过实现禁牧和草畜平衡得以休养生息，让生态优先真正落地，并逐步实现农区生产的饲草料能够推动牧区实行放牧加补饲、放牧加舍饲的生产方式转变，实现草原畜牧业由传统方式向现代生产方式转变。另一方面，依托粮改饲政策，积极推进青贮玉米、苜蓿等优质牧草的种植、加工，促进以奶牛、肉牛、肉羊为重点、兼顾马、驴、兔、鹿、骆驼等特色养殖的草食畜牧业加快发展，坚持农牧结合、种养一体，不断提升肉牛肉羊等产业的产能和质量效益，增强优质乳制品和肉牛肉羊等草畜产品的供给能力。实践证明，发展草牧业，实施粮改饲，是深化农业供给侧结构性改革的正确选择和有效途径，是我国草业发展历程中的又一关键节点。

4. 大力推进生态文明建设固本强基。以习近平同志为核心的党中央顺应人民群众对美好生活向往的意愿，把建设天蓝地绿水净的美丽中国作为重要的经济社会发展目标，党的十八大首次将生态文明建设纳入"五位一体"总体布局，将生态文明建设提升到制度层面，进而提出"创新、协调、绿色、开放、共享"新发展理念。党和国家高度重视生态文明建设，对我国草业发展影响巨大而深远，特别是促进草原生态保护与建设发生了历史性变革，不仅是草原生态保护补助奖励政策得以长期实施，更重要的是草业在生态文明建设中的重要作用日益被人们所认同。党的十九大报告提出统筹山水林田湖草系统治理，实行最严格的生态环境保护制度，"草"第一次被纳入生态文明建设，成为建设美丽中国的重要内容。新一轮国务院机构改革，组建国家林业和草原局，"草"在生态文明建设中的地位，得到进一步确定和提升。不仅是天然草原实现以生产功能为主向以生态功能为主的转换，而且将为草业在生态修复、国土绿化、水土流失、荒漠化治理、石漠化治理、清洁能源、道路、矿山工程植被修复等方面进一步拓展功能创造条件。

近十年国家经济社会转型发展，党中央治国理政理念不断更新并作出一系列重大决策，党和国家接连出台的重大政策，推动我国草业发展在不断开创新局面的历史进程中，留下了一串里程碑式的闪光足迹。

三、面向未来我国草业发展前景广阔

经过近十年的持续快速发展，我国草业发展站在了新的历史起点，我们要抓住机遇，乘势而发，进一步明确草业发展战略目标，调整整体布局，坚定贯彻新发展理念，统筹草原生态保护与草牧业发展，使草业成为保障国家生态安全、促进农业农村经济发展和农牧民稳定增收的朝阳产业和支柱产业，实现由草业大国向草业强国的转变。

1. 继续坚持政策扶持和引导。近十年党和国家释放巨大的政策红利，使我国草业发展取得历史性的突破和成效。未来十年，在我们实现全面建成小康社会第一个百年奋斗目标，并乘势开启全面建设社会主义现代化国家新征程，向第二个百年奋斗目标进军的新时代背景下，我国草业发展承担了重要的历史使命，在生态文明建设和现代畜牧业建设中要发挥更大的作用，需要国家给予持续、稳定的政策支持和引导。一要从国家经济社会发展全局的高度，制定国家草业发展战略，分别制定国家草原生态修复和草牧业发展规划，确定草原和草牧业既相互关联、又各有侧重的发展目标和措施，对草原修复和草牧业发展明确功能定位，调整工作布局，充分发掘草业蕴含的巨大潜力，发挥各项功能。二要保持政策的连续性。对现已出台的草原生态保护补助奖励、退耕还草、振兴奶业苜蓿发展行动计划、粮改饲等相关政策，要在调整、完善的基础上继续坚持实施。三要适应草业发展的新形势新要求，在深入调研基础上，着力在实施草原生态修复重大工程和支持草牧业发展重大专项方面积极进行政策创设，进一步健全完善支持草业持续健康发展的政策体系，持续加大对草业的投入。同时要引导、鼓励地方各级政府针对本地区草业发展的现实要求，研究制定有地方特色的扶持政策。要释放更大的政策红利，推动草业实现跨越式发展。

2. 大力开展草原生态修复。草原生态修复是我国草业发展未来十年一项重大而紧迫的任务。草原长期以来被单一作为"放牧地""生产资料"和畜牧业生产基地，一味追求载畜量和经济效益，而严重忽视的生态保护和生物多样性。从现在起，必须重新明确草原的功能定位，坚持"生态优先、保护第一"，要牢固树立"绿水青山就是金山银山"理念，将草原生态保护、保障国家生态安全置于优先和最重要的地位，在生态优先的前提下适当兼顾利用。从总体上看，目前我国草原生态局部改善，总体退化的趋势尚

未根本扭转，绝大部分草原存在不同程度的退化、沙化、石漠化和盐渍化，全国草原的平均产草量较20世纪80年代下降20%～30%。草原修复是促进草原地区经济社会发展的需要。目前，全国268个牧业及半牧业县中，国家扶贫开发重点县占57%，要实现草原牧区经济社会发展，彻底摆脱贫困，要维护少数民族及边境地区稳定，从根本上说还是要依靠草原，走生态产业型、产业生态型发展之路。实施草原生态修复，重点要着力抓住四个关键环节：一是从根本上扭转草原退化趋势。要以草畜平衡为抓手，全面落实禁牧、休牧、轮牧制度，大力开展草原改良，实施补播、施肥、除杂、灌溉、鼠虫害防治、植被重建等综合技术措施。遵循以水定草原则，加快人工饲草地建设，提高饲草料供给能力。二是严格草原征占管理。要全面落实草原征占管理制度，加强对生态红线内草原、基本草原征占管理。坚持把节约草原资源放在突出位置，严格遵循项目建设不占、少占、短占草原的基本原则，坚决打击和制止滥采滥挖野生植物资源等破坏草原植被的违法行为。三是实施退化草原植被修复工程。建立植被恢复保证金制度，加强对被征占草原用地点、边界、植被修复状况的全程监督管理，组织开展植被恢复基础技术攻关，科学选种用种，高度重视本土草种的选育和种植。四是确保草原性质不变。要严格禁止将草原转变为其他农用地，严禁在农业综合开发、耕地占补平衡、土地整理过程中违法占用草原。要组织开展全国第二次草原普查，全面掌握全国范围的草原、草地分布、面积、范围及利用情况，摸清底数，以利精准管理和保护。要不断完善草原保护政策，加快草原承包确权进程，建立健全草原生态保护法律法规体系，把依法管理、依法保护草原落到实处。

3. 推进草牧业绿色发展。面向未来我国草业要顺势而为、加快发展，要坚持新发展理念，以草牧业发展为新增长点，以构建现代饲草产业体系、转变畜牧业发展方式为主线，加大政策支持，强化科技支撑，创新模式机制，加快形成草畜紧密配套、生产集约高效、产品优质安全、生产生态协调的产业发展格局。一要优化区域布局，构建现代产业体系。要立足不同生态区域的自然资源禀赋和生产条件，有序扩大优质牧草种植，优化粮经饲三元种植结构。北方干旱半干旱地区重点发展高效节水灌溉饲草料地，东北华北湿润半湿润地区重点开展高产优质商品化人工草地建设。南方地区要合理利用草山草坡，开展高产优质人工草地改良建设，推行草田轮作。二要坚持市场导向，构建现代生产体系。要优先发展草种业，扩繁本土优良饲草料品种，依据国家肉牛、肉羊、奶牛、兔等遗传改良计划，提升畜、草生产用种自给能力和核心竞争力。要逐步建立饲草料生产、加工、营销可追溯体系，从源头上保障质量安全。要不断提升草牧业机械化水平，推动完善农机购置补贴政策，加大对饲草料生产全程机械化的补贴力度。要积极促进产业融合，充分发挥草牧业的资源优势，推进与观光旅游、科普教育、康养保健、文化创意等产业深度融合，延长产业链，拓展价值链。要挖掘资源潜力，构建现代经营体系。要充分挖掘各类土地利用潜力，发展牧草种植。大力培育产业龙头企业、合作社及小农户新型经营主体，强化金融保险支持，充分发挥财政资金引导作用，发挥信贷担保、贴息等方式撬动作用，建立多元融资机制，引导社会资本进入。要健全完善草牧业产值与生态产值统计监测评价机制，不断提升草牧业在国民经济体系中的地位和影响力。

4. 不断拓展草业发展空间。由于草业自身具有的多功能性，随着经济社会发展和人民群众生活水平提高，对草产品的需求日益呈现多样化、特色化，主要集中体现在草坪草和功能草开发的两个方面。一方面，近些年草坪业已经在城市绿化、机场、铁路、高速公路、度假村、旅游区、工业园区、军事基地、校园、公园、住宅小区、运动场建设过程中大显身手。从草坪草种子生产与引进、平坪建植养护、机构设备、肥料、农药、生长调节剂等生产制造到工程开发与设计、技术咨询与服务已形成相对完整的产业链。近十年来，与草坪业相关的企业已发展到4000多家，产业已初具规模。作为新兴产业，目前草坪业发展与发达国家相比，无论是产业规模还是产业结构，都存在较大差距，尤其是在草种生产、草坪机械、灌溉设备、专用肥料药品方面存在短板。另一方面，功能草深加工利用。我国草地植物8000余种，具有重要经济开发价值的不下于2000种，功能草广泛适用于能源、食用、医药、保健、兽医、兽药、农药、香料、香精、纺织、造纸、防风固沙、水土保持、土壤改良、重金属污染农田修复、环保建材等多个领域。目前赛马及宠物专用草颗粒、草块生产、食用苜蓿、罗布麻茶生产、中草药、兽药生产、工业香料、香精生产、能源草生产已初步形成产业，功能草产品类型逐年增加。随着国内、国际市场对功能草产品加工、需求不断上升，企业通过改进加工设备，采用新技术、新工艺提高产品质量、降低生产成本，效益也相应提高。近年来，功能草产业发展逐步形成龙头企业＋基地＋农户的发展模式，并开始向专业化、集约化生产经营方向发展，诸如专业户、合作社、股份公司等多种模式相继出现，形成规模较大的产销加一体化企业。作为草业产品领域的新兴产品，天然草产品以其绿色、安全、环保等特性，日益受到消费者的喜爱。未来十年，随着经济转型发展、社会文明进步，生态环境友好，人民生活美好，对草业发展提出了新要求，也提供了新机遇，我们要在重点推进草原生态保护和草牧业加快发展的同时，统筹兼顾草业特色化、功能化发展，以满足国家经济社会发展和人民群众生活对草业的多样化、特色化需求，不断拓展我国草业发展的市场空间。

5. 持续推进草业科技创新。经过长期发展，我国草业科技取得了巨大进步和显著成绩，已经建立起由国家及地方科研院所、草业技术推广体系、高校、牧草产业技术体系、草产业科技创新联盟、草学会、草协会、科技创新型企业为主体的草业科技创新体系，产生了一支规模较大、专业门类齐全的科技队伍，产生了一大批具有国际国内先进水平的科技成果。面向未来，着眼于国家经济、社会、文化、生态发展对草业科技的战略需求，立足于我国草业发展对科技的现实需要，我国草业要坚持把创新为引领发展的第一动力，把科技创新摆在草业发展全局的核心位置，将科技创新作为支撑草业强国建设的重要力量。未来十年在草业科技创新方面要着力在优良品种选育、高效种养技术研发、生产加工机械研制、节本物流储运等方面组织开展科技攻关，整体提升草业科技水平。围绕天然草原修复，要重点在本土草种采集扩繁、免耕补播、飞播种草、合理施肥、灾害防控、休牧轮牧等方面加强技术集成与创新。在当今特别要加快现代信息技术的研究与运用，着力建设数字草原、数字草业，通过互联网、物联网、大数据、云计算，构建草业精准生产与智能管理系统，提升草业全程信息化水平。要加强国家及地方各级草业技术推广服务体系建设，不断提高基层草业技术人员的能力和水平，巩固完善草原管护员队伍，为草业发展提供技术支撑。要大力发展草业教育事业，加强学科建设，建立健全草业人才教育、培养体系，深化草业职业教育改革，面向未来、面向现代草业强国建设，加快培养造就更多的草业高素质科技、管理、经营及技能人才，为建设现代草业提供智力保证和人才支持。

　　面向未来，我国草业已开启迈向草业强国的新征程。新时代召唤中国草业要加快崛起，担负起保障国家生态安全、建设美丽中国、助力乡村振兴、创造美好生活的光荣历史使命。草业播种绿色，守护自然，造福人民，是一项前景光明、生机无限的新兴产业，广大草业工作者一定不辱使命，不负韶华，抓住机遇，奋发有为，为建设草业强国不懈奋斗，为实现两个一百年奋斗目标，实现中华民族伟大复兴中国梦做出应有的贡献。

涉重危废资源化利用的理论体系和技术原理

辛宝平

北京理工大学材料学院固废资源化研究室主任

危险废物指列入国家危险废物名录或者根据国家规定的危险废物鉴别标准和鉴别方法认定的具有危险特性的固体废物，具有腐蚀性、毒性、易燃性、反应性和感染性中一种或一种以上危险特性。任何固体废物一旦被判定为危险废物，其收集、储存、转运、处理、处置均受到全流程严格监管，而严苛的无害化处置也必须实行以确保环境生态和人民健康安全。

危险废物含有各种有毒有害的物质和元素，导致潜在的环境危害和健康风险；同时又含有多种有价甚至高价的物质和元素，具有较高的回收利用价值，被称为"二次资源"。从危险废物中分离提取有价组分和元素，实现危险废物的资源化利用，既是绿色、循环、可持续发展的需要又能减弱危险特性、降低环境风险、减轻处置压力，达到经济、环境和社会效益的高度统一。

危险废物种类繁多、数量巨大、来源广泛、组分复杂，有毒有害、有价有用物质和元素的种类、浓度、赋存形态都千差万别，因此其危险特性和资源潜力也差异极大。为了实现危险废物的精细化管理、有效防范风险、促进资源化利用，需要全面而深入地研究危险废物的资源—环境交互属性，进行科学分级分类，既要凸显共性特征又要强调个性差别。

在此背景下，北京理工大学辛宝平研究团队首次提出了"涉重危废"这一细分领域概念。涉重危废指含重金属的危险废物，其危险特性源于重金属毒性。涉重危废分为材料源危废和工业源危废两大类。材料源危废指含重金属的材料或产品失效或废弃后演变为危废，包括废旧电池、废催化剂、废电子线路板、荧光灯管等；工业源危废指重金属生产、加工、利用或环境治理过程产生的含重金属危废，包括电镀污泥、酸洗污泥、冶炼废渣等。涉重危废种类多且数量大。2016 年版《国家危险废物名录》共有 46 大类，而涉重危废就占有 17 大类。我国危废年产量大致有一亿吨，涉重危废约占 1/3，总量为 3000 万 ~ 3500 万吨。

涉重危废常规无害化处置工艺包括固化后安全填埋和水泥窑协同处置。前者通过固化工序减低有毒金属的迁移性，再施以安全填埋；该工艺价格高（3000 ~ 5000 元/吨）且大量消耗土地。从本质来讲，急性风险变为慢性风险。后者则是按一定比例掺入（约 3%）水泥之中，有毒金属在高温条件下得以稳定化和稀释，该工艺价格 1000 ~ 2000 元/吨。本质讲，集中风险变为分散风险。无害化处置高达 2000 ~ 5000 元/吨的处理费用给产废企业带来沉重的经济负担，而环境风险并未彻底消除，同时造成金属资源的不可逆流失。

涉重危废结构组分复杂多变，不但含有金属还有非金属，不但含有有色金属还有黑色金属，不但含有重金属还有轻金属、贵金属和稀有金属等。这些涉重危废中金属含量往往超过原矿，堪称二次矿产资源；但如此复杂多变的结构特性给其环境风险管控和资源化利用带来很大困扰。为了更有针对性地实现涉重危废中有价金属的回收利用和有毒金属的污染控制，团队探索将（类）金属进行了五分法分类，即（类）金属分为ⅰ）昂贵金属，如金银钯铂铑铟镓锗铷铼等，单价100万元/吨以上；ⅱ）高价金属，如铜镍钴钼钛钒锂等，单价5万元/吨以上；ⅲ）低价金属，如锌锰铝等；ⅳ）高毒金属，如汞砷铅镉铬；ⅴ）无毒金属，如钙镁铁等。

在金属五分法分类基础上，初步提出了涉重危废全组分资源化利用的一般原则和技术路线，即回收贵重和高价金属以获取经济效益，去除有毒和高毒金属以降低环境风险，含有低价和无毒金属的残渣脱毒脱帽降为一般固废，这样不但可以免除高昂的处置费用甚至为其建材化利用创造了有利条件（图1）。涉重危废的资源化利用将实现金属回收和风险控制的统一，经济效益和环境效益的统一，企业减负和增收的统一。

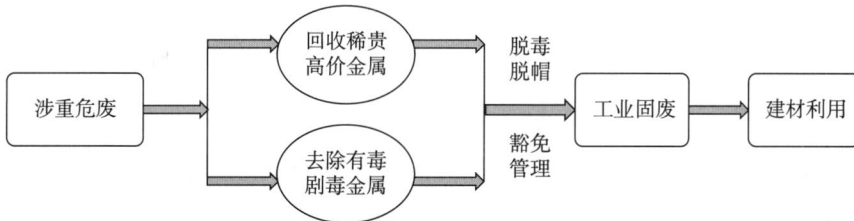

图1　涉重危废全组分资源化利用的技术路线

近期，国家层面出台了多种政策法律法规积极倡导危险废物的资源化利用，并限制填埋焚烧等处置工艺的过度发展。刚刚颁布的《中华人民共和国固体废物污染环境防治法》第四条规定了固体废物污染环境防治坚持减量化、资源化和无害化的原则。任何单位和个人都应当采取措施，减少固体废物的产生量，促进固体废物的综合利用，降低固体废物的危害性。第十三条明确要求县级以上人民政府应当将固体废物污染环境防治工作纳入国民经济和社会发展规划、生态环境保护规划，并采取有效措施减少固体废物的产生量、促进固体废物的综合利用、降低固体废物的危害性，最大限度降低固体废物填埋量。第七十五条提出国务院生态环境主管部门根据危险废物的危害特性和产生数量，科学评估其环境风险，实施分级分类管理，建立信息化监管体系，并通过信息化手段管理、共享危险废物转移数据和信息。

国务院2019年1月发布的《"无废城市"建设试点工作方案》要求以创新、协调、绿色、开放、共享的新发展理念为引领，通过推动形成绿色发展方式和生活方式，持续推进固体废物源头减量和资源化利用，最大限度减少填埋量，将固体废物环境影响降至最低的城市发展模式。提出坚持绿色低碳循环发展，以大宗工业固体废物、主要农业废弃物、生活垃圾和建筑垃圾、危险废物为重点，实现源头大幅减量、充分资源化利用和安全处置。强调完善危险废物相关标准规范，以全过程环境风险防控为基本原则，明确危险废物处置二次污染控制要求及资源化利用过程环境保护要求，规定资源化利用产品中有毒有害物质含量限值，促进危险废物安全利用。

生态环境部发布了《危险废物鉴别标准 通则》（GB 5085.7—2019），明确了利用过程指从固体废物中提取物质作为原材料或者燃料的活动，并修改了危险废物利用处置后判定规则（6.2），指出具有毒性危险特性的危险废物利用过程中产生的固体废物，经鉴别不再具有危险特性的，不属于危险废物。生态环保部固体废物与化学品司发布了提升危险废物"三个能力"建设工作方案，明确提出了倡导危废资源化利用和产业培育。鼓励有条件地区制定危险废物资源化利用过程污染控制技术规范，开展危险废物豁免管理制度试点，开展定向"点对点"利用。鼓励技术先进、运营管理水平高的大型企业和行业龙头企业做大做强，提高产业集中度，打造"危险废物利用处置百强单位"。提高危险废物焚烧、填埋污染控制标准，倒逼危险废物减量化、资源化，逐步减低危险废物处置比例。新建园区要配套建设相应的危险废物利用处置设施，确保危险废物得到科学合理的利用处置。鼓励对库存量大、处置难的危险废物的利用处置新技术、新工艺、新装备开发、试点示范和推广。

作为一类具有高污染特性和高资源属性的危险废物，涉重危废的资源化就本质来讲包括两大诉求，即有价金属的最大回收和残渣的达标脱帽。涉重危废的资源化理论框架包括政策体系、法律体系、管理体系、标准体系、指标体系和技术体系等。当前，涉重危废资源化利用的政策、法规、管理体系正逐步形成和完善；有关标准体系也正在研究和发展之中，如《有色金属固体废弃物综合回收规范通则》（国标）和《危险废物资源化产物环境风险评价通则》（团标）正在制定。但涉重危废资源化利用的指标和技术体系尚为空白，涉重危废的资源属性、污染特性及其分级分类需要加强研究。

为了保障涉重危废资源化的健康发展，需要在涉重危废的科学分级分类、金属分离工艺的合理选择、脱毒脱帽残渣的属性鉴别以及建材化利用产品的环境风险评价等方面开展研究。第一，涉重危废三维属性精细化分类体系建设。将统计熵分析用于涉重危废的结构复杂性表征，量化描述涉重危废之资源属性及各类金属的贡献率，发展涉重危废之环境属性表征方法及各类金属的贡献率计算公式，研究涉重危废资源属性/环境属性关联性、交互性及其主导因素，给出结构属性、资源属性和环境属性之分级标准，构建涉重危废三维属性的精细化分类体系。第二，加强涉重危废有价金属提取工艺之技术适用性分析。提出涉重危废资源化利用和无害化处置分界的三维归一化综合评判指标及方法，根据回收金属的赋存状态以及物料三维属性鉴定不同类型涉重危废金属火法和湿法提取的适用性，提出适合火法提取工艺的危废类型及其三维属性之边界条件，给出适合湿法提取工艺的危废类型及其三维属性之边界条件，确立适合生物沥浸工艺的危废类型及其三维属性之边界条件，建设涉重危废有价金属提取的工艺技术优化选择决策系统。第三，脱毒残渣的水洗工艺和过程优化、洗涤水的循环使用以及达标脱帽残渣的环境风险评估。第四，达标脱帽残渣建材化利用的方式、工艺及产品的环境安全评价。

煤炭工业可持续发展和煤矸石综合利用新技术

王栋民　房奎圳

中国矿业大学

摘要： 煤炭可持续性发展是推动国家可持续发展战略的主要任务，需要用可持续性发展的眼光对煤炭经济进行分析总结。煤矸石作为煤炭开采加工中伴生的固体废弃物，其高效的资源化利用一直是推动循环经济发展，实现节能环保的重要课题。本文通过对煤炭工业的可持续性发展及煤矸石综合利用技术的概括浅析，揭示了煤矸石多元化利用的研究价值和方向，为煤矸石增值、高效、无害化利用提供指引。

关键词： 煤炭工业　可持续性发展　煤矸石　节能环保

一、引言

全球经济的飞速发展促进了城市化的深入和人民生活水平的提高。在社会不断发展的过程中，对能源的需求也越来越大。煤炭，作为一种非常重要且不可再生的自然资源，在社会生产和人民生活中发挥着重要作用。在人类经济发展的悠久历史中，煤炭资源一直是人类生存与发展的重要资源保证。中国的煤炭储量丰富，但总消耗量很高。现如今，我国仍是世界上最大的煤炭生产国和消费国，全国70%以上的能源供给都来自煤炭。一直以来，几乎都是以原始资源的开发及利用为生产结构的主要基础。由于近些年工业的快速发展，原材料及能源的需求不断增加，煤炭资源的紧缺与日益增加的生产需求之间的矛盾越发明显。在现阶段我国广泛式开采煤炭的情形下，如何协调资源的可持续化与发展经济之间的平衡关系成为了稳固社会发展、实现国家可持续发展战略的主要课题。与此同时，由于煤炭加工燃烧等造成的环境污染日益严重，使用煤炭过程中实现资源的合理、清洁利用也逐渐成为循环经济和资源节约型社会发展的首要任务。因此，建设适合社会主义市场经济体制的新型煤炭工业体系，最终实现煤炭的可持续发展，是科研工作者深入研究的目标和动力[1][2][3][4]。

煤矸石是采煤、洗煤过程中排放的固体废弃物，是我国目前排放和堆存量最大的一种工业固废，但也是可利用的重要非金属资源，具有双重性，弃之为害，用之为宝。从20世纪50年代开始特别是本世纪以来，我国科技工作者一代接一代地对煤矸石的综合利用进行了开拓性和持续不断的研究，至今在许多领域都取得了重要进展并形成了一系列成套技术和工业生产线。随着科技进步和社会发展，煤矸石的资源化利用逐渐走向成熟化、规模化，取得的研究进展和科研成果也在不断翻新和迭代，为广大学者和研究人员提供了更多的方向和契机。

综上所述，本文主要从煤炭行业可持续发展的总体规划出发，简单归纳概述煤矸石的来源分类、属性特征及活化改性再到发电、建材、农业、化工等领域的应用。

二、煤炭工业的可持续发展

煤炭工业的可持续发展是一种全新的发展理念。它与传统煤炭工业发展观的本质区别是，它注重环境、经济、社会的协调发展，追求人与自然的和谐，确保人类社会在资源不断消耗的未来，仍具有长期可持续发展的能力。

首先要做的就是正确解读和分析可持续发展。我国煤炭工业目前的形势可以概括为以下两个方面：

（1）合理有效地利用现有的科技创新技术，最大限度地利用我国煤炭企业的生产设备并最大限度上进行矿区环境的改善。

（2）合理有效地运用相关改革和科技手段，制定更加完整的可持续发展战略，确保煤炭资源的高效利用，实现社会、经济、生态资源的协调运行。

煤炭可持续发展的宏观调控方向大致可分为两点：

（1）积极发挥国家宏观调控能力。在宏观调控效果下，煤炭行业要营造良好的市场竞争氛围，坚持公平、公正、公开的基本原则，积极制定煤炭行业相关法律法规，并落实到位，加大对煤炭企业的支持和制约。

（2）大力弘扬可持续发展理念，坚持循环发展模式，落实节能减排、绿色发展等政策。一方面，循环发展的基本原则体现在生产活动中；另一方面，循环发展与经济效益有机结合，实现社会、经济效益和谐统一。

实现可持续发展对策可参考以下几点[5][6][7][8][9]：

（1）通过革新技术提升煤炭回采率，提升资源的有效利用率。

（2）重点关注生态环境效应，降低不良影响，实现煤炭经济最大化利用。

（3）企业经营管理理念转变，摆脱粗放式发展模式。

（4）加强市场监控，紧跟国家政策，及时调控煤炭总量。

（5）防止市场煤炭价格无限抬高，从根本上完善煤炭市场的体系建设。

（6）遵循循环经济发展政策，贯彻落实煤炭经济的发展。

（7）紧跟市场，着眼于长远利益，不以单一开采煤炭方式提升效益，根据市场需求，形成多元产业链。

煤炭可持续发展革新技术中，洁净煤技术应用较为广泛，在降低环境影响的前提下，尽可能最大限度地提升煤炭资源利用率。这种技术的使用，不仅减少了末端处理设备的投资成本，也从人工成本、设备运行成本上进行了节制，同时也在很大程度上减少了末端处理任务的负担，大大提升了煤炭可持续发展的进程。目前世界上比较先进的，清洁高效利用煤炭资源的方法有几种：超临界燃煤发电技术、整体煤气化联合循环IGCC以及煤基多联产能源系统技术。无论是哪种方式，都要从可持续发展的循环经济角度出发，实现煤炭利用[10][11]。

此外，要建设适合社会主义市场经济体制的新型煤炭工业体系，需要对现有的煤炭企业进行转型升级。在过去的发展经验中，开展非煤产业发展循环经济是煤炭企业实现有效转型的一条有效途径。在现有产业结构的基础上，将新拓展的非煤产业与以前的煤炭辅助产业相结合，形成独特的产业链，然后根据资源和市场的趋势开发新的产业链，进行战略转型。理论上讲，这种转型是合理且较科学的，但在实际的发展过程中，还需注意以下几个方面：

第一，煤炭企业的产业转型必须建立在稳定的企业结构、坚实的经济基础和更高的专业化程度的员工基础上。扩大的非煤产业必须具有创新性和科学性，企业管理者和决策者要同舟共济，优化现有资源配置，慢慢实现产业转型。第二，产业转型必须通过产业延伸或产业替代来实现。第三，要有效调整现有产业结构，对于新扩大的非煤产业，要合理调整其产权中的期权和股权。在这个过程中，煤炭企业要大胆吸引社会资金，切实保障资金链的畅通。它可以在内部进行有效的股权分置改革，以激发员工工作积极性为基本目标，进而优化和综合利用企业现有资源。第四，描绘企业发展的美好愿景，初步制定发展战略。强大的自主品牌可以让煤炭企业在产业转型中显现出明显的优势。因此，在产业转型之初，我国煤炭企业应合理利用自身品牌优势，为刚刚起步的非煤产业保驾护航。这样既能充分发挥企业品牌优势，又能促进企业整个产业链的发展[12]。

三、煤矸石综合利用

煤矸石的化学组成主要以 SiO_2 和 Al_2O_3 为主，SiO_2 含量通常在 30%～60%，Al_2O_3 含量在 20%～40%，Fe_2O_3 含量普遍低于 10%，CaO 含量也较低，但以铝质岩和高岭土为主的煤矸石，Al_2O_3 含量可以高达 40%，我国部分地区煤矸石中的 CaO 含量也较高[13][14]。煤矸石的矿物组成是由多种沉积岩共同组成的集合体，不同种类的沉积岩又主要是由成岩矿物组成。煤矸石的活性主要来源于所含的黏土类和云母类矿物，当煤矸石加热到一定温度，一般为 700～900℃时，黏土类和云母类矿物的结晶相因发生热分解而破坏，变成无定形的非晶体 SiO_2 和 Al_2O_3 而具有活性。

（一）分类

1. 按来源分类

根据煤矸石的产出方式和来源，煤矸石可分为洗矸、煤巷矸、岩巷矸、手选矸和剥离矸，有的研究中将自燃矸也作为按来源分类中的一类。

2. 按自然存在状态分类

在自然界中，煤石以两种形式存在：新鲜矸石（风化矸石）和自燃矸石。两种矸石的内部结构差异很大，因此它们的胶凝活性也有很大差异。

3. 分级分类法

上述煤矸石分类方法只能反映煤矸石的一个方面的特征，不利于煤矸石的综合利用。欧洲、美国、澳大利亚等主要产煤国和地区对煤矸石的综合利用进行了大量的研究，并提出了多种分类方案，其中苏联的研究最具代表性。他们根据煤矸石的来源、特性、成分等不同指标列出分类符号，然后根据各种利用方式对煤矸石质量的要求填写所需的分类符号。根据分类符号规定的质量要求，可以方便地选择煤矸石的加工工艺和综合利用方法。

4. 按利用途径分类

（1）根据煤矸石的岩石矿物组成特征，可以将其分为高岭石泥岩、碳质泥岩、砂质泥岩、伊利石泥岩、砂岩与石灰岩类煤矸石。

（2）根据煤矸石中 Al_2O_3 和 Al_2O_3/SiO_2 比值，可以将其分为高铝质、黏土岩质和砂岩质类煤矸石。

（3）根据固定碳的含量可以将其分为四个等级：Ⅰ级 <4%（少碳的），Ⅱ级 4% ~ 6%（低碳的），Ⅲ级 6% ~20%（中碳的），Ⅳ级 >20%（高碳的）。

（4）按煤矸石中硫元素的总重量占化学成分的比例（简称全硫量），也可将煤矸石分为四类：Ⅰ类含硫量 <0.5%，Ⅱ类含硫量 0.5% ~3%，Ⅲ类含硫量 3% ~5%，Ⅳ类含硫量 >5% [15][16][17]。

（二）利用现状

由于煤矸石是火山灰质混合材料，自身几乎没有水硬性胶凝特性，因而需要在一定的物理化学激发下，改变煤矸石的化学组成和内部结构，才能提升煤矸石的火山灰活性。提高煤矸石活性的活化途径有热活化、机械活化、化学活化和复合活化等方法，以最大化提升煤矸石的利用价值。

目前，煤矸石综合利用的主要方式包括煤矸石发电、黏土质利用（辅助胶凝材料、碱胶凝材料）、骨料制备（混凝土骨料、矿井充填骨料、路基材料）、偏高岭土制备、提取化工品、农林业领域应用等。

1. 煤矸石发电

一般采用热值在 1200 千卡左右的煤矸石为燃料，辅以适量的煤或煤泥，采用沸腾炉或循环流化床驱动发电机组发电。对于含碳量较高，即含碳量 >20%（热值在 6270 ~ 12550kJ/kg）的煤矸石，可直接作为流化床锅炉燃料，利用煤矸石发电。20 世纪 90 年代以来，随着循环流化床锅炉逐渐取代鼓泡式流化床锅炉和烟气除尘技术的发展，煤矸石发电技术日趋成熟。利用煤矸石发电可具有减少污染、节约能源、节省耕地及促进产业转移和劳动力再就业等效益。

2. 黏土质利用

（1）烧制水泥：煤矸石中 SiO_2、Al_2O_3、Fe_2O_3 含量高，与黏土的化学成分相似，可以代替黏土，与石灰石、铁粉、硅胶等原料混合；煤矸石含有一定量的碳，可以替代部分燃料；用煤矸石代替黏土作原料烧水泥，既节能又节土。

（2）辅助胶凝材料：由于自燃煤矸石具有火山灰活性，活性 SiO_2 和 Al_2O_3 在水泥水化过程中与析出的 $Ca(OH)_2$ 发生缓慢的"二次反应"，掺入混凝土中可以改善混凝土的性能，提高水泥混凝土的抗碳化和抗硫酸盐侵蚀性能，提高混凝土产品质量和工程质量。

（3）碱胶凝材料：将硅质或钙铝固体废弃物（如煤矸石）与碱溶液混合制成的一种新型粘结材料。强度高，耐久性好，环境影响小。可成为普通硅酸盐水泥（OPC）的替代品，是一种很有前途的胶凝材料，具有良好的稳定性和较高的抗压强度。

（4）建筑制品：根据其自身特性和不同的利用需求，还可将煤矸石制砖、砌块、岩棉及保温材料或是陶粒等。

3. 骨料制备

煤矸石根据产地、来源，性质各有不同，硬度、含碳量等也有很大差别，但也有很多质地良好的煤矸石种类，含碳量低，压碎值高的煤矸石，例如掘进煤矸石等。无论哪种煤矸石，根据其自身硬度特性，结合国家或行业标准，符合指标要求的煤矸石经破碎分级或煅烧，可作为混凝土、矿井充填以及路基材料的骨料、集料等使用，节约资源，降低原料成本。

4. 偏高领土

煤系高岭土是煤矸石的主要类型之一，它是以高岭石（>80%）为主要矿物成分的黏土矿。煤系偏高岭土，是以高岭土为原料，在一定温度范围内煅烧，破坏其内部结构，形成化学性质不稳定的物质。其化学成分主要为氧化铝和二氧化硅，性质不稳定，在碱性环境下具有胶凝性，是一种高活性的矿物掺合料，可应用于建筑材料领域。

5. 提起化工品

煤矸石的主要矿物成分为 SiO_2、Al_2O_3，还含有不同量的 Fe_2O_3、FeS_2、Mn、P、K 和微量稀有元素 Ga、V、Ti、Co。根据煤矸石中化学元素的不同，从煤矸石中提取的化工产品有：①铝基化工产品，如氧化铝、氢氧化铝、硫酸铝、结晶氯化铝等。②硅化工产品，利用煤矸石中的硅元素可以生产出 SiC、Na_2SiO_3、$SiCl_4$ 等多种硅化工产品。③碳基化工产品，如白炭黑、硅铝炭黑等。④其他化工产品，如二氧化钛、镓等。由于某些煤矸石中含有钛、镓等稀有贵金属元素，采用适当的方法从煤矸石中回收二氧化钛和金属镓也是可行的。含 FeS_2 煤矸石自氧化产生的 SO_2 是大气环境中的主要污染物，但黄铁矿是化工生产硫酸的重要原料，从煤矸石中回收黄铁矿具有较高的经济效益和生态效益。

6. 农林业领域

煤矸石在农林中的应用，实际上是通过改良土壤、覆土造林、植树造林、生产肥料等手段，促进农林事业的发展，达到增产、绿化生态环境的目的。具体方面有复垦造田、复垦造林、生产农肥、改良沙地土壤等应用。

四、结语

煤矸石是工业废弃物，但物质总有两面性，通过对比分析组成及矿相，可以全方面多角度地挖掘煤矸石等固废的潜在价值，所以固废只是相对于生产者来讲是无用的，但只要通过合理的开发、研究和分析，完全可以在其他领域得到有效的资源化利用。因此，我们不仅要从源头上进行减量，更要对现有的技术进行创新突破，进一步实现煤矸石的规模化、无害化、资源化利用，推动煤炭工业的可持续发展。

参考文献

［1］白剑. 煤炭经济可持续发展战略探究［J］. 山西财政税务专科学校学报，2017，19（4）：

62 – 65.

［2］耿颖.实现中国煤炭经济可持续发展的战略研究［J］.中国高新技术企业,2015（26）:4 – 5.

［3］王军,燕波涛.环境规制、技术创新与煤炭产业可持续发展［J］.技术经济与管理研究,2019（3）:108 – 112.

［4］潘跃飞.煤炭行业区域管理体制创新研究［D］.北京:北京交通大学,2010.

［5］李鹏.我国煤炭工业的现状及可持续发展观［J］.决策探索（中）,2018（8）:16 – 17.

［6］寇永英.大同煤矿集团循环经济模式及企业可持续发展战略研究［D］.长春:吉林大学,2015.

［7］曾天琦.新时期能源与煤炭企业可持续发展的探讨［J］.山西能源学院学报,2019,32（2）:29 – 31,34.

［8］杜丽哲.基于循环经济模式煤炭企业可持续发展战略研究［D］.太原:山西大学,2010.

［9］彭苏萍,张博,王佟.我国煤炭资源"井"字形分布特征与可持续发展战略［J］.中国工程科学,2015,17（9）:29 – 35.

［10］张建平,王东岩,段治平.知识经济时代煤炭工业可持续发展与清洁能源的生产［J］.中国煤炭,2000（2）:39 – 41.

［11］张玉峰.关于我国煤炭可持续发展的探讨［J］.中国煤炭地质,2018,30（1）:56 – 59.

［12］马中华.煤炭企业产业转型及可持续发展的措施［J］.中外企业家,2017（32）:25 – 26.

［13］刘成长.从煤矸石中提取氧化铝和二氧化硅的新工艺［J］.煤炭加工与综合利用,2009,（1）:49 – 52,5.

［14］任根宽,张克俭.煤矸石提取氧化铝工艺研究［J］.无机盐工业,2010,42（8）:54 – 56.

［15］段万明.煤矸石电厂提高经济效益途径的探讨［J］.煤炭加工与综合利用,2003（6）:45 – 47.

［16］张蕾,李瑜.硫酸法从煤矸石中提取 Al_2O_3 的实验研究［J］.煤炭工程,2011（9）:109 – 111,114.

［17］韩宝平.固体废物处理与利用［M］.武汉:华中科技大学出版社,2010.

林都伊春：绿色发展为生态功能区建设添翼

——国有林区绿色转型发展实践及制度建议

关国恒

中国人民银行伊春市中心支行国库科副科长

伊春地处黑龙江省小兴安岭腹地，与俄罗斯隔江相望，全市行政区划面积 3.3 万平方公里，林业施业区面积 400 万公顷，是全国重点国有林区、中国最大的森林城市，素有"中国林都""红松故乡""恐龙之乡""天然氧吧""立体资源宝库"的美誉。被联合国国际交流合作与协调委员会评为"城市森林生态保护和可持续发展范例"，并被授予"绿色伊春"荣誉称号，也是中国唯一被联合国授予"世界十佳和谐城市"荣誉称号的城市，两次荣获"中国幸福城市"殊荣。

一、践行"绿色发展理念"是无法回避的历史使命

60 年前，伊春市以采伐木材支援国家建设为主业，我国"一五"计划时期，国家156 个重点项目中，两个林产工业项目布局在伊春。"新中国十大建筑"都使用有伊春的木材。伊春累计为国家提供木材 2.7 亿立方米，占全国国有林区的五分之一，累计上缴利税、育林基金等近 300 亿元。同时作为大小兴安岭生态功能区的重要组成部分，是祖国北方乃至东北亚的天然生态屏障，抵御着西伯利亚寒流和蒙古高原旱风的侵袭，具有调节气候、保持水土的重要功能，发挥着涵养水源、促进农牧业生产、保护自然物种的重要作用，在生态建设全局中具有特殊重要地位。然而，由于长期的高强度采伐，采伐抚育失调，曾使伊春市一度陷入资源危机、经济危困的两危境地。2010 年，国家发展改革委、国家林业局出台了《大小兴安岭林区生态保护与经济转型规划（2010—2020年）》，2011 年，国家天保工程二期正式实施，都为伊春发展赋予了新的内涵和新的使命。伊春市委市政府积极推进林区重大转折与变革，坚持以生态为主导，向绿色要效益，向改革要红利，向创业创新要收益，探索走出了保护与发展并行不悖的绿色转型发展之路。

二、伊春绿色转型发展的探索实践

伊春秉持绿色发展理念，努力践行"绿水青山就是金山银山，冰天雪地也是金山银山"，全面加强生态保护和转变生产生活方式，国家重点生态功能区作用日益凸显。

（一）开展森林资源专项保护

2011 年，伊春林区停止了森林主伐，2013 年，率先在全国重点国有林区全面停止

天然林商业性采伐，坚持不懈地加大"严管林"力度，从源头上控制森林资源消耗，通过强化种苗基地建设，推进种苗产业化进程，采用更新造林、森林抚育、义务植树等方式，加快森林植被恢复，健全完善林业有害生物防控体系和森林物候气象监测体系。相继制定和完善了森林生态监测预警机制、林业资源资产用途管制等制度。严厉打击各类涉林违法行为，持续推进森林防火"四网四化"建设，连续14年未发生重大森林火灾。2018年年底，森林资源总面积保持在392万公顷以上，森林覆被率保持在84.7%以上，活立木总蓄积达3.4841亿立方米。

（二）加大生态环境整治力度

加强水土保持生态建设，建立了市、县、乡、村四级河长体系，对境内387条河流实施管理保护，重要江河湖泊水功能区水质达标率为75%，地表水达到或好于Ⅲ类水体比例保持在100%，城市集中饮用水源地水质达到或好于Ⅲ类比例达到100%，初步形成了天然林、湿地、江河源头、野生动物、野生植物、地质遗迹六大生态保护体系。坚决打好"蓝天保卫战"，环境空气质量达标天数为338天，达标率为94.4%，环境空气综合质量连续多年在全省排名第一，2016年被命名为省级生态市，跻身"中国氧吧城市"50强。严控企业污染物排放，强化大气污染防治，严格项目准入，不上污染型项目。据中国林科院评估：伊春现在每年提供的生态服务总价值达1753亿元，是伊春GDP的近7倍左右，具备发展碳汇经济、绿色健康产业等后发优势。

（三）打造绿色主导产业链条

立足资源禀赋，大力发展绿色主导型产业。推动森林生态旅游发展，全市建成国家2A级以上景区27处，其中5A级景区1处、4A级景区8处。形成了原始森林观光、地质考察、避暑度假、康体养生、滑雪、漂流、狩猎等二十几种旅游产品，年接待旅游者600余万人次。依托优良的天然本底，推进林下种养基地规模化、标准化、产业化发展，形成了以红松子、蓝莓、黑木耳、五味子、平贝、森林猪以及山野菜为主的森林食品系列产业，和以绿色水稻、蓝莓、食用菌、榛子、红松果林、药材、特种养殖等特色产业。按照"点上开发，面上保护"的思路，实现矿产资源绿色开发生产，支持建龙西钢集团产能配套、节能环保、循环利用等技改项目建设，提高产能，建设绿色工厂；引导鹿鸣钼矿提高采矿和加工能力，推进绿色矿山建设。以森林碳汇、森林康养、木制品精深加工业、新型装备制造业和风力发电、水力发电、生物质能发电的绿色能源业，走出了一条具有林区特色的发展路径。谋划建设循环经济园区，园区占地面积52.3万平方米，基础设施完善配套，建成的伊春中心城污水处理厂、污泥处理厂、医疗废物处理厂、生活垃圾焚烧发电厂、智能温室等多个工程项目，基本实现了产生物无剩余、无损害、零污染的目标，已有上百家单位和企业入驻，循环经济产业园区规模不断壮大。

（四）积极倡导低碳绿色生活

伊春把推动形成绿色发展方式和生活方式摆在更加突出的位置，积极倡导推广绿色消费，推动形成节约适度、绿色低碳、文明健康的生活方式和消费模式，形成了全社会共同参与的良好风尚。全市扎实推进公共机构节约集约利用能源资源工作，机关、事业单位和团体组织等公共机构人均能耗逐年下降。积极倡导绿色出行、低碳出行、文明出行，新能源汽车保有量呈快速增长的态势，绿色出行（城镇每百万人口公共交通客运量）逐年上升。积极推广绿色建造、绿色建材，城镇绿色建筑占新建筑比重不断提高。持续开展公园扩绿、道路添绿、庭院布绿、立体增绿工程，大力推进城市园林绿化建设，不断优化人居环境，提升城市品位。加快农村基础设施建设，农村自来水普及率达96%，农村厕所普及率达92.5%。全市生活垃圾无害处理率达68.4%，污水集中处理率达87%，危险废物处置利用率保持在100%，人居环境持续改善。

三、克服环境约束实现绿色发展的制度建议

伊春绿色发展面临的环境问题是技术和制度的变化滞后于资源禀赋的变化，主要体现：林权国有与市场经济资源自由交易不匹配、林业资源管理机制欠灵活、林业资源定价不健全、生态约束制度滞后。建议在制度层面寻求破解。

（一）建立健全林业资源有偿使用制度

完善林业资源有偿配置（林业资源有偿使用是指国家作为森林资源所有者，对包括使用权、收益权等用益权的有偿转让）、有偿采伐使用制度、林下资源有偿采摘制度，合理界定和划分林业资源的所有权、使用权和采伐权，实现资源产权的"主体归属"和"收益归属"的匹配。同时，完善林业资源有偿使用税费制度，调整资源税费改革，合理确定资源价值价格，使得作为资源所有者的国家和全体公民依法获得合理收益。完善林业资源开发生态补偿机制，按照"谁收益、谁保护、谁承担"的原则，强化林业环境治理责任和社会责任。

（二）协调中央与地方资源管理权限

实行所有权与使用权相分离，实行林业资源分类分级管理原则，将林业资源按重要性程度和蓄积量规模大小进行分类，通过层层委托——代理关系。划分林业企业中央与地方管理的权限和职责，对林业资源开发收益进行详细分割，中央应更注重发挥资源战略规划、产业政策的指导作用，重点抓好资源中长期规划、供需总量平衡和重大项目布局，下放或放开部分项目和价格审批权限，减少对微观事务的管理，在明晰权责、加强监管的前提下，给地方企业更多、更灵活的自主权。

（三）规范林业资源产权交易市场运转机制

一是建立健全统一、开放、有序的资源产权配置一级市场。借鉴国外先进经验，明确林业资源评估办法，充分发挥市场配置资源产权交易的基础作用，建立有效反映市场供求关系和资源稀缺程度的林业资源产权价款形成机制，形成"择优进入"的资源型企业市场准入环境，解决林业资源产权出让的行政审批和市场配置双轨制弊端。二是完善林业资源产权交易制度。建立林业资源产权交易和赎回制度，制定林业企业退出实施细则，公布林权赎回的程序、标准和办法。不断完善林业资源产权交易规则：明确采取招标、拍卖、挂牌方式开展林权交易的操作要求和流程，明确林权交易中止、终止和恢复交易的情形和要求，明确各级林业管理部门的监管职责，加强对林权市场交易的监管。

（四）深入推进碳排放交易和生态约束制度

基于污染物总量控制的碳排放交易和基于价格的税收手段是被国际广泛接受的重要

方案，目前国有林区已开展碳汇交易，但规模仍很小，今后应扩大碳排放交易市场、规模，积极推广低碳技术，实施森林固碳增汇技术工程，创新开展碳排放权、森林经营权等贷款业务；针对公共性、外部性引起的市场失灵，政府根据"谁污染谁付费，谁消耗谁承担"的原则，一方面，推行强制碳汇交易制度，加强国际间协作和国内立法，推动国家间、政府与政府间、企业与政府间、居民与政府间碳汇强制交易，实现外部成本内部化；另一方面，要完善现行环境税收制度，在征收环境税的基础上，要强化其他税收政策在环境保护的协调作用，增强现有税种的"绿化"程度。

生活垃圾处理模式探析

——以朝阳循环经济产业园为例

朝阳循环经济产业园

随着我国经济的快速发展和城市化进程的不断加速，城市生活垃圾的产生量日益增多，由此而引发的环境问题引发社会各界广泛关注。党的十八大将生态文明建设纳入中国特色社会主义事业"五位一体"总体布局，党的十九大报告提出坚持节约资源和保护环境的基本国策，要像对待生命一样对待生态环境。生态环境保护被提升到了更加突出的位置。生活垃圾处理是否得当将关乎生态文明建设能否顺利推进。近年来，垃圾处理工作中取得了一定成效，城市生活环境在逐步优化。

一、生活垃圾的现状和危害

近年来，随着生活水平的提高，我国的生活垃圾产生量每年以8%～10%的速度增长，垃圾围城日渐成为困扰城市经济社会发展的难解之题。生活垃圾的无序堆放，侵占了大量土地资源同时对土壤和地下水造成了严重污染，露天堆放产生的臭气导致空气质量下降，老鼠成灾、蚊蝇滋生，造成流行病的传播，严重危害人类健康。

二、目前常用的生活垃圾处理技术

目前国内外广泛采用的城市生活垃圾无害化处理方式主要有卫生填埋、堆肥法和焚烧法等。由于城市生活垃圾成分复杂，包括厨余、纸类、塑料及橡胶制品、灰、渣、金属、玻璃等。而且因地理环境、季节气候、生活水平、经济水平等因素不同，导致城市生活垃圾的复杂性、多变性、季节差异性和地域差异性，不仅使得垃圾处理难度较大，而且使这三种主要垃圾处理方式的比例和效果在不同城市不同区域差别较大，各地应因地制宜合理选择发展相关技术。

（一）填埋处理

填埋处理将垃圾埋入地下，通过微生物长期的分解作用，使之分解成无害的化合物。垃圾和地面接触部位铺设防渗材料，阻止渗滤液渗入地下污染地下水，场底部设排水管道，将渗滤液排出收集处理，垃圾体内部设有导气系统，将填埋气导出燃烧或收集利用。垃圾填埋是国内外普遍采用的一种方式，该技术比较成熟，操作管理简单，日处理量大，建设投资和运行成本相对较低，并且能处理处置各种类型的垃圾。利用垃圾填埋气发电向城市提供电能或热能，渗沥液经过处理可以循环利用，实现经济循环发展，填埋处理是目前城市生活垃圾处理使用最广泛的方法。

（二）堆肥处理

堆肥处理利用微生物促进垃圾中的有机成分发生生物稳定作用，使可被生物降解的有机物转化为稳定的腐殖质。其特点是无害化程度较高、可以最大限度地实现生活垃圾处理的资源化。然而由于我国城市垃圾的分类收集程度低，随着生活水平的提高和生活方式的多样化，城市垃圾的成分日趋复杂，入厂垃圾中含有土石、金属、塑料等多种不可降解组分，还包括多种有毒有害化学物质，直接影响堆肥产品质量，可能会造成潜在污染，特别是重金属残留问题。而且除了需要传统的发酵过程外，必须设置复杂的分选、破碎过程，从而大大增加了堆肥处理费用。同时堆肥处理设备技术水平低，发酵期间容易产生恶臭，工艺条件难以控制，特别是机械化操作方面存在技术问题较多，难以保证堆肥设施的长期、连续、稳定运行，堆肥效率低。而且堆肥产品受市场制约较大，受到堆肥产品成本和质量的约束，由于垃圾肥肥效低，成本高，缺乏与普通工业肥料的竞争力，目前堆肥厂数量呈明显下降趋势。

（三）焚烧处理

焚烧技术是一种高温热处理技术，利用空气中的氧与垃圾中的可燃成分进行燃烧反应，并将其转变为无机残渣。该方法减量效果明显，焚烧处理后一般可减容85%以上，减重75%以上。与填埋法相比可节约大量土地，选址相对灵活，可在市区建设，大大节省垃圾运输费用。同时垃圾焚烧可以回收热能，资源化程度较高。城市垃圾经高温焚烧后恶臭氨气和有机质被高温分解，处理后的残渣可直接填埋处置。焚烧作为国际上公认的一项成熟技术，在垃圾减量化、无害化等方面与填埋、堆肥等相比具有突出的优点，是最彻底的垃圾处理方法。垃圾焚烧厂占地面积小，因而选址方便。垃圾经焚烧后成为飞灰和残渣，体积缩小85%以上，易于进一步处理，不仅大大地节约了土地资源，延长填埋场使用寿命，还有效解决垃圾的二次污染以及对地下水安全的威胁。而且燃烧产生的热能还可以转化为蒸汽用来发电或供热，实现废物综合利用，变废为宝的目标，从资源角度来考虑，每日产生的生活垃圾可以看作取之不尽、用之不竭的能源资源。随着焚烧发电技术的发展和成熟，以"减量化、资源化、无害化"为主导的垃圾焚烧技术迅速发展，部分大中城市处理垃圾的方式主要以垃圾焚烧发电为主，截至2018年年底，我国内地建成并投入运行的生活垃圾焚烧发电厂约364座，建设及运营都具有较为丰富的成功经验。

三、北京市朝阳循环经济产业园的发展概况与成效

（一）园区发展概况

北京市朝阳循环经济产业园承担着朝阳区固体废弃物无害化处理和综合利用项目的规划、建设和管理工作，是朝阳区城市运行、管理过程及城市生活垃圾处置消纳的重要承载区和成果展示的重要窗口。园区于2002年5月建成，总占地面积4636亩，目前已建设成为融卫生填埋、焚烧发电、医疗垃圾处置、餐厨垃圾资源化处理、建筑垃圾资源化处理、电动汽车充换电站、废旧物资回收等设施技术为一体，集科研、环保、教育多功能于一身，北京市唯一初具规模的生活垃圾综合利用循环经济产业基地，2009年7

月实现对外开放。2010 年被评为"北京市科普教育基地",2014 年评为"国家循环经济教育示范基地"和"中国人居范例奖",2015 年被评为"国家科普教育基地",2018 年被评为"国家资源循环利用基地"。在北京市乃至全国固废处理行业中发挥重要作用,为北京市环境建设和民生事业做出了积极贡献。

园区已建成的生活垃圾处理设施:

高安屯卫生填埋场总占地面积 41.64 公顷,投资 1.5 亿元,总库容量 892 万立方米,设计日处理能力 1000 吨,于 2002 年年底投入使用。2011 年 2 月在全市率先实现原生垃圾零填埋,是北京市卫生填埋的标杆式单位,在历年市业务考核中名列前茅。填埋区底部采用"膨润土垫 + 高密度聚乙烯膜"双层防渗技术,垃圾在作业区域倾卸、摊平、压实后,铺上渣土,再利用高密度聚乙烯膜覆盖。填埋场配套建有渗沥液收集系统和填埋气收集系统,实现了节能减排和资源循环利用。

高安屯焚烧发电厂占地面积 4.6 公顷,总投资 10 亿元,设计日处理生活垃圾 1600 吨,于 2008 年 8 月建成运行,年额定发电量 2.2 亿度。采用 SN 型机械炉排炉和"SNCR + 半干法 + 活性炭喷射 + 布袋除尘器"的烟气处理工艺。在城市生活垃圾处理设施无害化等级评定中,被评定为"AAA 级生活垃圾焚烧厂"。

朝阳清洁焚烧中心项目占地 5.33 公顷,初设总投资 11.18 亿元,设计日处理规模 1800 吨,于 2016 年 5 月投入试运行,设计年发电量 2.9 亿度,采用机械炉排炉焚烧技术和"SNCR + 半干法 + 干法 + 活性炭喷射 + 布袋除尘 + 烟气再循环 + SCR"的烟气净化处理工艺,排放标准优于北京市地方环保和欧盟 2000 标准,被国家建设部、发改委等四部委列为清洁焚烧案例。

高安屯餐厨废弃物处理厂占地面积 2.13 公顷,设计日处理 400 吨餐厨垃圾,2018 年 8 月该厂进行项目改造,总投资 1.047946 亿元,2018 年 12 月底进入调试运行,采用"大物质分拣 + 精分制浆 + 除砂除杂 + 湿热水解油脂提取及三相分离"的餐厨垃圾预处理工艺。2019 年 4 月 30 日正式移交商业运营,目前具备满负荷运转能力。

其他处理设施:

朝阳区建筑垃圾资源化利用中心项目总用地面积约 320 亩,设计年处理规模 123 万吨,其中建筑垃圾约 100 万吨,焚烧发电厂炉渣约 23 万吨,总投资约 2.48 亿元,项目采用"三级破碎 + 三级筛分 + 资源化"组合工艺,于 2018 年年底建成进入调试运行。

高安屯医疗废物处理厂占地面积 1.58 公顷,总投资 0.8 亿元,设计日处理能力 30 吨,2006 年 3 月建成并运行。成功承担了 H1N1 流感疫情期间我市医疗废物安全处置任务。

高安屯电动汽车充换电站占地面积 1 公顷,投资 2.9 亿元,2011 年 12 月建成,由国家电网运行管理。可服务于电动环卫车、电动乘用车以及电动公交车,日服务能力可达 400 辆。

(二)园区发展取得的成效

1. 坚持技术创新,完善固废处理产业链条

园区坚持"务实、创新、低碳、高效"的精神,不断追赶国际发展趋势,在不同发展时期,紧紧依靠科技引领,站在行业前列。北京市第一家全封闭作业大型垃圾卫生填埋场并在 2011 年率先实现原生垃圾零填埋,北京市第一家持有北京市环保局批准的医疗垃

圾收集、处置经营许可证单位。第一座现代化生活垃圾焚烧厂同是亚洲单线处理规模最大的焚烧厂，国家唯一列入清洁焚烧标准案例的焚烧中心、全国第一座日处理能力达 400 吨的餐厨垃圾处理厂、北京市朝阳区首个建筑垃圾综合利用处理厂项目都在园区成功建成并运行。园区在实践中不断优化提升设施功能，填埋场 2008 年全国率先实现了填埋区膜覆盖，自主研发膜下抽气系统，逐步实现了填埋气收集、处理、发电的循环利用。焚烧厂引桥密闭工程，有效控制了垃圾处理前端异味的扩散。自主完成的最大的建设项目焚烧中心项目荣获结构长城杯金质奖和一项垃圾吊检修、维护系统国家发明专利。

2. 坚持发展循环经济，实现资源循环利用

朝阳循环经济产业园积极创新实践，坚持以节水、节能、节材、资源综合利用为目标，逐步建立起资源循环体系。

（1）以垃圾为源头，构建设施之间内部循环

生活垃圾通过环卫运输车运送到焚烧厂，产生电能，输送到电网和为园区内部运行提供热能，焚烧产生的炉渣运送至建筑垃圾处理厂生产建筑材料，不可利用的残渣运送到填埋场进行填埋处理；餐厨垃圾生化处理后油脂可作为工业粗油脂出售，有机渣制成有机肥料，水项经厌氧预处理后输送到专业水厂处理。垃圾处理过程中的废水处理成中水用于冷却、降尘、绿化、灌溉，将焚烧发电、沼气发电的余热通过地下供热管线为园区办公、生产和生活提供充足热源，构成了设施间的无缝衔接。

（2）以产品为终端，构建园区与社会的外部循环

焚烧发电产生的电能输送到电网供北京市居民生活用电，餐厨垃圾经处理后制成有机肥料用于农业生产，建筑垃圾资源化利用项目处理建筑垃圾产出的建筑材料用于市政道路和建筑物原材料。充分利用垃圾这类数量庞大的资源，变废为宝，实现资源的循环利用，最终将清洁能源和绿色产品回馈给社会。

3. 坚持发挥园区示范作用，积极履行社会责任

朝阳循环经济产业园在 2009 年 7 月率先实现对外开放，通过请进来和走出去的方式，向社会公众普及垃圾处理、垃圾分类知识，从单一设施到综合展示，园区始终坚持品质服务、不断完备参观体系，提升宣教水平，接待人次逐年增加。园区被授予了国家循环经济教育示范基地、全国科普教育基地、国家资源循环利用基地、北京市生态环境教育基地、北京市中小学生社会大课堂资源单位等荣誉称号。

园区充分发挥示范作用，强化资源循环利用及污染控制体系，有效促进固体废弃物的资源化再利用、废水"零排放"，大幅提高资源能源节约与循环利用水平，减少污染物排放。通过完善的监管制度体系和信息化手段，加强对运行设施的监管、对设备工艺的升级改造和环境的整治提升工作，严格控制设施污染物排放量，将标准从达标排放提高至力争零排放的高度。园区及周边区域环境质量明显改善，空气清新，环境优美、干净、整洁，绿化面积达 3000 亩以上。二氧化碳减排效果明显，为应对全球气候变化做出了积极贡献。

园区承担着朝阳区固体废弃物无害化处理和综合利用项目的规划、建设和管理工作，是朝阳区城市运行、管理过程及城市生活垃圾处置消纳的重要承载区，为社会经济

健康有序发展提供了保障。园区在建设发展工程中积极破解遇到的"邻避"问题，从技术创新到管理理念等方面不断探索，变"邻避"为"邻利"促进了循环经济的产业化健康发展。建园以来园区投入大量资金进行景观提升，园区及周边环境得到有效改善，为惠及周边居民，园区建设有示范小花园，为周边居民休闲娱乐提供了便利场所。园区运行设施对人员的需求为周边 3 个行政村村民的就业问题提供了出路。通过对外开放开展的垃圾处理和循环经济宣教活动和数据公开，提高了公众对垃圾处理工作的认知和支持度，逐步消除了居民对垃圾处理工作的误解，提升了政府公信度，为固废处理事业的顺利开展奠定了坚实基础。

四、关于生活垃圾管理的建议

（一）大力推进垃圾分类，从源头减少垃圾产量

2018 年 11 月，习近平总书记在上海考察时强调，垃圾分类就是新时尚。一场践行"新时尚"的垃圾分类，在全国地级及以上城市全面启动。就首都北京而言，2020 年 5 月 1 日起，修订后的《北京市生活垃圾管理条例》已经开始正式实施，垃圾分类是循环发展的必由之路，需要全社会共同参与，形成强大的合力来打赢打好生活垃圾分类的攻坚战、持久战。垃圾是"放错了地方的资源"，长期以来，我国绝大多数的城市生活垃圾处于混合收集运输状态，极大地增加了垃圾处理末端设施的运行压力和运行成本。通过推进垃圾分类，在源头将垃圾分类投放，再将垃圾分别收集、运输、处理，尽可能将分类出的可以回收利用的垃圾作为"二次资源"用于生产新的产品，提高垃圾的回收利用率，减少人类社会对能源和自然资源的索取。

（二）推进管理体制改革，垃圾处理市场化运作

转变政府全部负责垃圾收集、运输、处置的模式，推动垃圾处理市场化运作，建议实施垃圾生产者责任制，对于生活垃圾的管理要做到"政企分开"，政府主要参与政策制定和监督管理工作，垃圾的清运处理交由有资质的社会相关企业负责，垃圾产生者向处理企业支付垃圾处理费，政府不再支付垃圾清运、处置补贴。明确政府、企业、市民三方面的权利义务，减轻政府管理和财政负担，通过引入市场竞争机制，提高垃圾处理效率，推动环境公共治理。

（三）加强垃圾分类宣传教育，培育全民环保意识

目前，民众的垃圾分类意识和对垃圾分类知识的掌握程度还不够，应持续加强宣传教育，促进全民自觉地按照标准分类投放，遵环保法律法规和制度要求。在学校增设环保教育相关课程，从小开始培养节约资源、垃圾分类意识，革新教育内容和形式，开发与资源循环利用相关的课本和读物，将环境教育与基础学科并重，一并列入义务教育体系，使垃圾分类深入植根在孩子的学习中，通过学生可以向他的家庭成员进行辐射和带动。对于社会其他群体的宣传，除了利用新闻媒体、网络、广播宣传，可以充分利用社区组织，定期开展环保活动，通过活动培养巩固大家的垃圾分类和环保意识，最终将垃圾分类形成国民的一种生活习惯，一种环保文化。

绿色经济背景下的涉重危废资源化处理

戴小东　彭淑婧　董　健　吴立臻　田炳阳　左根亮

北京首创环境科技有限公司

摘要：以典型涉重危废—电镀污泥的资源化处理项目为例，介绍了充分利用城市矿产资源、发展工业园区绿色经济的成功案例，同时也是国有企业通过构建产学研模式快速完成科技创新和先进技术产业化应用的一次成功试水。

关键词：涉重危废　资源化利用　绿色经济

涉重危废泛指含重金属的危险废物，是危险废物的主要种类之一，其危险特性源于重金属毒性。若不对涉重危废采用有效措施进行处理处置，将对自然环境与人体健康产生重大危害。同时，涉重危废中的铜、镍等属于高价值金属，如果对其进行资源化回收，不仅可以实现危险废物脱毒无害化，更是发展绿色经济的理想路径。

涉重危废的重金属含量高，提取难度相较采矿小，只要提高利用率就能立即转化为资源。公开数据显示，我国涉重危废年产量为 2500～3500 吨，实际处置率却只有 23% 左右。在合理处置涉重危废方面，既要遵守危废处置的一般规则，也要进行差别对待。也就是说，涉重危废处置要以"回收再利用"为主，"无害化处置"为辅，充分挖掘这座"城市矿产"。

一、开采"城市矿山"，从典型涉重危废—电镀污泥入手

电镀行业是制造业的基础工艺之一，电镀的工艺水平和发展程度直接决定着其他工业行业发展的好坏。同时，电镀又是当今世界三大污染工业之一，而且不同电镀厂家的生产工艺及处理工艺不同，导致电镀污泥的化学组分很复杂，其含有大量铬、铜、铁、镍等重金属，属于国家危废名录中 HW17 表面处理废物。如不经妥善处理，会对环境造成严重污染，同时造成巨大的资源浪费。据统计[1]，我国约有 15000 家电镀生产企业，规模以上企业年产值达 1000 亿元，电镀污泥年产生量约为 1000 万吨，占涉重危废重量的三分之一左右，单吨处理处置费用为 2000～3000 元，即 200 亿～300 亿元/年。

2019 年 11 月，生态环境部修订了《危险废物鉴别标准 通则》（GB 5085.7—2019）和《危险废物鉴别技术规范》（HJ 298—2019），其中"标准"第 6.2 条明确指出"具有毒性危险特性的危险废物利用过程产生的固体废物，经鉴别不再具有危险特性的，不属于危险废物"。这一标准的修订，为电镀污泥处置残渣非危废化提供了政策依据，鼓励危险废物资源化利用。

一般镍矿石开采条件是镍含量达到 2%，中国露天铜矿的原矿品位一般在 0.2% ~ 0.7%，高于 0.8% 则称之为高品位露天铜矿，而作为典型涉重危废，综合电镀污泥干基 Cu 含量 3% ~5%，Ni 含量 2% ~3%，Zn 含量 4% ~5%；高镍电镀污泥干基 Cu 含量 1% ~2%，Ni 含量 30%，Zn 含量 1% ~2%，品位远高于金属富矿石，可见电镀污泥的金属回收利用价值很高。例如[2]：假设某工业园区每年处置含铜电镀污泥 10 万吨（含水率 60% 计算），铜含量按照 3% 计算，按照铜回收率 98%，回收铜金属价格 40000 元/吨，镍含量按照 2% 计算，生产硫酸镍晶体约 3600 吨/年，售价按照 28000 元/吨计算，污泥处置费是 2000 元/吨，则一年的总收入是 3.48 亿元。而全国约有 1000 万吨/年的电镀污泥，电镀污泥资源化年总值可达到 348 亿元。由此可见，电镀污泥资源化的经济效益很可观。

二、电镀污泥典型资源化技术

近年来，国内外学者对电镀污泥的无害化处置进行了大量的研究和探索。电镀污泥的无害化处置目的在于将电镀污泥稳定化，防止重金属元素的溶出。目前常用的电镀污泥无害化处置方式主要有固化/稳定化技术、电镀污泥热化学处理等；资源化方法有建材化、铁氧体法、湿法、熔炼法（火法）以及微生物技术法。

（一）建材化

电镀污泥的建材利用一方面可以对电镀污泥进行无害化处置，另一方面也是电镀污泥变废为宝的一种方式。建材化利用的常规做法用于生产硅酸盐水泥及烧制陶瓷或釉料和制砖。常规做法是利用水泥窑处理电镀污泥，但目前该方法处于实验室阶段，生产硅酸盐水泥、陶瓷、砖的原料要求都是必须限制原料中的 SO_3 含量，即含 SO_3 高的污泥废渣（硫酸钙含量高）因严重影响生产工况和产品质量客观上都不宜或不能使用，也会大幅增加废气中 SO_2 浓度。而且该方式是将电镀污泥全量化利用，没有充分利用重金属，增值效果不佳，适合重金属较低浓度的电镀污泥处置。生产部分建材如红标砖，对于其浸出毒性是否达标还需要进一步验证，市场接受度较低。

（二）铁氧体法

铁氧体是一类重要的磁性材料，是由铁和一种或多种金属组成的复合氧化物，具有良好的耐热及化学稳定性和较好的催化性，而电镀污泥是电镀废水处理后的产物，其中含有大量上述的金属离子，因此研究利用电镀污泥生产磁性铁氧体是合理且具有经济效益的，这也是对电镀污泥高值化处置的有利途径，符合绿色经济、循环经济的理念和要求。

采用水热法合成复合铁氧体，通过投加氯化高铁和沉淀剂对电镀污泥进行处理，电镀污泥中的 Zn、Fe、Cr 和 Ni 可有效固化并稳定在铁氧体晶格中。通过投加酸洗废液来补充电镀污泥水热铁氧体化所缺的铁源，酸洗废液中含有丰富的铁离子，可大大降低采用氯化高铁作为补充铁源的成本。

铁氧体材料性能的好坏，与原料、配方、成型和烧结四个环节密切相关，但该工艺生产铁氧体性能却有很大的差别，产品应用市场相对有限。同时，该工艺成本较高，相对比较复杂，实际项目中鲜有应用。

（三）熔炼法（火法）

火法提取电镀污泥中重金属是利用特定元素高温熔融低温凝结的特点在高温条件下对电镀污泥进行分解并回收重金属，可以采用焚烧、离子电弧、微波、煅烧和焙烧，或者采用与碳共同热处理等技术方式实现高温条件。该法流程短、易操作、处理量大，同时高温处理可以大量减少污泥体积，并降解某些有毒成分，同时可以直接反应得到金属单质或者化合物；火法还可以与湿法联用提取重金属。

但火法污染严重，耗能极大、材质要求高，且只适宜高浓度单组分金属的分离提取，难以胜任涉重危废之多组分和低浓度的特点。

（四）湿法提取

湿法提取电镀污泥中重金属是通过化学方法将电镀污泥浸出溶液中的重金属分离出来。其前提是将电镀污泥中的重金属浸出并稳定地存在于溶液中。

常用浸出剂有酸性、碱性和中性之分。电镀污泥中重金属大多以氢氧化物的形式存在，一般不使用中性浸出剂。碱性浸出剂包括碳酸铵、氨水、碳酸钠和苛性钠等，其选择性高，可以获得较纯净的浸出液，但是该法不能将所有有价金属全部浸出。利用 Fe^{3+}、H_2O_2 和 O_2 等氧化剂的氧化酸浸以及利用 SO_2 和 Fe^{2+} 等还原剂的还原酸浸也是效果良好的浸出方法，但这类方法只适用在对金属硫化物和高价金属化合物的浸出上。酸性浸出剂包括各种浓度的硫酸、盐酸、硝酸、王水及部分低分子有机酸[3]等。但这种以高浓度强酸为工作介质的湿法浸提工艺在快速溶出目标金属离子的同时，也不可避免地溶释了非目标金属离子和非金属离子，不但大幅增加了强酸和氧化剂的消耗，更严重的是给后续有价金属的分离提纯带来了困难；而且大规模的强酸湿法浸提对于设备材质和酸雾控制也有很高的要求，操作条件苛刻，安全风险居高。更为严重的是，强酸、氨水、强氧化剂等危险化学品的运输、储存和使用在相当多的地方受到严格控制和限制，致使湿法冶炼工艺建设和推广受到很大制约。

而且湿法目前存在不能将重金属离子完全浸出，且价格较高等问题亟待解决。

（五）微生物技术

生物沥浸（bioleaching）指通过特定微生物（类群）的直接/接触作用或其代谢活性产物的间接/非接触作用将固相材料中目标金属浸出并进入液相的过程。该技术在常温常压工况条件下实现目标金属的浸提溶释，具有经济、绿色、节能、安全的特点。从20世纪60年代以来，美国、加拿大、澳大利亚、智利、南非、印度等许多国家深入开展了低品/难浸矿石的生物冶金（生物沥浸）技术和工艺的研究。我国一些科研院所如中南大学、北京有色金属研究总院、中国科学院过程工程研究所等在硫化矿生物冶金界面过程、电化学机理、微生物分子调控以及高温生物冶金等诸多方面取得重大突破，提升了我国在生物冶金领域的国际影响力。目前，生物冶金技术已成功用于低品硫化矿中铜、镍、钴、铀、金等有价金属的浸提和回收。

三、湿法—生物湿法耦合技术

电镀污泥多金属共存和高硫氯氟磷特点，给火法工艺大气污染治理和金属全部回收带来挑战。湿法工艺具有更大的灵活性和可调性，但单独的湿法工艺激发了有毒金属的迁移活性，其浸出渣有毒金属浸出浓度增加，仍为危险废物。湿法浸出渣的脱毒脱帽成为湿法工艺能否广泛使用、发挥其固有优势的关键所在和瓶颈问题。针对材料源和工业源涉重危废包括废旧电池、失效催化剂、电镀废渣、冶炼废渣等，研发经济、绿色的资源化技术、工艺和设备，实现有价金属高效富集，为涉重危废的高值资源化利用奠定技术基础，推动产业升级。

采用的湿法—生物湿法耦合是破解这一难题、实现金属回收和残渣脱毒的双目标的有效途径之一。北京首创环境科技有限公司（北京首创科技）与北京理工大学开展产学研合作，将"生物淋滤循环富集技术"进行工程设计转化，应用于电镀污泥资源化回收领域，在传统湿法的基础上耦合生物湿法。

经大量实验证明，该技术克服了单纯传统湿法的不足，实现了残渣彻底脱毒，进而实现了成本降低，这在行业内尚属首例。其技术核心为湿法后续的生物沥浸—循环富集技术，适宜低浓度涉重危废有价金属绿色浸提。通过膜分离技术，将细菌产生的生物酸（包括蛋白、多糖、脂肪、有机酸等微生物代谢产物）与菌体分离，用该生物酸淋滤湿法处理后的电镀污泥，将含量低且难以用化学酸浸提的金属离子（如铬）完全浸提到生物酸液中，当生物酸中的微生物代谢产物消耗殆尽后，再加入菌体将其再生，再生后的生物酸可再次淋滤电镀污泥，在微生物代谢产物的氧化、络合作用下污泥中的金属离子又完全浸提到生物酸液中。如此循环富集，累积固液比可达 50% ～60%，降低了处置成本。淋滤后的残渣经两次洗涤，可以实现完全脱毒，经四次洗涤，可以达到生活垃圾填埋场的入场标准。独特的富集功能同时实现危废脱毒达标和金属浓缩，成本低、安全性高；且富集液可直接用于萃取—电积，无须再破碎和酸浸。

四、产学研助力科技创新成果产业化落地

绿色经济与高质量发展要求企业强力推进科技创新发展，北京首创环境科技有限公司，是首创集团旗下首创环境控股有限公司的技术平台公司，危废处理是首创环境业务版图的重要布局之一，在加强自身科技创新的同时，通过产学研合作，快速引入先进技术，将有力推动首创环境向"提供整体解决方案的综合环境服务商"全力迈进，为建设资源节约型和环境友好型绿色城市承担应有的国有企业责任。

北京理工大学辛宝平教授团队多年来致力于绿色、安全、经济、高效的固废微生物资源化处理技术研究，成功开发了有价金属回收的生物湿法专用反应器和整套工艺。实现了微生物的高浓度生长，淋滤效率提高了 5～10 倍，淋滤时间由原来的 7～10 天缩短至 6～24 小时。用于低浓度涉重危废中的镍、铜、锌等有价金属浸提并通过淋滤液的多次再生循环富集浓缩目标金属，为后续回收创造条件；同时脱毒残渣用于混凝土和砖瓦板等建材生产。

微生物的直接作用以及代谢活性物质的间接机制溶释电镀污泥中剧毒和有价金属，体现绿色性；常温常压条件下实现金属的溶释，以廉价废糖蜜、硫磺、黄铁矿等为能源底物，体现安全性；固相生物催化再生实现沥液的多次循环和溶释金属的高浓度富集浓

缩，体现经济性；回收有价金属、建材化利用脱毒废渣，实现危废全方位循环和彻底无害化处理，体现循环性。该技术可以实现有价金属的平均回收率大于90%，剧毒金属的平均去除率大于95%，脱毒残渣浸出实验达标无须再固化或转化为一般固废进行资源化利用。

2017年，北京首创科技就瞄准典型重金属危废—电镀污泥处理市场开展了大量的技术调研和市场调研，在确定市场前景的基础上，瞄准行业技术前沿研发团队，并与北京理工大学签订产学研合作协议，成立电镀污泥项目组，以引入辛宝平教授的"生物淋滤循环富集技术"并消化吸收首次应用于电镀污泥的资源化利用领域为目的开展研发活动。通过反复试验论证和工程条件优化设计，实现技术与工程经验的有机结合，建立电镀污泥生物淋滤资源化利用示范基地。

五、结语

在危险废物中，涉重金属污染废物占比很大。北京首创科技通过重金属危废—电镀污泥等技术研发和项目落地试水，一方面，充实北京首创科技自身技术实力，通过产学研合作快速推动科技创新成果的落地转化，完善危废业务覆盖范围，适应环保的多元化发展的同时快速提高首创环境危废领域的市场份额。另一方面，大力发展工业园区的绿色经济模式，为危废的资源化处理提供了良好的示范。

参考文献

［1］袁文辉，王成彦，等．电镀污泥中铬铜等多金属资源化利用［J］.江苏理工学院学报，2017，4（23）：1 - 4.

［2］樊锐，李才，等．电镀污泥处置方法现状及发展趋势［J］.天津化工，2019，33（1）：4 - 6.

［3］李鹏，曾光明，等．有机酸对污染底泥中 Zn 和 Pb 浸出的影响［J］.中国环境科学，2010，30（9）：1235 - 1240.

致力于节能环保产业高质量发展面临的机遇与挑战

雄安科融环境科技股份有限公司

一、雄安科融环境科技股份有限公司

雄安科融环境科技股份有限公司（以下简称雄安科融环境）于 2010 年 12 月在深圳证券交易所创业板成功上市，股票代码为 300152，证券简称为"科融环境"。

作为雄安唯一一家节能环保上市公司——雄安科融环境，该公司定位于综合性，具备核心技术竞争力的节能环保服务商，承载着服务雄安新区环境服务领域多项任务。主营业务为节能燃烧、垃圾处理（包括垃圾分类及燃烧发电）、水利及水环境治理和氢能源的战略发展。

雄安科融环境在全国各地布局多个分、子公司，多次荣获国家科技进步二等奖、国家技术发明二等奖等国家级荣誉，同时公司拥有国家重点新产品 5 项、设有企业院士工作站，国家级博士后科研工作站，该公司也是国家 863 计划、火炬计划科研课题承担单位。

公司科研团队厚积薄发，在节能环保领域，坚持投入科技创新，推动产业发展。

二、综合性，具备核心技术竞争力的节能环保服务商

雄安科融环境目前已经逐步开展全新业务模式，着眼于固废焚烧处理与环卫物联网一体化城市智能生态循环经济体。在环保产业发展的新时期，将在与资本的结合下，用最先进的环保理念和国际一流的技术水准落实环保项目建设，实现环保产业升级换代。

1. 主营业务
- 洁净燃烧与控制业务
  节能点火
  低氮燃烧
  燃烧控制系统
  工业火炬
  工业窑炉
  硫回收系统
- 水利及水环境治理
  市政饮水工程

脱盐水、化水及工艺用水工程

医药及电子光伏超纯水工程

污水处理工程

中水回用及污水资源化工程

海水淡化工程

- 垃圾处理业务

垃圾焚烧发电项目投资与建设

垃圾焚烧发电站运营管理

危废处理

垃圾分类

2. 核心技术——燃控技术

（1）双强少油点火系统

系统功能：针对煤粉锅炉，在煤粉燃烧器内部设置小出力油枪，通过小出力油枪燃烧产生的油火焰直接点燃煤粉，实现以煤代油，节约启动及稳燃油耗的作用。

产品情况：我公司双强煤粉点火技术，是国家火炬计划项目，同时为我公司自主研发的点火新技术，其能够实现 75t/h 以上煤粉锅炉的节油点火技术，目前国内市场占有率第一，远销东南亚。其可实现对无烟煤、贫煤、烟煤、褐煤全系列煤质工况的以煤代油的燃烧点火理念，同时先进的内燃及气膜冷却技术，确保系统安全可靠的同时，最大化地节约点火及稳燃工况的燃油消耗，为国家"节能减排"战略做出了贡献。

同时针对无烟煤等特殊高燃点煤质，公司进一步研发了富氧少油点火技术，在传统节油技术基础上，进一步提升了燃油经济性。

（2）等离子点火系统

系统功能：通过特殊设计的等离子发生器，实现电离空气并形成高温等离子体，辅以特殊设计的煤粉燃烧器，作为电站锅炉启动及稳燃工况的点火源，实现节油燃油的目的。

产品情况：我公司具有等离子点火技术及产品的多项发明专利，其也是"国家重点新产品"，等离子点火技术主要应用在使用烟煤及褐煤的 220t/h 以上煤粉锅炉，其可实现锅炉无油点火及稳燃的能力。等离子发生器经过多年革新，目前涵盖 50～350kW 范围内各档功率的产品，同时具有拉弧速度快、阴阳极寿命长等各项优点。

（3）燃气低氮燃烧技术

系统功能：通过燃气燃烧器自身结构设计，在满足燃烧器设计输出功率的同时，实现对不同燃气燃料的低氮燃烧设计，实现较低水平的 NOx 排放，以满足国内低氮排放的环保需求。

产品情况：为应对国家对燃气锅炉低氮排放的需求，我公司特开发研制了具有专利技术燃气低氮燃烧器，通过燃料分级、空气分级、烟气内循环及烟气外循环等降氮技术，实现较低 NOx 的排放。目前我司天然气燃烧器的 NOx 排放可实现小于 30mg/Nm^3 的超低排放，达到业绩最高水平。

（4）CFB 锅炉床下风道点火燃烧器

设备功能：主要针对 200MW 及以上 CFB 锅炉，通过在床下风道内设置点火燃烧器，加热一次风，进而实现锅炉启动的点火技术。

产品情况：风道燃烧器为特种燃烧器，结构根据风道尺寸设计，同时能够满足火焰刚性不偏斜，在确保加热风温的要求下，能够确保风道安全。风道燃烧器可兼顾燃油及燃气不同燃料工况，同时具有阻力小、结构简单可靠等优点，目前国内市场占有率第一。

（5）垃圾焚烧炉点火及辅助燃烧器系统

设备功能：通过我司点火及辅助燃烧器的投用，可使炉内烟气加热到 850℃并维持 2 秒以上，以确保符合国家对垃圾焚烧污染控制的要求。

产品情况：针对目前国内所有炉型的垃圾炉，我司均可根据用户要求配置不同功率的燃烧器，燃油型、燃气型或多燃料型燃烧器均可设计，同时辅以成熟可靠的燃料及配风控制系统，可实现燃烧系统的自动控制，燃料管路及控制柜集成阀组撬装供货，美观大气，方便现场布置施工。目前配套国内多家环保公司垃圾炉型，产品市场占有率第一。

（6）危废回转窑及二燃室燃烧器系统

设备功能：针对危废处理项目，设计配套窑头组合燃烧器、二燃室燃烧器、清焦燃烧器、SCR 风温加热燃烧器等，以实现焚烧炉点火启动，废液掺烧、升温加热等功能。

产品情况：对于危废焚烧项目，为满足危废焚烧的温度需求，特设窑头及二燃室燃烧器，同时燃烧器集成有废液喷枪，兼顾废液掺烧功能，最大化地满足焚烧炉热量输出要求。燃烧器功率、火焰形状、系统配置等可根据项目要求设计，同时燃料管路及控制柜集成阀组撬装供货，目前与国内多家环保公司合作，生产占有率第一。

（7）工业火炬

系统功能：工业火炬装置广泛应用于石油炼化、石油化工、化学工业、煤化工行业等非稳定生产工况下所排放的可燃、有毒有害气体的燃烧，从而有效降低了废气排放对环境的污染。

装置情况：我们公司具有工业火炬方案论证、工程设计、设备成套及工程总承包能力，主要项目业绩有高架火炬系统（最高 160 米、排放系统管径最大 DN2500 及 5 套排放系统共架设置）和封闭式地面火炬系统（单套系统最大处理能力 150t/h、多塔共用设置）共 150 多项。公司火炬燃烧系统经过公司试验室燃烧试验验证和工程实际应用，燃烧器具有稳定、高效、低污染的运行特征。

（8）纯氧/富氧燃烧系统

系统功能：利用特殊设计的燃烧器，通入燃料（燃气或燃油）和氧气，实现燃料＋纯氧在窑炉内的燃烧。纯氧/富氧燃烧克服了空气常规燃烧中的排烟热损高、炉温低、升温慢等缺点，作为有色冶炼、玻璃窑炉等行业中实现化料、保温工艺的热源，实现了升温快、化料快、炉温高及单吨料耗低等目的，在行业中得到了广泛应用。

产品情况：我公司研发设计的"XRQ－6"型卷吸纯氧燃烧器，是国内首家在有色冶炼行业上使用厂家，该型纯氧燃烧系统采用油、气燃料，可用于回转式窑炉和固定式窑炉，适应性广，近几年国内市场占有率达 60% 以上。随着冶金工艺不断变化，我们也对燃烧器的适应性和燃烬率进行了优化设计，现阶段定型的纯氧燃烧系统实现了有色冶炼行业上生产单吨铜比常规空气燃烧节省燃料 50% 以上。

（9）焚烧炉（TO）系统

系统功能：工业生产中的废液、废气等在焚烧炉（TO）内经过一定时间和一定温度的充分焚烧，将废液或废气中的有害物质彻底焚烧、分解生成 H_2O、CO_2 等物质后实现达标排放。当废液、废气本身热值不足以维持焚烧炉内的温度，就会辅以高热值燃料进入焚烧炉伴烧，并充分考虑废液、废气中各种工艺物料焚烧需要的温度和停留时间，实现有害物质彻底焚烧、裂解的目的。

产品情况：我公司具有焚烧炉系统技术和产品的多项发明专利，可用于废气、废液、废酸等的焚烧裂解，适用场合广，对废气、废液等中有害物质含量从痕迹量到 100% 的场合均适用，可实现对有害物质的分解率达 99.99% 以上。我公司焚烧炉系统根据多年不断优化，目前可根据项目技术条件设计生产各种类型和物料的焚烧系统产品，同时具有寿命长、适用范围广、占地空间小、操控方便等优点。

（10）热风炉装置

系统功能：燃料（燃气、燃油等）在热风炉中完全燃烧释放大量的热，生成的高温烟气后，与从炉中或炉后进入的二次空气混掺成一定温度的高温烟气，到后续换热器等工艺设备中通过间壁换热加热工艺物料，或去原料磨等设备直接干燥物料，或直接掺混到低温工艺物料中将低温工艺物料加热至指定温度。特殊结构的炉中掺混结构能够将高温物料和低温工艺气迅速掺混均匀，实现热风炉系统出口温度均匀、精准的目的。

产品情况：我公司设计研发的"XFL-1耐火材料型热风炉"和"XFL-2耐热钢型热风炉"及系统装置在行业内具有多项专利技术，设备主要用在发电（电厂脱硝、消白、原料磨等场合）、化工、冶金、玻璃、水泥等行业。我公司热风炉系统可根据项目实际条件和要求，通过结构的设计、优化，实现低负荷到高负荷、低温到高温、常规环境到腐蚀场合的全覆盖，同时具有燃烧完全、稳定、出口烟气温度均匀、精准操控等优点。

三、社会责任

企业在发展过程中有责任和义务为社会做出自己的贡献，为社会做出公益支持。2019 年 11 月，雄安科融环境为中国矿业大学（北京）110 周年校庆捐款 110 万元。2020 年 2 月，为抗击新冠肺炎疫情，公司先后向湖北、河北、北京等有关地区及单位捐款 360 万元，充分体现了上市公司应有的社会责任。

四、业务布局及经典案例

1. 业务覆盖范围

经过 40 年的发展，雄安科融环境通过全方位布局、多年来业务范围遍布全国和海内外，目前在北京、雄安、江苏、山东等地均设立分子公司，公司业务范围遍布全国和海内外，并在成都、西安、乌鲁木齐等地设立了区域销售中心和服务网络，全面助力我国生态文明建设。其中主要产品节能点火设备在市场上占有率为80%。

2. 经典案例

（1）洁净燃烧

● 硫回收系统

硫化氢燃烧系统包括废气焚烧系统在石油化工、煤化工、医药化工行业燃控院具有相当的优势性。

国内首套国产化 WSA 湿发制酸装置：中石化集团南京工程有限公司兰精（南京）纤维有限公司 3 万吨/年废气制酸工程。

国产化首套硫化氢纯氧燃烧装置：贵州金赤煤化工一期硫回收（酸性气纯氧燃烧器）。

● 放散火炬系统

火炬系统项目为燃控院运行的相对较大型项目，对于火炬系统的技术理解透彻性（特别是地面火炬）应该在国内排名第一。

内蒙古汇能煤化工有限公司煤制天然气项目高架火炬：EPC 总承包，系统主要包括热火、气相冷火炬、液相冷火炬、罐区低压火炬、酸性气与热火炬共用火炬头共 5 套火炬筒体，总高 110 米。

山东东辰控股集团公司石化分公司芳烃联合装置升级改造项目（一期、二期）：EPC 总承包，2009 年建造时为国内最大的排放量的单塔配方火炬，单塔处理量 150 吨/小时。

（2）污水处理

● 辽宁抚顺罕王集团

项目名称：生活污水处理及中水回用工程

处理水量：25000 吨/天

污水水质：$COD = 500mg/L$ $BOD_5 = 250mg/L$

            $SS = 300mg/L$ $NH_3 - N = 3.86mg/L$

出水水质：《城镇污水处理厂污染物排放标准》（GB 18918—2002）一级 A 排放标准

            $COD \leqslant 50mg/L$ $BOD_5 \leqslant 10mg/L$

            $SS \leqslant 10mg/L$ $pH = 6 \sim 9$

主要工艺：水解酸化 + 两段接触氧化 + 砂滤

运行状况：运行两年，$COD \leqslant 50mg/L$

● 山西蒲县宏源集团富家凹煤矿

项目名称：采煤废水处理工程

处理水量：15000 吨/天

污水水质：$SS = 300 \sim 1200mg/L$ $OIL = 1 \sim 120mg/L$

出水水质：《生活饮用水卫生标准》（GB 5749—2006）

主要工艺：斜板滤池＋多介质过滤＋活性炭过滤＋RO

运行状况：运行一年，出水达到饮用标准

- 北京三元乳业海拉尔乳品厂

项目名称：乳品废水处理工程

处理水量：1500 吨/天

污水水质：$COD = 1600mg/L$　　$BOD_5 = 800mg/L$

　　　　　$SS = 300mg/L$

出水水质：《城镇污水处理厂污染物排放标准》（GB 18918—2002） 一级排放标准

主要工艺：隔油＋气浮＋水解酸化＋两段接触氧化

运行状况：运行五年，水质达标

- 山西六味斋清徐工业园

项目名称：食品废水处理工程

处理水量：1200 吨/天

污水水质：$COD = 16000mg/L$　　$BOD_5 = 8000mg/L$

　　　　　$OIL = 50mg/L$　　$NH_3 - N = 500mg/L$

出水水质：《城镇污水处理厂污染物排放标准》（GB 18918—2002） 一级 A 排放标准

　　　　　$COD \leqslant 50mg/L$　　$BOD_5 \leqslant 10mg/L$

　　　　　$SS \leqslant 10mg/L$　　$pH = 6 \sim 9$

主要工艺：UASB ＋ MBR

运行状况：运行半年，出水达标

（3）烟气治理

- 华润电力（六枝）有限公司

技术形式：石灰石石膏法脱硫单塔气液双循环（高含硫煤项目）

锅炉（机组）：$2 \times 660MW$

合同方式：EPC 总承包

　　　　　处理前　$SO_2 \leqslant 11829mg/Nm^3$

　　　　　处理后　$SO_2 \leqslant 189mg/Nm^3$

- 中铝宁夏能源集团有限公司

技术形式：超清洁排放石灰石石膏法脱硫双塔双循环

锅炉（机组）：$2 \times 660MW$

合同方式：EPC 总承包

　　　　　处理前　$SO_2 \leqslant 5600mg/Nm^3$

　　　　　处理后　$SO_2 \leqslant 35mg/Nm^3$

- 安徽马鞍山万能达发电有限责任公司

技术形式：石灰石石膏法脱硫超清排放

锅炉（机组）：$2 \times 330MW$

合同方式：EPC 总承包

　　处理前　$SO_2 \leqslant 1500mg/Nm^3$

　　处理后　$SO_2 \leqslant 35mg/Nm^3$

● 南京华润热电有限公司

技术形式：石灰石石膏法脱硫超清排放

锅炉（机组）：$2 \times 330MW$

合同方式：EPC 总承包

　　处理前　$SO_2 \leqslant 2000mg/Nm^3$

　　处理后　$SO_2 \leqslant 35mg/Nm^3$

● 安徽皖能马鞍山电厂

技术形式：石灰石石膏法脱硫

锅炉（机组）：$2 \times 660MW$

合同方式：EPC 总承包

　　处理前　$SO_2 \leqslant 3571mg/Nm^3$

　　处理后　$SO_2 \leqslant 46mg/Nm^3$

"自来水胶印"

——首创绿色平版印刷润版技术

周道明

云南卓印科技有限公司

根据国家新闻出版广电总局统计的印刷企业年度汇总数据显示，2018 年，全国印刷复制（包括出版物印刷、包装装横印刷、其他印刷品印刷、专项印刷、印刷物质供销和复制）实现营业收入 13727.6 亿元，增长 4.3%，其中，出版物印刷（含专项印刷）营业收入 1711.51 亿元，增长 2.46%；包装印刷营业收入 10686.45 亿元，增长 5.05%；其他印刷品营业收入 1120.75 亿元，增长 2.29%；企业总数 9.8 万家，从业人员 270.04 万人。印刷产品结构在满足大众化需求的同时，呈现品质化、个性化、定制化趋势，绿色印刷、数字印刷迅猛发展。

经过前些年的快速发展，我国印刷业环保问题已成为约束产业动力转换的重要因素，因此，绿色环保发展已成为行业共识。在刚刚过去的这一年，环保问题在一定程度上影响到了印刷行业的发展，所以为了更好地推动市场的发展，原新闻出版总署和环境保护部发布了《关于实施绿色印刷的公告》，国务院发布《中国制造 2025》战略规划，工业和信息化部和财政部联合发布了《重点行业挥发性有机物削减计划通知》，工业和信息化部、商务部发布了《关于加快我国包装产业转型发展的指导意见》，中国包装联合会发布了《中国包装工业发展规划（2016—2020 年）》等一系列政策来推动这一问题的改善，印刷行业也将更加深入贯彻落实环保政策。目前，也有不少企业开始着手改变原有粗放式的发展模式，实施绿色、节能、环保发展，让环保印刷技术逐渐成为主导方向。

然而，传统平版印刷的润版环节需在水中添加一定量的化学物质（如无机酸、无机盐、表面离子活性剂、醇类等）来完成印刷，而加入化学物质后润版环节产生的废气、废液排放又是平版印刷中对环境产生污染的主要污染源。

2015 年，卓印新型胶印水路系统即"自来水胶印"技术的问世，为平版印刷在环保方面从本源上解决了历史及现实之困。这是一项在国际、国内具有颠覆创新性的新技术，现已获得中国专利、欧盟专利及美国专利（图 1）。"自来水胶印"技术使平版印刷走向绿色印刷迈上了一个新的台阶。

一、"自来水胶印"技术原理

平版印刷都是利用油水不相溶原理，有润版水膜覆盖的地方就没有油墨，有油墨的

中国发明专利　　　　　　　欧盟发明专利　　　　　　　美国发明专利

图1　相关专利

地方就不会形成水膜。因此，在平版印刷过程中，为改善润版效果，维持工业化生产，需要在水中添加化学物质。这种化学添加的方式，在实现平版印刷工业化生产的同时，也对环境产生负面影响。如醇类增加了对大气的光化学压力及环境污染。此外，润版水中添加化学物质还会带来印刷生产时油墨干燥不理想、墨雾产生、油墨乳化、色相不稳等印刷问题。

"自来水胶印"技术，是经过对平版印刷工艺的水墨平衡原理长期深入研究，利用特殊新型材料、新工艺研发的拥有自主知识产权的水路系统，实现了无须添加上述化学物质，从源头上解决了平版印刷生产过程中的主要污染问题，同时解决了传统化学方式润版带来的诸多印刷问题。在改善环境污染及印企生产环境的同时也能给印企带来显著的经济效益。

二、"自来水胶印"四大优势

一是环保，由于该技术从源头不再使用化学添加，既能显著改善企业生产车间环境，保障员工身体健康，又可以降低印品溶剂残留，印品更为绿色环保。

二是节约，该技术的运用，既能减少印刷企业酒精/异丙醇（IPA）、润版原液的购置费用，又能减少废液处理费用。

三是质优，运用该技术，印品印制过程和停开机后色相较传统化学添加润版方式更加稳定，网点呈现更好、层次感更强。印刷品质得以提升，印刷色差废品率降低。

四是安全，运用该技术，消除了酒精/异丙醇（IPA）、润版原液在运输、存储、管理中的安全隐患。

三、"自来水胶印"技术荣誉

该技术在2018年8月5日经国家技术转移示范机构、国家科技成果评价机构——中科合创（北京）科技成果评价中心组织专家团队进行了科技成果评价，并对技术成果颁发了"科学技术成果评价证书"。

该技术于2018年12月29日入选中华人民共和国生态环境部2018年《国家先进污

染防治技术目录（大气污染防治领域）》，2019 年由环保技术国际智慧平台纳入 2019 年"绿色'一带一路'技术储备库"技术名单及适用范围，2019 年 11 月被云南省生态环境厅编入《云南省水污染防治技术指导目录》，2020 年 1 月 8 日国家生态环境部将该技术纳入中华人民共和国生态环境保护标准《印刷工业污染防治可行技术指南》大气污染预防技术之一。

四、"自来水胶印"技术稳定性

自"自来水胶印"技术问世以来，在 2016 年德鲁巴国际包装印刷展会上引起了全球同行业的高度关注，在业内产生了较大影响。该技术现已广泛应用于各类包装印刷企业，印刷产品涉及报纸、书刊、食品包装、烟草包装、医药包装、日化包装等多个种类。目前，该系统技术已在很多印企得到成功应用，最早的已经稳定运行了 4 年多，其稳定性、成熟度已得到了充分验证。2019 年 7 月 26 日，经过层层筛选，由中宣部组织的中国印刷业创新大会上，全国共有 4 家企业作了印刷创新路演，"自来水胶印"系统技术作为其中一个路演项目，为绿色印刷提供了新的解决方案。

该技术采用物理的润版方式取代传统化学润版方式，无须添加酒精/异丙醇（IPA）、润湿原液及其他的醇类、醚类物质，只使用自来水润版便可完成更改品质的平版印刷，使企业挥发性工业有机废气（VOCs）排放量削减量大于 98%、润洗版废液排放削减量大于 87%，解决了传统润版环节的环境污染问题。

发展循环经济，打造绿色生态产业链

——中城环建：在推进西部大开发时代浪潮中振翅腾飞

王国章

中城环建科技股份有限公司

美丽中国幅员辽阔，它是一幅五彩斑斓的壮美画卷。建设美丽中国，是中华民族实现永续发展的客观要求。改变增长方式，走绿色发展、循环发展和低碳发展之路，生态文明建设作为时代命题，已成为中国实现转型发展的磅礴动力。在这一历史的大变革中，绿色产业异军突起，成为生态文明建设的重要支撑。应时代之呼唤，中城环建科技股份有限公司（以下简称中城环建）肩负神圣使命，紧紧抓住新时代西部大开发的历史性机遇，正在通过产业发展和产业带动，为促进转型发展不断增添新的动力，为建设美丽西部、美丽中国贡献力量。

一、抢抓西部战略机遇　融入新时代发展大势

无论是雪域高原、塞上江南，还是大漠戈壁、茫茫草原，神奇壮丽的西部令人神往，其生态状况更与国家生态环境安全和可持续发展息息相关。2020年5月17日，中共中央、国务院印发《关于新时代推进西部大开发形成新格局的指导意见》明确提出，坚定贯彻绿水青山就是金山银山理念，坚持在开发中保护、在保护中开发，给西部大开发生态优先、绿色发展定下基调。

西部地区是我国重要的生态安全屏障，是建设美好家园的重要组成部分。西部地区的国土面积占全国的70%以上，这里有长江、黄河等大江大河的源头，有昆仑、喜马拉雅、秦岭等山脉山川，也占我国水土流失面积的80%和每年新增荒漠化面积的90%。从某种意义上说，西部地区生态环境保护与建设，从来都是超越西部本身，而具有全局意义。

从党中央、国务院作出西部大开发决定，到党的十六大报告提出"积极推进西部大开发"，党的十七大报告提出"深入推进西部大开发"，党的十八大报告更加明确地提出"优先推进西部大开发"，再到党的十九大报告提出"强化举措推进西部大开发形成新格局"。从"积极"到"深入"到"优先"，再到"新格局"，彰显了中央"一张蓝图绘到底"的决心和信心。西部大开发正面临难得的历史机遇期。

二、发展绿色循环经济　打造生态农业产业链

中城环建乘着新时代的东风，进一步融入全国发展大局，抢抓西部大开发形成新格

局的历史性机遇，深入实施大生态战略行动。构建环境、生物、建设三大工程板块，业务涉及生活垃圾综合处理、城市固废资源化处置、工业污染场地土壤治理、生态修复、城市建设，以及生物有机肥和微生物菌剂的技术研发、生产、销售等。发展势头强劲，已逐步成为项目投资、产业导入、实施运营一体化，技术研发、规划策划、项目建设一体化的大型多元化、综合性企业。

西部大开发，价值在生态，责任在生态，潜力也在生态。西部大开发战略提出后，中城环建更着力于以生态农业为代表的绿色产业，通过立足绿色生态循环，按照"种养循环、综合利用、完全消纳"原则，打造绿色农业循环产业闭合链。在项目前期规划打造绿色生态种养循环示范区，解决畜禽粪便污染和耕地有机质不断流失的矛盾，实现种植业和养殖业的紧密衔接，搭建农业内部循环链条。

同时，采用"千亩生态农场"的运营模式，规划布局10个千亩种养循环生态农场，千亩生态农场的种养合理、高效布局，通过"土壤改良—良种优化—地上种粮—绿色饲料—生态养殖—养殖产粪—粪肥还田"的创新种养循环产业综合发展模式，实现农田秸秆和畜禽养殖粪污的资源化利用，实现种养结合后的良性循环，实现生态效益与经济效益的双丰收，不断形成全产业链、全价值链的农业发展格局，推进西部地区农业绿色可持续发展。

三、推进产业技术升级　引领绿色高质量发展

绿色发展离不开技术创新。中城环建运用生物技术走农业绿色发展道路。特别重视运用生物菌种，围绕生物有机肥和生物饲料两大应用领域来修复保护反哺农业生态系统。在畜禽饲料全面禁抗的背景下，我们通过借鉴欧盟经验，采用益生菌代替抗生素的方案，并以公司生物工程板块多年的生物技术研发经验和众多领先的生物技术专利储备为依托。目前已拥有生物发酵工程化的关键性技术和20多项工艺技术，以及种类齐全、国内领先的储备菌株，其中专利菌株布拉迪酵母、哈茨木霉在国家菌种库保藏，并独创了三种益生菌分层包埋发明专利，是唯一一家同时添加三种优势益生菌的企业。其中，最核心包埋的布拉迪益生菌是益生菌中唯一的酵母菌，不受抗生素干扰，是全球公认的最安全的益生菌，也是饲料替抗的最优选择。目前公司已经在安徽固镇经济开发区建设产业示范基地，总投资1.2亿元，一期将推进益生菌联产替抗饲料预混料项目投产，同时与青海、甘肃、新疆等大型饲料厂实行联合，共同为西部地区的"绿色养殖"和"无抗饲料"直输系统的产品及解决方案。

另外，在国家大力提倡化肥"零增长"、落实"减肥增效"的方针和背景下，中城环建充分利用生物功能菌分解多种代谢产物的特性，将以哈茨木霉为主的微生物菌成功运用于生物有机肥中，通过提高植物体内酶的活性，刺激根系分生组织细胞的分裂与增长，使幼苗发根快，次生根增多，根的数量增加，根系伸长，加强作物吸收能力，从而促进作物生长发育，达到改良土壤、培肥农田、改善生态环境的目的。目前已经在青海省海东市成立了青海中城环保科技有限公司，投产年产10万吨的生物有机肥项目，达产后可为几十万亩农产品种植基地提供微生物菌肥和各类专用型生物有机肥，从根本上

解决农作物种植中过量使用化肥导致的土壤有机质减少、农产品品质下降及食品安全等问题，促进农业健康生态的发展。

四、产学研用创新驱动发展　聚合优势企业再赋能

中城环建的绿色产业发展之路并非一个人的战斗。在环保创新领域，公司以国家有机毒物污染控制与资源化工程技术研究中心和南京大学环境学院李爱民教授团队为主要技术依托，另聘中国科学院微生物研究所、清华大学、复旦大学、南京大学、华东理工大学、安徽工程大学、蚌埠学院等国内知名高校院士、教授担任技术顾问，并与扬子江生态文明创新中心、北京首创环境控股有限公司、新疆西部牧业股份有限公司、南京环保产业创新中心有限公司、南京大学盐城环保技术与工程研究院、江苏金贸建设集团有限公司等具有全国影响力的科创平台和国内十多家知名企业结成战略联盟，合力推进绿色经济产业，助推"产学研用"深度融合发展，并成功入选"中国样本——改革开放40周年经典案例"。

其中，南京大学环境学院李爱民教授的科研团队是教育部优秀创新团队、科技部重点领域创新团队。李爱民教授是中组部首批"万人计划"科技创新领军人才，教育部长江学者特聘教授，国家杰出青年科学基金获得者，国家水体污染控制与治理重大专项长江、淮河项目负责人，扬子江生态文明创新中心负责人。其团队开发的以磁性树脂和SMS滤料为核心的污水集成深度处理的创新产品，可实现污水从劣 V 类水质提升至地表水准 IV 标准，达到国际领先水平。仅在磁性树脂技术上，团队就拥有国家发明专利10 余项以及美国专利 5 项。

依托高水平的"产学研用"平台，将基础研究、技术孵化和成果推广有机整合在一起，形成了一个完整的科技创新体系。未来，通过整个团队的凝心聚力，我们将推动形成更加专业化、层次性、立体感的环保科技服务网络体系，并始终致力于打造产业化队伍，努力建设成为一支能打硬仗、打大仗、打胜仗的科研力量，从而更好地保障淮河流域的环境质量与生态安全，更好地服务于整个淮河经济带、长江经济带、三江源国家湿地公园等广泛区域，为建设美丽西部、美丽中国的绿色产业发展应用不断做出新的突破。

强化科技创新引领，加快转型发展，做强优势产业，中城环建的绿色路径全面铺开。在新形势下，加快形成"双循环"新发展格局，是当前我国经济更深层次改革和更高水平开放的重要标志及强大动力。而循环经济的本质是一端资源一端环保，这对于我们来说更是前所未有的发展机遇。中城环建将紧紧把握"双循环"下的开放机遇，顺势而为、乘势而上、聚势而强，在"外循环"方面，发挥产业链优势，在全球产业链重构中持续增强竞争力；在"内循环"方面，深挖内需潜力，用技术领先和适销对路的产品做大做强国内市场。更好利用国际国内两个市场、两种资源，实现结构更加科学的可持续发展，朝着美丽西部、美丽中国的宏伟目标奋勇前行。

启迪环境探索并实践
"能源环保一体化"的绿色发展之路

文　辉

启迪环境科技发展股份有限公司董事长

摘要： 能源与环境的关系十分密切，能源是环境问题产生的根源，环境是影响能源决策的关键因素。因此，只要运用系统性的思维就能够找到当代环境问题的破解之道。归纳起来就是——"能源环保一体化"。概括地说，解决环境问题，治标靠环保，治本靠能源，这是经济用能、绿色发展的有效途径。也是在这个思路下，启迪环境提出了要打造零碳无废城市，这是运用标本兼治的思维模式来规划环境产业的未来发展。

关键词： 能源环保一体化　环境问题　根源　绿色发展

一、当代环境问题的破解之道——能源环保一体化

能源与环境的关系十分密切，能源是环境问题产生的根源，环境是影响能源决策的关键因素。

其一，在能源开发利用过程中注意对环境质量的影响，提升能源生产和利用的技术水平，让先进的环保技术得到广泛运用。环保行业更多的是对工业和生活产生的污染物进行处理，从后端降低污染物的排放。如何从工业活动前端降低能源的使用、提高资源的有效利用率、实现绿色生产是同样重要的问题。因此，建设环境友好型社会显得尤为重要，要把环境保护作为我国能源长期发展必须考虑的重要因素。

其二，环境保护要求对能源结构转型升级，降低高碳化石能源的比重，增加清洁能源和可再生能源的生产和消费，尤其是加大可再生能源的发展力度。可再生能源的广泛使用对我国节能减排和环境保护作用显而易见，如光伏发电和风力发电是没有碳排放的，对环境保护的作用不言而喻。再如生物质的利用是实现零排放的最佳途径，农民处理秸秆，在缺少技术支撑的情况下，污染会非常严重，如果在先进技术的保障下统一来处理，就能做到基本无污染，达到零排放的目的。还如核电，基本上近零排放。

二、启迪环境以更低的能源消耗打造美好生态环境

启迪环境通过优化和调整全产业链的业务结构和资产配置，致力于追求纵向和横向的市场全覆盖和产业的价值全链接，构建了零碳能源平台、固废与再生资源平台、水务生态平台、城市环境服务平台、环卫专用车及环保装备平台等五大平台。启迪环境大力

发展低消耗、低排放、高产出、高科技含量的高新技术环境综合服务产业，推进全链条、全生命周期绿色制造，推动产业向"技术、知识、资本"密集型和绿色低碳型转变。

旗下济南（长清马山）生活垃圾焚烧发电项目于2020年6月30日正式点火，成功投料试运行。使济南市生活垃圾处理能力将提升1500吨/天、47万吨/年，全市生活垃圾的焚烧处理比例提升至90%以上，基本实现济南市在生活垃圾处理方面的三年布局。在处理生活垃圾的同时，该项目年发电上网电能可达1.4亿度，可供应4万多户居民一年的用电，相当于每年节省标煤16.8万吨。为保护生态环境，济南项目增加了SCR烟气脱硝系统，采用"SNCR炉内脱硝＋机械旋转喷雾半干法＋活性炭喷射吸附＋干法喷射＋袋式除尘＋SCR"的工艺流程，使烟气排放可达到优于当前国家标准的欧盟2000/76/EC标准。生产水源采用污水处理厂产出的中水，并通过循环利用和净化处理，实现污水零排放。通过后续精雕细刻，项目将建设成为向公众开放的环保教育基地、循环经济示范基地以及工业旅游基地、新旧动能转换示范基地，成为济南城市文明建设的一张新名片。

旗下亳州洁能项目以生活垃圾无害化处理焚烧发电运营，解决了亳州生活垃圾处理技术水平落后、处理形势严峻的问题。通过先进的技术手段有效控制了二次污染，实现了垃圾的减量化、无害化和资源化处置，具有重要的社会效益和环境效益，使城市面貌、生态环境得到了较大的改善。做到城市居民生活垃圾"一进四出"，综合利用，变废为宝。

旗下兰陵兰清项目，利用变废为能新业态，让"无用之物"获新生。设计日处理生活垃圾能力800吨，年处理生活垃圾29.2万吨，年可发电1亿度。作为临沂市唯一一家生活垃圾焚烧发电项目类环保科普教育基地，项目积极宣传并认真践行绿色企业文化，履行社会责任，通过声光电多媒体等多种形式，体现安全、环保、节能、低碳内涵，多方位普及环保科普知识，公司现已挂牌"兰陵县环保科普教育基地""临沂市环保教育基地""山东省循环经济工作先进集体"和"地市级花园式工厂"等荣誉称号。

旗下双城格瑞项目，年处理入厂生活垃圾量40万吨，发电量1.1亿度/年。在2020年新冠肺炎防疫期间，不间断处理哈尔滨市平房区、南岗区和双城区生活垃圾，为哈尔滨市打赢疫情防控阻击战做出巨大贡献。开创性地解决了东北高寒地区垃圾发酵问题，提高了锅炉焚烧效率，彻底实现了东北地区垃圾电厂冬季锅炉运行完全不用投油、不用生物质、不用工业废料、不用发酵剂，保证床温850摄氏度以上，锅炉负荷90%以上，成为启迪环境在哈尔滨市双城高寒地区垃圾焚烧处理行业的排头兵。

旗下辛集项目，年处理垃圾量21.9万吨，有效推进生活垃圾无害化、减量化、资源化处理，不断改善城市环境卫生，提高城市整体形象，创造良好的投资环境，从根本上解决城市垃圾污染问题。项目的建成还节约了土地资源，采用焚烧方式处置垃圾后，垃圾减容量达到85%左右，将杜绝垃圾填埋产生的污水、废气等二次污染，改善了人居环境质量，有利于居民身体健康状况的改善。焚烧后产生的热能发电，为社会提供大量优质能源。焚烧后产生的残渣，可为社会提供筑路及制砖等用料。废铁等金属材料经磁选回收后，可为社会提供金属用料，真正成为循环经济、低碳经济典范。

三、资源化利用推动创新发展

启迪环境始终紧紧围绕国家环保要求，不断致力于保护生态环境，减少环境污染以及废弃资源进一步循环再利用方面的创新与研发，促进科研创新、教育示范以及实践推广。

旗下清远东江项目以废治废，年处理废弃电器电子产品 8 万吨，以废线路板非金属材料和废塑料制备复合材料，改变传统采用焚烧或填埋处理非金属材料的方式，避免造成资源浪费、解决处理成本高及污染环境等问题。此外，将线路板非金属材料与废塑料二者综合利用，生产再生利用产品再生市政窨井盖替代现有铸铁井盖，实现资源最大化回收，减少了原生矿产的开发，节约了资源。

旗下河南艾瑞环保项目通过三通一垂直物流生产体系，建设绿色生态企业，提高整体处理能力，形成了用地集约化、能源低碳化、资源最大化利用且符合环保要求的"三通一垂直物流生产体系"设计概念，建设了生态环保工厂，处理规模由年拆解 120 万台，扩展到年拆解 350 万台。

旗下上海森蓝环保项目通过建设"全链条、全循环，形成丰富闭环"的电子废弃物再生循环经济发展模式，以规模大、覆盖广、内部分工明确的专业化协作回收网络依托，形成了电子电器废弃物"回收→再制造→资源化→环境教育"完善的循环经济产业链。重点推动以"生态绿＋"的现代服务业加快发展，推动企业转型升级，加速高质量发展，促进全产业链深度融合和全社会共同参与，实现全域发展。

在本次新冠肺炎疫情中，启迪环境主动请缨驰援武汉，紧急调配一台移动式医疗废物应急处理系统，集结医废战线骨干力量，激活移动式处理系统＋快速反应运营方案＋网状专业支持平台的"三位一体"医疗废物应急管理运营体系。主要承担武汉市协和江南医院（江夏区第一人民医院）并兼顾雷神山医院的医废处理工作，仅用四天两夜，就完成从动员、集结、调配、踏勘、改造、调配、安装、调试、组装、点火全部工作，截止到 2020 年 4 月 9 日，一共奋战 58 天，处理医疗废物 897 桶，约合 43.95 吨。在疫情期间，启迪环境有 12 个项目纳入市级应急响应单元，共收运和处置医疗废物 915 吨。危废处置是公司一项主营业务，平时格外注重对突发事件应急处置能力的培养和建设，把系统建设基本功练在平时，战时才能应急而上。在此次驰援工作中，医疗废物移动式处理处置系统性能优越，运行稳定。国家卫健委、省生态环境厅、市生态环境局等各级领导多次莅临现场指导工作，并给予高度评价。

旗下通辽蒙东项目打造危废处置标杆，守护内蒙生态屏障，经过多年的不断努力，在危险废物处置方面已经形成一系列成熟规范的技术流程和风险控制体系。截止到 2019 年年末，累计与 120 余家产废企业、300 余家医疗机构进行合作，处置区域内各种危险废物约 60000 吨，为内蒙古区域生态文明创建、清洁草原建设做出了积极的努力。新冠肺炎疫情期间，还组织参与驰援武汉和支援满洲里的重要疫情城市医废应急处置，为国家抗疫防疫做出杰出贡献。

旗下齐齐哈尔项目使当地餐厨废弃物的收集处理从无序、混乱状态进入规范有序状态，从源头极大地堵住了"地沟油""垃圾猪"问题，保障食品卫生安全和人民健康，消除餐厨废弃物的环境危害，大力改善了当地餐厨废弃物生态环境治理问题，改善了城市居住环境，提升城市形象和公众满意度。对当地生态文明建设起到大力支撑。同时餐厨废弃物较高的资源利用率又给企业带来较好的经济效益，目前项目已成为当地"环保教育示范基地"。

四、办健康企业，走可持续发展之路

启迪环境旗下雄安浦华水务科技有限公司凭借低碳高效的创新科技与可持续发展的经营理念，荣获"最具成长性投资运营企业"荣誉，受到了业内外的高度评价与期待，通过"技术＋管理＋资本"的模式，专注于中国水务基建投资、建设及运营，为城镇和中大型企业节能减排，以及环保产业供应链提供优质服务。

雄安浦华致力于打造技术领先、多元协同、管理精细的"环境管家"，从自身优势出发提出"水土共治、长效管理"的治理理念，提倡"系统治理，回归自然"。通过自身研发的全流程低碳治理技术、生态修复技术、可持续排水技术系统、互联网智慧管控系统，细分环境科技以优化产业链，通过水环境科技、水环境治理、水环境装备、水务投资运营，打造全面创新的水业生态链。其中，FBC 深度脱氮除磷项目获评 2019 年重点环境保护示范工程；水力旋流无动力技术为市政管网提质增效提供了全新思路；"流态化生物载体强化脱氮除磷技术"入选 2020 年《水污染防治装备技术、产品、服务推介目录》。

五、集聚创新要素 智慧保证生态环境品质

启迪环境旗下启迪城服以"政府主导、市场运营、全程把控、全民参与"为垃圾分类指导思想，打造"小绿桶"的垃圾分类模式，综合运用 RFID 技术、智能称重、GIS、GPS 及系统集成、物联网技术等，建立了完善的运营体系，全面推行垃圾源头减量工作，推动生活垃圾减量化资源化无害化利用。在社区设立线下好嘞服务亭及易腐垃圾收集站，通过给居民发送带有 RFID 标签的垃圾桶，将 RFID 与居民信息绑定，实现"一桶、一户、一芯"，保证厨余垃圾精准回收，除了高效快捷、降低运营成本外，还具有方便居民、易于维护、可控可追溯等优势。杭州萧山区"小绿桶模式"为垃圾分类源头减量提供了切实可行的解决方案，取得了可喜的成绩，并得到当地领导和居民们的认可，已经使居民参与垃圾分类的正确率达到99%。

启迪环境环卫云平台的"地埋垃圾桶智能预警及垃圾收运路径规划系统"用于解决我国大量农村地埋桶分散度高、监管机制不健全、运维不及时的问题。利用物联网技术加强地埋桶的日常运行管理，防止垃圾满溢造成的环境污染，利用大数据技术实现收运线路优化，减少尾气排放导致的空气污染，从而提高居民满意度，改善环境质量。

旗下南通森蓝项目利用"互联网＋智能装备"助力资源节约循环利用，促进绿色高质量发展，致力于资源节约循环利用，促进绿色经济高质量发展。通过与启迪之星公

司、高等院校合作，在认真研究废弃电器电子产品处置生产指南和审核指南的基础上，结合公司生产设施工艺流程和场地布置，对机器人拆解、AI 分选、物流运输等作业工序做了认真调研分析和技术研发，于 2019 年度率先启动智能仓库物流装备建设工作，成为推动电子废弃物回收处置高质量发展的中坚力量，并率先实现技术突破并进行了成功案例展示。

六、美丽中国，启迪环境在行动

现如今，启迪环境的绿色发展示范项目已经为各地区高品质的城区环境及经济质量发展提供了可借鉴、可推广的宝贵经验，助力形成人与自然和谐共生的城市格局，将绿水青山就是金山银山充分融入公司的发展当中，并得到社会的认可。

绿色循环经济下的填埋场
陈腐垃圾资源化处理技术

李　博　　向昱静　　金晓龙　　陈　勇　　魏德亮

上海博德尔环卫集团有限公司

山东德隆博德尔环保装备发展有限公司

摘要：陈腐垃圾，是基于填埋场的陈年填埋垃圾。由于社会经济发展的滞后，老旧填埋场垃圾对环境的污染十分严重，整治老旧垃圾填埋场迫在眉睫，现就山东德隆博德尔环保装备发展有限公司已建成并运行良好的福建省某填埋场陈腐垃圾处理项目进行介绍。给出了筛分处理的技术路线，描述各个处理环节之间的相互关系，并针对项目建设的关键点进行分析。

关键词：陈腐垃圾　筛分　腐殖土　骨料　可燃物

随着社会经济的发展和生活水平的提高，对于环境质量的要求越来越高。垃圾处理产业发展迅速，不同区域根据实际经济状况因地制宜的建设了不同规模和不同处理技术的垃圾处理项目。垃圾分类城市试点、无废城市建设、循环经济等一系列的国家产业政策，极大地带动了垃圾处理产业的发展，垃圾处理从粗放型逐步向精细化处理推进，针对不同垃圾的处理方式也进行了精细化区分，垃圾处理技术路线日益精细化。

陈腐垃圾，又称存量垃圾，主要是指填埋场中的垃圾。垃圾填埋处理技术是20世纪最常用的垃圾处理方式，但是由于经济的落后，部分填埋场设置不规范，对周围的土壤、地下水、地表水等生态环境已经造成了严重影响。而且当前的城市化进程发展迅速，城市道路规划、城镇居民居住、工业园区建设等对于土地的使用需求增多，这一系列的问题导致了垃圾填埋场急需治理，以此能够置换更多的土地资源。因此，治理陈腐垃圾，改善环境，符合当今社会发展的需要，已经成为如今的热点问题。

一、项目概述

山东德隆博德尔环保装备发展有限公司成立于1999年，2000年引进德国先进的垃圾处理技术，目前在国内建设运行了近百余个垃圾处理项目，产品远销东南亚、欧美等国家和地区，是国内著名的垃圾处理装备生产企业和垃圾处理技术综合集成商，公司于2019年在福建省某沿海城市对一陈腐垃圾处理场进行了环境综合治理，该城市是中国东部沿海经济发达地区，城市社会经济发展迅速。该填埋场距离城市中心10余公里，毗邻大海，占地面积500余亩，陈腐垃圾库容量80万立方米，填埋库龄超过10年。为有效解决填埋场对附近城区工厂、居民及海洋的二次污染，当地政府出资，在博德尔公司联合国内知名公司的配合下，项目历时 18 个月，设置两条筛分处理线，日处理 2000 吨陈腐垃圾，对 80 万立方米陈腐垃圾进行了彻底的根治，项目达到了预期的环保目标。

陈腐垃圾通过筛分处理，主要产物以腐殖土、可燃物及惰性物质为主，另有少部分金属、橡胶、玻璃等物料。

该项目一墙之隔建有垃圾焚烧发电厂，其陈腐垃圾中的可燃物可以作为燃料进行利用，其热值在 24MJ/kg 以上，与优质标煤的热值相似；腐殖土用于当地园林绿化等行业，作为有机土进行使用；再生骨料可以用于建材行业进行重复利用；金属类物料可以进行回收利用；其余少量杂质等无法进行回收利用的物料，无害化处理后再次进行填埋处理。

二、技术路线

该项目整体采用的主要技术路线为：导排—开挖—晾晒—场内转运—筛分—场外转运，并辅以现场除尘、除臭系统、现场渗滤液治理系统等配套环保设施。陈腐垃圾筛分作为整个处理过程中的核心，完成了陈腐垃圾转化为资源的过程。筛分主要采用了多级滚筒筛分、风力分选、磁选分选、压缩减容等技术。筛分所采用的技术处理工艺路线如图 1 所示。

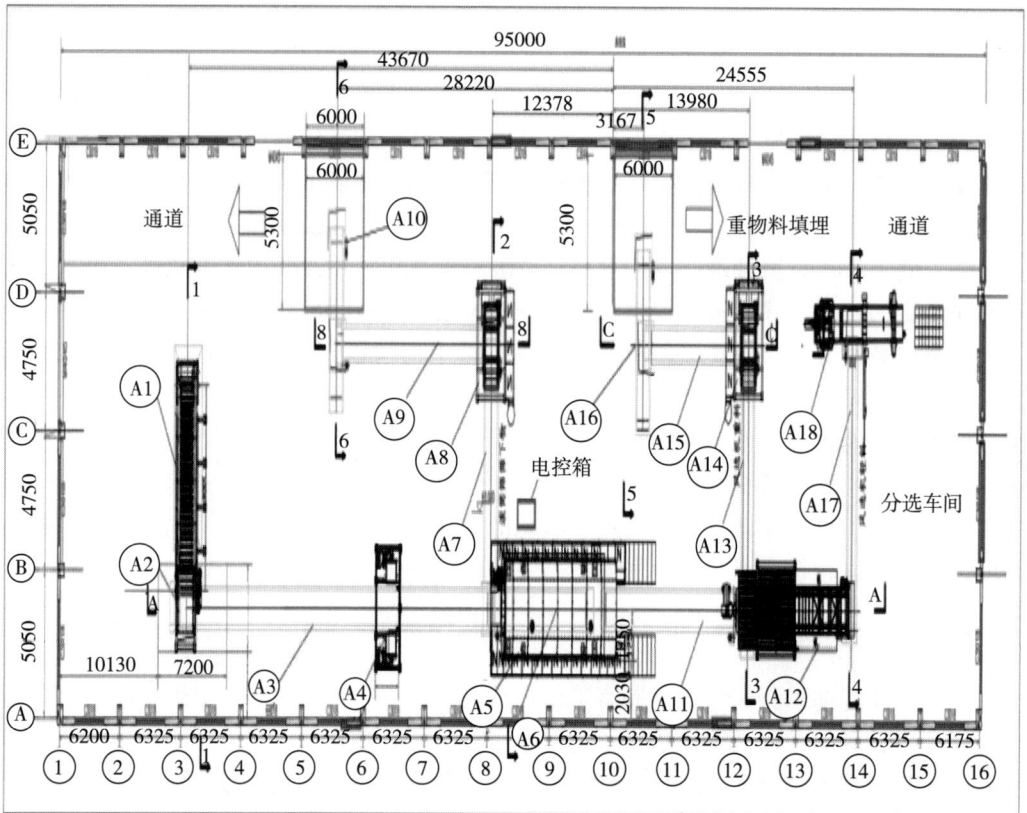

图 1　筛分所采用的技术处理工艺路线

其筛分工艺过程为：陈腐垃圾（见图3）通过铲车上料至链板给料机，然后通过均料机将所需处理的物料进行均匀化处理，垃圾能否实现高效率筛分，给料的均匀至关重要。垃圾通过上料输送机输送至滚筒筛内，在输送至滚筒筛之前，设置人工分选，将垃圾中的石块等大件建筑惰性物料（见图4）分选出来。

去除大件物的垃圾通过滚筒筛进行筛分处理，分为筛上物与筛下物。筛下物以腐殖土（见图5）为主，混杂着金属等杂质，筛下物通过磁选机，将金属进行分选并回收利用（见图6），腐殖土通过处理，作为园林绿化的有机土进行使用。

筛上物通过风力分选机，分为重物质和轻物质。重物质以再生骨料（见图7）为主，混杂着金属和少量塑料等杂质，重物质通过人工分选，将混杂在其中的塑料等可燃物分选出来，再通过磁选机，将金属进行分选，骨料通过处理可用于建材行业。

轻物质则主要为塑料等可燃物，与大件物选出来的可燃物、重物质选出来的可燃物共同打包成可燃物压缩包（见图8），运输至发电厂进行焚烧发电。

图2　设备略图

图3　原生物料

图4　大件物料

图5　腐殖土

图6　金属物料

图7　再生骨料

图8　打包可燃物

图9　打包现场

三、技术关键

该项目所选取的技术路线及处理效果基本符合当地的预期要求。博德尔公司在该项目的建设过程中，总结了许多经验，现选取其中两个关键点进行探讨。

人工分选位置的选定。在滚筒筛进料之前设置人工分选，将处理难度较大的大物料分选出来，既可以便于后续的处理，又可以避免因处理大物料而对设备造成损坏。在风选重物质处设置人工分选，可以有效地解决重物料所残存的塑料等问题，此处若是采用机械分选的方式，则需增加更为复杂的设备，经济效益大打折扣。

滚筒筛的筛孔尺寸。筛孔过大，筛下物骨料等杂质含量提升，影响腐殖土的使用效果；筛孔过小，筛上物腐殖土的含量增加，影响骨料的使用，同时降低了腐殖土的经济效益。结合当地陈腐垃圾的具体情况，在该项目建设初期选取了少量的垃圾进行实验性筛分。最终确定了筛孔的直径为30mm。

四、总结

陈腐垃圾处理的基本思路是采用相应的资源化利用技术使大部分垃圾可以重新复用，不能复用的垃圾则重新进行填埋，实现陈腐垃圾最大限度地减量化和资源化。

该项目所采用的处理技术路线在运行中进行多次检验，并不断进行调整与更改，最终形成了一套完整的实用性较强的技术路线。

通过对该项目技术路线的介绍，希望能有更多的关于陈腐垃圾处理的新方法、新思路，共同为环境治理贡献力量。

参考文献

［1］纪华，张劲松，夏立江．北京市非正规垃圾填埋场垃圾成分特性［J］．城市环境与城市生态，2010，23（6）：9－12．

［2］秦成，田文栋，肖云汉．中国垃圾可燃组分 RDF 化的探索［J］．环境科学学报，2004，24（1）：121－125．

［3］张宗正．非正规垃圾填埋场筛分腐殖土的利用研究［J］．环境卫生工程，2014，22（6）：78－80．

［4］王奕仁，王栋民．骨料种类与品质对透水混凝土性能影响的研究进展［J］．材料导报 A：综述篇，2017，31（9）：98－105．

［5］杨玉江，赵由才．老港生活垃圾填埋场垃圾组成和资源化价值研究［J］．环境工程学报，2007，1（2）：116－118．

［6］侯成林，唐行鹏，田娇，等．陈腐生活垃圾处理处置工程设计实例［J］．环境工程，2016，34（1）：96－99．

城市多源固废集约化协调处置及资源化利用集成技术

朱新泉

沈阳中城国有资产经营集团有限公司

沈阳城市固废综合利用绿色环保产业园是由沈阳中城集团投资 15 亿元建设的多源固废集约化处置产业园。

中城环保产业园针对沈阳市城市多源固废即城市污泥、通沟污泥、河道淤泥、建筑垃圾等利用高效安全及资源化利用集成技术，进行集约化协同处置，提供全链条综合性解决方案。同时开发生成多源固废源头减量—智慧收运—集约处置全过程大数据智慧管控平台。

产业园消纳多源固废集约化处置总规模达到 6500 吨/天以上，实现原生垃圾零填埋。

随着城市建设的加快，城市固废排放量越来越多，呈现出爆发式的增长，固体废物污染十分严重，其量大，贮存、处置占地多，已对生态环境和社会可持续发展造成了严重的影响。

《中华人民共和国国民经济和社会发展第十三个五年规划纲要》中提出："推进资源节约集约利用，树立节约集约循环利用的资源观，推动资源利用方式根本转变，加强全过程节约管理，大幅提高资源利用综合效益。大力发展循环经济，实施循环发展引领计划，推进生产和生活系统循环链接，加快废弃物资源化利用。推进城市矿山开发利用，做好城市固废无害化处理和资源化利用，规范发展再制造。"

在国家鼓励大力发展循环经济、加强环境基础设施建设的背景下，固废循环再利用是现在迫切需要解决的问题，在固体废物的污染治理工作中，实现固体废物的循环利用，有效解决固体废物污染环境问题，支持未来经济高速可持续发展，探寻经济发展、环境保护和社会进步共赢的道路。

国家推进绿色生产，促进节能减排，强化综合利用。鼓励利用工业固废、矿物尾渣、淤泥、污泥等替代一次原燃料，支持利用建筑垃圾生产砖瓦制品，进一步扩大资源综合利用范围，提高原燃料中固废掺配比例，减少对天然资源的消耗。加大力度研发利用砖瓦烧结窑炉协同处置河湖淤泥、建筑废弃土、建筑渣土及其他废弃物的成套技术，探索利用大型烧结砖隧道窑安全处置城市污泥，提高综合处置能力和利用效率。

在此背景下沈阳中城集团投资建设中城环保产业园，解决困扰城市发展的顽疾，针对城市多源固废资源化利用提供了综合解决方案。

一、产业园概况

1. 功能定位：中城集团环保产业园功能定位为沈阳市的城市固废处理基地。产业园主要产业功能为：将市政污泥、管道污泥、建筑垃圾和河道淤泥统一回收，运用技术手段综合处理后进行资源化再利用。以烧结砖厂综合消纳市政污泥、河道淤泥和部分建筑垃圾；以混凝土搅拌站和砂浆站综合消纳建筑垃圾，实现城市多元固废的资源化循环和可持续综合利用，做到多废合一、多产联动、建材化利用。

2. 建设规模：产业园项目规划用地53万平方米，总投资15亿元，规划建设一个高标准、高智能的现代化绿色环保产业园。

3. 产能规模，可消纳各种城市固废：（1）含水率80%的污水处理厂污泥1200吨/天，年处理污泥43万吨；（2）含水率90%的市政管道通沟污泥400吨/天，年处理7万吨；（3）含水率80%的河道淤泥750吨/天，年处理15万吨；（4）建筑垃圾4000吨/天，年处理100万吨。

二、产业园多源固废处置工艺方案

1. 产业园固废处置总体工艺流程

沈阳城市固废综合利用绿色环保产业园项目，园区总体工艺流程图如图1所示。

2. 河道淤泥处置工艺方案

按照沈阳市政府计划，作为常态化市政工程管理，每3~5年将对所有河道清淤一次，以确保城市良好生态环境。沈阳市现阶段共有30余条河道需要清淤处理，每年处理量约为16万立方米，清理出来的淤泥经检测，均为重金属超标，不符合农用土壤标准。为长久、彻底处理消纳沈阳市河道淤泥，建议采用建材化路线。即：在现有挖掘机、装载机、环保运输车辆等设备基础上，添置分体式带式压滤机，将河道淤泥脱水干化后产生的干燥土，供于烧结砖厂做原料，代替黏土。

本项目是把河道淤泥采用烧结法制作成烧结砖，烧结法是通过高温烧结，把污泥中的重金属和有害物质固化和分解成为无害化物质，该法是处置河道淤泥的最佳方案。

3. 城市污泥处置工艺方案

本项目采用污泥再生燃料工艺处理城市污泥。工艺技术路线：污泥通过破乳、脱水、杀菌、除臭、翻抛疏松的技术工艺，实现了污泥的低成本脱水、干化、疏松；有效利用污泥中的热值，配比一定的辅料制成污泥再生燃料。

其具体工艺过程如下：污泥专用运输车将含水率80%的市政原态污泥运送到污泥处理厂，不落地直接投放到污泥计量斗体内。原态污泥与改性破乳剂在计算机控制下精准计量，经过预搅拌工序后，投放至污泥上料系统，预处理后的污泥在计算机控制下，被送至指定污泥储存仓中待用，从而完成污泥上料储存阶段。

储存仓内的污泥通过专用的污泥计量装置精准计量，送至污泥混合机内。污泥在混合机内搅拌的同时，除臭和疏松的液体附加剂也一并喷淋在混合机内，与污泥充分搅拌混合；污泥无害化处理使用的助燃剂经过减法计量方式精准计量后，也被送至混合主机

进场原料:

400	650	530	800	60	1200	1.5	4000	1255	5491	100
页岩	80%含水率河道淤泥	清水	助燃辅料	改性别	80%含水率的市政污泥	除臭、疏松剂	建筑垃圾	水泥、煤灰等	其他骨料	各种性能添加剂

固废处理:

混凝反应及浓缩 → 泵送 → 机械压滤(325) → 淤泥饼料(325) / 清水(855) → 20%淤泥饼料粉碎(325)

污泥改性、破壁 → 除臭、固硫、疏松 → 污泥疏松、破壁生成污泥再生燃料(600、200) → 翻抛、晾晒（自然情况下）(600、1500) → 污泥再生燃料含水量20%以下

板条格筛 → 粗破、除铁（不合格料）→ 人工筛选风选、水选 → 细碎 → 细筛筛分 → 回收渣土 | 0-5砂状骨科 | 5-10中直径科 | 10-20大直径科

塑料木屑钢筋损耗等(260)

资源再利用:

234 930　　1460 1110　　600

325	556	80	580	350	455	870	375	800	425	760	4065	400	100
烧结料	燃料	粉料	骨科	燃料	细骨科	粉料	粉料	砂石骨料				水	添加剂

破碎、筛分 → 混合、疏松 → 混合科陈化 → 制成砖坯、输送(2220t/d) → 码垛烧制 → 码垛入库

计量 | 配料 → 输送混合(40、40) → 制砖 → 免烧养护窑养护(375) → 码垛堆场养护 → 成品

烘干 | 干骨科 → 各自计量 → 混合 → 成品分料装置 → 干混砂浆成品 → 罐装 散装 袋装

螺旋

仓存 | 配料计量 → 螺旋 → 稳定土称计量 | 骨科分料 → 稳定土主机 → 稳定土

罐存 | 罐存 → 泵送 → 混凝土称计量 → 混凝土主机 → 混凝土

8.4万吨

成品:

21900万块/年烧结砖	10000万块/年非烧标砖	30万吨/年干混砂浆	100万吨/年稳定土	60万方/年混凝	再生利用	库存或外销
1776t/d		1500t/d	3600t/d 且 2720吨/d		336吨/d	

产成品装车、出场

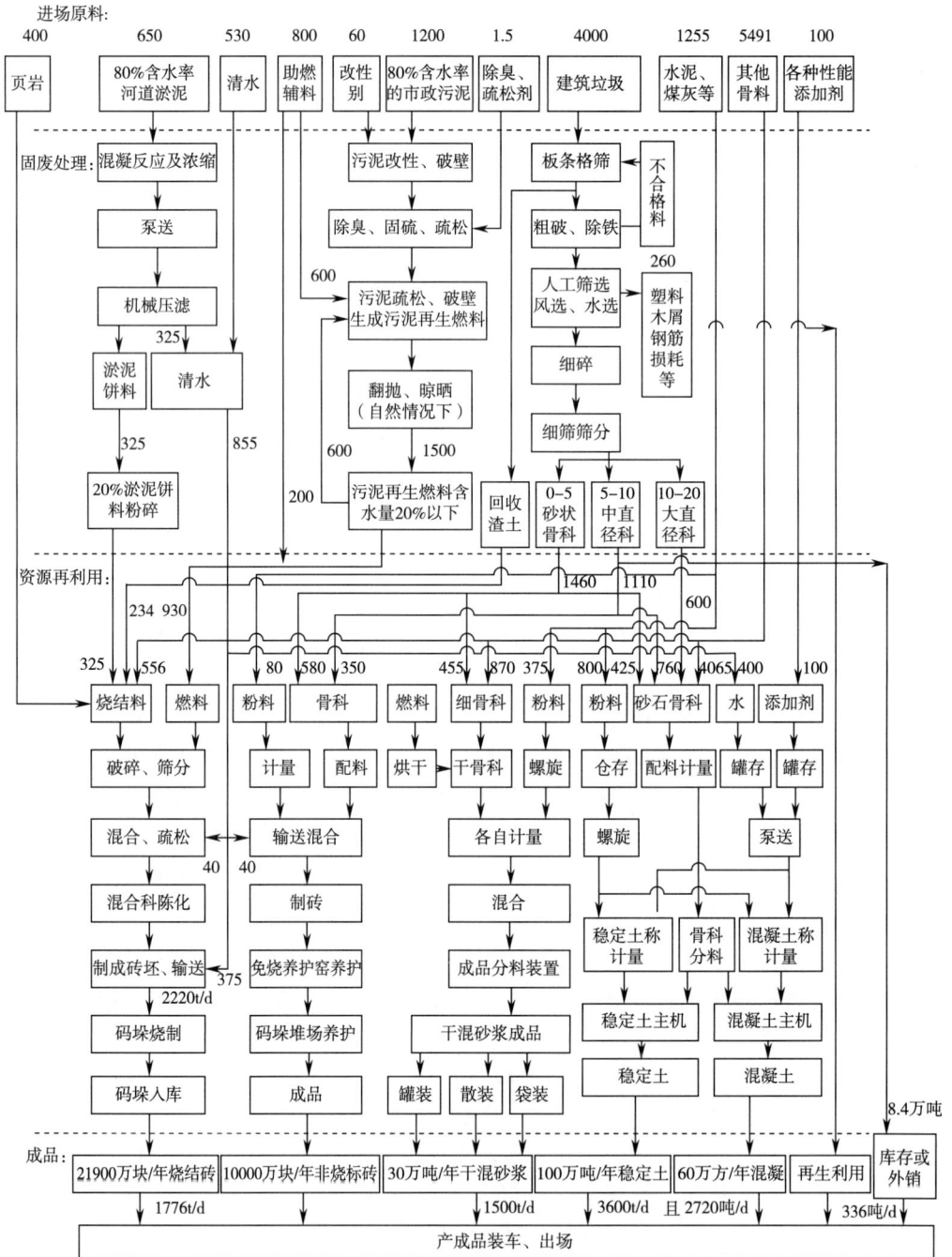

图1　园区总体工艺流程

内。各种原料在混合机内充分混合后，经过污泥成品输送系统送出，从而完成污泥再生燃料的预处理过程。

潮湿的污泥再生燃料，经过转运皮带送至污泥晾晒棚中进行晾晒工序。晾晒棚顶部

采用玻璃制成的阳光棚，可使污泥再生燃料充分接受阳光的热量，加快其干化过程；晾晒棚地面下部还配置有预埋的管路，将晾晒区域地面进行辅助加热，加快污泥再生燃料的干化过程；晾晒棚两侧配置空气交流装置，增强晾晒棚空气流通，促进污泥再生燃料的干化过程。潮湿污泥再生燃料进入晾晒棚后，被送至翻抛机布料斗内，翻抛机将潮湿的污泥再生燃料均匀布置在晾晒棚一侧，经过多次的往返翻抛，将潮湿的污泥在翻抛、地热、通风、晾晒等多方面的作用下，快速得以干化。翻抛机自动将逐渐干燥的污泥依次转运至晾晒棚另一侧，最终落至收料输送机上。晾晒干化的污泥再生燃料经收料输送机输送至污泥再生燃料储料车间。

污泥再生燃料干化后的含水率在20%以下，其性能与散煤性能相当，可直接用于烧结砖厂和电厂等大型耗能企业，代替部分煤或煤矸石。本污泥处理处置工艺能够彻底解决污泥对环境的影响，并能真正做到无害化、资源化利用，变废为宝。

4. 城市建筑垃圾处置工艺方案

建筑垃圾经过处理生产线得到的再生骨料，一部分可作为再生骨料直接出售，也可以作为后续资源化利用工艺的原料；筛分出的超细粉料全部综合利用；分选出来的金属、塑料、木屑等可以直接回收利用。

再生骨料分为再生粗骨料和再生细骨料。再生粗骨料是用于配制混凝土、粒径大于5mm的颗粒；再生细骨料则是指粒径小于5mm的颗粒。再生骨料可代替天然砂石或机制砂，既可用于制作混凝土稳定层，用于城市道路基层和底基层；又可用于生产低标号再生砂混凝土和再生砂浆及再生砖、砌块等建材产品。

三、产业园多源固废再生料生产建材产品工艺方案

1. 标准烧结砖工艺方案

本项目提供了一种污泥和淤泥烧结砖制备方法，利用以城市污泥形成再生燃料作为燃料、建筑垃圾破碎后的超细粉料作为骨料、干化后的淤泥代替黏土，经过电子配料计量，输送进入双轴搅拌机，加水后进行搅拌，制成混合料进入陈化设备，经过72小时以上的陈化后，再通过双轴搅拌，细碎混合料后，输送进入压砖机制成型，再经过真空处理后制成生坯，通过输送带进入砖窑焙烧生产出高强度的环保砖。

本项目中提供的污泥与淤泥烧结砖制备方法，采用脱水剂和增强剂对污泥进行改性，强化污泥脱水速率和实现了制砖原料准备及预配料，更实现了"以废治废"的功效；另外，干化淤泥的加入进一步降低了混合料的含水率，使得坯料含水率满足制砖成型要求，另外干化淤泥粉和泥饼中的粗助滤增强剂分别作为砖坯的塑性组分和骨架材料，加速了砖坯干燥失水，保证了制坯的可行性和避免因淤泥和污泥细度过小和粒度分布较窄所致的干燥敏感系数较大，易开裂的问题，并且粗助滤增强剂的引入，改变了颗粒的堆积，形成气孔通道，极大地改善了烧制过程中的变形和开裂问题，保证了烧制品的质量和性能。生产成型过程中，无须外加水，充分应用了污泥中自带的水分，节约了水资源。制砖采用的主要原材料均为固体废弃物，实现了固废无害化处理处置，实现了资源循环利用；950～1050℃的烧制温度可有效固化污泥中重金属等污染物，且该温度

烧制使得污泥中的有机质充分燃烧，一方面避免了二噁英等有毒气体的产生，另一方面有机质的燃烧可以作为补充能源降低了烧结砖的能耗。

2. 非烧标砖工艺方案

本项目利用了一种非烧结快速生产多孔砖的工艺方法，它以石灰粉、水泥等为基本原料，经计量、搅拌、消化、轮碾、成型、热空气循环反应等工艺步骤制成成品，拟采用自动化砌块成型、输送养护生产线工艺，水泥、粉煤灰、骨料、其他辅助原料经检验合格后，分别装在各自的储仓，然后按一定的比例通过计量皮带输送机、螺旋输送机运往混合搅拌机。水要满足相关要求的水质，并按照设计加水比例由泵加入混合机中混合。搅拌均匀的混合料送到后续的砌块成型机成型，然后通过自动化的设备送往养护窑养护，然后将产品运至成品堆场堆放。与蒸汽养护和自然养护相比，省去了蒸压釜、蒸汽锅炉等大型设备，节约了设备投资、降低了能源消耗、缩短了生产周期、减少了场地及资金占用，有利于多孔砖的大批量工业化生产。

工艺流程：

原材料废碎瓷片经粉碎机粉碎成粉末后与其他原材料按一定配比加入拌合机中进行搅拌，搅拌均匀后送入砌块成型机中加工，脱模成型，运至场地进行养护，经过晾晒3~5天后即为成品。

产品还可以根据实际的需要，更换不同的模板生产出不同的产品如环保装饰系列或者透水砖等。地面砖主要产品包含广场砖、人行道砖、马路沿砖、植草砖、小区砖、楼梯砖等产品。

3. 干混砂浆工艺方案

干混砂浆在中国发展已经有几十年的历史，但中国真正大面积使用干混砂浆还处于初级阶段，现有的生产企业都处于手工操作阶段，干混砂浆生产是一个新兴的行业，根据城市的发展和市场的需求、环保施工的要求，机械化操作的水平不断提高、干混砂浆的优势越来越明显，用干混砂浆代替传统施工成为发展的大趋势。城市建设需要大量的干混砂浆，在生产过程中，建筑垃圾的筛分细料可以利用到干混砂浆的生产上，可消纳大量建筑垃圾。

4. 稳定土、混凝土工艺方案

随着沈阳市城市框架的扩大，城市道路建设数量也是越来越大，道路建设过程中需要大量的水泥稳定土，通过建筑垃圾循环再利用生产的水泥稳定土也能很好地满足城市道路建设的需要。同时，城市建设也需要大量的水泥混凝土，在混凝土生产过程中，可以再生利用大量的建筑垃圾的筛分料，消纳了大量建筑垃圾。

建筑垃圾再生骨料制作混凝土制品是国内技术成熟、市场认可度较高的处理方式。

四、项目优势与未来发展趋势探讨

城市固废对环境的污染以及所造成的资源浪费是当今世界环境保护和资源保护的主要问题。随着科学技术的飞速发展，昨天的废物势必又将成为明天的资源。废物仅仅是某一过程某一方面没有使用价值，而并非在一切过程或一切方面没有使用价值，某一过程的废物往往是另一过程的资源。

本项目建成投产后，多源城市固废在无害化处理同时通过资源化途径实现再生利用，并运用政策扶持，出售高技术含量、高品质、高性能、高附加值的固废综合利用产品等手段实现资源化利用项目的持续健康发展，从而构建一个环境友好的综合性处理基地，为固废处置提供长久的服务。

1. 本项目的建设改善固体废物处理手段落后的现状及避免简易填埋造成的二次污染

由于缺乏合理有效的处置手段，大部分城市固废通过简易填埋等方式处置，占用大量土地资源。本项目投产后将会减少固体废物对土地资源的占用，固体废物在清运和堆放过程中会造成的遗撒、粉尘和灰砂飞扬等环境污染问题；大量固体废物裸露堆放，会破坏城市景观，影响城市形象。本项目处理设施设于封闭厂房内，采用先进的除尘、降噪措施，将会杜绝上述环境污染问题，厂区整洁美观，符合清洁生产的需求。

2. 集聚式发展是城市多源固废综合利用产业发展的主要路径

在多源城市固废综合利用方面，集聚式可有效促进产业与上下游相关产业协同链接，工农业间的生态链接，企业、园区、行业间资源共享、原料互供、链接共生。目前，以园区、基地为载体的多源固废综合利用产业集聚发展模式，在我国多地都取得了显著的成效，未来集聚式发展将是多源固废综合利用产业发展的主要路径。

3. 城市多源固废协同处置利用是产业未来发展的主要模式

以往对城市固废的综合利用，单种固废的利用考虑较多，多种固废全产业链协同利用较少，再加上行业壁垒的束缚，使多种固废协同利用的技术创新和成熟技术的快速大规模推广受到限制。目前水泥工业、建材行业已经利用本行业设施开展固体废物利用协同处理实践。可以期待在不远的未来，多种固废协同处置将有长足的发展，实现固体废物产生者、处理者和处置设施拥有者的三赢局面，并推动固废综合利用产业向纵深发展。

4. 基于互联网的精准数据驱动是产业未来发展的大趋势

在"互联网＋"的大时代背景下，将城市多源固废的环境要素信息和综合利用要素信息与互联网结合，充分利用大数据、云计算等技术，建立技术融合、业务融合、数据融合的城市多源固废大数据库和资源共享开放门户平台，全面系统汇集城市多源固废产生、资源属性、利用、污染防治、产品环境健康风险评估与控制等方面的相关数据，实现城市多源固废污染防治和综合利用领域各种要素的信息共享，破除体制障碍，消除利益藩篱，打破信息壁垒，并充分挖掘大宗固体废物减量化、无害化、资源化领域的大数据"钻石矿"，精准开展政务信息、产业信息、科技成果、技术装备、研发设计、生产制造、经营管理、采购销售、测试评价、质量认证、学术、标准、知识产权、金融、法律、人才等方面资源的共享服务，是城市多源固废污染防治和综合利用领域的大趋势。城市固废的治理和综合利用产业又是一个多学科、多行业、多领域、多地域、多产业相互交叉、相互渗透的新产业，具有固体废物种类众多、产生量和历史堆存量大、地区分布广泛、产业上下游供需关系复杂等特点，家底不清、信息不畅，始终是行业面临的重要难题。中城环保产业园将建立智慧平台，将分散在不同产业、不同主体、各种类型企业的碎片化数据，形成可延展、可共享、开放式的数据资产体系。

沈阳城市固废综合利用绿色环保产业园就是贯彻中共中央、国务院《关于加快推进生态文明建设的意见》精神和党的十九大关于"加强固体废弃物和垃圾处置""推进资源全面节约和循环利用"的部署，以"减量化、资源化、无害化"为核心原则，围绕源头减量—智能分类—高效转化—清洁利用—精深加工—精准管控全技术链，研究适应我国固废特征的循环利用和污染协同控制理论体系，形成城市固废问题系统性综合解决方案与推广模式，建立集成示范基地，全面引领提升城市固废资源化科技支撑。

生态维稳　科技援疆

——新疆兵团生态环保产业园模式探索与实践

王首先　陈志林

河南中誉振亚环保科技有限公司

一、指导思想

环保行业近十年取得了巨大成就，特别是在党的十八大以来，在习近平同志关于生态文明建设思想的指引下，"绿水青山就是金山银山"绿色发展理念逐步深入人心，国家在政策、资金等方面对环保行业的支持力度不断加大，"无废城市"建设的试点探索相继展开，各类环保企业如雨后春笋般涌现，科研院所对环保技术的研究成果不断。在肯定环保行业取得成绩的同时，我们也要看到种种不足和问题，解决问题的过程就是不断前进的过程，生态环保建设，没有最好，只有更好。

环保课题，既有共性问题也存在着个性问题。所以在制定方案时要因地制宜，灵活适用。当前的环保项目设计与建设中，存在相当多的共性问题：

一是缺乏能真正实现环保性、经济性俱佳的技术和模式；

二是缺乏协同配合，不同固废单独处理，无法形成协同效应；

三是对环保行业的定位应该再提高，管理模式再创新。

固废处理行业应该把被动的处理垃圾变成主动控制，源头减量、全方位智慧管理、终端彻底资源化利用相结合。任何东西包括各种垃圾都是能源和资源，只是放错了位置的资源，或是在某阶段没有充分开发其价值，城市生活垃圾和工业固废要以城市矿山的理念来对待，农业垃圾也是农业生态循环的重要原料和不可缺少的一环。

新疆兵团地区幅员辽阔，物产丰富，是我国重要的农牧业生产区域，其中国家战略物资棉花的种植，更是有着重要意义，所以新疆地区的农业面源污染治理就是本地区最重要的个性问题，因为这不仅是环境保护的需要，也是保证农业持续健康发展的需要，更是兵团完成屯垦戍边职责使命的需要。

为此，在新疆兵团相关部门机构的邀请下，自2019年4月起我们企业分别组织系统内专班，对兵团六师五家渠市持续开展深度调研、勘察，经过方案起草与充分论证后决定，针对五家渠市市地方农牧业废弃物多，生活垃圾少，尤其是农田残膜缺乏有效处理方法，以及地域广阔、人居分散等诸多难点问题，有针对性地推出了"以处理城镇垃圾、农膜农废为重点，协同处理城市生活垃圾、固废、污废，协同相关产业、行业集群发展"的"中誉振亚生态环保产业园"模式，产业园以中誉振亚高温无氧干馏环保成套系统装备为核心基础，将其所有固废、污废全面资源转化和能源化高效利用，采取协同处理、综合利用、互为循环的工艺路线，对其城镇、连队及乡村、所有有机和无机固废协同处置，能源自足，互为原料，形成产业集群和产业链建设，将城、乡各项污废、固废变废为宝。

生态环保产业园的最终目的是更好地落实习近平生态文明思想，发展绿色经济，推进"无废城市"的建设总体目标。

二、园区概况

（一）地理位置

中誉振亚生态环保产业园位于新疆兵团第六师五家渠市103团，现师市生活垃圾无害化处理填埋场北侧，距离乌鲁木齐50公里。

（二）建设规模

规划面积1500亩分两期建设，首期占地800亩，总投资4.5亿元。建设内容包括：农膜收集、地头分筛、压包临储、分时运输的一条龙体系化构建；园区内建设原料预处理、高温无氧干馏车间、干馏气制氢车间、燃气发电车间、碳基肥车间、生物科技中心以及相关科研、办公、生活配套建筑。

（三）计划产能

处理生活垃圾4万吨/年以上；

处理农业垃圾15万吨/年以上；

生产炭基肥约10万吨/年；

干馏气制氢3600万方/年左右；

首期实现干馏发电6兆瓦/年；

为地方减煤供热300万平方米/年。

三、园区特色

（一）全国第一个农业残膜回收、储运、处理一体化项目

1. 背景资料

新疆是最早推广使用地膜进行作物种植的地区，地膜的使用为农业的提质增效发挥了很大作用，但长期使用地膜，在土壤中的残留导致土壤结构破坏，影响土地的适耕性和作物产量。近三年国家和兵团强制进行残膜回收工作，但残膜回收后无法有效处理利用，大量堆存在田间地头，在占用大量土地的同时，还造成了二次污染。本公司制定了完整的残膜收集、储运、处理方案，在政府的配合下，与农户、农机合作社、连队形成紧密的合作关系，系统、长效、完整地解决农田残膜问题，促进农业生态循坏，为兵团实现屯垦戍边的职责使命做出贡献。

2. 实施方案

（1）机具优化。残膜回收的首要任务是有高效的残膜集采工具，我们结合新疆棉田的特点研制了高效收膜机和打包机，能够形成最大的联合生产能力和最佳的处理效果，单台套机具日收集残膜500亩以上，收膜率85%以上，机具作业效率处于国内领先水平。

（2）联合集采。北疆秋季收膜作业只有40天的时间，我们通过与农机户合作，开

展大规模同期联合作业，保证残膜收集的作业时间和效果。

（3）分级储运。残膜收集后需要大量的临储地和分级管理、调运，我们通过与连队（村）建立合作机制，明确农户、连队、公司的责权利，共同搞好残膜的三级储运工作，保证物料安全存放、及时调运。

（4）环保处理。通过公司自主研发的高温无氧干馏装备，高效地将残膜进行干馏处理。干馏产物是高品质的碳和高热值可燃气，所产碳和气均可作为原料再次综合利用。干馏处理膜杂的优势在于无须进行膜秆筛分、不用水洗、不产生二噁英，具有极大的技术、环保、经济优势，是残膜处理的首选方案。

（二）全国首台套大型高温无氧干馏装备应用项目

1. 行业痛点

当下主流的固废处理模式是填埋和焚烧，但填埋和焚烧带来的大量占地、污染水源和空气的问题，尤其是第一致癌物二噁英的危害，一直困扰着整个行业和社会。能够克服填埋和焚烧的缺点的工艺是干馏技术。干馏就是利用固体有机废弃物中有机物的热不稳定性，在无氧条件下对其加热，当达到一定温度后，组成有机物的大分子结构中的碳键和氢键发生断裂，经重新组合形成小分子的可燃气体、油以及碳。高温无氧干馏技术是全球最受推崇的固体废弃物处理技术，具有显著的环保性和优异的能源转化性，是把废弃物转化成能源的最好方式，但干馏技术在工艺和装备水平上始终未获得重大突破，制约了干馏技术在固废处理行业的应用。

2. 技术优势

本公司经过数年潜心研发，投入了大量人力物力，独立研发成功具有自主知识产权的"高温无氧干馏装备"，具有投资和运行成本低、占地少、环保性好、适应性强等特点，能够协同处理所有有机固废，真正能实现连续工业化大生产，同时也可以根据用户规模，生产小型分布式处理装置，提供分布式能源站和分布式固废处理。单机日处理量从最大几百吨到最小一两吨均可实现，设备为模块化设计，可随意调整配置产能，其中日处理 500 吨的高温无氧干馏炉，属全国首台套。

国家处理固废处理的指导原则是"无害化、减量化、资源化"，我们通过非燃烧、零排放、全利用的高温无氧干馏技术落实三化原则，生产过程中做到无烟囱、无飞灰、无异味、微正压，安全可靠。

3. 工艺简介

分选（主要目的是把有机物和无机物相对分开，根据物料情况匹配滚筒筛、风选、磁选装置）→破碎（根据物料不同选配适应的破碎机，破碎的目的是提升干馏反应速度和质量，原则上将物料破碎至 4 厘米以下）→烘干（入炉垃圾含水率 20% 以下，烘干热源为干馏过程中的余热，无须外接热源）→干馏（干馏设备仅在初次启动时需要外接热源升温，干馏开始后产生的燃气仅用 30% 即可满足持续工作所需热能，干馏温度平均 900 摄氏度以上）→气体净化（采用喷淋急冷和脱硫脱硝、活性炭吸附等工艺，由于干馏是高温无氧状态，二噁英不具备产生的条件，酸性气体、氮氧化物、焦油产生量均极少，所以气体净化成本低、环保压力小）→气体存储（干馏产生的可燃气经降温和净化后进入压力罐存储，若是多炉联产或汽轮机发电则无须再存储）。

干馏产生的碳经降温和螺旋挤压密闭排出，用于制作炭基肥或土壤修复基质，若是纯生物质（如树枝、果壳、秸秆）产生的干馏碳可以制作烧烤炭和活性炭。

（三）新疆地区第一个全域垃圾协同处理、综合利用项目

1. 系统运营，提升环卫水平

为了提升产业园的生活垃圾处理效率和效果，我们给市政府提供一揽子服务，从垃圾分类开始，到环扫保洁、终端资源化利用全过程参与，高效、优质、低成本地搞好市政环卫运营服务。这其中引进最先进的垃圾分类理念和运维系统、高效的智慧清运系统，最终目的是实现城市垃圾不过夜、不落地，保证城市的长效干净整洁。据了解，在全国推进"无废城市"试点的工作中，也正在探索生活垃圾的全产业链经营模式，兼顾前后端的系统性经营管理才能收到更好的效果。无废城市的建设不仅要靠环保装备等硬件的提升，更要靠先进的大数据、智慧运维、管理模式等软件支撑。

2. 改善人居，促进乡村振兴

中办发〔2018〕5号文关于印发《农村人居环境整治三年行动方案》的通知中指出，改善农村人居环境，建设美丽宜居乡村，是实施乡村振兴战略的一项重要任务，事关全面建成小康社会，事关广大农民根本福祉，事关农村社会文明和谐。

近年来，各地区各部门认真贯彻党中央、国务院决策部署，把改善农村人居环境作为社会主义新农村建设的重要内容，大力推进农村基础设施建设和城乡基本公共服务均等化，农村人居环境建设取得显著成效。同时，我国农村人居环境状况很不平衡，脏乱差问题在一些地区还比较突出，与全面建成小康社会要求和农民群众期盼还有较大差距，仍然是经济社会发展的突出短板。

《兵团连队人居环境整治2019—2020年工作推进方案》提出，推进连队生活垃圾、生活污水、厕所粪污治理和连容连貌提升等重点任务，按照"缺什么补什么"、填平补齐原则，采取菜单式清单建设。

我们经过调研，北方农村冬季集中供热、供气是广大农户呼声最高的内容，为落实国家乡村振兴战略，我们以生态产业园为依托，为附近农村提供管道燃气和供热服务，解决长期以来农村集中供暖、供气问题；对较远的村镇采用小型干馏设备，以建立小型化分布式能源站的模式解决供暖、供气问题，通过改善乡村人居环境，促进乡村振兴。

3. 减煤制氢，落实节能减排

全球气候变暖带来的灾害越来越严重，研究表明，大气中温室气体浓度的升高是导致全球气候变暖的主要原因，而二氧化碳是排放量最多的温室气体。2015年12月12日，《联合国气候变化框架公约》的近200个缔约国通过了《巴黎协定》气候协议，并于2016年4月22日正式签署，同年11月4日正式生效。

我国向《联合国气候变化框架公约》秘书处正式递交的应对气候变化国家自主贡献文件中提出并确定了自主行动目标：到2030年左右碳排放达到峰值且将努力早日达峰；单位国内生产总值碳排放强度比2005年下降60%~65%；非化石能源占一次能源消费比重达到20%左右，森林蓄积量比2005年增加45亿立方米左右。中国在应对全球

气候变化问题上向国际社会做出了庄重承诺。

二氧化碳减排工作是一项长期而艰巨的任务，作为企业重点要围绕用能优化、生产节能、发展利用清洁能源等方面开展工作，在完成国家要求目标的同时提升企业的核心竞争力，推动企业的低碳转型，促进企业的可持续发展。

我们的生态环保产业园在干馏生产和干馏气发电过程中产生大量余热，这部分余热可以通过换热锅炉提供热能服务，服务对象为附近居民冬季取暖、养殖和设施农业供热、附近工业企业用蒸汽和热水，通过热电联产，大量减少煤炭的使用，大幅减少二氧化碳的的排放，推动节能减排工作。

氢是公认的最清洁的能源之一，但发展瓶颈是制氢成本，用干馏技术处理含秸秆的农废产生的可燃气中氢的含量接近 40%，再用分子筛等分离技术将氢提纯，成本只有传统制氢成本的二分之一，提纯后再将氢气压缩和液化，达到高效低成本运输，同时能大幅提升产品的附加值。我们生态环保产业园建设的是新疆首个生物制氢项目，通过干馏气制氢提氢，响应国家氢能源战略，发展清洁能源，改善能源结构，促进低碳绿色发展。

4. 变废为宝，支持农业发展

农业是国计民生的根本，土地是农业的命脉，我国农业目前面临的严重问题在于土地，农田因长期使用化肥造成的土壤板结、碳氮比失调、有机质缺乏等问题，解决的根本之道在于从根本上改善土壤结构，增加土壤中的有机质含量，而碳是最好的土壤改良剂，能够长效改善土壤结构，固化吸附有害金属，增强土壤保水保肥能力。

我们的干馏工艺将所有有机固废通过高温无氧干馏装备转化成高品质的碳和高热值的可燃气，其中的碳制成炭基肥或土壤改良剂。

农业垃圾（含作物根秆，果木枝杈以及畜禽粪污），进行预处理后，特别设立中誉生态生物科技中心版块，将可为新疆兵团地区各类畜禽粪污、秸秆环保处理与生态修复，专门研制符合区域特点的生物菌剂，制成高品质的碳基有机复混肥和液体肥。在有机复混肥的生产中，我们采取灵活的策略，结合养殖业和种植业的实际情况，根据养殖场的规模以上、规模以下、连队散养，计划分步建设分布式装备联合生产，既解决了原料问题同时又实现了产品就近农林生态修复。

通过中誉振亚高温无氧干馏工艺和中誉生态生物科技的生物技术结合，在解决了农牧业废物污染的同时，把农牧业固废变成农业急需的复混有机肥和土壤改良剂，从源头上保证了土壤的适耕性和农业的提质增效、健康可持续发展。

四、发展模式

因地制宜，根据垃圾的种类和地域特点制定实施方案，农业垃圾采取整县推进的分布式方案，根据产量和地区特点灵活处置。城市垃圾采取大型环保产业园的模式集中协同处置，这也是国家发改办环资〔2019〕44 号文《关于推进大宗固体废弃物综合利用产业集聚发展的通知》中所鼓励的做法，通过促进环保产业集群的发展，把环保行业的痛点问题变成拉动就业、改善民生、推动经济增长的工具，生态维稳，科技援疆，建设"无废城市"，推进绿色发展。

铝加工行业表面处理
前端资源综合在线利用绿色技术

佛山市三水雄鹰铝表面技术创新中心有限公司

2019 年全国铝加工行业生产表面处理材约为 2800 万吨（含板带材），其中，化学抛光处理材 100 万吨，氧化处理材 850 万吨，粉末喷涂预处理材 1850 万吨，消耗化学药剂约 145 万吨，价值约 72 亿元；溶铝约 20 万吨，价值约 30 亿元；产生危险废渣（湿渣）约 740 万吨，环保代价 370 亿元；产生废水约 3 亿吨，环保代价 280 亿元；全行业年综合环保代价约 680 亿元。

推行绿色生产是建设生态文明、实现高质量发展的重要内容，党中央、国务院对此高度重视。党的十八大以来，我国在绿色生产领域出台了一系列法规和政策措施，大力推动绿色、循环、低碳发展，加快形成节约资源、保护环境的生产方式，取得了积极成效。但也要看到，绿色生产领域法规政策仍不健全、重点行业清洁生产装备研发力度不够、绿色工艺设计操作性不强等问题。

本公司 20 年专注于铝加工行业清洁生产技术研究，申报 80 项发明专利，授权 35 项。面向从"末端治理"向"源头控制"、从治污设施效能提升到全技术链集成优化、从单项技术突破到技术—工程—系统化解决方案的重大需求，以"源头减量—高效转化—清洁利用—精准管控"为思想，以 5 个环节为突破口，从根本上解决行业环保末端治理问题。

一、煲模液改造为碱蚀液回收氢氧化铝与硫酸钠技术

铝加工行业年均产挤压材 1950 万吨，煲模消耗化学药剂约 15 万吨，价值约 7 亿元；溶铝约 3 万吨，价值 4.5 亿元；产生废渣 45 万吨，废渣处理费用 18 亿元，废渣纳税 4.5 亿元；排放废水 100 万吨，废水处理费用 0.5 亿元，废水纳税 0.5 亿元；煲模废水废渣目前采用末端治理，用于中和氧化废水，既浪费宝贵的碱和铝资源，又在末端与其他废渣混合成大量危险废渣。末端治理年综合环保代价 34.652 亿元。

（一）实施内容

针对生产过程的煲膜工序，将煲膜液截留，调整煲模液中游离碱和铝离子浓度，改造为碱蚀液，通入碱蚀槽中，碱槽工序通过高压喷淋 + 反向补水等措施，实现煲膜液的再利用，随后收集碱蚀废水，与氧化硫酸废液进行酸碱中和反应，结晶沉淀、固液分离，回收获得氢氧化铝和硫酸钠，处理的废水回到煲膜工序继续使用。整个系统闭路循环、中水回用，解决煲模和碱蚀工序的废渣问题。整个系统截留了钠离子，钠离子不再

排入污水系统，从根源上解决了钠离子对污水系统的污染，为综合污水的回用奠定了基础。反应原理如下：

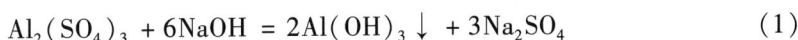

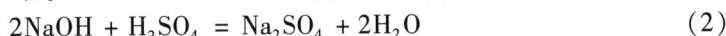

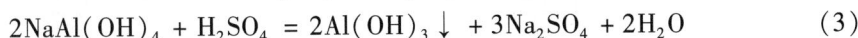

$$Al_2(SO_4)_3 + 6NaOH = 2Al(OH)_3\downarrow + 3Na_2SO_4 \tag{1}$$

$$2NaOH + H_2SO_4 = Na_2SO_4 + 2H_2O \tag{2}$$

$$2NaAl(OH)_4 + H_2SO_4 = 2Al(OH)_3\downarrow + 3Na_2SO_4 + 2H_2O \tag{3}$$

该项目的技术路线如图1所示：

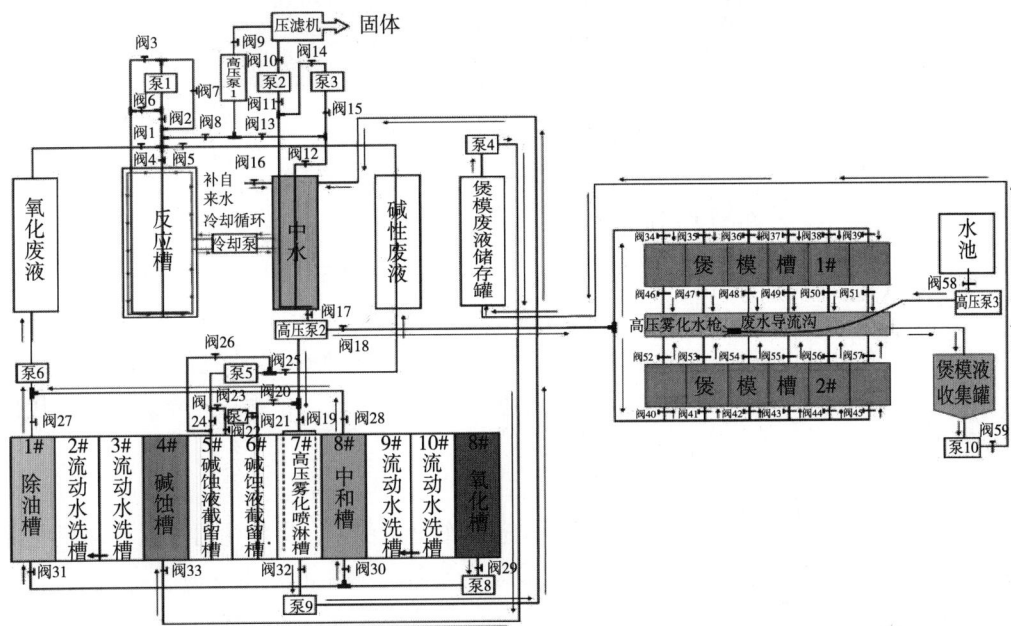

图1 煲膜液改为碱蚀液回收氢氧化铝和硫酸钠的技术路线

（二）经济与环境效益分析

煲模车间废水废渣前端治理专利池技术可实现节约化学药剂14.625万吨，价值7.313亿元；回收铝2.925万吨，价值4.389亿元；减少废渣43.9万吨，减少废渣处理费用17.56亿元，减少废渣纳税4.39亿元；减少排放废水100万吨，减少废水处理费用0.5亿元，减少废水纳税0.5亿元。煲模废水废渣来源于煲模废液和模具的清洗用水，含游离碱200~300g/L，铝离子40~70g/L，无危险成分。煲模废液含高浓度的游离碱和纯净的铝，采用环保前端治理技术，用于中和氧化废液，回收氢氧化铝8.775万吨，价值1.755亿元；回收十水合硫酸钠58.87万吨，价值5.89亿元。环保前端治理年综合经济效益37.3亿元。

（三）具体应用案例

本项目成果于2017年成功应用于广东兴发铝业有限公司，不仅帮助企业避免了煲膜液氧化含铝废渣作为危险废物被委托处置，造成环境污染带来的经济损失，每年还为企业回收氢氧化铝和硫酸钠混合固体1500吨，产生了显著的经济效益。

本项目现场运行情况如图2所示：

图2 现场运行情况与回收产品

二、阳极氧化槽液转化回收技术

铝加工行业年产普通氧化材 750 万吨，消耗化学药剂 75 万吨，价值 37.5 亿元，溶铝 11.25 万吨，价值 16.875 亿元，产生危险废渣（湿渣）168.75 万吨、排放废水 1.125 亿吨。氧化废水废渣采用末端治理，危险废渣处理费 67.5 亿元，危险废渣税费 16.875 亿元；废水处理费 56.25 亿元，废水税费 56.25 亿元。末端治理年综合环保代价 251.25 亿元。

（一）实施内容

针对生产过程中的氧化工序，分两部分进行作业。首先，将氧化槽液通过冰机制冷后排入反应罐中，往反应罐中加入液体硫酸铵，使其与氧化液发生反应生产硫酸铝铵，在结晶罐中析出，通过连续压滤将硫酸铝铵分离出循环系统，回收食品级铵明矾，氧化槽液回到氧化副槽中继续循环使用。

技术路线如图3所示：

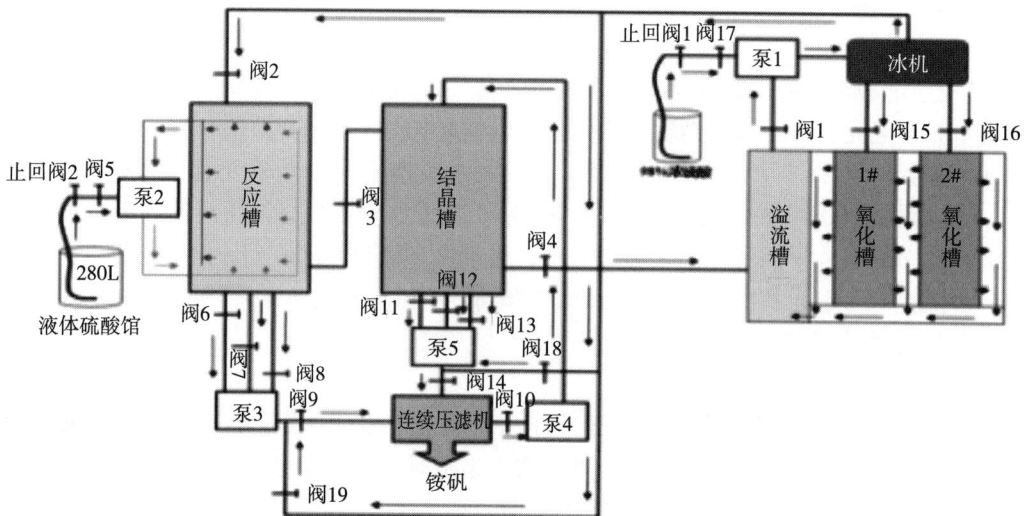

图3 阳极氧化槽液转化回收铵矾与硫酸回用的技术路线

其次，改造着色生产工艺，改流动水洗为反向串联，截留含锡镍废水，通过添加液氨使废水中的锡、镍等离子生成氢氧化镍、氢氧化锡、氢氧化亚锡等沉淀析出，压渣后分离出循环系统，废渣用于制作着色添加剂。处理后的废水继续加入磷酸二铵，生产磷酸镍沉淀，通过压滤分离出循环系统。经过最终处理后的废水已经不含镍、锡，进入深度处理后回用于生产。其反应原理如下：

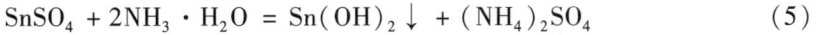

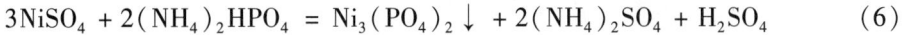

$$NiSO_4 + 2NH_3 \cdot H_2O = Ni(OH)_2 \downarrow + (NH_4)_2SO_4 \qquad (4)$$

$$SnSO_4 + 2NH_3 \cdot H_2O = Sn(OH)_2 \downarrow + (NH_4)_2SO_4 \qquad (5)$$

$$3NiSO_4 + 2(NH_4)_2HPO_4 = Ni_3(PO_4)_2 \downarrow + 2(NH_4)_2SO_4 + H_2SO_4 \qquad (6)$$

技术路线如图4所示：

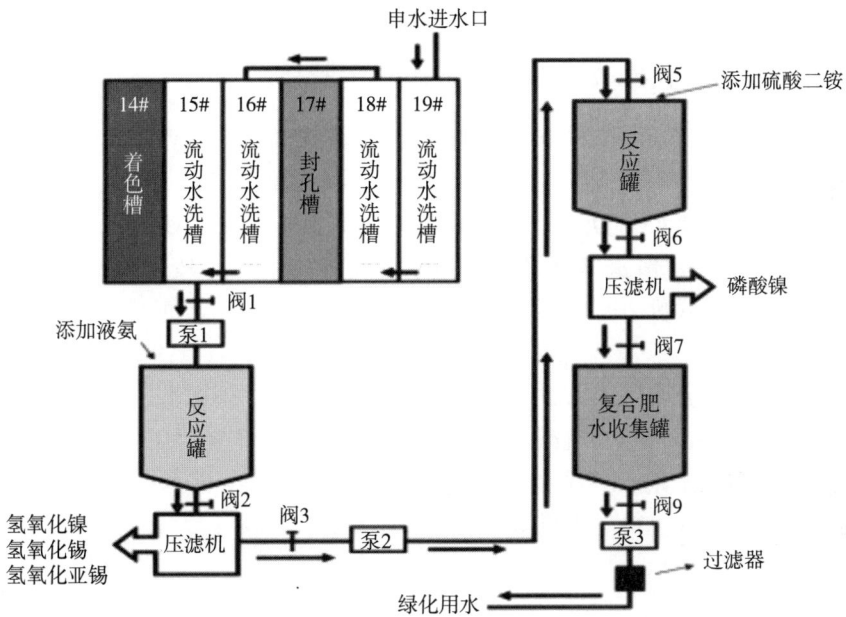

图4　着色和封孔废水回收着色剂的技术路线

（二）经济与环境效益分析

前端治理氧化回收系统专利池技术可实现铝加工行业年减渣60万吨，减少废渣处理费18亿元，废渣税费15亿元；减排废水0.5亿吨，减少废水处理费28亿元，减少废水税费27亿元；回收硫酸铝铵51万吨，价值10.2亿元；回收硫酸37.5万吨，价值2.25亿元；节电6亿度，价值4.8亿元；回收中温封孔剂1.5万吨，价值7.5亿元；回收镍锡盐着色剂1.5万吨，价值15亿元。前端治理年综合经济效益130亿元。

（三）具体应用案例

本项目成果于2017年成功应用于广东兴发铝业有限公司，不仅帮助企业降低电费50%，减少硫酸用量20%，而且每年还为企业回收硫酸铝铵固体1000吨，产生了显著的经济效益。

本项目现场运行情况如图5所示：

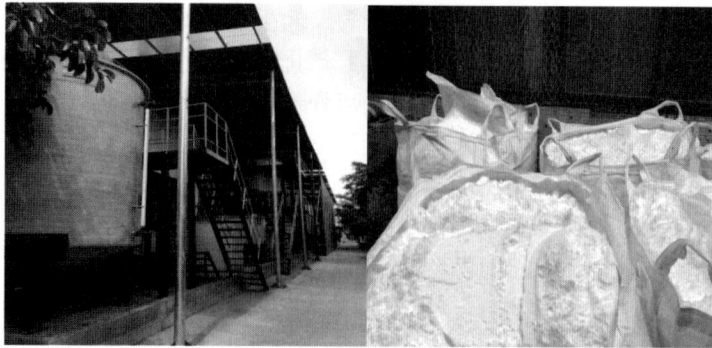

图 5 现场运行情况与回收产品

三、抛光废液转化回收磷酸铝和氮磷复合肥技术

铝加工行业年产化学抛光材 100 万吨，消耗抛光药剂 35 万吨，含磷酸 24.5 万吨，价值 12.25 亿元，硫酸 8.75 万吨，价值 0.525 亿元，硝酸 1.75 万吨，价值 0.51 亿元；溶铝 0.3 万吨，价值 0.45 亿元；产生危险废渣 350 万吨，废渣处理费 140 亿元，废渣税费 35 亿元；产生清洗废水 2000 万吨，废水处理费 10 亿元，废水税费 10 亿元。环保末端治理年综合环保代价 208.74 亿元。

（一）实施内容

利用在线截留、分类回收方法，收集处理抛光废酸液。通过截留药剂，将抛光废液中的铝转化为磷酸铝，磷酸、硫酸和硝酸转化为液态 N-P 复合肥。同时选用甘蔗渣、秸秆渣、稻壳粉为吸水剂，并添加干鲜酒糟作为发酵剂，与液态 N-P 复合肥固液混合，发酵沤肥，制作成有机-无机 N-P 复合肥产品。

技术路线如图 6 所示：

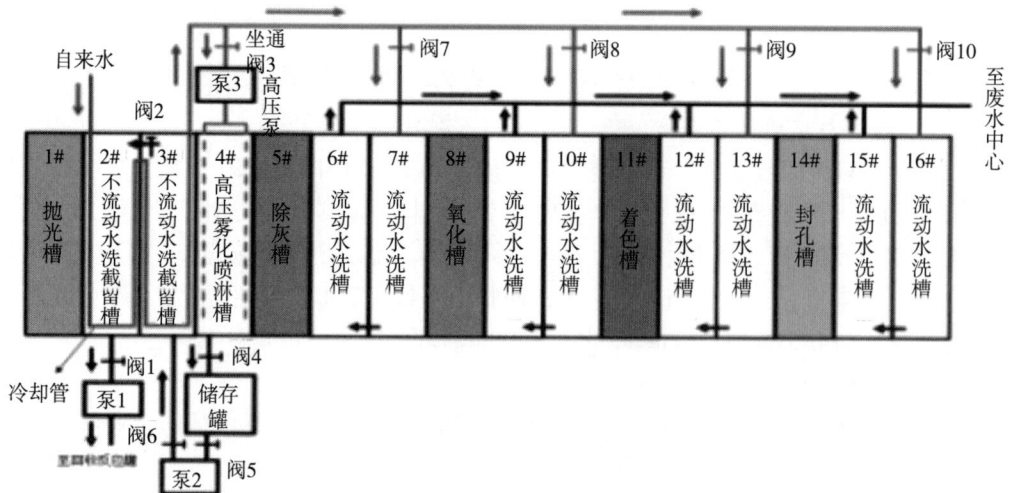

图 6 抛光废液转化回收磷酸铝和 N-P 复合肥的技术路线

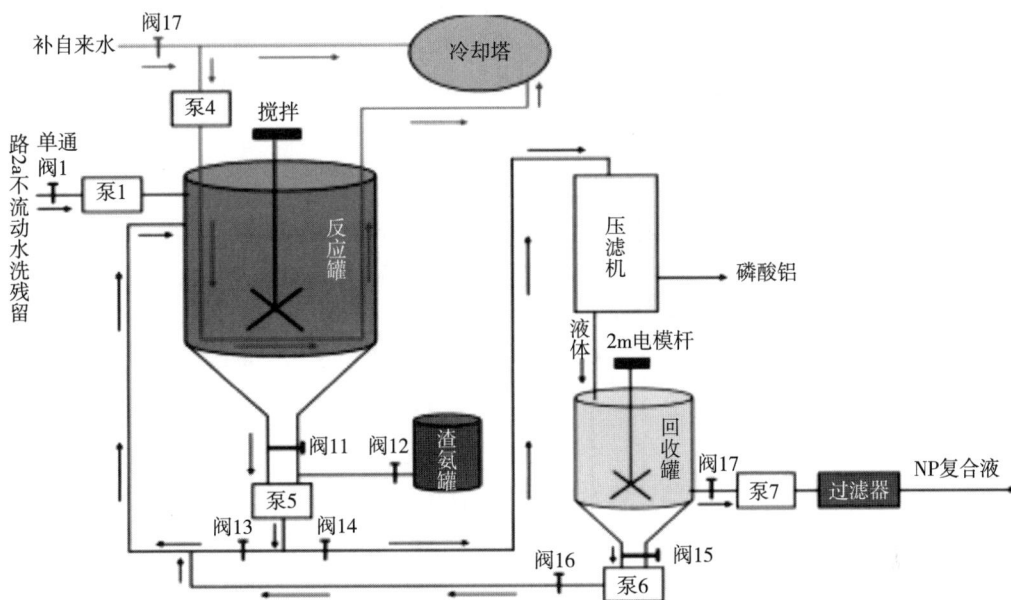

图 6　抛光废液转化回收磷酸铝和 N－P 复合肥的技术路线（续）

（二）经济与环境效益分析

氧化线抛光工序废水废渣前端治理专利池技术，可实现铝加工行业年减渣 350 万吨，减少废渣处理费 140 亿元，废渣税费 35 亿元；减排废水 2000 万吨，减少废水处理费 10 亿元，减少废水税费 10 亿元；回收抛光药剂 35 万吨，价值 13.29 亿元，回收铝 0.3 万吨，价值 0.45 亿元；转化磷酸铝 0.655 万吨，价值 3.28 亿元；回收 N－P 复合肥 48.3 万吨，价值 14.5 亿元。前端治理年综合经济效益 226.52 亿元。

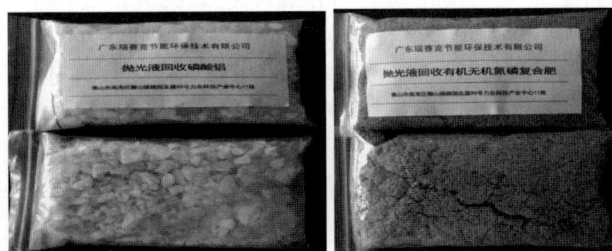

图 7　抛光段回收药剂

四、喷涂预处理药剂回用与废水零排放技术

铝加工行业年产喷涂材 1750 万吨，消耗化学药剂 17.5 万吨，价值 35 亿元，溶铝 5.25 万吨，价值 8.875 亿元，产生危险废渣（湿渣）175 万吨、排放废水 1.4 亿吨。喷涂预处理废水废渣采用末端治理，危险废渣处理费 70 亿元，危险废渣税费 17.5 亿元；废水处理费 70 亿元，废水税费 70 亿元。末端治理年综合环保代价 271.375 亿元。

（一）实施内容

设计除油槽按钝化槽的组分配方，做到两槽的成分完全兼容；同时，改变传统的漂洗水多进多出的方式，设计清洗水反向串联节水系统，改为一进零出，药剂回收后的槽液闭路循环，实现废水废渣零排放。

其技术路线如图 8 所示：

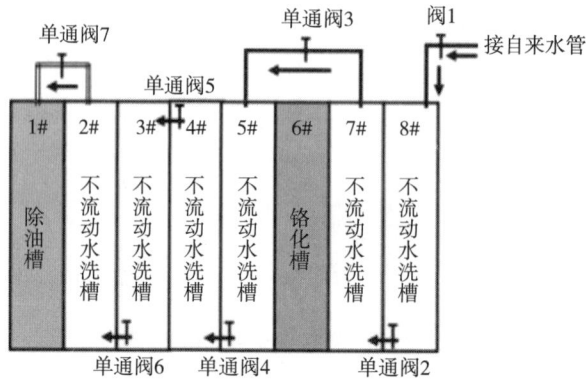

图8 喷涂预处理药剂回用与废水零排放的技术路线

（二）经济与环境效益分析

粉末喷涂预处理车间废水废渣前端治理零排放专利池技术，减少溶铝 5.25 万吨，价值 7.875 亿元，减少危险废渣 175 万吨，减少危险废渣处理费 70 亿元、税费 17.5 亿元；减少排放废水 1.4 亿吨，减少废水处理费 70 亿元、废水税费 70 亿元。环保前端治理年综合经济效益 235.375 亿元。

（三）具体应用案例

本项目于 2018 年在茂名冠美铝型材有限公司正式实施，运行 1 年多来，整个系统不设置废水处理中心，彻底实现了喷涂预处理环节废水废渣零排放，帮助企业一劳永逸地解决了环保问题。

现场运行情况如图 9 所示：

图9 现场运行情况

五、综合废水中和处理分离回收耐火材料与中水回用技术

（一）实施内容

通过以上 4 种技术实施后，综合废水中只含有少量的铝离子、硫酸根和微量的铵根离子，加入氢氧化钙沉淀后压渣，用作水泥添加剂及耐火材料。处理后的废水中含有微量的钙离子和铵根离子，可以全部回用于生产。

其技术路线如图 10 所示：

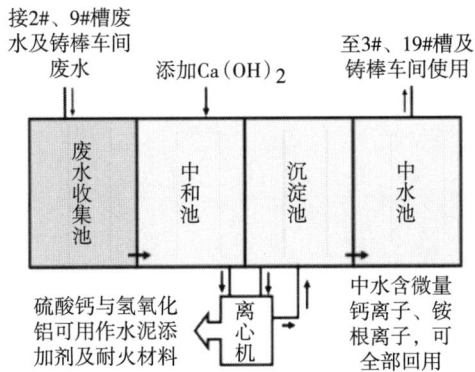

图 10　综合废水中和处理分离回收耐火材料与中水回用的技术路线

（二）经济与环境效益分析

综合废水前端治理专利池技术，组合集成处理除油、中和、氧化清洗废水，减渣 33.75 万吨，减少废渣处理费 13.5 亿元，减少废渣税费 3.38 亿元；减排废水 0.564 亿吨，减少废水处理费 28.2 亿元，减少废水税费 28.2 亿元。回收高强度防渗水泥添加剂（硫酸钙与氢氧化铝混合物）23.75 万吨，价值 2.375 亿元。前端治理实现年综合经济效益 75.66 亿元。

综合废水中和处理分离的产品如图 11 所示：

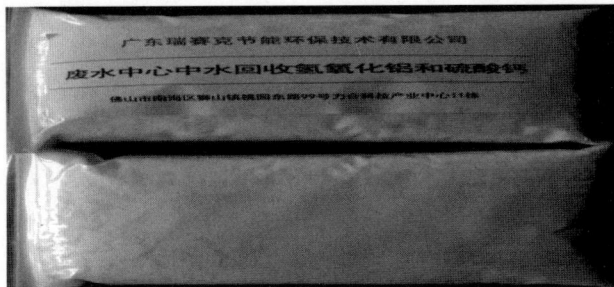

图 11　综合废水中和处理分离的产品

六、结语

铝加工业是国家经济发展战略性朝阳产业之一，随着铝代铜、铝代钢、铝代塑和铝代木的快速推进，特别是汽车轻量化的兴起，铝业在可预见的未来，必将迎来新一轮高速发展的黄金周期。但是，铝加工行业的废水废渣问题，已形成瓶颈，严重制约了铝加工行业的健康发展，这是行业与政府必须正视而又亟待破解的重大问题。

我司前端资源综合在线利用处理技术的实施，不仅可以帮助企业从源头彻底解决废水废渣的环保问题，变废为宝产生了经济效益（前端经济效益合计约 300 亿元），而且也充分响应国务院办公厅印发的《"无废城市"建设试点工作方案》的文件精神，为促进铝加工行业可持续发展以及佛山等工业化城市的"无废化"绿色产业升级提供了新的思路！

流域湖泊典型生物环境
生物恢复关键技术及应用实践

梁　策

神农百翔（北京）生物科技有限公司董事长

摘要： 针对流域湖泊的生物环境污染的分析，提出针对典型生物环境污染情况下生物恢复的关键技术方法。以广西南流江（博白段）为例，在南流江（博白段）水质现状的有效分析污染源的基础上，从有效治理安全环保的原则出发，因地制宜地提出了引入微生物种群的治理方法，通过有益微生物之间的相互制衡使南流江（博白段）的环境污染情况得到了恢复，同时为其他类似流域湖泊的治理提供了思路和借鉴。

关键词： 流域湖泊　生物恢复　南流江（博白段）　对策措施

广西地处中国西南地区的交汇地带，不但湿地生态系统发达，滨海湖泊流域广阔，而且拥有极其丰富的海洋以及淡水生物资源，风景秀美的自然环境以及独特的地理位置一直是中国与东南亚进行贸易的桥梁，同时也是人们度假旅游的胜地。但是随着人类经济的不断发展，尤其是工业、农业生产以及城市化进程带来的流域湖泊的生态环境的破坏愈加显著，使得相关水资源的自动净化能力逐渐下降同时也带来了生物多样性的破坏[1]。因此，人为和自然因素引起的湖泊流域的破坏以及保护之间的矛盾日益突出，如何协调生态环境的保护以及生物多样性的完整与人类经济发展带来的环境污染之间的矛盾成为广西生态建设亟待解决的问题[2]。

在生态环境污染源的分析过程中发现，近年来乡村生活污水严重污染各类附近水源并在一定程度上成为导致江河湖泊水体水质下降的主要原因，在众多污染源中生活污水也是造成疾病快速扩散的关键来源之一，生活污水带来了很多地区人与牲畜共同感染的传染病[3]。其中以广西壮族自治区玉林市南流江（博白段）为例，因为近年来水体污染以及营养化程度比较严重，其主要原因是附近的农田、菜园、果园、园地的排放沟以及农村废弃池塘里每年大量流失的氮磷直接进入了主要入湖河道，直接造成了水质污染严重，生态退化突出。因此本文首先在理论上提出典型的生态环境的生物恢复关键技术，又以南流江（博白段）为例在有效分析南流江（博白段）水质现状以及河流域污染分析的基础上，因地制宜地针对各污染选项分别提出削减入河污染负荷、修复附近流域湖泊的生态系统以及恢复湖泊环境的自净能力的对策措施与建议，通过对南流江（博白段）的特征污染源的治理来针对性地改善南流江（博白段）的水质状况，再进一步为逐步改善附近湖泊的水质提供一种对症下药的防治途径。

一、生物恢复的关键技术

针对现实生活中湖泊流域的典型环境污染源头的主要分析，大致主要可以分为三类：养殖污染、农业面源污染、水体污染[4]。因此针对不同的污染源特点提出了相应的治理方法措施，以期通过对应的关键治理方法恢复生物环境。

1. 养殖污染恢复治理技术

据资料记载，目前我国相当一部分的养殖场的60％的粪便并未进行任何有效的科学的处理而直接排放到自然环境中，其中主要流入了附近的湖泊流域造成了严重的污染，其污染程度已经超过了生活与工业污水的污染总和。被污染的水质中的畜禽的排泄物会经过时间的积累造成水体营养化进而导致某些水体生物过度繁殖，最终导致水体生态环境的失衡。

针对养殖场中的排泄物如何进行废物回收再利用，可以采用"三分离一净化"的方式[5]进行污水处理后达到排放标准，即运用雨污分离、干湿分离、固液分离、生态净化处理系统，首先把养殖场中的粪便排放进排污沟进行沉淀处理，然后流入格化粪池进行下一步的厌氧发酵，其中处理后的废液排入厌氧储存池，最后经过设备处理后排入生态系统处理即可循环回收利用或者直接达标排放。具体工艺路线参考图1。经过雨污分流的处理工艺，大大减少了养殖污水的排放，不但为后处理减轻了负担，而且生物滤池工艺可以有效降低氨氮比例过高带来的生态环境治理难度。

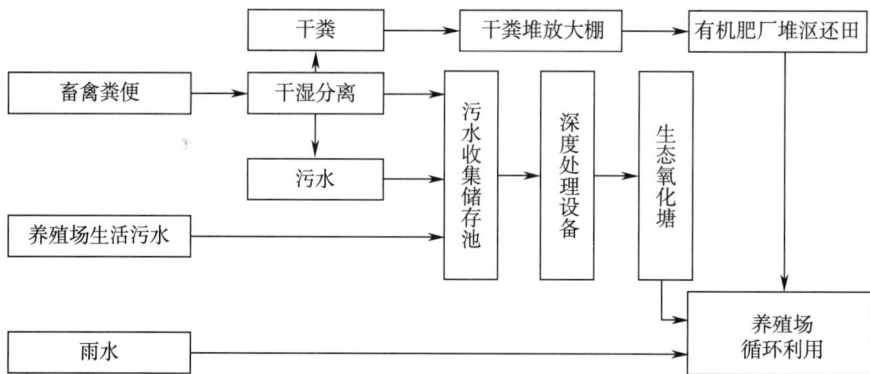

图1　工艺路线

2. 农业面源污染恢复治理技术

根据资料统计，农业污染源是我国水体污染的重要影响因素之一，其中主要原因是用于农业植物生长的氮肥中只有相当一小部分比例（10％）被真正利用，而剩余的氮肥则被消散在自然环境的多个领域，其中水体中的氮含量偏高是水体污染的重要原因之一。

通常针对农业面源污染带来的污染处理办法有两种：一种是自然处理系统，利用土壤过滤、植物吸收和微生物分解的原理，也称为生态处理系统，具有代表性的是人工湿地系统；另一种则是生物处理系统，主要包含在污染水源中冲入足量的氧气来进行好氧生物处理，以及厌氧微生物消耗污水中有机物的厌氧生物处理[6]。其中好氧处理优势是时间短，不必回收污泥，占地面积小，不产生污泥膨胀现象而且效果稳定。

3. 水体污染生态修复技术

全国水资源综合规划评价成果表明，在湖泊的营养环境评价中有将近47.6%的湖泊处于中营养状态[7][8][9]。

针对水体污染的情况，首先在法律行政保障措施的基础上，同时也要将适当的经济处罚工作以及行政监督手段共同结合。当然，在污水处理工程中，还要建立比较完善的污水收集及输送系统，根据不同的地理位置采取不同且适当的处理工艺，保障工程的顺利进行[10]。另外，从技术角度来讲，可以采用物理方法即简单经过物理变化如重力分离、过滤、蒸发结晶等方法，或者通过简单的酸碱中和来调节污水的PH值来达到治理的结果。但无论是哪种处理方法都要有的放矢、因地制宜，才能达到简单高效的目的。

二、生物恢复技术的应用案例

本案例河段位于广西壮族自治区玉林市博白县，南流江（博白段）全程约95公里，年平均径流量为195~275千万立方米，其中每年的4~9月为雨期。根据玉林市环保局2018年5月检测数据显示南流江（博白段）断面检测水质为《地表水环境质量标准》（GB 3838—2002）劣Ⅴ类，黑臭现象十分严重。其中南流江（博白段）的污染排放情况如表1所示。

表1　　　　　　　　　　南流江（博白段）的污染排放量统计

面源类别	污染排放量			
	COD（化学需氧量），毫克/升	NH₃–N（氨氮含量指标）	TN（总氮含量），毫克/升	TP（总磷含量），毫克/升
农村生活	876.01	87.6	124.8	8.76
农田流失	3.18	6.35	54.41	3.6
散养畜禽	67.39	4.37	10.85	0.73
水产养殖	37.32	0.72	5.09	0.96
城市径流	2796.8	85.71	137.13	13.5
合计	3780.7	184.76	332.31	27.59

针对南流江（博白段）的水体检测数据统计结果，提出在消化吸收欧美及国内先进技术的基础上，以生态自然修复为主要原则，通过针对性地在水体中引入有利于消耗水体污染源的微生物进而来提高修复水体的自然净化能力。

技术应用的关键特点在于在水体中引入或者人工培养可以消除水体污染物的物种，通过生物物种之间的相互制衡来达到水体污染治理的结果。该项目于2018年5月1日正式进行治理，截至2018年12月，该河道已经恢复自净能力，断面水质检测数据达到《地表水环境质量标准》（GB 3838—2002）Ⅲ类水标准，2018年12月国家采测分离检测结果见表2。经过对南流江（博白段）的污水治理，南流江（博白段）的水体恶臭现状得到了明显的改善，通过微生物的治理方法践行了取之于自然用之于自然的安全环保的原则，不仅削减了底部的淤泥，而且通过靶向投放，有效地降解了有机物，促使有益微生物相互共生、和谐生长。

表2 南流江（博白段）的国家采测分离检测结果

检测项目及结果　单位：mg/L（除注明者外）	
检测时间与点位	2018.12，1#南流江横塘断面
检测项目	
PH值（无量纲）	7.15
溶解氧	6.44
五日生化需氧量	1.2
高锰酸钾指数	2.7
总磷	0.13
氨氮	0.24
备注	

三、结语

流域湖泊的污染一直是人类生活过程中区域人口的经济与社会发展到一定程度之后造成的后果，因此污染治理的根本性措施在于加强思想道德修养并从根本上对污染源进行治理与修复。通过对南流江（博白段）的污染源及化学物质的结果进行分析，因地制宜地提出微生物的治理方法，通过引进有利于消耗水体中污染物的物种来达到治理的目的。通过对南流江（博白段）案例的针对性措施实施，南流江（博白段）的污染得到了基本控制，生态系统得以恢复，从而达到改善南流江（博白段）附近流域湖泊水源水质的总体目标。

参考文献

［1］殷福才，张之源．巢湖富营养化研究进展［J］．湖泊科学，2003（4）：91－98.

［2］赵海泉，胡子全．巢湖东半湖水体富营养化评价及其防治对策［J］．水生态学杂志，2009（5）：119－122.

［3］程志永．基于自然系统的湿地景观生态修复模式研究——以环巢湖为例［J］．沈阳建筑大学学报（社会科学版），2015，17（2）：122－126.

［4］李如忠，丁丰．巢湖主要入湖河口湿地植被生态学特征分析——以派河和十五里河为例［J］．安徽建筑工业学院学报（自然科学版），2009（1）：83－87.

［5］金丽娜，张维昊，郑利，等．滇池水环境中微囊藻毒素的生物降解［J］．中国环境科学，2002（2）：94－97.

［6］董慧，郭慧光．推行清洁生产和循环经济 促进矿业的可持续发展［J］．中国工程科学，2005.

［7］Smyle, J. W, Magrath, W. B. Vetiver grass—a hedge against erosion［J］. asa special publication，1990.

［8］潘晓洁，常锋毅，沈银武，等．滇池水体中微囊藻毒素含量变化与环境因子的相关性研究［J］．湖泊科学，2006，18（6）：572－578.

［9］李梁，胡小贞，刘娉婷，等．滇池外海底泥重金属污染分布特征及风险评价［J］．中国环境科学，2010，30（1）：46－51.

［10］沈满洪．滇池流域环境变迁及环境修复的社会机制［J］．中国人口·资源与环境，2003，13（6）：76－80.

发展绿色经济　实现治沙富民

——关于对"三碳循环经济"新模式的探索

内蒙古毛乌素生物质热电有限公司

　　据统计，我国荒漠化面积约占国土面积的 27.4%，土地荒漠化不仅是一个重大的生态环境问题，也是一个非常严峻的社会经济可持续发展问题。在全球土地荒漠化依然蔓延，国家倡导"创新、协调、绿色、开放"的新形势下，坚持"绿水青山，就是金山银山"的发展理念，研究探索土地荒漠化治理新模式，对进一步加快防沙治沙步伐，具有非常重要的现实意义。

　　位于毛乌素沙漠腹地的内蒙古毛乌素生物质热电有限公司，暨关联企业内蒙古乌审召生态产业发展有限公司，自 2003 年就开始了其艰辛的治沙历程，经过多年的积极探索，成功打造出了一条"碳减排、碳吸收、碳捕集"的"三碳循环经济"新模式。把治沙造林、沙漠生态恢复、生物质能源开发与食品生产（螺旋藻养殖加工）有机地结合起来。为沙区及少数民族地区的发展，开拓了一条新的道路。

　　公司为回馈社会，从 2003 年起开始从事沙漠治理事业。到目前为止，已陆续绿化沙地 40 万多亩，建立起了一个规模可观的绿色煤田，并于 2007 年创办了第一座装机 2×15MW 沙生灌木生物质发电厂，2012 年又建成了一个占地 240 亩，年产能力 200 吨螺旋藻规模的养殖与加工示范基地。

　　我国沙漠面积约为 170 万平方公里，其中可治理的含水沙漠有 40 余万平方公里。内蒙古含水沙漠面积很大，呼伦贝尔沙地、科尔沁沙地、浑善达克沙地、毛乌素沙地、库布齐沙漠和乌兰布和沙漠等都是全域含水的。即使在沙丘顶部，只需向下挖 10~20 公分，便可见到湿沙，这种条件对沙生植物种植生长是有利的。在广袤的沙漠里零星生长着一些如沙柳、旱柳、红柳等乡土树种，普遍具有耐贫瘠、抗风沙、速生长、管护简单的特点，尤其值得强调的是它们还有一种独特的需要定期"平茬复壮"的生长习性，即：每隔三至五年，在冬季就得需要进行平茬，割去植物根部以上的枝条，来年会通过萌蘖长出更多的新生旺盛枝条。如果不对沙生灌木做平茬管护的话，长到六七年由于水分和养分跟不上，灌木就会自然枯死，这对沙漠生态的破坏作用是致命的。

　　据检测，沙生灌木低位发热量均在 4000 大卡/公斤以上，相当于褐煤的发热量，即：1.7 吨沙生灌木发热量至少相当于 1 吨标准煤，与农区秸秆、棉柴相比，显示了沙漠生物质发电独特的竞争优势和发展潜力。

　　我国沙地沙漠地区地广人稀，土地集约度极高，发展能源林不与人争粮，不与粮争地，而且发展能源林就是搞生态建设，对于沙区生态恢复裨益巨大；沙地流转价值很低，使能源林基地建设在经济上完全可行，具有农区无法比拟的优势。通过大规模营造沙生灌木林，平茬后的剩余物，不仅为生物质电厂提供成本稳定的原料保障，而且对生态恢复起到了极大的改善作用。

植树造林、生物质发电项目属于纯公益事业，不能产生效益，为解决植树造林所需要的持续性投资问题，借助鄂尔多斯当地产业优势和地处北纬39度的地理优势，2012年内蒙古乌审召生态产业发展有限公司，通过发明创新技术，在利用生物质发电的基础上，建立了螺旋藻养殖基地，利用螺旋藻养殖捕集电厂烟气中的二氧化碳，为螺旋藻在生长过程中，进行光合作用提供碳源，以替代传统养殖所用的碳酸氢钠和部分养料。

这样就逐步形成了荒漠化生态植被恢复、可再生生物质能源发电、设施农业的新资源食品——螺旋藻的生产加工等为主体的"三碳循环经济"产业。所谓"三碳循环经济"产业就是通过科学利用沙生灌木特有的生物习性和广袤的沙地资源，结合先进的生物质直燃发电技术，以及生物质二氧化碳碳源捕集利用技术，开展荒漠化治理（碳吸收）、生物质发电（碳减排）、螺旋藻养殖（碳捕集）的三个模块所组成的产业，进而实现持续治理荒漠的产业化新循环模式。

"三碳循环经济"产业模式的具体发展历程：

公司自2003年冬开始荒漠化治理，实施"60万亩生态能源林基地"建设，建设范围包含乌审旗、杭锦旗、鄂托克旗等，至今已累计治理沙漠40万亩。由于沙生灌木在生长过程中，每经3～5年要进行平茬抚育一次，否则就会枯死。为提高资源利用率，解决平茬剩余物的问题，我们于2007年5月正式开工建设生物质热电项目，项目投资总额4亿多元，总装机容量30MW。于2008年11月并网发电，2009年2月正式进入商业化运行。目前，实现年平均发电量1.2亿度以上，已累计发电15亿度。

螺旋藻作为古老生物物种，是一种喜高温、高碱、高强光及一定营养浓度的浮游水生植物，因其形状酷似弹簧般螺旋而得名。内蒙古地区全年高温、高强光季节为6～8个月，阴雨天气少，适合螺旋藻生长过程中的光合作用。在内蒙古许多沙漠天然碱湖中，都能发现螺旋藻的踪影。

2010年年初，公司开始进行生物质电厂产生的二氧化碳养殖螺旋藻生产性试验。经过近十年来的发展，目前已形成240亩的螺旋藻养殖基地，年生产加工螺旋藻产品可达200吨，产值达上亿元，为持续性治沙造林提供了持续性资金保障。

综上所述，这种由治沙造林（碳吸收）→生物质发电（碳减排）→螺旋藻生产（碳捕集）形成的"三碳循环经济"产业模式。

该项目先后受到中央电视台，中央人民广播电台，自治区、市各媒体的关注报道达十数次。同时，还获得了如下荣誉和资格：

1. 2007年被国家发改委、科技部等部委推选为"中国生态建设十大贡献企业"；
2. 2008年被乌审旗林业局授予"林沙产业建设先进集体"；
3. 2009年被杭锦旗林业局授予"造林绿化先进集体"；
4. 2009年荣获鄂尔多斯市"科学技术进步三等奖"；
5. 2009年被国家林业局授予"国家林木生物质能源发展示范单位"；

6. 2009 年被联合国防治荒漠化公约组织授予"观察员单位";

7. 2012 年被国家发改委列为"参加联合国环境治理展示项目";

8. 2013 年被内蒙古自治区政府认定为"自治区农牧业产业化重点龙头企业";

9. 自 2013 年连续三届被内蒙古自治区政府认定为"高新技术企业";

10. 2014 年被内蒙古海关认定为"出口食品生产企业";

11. 2015 年被鄂尔多斯市政府认定为"农牧业产业化经营重点龙头企业";

12. 2016 年被内蒙古自治区农牧业厅授予"龙头企业与农牧民利益联结实效突出企业";

13. 2016 年被中国食品协会授予"中国食品营养功能化/科技创新产品示范企业";

14. 2017 年参加了《联合国防治荒漠化公约》第十三次缔约方大会,获得了"2030 年全球土地退化零增长——中国绿色经济领跑者企业";

15. 2017 年公司螺旋藻产品被中国质量新闻网评为"质量先锋展示产品";

16. 2018 年被乌审旗人民政府授予"促进地方经济发展先进企业";

17. 2019 年被内蒙古自治区人民政府授予"林业产业化重点龙头企业";

18. 与多个重点科研院所合作形成了培训、实验、科研基地;

19. 2019 年被清华大学和保尔森基金会联合授予"保尔森可持续发展奖(优胜奖)";

20. 2020 年被鄂尔多斯市经济开发区管委会授予"生态环境保护创新企业"。

生态治理方面,通过大规模营造沙生灌木林和对林地进行抚育,对生态植被恢复起到了极大的推动作用,以实际行动践行了"绿水青山,就是金山银山"的发展理念。不仅为当地的生态环境带来了极大的改善,也提升了当地群众的生活环境质量。为我国打造三北防护林和应对气候变化做了创新实践。

社会效益方面,通过种植、管护、平茬、切片、储运、加工等产业链,每年为当地群众提供近亿元劳务资金的就业岗位,带动 7000 余农牧民和产业工人人均年增收逾万元。当地农牧民把出售生物质燃料的收入,形象地比喻为"第二次剪羊毛"。除此之外,在企业发展的同时,通过"党建、联建、共建""3 + 1 互助帮扶""企地合力助推扶贫"和"消费扶贫""企业 + 基地 + 农牧户"等模式,为当地扶贫工作做出了应有的贡献。

实践证明:这种模式创新性地通过"三碳循环经济"方式将沙漠治理、生物质能源、螺旋藻养殖等诸多产业科学有机结合,形成完善的产业链,在减排、负碳的同时,转变了输血式的治沙的沙漠治理机制,通过产业链条各个盈利环节,造就了整个产业链的和谐运转,而产业链自身的造血功能,也转变了沙漠治理的运作机制,实现产业化治理沙漠和绿电富民。

"三碳循环经济"方式属于典型的循环经济模式,循环往复的结果是治沙面积不断扩大,生物质能原料不断增加,绿色电力规模不断扩大,公司效益不断增长。在全球应对气候变化形势下,是碳汇林业、低碳负碳经济与生态建设紧密结合的生态经济模式。

通过"三碳循环经济"模式的生产实践,得出结论如下:

第一，通过能源林基地治沙，沙生灌木平茬废弃物发电，为社会提供绿色电力，不仅为当地农牧民提供了就业增收的渠道，还达到了清洁发展下显著的减排效益，是气候、新能源、治沙和促进农牧民就业增收诸多问题的综合解决方案。

第二，利用沙生灌木生物质发电，具有不与人争粮、不与民争地、不与传统行业争利、不与发达国家争资源的重要特点。实现了沙漠增绿、环境改善、农牧民增收、企业获利等多赢效果，实现被动治沙向治理与利用并举的利益带动治沙模式的转变，为我国乃至全球的防沙治沙提供了很好的借鉴。

第三，生物质发电为稳定燃料成本，必须通过治沙营造能源林基地，这一过程大大增加了碳汇储备；通过发电过程，规模持续实现二氧化碳减排；把洁净的烟气用于螺旋藻生产，实现二氧化碳生物质捕集并形成沙地特有产品，把低碳经济理念提高到负碳经济层面。这一产业特征在我国产业中绝无仅有的。

第四，把新能源与沙漠生态建设、帮助少数民族地区贫困农牧民致富相结合，带动边疆贫困地区数百万农牧民"放下鞭子，拿起铲子"实现绿色就业，通过生态建设有效提高边疆少数民族地区农牧民收入，改善民生、巩固民族团结。

第五，我国有40余万平方公里含水沙漠，"三碳循环经济"方式可复制的空间极其巨大。按照这一模式，我国40余万平方公里含水沙漠将可以得到有效治理；将形成每年10亿吨以上的二氧化碳减排能力，为我国生物质能源产业发展开辟一个广阔天地。

第六，在向国内条件适合的沙漠地区继续推广经验的同时，为响应《联合国防治荒漠化公约》组织秘书处对我们发出的倡议，争取把我们的"三碳循环经济"模式推向世界，造福全人类。为改善日益恶化的非洲沙漠地区的生存环境，提供一个行之有效的"中国方案"。

绿色经济背景下
推动农村安全饮水工程技术进步

曾　锐　聂晓惠

中科润蓝环保技术（北京）股份有限公司

摘要：要实现建设生态文明，保护青山绿水的战略目标，必须提高中国广大农村特别是贫困地区人民的生态意识和生活水平，脱离知识贫乏和生活贫困，在发展经济与保护环境之间实现平衡发展，建立人与自然的良性循环。"低能耗膜法"和"羟基磷灰石吸附法除氟"技术有效助力《全国农村饮水安全巩固提升工程"十三五"规划》和饮水型氟超标地方病防治工作的实施，推动建设"健康中国，美丽中国"和"乡村振兴"。

关键词：绿色经济　安全饮水　创新技术

建设"健康中国，美丽中国"是以习近平为核心的党中央领导全国各族人民正在奋斗的目标。党的十九大报告中具体提出："建设生态文明是中华民族永续发展的千年大计。必须树立和践行绿水青山就是金山银山的理念，坚持节约资源和保护环境的基本国策，像对待生命一样对待生态环境。"

要达到建设生态文明，保护青山绿水的战略目标，必须提高中国广大农村特别是贫困地区人民的生态意识和生活水平，脱离知识贫乏和生活贫困，在发展经济与保护环境之间实现平衡发展，使农村经济成为真正意义上的"绿色经济"，建立人与自然的良性循环。

随着建设生态文明这一中华民族永续发展千年大计的进程，习近平总书记近年多次强调："着力补齐贫困人口义务教育、基本医疗、住房和饮水安全短板，确保农村贫困人口全部脱贫，同全国人民一道迈入小康社会。"

根据《全国农村饮水安全巩固提升工程"十三五"规划》，我国计划到2020年全面解决贫困地区的饮水安全问题；同时为深入贯彻习近平总书记对地方病防治工作的重要批示精神和孙春兰副总理在全国地方病防治工作会议上明确提出的解决饮水型氟超标地方病问题的要求，国家卫生健康委员会和水利部共同向全国23个省市自治区发出了《关于做好饮水型氟超标地方病防治工作的通知》，要求各地将饮水型氟超标地方病防治工作与农村饮水安全脱贫攻坚和巩固提升紧密结合，合理确定目标任务，科学制定实施方案，为实现"健康中国，美丽中国"以及"乡村振兴"奠定坚实基础。

中科润蓝环保技术（北京）股份有限公司（以下简称润蓝环保）通过十多年的研究、实践、改进和大数据沉淀，专注饮水安全的最难点技术——"除氟技术"的研发与技术应用，终于在除氟安全达标和农村安全饮水工程信息化管理上取得了突破性进步。

一、在"高氟水"地区消除水健康威胁，解决废水安全排放问题

安徽淮河沿岸地区属于黄淮海平原区，是全国比较典型的"高氟水"地区，润蓝环保自 2010 年就参与到安徽省的农村饮水安全工程建设中，目前在淮河流域已经参与建设了数百家自来水厂。从"十一五""十二五"到"十三五"历经三个五年规划的锤炼，经过针对性的技术研发和大量的工程实践，与国内外知名科研机构合作，先后研发出了实用且经济可行的饮用水"低能耗膜法除氟"和"吸附法除氟"核心除氟技术。

（一）低能耗膜法除氟技术

"润蓝环保低能耗膜法除氟技术"具有首创性，工艺中克服了传统膜处理存在的运行能耗过高的问题，保证设备出水 24 小时 100% 合格，具有安装使用和操作维护方便、运行稳定、节能、环保、自动化程度高等特点，为彻底解决地下水除氟这一世界级难题提供了全新的思路和方法，并已在多项工程实践中得到了非常好的验证。

润蓝环保最新开发出的 FluoRid Pro 系列针对地下水除氟专用的低能耗选择性反渗透膜组件 RL－F－8040ES 以及一整套的除氟工艺技术，在特定的工艺条件下对氟离子的截留率可以高达 98%。

与传统反渗透膜相比 FluoRide Pro 除氟专用膜能耗较低，膜表面带负电型，在地下水除氟中表现出较好的 Cl－/F－选择性和 Donnan 排斥作用。同时还可以降低水质硬度，去除饮用水中对人体有害的硝酸盐、砷、重金属等无机污染物，以及农药残留物、三氯甲烷及其中间体、激素等有机污染物，有效预防了废水排放安全问题。

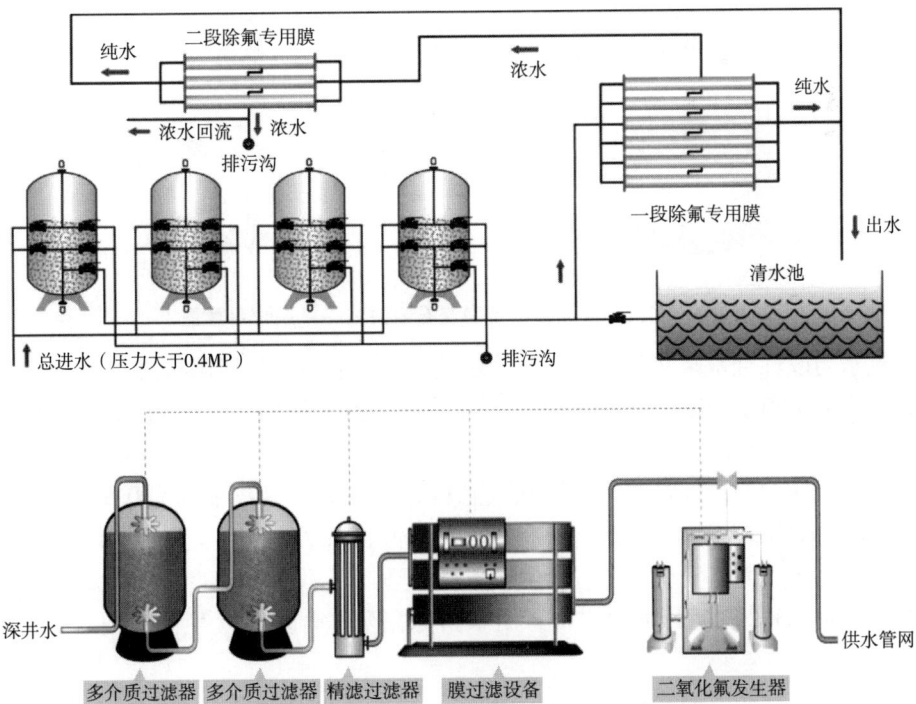

图1　润蓝环保"低能耗膜法除氟"工艺流程示意图

"润蓝环保低能耗膜法除氟"设备在除氟能力、除菌能力、废水处理、远程监控、成本与低耗控制、缩小设备占地面积等方面具备了国内行业领先水平，并获得多项专利技术。高氟水经低能耗膜组件处理后，出水各项指标完全符合卫生部颁布的国家《生活饮用水卫生标准》GB 5749—2006 的要求。

以下几项关键除氟技术指标达到国内外行业领先水平：

● 除氟效率：≥90%；

● 原水回收率：80% ~90%；

● 产水合格率：24 小时 100% 达标；

● 制水电耗：≤0.5 度/吨（产水）；

● 设备实现全自动控制，数据同步，日常运行无须人工操作；

● 除了氟化物，还可以有效去除硝酸盐、钠、碘、病毒、细菌等不利饮水安全的物质；

● 自来水厂废水处理经过配套相应的"润蓝环保含氟废水处理系统"，切实做到达标排放的要求。

（二）饮用水吸附法除氟

"润蓝环保改性羟基磷灰石吸附法除氟"是目前国内农村饮用水除氟的另一主要方法，吸附法的除氟效率高低主要依赖于吸附材料的性能。目前国内外针对氟的吸附剂还是主要以活性氧化铝为主，其他的吸附剂还有活性炭、骨炭、稀土类金属结合物、离子交换树脂、活化沸石等，而高效降氟的新型吸附剂是主要发展方向。

改性羟基磷灰石除氟滤料是润蓝环保研发的另一项拥有完全自主知识产权的新型技术成果，相比国内其他除氟滤料能更加有效地去除饮用水中氟离子。

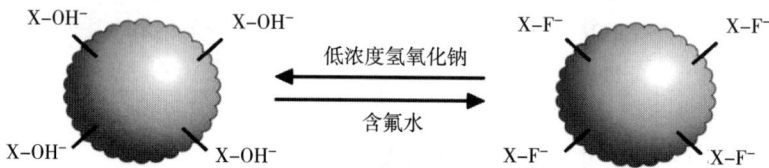

图2　润蓝环保改性羟基磷灰石吸附法除氟原理示意图

高氟水与改性羟基磷灰石除氟滤料接触后，滤料表面发生吸附过滤和离子交换双重反应，水中的氟离子吸附于滤料上以及氟离子与滤料表面的 OH^- 离子发生交换，通过双效的物化反应实现除氟的目的。

润蓝环保研发的改性羟基磷灰石除氟滤料每克料吸附氟离子约为 0.2 ~4mg，超过目前国内的常规滤料指标。该滤料具有运行费用低、除氟效率高、吸附容量高、无有害离子溶出等优点，而且安全性高，再生成本低，适用于不同水质的除氟需要，使用过程无须调节原水 pH 值，运行简单方便，出水指标完全符合国家《生活饮用水卫生标准》GB 5749—2006 的要求。

润蓝环保创新研发的"低能耗膜法除氟"和"改性羟基磷灰石除氟"两项工艺及其设备适用于不同条件下的饮水除氟要求，有效消除"高氟水"地区水健康威胁，切实解决了水厂废水安全排放问题，是国内目前农村饮水安全工程中除氟效率与除氟效果俱佳的领先技术。

二、除氟设备实现远程监控，加速农村饮水安全工程信息化进程

饮水供水信息化指供水生产运营全过程的工程设计、工程施工、生产输送、计量收费、客户服务、经营管理等多个环节中广泛利用信息技术，提供最优化控制与精细化管理，使得供水管理更智能化、专业化、节能化、高效化。

国外发达国家从20世纪60年代至70年代开始供水系统自动检测的研究与应用工作。80年代后期，发达国家自来水厂已经能对生产工艺的各个环节连续自动地监测、调节、记录、报警等，实现水处理全自动化，节省了大量人力资源。随着进入21世纪，工业3.0、工业4.0的概念不断推出，大数据智慧系统等技术也逐渐运用到水处理行业的各方面，信息技术已经由成本控制、经济效益调升为目的上升到企业、国家乃至人类带来可持续性发展的宏观意义上。

润蓝环保在农村饮水工程规模水厂信息化、规范化和标准化管理方面也不断积极实践。为监控农村供水水质达标率，润蓝环保提供的除氟设备均安装了物联网装置并开发了专用软件，能够远程实时监控设备的运行状况和水质数据，通过配套相关的仪器仪表，润蓝环保除氟设备可以在操作屏上显示设备的进出水流量、进水电导率、产水电导率、产水含氟量、出厂水含氟量、水温、工作压力、电耗统计、计算产水效率、单吨制水电费等，这些数据都可同步通过物联网装置实时上传，实现远程监控与存储、阈值报警等功能，提高运营效率。

润蓝环保近年在保证设备的正常运行和水质达标率的同时实现节能降耗，并进一步降低了设备运行费用和人工管理成本，为完善农村饮水工程运行长效机制、实现可持续发展做出了有益的探索。从2010年7月至2020年5月，润蓝环保已建和正在建设的农村自来水厂超过350座，覆盖近千万农村人口。

"基本建立完善农村供水工程体系和管理体系，农村自来水普及率达到95%、规模化工程服务人口比例达到92%和万人供水工程水源保护区全面划定"是国家饮水安全"十四五"规划期农村供水保障工战略布局。饮水安全是一场持久战，需要饮水安全行业企业进一步与国内外的科研机构合作研发更高效率、更加节能的饮用水核心技术、材料和相关设备，将饮水安全特殊水质处理技术特别是饮用水除氟技术提升到更加先进智能、节水节能的技术高度，推动农村环境友好型的"绿色经济"发展，助力实现"健康中国，美丽中国"以及"乡村振兴"的宏伟目标。

环卫一体化与环境综合治理服务

航天三创环保科技（成都）有限公司

摘要： 人们的生活水平不断提高的同时，对工作、学习、生活环境的要求也越来越高，人们需要一个整洁、舒适的生活环境，环卫一体化应运而生。对比传统环卫分部门、分项、分段的作业方式，环卫一体化效率更高、效果更好、成本更低。如今，环卫一体化逐渐被各地主管部门和广大群众所接受，更完善的服务、更好的服务质量也为环卫一体化带来了宽阔的发展空间。

关键词： 环卫一体化　高效率　环卫发展

环卫一体化，包括清扫保洁、垃圾清运、垃圾分类、垃圾后期处理、绿化养护、河道清理、清扫冰雪等环卫服务项目由一家主体完成。

一方面环卫项目由一家完成，明确了责任主体，防止在作业过程中互相推诿，职责不清，工作互相推脱等问题，减少不必要的纠纷，提升工作效率；另一方面，通过对环卫项目的资源整合，形成一条完整的产业链，可以有效降低成本。再者公共服务关乎公众的生活环境，环卫一体化更能彻底解决"脏乱差"等问题，给公众带来良好的生活、学习、工作环境。

环卫一体化推动环卫服务项目变得更加规整，对环卫服务公司的运营、管理要求会更高。

一、环卫项目存在的主要问题

由于城区的飞速发展，日产垃圾数量比招标核准垃圾数量多了近20%。但环卫基础设施建设，由于投入大、选址难等问题一直没有跟上城市的发展速度。垃圾收运中转站数量不够，没有按每个街道办事处属地配置，造成当街转运垃圾，二次污染路面。垃圾压缩站数量不够，垃圾清运车辆排长队进站，耗时长，周转慢，生活垃圾无法及时清运，易引发环卫工人不满情绪，甚至爆发冲突。同时，市民意见多，投诉多。各地内河道较多，水体清洁程度不容乐观；河道淤泥沉积明显，导致视觉和嗅觉感观效果都不甚令人满意。各地大气污染比较严重，空气质量优良率不高。以下问题近年来最为突出也最具有代表性。

（一）建筑垃圾转运

传统的垃圾清运对于建筑垃圾无专项处置办法，无专职建筑垃圾清运公司、队伍，无建筑垃圾处置场地及设施，无相应财政经费。现状则是环卫公司超出合同范围被动清运建筑垃圾，因为没有专业的处理场所，只能混装于生活垃圾中，最终造成环卫公司垃圾压缩车及政府垃圾压缩站设备磨损严重。而且，还会影响后端的处理。更有甚者，会将建筑垃圾运到近郊或偏僻之所进行随意倾倒。

（二）生活大件垃圾转运

随着改革开放的进一步深入，人民群众的生活越来越好，物质丰富的同时也造成了越来越多的大件垃圾，如旧家具、旧电器等。近年来各地大件垃圾的量大幅增加，由于没有专职大件垃圾清运公司、队伍，没有大件垃圾处置场地及设施，同时也没有相应财政经费，因此造成环卫工人对大件垃圾拆卸后将其混装于生活垃圾中，拆卸过程既耗时耗力，导致压缩车磨损严重，同时可回收物资又没有得到有效利用，造成资源浪费。

（三）垃圾分类

因我国城镇化进程速度奇快，人员素质参差不齐，环保意识差，对垃圾分类是否对环境造成影响了解不足，市民参与度不高，与国家相关政策的无害化、减量化等要求有差距。各地目前垃圾分类硬件设施投入少，垃圾分类宣传推广力度不够，多数市民还不具备分类意识，垃圾分类还难以深入人心。

（四）招工难、待遇低、机械化进程难

环卫工作工资福利偏低，同时受房租、物价上涨快的影响，环卫工人生活质量普遍不高；环卫作业劳动强度大，而且有一定的危险性；环卫作业工种得不到社会的认可和尊重，环卫工人社会地位低、收入低等多种因素导致环卫公司招工难，用工难。环卫作业人员老龄化现象严重，年轻人大多不愿意从事环卫事业，造成了环卫作业效率、应急快速处置能力欠佳等实际问题。

近年来政府虽然提倡采用机械化作业代替人工，但没有配套的法律法规、操作标准及指导，环卫公司不知道具体该增加多少哪些类型的机械化设备可以替代人工作业。如何大力贯彻通过环卫机械化设备投入提高作业效率，缓解招工难、用工难是当前亟待解决的课题。

（五）智慧公厕普及率低

长期以来，我国厕所存在供给不足、分布不均衡、管理不到位等问题，是社会文明和公共服务体系的短板，也是我国旅游业突出的薄弱环节。

另外，由于传统文化对"方便"之事有所忌讳，所以很多公共厕所被建在偏僻、隐蔽之处，或如厕空间局促，设施简陋，功能不足，这都让"方便之所"事实上并不方便，与民众的真实需求相去甚远。

各地部分公厕存在布局不够合理、进水水压低、水量小、冲洗困难、排水不畅、无第三卫生间、无母婴护理架及儿童便池等问题，个别厕所出现高峰期排队过长、屋面漏水、通风不畅、异味重、蚊蝇多、设备设施老化和配置不足的情况。智慧公厕普及率低、建设难度大，配套设施不完善。

（六）第三方因素

1. 绿化养护对环卫作业品质的影响

绿化养护按属地原则划分，以街道办为管理主体，由绿化公司进行日常绿化养护。

绿化养护的植物修枝、补栽、绿化带清污等作业产生的残枝、枯叶、杂草、泥土经常对路面造成二次污染，影响市容环境。由于绿化公司大多缺少专业清污设备，经常出现作业后不能及时清理现场，甚至根本不清理现场，导致绿化工人和环卫保洁工人经常发生分歧和冲突。

2. 河道管护对环卫作业品质的影响

河道管护市、区、街道办不是按属地进行管理，管理权限模糊，现场问题不能及时上传到指定管理部门，属地街道办又不能完全直接指挥河道人员进行日常管护，及时解决现场突发问题。河道清淤产生的淤泥，经常也不能在第一时间进行清运，严重影响市容环境。

3. 市政建设、维护等施工对环卫作业品质的影响

市政建设、维护施工项目多，建设单位多，政府行政监管部门多，街道办事处受管理权限制约，对某些情况无执法权，无法完全监管每一个施工单位，要求其严格按照《城市环境卫生管理标准》开展施工作业。这些项目产生的土方撒漏、建筑垃圾、灰尘、杂物、施工围栏周边的白色垃圾等，大大增加了日常环卫作业的压力，影响作业品质，继而严重影响市容环境。

（七）市场化不彻底

在现有体制下绿化养护、河道管理、市政维护建设、污水处理、固废处置、环境综合监测等多头管理，各管理部门难免出现权限不清、责任不明和沟通不畅甚至相互推诿的现象，从而影响环境综合治理的协同效果。另外，由于多头管理，各个环境治理项目在招标或采购时，作业标段划分过细，单项产值不高，规模大多较小，而且中标公司多，其中真正有实力的公司不多。服务年限较短，还导致多数公司不愿或无力增加投入。各中标公司管理体制、作业标准不统一。同时，不利于辖区重要线路保障、应急响应等事项的统一调度及协调指挥。

二、环卫一体化是大趋势

环卫一体化模式有利于形成规模效应，从全产业链的角度能够降低处理成本，符合行业整合的发展趋势。

环卫一体化与政府直接参与管理不同，环卫一体化大幅度降低了公共经费的支出，精简了操作流程，提高了职能效率，推动了行政改革进程。政府在环卫一体化中的理想定位为：（1）公众的公共服务需求统计和确认者；（2）公共服务的理性购买者；（3）公共物品和服务合格质量鉴定者；（4）公平合理的征税者；（5）合理预算的执行者，在可承受范围内支付承包商相关费用。

近年来上亿元的环卫一体化项目层出不穷，从环卫小市场走向环卫大市场，推动服务模式的变革。2016年12月，习近平总书记主持召开中央财经领导小组会议研究普遍推行垃圾分类制度，在垃圾分类的助力下，环卫一体化模式有望成为继环卫市场化后拉动相关企业继续成长的新动能。

（一）提升机械清扫效率，降低人工成本

机械化＋精细化取代了人工＋扫把，机械化率提高，清扫效率改善明显。从原始的

环卫作业模式80%以上的道路采取人工清扫，环卫一体化后60%以上的道路变为了机械清扫，甚至在一、二级道路中机扫率可达到100%。购置洗扫车、洒水车、清运车、钩臂车、快速保洁车等各类车辆。形成特有的环卫作业模式。

1. "走保"变"快保"模式

打破传统作业工种限制，抽调部分身体素质较好的日间巡回走动保洁人员骑行快速保洁车，对服务区域进行不间断巡查，随时处置道路和街面上出现的污染和垃圾，变人工走动保洁为机动保洁，大大减少各类垃圾在非垃圾收集点和存放点存在的时间，提高巡回保洁快速处置能力，让清扫保洁的效果能够持久保持，让道路更整洁，街面更靓丽。

2. "协同作业"模式

协同作业小组：一台高压冲洗车（将落叶等冲洗至人行道边）＋一台电动扫地车（在冲洗车后沿路边清扫）＋一辆快速保洁车＋两名保洁人员（一名保洁员辅助清理沿线停车位、树池等死角，另一名保洁员负责装袋）。形成以小组为单位的流水化作业，冲洗、清扫、垃圾捡拾和垃圾收集一次性完成路段保洁，减少不同工种作业时对路面的占用，大大降低作业过程对交通和人流的影响，可实现高效率作业。

通过资源的高效整合和优化配置，实现规模化经营、集成化协同，将原来条块化、零散化、碎片化的服务集成整合，提高资源配置和利用效率，促进区域环境卫生全面改善。

（二）垃圾分类对环卫一体化有着重要影响

近年来，我国加速推行垃圾分类制度，全国垃圾分类工作由点到面、逐步启动、成效初显，46个重点城市先行先试，推进垃圾分类取得积极进展。2019年起，全国地级及以上城市全面启动生活垃圾分类工作，到2020年年底46个重点城市将基本建成垃圾分类处理系统，2025年年底前全国地级及以上城市将基本建成垃圾分类处理系统。在环卫一体化发展趋势下，垃圾分类为环卫业务引入了更多元素。

2017年3月《国务院办公厅关于转发国家发展改革委住房城乡建设部生活垃圾分类制度实施方案的通知》（国办发〔2017〕26号）提出，鼓励社会资本参与生活垃圾分类收集、运输和处理。积极探索特许经营、承包经营、租赁经营等方式，通过公开招标引入专业化服务公司。

从垃圾处理产业链上来讲，前端垃圾分类可实现垃圾减量化，降低后端的垃圾处理量和处理设备，同时也保证工人的效率，减少最终处理中土地资源的消耗，有效实现垃圾的资源化利用。垃圾回收可以去掉可以回收但不易降解的物质，同时也能将这一部分物品"变废为宝"。

从整体上来看垃圾分类能帮助环卫一体化的发展，同时加强了对环卫一体化的要求。实行垃圾分类同时也有助于实现成本的降低。

（三）做好绿化养护是环卫一体化重要的一环

随着国家实力的日渐增强，人民生活水平的不断提高，精神文明建设的需要，城市绿化也成了人民的所需。近年来国家大力建设园林化城市，在此助力的推动下，绿化养护已经成为了犹如"黑马"一般的新兴环卫产业。

城市绿化养护是全社会的一项环境建设工程，也是社会生产发展力的需要，同样也是人们生存的需要。城市绿化不仅仅造福个人，绿化养护改善的也不仅仅是当地道路的生活环境，而是要改善整个城市，甚至改善整个国家的生态环境。所以，做好绿化养护，它的价值并不是单一的，而是综合的，具有多层次、多功能等特点的。

绿化植物是具有生命力的物体，绿化植物拥有独特的自然属性，它不仅能够满足人们视觉上的放松、舒适；它也能再次推动社会生产力，产生经济效益。所以绿化养护同时具有了生态效益、社会效益、经济效益三大综合效益。

同时做好绿化养护的主要作用表现在：（1）吸收二氧化碳、释放氧气；（2）净化空气、水体和土壤；（3）绿化能吸附空气中的细菌，从而起到杀菌作用；（4）降低噪声；（5）蓄水保护。

绿化能够维护生态平衡，促进生态系统的良性循环，保障人类生存、生活安全的功能，这是其他物质所不能够替代的。

（四）环卫一体化作业的优势

推行环境综合治理体系，从人工清扫保洁、机械清扫保洁、垃圾收集清运、垃圾后期处置、公园绿地公厕专业运管、水体水域治理管护、大气污染溯源治理、环保环卫综合监测等形成完整的产业链。通过资源的高效整合和优化配置，可以实现规模化经营、集成化协同，将原来条块化、零散化、碎片化的服务集成整合，提高资源配置和利用效率，促进区域环境质量全面改善。

推行环境综合治理服务，可以对服务范围内所有环卫设施设备、事项、人员进行全面统筹、统一规划、整体设计、集中实施，建设和运营由航天华泰统一负责，保证项目在技术和经济上的可行性，提高经营部分的经济效益，减少政府的资金投入，有利于提高效率和降低整体费用，从而减轻本地财政压力。

主管部门对主体公司的日常经营管理和重大决策进行指导和监督。这种集中化管理模式，与同时管理多个独立运营的企业相比，大大减少了协调和沟通占用的时间和资源，有利于区政府实现有效管控，降低了管理难度，提高了管理效率。同时，由于项目整体价值较高，且合作年限较长，这也让企业有足够的信心、决心和动力应用先进技术和增加各类硬件设施的投入。

三、智慧环卫的可用性

基于"互联网＋"的理念，以基础环卫为依托，利用物联网、移动互联网、云计算等相关技术，构建以互联网环卫运营为核心的产业链，形成基层环卫运营、城市生活垃圾分类、再生资源回收、基于环卫运营的广告、环境大数据服务及其互联网增值服务融为一体的互联网环卫产业群。

智慧环卫实现了对环卫工人和环卫设备的实时监控，提高管理人员与环卫人员的沟通效率，做到高效指挥、即时调度，提升对突发事件的应急处理。更能在环卫作业过程中进行数据分析，从而实现配置、人员的优化。大大提升了政府、企业的管理效率，有效降低了管理成本。目前大多数环卫一体化项目已接入智慧环卫系统。

由于智慧环卫能提高城市环卫系统的运行效率，管理由"粗放"变为"精细"，也能在一定程度上降低成本，越来越多的地区将陆续启动智慧环卫的部署与设置。

四、结语

在城市运行与发展的过程中，环卫业务发挥着重要的作用。环卫业务的根本目的是提高人民群众的生活水平，改善人民的居住环境，为子孙后代留下天蓝、地绿、水清的生产生活环境。环卫一体化发展的过程中，不断完善自身的服务项目，提高服务质量。环卫一体化将现有资源整合，推进环卫产业链的一体化发展；同时推进了地区的发展。推进环卫一体化，保障环卫业务可持续发展。

参考文献

［1］中国环卫网［EB/OL］. http：//www. cnues. com/#.

［2］城市园林绿化的意义［EB/OL］. https：//ishare. iask. sina. com. cn/f/btyy6gdH2up. html.

［3］环境保护、环卫一体化相关知识［EB/OL］. 百度文库网.

生态修复生物安全的践行者

纳琦环保科技有限公司

摘要： 尊重自然、顺应自然、保护自然，是发展生产力的前提，绿水青山就是金山银山。在中央全面深化改革委员会第十二次会议中，生物安全被纳入国家安全体系，要全面提高国家生物安全治理能力，传染病、外来生物入侵、生态环境保护也是其重要组成部分。我公司在生态环保生物安全领域，开发研制了多项环境友好的产品和技术：银离子型纳米光催化消毒杀菌系列产品，是一种非常理想的灭菌消毒环保材料，可有效防护控制疫情；"纳米光催化技术""黑臭水体治理生态修复技术"等，在提升国家安全和生态修复水平方面，贡献绵薄之力，做好生态修复生物安全的践行者。

关键词： 生态修复　生物安全　环境友好　银离子型　消毒杀菌　纳米光催化技术黑臭水体治理生态修复技术　践行者

2005年8月，时任浙江省委书记习近平同志在湖州安吉首次提出"绿水青山就是金山银山"的发展理念。2017年10月，"必须树立和践行绿水青山就是金山银山的理念"被写进党的十九大报告；"增强绿水青山就是金山银山的意识"被写进新修订的《中国共产党章程》之中。习近平总书记指出，我们要建设的现代化是人与自然和谐共生的现代化，既要创造更多物质财富和精神财富以满足人民日益增长的美好生活需要，也要提供更多优质生态产品以满足人民日益增长的优美生态环境需要。当前，人民生活显著改善，对美好生活的向往更加强烈，不仅对物质文化生活提出了更高要求，而且对环境等方面的要求日益增长。生态环境状况直接影响到人民群众的幸福感。习近平总书记指出，环境就是民生，青山就是美丽，蓝天也是幸福。要像保护眼睛一样保护生态环境，像对待生命一样对待生态环境。

新冠肺炎疫情中，人民生命健康、经济社会的巨大损伤、沉痛代价，无时不在警醒着我们，我国生物安全能力建设依然问题突出。风险检测预警遇到巨大挑战，认识、政策法规、技术能力等方面都存在诸多不适应，生物安全防御严重不足。生物安全是国家生命工程，涉及人类最基本的生命权力与保障，对作为世界人口大国的中国的发展尤为重要，关系国民生命健康、民族复兴，加快构建国家生物安全保障体系刻不容缓。

从顶层设计国家生物安全战略及基本原则。重大传染病和生物安全风险是事关国家安全和发展、事关社会大局稳定的重大风险挑战。习近平总书记指出："必须从保护人民健康、保障国家安全、维护国家长治久安的高度，把生物安全纳入国家安全体系，系统规划国家生物安全风险防控和治理体系建设，全面提高国家生物安全治理能力。"生物安全成为国家总体安全的重要组成部分，有利于从顶层整合各方资源，打破条块分割，改变部门交叉可能带来的效率低下甚至相互推诿等现象。在生物安全能力建设上要"坚持平时和战时结合、预防和应急结合、科研和救治防控结合"的基本原则。

一、银离子型纳米光催化喷剂—— 可用于疫情防控

人类进入 21 世纪以来，由流感病毒、冠状病毒所引起的各种严重急性呼吸系统疾病，具有发病率高、传染速度快等特点，加之病毒可以通过近距离接触以飞沫等方式传播，已严重威胁人类的身体健康，因此，杀菌消毒在阻断和控制疫情迅速扩散蔓延过程中发挥着重要的作用。

纳琦环保与中科院理化所合作，运用当前先进的金属催化剂表面激活光催化高级氧化环保技术，共同研发的银离子（Ag^+）纳米光催化（TiO_2）复合型抗菌抗病毒喷剂，在细菌和病毒与空气和物体表面接触的过程中对其催化氧化，起到极强的抗菌抗病毒作用，使该产品具有独特的高效能、持久性、无污染、应用范围广等功效，在预防和控制疾病传播中更具优越性。

银离子型纳米光催化喷剂是在光和空气存在的条件下，其中的银离子（Ag^+）和纳米二氧化钛（TiO_2）粒子可激活空气中的水分子和氧分子，迅速产生羟基自由基（·OH）及活性氧离子（·O_2^-），使之具有超强的催化氧化性能，同时在正负电荷的吸附作用下，利用银离子（Ag^+）高氧化和纳米二氧化钛（TiO_2）光催化的双重协同作用，通过破坏细菌的细胞壁与菌体中蛋白酶上的巯基（–SH）反应并化合，抑制了细胞酶的活性和细菌的繁殖再生，达到杀灭细菌的目的；通过对病毒中蛋白质分子的凝固作用，干扰病毒侵入宿主细胞，使病毒失去生存条件而死亡，达到抗病毒的目的。

银离子型纳米光催化喷剂的应用，几乎可以涉及人们日常活动的每一个角落，并且已经开始展示出它广泛的功效。在医院里，其能有效地抑制病房症候群，对病床、医疗器械等有效地杀菌消毒，不会遗留下具有抗药性的细菌；据悉，日本国立医院，已经开始采用这种技术产品来改善环境卫生；现在，许多日本家庭也利用其来美化居家环境，发挥其杀菌、防病、强身健体的功能。

目前在疫情暴发特殊时期，大量有机类化学杀菌消毒剂广泛用于流行区的医院、家庭及公共场所等环境中，通过化学反应使用多种强氧化剂进行杀菌消毒，成本低、效率低、需反复使用才能达到杀灭效果，安全性差、容易出现耐药性菌和二次污染，对人类身体健康和环境造成一定的影响。

银离子光催化（Ag^+—TiO_2）复合的无机类灭菌抗病毒喷剂，兼具了银系和钛系杀菌消毒的显著优点，利用空气中的水分子和氧分子可高效杀灭吸附于其表面的病毒和细菌，具有安全性、广谱性、持久性、高效能、无耐性菌、无污染、应用范围广等特点，是一种非常理想的灭菌消毒环保材料，用于医院、家庭和公共场所的空气和物体表面的消毒杀菌，可针对疫情进行有效防护。

二、纳米光催化技术，一种高效、安全的环境友好型环境净化技术

光催化剂是一种以纳米级二氧化钛为代表的具有光催化功能的光半导体材料的总

称，是目前国际上环境污染治理的最理想材料。

光催化剂纳米膜在光的照射下会产生类似植物光催化作用的光催化反应，将光能直接转化为化学能，产生出氧化能力极强的自由氢氧基和活性氧，具有很强的光氧化还原功能，可氧化分解接触到膜表面的各种有机化合物和部分无机物，能破坏细菌的细胞膜和固化病毒的蛋白质，可杀灭细菌和分解有机污染物，把有机污染物分解成无污染的水（H_2O）和二氧化碳（CO_2），因而具有极强的杀菌、除臭、防霉、防污自洁、净化空气功能。

其应用效果如下：

（1）净化大气污染，防止 PM2.5 的生成

建筑物外壁作为负载二氧化钛涂膜的载体，一天 24 小时在自然光和可视光的照射下，有效地分解大气中的有害物质和汽车尾气排放的氮氧化物、硫化物等，防治 PM2.5 的生成。

（2）防污自洁，美化城市环境

建筑物外壁基材表面负载二氧化钛涂膜，在自然光的条件下，其超亲水性能和防静电性能可以阻止油污附着，沙尘不易黏合，在雨水的冲刷下达到自洁效果。

（3）分解有毒有害有机化合物，净化室内空气

室内装修，空气污染治理。通过在室内装饰材料（如室内天棚、墙壁、地板、家具等）表面负载二氧化钛涂膜，固化成膜后，在自然光和可视光的条件下，能有效地分解室内空气中的有毒有害有机挥发物质（如甲醛、苯、氨、TVOC 等），并且不限制基材材质、不腐蚀基材表面、不改变基材本色，同时可以长期有效地防污、抗菌、消臭、防霉。

（4）吸收紫外线性能，防止建筑物外壁涂料劣化、变色

建筑物外壁涂装的材料，在温差、湿度变化、酸雨腐蚀和紫外线照射的情况下，会产生涂料劣变、褪色等现象。在建筑外壁涂装材料表面负载二氧化钛涂膜，其吸收紫外线的性能可以防止材料劣变、褪色等现象的出现，保持建筑物外壁清新，减少二次涂装的维修费用。

（5）抗菌、防霉性能，使建筑物外壁不受污染、腐蚀，自清自洁、美化环境

由于地域和气候不同，地域潮湿和连续阴雨天气，建筑物外壁会出现发霉、结斑等现象，既影响美观又腐蚀基材表面。二氧化钛涂膜的主要成分是无机金属材料，不会存在滋生霉菌、病毒的营养源，其分解性能、抗菌性能能有效地防止霉菌、病毒的生长。

（6）降低建筑物外壁温度的效果，低碳、减排

建筑物外壁基材表面负载的二氧化钛涂膜，是在自然光和可视光的条件下产生的物理光学反应，吸收紫外线作为反应的"活化能"，因此减少了光热能对物体的热传导，可以降低建筑物表面的温度。

（7）耐候、耐碱、耐酸性能，一次性施工长期有效

以二氧化钛为主的高性能光催化剂，添加应用了二氧化硅、二氧化锡、二氧化钨等高配合金属氧化物质，耐候、耐酸、耐碱性极强，一旦固化成膜后是不可逆的，能够在

无论是室内还是室外的基材表面长期存在。其效果是永久性的，只要基材表面不发生脱落、裂化现象，涂膜表面不受外界人为破坏，那么二氧化钛涂膜就与基材共存。

（8）施工简便，无须大型设备，安全应用

经过专业的施工技术培训，就可以全面推广应用。

光催化环保技术的推广应用，其最大的特点就是无须大型的施工设备。将二氧化钛光催化剂喷植于基材表面，在基材表面形成坚固的、均匀的薄膜，经过施工技术培训就可以简单的完成。二氧化钛胶体溶液无毒无害，不会造成环境的二次污染，施工人员在施工过程中除安全保护外无须其他防护，安全可靠。

（9）省工、省时、减少资金投入，低碳、节能、环保有利于在全国范围推广应用

光催化环保技术以中性二氧化钛胶体溶液作为催化剂应用于基材表面，只要通过各种载体表面负载二氧化钛涂膜，不需要制造大型的净化设备、不需要其他能源来转化动力，只要有自然光和可视光就能产生其性能的发挥。雨水的冲刷、阳光的照射、空气中的水和氧等就会让其产生应有的效果。

用大自然的力量，净化大自然。

（10）价格适中、高品质、高性能、高价值的推广应用

绿色环保不等于高价和高成本。

建设生态文明、构建"绿色建筑"、净化大气污染、创造环境友好型康居工程一直是我们努力的目标。光催化环保技术，在建设"美丽中国"的历程中有着很高的应用推广价值。光催化技术在商品化的技术应用有制造、生产具有光催化机能性的建筑材料、公路设施材料等，如具有抗菌、防污、防霉性能的瓷砖（内外兼用）；具有分解、净化性能的壁纸；防污、自洁、隔热、保温的玻璃等；以及高性能的水质净化剂，改善城乡居民饮用水的质量及其他生活日用品的技术开发应用；空气净化剂，用于改善空气质量，改善生态环境等。其应用的领域极其广泛，涉及我们生活的方方面面。

三、黑臭水体治理生态修复技术，原位治理、长效保持、无二次污染

6月11日，《全国重要生态系统保护和修复重大工程总体规划（2021—2035年)》（以下简称《规划》）对外公布。这是党的十九大以来，国家层面推出的首个生态保护与修复领域综合性规划。

《规划》将重大工程重点布局为青藏高原生态屏障区、黄河重点生态区、长江重点生态区、东北森林带、北方防沙带、南方丘陵山地带、海岸带等"三区四带"；将工程建设的着力点集中到构筑和优化国家生态安全屏障体系上，部署了9项重大工程47项重点任务，基本涵盖了全国25个重点生态功能区，以及京津冀、黄河下游、贺兰山、河西走廊、洞庭湖、鄱阳湖及海岸带等重点治理区域。

针对黑臭水体水质恶化、生态破坏、自净能力差等特点，基于水体不同污染类型及特征，以调查监测为基础，以管理手段为保障，重点针对核心区域，通过外源截污、水体快速净化、底泥改良、生化与生态全方位水体水质持续改良技术建设，近期以生态环境改善为目的，远期以生态修复和健康保障为目标，治理黑臭水体，修复受损的水生态

系统，形成黑臭水体整治技术路线。

技术路线如下：

（1）外源截污

截污纳管：针对缺乏完善污水收集系统的水体，通过建设和改造水体沿岸的污水管道，将污水截留纳入污水收集和处理系统，从源头削减污染物排放。

面源控制：城市面源污染主要来源于雨水径流中含有的污染物，其控制技术主要包括各种城市低影响开发（如海绵城市）技术、初期雨水控制技术和生态护岸技术等。农村的面源主要来自农业、养殖、农村生活等。

（2）黑臭水体快速净化技术

黑臭水体快速净化技术是以纳琦环保黑臭净复合多功能水体净化材料为核心的水环境治理技术。

纳琦黑臭净矿物质粉投入水体后，其表面电荷的正离子与水体中污染物表面的负离子相互作用，吸附、催化、降解、转化、絮凝沉淀形成胶凝体，并靠自重沉积固化于水体底部，从而达到快速消除水体黑臭的目的。

（3）底泥改良技术

底泥改良生物砂，是利用靶向生物分子筛技术生产的链式生态基有益微生物群，各菌属间形成活力持久的协作共生生态菌群，具备超强厌氧环境协同共生分解能力，降解重金属离子，激活生态系统。

（4）微生物强化技术

在受污染水体中，黑臭净矿物质粉的多孔性结构，大的比表面积，作为水体有益微生物的着床载体，同时矿物质粉的有效活性成分具有催化作用，激活微生物酶的活性，提升土著微生物生长代谢能力，加速微生物对底泥及水体中有机物的转化与降解，快速分解去除污染物。

（5）植物净化

水生植物的根际吸附等作用可吸收去除一些有机物污染物和重金属等物质。

植物净化技术中常用的水生植物主要有沉水植物、挺水植物、浮叶植物和漂浮植物四类。

（6）生态滤床

生态滤床体系污水处理过程综合好氧、兼氧、厌氧三种反应。污水排入高负荷厌氧反应器，预处理，然后由潜水泵输送至微生态滤床处理，处理后，水可回收。

（7）生态护岸

生态修复技术主要有岸坡生态环境修复、缓冲带修复、生物多样性修复。

生态护岸设计应满足结构材料的自然性、结构的软质化及岸坡自然形态的保持等要求。

生态护岸工程除了满足生态效果的设计要求外，还应满足护岸设计的稳定安全要求。

该技术秉承污染源控制和生态修复并重的原则，通过外源截污纳管、河道水体强化净化、内源削减固化、生态修复以及长期水环境管理等综合手段和工程管理措施，最终恢复河湖生态系统的结构和功能。

四、结语

尊重自然、顺应自然、保护自然，是发展生产力的前提。要抱着对人民群众和子孙后代高度负责的态度，像对待生命一样对待自然环境，千方百计推进生态文明建设，完善生态文明制度体系、维护生态安全、优化生态环境，坚决打好污染防治攻坚战，加强重要生态系统保护和修复，在提升国家安全和生态修复水平方面，纳琦会贡献绵薄之力，做好生态修复生物安全的践行者。

让垃圾安全消失

庞紫娟

河南永乐新能源环保设备有限公司

摘要： 本技术是一种新型真空热解处理生活垃圾的系统及方法，本工艺采用低温热解碳化无害化技术，满足"循环经济"发展模式要求。生活垃圾垃圾热解无害化处置投产后，可将生活垃圾垃圾转化为可利用的资源，在减少生活垃圾垃圾对环境的二次污染的同时，可创造再生资源利用与新效益。生活垃圾热解产物生物质炭，可以调节土壤结构，防治土壤板结等，形成了生活垃圾—产品无害化—产品—再生资源的反馈式流程，满足发展"循环经济"的发展战略要求，实现了"减量化、无害化、资源化、再循环"的操作原则，符合循环经济发展趋势。

关键词： 生活垃圾　热解　焚烧　垃圾分选　"杜绝焚烧"　"消除填埋"
"没有渗滤"

经济发展与环境的矛盾，每天制造数以亿吨的垃圾，工业经济对自然资源的依赖，资源的日益稀缺等都影响和制约着人类的生存与发展。以生活垃圾为例，城镇居民每年人均产生生活垃圾约450公斤，而且年均增长率达到了8.8%。中国约有三分之二以上的城市陷入垃圾围城的困境。目前国内生活垃圾的主要处置模式为卫生填埋、堆肥、焚烧发电。但是卫生填埋和堆肥因占地面积大、二次污染严重已逐渐被替代，焚烧发电成为当前主流推广的模式，但在中小城市、城镇、农村等财政实力较弱的地方很难推广。

我们人类在生产生活中产生的各种垃圾基本是由有机物和无机物两大类构成。垃圾中的有机物部分是否能通过提炼转化成清洁的能源和原料呢？理论上讲，有机物可以通过受热分解和缩合成相对分子质量不同的产品，比如天然气、油、炭。如果用一种可以工业化工程化应用的热分解技术，将我们生产生活中产生的所有有机物固废垃圾转化为清洁能源和原料，而且能达到投资少、不占土地、又没有污染、便于推广，这样不仅解决了城市农村垃圾处理的问题，更是掌握了一种垃圾替代不可再生资源的神奇魔法。

生活垃圾运输到密闭的垃圾车间，这些生活垃圾不经过分拣直接经机械手智能抓取上料，通过破碎机将垃圾破碎处理成小块以便后续处理。破碎后的小块垃圾经传送带送入烘干系统，利用循环热源对垃圾进一步烘干处理，为后面充分快速裂解做准备，整个烘干过程不需要单独配套热源，极大地降低了能耗。

烘干处理的垃圾进入裂解主机，实现了垃圾在相对低温无氧的环境中快速裂解，温度大约是400℃，这套主机就是有机物低温绝氧裂解技术的核心所在。低温意味着最低的能耗，也意味着重金属不会发生相态变化而产生重金属飞灰，快速则会带来更高的裂解价值，无氧环境从根本上杜绝了二噁英的产生。这项技术与焚烧发电相比环境保护上有着极大的优势。而且在低温阶段裂解主机内，通过巧妙的工艺设计可使垃圾的每个界面都充分受热及时打破碳保护，让垃圾充分发生裂解反应从而转化为可燃气体。固体渣的排放量也很少，因为裂解中已经实现了充分的碳转化，使得大部分含碳物质转化为可燃性气体，固体渣主要是黏土、陶瓷、玻璃渣、金属类不可燃物。

低温裂解产生的燃气和碳在低成本高温燃料的燃烧加热下进行高温隔氧热解，催化重整生产高品质燃气，可为裂解主机提供能量，尾气随烟气余热循环输送系统对垃圾进行预热干燥，最后尾气排出作净化处理。低成本高温燃料的燃烧对高温隔氧热解阶段间接加热后的预热进入低温热解的垃圾进行隔氧间接加热，进一步的预热又对垃圾的干燥进行间接加热，产生的水蒸气作为高温段热解所需要的水蒸气气化剂，燃料的整个热能系统进行了合理的梯级利用，垃圾中的水分进行化学利用，转变成为热能。

由于燃料是一种低成本的高温燃料，因此，燃料高温燃烧供热与垃圾高低温联合热解，解决了产生二次污染和裂解气因热能品质低无商业价值的两大问题。

一、技术领域

本技术涉及一种新型真空热解处理生活垃圾的减量化、无害化、资源化处理方法，转化资源全部定向回收，生产过程无气、固、液排放。生活垃圾处理率99%。更具体地说是不同于现在的生活垃圾水洗、填满、焚烧的一种新的处理生活垃圾的方法。

二、技术背景

21世纪，人类进入知识经济、循环经济时代。世界各国正把"发展循环经济"和"建立循环型社会"作为实现可持续发展的重要途径，循环经济要求以废旧物资"减量化、无害化、资源化、再使用、再循环"为社会经济活动的行为准则。

针对国内外固废、危废处理技术工艺比较论证，固废、危废从处理规模、无害化处理程度、处理技术产业化的成熟度、技术工艺优化升级空间、固废、危废处理生产成本、生产过程节能环保诸多方面比较，选择智能封闭型热解技术处理固废、危废方法是当今资源转化率最高，对环境影响最少，处理理念最领先的技术。

①垃圾处理过程中的基本不存在二次污染；

②处理后生产出可利用的再生资源。

该技术为国际领先技术，以智能封闭型热解的方式处理固废、危废，实现了固废、危废减量化、无害化、资源化循环利用，提高了环境效益和经济效益，适合我国国情，为固废、危废处理提供了新途径。自动化垃圾智能封闭型热解工艺，将生产过程中的废水、废气进行循环再利用，实现了产业化应用，有效地减少了有害物质排放。

三、真空热解处理的理论基础

低温无氧还原热解技术的理论形成，源于中国传统"道法自然"和"九九归一"

的自然观、世界观。该技术不是采用技术手段强行对垃圾的形态进行改变（这种强制手段不可避免地带来二次污染和新的有毒物质生成），而是创造条件，引导物质按照其最本原的属性自然地进行热解还原（这种与自然和谐共处的方式使垃圾通过无害的途径重新回到构成垃圾物质前的无害物性状态）。该技术从人类古老文明中发掘智慧，开创性地将其结合现代科技成果加以应用实践，成功地在前沿性科学技术上完成了一次突破。

四、真空热解的技术原理

任何有机垃圾物高分子，无论是"荤"的、"素"的还是"人造"的，都是由基本有机分子合成而来，只是它们各自的合成条件和环境不尽相同。按照有机物质的基本合成反应规律都应该存在合成反应的逆条件，如果能有效地找到该类逆条件，则有机物大分子都应该能被降解。因此，如何找到逆条件和建立逆向工程体系是实现将有机垃圾物质送"回家"（热解还原）的关键。经过多年研发，他发现了逆条件，并发明了生成这种逆条件的逆向工程体系。这种逆向工程体系实现了资源类物质再循环：将垃圾物质的资源性价值保留下来，重新回到构成垃圾物质前的物性状态，然后再将这些资源类物质重新再造和利用。这应是人类打通和实现物质循环利用的最高境界了。

集团核心专利技术工艺"真空无氧热解废弃物技术"及新型智能环保成套设备解决方案可为政府消除各类垃圾导致的环境、社会和舆论压力，降低环境压力和风险，便于政府监管，做到政府放心，居民舒心。各级政府引进投资，可大幅减少地方财政负担，增加税收，并极大改善当地生态环境，为当地实现促增长、调结构的长远目标助力，可实现政府、企业、百姓三方共赢的局面。

颠覆与生俱来，创新永无止境。立足核心技术研发与智能化自动化设备制造的产业升级，厚积薄发，永乐集团正以崭新的面貌迎接全球市场的全面增长。

参考文献

［1］王艳．城市生活垃圾中低温热解特性研究［D］．天津：天津大学，2005．

［2］刘汉桥．城市生活垃圾热解实验及热解动力学［D］．沈阳：东北大学，2004．

［3］袁宏伟，沈凯，昌鹏，等．LXRF 立式热解气化焚烧炉技 术及生活垃圾焚烧系统［J］．锅炉技术，2004．

［4］白良成．生活垃圾焚烧处理工程技术［M］．北京：中国建筑工业出版社，2009．

生活垃圾不能一烧了之

张　刚

安徽憬钰环保科技有限公司总经理

生活垃圾是放错位置的、常人无法利用的资源，是取之不尽，用之不竭的矿藏。按照真正资源化处理方案，可以分为六大类：可回收物、可燃物（含有机物发酵产生沼气）、有机物、塑料、无机物、高危垃圾。

我们国家对生活垃圾的处理有明确要求：无害化，减量化，资源化。无害化，减量化是前提条件，资源化是终极目标。

资源化垃圾处理就是通过我们先进的技术设备把生活垃圾全部转化成产品，而不能再同步产生新的垃圾，更不能产生新的危害物，没有二次污染，这是最基本的要求，是前提条件。但我国生活垃圾处理的现状，令人堪忧。

2016 年 12 月 31 日，国家发展改革委 住房城乡建设部关于印发《"十三五"全国城镇生活垃圾无害化处理设施建设规划》的通知（ 发改环资〔2016〕2851 号）要求加快发展垃圾焚烧，规划要求，"十三五"期末全国城镇生活垃圾焚烧处理规模达 59.4 万吨/日，垃圾焚烧处理能力占比达到 50% 以上，东部地区占比达到 60% 以上。规划明确，"十三五"期间全国城镇生活垃圾无害化处理投资估算约 2518 亿元，其中垃圾处理设施建设投资约 1699 亿元，占比 67.47%，大部分为垃圾焚烧项目投资预算。文件一出，垃圾焚烧发电如雨后春笋，一统天下。本来垃圾焚烧，减量化效果明显，作为一种过渡手段，无可厚非，但是，我们现实中的垃圾焚烧发电总是自诩为欧洲技术，并没有从中国实际出发，也没有坚持以无害化为前提的原则，忽略了垃圾焚烧企业的社会责任，不论成分如何，一烧了之，结果，把生活垃圾变成剧毒废料，把一般污染变成巨大危害。烧掉了金山银山，污染了绿水青山。

垃圾焚烧源于欧洲，但是欧洲的垃圾焚烧厂，焚烧的是经过分类以后，把确认为可以安全焚烧的组分，送去焚烧，其余的可再生的回收利用，无法利用的安全填埋，但是，我国的垃圾焚烧，仅仅用的是欧洲的设备，烧的是混合垃圾。网络环境频道主编吴静宜坦言：垃圾焚烧厂不仅不环保，而且是巨大污染源。相对于传统的垃圾掩埋手段，垃圾焚烧厂本应该是一个环保的措施，既可以节约土地资源，也能对污染物进行焚烧处理。中国科学院王东利研究发现，塑料废物焚烧不仅生成卤代二噁英、溴代二噁英，还产生高致癌物质多环芳烃和硝基多环芳烃。浙江大学石德智研究发现，16 种多环芳烃和 7 种致癌性多环芳烃主要富集在垃圾焚烧底渣。北京大学刘阳生研究发现，7 种多环芳烃从底渣固相迁移到水相的浓度，已经大大超过煤矸石中多环芳烃迁移到水相的浓度。也就是说，垃圾焚烧底渣中多环芳烃对地表水或地下水的污染，甚至超过了环境中堆积的煤矸石。民间环保组织多次呼吁将多环芳烃纳入污染控制标准，但至今无果。

垃圾焚烧成为新的污染"制造机"：

1. 焚烧 1 吨垃圾排放 4000~7000 立方米污染气体，100~150 千克飞灰炉渣；

2. 垃圾焚烧排放海量 PM2.5 是加剧大气污染的主要来源之一；

3. 垃圾焚烧排放的大量硫酸盐、硝酸盐气体，加剧了光氧化反应，大量生成二次颗粒物，造成雾霾天居高不下；

4. 垃圾焚烧排放大量氮氧化物，光解成臭氧，将污染气体光解成硫酸盐、硝酸盐二次颗粒，加剧雾霾天形成；

5. 垃圾焚烧排放二噁英等多种有机污染物，排放汞、铅、镉、铬、砷等多种重金属，对周边居民健康产生极大的威胁。

我国的垃圾焚烧，不仅会产生海量级的危害物，同时还浪费了天量级的资源。中国人民大学环境学院宋国君团队研究测算，参照 2015 年我国城市 2 亿吨生活垃圾、农村 3 亿吨生活垃圾折算，每年城乡生活垃圾可回收资源约 700 亿元。参照德国增值再生经验，我国每年 5 亿吨生活垃圾、增值再生的潜力在 2000 亿元左右。

如果按照我们现在已经成熟的资源化处理方案，先分选，再深化处理，每年 5 亿吨生活垃圾，可节约再生资源：

塑料约 4000 万吨，可生产柴油 3000 万吨左右；

有机质 15000 万吨，可用于改造 160 万亩荒漠成可耕地；

可燃物 15000 万吨，发电 1500 亿千瓦·时；

可回收物（金属、玻璃等）500 万吨；

高危垃圾（电池等）约 50 万吨；

其他优势：

减少建造飞灰、炉渣填埋场的土地、资金；

节约飞灰炉渣处置费用，减少财政负担；

避免填埋场对周边大气、土壤及地下水污染的风险。

鉴于垃圾焚烧的种种弊端，我们研发了一整套资源化垃圾处理替代垃圾焚烧的方案：

现阶段，在居民还不适应源头分类的情况下，采用机械分选与源头分类相结合的办法，以机械分选为主，源头分类为辅，逐步强化源头分类力度，直至完全实现源头分类。

资源化垃圾处理方案基本工艺流程：

入场垃圾先行除臭，进入全自动分选设备分选出：

1. 金属、玻璃、易拉罐类可回收物→出售；

2. 有机质→好氧发酵：有机肥、沼气；

3. 塑料→催化裂化，还原成柴油；

4. 塑料以外可燃物→热解气化→发电或其他用途；

5. 无机物→制免烧砖；

6. 高危垃圾→送高危垃圾处理厂；

7. 除臭系统：各车间有独立的除臭喷淋系统和通风系统，定时喷洒除臭液，通风系统收集车间臭气经风管由风机送入除臭塔，经过滤、洗涤后达标排放。

废塑料催化裂化还原成柴油，是我公司独有技术，废塑料在反应釜经蒸馏，液态烃按沸点渐次气化，依次进入分馏塔，经冷却成烃类液体，无须经过酸洗，还原成柴油。经过脱硫、个别参数提升，生产出符合国标的柴油产品。全过程无二次污染物排放。根据原料不同，出油率为30%~80%。本项技术在国内外均处于领先技术。

环境保护前提下的资源再生和资源再生目标下的环境保护，是实现再造金山银山，确保绿水青山的前提条件，要实现这个伟大目标，资源化垃圾处理应当是首选。

生活垃圾是放错位置的资源，更是"金山银山"，再不能一烧了之。

"清新" 运营建立现代化生产管理体系

贾双燕

北京清新环境技术股份有限公司副总裁

北京清新环境技术股份有限公司（以下简称清新环境）是一家国内拥有完全自主技术的环保高科技龙头企业，公司是以工业烟气脱硫脱硝除尘为主营业务，兼顾工业水处理及节能、资源综合利用，融技术研发、工程设计、施工建设、运营服务、资本投资为一体的综合性环保服务集团，也是国家环境第三方治理的首批企业之一。公司成立近20年来，从大气治理起家，不仅在火电烟气脱硝、脱硫、除尘的超低排放工程改造上引领行业，而且在 BOT 生产运营领域，脱硫、脱硝和除尘业务领域也持续多年位居前三甲之列。以专业核心技术＋数据智慧管理的现代化管理模式，清新环境已经发展成为目前市场化规模领先的第三方环保治理与运维服务公司，同时公司持续致力于以建立现代化生产管理体系为己任，希望能为国家环保事业做出贡献，也为业主提供专业稳定、安全经济的生产运营管理服务。

一、经营模式和经营规模专业成就底气

在诸多从事污染防治的环保企业中，清新环境始终坚持自主创新。近年来，生产运营管理服务已成为该公司的重资产和核心板块之一。作为国家首批获得特许经营试点资格的专业环保公司，清新环境拥有从 300 兆瓦到 1000 兆瓦机组百余套脱硫脱硝除尘装置的建设及运营业绩。

公司作为国产完全自主知识产权大型火电烟气治理技术的先期缔造者和首批烟气环保第三方治理的参与实践者，投资运营了包括世界最大装机容量内蒙古大唐托克托电厂、大唐云冈热电、神木店塔电厂、武乡西山发电、永城神火电厂、山西平朔煤矸石电厂、石柱电厂、图木舒克电厂等共计 59 台火电机组，服务覆盖大唐、神火、国神、格盟等中央电力集团及地方大型电力客户的环保岛 BOT 项目，总装机容量 21085 兆瓦；投资运营了山东临沂老区等 2 个城市集中供热项目；2 个钢铁厂烧结机环保岛运维项目，同时还有环保岛远程专家服务项目 30 余个。公司秉承"创新、合作、至诚、担当"的企业理念，真诚用心服务客户，赢得了业主和相关政府部门的一致好评，真正实现了做一个项目，树一座丰碑。

二、自主研发＋创新能力是现代化管理的基础

清新环境是一家环保技术积淀深厚的技术型公司，各类核心技术专利百余项，涉及

烟气治理、新材料、固（危）废处理、节水及水处理、节能及其他技术。其中单塔湿发脱硫技术处于国际领先水平，投资小、指标优，在云贵川高硫煤项目上单塔实现超低排放并稳定运行、指标良好，走在了环保公司前列；SPC－3D 技术在单塔实现了硫尘的一体化脱除，成功应用于首批火电超低排放项目，为国家火电行业超低排放提供了先进的自主国产解决方案，管束除尘替代了进口湿电技术，大幅度降低投资成本，为国家环保超低排放做出了巨大贡献；自主研发的褐煤烟气提水技术成功应用于京能内蒙锡林郭勒 660 兆瓦超临界火电机组，属世界首次，实现了全厂零补水，该项目同时取得了发明专利并荣获中电建协 2019 年度电力建设科技进步一等奖；烟道旁路蒸发和其他脱硫废水零排放技术已成功投运或正在执行；具有 SDS、SDA、CFB 等多种钢铁、冶金等行业环保技术储备……

三、持续打造现代化生产管理

在数字化管理上，清新环境自主开发建设了智能控制中心，生产数据和预警报警远程监控，精细化模块设计，服务支撑生产运营管理工作。公司还进行了大数据深度挖掘，开发了运行方式系统寻优评估，自动化控制参数寻优、环保岛性能综合诊断和监控，能耗指标深度分析，生产经营对标管理、设备自诊断预警等多个模块，从设备可靠性管理、系统优化运行、经营目标管控、行业对标、设计值对标等多方位对系统进行监督，确保了生产稳定、安全、经济运行。

同时，在运营项目开展高度自动化工作，持续进行开闭环自动控制深度优化，完善优化系统报警预警功能，确保提前预警正常发出并第一时间得到及时处置，提升了自动运行的安全性，正常情况无人员干预接近 100%。实现自动智能运行管理，有效避免了运行水平受人员技能水平波动的情况，有效避免了脱硫系统堵塞、环保指标不达标等常规环保岛经常出现的问题，可以使环保岛长周期工作，同时自动智能运行，使运行参数平滑，大大有利于节能管理，另外公司还突破了运行 24 小时不间断监视值守的常规值班方式，极大减少了运行人员数量，优化了生产人员结构，自动化工作完成后将解决分子公司长期以来人工干预操作、运行人员工作强度大的问题，逐步实现人员优化配置，实现设备管理由故障检修到计划性检修的转变，设备可靠性和系统性能持续向好的良性发展。为环保行业的生产精细化管理控制做出了典范。

四、科学管理＋核心团队呈现服务实力，也是现代化专业管理的一部分

通过十余年的特许经营管理，清新环境在生产指标、能物耗和检修维护管理领域积累了丰富的运营管理经验。

深植生产运营管理，担负生产培训、技术服务、生产储备的职责，围绕安全、经济、生产为核心进行运作。清新环境科学合理策划清新特色运营管理模式，成立运营事业部，明确事业部与分子公司的职责定位，强化事业部总部服务支撑功能，做到安全管理规范可控，生产管理和点检定修标准规范，人员培训扎实开展。有效持续分析运行数据的逻辑性，监督分公司安全及环保指标、对发生的安全环保异常及障碍等进行分析，

制定整改措施和预防措施、定期对分公司进行安全专项检查，督促分公司依法合规生产经营，负责分公司经营、生产数据分析和设备劣化分析，给予分公司必要的指导并监督执行，组织生产标准化制度的编制及修编并监督分公司执行落实，推动新技术、新工艺的应用及节能工作的开发；环保生产业务培训体系建立，做好后备人员培养，完善梯队建设；利用智能诊断与优化平台监督分子公司运行管理并提出合理化建议。同时，全面推行运检一体化，提升员工综合素质，实现了员工一专多能，培养了优秀的生产运营团队，也为清新环境对外开展生产技术服务奠定了良好的技术和人才基础。

清新环境高度重视人员技能培训和人才梯队建设，具有厚实的人才储备。目前，清新环境运营管理的19个分公司具有丰富运营经验的管理人员120多人，5年以上的生产运行人员400多人，5年以上的生产检修人员260多人，在托克托分公司设立中心化验室，培训和储备了具有成熟经验和技能的化验人员30多人。

"第三方运维"倡导"专业的事给专业的人做"。秉承这一理念，通过建立规范有效的运营管理体系，并依托智能控制中心、高度自动控制技术、生产运营管理经验、多项核心技术和专家团队，清新环境提供了环保BOT投资运营、生产运维服务、节能技改服务、生产远程数据诊断、生产检修服务及工程项目实施等优质的技术服务，为电力、钢铁、冶金等各工业企业用户提供完美的清新环保解决方案，树立了环保领域的清新运营标杆。

五、分享运维经验，协同编制《火电厂石灰石/石灰—石膏湿法烟气脱硫装置检修导则》和《火电厂石灰石/石灰—石膏湿法烟气脱硫系统运行导则》

由国家能源局牵头，中国电力企业联合会提出，电力行业环境保护标准化技术委员会归口下发了《火电厂石灰石/石灰—石膏湿法烟气脱硫装置检修导则》和《火电厂石灰石/石灰—石膏湿法烟气脱硫系统运行导则》，上述导则由北京清新环境技术股份有限公司、大唐环境产业集团股份有限公司、神华国能宁夏煤电有限公司、中国电力企业联合会联合进行编制，清新环境参与编制人员均有丰富的现场运行、检修经验，通过本次编制检修、运行导则，将清新环境多年运行、检修管理经验进行了梳理并与同行进行分享、推广清新经验，践行了清新环境"创新、合作、至诚、担当"的企业理念，为石灰石/石灰—石膏湿法烟气脱硫系统健康、安全、稳定运行提供了理论与实操依据，树立了良好的企业形象，履行了一个有担当的大企业的社会责任。

良慧环保技术助力无废城市建设

李学良

巩义市良慧环保设备贸易有限公司董事长

一、"良慧"品牌

巩义良慧经过二十多年的发展，立足环保和科技创新，已成为融研发、设计、生产、施工、贸易为一体，以解决环境污染、以绿色经济为中心的科研性企业，共拿到十几项国家专利证书。其中，大气污染净化技术，十年前就优于国家超低排放标准。

"良慧"品牌目前共发展有巩义市良慧环保机械设备厂、巩义市良慧环保设备贸易有限公司、巩义市良慧垃圾发电有限公司。目前，根据环保市场的需求，企业从低端的净化设备向智能化环保机械装备转化，主要产品由智能化大气污染防治设施、智能化垃圾气化发电供热一体化设施、智能化环保型养殖场等智能化机械装备。其中智能化大气污染防治技术，其净化技术可使排放物接近零排放，节能技术最高达到湿式电除尘的8000倍，并具备脱碳的作用。总之，相关系列产品完全适应于现代环保需求，其科学性、合理性、先进性、完美性达到行业领先水平。

二、创新成果技术

谈起创新成果与成功经验，通过二十一年如一日对环境污染防治的研究，到目前为止共研发出：智能化大气污染防治设备，智能化生活垃圾、污泥、秸秆、动物尸体等可燃性固体废弃物无害化处理并发电成套设备和智能化种养一体化成套设备共三大产品。

（一）智能化大气污染防治设备

智能化大气污染治理技术，除了实现手机远程监控和远程控制之外，在解决电厂钢厂等燃煤燃油燃气工业烟气颗粒物超低排放方面，采用改变水的表面张力的办法，使不易被水溶解的微尘吸附于水，在此过程中用每小时1千瓦·时的电耗，取代现有几千千瓦·时才能解决的湿式电除尘技术，真正实现了节能与减排相结合。

在湿法脱硫方面，采用双碱法脱硫。使二氧化硫气体转换为液体亚硫酸钠，然后与氢氧化钙反应，生成两个物质，一个是氢氧化钠，继续循环脱硫；另一个是亚硫酸钙通过氧化反应症，硫酸钙变成固体，通过压滤机提取出来，作为建材使用，形成科学合理的产业链条。

解决了现有中小型企业在双碱法脱硫过程中，长期往脱硫循环水中加入氢氧化钠，脱硫后生成的亚硫酸钠达到饱和后，排入地下污染土壤和地下水的二次污染问题。

除尘技术方面：依据有关数据查证，每一吨标准煤在燃烧中所产生的二氧化碳是2620千克、二氧化硫是8.5千克、氮氧化物是7.4千克、烟尘是15～20千克，另据一吨煤可以发电3255千瓦·时。由此来算一个30万千瓦的发电机组，在增加一个湿式电除尘设备达到超低排放标准之后，从在线检测数据上看是达标排放了，但在达标排放过程中所耗的电，电在发电过程中烧煤量为921.66千克，所产生的污染物为：2414.75千克二氧化碳、7.834千克二氧化硫、6.82千克氮氧化物、18.43千克烟尘。

目前，我国环境安全相当一部分归功于关闭高耗能、限产、停产，这些与党中央提出的科学治污、低碳经济、绿水青山工作不能相匹配。同时，也很大程度上影响了我国的经济发展。

巩义良慧技术成功案例之一：河南平顶山市郏县鸿鑫建材有限公司之前脱硫每天用氢氧化钠3.8吨左右，而采用良慧环保公司设计的技术之后，每天只用600千克的石灰即可达到标准。成本从过去的每天一万多元降到了每天300元左右；对于除尘技术，之前采用湿式电除尘技术设计每小时耗电量在300千瓦·时左右，而采用我们的技术之后，平均每小时的耗电量不超过1千瓦·时。

巩义良慧技术成功案例之二：河北省唐山市丰润区益弘建材厂。

一套全新的智能脱硫除尘一体化设备，从2020年春节过后投入运行至今。整条生产线环保效益达到了：

① 运行稳定，且长期稳定达标排放。

② 运行成本与周边其他同行业相比，每一块砖降低了两分，每年节约运行成本约300万元。

③ 实现手机远程控制和远程掌握排放数据，确保系统稳定达标排放。

④ 实现政府管理人员手机远程监管。

⑤ 确保了石灰的充分利用和杜绝了二次污染问题。

（二）生活垃圾、污泥、秸秆、动物尸体等可燃性固体废弃物智能化无害化处理发电技术

解决了现有生活垃圾焚烧发电技术造成的周边恶臭严重等污染量大，处理污染物单一，投资大、占地面积庞大的不科学、不合理现象。本项目为推动静脉产业园建设提供了技术支撑。

（三）智能种养一体化成套设备

该设备是一个含休闲农场、空中种植、空中养殖、尤公害食品供应、餐饮、养老、新能源自产自给（其概念是太阳能发电，粪便产生的沼气作为燃料）、绿色人居为一体的综合化智能设备，可实现将一亩地产能变为几十亩地产能价值，实现自产、自给、自足的一体化模式，其概念是蔬菜、水果、粮食、肉食均由系统内生产。该一体化设备解决了现有养殖业类便污染问题，同时为新农村建设提供了自生自养、花园式人居、田园式人居、洁净能源自产自用为一体的综合绿色人居技术设备模式。

通过二十一年的研究，良慧环保共获得国家专利证书20余项，其中两项发明专利；

通过二十一年的研究发现，燃煤、燃油、燃气等工业废气释放出来的颗粒物和石墨粉尘的性质是完全一致的；通过二十一年的研究发现和掌握了造成现有我国大气环境污染的原因，并研制出了切实可行的解决方案及相关配套设备。良慧环保将致力于解决环境污染问题，为早日实现生态平衡而不懈努力。

园林废弃物资源化利用专题

园林废弃物如何再利用？
动向国际科技股份有限公司的创新与实践

杨庆丽

动向国际科技股份有限公司董事长

植物有机覆盖物是一种利用林业园林废弃物，包括树枝或树皮，经过回收、筛选、腐熟、浸泡、着色、晾干后的一种生态循环经济产品，可生物降解、可着色，广泛应用于城市园林和家庭裸地覆盖，有着环境美化、显著的生态环保降尘抑尘、土壤修复等作用。

美国、澳大利亚等西方国家，是将林业或园林采伐下来的废弃物包括树枝或树皮，经过相应的专业工艺处理：粉碎、腐熟、着色等程序后，广泛应用于园林美化、生态环保裸地覆盖、土壤修复等，在西方已经有40多年的历史，获得了良好的环保和生态城市建设效果，属于生态循环经济在社会及城市建设运营中的一种典型产业代表。

当前，中国正在着力建设小康社会、生态城市。生态城市建设中面临着环保矛盾突出、园林规划观念和措施落后等问题。国外在有机覆盖物应用中的许多实践经验值得国内城市管理者们探讨、学习和实践。

一、动向国际科技股份有限公司及"荔驰"品牌创立的过程

1. 动向公司成立背景

一方面，多年来城市建设者们认为绿化就等于环保，种绿草就环保了，对于绿植、生物生长特性和绿植间的生态冲突关系考虑不足。为了片面追求城市"绿化"概念，只要是裸露地面，便大量的种植草坪，甚至包括树下都是，这样的"绿化"也随之成为城市建设的国策，社区建设必须有一定比例的绿化面积即种草面积方可通过验收交付。另一方面，在城市绿植的养护过程中，绿植产生的落叶和采伐下的树枝被园林工人直接收集去填埋或焚烧，很少被利用做积肥或像自然树林一样覆盖地面，打断了生态的自然循环，使得绿植不能用自产的生态有机肥来滋养本身而且也污染了环境。同时，过度种植用来覆盖地面的草坪每年会耗费大量自然水资源，施用大量化肥，3～5年后会造成土壤的沙化和板结化，最终破坏了土壤有机构成和结构，人为地制造了大量了无生机、寸草不长、板结化了的裸地，而这些裸地的大量存在，又成为大气扬尘颗粒物严重

超标的重要来源。

通过近二十多年的城市环境建设，人们逐渐认识到：环保的根本目的是要保护人们生存的环境，包括大气、水、土壤等，凡是不利于这些的人类活动都是非环保的行为。我们有必要从生态学角度，深刻且系统化重新认知环保概念，纠正多年来的错误观念和措施。

2009年的时候，我和我的团队就开始了对园林废弃物进行资源化利用的研究，而这一切来源于一场美丽的"景观邂逅"。我出差到美国学习，偶然间看见了绿化工人正在就地处理园林废弃物，并且将加工处理完的园林废弃物铺设在裸露土地上，咖啡色的覆盖物让裸土立刻呈现出别致的景观效果。这让我眼前一亮，引起了极大的兴趣。经过了解得知，原来这种材料美国人称之为MULCH，是将园林废弃物经破碎、加工制作而成的一种地表覆盖材料，具有改良土壤、压制扬尘、美化环境等多种环保功效。

一直以来我对环保生态就有种情怀，说是情怀，也可以说是对环保事业的一种追求。在国内大力发展绿色生态建设，园林废弃物尚未得到有效处理的背景下，我决定带领我的团队研制属于中国自己的有机覆盖物产品。

2013年、2016年，我们分别拥有了有机覆盖物染色剂发明、有机覆盖物基础液发明两项发明专利，同时潜心研究木材破碎技术。从第一次在美国看到有机覆盖物算起，经过了7年的前期准备，2016年6月我们成立了动向国际科技股份有限公司，开始正式进军有机覆盖物产业。

2. "荔驰"品牌的建立

为了激励我的团队，我们将研发的有机覆盖物品牌起名为"荔驰"，其中"荔"字取自《山海经·西山经》，而"驰"字是策马奔驰的含义。《山海经·西山经》中记载："小华之山……其草有薜荔，状入乌韭，而生于石上，亦缘木而生，食之已心痛。"薜荔（bili）是一种香草，生长在石头上，也攀缘树木而生长，人吃了它可以治愈心痛病。这种植物在艰苦的条件中根柢盘魄，山崖表里，奋发向上，又可治愈病痛。我们正是靠赋予品牌这样的寓意和精神去激励着自己，在逆境中前行，策马奔驰，为改善生存环境，去探究园林废弃物利用方法，希冀其产品能纾解因资源浪费而给社会带来的痛点。我们的口号是"以荔为心、以驰为力、坚如磐石、策马驱驰"。

二、动向国际科技股份有限公司的创新和实践

企业的初创阶段，在有机覆盖物领域，国内几乎是一片空白，没有任何可以借鉴的技术和经验，这意味着我们要持续不断投入资金进行产品研发。在商界有个普遍规律，凡是敢为天下先的创业者，既需要有经济利益的驱动，更需要一种情怀，有种社会责任的使命感，有一种把本行业做大的决心和执着，只有这两种驱动力同时存在，才能使一个企业挨过企业初创期最艰难的一段日子。仅仅靠经济利益的驱动很难坚持下去，因为在事业的起步阶段，你根本看不到收益，你能做的只有持续的资金投入，而且未来产品的收益及市场前景也充满着不确定性。

正是怀着对绿色环保行业，对有机覆盖物领域的一种情怀，我们开始了艰辛的创

业。我常对我的伙伴们说，看你们能否耐得了这种寂寞。我们既要研发技术、生产工艺，也要设计生产设备。虽然有国外的经验可以借鉴，但要把国外技术搬到国内，仍需要大量的技术转化工作。

我们找到了林业大学的专家，潜心求教，精研改进生产工艺及创新技术，使我们的有机覆盖物生产工厂真正实现拥有完全自主知识产权，专利生产技术。经过艰苦努力，我们生产的有机覆盖物年产量可覆盖500万平方米的裸露土地。产品具有绿色环保、长期保色、不惧风雨、无重金属等多种特性。各项技术参数均通过了SGS国际通用标准检测。特殊的制作工艺使荔驰有机覆盖物形成交叉网状结构，能牢牢附着在地面上，可在8级强风下安然无恙，造价成本也远远低于普通草皮类植被覆盖物，在自然状态下的降解还能够增加土壤有机质，提供植物所需的氮磷钾等微量元素和营养物质，调节土壤pH值，活化土壤，改善土壤微生物循环，增强土壤的通透性和保肥性能。铺设一次荔驰产品，至少可以保持2年。至此，中国自己的有机覆盖物产业雏形正式建立。

用园林废弃物制作而成的荔驰有机覆盖物经过不断的改良和创新，现有O系列、E系列两种主打产品。我们公司还可根据客户需求和地域性需求研发不同应用场景的产品，力争为中国每一片需要改良的土壤提供我们的有机覆盖物。

回想起来，有机覆盖物刚进入市场时，面临着诸多壁垒。首先是在营销渠道上，国内市场对这种新产品并不认可，更不了解如何应用，甚至对覆盖物的认知还停留在假草皮和塑胶铺面的层面。我常拿着荔驰有机覆盖物样品一家一家拜访政府的一些相关部门，讲解有机覆盖物对改善环境的帮助，不间断地穿梭于各种园艺展会进行产品说明。在我们不断开拓下，荔驰产品慢慢开始被业内用户广泛接受和欢迎，由最初的去"寻求合作"，变成了被"邀请合作"。现在在很多新材料发布会都能看到我们团队伙伴演讲的身影。我们与各大景观设计院签订长期的战略合作，成为国内第一家拥有设计产业支撑的有机覆盖物生产商。这不仅是对我们的认可，也是对荔驰有机覆盖产品的肯定。

三、"荔驰"有机覆盖物产品实际应用案例

2019年北京世界园艺博览会，总书记在世园会开幕式中提出："良好生态本身蕴含着无穷的经济价值，能够源源不断创造综合效益，实现经济社会可持续发展。"荔驰有机覆盖物荣幸的参与园区建设，为北京馆、澳大利亚馆、浙江馆、国际园区等10多个场馆提供有机覆盖物铺设。有机覆盖物是同时拥有改善生态、压制扬尘、保育土壤、美化环境、促进树木健康生长和实现园林绿化废弃物循环再利用等多种功能的产品集合体，是新型绿色环保材料，且符合循环经济的发展要求。世园会中大量使用有机覆盖物，行业价值得到了进一步提升。（图1）

2019年冬季，为控制扬尘，持续改善辖区内空气质量，北京市朝阳区对辖区内重点地区公园、社区使用荔驰有机覆盖物治理裸露土地扬尘，铺设面积达10万多平方米，为中国有机覆盖物单体最大项目。项目效果质量得到社会一致好评。（图2）

图1 实际应用案例一

图2 实际应用案例二

位于北京中轴线上的奥林匹克公园千米景观大道,在 2019 年冬季,使用荔驰有机覆盖物替代枯萎草花,荔驰有机覆盖物独特的景观效果得到现场游客的持续关注。景观大道荔驰有机覆盖物铺设以红、黄、蓝、绿、黑五种颜色为主,与奥运五环颜色相呼应,形成了独特的生态文明景观,是体育和生态文明结合的典范。生态文明与体育不可分割，都是推动人类进步与社会发展的重要力量，生态环保中需要的坚持与持之以恒的体育精神不谋而合。有机覆盖物以其特有的形态魅力愉悦人们的生活环境，更以其强烈的人文精神催人奋进。（图3）

图3　实际应用案例三

2020年初春，荔驰有机覆盖物以其因专利技术而拥有的过硬品质，在经过一冬的风雪后，依然保持靓丽的颜色，为奥林匹克公园增添了灵动色彩。人民网、北京日报对此进行了专题报道。

随着荔驰有机覆盖物深入国内，在各类园艺市场的广泛应用，越来越多的环保单位开始将荔驰产品列为环保生态建设首选产品。迄今为止我们公司已在京津冀建立多个生产工厂，并且在多个中心城市建设了仓储中心，服务于周边各类城市生态建设，稳站中国有机覆盖物产业前沿。

信用是企业宝贵的无形资产，是企业的诚信名片和市场通行证。公司自成立以来，一直规范自身经营，重视诚信建设，赢得了业界的高度赞誉，被全国企业诚信公共服务平台评为AAA级信用企业。

我们公司同时是国家高新技术企业、国际绿色经济协会副会长单位、生态有机覆盖物产业联盟会长单位、北京园林科学研究院战略合作单位、北京林业大学科研战略合作单位、第十二届中国南宁国际园林博览会指定合作企业、中小企业低碳产业化基地。

荔驰有机覆盖物入选《"十三五"中国低碳科技成果报告》，荣登"十三五"城市控尘、治尘低碳科技先锋榜，获得碳标签先锋项目奖等众多奖项。被第三届中国绿道·绿色金融峰会评为绿色金砖项目。动向国际与中国花境系统达成合作协议，成为有机覆盖物首选供应商。荔驰有机覆盖物、有机基质系列产品，在业内拥有良好的信誉口碑，获得了广大客户的支持和信赖。全国品牌影响力显著提升。

"取之自然，回归自然"的生态有机覆盖物发展理念，使我们公司进入了一个良性循环状态。目前公司已经在中国形成了集"林废处理服务、产业设备制造、全系覆盖物产品生产"为一体的产业链条雏形。公司将继续秉承环保生态理念，大力发展有机覆盖物及产业辐射领域，全面贯彻十九大提出的绿水青山的生态发展号召，将这种利于生态可持续发展、惠及子孙后代的产业推广下去，实现金山银山和绿水青山共存，为中国生态建设勇往直前。

北京市绿化剩余物的统计策略及其应用展望

汪少华　新疆石河子大学

赵天忠　北京林业大学

孟丙南　北京市林业科技推广站

摘要：本文以北京市为例，以城市绿化产生的剩余物为研究对象，根据绿化剩余物的产生和收集，对城市绿化剩余物的相关定义和分类进行了界定；以北京市森林资源二类调查数据、城市绿地普查数据、样地生物量调查数据为基础，围绕绿化剩余物产生量和收集量，构建城市绿化剩余物统计指标体系框架；提出了城市绿化剩余物统计调查方法及具体实施步骤；并对北京绿化剩余物统计工作的应用前景及其存在的问题进行了分析与展望。

关键词：城市绿化　绿化剩余物　统计指标　统计调查方法

城市绿化是城市重要的基础设施，是城市现代化建设的重要内容，是改善生态环境和提高广大人民群众生活质量的公益事业。改革开放以来，我国城市绿化工作取得了显著成绩，城市绿化水平有了较大提高。但总地看来，绿化面积总量不足，发展不平衡、绿化水平比较低，缺乏针对绿化剩余物的配套工作和相关研究。我国城市绿化剩余物资源十分丰富，其产量大、分布广、含硫量小，属于重要的生物质资源，城市绿化剩余物的回收利用不仅可以促进林木资源的有效利用，保护生态环境，践行"绿水青山就是金山银山"的理念，还可以丰富能源结构，缓解能源危机，帮助应对气候变化和改善大气环境质量，建设美丽中国。因此，准确有效地统计城市绿化剩余物资源量，有利于促进剩余物的资源化利用，帮助政府合理制定产业发展战略和激励政策，实现生态优先、绿色发展的新路径。

对北京而言，绿化剩余物主要来源于城区园林绿地（含草坪），乔、灌、草的生物量是重要组成部分，因此对城市绿化剩余物的统计必然离不开对目标区域内林木绿化资源情况的统计调查。目前国内外针对剩余物的统计方法，均是基于材积、生物量等数据来进行，多数采用抽样调查和相关折算系数推算的方法。吕文等（2005）和王国胜等（2006）最早对我国林木生物质资源潜力进行了估计，刘刚等（2007）对王国胜等学者的研究进行了总结和推算，给出了计算林木生物质资源潜力的相关折算系数。类似研究的折算系数均是有识之士根据经验给出，折算系数选取主观性强，导致计算结果存在较大误差。马哲等（2015）在林木生物量研究的基础上，提出了基于生物量转换因子的林业剩余物理论资源和能源潜力的估计方法，但该研究中没有明确林业剩余物的定义及分类，方法的适用性有待商榷。段新芳等（2017）参见张希良等（2008）人的研究，按照40%剩余物占比系数计算林木采伐和造材剩余物资源数量，取 1.168t/m³ 作为剩余物湿材密度，得到 2014 年我国林木采伐和造材剩余物为 5201.72 万吨。由于水的密度为 1 t/m³ < 1.168 t/m³，因而此处的剩余物湿材密度的科学取值尚需进一步研究。谢光辉等（2018）通过总结前人在林业生产、加工和利用产生的潜在剩余物的各种术语基础上，提出了林业剩余物的第一级分类，并根据不同林种的剩余物产生环节，提出林业剩余物的第二级分类。同时，在明确林业剩余物所包含的内容物范围的基础上，分析完善了林业剩余物二级分类下的 10 类林业剩余物的计算公式，这些公式以材积、面积、木材密度为基础，辅以剩余物产出系数、采伐频度系数、修枝剩余物产率等参数对剩余物进行估算。

可以看出，由于城市绿化剩余物的定义和分类还未形成统一的标准、目标统计范围不明确、计算方法及系数取值不合理等，造成了绿化剩余物的估计结果存在较大的差异。本文以北京城市绿化产生的剩余物为研究对象，根据绿化剩余物的产生和收集，对城市绿化剩余物的相关定义和分类进行了界定；以北京森林资源二类调查数据、城市绿地普查数据、样地生物量数据为基础依据，围绕绿化剩余物产生量和收集量，构建了城市绿化剩余物统计指标体系框架；提出了城市绿化剩余物统计调查方法及具体实施步骤。

一、城市绿化剩余物的定义和分类

（一）绿化剩余物

1. 绿化剩余物的定义

绿化剩余物（以下简称剩余物）是指园林绿化经营管理过程中所产生的枝干、落叶、草屑等植物残体（园林绿化废弃物堆肥技术规程（DB11/T 840—2011））。

2. 绿化剩余物的来源分布

本研究所指的绿化剩余物，其来源分布主要包括：（1）平原区（以城区为主）的绿地和林地区域内，经自然凋落或人工修剪而产生的草屑、枯枝落叶和花败等，具体区域包括各类以行道树、风景树、绿篱、色块为主的林带或片林，以及各社区、企事业单位、城市公园、苗圃基地等拥有的绿地或林地；（2）山区林地（包括各类自然保护区、风景游览区、林场等），经人工抚育作业（修枝、采伐等）而产生的枝干、落叶。

3. 绿化剩余物的类型

绿化剩余物按植物种类可划分为三个大类，即乔木类剩余物、灌木类剩余物以及草坪类剩余物。其中乔木类又可按照树种（组）、林种、资源调查类型等方式进行细分。基于上述的来源分布与分类，本文主要研究对象包含以下分类：城区常绿乔木剩余物、城区落叶乔木剩余物、城区灌木剩余物、城区草坪剩余物、城区绿篱剩余物、城区色块剩余物、山区乔木林地剩余物、山区灌木林地剩余物、疏林地剩余物、经济林剩余物、散生木剩余物、四旁树剩余物。

（二）绿化剩余物理论资源量

绿化剩余物理论资源量（以下简称剩余物量），是指按照城区园林绿化修剪规则

（行道树、草坪、绿篱、色块及灌木修剪等规则）和林地抚育规程计算得到的各类绿化剩余物量的总和。绿化剩余物资源理论量是以各类树种的生物量（地上部分）估算为基础，根据统一的剩余物量与各类生物量的比例系数来计算，由于城市植被资源的复杂性和生物量模型估算的不确定性，使得绿化剩余物资源理论量是剩余物资源可挖掘的潜在量，不能完全代表剩余物实际产生量，可作为剩余物资源化管理的参考数据。

（三）绿化剩余物可利用资源量

绿化剩余物可利用资源量（以下简称剩余物可利用量），是指根据剩余物资源的分布、种类，年度森林抚育经营任务、社会经济条件以及交通运输状况，将目标城市绿化剩余物可利用资源主要划分为三类：第一类是城区园林绿化剩余物；第二类是经济林剩余物；第三类是林区（包括平原和山区）森林抚育剩余物。本文主要以前两类剩余物可利用资源作为研究对象进行统计测算。

（四）绿化剩余物收集量

绿化剩余物收集量是指各剩余物消纳基地、有机堆肥厂、生物质燃料生产企业、食用菌菌棒生产单位的剩余物实际收集量数据。

（五）绿化剩余物实际利用量

绿化剩余物实际利用量是指在剩余物收集量基础上，各剩余物消纳基地、有机堆肥厂、生物质燃料生产企业、食用菌菌棒生产单位根据实际生产和剩余物利用途径，对剩余物收集量的实际利用情况。

二、城市绿化剩余物统计指标体系框架的构建

绿化剩余物资源的各项统计依托于城市园林绿地调查、森林资源二类调查、绿地的宏观规划管理、城市绿化基础管理、资源化利用统筹管理相协调的管理体系，在"绿化、作业、收集、运输、利用"五个关键环节，建立统计指标，形成体系。本文根据园林绿化主管部门的相关文件和法规制度，设立了指标体系框架，选取指标，初步建立了绿化剩余物资源统计指标体系，主要用来反映绿地资源状况、城市绿化管理、园林绿化剩余物收集运输管理、资源化利用管理、产业管理及剩余物资源行政管理等方面。统计的范围包括了基础的园林绿地资源、园林绿化作业、绿化作业产生的园林绿化剩余物量、园林绿化剩余物资源回收利用等。

（一）绿化剩余物统计指标体系的理论基础

循环经济以资源高效利用和循环利用为核心，以"减量化（reduce）、再利用（reuse）、再循坏（recycle）"为原则，以清洁生产为重要手段，以生态产业链为发展载体，达到实现物质资源的有效利用和经济与生态可持续发展目标，实现"资源—产品—消费—再生资源"的经济模式。就绿化剩余物资源而言，"资源"强调的是自然属性，是园林绿化剩余物理量和收集量，属于植被生物量的一部分，是实物量；"产品"强调的是使用与消费，用以满足消费者或用户某种需求的园林绿化剩余物制成品，部分已推向市场或具有市场潜力的制成品具有了商品属性，体现园林绿化剩余物资源的价值，如以园林绿化剩余物为原材料制成的生物质能源、有机堆肥、粉碎覆盖、栽培基质、培

育食用菌、木塑、利用生物技术开发的生物产品等；"消费"强调的是经济行为，消费对象为这些园林绿化剩余物制成品；"再生资源"强调的是产品消费后所产生剩余物的循环再利用，从而周而复始形成一套"闭路"的新型经济模式，最大限度地实现剩余物的"零排放"，达到经济发展与生态系统的良性循环的目标。

在现实中，由于受到经济和技术的制约，我国绿化剩余物资源的循环利用尚处在初级阶段，园林绿化剩余物资源量核算和剩余物资源回收利用产业布局是实现园林绿化剩余物资源化循环利用的基础和先决条件。绿化剩余物资源管理实践中遇到的一系列实际问题，也迫切需要从园林绿化剩余物资源、剩余物制成品、循环再利用的经济模式角度作出回答，从单一、粗放的以垃圾形式进行绝大部分园林绿化剩余物堆积、填埋处理，向由政府宏观调控、市场经济为指导的园林绿化剩余物资源化、市场化的转变，提出全面反映资源、产品、循环再利用属性的指标体系，为园林绿化剩余物资源化利用、资源市场监测及经济运行提供数据基础，为城市园林绿化资源管理和园林绿化剩余物资源化监测提供支撑和服务。

（二）城市绿化剩余物统计指标体系框架的构建方法

建立了城市绿化剩余物统计指标体系（图1），其中选取的指标覆盖了城市绿化剩余物来源资源状况、绿化剩余物资源情况、绿化剩余物资源化处理条件、绿化剩余物资源化处理效率及效益、绿化剩余物资源化处理投资情况，分别反映了城市绿化剩余物资源现状、剩余物资源产生、剩余物资源利用、剩余物资源市场、监管及保护等方面。总的来看，所选的指标覆盖了绿化剩余物资源产生、利用和监管等主要环节，基本能反映城市园林绿化剩余物资源化领域的大多方面的情况。

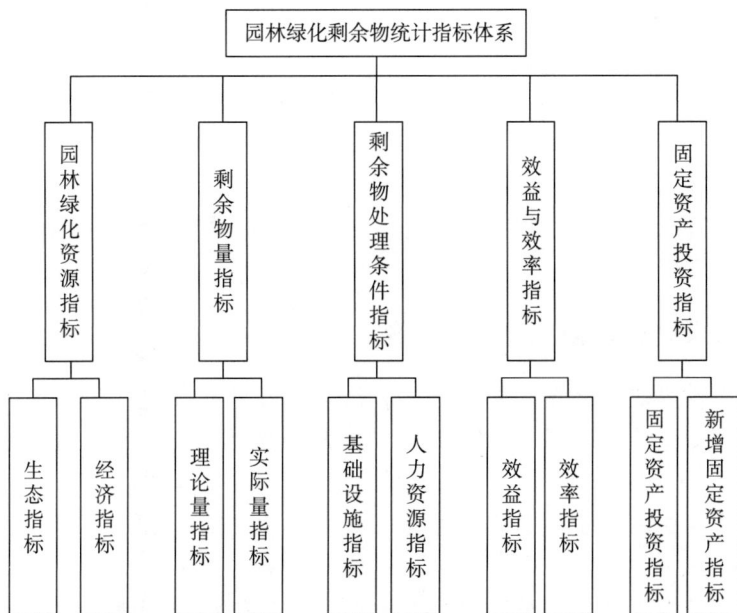

图1 绿化剩余物统计指标体系框架示意图

提出的城市绿化剩余物统计指标体系框架的构建方法具体包括以下步骤：

步骤1　构建城市绿化剩余物统计指标体系的横向框架，将城市绿化剩余物统计按照五个方面的内容来进行统计：（1）园林绿化资源的基本情况，反映城区和山区绿化资源的实际统计情况；（2）剩余物量的基本情况，反映园林绿化剩余物的理论产生量和实际产生量情况；（3）剩余物处理条件情况，反映园林绿化剩余物处理的基础设施和人力资源情况；（4）效益和效率情况，反映园林绿化剩余物相关效益和效率基本情况；（5）固定资产投资情况，反映园林绿化剩余物相关固定资产投资和新增固定资产投资情况。

步骤2　在统计指标体系横向框架的基础上，构建城市绿化剩余物统计指标体系的纵向框架，根据城市绿化剩余物统计的五个方面的内容，参照步骤1，将统计指标体系纵向框架分为三级，分别为城市绿化剩余物统计指标体系的一级指标、二级指标和三级指标。

步骤3　在统计指标体系纵向框架的基础上，构建城市绿化剩余物统计指标体系的一级指标，一级指标为统计内容的大类，分别为（1）园林绿化资源指标；（2）剩余物量指标；（3）剩余物处理条件指标；（4）效益与效率指标；（5）固定资产投资指标。

步骤4　以一级指标为基础，构建城市绿化剩余物统计指标体系的二级指标，二级指标为各项统计内容，分别为（1）生态指标；（2）经济指标；（3）理论量指标；（4）实际量指标；（5）基础设施指标；（6）人力资源指标；（7）效益指标；（8）效率指标；（9）固定资产投资指标；（10）新增固定资产投资指标。

步骤5　以二级指标为基础，构建城市绿化剩余物统计指标体系的三级指标，三级指标为各项统计工作的实际调查项，例如生态指标中的城区绿地面积、城区植物种类和数量、山区森林蓄积等，实际量指标中的剩余物收集量、剩余物利用量等。

步骤6　针对三级指标，即各项统计工作的实际调查项，进行统计指标的释义及计算，例如城区草坪剩余物量的释义为：年度内城区草坪经人工修剪所产生的剩余物的重量，其计算公式为：城区草坪剩余物量＝草坪面积×草坪单位面积剩余物年产量，该公式中，参考已有项目成果（见参考文献［9］）选取城区草坪单位面积剩余物年产量为7千克/年。

三、城市绿化剩余物统计调查方法

围绕绿化剩余物的实际量，通过分析绿化剩余物产生、收集、利用情况设计了针对各园林绿化单位、剩余物消纳基地以及回收处理厂的绿化剩余物统计调查表，提出了剩余物可利用量、收集量以及利用量的统计估算方法。

（一）统计调查内容与范围

1. 统计内容

由于剩余物采用分类分层统计测算的方式，针对不同剩余物类型采用了不同的测算办法，所以开展基础调查的统计内容涵盖也比较广泛，覆盖了剩余物资源产生、利用和监管等主要环节，基本能反映城市剩余物资源化领域的大多方面的情况。具体可分为以下几个方面：

（1）绿地资源现状：包括城区绿地资源情况和山区林地资源情况这两类，其中城区绿地资源统计包含绿地类型、绿地面积、乔灌木株数、草坪面积等，山区林地资源统计包含各有林地面积或蓄积、经济林株数或面积、灌木林地面积等。

（2）剩余物产生情况：针对剩余物资源的产生进行统计调查，主要包括城市绿化作业情况和剩余物产生情况的统计，前者包含绿化作业单位类型、作业区域、作业强度、绿化面积等，后者包含乔灌木修剪作业次数、乔灌木修剪产生剩余物量、草坪修剪作业次数、草坪修剪产生剩余物量等。

（3）剩余物收集情况：包括剩余物资源收集情况和运输情况的统计，前者包含剩余物收集点、收集率、收集方式、收集类型等，后者包含剩余物运载车次、车载量、车载率、运输距离与成本等。

（4）剩余物利用情况：针对剩余物资源的回收利用情况，包括回收单位名称、单位地址、回收利用方式、回收率、原材料来源、年产值等。

2. 统计范围及对象

统计范围涵盖目标区域范围。具体统计对象包括各园林绿化单位（如绿化队、城市公园、郊野公园等）、苗圃基地、果园以及相关林业单位（如森林公园、林业站等），各区县果农，各园林绿化剩余物消纳基地和回收处理厂。

（二）统计调查表格设计

按照统计调查项目设计流程，在明确统计内容、统计对象和范围等问题后，有针对性地分层分块设计了相应的统计报表，即针对全市各园林绿化单位（如绿化队、城市公园、郊野公园等）、苗圃基地、果园、相关林业单位（如森林公园、林业站等）以及园林绿化剩余物处理厂的剩余物资源产生与利用情况，设计园林绿化剩余物统计调查表格（具体表格见参考文献［9］），对各园林绿化单位的绿化以及管护区域的植被资源基本情况和剩余物产生利用实际情况进行反馈统计。

（三）城市绿化剩余物统计调查方法实施方案

结合城市绿化作业及剩余物处理实际情况，将城市绿化剩余物和山区绿化剩余物按产生、收集及利用情况进行数据统计汇总设计，通过对统计单位进行分类来设计统计调查实施方案，根据生态指标、理论量指标、实际量指标、基础设施指标、人力资源指标、效益指标、效率指标、固定资产投资指标和新增固定资产投资指标这 9 个统计指标，按月进行统计指标填报，以此为绿化剩余物量的统计提供符合实际的、具体的、可操作的统计调查方法，可以为城市绿化剩余物资源化管理提供数据基础与方法支持。城市绿化剩余物统计调查方法的实施方案具体包括以下步骤：

步骤 1　根据绿化剩余物产生、收集及利用情况进行数据统计汇总设计。（1）对统计单位类型进行划分，分为城市绿化队、城市公园、森林公园、林场、林业站、果园、苗圃基地、剩余物回收处理单位，并分区县汇总统计单位类型的数量。（2）根据不同单位的统计数据分区县对剩余物量进行统计汇总，剩余物量按理论量和实际量两个指标进行统计，其中理论量指标为城区剩余物理论量和山区剩余物理论量，实际量指标为剩余物收集量和剩余物利用量。

步骤2　数据采集方案设计。以城市绿化队、城市公园、森林公园、林场、林业站、果园、苗圃基地、剩余物回收处理单位为统计调查对象，设计按月统计的剩余物统计调查表，其中统计指标分为生态指标、理论量指标、实际量指标、基础设施指标、人力资源指标、效益指标、效率指标、固定资产投资指标和新增固定资产投资指标。

步骤3　统计指标内容设计。生态指标包括绿地面积、常绿乔木量（株数）、落叶乔木量（株数）、灌木量（株数）、绿篱量（株数）、色块量（株数）、草坪面积、针叶林蓄积、阔叶林蓄积、混交林蓄积、灌木林地面积；理论量指标包括常绿乔木剩余物量、落叶乔木剩余物量、灌木剩余物量、草坪剩余物量、乔木林剩余物量、灌木林剩余物量、经济林剩余物量；实际量指标包括剩余物收集量、剩余物利用量；基础设施指标包括装载剩余物车辆拥有量、剩余物消纳基地数量、剩余物消纳基地面积、粉碎设备拥有量、发酵池数量、其他处理设备拥有量；人力资源指标包括从事剩余物处理职工人数、劳动者报酬；效益指标包括剩余物处理成本、产品收入总值、产品利润总值；效率指标包括绿化修剪作业天数、车辆实载量、车载次数、仓库剩余物堆积量；固定资产投资指标包括剩余物处理计划总投资、本年计划剩余物处理总投资、实际需要总投资、本年完成的剩余物处理投资；新增固定资产指标包括累积新增剩余物处理固定资产、本年新增剩余物处理固定资产。

步骤4　指标计算。根据参考文献［9］，常绿乔木剩余物量＝常绿乔木量（株数）×平均单株常绿乔木剩余物年产量（4.84千克/年），落叶乔木剩余物量＝落叶乔木量（株数）×平均单株落叶乔木剩余物年产量（2.52千克/年），灌木剩余物量＝灌木量（株数）×平均单株灌木剩余物年产量（1.19千克/年），绿篱、色块剩余物量＝绿篱、色块（株数）×平均单株剩余物年产量（0.95千克/年），草坪剩余物量＝草坪面积×单位面积草坪剩余物年产量（7千克/年），乔木林剩余物量＝针叶林蓄积×单位蓄积针叶林剩余物年产量（75.47千克/年）＋阔叶林蓄积×单位蓄积阔叶林剩余物年产量（78.74千克/年）＋混交林蓄积×单位蓄积混交林剩余物年产量（74.67千克/年），灌木林剩余物量＝灌木林地面积×单位面积灌木林地剩余物年产量（0.08千克/年），经济林剩余物量＝经济林数量（株数）×平均单株剩余物年产量（5.14千克/年）。

四、城市绿化剩余物统计的应用展望

绿化剩余物统计研究着眼于城市生态环境的可持续发展，符合循环经济的发展要求，顺应国家建设绿色、低碳、节约型城市的总体趋势，其意义十分巨大。在宏观层面，构建园林绿化废弃物统计指标体系可以更好地为全社会环境保护和废弃物资源化管理的大局服务，通过获取绿化剩余物产生及利用量的基础数据，开展监测、评价与考核工作，为国家绿化剩余物资源化管理政策调整和实施产业优化布局、检验政策效果等工作提供数据支撑和实际指导；在微观层面，对绿化剩余物产生和利用情况进行统计，可以了解并比较不同区域绿化剩余物的数量、类型、集运模式、利用效率，开展绿化剩余物收集与处理综合评价，充分挖掘绿化剩余物的利用潜力。同时，开展绿化剩余物统计

研究，将是对现有森林资源普查和城市绿地调查制度的有效补充和完善，填补绿化剩余物统计领域的空白，对于提升城市绿地资源统计服务水平，丰富城市环境综合评价手段都具有重大意义。

目前针对北京绿化剩余物统计工作存在的问题主要表现在以下几个方面：

一是绿化剩余物统计尚未形成统一标准的统计指标体系。绿化剩余物统计的基础数据主要来源于基层单位反馈和城市绿地资源调查，目前绿化剩余物资源化与产业化正处在起步和探索阶段，废弃物统计工作更多体现的是公益性性质，缺乏一套具有长效性、一致性、科学性的可操作的绿化剩余物统计方法，这就造成各基层单位的反馈数据统计口径不一致、统计目标不明确、统计数据不具代表性等诸多问题，因此，建立统一标准的绿化剩余物统计指标体系在废弃物统计工作中就显得格外重要。

二是以绿化剩余物产生量为统计对象展开全面统计难度较大。城市园林绿化资源具有复杂性和多样性的特点，如果以绿化剩余物产生量为基本统计对象，采取全面调查与抽样调查相结合的方式对各区县城区公共绿地、道路绿地、附属绿地、防护绿地以及山区乔木林和灌木林地的植被资源的基础信息和废弃物产生信息实施全面统计和调查，这样的调查方式虽然可保证统计数据的真实性和准确性，但是大大增加了工作量和调查成本，耗费大量的人力物力，从经济上来讲投入较大。而且废弃物的产生情况受到社会环境、经济状况、管理水平等多方面的影响，人为主观因素与环境客观因素的综合效应决定了绿化剩余物产生的不确定性，也极大地增加了绿化剩余物统计工作的难度。

三是绿化剩余物统计样本的选取缺乏科学合理的论证。目前的绿化剩余物统计工作无法全面和准确反映北京市废弃物产生和利用的实际状况，北京市近年来绿地数量逐年持续增加，绿化资源种类丰富，城区绿地类型与布局结构发生了较大变化。开展绿化剩余物统计工作，需要根据目标区域绿地的实际情况确定剩余物统计样本，科学合理地确定样本是客观反映北京市绿化剩余物产生和利用实际情况的前提。

四是统计渠道不畅，手段相对落后。当前园林绿化主管部门开展的绿化剩余物统计主要依靠行政手段摊派任务，缺乏对统计单位的约束机制，统计数据主要来源于绿化剩余物消纳基地，统计手段落后，统计效率和准确性较低，人为因素影响较大，加之废弃物资源化利用尚未形成统一的行业标准和规范，统计数据的质量得不到有效的保障。

五是缺乏针对剩余物统计的政策措施和资金扶持制度。绿化剩余物统计工作是绿化剩余物资源化利用这一新兴"绿色"产业的基础前提，该产业涉及面广、产业链条长、起点低、技术储备不足，社会认可度不高，在产、供、销各个环节都需要政府的支持，目前北京市还缺乏针对性的政策引导和资金扶持制度，影响绿化剩余物统计工作的顺利有效开展。

参考文献

［1］吕文，王春峰，王国胜，俞国剩，张彩虹，张大红，刘金亮. 中国林木生物质能源发展潜力研究（1）［J］. 中国能源，2005（11）：25 – 30.

［2］王国胜，吕文，刘金亮，王树森，吕扬，王广涛，徐剑琦，王莹. 第二章中国林木生物质能源资源培育与发展潜力调查［J］. 中国林业产业，2006（1）：12 – 21.

［3］刘刚，沈镭．中国生物质能源的定量评价及其地理分布［J］．自然资源学报，2007（1）：9－19.

［4］马哲，马中．基于生物量转换因子的林业剩余物理论资源潜力评估方法与应用［J］．林业调查规划，2015，40（1）：1－8，14.

［5］段新芳，周泽峰，徐金梅，田野，王瑞．我国林业剩余物资源、利用现状及建议［J］．中国人造板，2017，24（11）：1－5.

［6］张希良，吕义．中国森林能源［M］．北京：中国农业出版社，2008.

［7］谢光辉，傅童成，马履一，李辉，包维卿，李莎．林业剩余物的定义和分类述评［J］．中国农业大学学报，2018，23（7）：141－149.

［8］傅童成，包维卿，谢光辉．林业剩余物资源量评估方法［J］．生物工程学报，2018，34（9）：1500－1509.

［9］汪少华．北京绿化剩余物统计指标体系与统计方法研究［D］．北京：北京林业大学，2015.

北京市园林绿化废弃物与
城市污泥协同利用功效性及安全性

司莉青　周金星　北京林业大学
孟丙南　秦永胜　北京市林业科技推广站

摘要：通过监测园林绿化废弃物与污泥混合堆肥产品在林地和盆栽施用后对不同立地条件下的土壤理化性质改良、林木和地被植物生长和优势度变化，植物多样性和群落组成变化，微生物多样性变化监测，有害生物传递效率和富集作用监测，进行混合堆肥产品安全性评估，针对北京典型造林树种，确定不同原料比例条件下混合堆肥产品和北京市造林绿化的最佳施用方式、施用量、施用时间、应用推广范围等，对堆肥产品的功效性和安全性进行综合评价，为两种废弃物的土地利用提供依据，实现资源化利用，促进北京市园林绿化产业的发展。

关键词：污泥　园林绿化剩余物　协同　功效性及安全性

一、污泥以及园林废弃物现状

近年来我国的经济发展迅速，城市化进程不断加快，随之而来的是城市废弃物数量激增的环境问题，其中园林废弃物和城市污泥是城市废弃物的两类重要组成部分（张璐等，2011；谭国栋等，2011）。目前，北京市每年园林废弃物总量和城市污泥总量已分别超过 500 万吨和 110 万吨，而且这两类废弃物总量正在以一定的速度逐年增加，能否合理地资源化处置城市废弃物将直接影响我国污染防治的大局。因此，如何处置城市污泥与园林废弃物已引起国内外众多国家的普遍关注（吴阳等，2016），而我国污泥与园林废弃物混合堆肥化再次应用的研究尚处于起步阶段，合理、安全、有效地处理城市污泥和园林废弃物将对我国建立资源节约型、环境友好型社会有重要影响。

目前，越来越多的国家和地方政府对于废弃物的处理，都在向资源化利用方向发展。有的国家还通过制订一系列有效的废弃物收集计划，通过降低费用来促使有机废弃物资源化的顺利进行。与填埋、焚烧等处理方法相比，园林绿色废弃物的循环利用即作为土壤肥料生产具有保护环境、节约能源、投资少、运行费用低、回报高等优点，因此国外大多采用堆肥生产肥料的方式处理园林绿色废弃物。与其他处理方式相比，废弃物的堆肥化处理成本也相对较低。如华盛顿西雅图拉里（Larry）市实践证明，堆肥化处理每吨绿色废弃物能够节省 40~55 美元，一年约节省 41000 美元（尹守东，2004）；此外，美国许多州还明文规定，当废弃物堆肥材料符合土壤改良材料质量要求时，政府部门必须购买或使用废弃物堆肥，为废弃物堆肥的土地利用提供了政策保障。许多州还设立专门的经费或制定各种政策计划引导园林绿化剩余物的堆肥，从园林绿化剩余物的产生、收集到堆肥各个环节给予费用补贴。在政策和经费得到保障前提下，用于堆肥的园林绿化剩余物比例逐年上升，2005年这一数字达到62.0%，比1990年上升了4倍。从事园林绿化剩余物堆肥处理的机构及堆肥产量明显增加。从园林绿化剩余物组成分类、收集，到堆肥的各个工艺阶段（包括物料预处理、发酵堆制、后处理）等各个环节进行了深入的研究（Tchobanoglous等，1993；Jess W. Everett和Shiv Shahi，1997），既为园林绿化剩余物的收集提供了保障，又为堆肥的生产提供了严格的规定和相应的技术指导规范，确保了堆肥产品的质量。

对于城市污泥，也越来越作为一种资源来对待。将污泥作为堆肥进行农用，已有多年的历史，城市污泥农用比例最高的是荷兰，占55%；其次是丹麦、法国和英国，占45%；在美国，污泥土地利用占60%以上，欧洲为50%；在日本，由于土地资源紧张，污泥处理以焚烧为主，并鼓励固体物质及能源的回收利用，虽然土地利用仅为15%左右，为推进资源化利用，成立了污泥还田指导委员会以指导污泥的合理施用，在污泥堆肥处理方面技术相对成熟。英国、北爱尔兰的城市污泥以农用为主，这也说明在发达国家污泥农用已成为一条重要的途径。在政策方面，欧盟1986年颁布了《污泥土地利用管理规范》（86/278/EEC），1991年进行了修订，为了限制填埋，1999年又颁布了《污泥管理规范》（1999/31/EC）；美国1993年颁布了《503号法案》，将污泥分为A、B两个等级，对污泥土地利用做了具体规定；日本《废物管理法》中包含《污染控制法》《水污染控制法》和《肥料法》，同时，对于污泥焚烧的污染控制做出了具体规定，鼓励企业利用焚烧灰烬制造生态透水砖等环保产品。

我国传统的园林绿化剩余物、污泥处理处置的主要方式是填埋或焚烧，这不仅造成了环境的污染，也带来资源的浪费。受处理技术、认识水平和可接受程度的限制，目前只有不足50%的污泥进行了堆肥和建材利用等处置和资源化利用，其余污泥仅进行简单临时堆置，缺乏有效的最终处置（张莹，2013）。为推进污泥资源化利用，我国相继出台了《城镇污水处理厂污泥处置园林绿化用泥质》（GB/T 23486—2009）、《城镇污水处理厂污泥处置　农用泥质》（CJ/T 309—2009）等一系列技术标准，对各种资源化利用方式、污染物限值等方面做了详细规定。2009年，我国又颁布了《城镇污水处理厂污泥处理处置及污染防治技术政策（试行）》，鼓励回收和利用污泥中的能源和资源。资源化利用技术是国内外城市废弃物处理的前沿技术和科学难题，是建设资源节约型和环境友好型城市的迫切需求。在未来15～20年，随着城市化进程的加快，园林绿化面积和质量的提升及污水处理技术的快速发展，上述两类废弃物的产生总量将依然呈快速增加趋势。同时，北京市大量园林绿化用地普遍存在土壤贫瘠、改良成本高等问题，无疑将城市污泥资源化产品作为改良园林绿化土壤是极具前景的循环利用模式，同时有针对性地开发应用，可大大降低污泥重金属造成的环境安全问题（郭广慧等，2014）。以园林绿化剩余物为主，适当加入污泥进行混合堆肥的资源化综合利用途径，即可实现取长补短、优势互补，有利于提高两类废弃物的资源化及产业化综合利用效率，这也是未来社会发展、行业联合的必然趋势。

园林绿化剩余物、污泥混合处理和资源化利用技术是未来废弃物综合处理和资源化利用的高新技术，有较大发展潜力和应用前景。因此，开展园林绿化剩余物、污泥的综合资源化利用技术集成研发，联合园林绿化、水务等部门共同攻关，有利于形成合力，充分发挥两类废弃物的资源优势，破解城市发展废弃物处理的难题，解决城市发展带来的环境污染等突出问题，从而大力推动循环经济发展，提高可持续发展水平，为首都的生态文明建设提供可靠的技术支撑。对于建设宜居城市，提升城市管理水平非常重要，同时将产生显著的经济效益和生态效益，完全符合"美丽北京、绿色北京"的发展目标，对于实现循环经济和城市生态系统可持续发展意义重大。

二、城市污泥与园林绿化剩余物协同利用的功效性

（一）对植物的影响

1. 对植物发芽的影响

研究表明，污泥与园林废弃物混合堆肥更有利于植物种子的萌发，混配基质中园林废弃物所占比例直接影响种子的萌发率，总体呈现负相关趋势，且对不同的植物其影响程度也不一样。对菊科植物万寿菊而言，混合堆肥产品在低浓度下对种子的发芽有一定促进作用，随着施用深度的加大，抑制效应越来越明显；而对木本植物紫穗槐而言，不同配比的堆肥产品对紫穗槐种子的相对发芽率影响不同，其中当施用量为50%时其抑制作用最低。

2. 对植物株高及生物量的影响

对不同类型的草本及木本植物的研究发现，纯污泥堆肥可显著增加植物的株高，且肥效具有一定缓释性，其中禾本科植物高羊茅的叶片叶绿素 a 含量达到最大值，说明污泥堆肥中有较多促进叶绿素合成的成分。混合堆肥施用对万寿菊株高有明显的影响，株高随堆肥产品中污泥比例的增加而降低，说明所施用肥料具有缓释性并能持续促进植物高生长。而在紫穗槐生长过程中对株高的影响不同，在紫穗槐生长初期对其生长均有抑制作用，而且施用量越大，抑制作用越强，但随着苗期的延长，在生长后期逐渐表现出堆肥产品的肥效营养作用，抑制作用减弱。污泥与园林废弃物混合堆肥最初具有抑制作用（早期阶段），然而当营养物质释放到土壤中时，植物在后期使用这些物质，导致植株生长。这些结果表明两种类型的废弃物堆肥可称为缓释肥料。

不论城市污泥与园林废弃物按何种配比进行堆肥，施用堆肥产品后万寿菊的累积地上、地下生物量均显著高于对照，但过量施用会抑制植物的生长。因此，不同堆肥产品在林地施用初期应控制用量，避免其毒害作用的发生，同时为林地育苗提供理论依据。城市污泥与园林废弃物混合堆肥使得混配土壤中的营养物质规律性释放，更有利于植物的吸收和利用；施用纯污泥堆肥产品也有助于提高紫穗槐的生物量。

3. 对野外树木生长及草本多样性的影响

研究表明施入污泥与园林废弃物不同比例混合的堆肥产品后对油松、北京杨、国槐、樟子松四种乔木的株高、胸径、冠幅、枝下高都有一定的促进作用，与对照相比，

随着施肥量的增大呈不同程度的提高趋势。

不同污泥堆肥和不同的施肥量对林下的草本物种数起到了不同的效果，污泥堆肥的施用在一定程度上影响了林下草本的数量。在混合堆肥使用的地块中，随污泥用量的增多草本总株数也在上升，但都低于空白的草本总株数。林下草本多样性随施加量的增加先减小后增大，但都低于空白对照。

（二）对土壤的影响

随着混合堆肥产品施肥量的增加，各处理土壤电导率值随施用量的增加而显著增加；当施用纯污泥堆肥产品且施用量为100%时，土壤EC值达到最高，但不存在盐度风险；与对照相比土壤pH值随施用量的增加而降低，但pH值仍大于7，说明施用堆肥产品改善了土壤pH，使土壤pH值向有利于植物生长范围变化，说明施用堆肥产品并没有产生过多的酸性物质。随着施肥量的增加土壤中的有机质、全氮、速效磷和速效钾的含量均呈现先增加后降低的趋势，但均明显高于CK，可以提高土壤中的营养物质含量。

施入混合堆肥后，土壤脲酶、碱性磷酸酶、脱氢酶活性均有不同程度的提高，其中脱氢酶活性显著提高，依据施用不同堆肥产品后处理组与CK相比土壤酶综合指数的变化情况，表明施用堆肥产品显著提高了土壤酶活性，有利于改良土壤质量、提高土壤肥力。随着施用量的增加，土壤微生物量碳、氮含量均呈现递增的趋势，且均在50%时达到最高，而且随着园林废弃物添加比例的升高，土壤微生物量碳、氮也随之增加，说明施入堆肥产品且施用量达到50%时是安全的，同时表明施用堆肥产品可以显著提高土壤的微生物量碳、氮。

利用MiSeq测序技术对土壤微生物群落结构及微生物的多样性进行探究，结果表明，与对照相比，施入一定比例的混合堆肥产品有利于增加微生物多样性，同时会改变微生物群落结构的组成，但各处理间没有显著差异。混合堆肥产品相比于单独堆肥对微生物群落结构的扰动最小，且各施用量处理间土壤微生物群落结构差异不显著。

三、协同利用安全性

（一）重金属淋溶规律

研究表明，施用混合堆肥产品一年后土壤中重金属的含量均有一定的上升，但各种施用量下土壤重金属Cu、Zn、Pb的含量均低于国家安全标准值，各处理组土壤中As、Cd含量却大于国家安全标准值，分别是安全标准的1.1～1.9倍、2～4.7倍，但与对照组相比Cd含量无显著性差异，说明原本样地重金属Cd的含量较高，施用堆肥产品后并未对其重金属含量产生显著影响。本研究结果表明城市污泥与园林废弃物混合堆肥产品的施用不会对环境造成重金属污染。施用高级污泥堆肥产品后，从大兴试验样地混合堆肥施用后对土壤重金属的影响来看，四种重金属元素（Cr、Zn、Cu和Mn）在土壤中含量都随着各肥料施肥量的增加而呈增加趋势，但也均低于国家安全标准值。总体上，说明混合堆肥产品在一定的用量控制标准下，可以做到安全施用、不超标。

采用每亩施用2吨混合堆肥产品淋溶试验表明，北京市污水污泥处理中心应该重视重金属Zn、As、Hg的去除力度；此外，国家应该针对污泥重金属的污染出台新的、统一的施用标准。就污泥堆肥而言，不同重金属对淋溶作用的反应不同，其中随着淋溶水的迁移速度排序大致为：As > Pb > Cd > Cr ≈ Zn > Ni > Cu > Hg。故在污泥堆肥土柱施用过程重金属含量变化研究中，应多考虑 Cd、As、Pb 含量的变化。污泥堆肥施用量的增加和累计施用 6 次后，表层土壤中重金属变化比较明显，其中施用量为 $12kg/m^2$ 的处理中，表层土壤中 Zn 明显高于土壤平均背景值；污泥堆肥施用量对土壤剖面为 0~30cm 中的 Pb 元素影响较大，远高于土壤平均背景值。淋溶作用会加速 Zn、Cr、Hg 的流失；其他重金属并没有随着淋溶作用出现明显的变化。当污泥堆肥的施用量增加到 12 kg/m^2 时，土柱中重金属 Cd 和 Hg 总量明显增加，建议不能连续施用 6 次。总体上，通过淋溶试验表明，混合堆肥的施用必须要控制用量，连续施用次数不宜超过 6 次，特别要防范污泥中 Zn、Cd 的超标，虽然淋溶水 Pb 不超标，但会在土壤中富集，也应引起高度关注。

（二）食物链累积效应

通过对食物链传递效应的研究表明，蚕开始进食混合堆肥种植的桑叶后，重金属在蚕体内的累积速度较为缓慢，随着进食桑叶的增加，蚕体内的重金属含量显著增加，但残留在体内的含量较少，大部分随蚕砂排出体外。铅离子在蚕体内残留量为 10% 左右，镉离子在蚕体内残留量为 30% 左右。复合胁迫对蚕的解毒机制无显著影响。土壤中重金属污染严重，但随食物链传递累积的效率较低，对蚕体生长的影响较小，研究表明食物链的传递对施用昆虫的影响还是相对有限。

从目前混合堆肥产品施用安全性和功效性评价来看，施用混合堆肥后，对改善土壤理化性质、提高植物生产具有一定的促进作用，对于生物多样性、重金属的影响相对有限。但必须考虑施用量和连续施用次数。

参考文献

［1］谭国栋，李文忠，何春利. 北京市城市污水处理厂污泥处理处置技术研究探讨［J］. 南水北调与水利科技，2011，9（2）：105－110.

［2］张璐，孙向阳，田赟. 园林废弃物堆肥用于青苹果竹竿栽培研究［J］. 北京林业大学学报，2011，33（5）：109－114.

［3］吴阳，喻徐良，徐乐中，等. 城市污泥与园林绿化废弃物共堆肥效果研究［J］. 浙江农业学报，2016，28（5）：136－141.

［4］尹守东，王凤友，李玉文. 城市污泥堆肥林地应用研究进展［J］. 东北林业大学学报，2004，32（5）：58－60.

［5］Tchobanoglous G, Theisen H, Vigil S. Integrated soild waste management：Engineering principle and management issues［M］. New York：McGraw Hill, 1993.

［6］Jess W, Everett, Shiv S. Vechicle and labor requirements for yard waste collection［J］. Waste Management & Resseach, 1997, 15（6）：627－640.

［7］张莹. 北京市污泥处理现状［J］. 中国资源综合利用，2013（6）：33－36.

［8］郭广慧，陈同斌，杨军，等. 中国城市污泥重金属区域分布特征及变化趋势［J］. 环境科学学报，2014，34（10）：2455－2461.

标准化助推园林绿化废弃物
处置利用高质量发展

孟丙南

北京市林业科技推广站

党的十八大以来，以习近平同志为核心的党中央高度重视标准化工作，习近平总书记多次提到标准化，强调指出：标准决定质量，有什么样的标准就有什么样的质量，只有高标准才有高质量。加强标准化工作，实施标准化战略，是一项重要和紧迫的任务。党的十九大作出了中国特色社会主义进入新时代、我国社会主要矛盾已经转化、我国经济已由高速增长阶段转向高质量发展阶段等重大论断。园林绿化废弃物处置利用是北京园林绿化高质量发展的重要推动力量，因此加快园林绿化废弃物处置利用标准化建设，对推动北京园林绿化和生态文明建设具有重要意义。

一、园林绿化废弃物及处置利用现状

1. 园林绿化废弃物的数量巨大，但资源化利用率低

园林绿化废弃物是指树木生长和林地绿地管护过程中产生的枝叶、草屑、花败、锯末等有机废弃物，是生态系统循环的重要节点。随着北京园林绿化的快速发展及管护精细化水平的提升，园林绿化废弃物产生量十分巨大，而且逐年增加。据测算，目前北京市每年产生园林绿化废弃物干重 341 万吨，实际利用量不足 10 万吨。由于园林绿化废弃物产生季节性强、分布分散、收集处置费用高、集中处置场站缺乏等原因造成其处置利用率极低。

2. 园林绿化废弃物是优质有机质资源，且北京市需求量巨大

园林绿化废弃物中的有机质含量达 70% 以上，且富含 N、P、K 等矿质元素，是生产有机肥料、有机基质、土壤覆盖物和改良剂的优质有机质来源。我国自古以来就有落叶化土、堆肥还田的传统。美国、加拿大、澳大利亚、日本和欧盟均颁布过相关法律法规，要求对园林绿化废弃物进行收集和资源化利用，许多国家还规定城市绿地中的裸露土壤必须采用有机质进行覆盖。

北京市是土壤有机质匮乏的地区，对有机质产品需求量巨大。目前全市果园土壤有机质含量一般为 0.32% ~0.6%，其他绿地、林地的含量更是远低于这个数值，与优质土壤 2% ~3% 的有机质含量水平相去甚远。目前北京市林果业的种植面积为 270 万亩，以每亩施用 2 吨有机肥计算，有机肥料的使用量就高达 540 万吨。再加上农业生产、平园林区、园林绿化建设和养护，对有机质的需求量高达上千万吨。以往大部分有机质产

品，包括有机肥料、有机基质等，均需从外地调运，品质良莠不齐。然而与此相对的，却是我市每年有近 400 万吨的园林绿化废弃物无法得到资源化利用，造成了极大的浪费。

3. 园林绿化废弃物的收集利用缺乏规范化的运行管理体系

园林绿化废弃物的收集利用缺乏规范化的运行管理体系，养护、收集、运输、处理和利用各环节缺乏管理和有效衔接，因此收集利用成本居高不下、产品价格不具有竞争力，无法形成良性循环，导致资源化利用率一直不高。①收集站点数量、负荷有限，布局不合理；同时废弃物产生量却在逐年增加，大多数废弃物均进入了垃圾收集体系。②园林绿化废弃物收集运输成本居高不下。由于废弃物体积大、密度低、产生范围广，养护单位缺乏专业设备和人员进行减量化处理，因此运输效率极低。③产品价格缺乏竞争力。由于缺乏有效的处理补贴制度和产品利用规定，单纯作为商品销售时，与畜禽粪便有机肥、腐殖酸或草炭相比，价格缺乏竞争力。④产品缺乏上市销售的必要条件。北京市现有的废弃物处理厂均建立在林业用地上，无法取得合法的生产经营许可，产品无法作为商品上市销售。只有通过规范园林绿化废弃物资源化利用的运行体系，统筹安排养护、收集、运输、处理和利用的各个环节，建立谁产生谁处理、谁产生谁利用的保障制度，才能实现园林绿化废弃物的减量化、无害化和资源化利用。

4. 园林绿化废弃物不当处置，还会对环境造成多重不利影响

园林绿化废弃物随生活垃圾进入填埋场时，由于体积大、降解慢，占用空间极大，浪费土地资源；如果采用焚烧的方式处理园林绿化废弃物，还是城市空气中 PM2.5 仅次于汽车尾气排放的严重污染源；园林废弃物如果随意丢弃处置，降解过程不仅释放大量的热量极易造成火灾隐患，同时生物质降解还会产生大量的渗滤液对土壤和地下水造成污染。

二、园林绿化废弃物处置标准化

1. 园林绿化废弃物处置标准化的政策依据

2016 年国家发改委颁布了发改环资〔2016〕203 号文件《关于加快发展农业循环经济的指导意见》，北京市先后于 2015 年和 2016 年颁布了京农发〔2015〕39 号文件《综合施策杜绝农作物秸秆和园林绿化废弃物焚烧工作方案》，京绿科发〔2016〕5 号《北京市园林绿化局关于杜绝焚烧园林绿化废弃物积极推进资源化利用的意见》，"自 2016 年起，全市林地、绿地、公园和场圃等要全面杜绝焚烧园林绿化废弃物，建立杜绝焚烧和监管机制，确保'零焚烧'。通过鼓励和吸引企业参与废弃物综合利用，力争到 2020 年，基本建成园林绿化废弃物综合利用产业体系，在城区绿地和公园，集中收集综合利用率达到 100%；在山区全部就地就近还林增肥，实现'落叶化土'的良性循环发展；平原地区，80% 就地堆肥、自然腐烂、粉碎还林处理，20% 集中回收综合利用"。根据园林绿化废弃物资源特点和区位条件，分类进行处理和收集利用。在山区鉴于运输条件差、土壤肥力弱，园林绿化废弃物以就地利用为主，在浅山、缓坡地带，配套便携式粉碎机具，将枝条等抚育废弃物就地粉碎，腐熟后回归土壤增加肥力。在深

山、远山、陡坡地带，因农林机具难以运输和作业，可将抚育废弃物沿等高线条垄状排列堆放，自然降解腐熟还肥于林。平原地区，平原造林、郊野公园、大型片林等区域以就近收集集中处理为主，根据实际情况建立相应处理场地。果园、苗圃、花圃等，采取集中堆肥和就地处理方式，实行资源化再利用。城区绿地、小区绿地、公园、旅游景区等，以集中收集综合处理为主，根据土地规划和资源分布情况，在城区周边建立适度规模的综合处理场，进行废弃物循环利用处理。这些文件的颁布为本规范的制定提供了明确的政策依据。

2. 园林绿化废弃物处置标准化的技术基础

自 2009 年起，北京市林业工作总站和北京林业大学相继完成了北京市园林绿化废弃物的资源量普查、北京园林绿化废弃物资源化利用与选址布局研究以及多项园林绿化废弃物资源化利用关键技术研究；北京市自 2007 年起，相继建立起了朝阳、海淀、西城和丰台四个园林绿化废弃物的集中处理厂，并在各大公园配备了小型粉碎设备，形成了分散收集减量、集中处理利用的资源化利用模式。经过多年来对场地设施的不断完善、设备机械的引进和研发、工艺技术的改进和提升，目前全市已经形成了 3.5 万 ~ 4.2 万吨的处理能力，园林绿化废弃物收集、运输、处理和利用各环节均运行稳定并积累了丰富的运行数据。通过与中国农业科学院蔬菜花卉所、北京林业大学、北京市农林科学院的项目合作，北京市开发出了无土栽培基质、花木基质、有机基质块、园林覆盖物和土壤改良剂等多种资源化利用产品。同时，京绿科发〔2016〕5 号也明确指出今后将"组织在京科研机构和高科技企业联合攻关，从收集、运输、处理等各个环节入手，开展应用研究和系统集成，促进科技成果的转化，引进消化吸收适合北京应用的国内外先进装备和技术，提高废弃物利用率，增加资源循环利用附加值"。这些工作均为标准的制定提供了扎实的技术基础。

3. 园林绿化废弃物废弃物处置的标准化

依据京绿科发〔2016〕5 号《北京市园林绿化局关于杜绝焚烧园林绿化废弃物积极推进资源化利用的意见》有关要求，规定了废弃物利用的原则和要求。废弃物利用应遵循减量化、无害化和资源化原则，推荐将废弃物经过处理后作为林业生产资料进行循环利用。根据城区、平原区及山区不同条件提出废弃物处置和利用的要求。

废弃物收集处理站点的类型包括：就地处理点收集点、集中收集点、流动服务体及收集利用中心等，分别承担废弃物的收集、转运、处理及产品生产等工作。依据各类站点最小处理单元的处理能力，规定了站点的位置、规模、处理能力和服务面积等，以保证废弃物的高效收集处理。

废弃物处理和资源化利用方式主要包括园林覆盖、堆肥、生物有机肥生产、基质生产、生物质固体燃料及食用菌菌棒加工等方式并指定了废弃物各种利用方式的原料要求、技术要点等。

三、标准化助推废弃物处置利用高质量发展

1. 标准化有利于园林绿化高质量发展落地

北京市园林绿化局《关于推进园林绿化高质量发展试点工作方案》中明确要求，平原森林"落叶化土、枯枝还田"，主要对抚育剩余物统一收集、腐熟处理并还林施肥，增强土壤有机质含量，提升森林绿地物质循环速度；公园绿地废弃物探索"落叶枯枝不出园"，推进园林废弃物规模化处理场所建设，实现集中收集、处理、再利用。延迟清扫，延长落叶观赏期的同时，探索城市森林落叶自然腐烂回归土壤。废弃物处置利用的标准化符合园林绿化高质量发展的要求，将极大推动园林绿化高质量发展。

2. 标准化有利于废弃物处置新技术研发

园林绿化废弃物处置利用过程标准化、制度化后，对发掘处置利用各环节存在技术问题具有重要作用，有利于技术研发的聚焦。针对废弃物松散凌乱、占用空间大问题，可加强收集转运过程中减量化、自动化技术研发；针对废弃物发酵周期长、产品不稳定问题，可开展发酵过程的菌剂、材料、工艺、装备等技术研发；针对处置过程以人工操作为主，可加大机械化研发力度。

关于海绵城市建设中地表
覆盖物使用的应用探究

张福生

动向国际科技股份有限公司副总裁

一、海绵城市的基本概念

海绵城市，是新一代城市雨洪管理概念，是指城市在适应环境变化和应对雨水带来的自然灾害等方面具有良好的"弹性"，也可称之为"水弹性城市"。国际通用术语为"低影响开发雨水系统构建"。下雨时吸水、蓄水、渗水、净水，需要时将蓄存的水释放并加以利用。2017年3月5日中华人民共和国第十二届全国人民代表大会第五次会议上，李克强总理政府工作报告中提到：统筹城市地上地下建设，再开工建设城市地下综合管廊2000公里以上，启动消除城区重点易涝区段三年行动，推进海绵城市建设，使城市既有"面子"，更有"里子"。

"海绵城市"材料实质性应用，表现出优秀的渗水、抗压、耐磨、防滑以及环保美观多彩、舒适易维护和吸音减噪等特点，成了"会呼吸"的城镇景观路面，也有效缓解了城市热岛效应，让城市路面不再发热。

建设海绵城市，关键在于不断提高"海绵体"的规模和质量。过去，城市建设追求用地一马平川，往往会填湖平壑。根据《海绵城市建设技术指南》，各地应最大限度地保护原有的河湖、湿地、坑塘、沟渠等"海绵体"不受开发活动的影响。受到破坏的"海绵体"也应通过综合运用物理、生物和生态等手段逐步修复，并维持一定比例的生态空间。海绵城市建设要以城市建筑、小区、道路、绿地与广场等建设为载体。比如让城市屋顶"绿"起来，"绿色"屋顶在滞留雨水的同时还起到节能减排、缓解热岛效应的功效。道路、广场可以采用透水铺装，特别是城市中的绿地应充分"沉下去"。

二、海绵城市建设中的地表覆盖物的分类

海绵城市建设如火如荼，但是在建设中如何做到不浪费资源、不走形式主义值得深思。如何利用现有的地表覆盖物完成海绵城市的功能也值得探讨。海绵城市的地表覆盖物可以分为两大类：硬覆盖物和软覆盖物。

1. 目前硬覆盖物一般就是透水砖

透水砖需要完善其本身透水性功能和品质结构问题，再就是如何保证在铺设透水砖时其下面平整层的混合土也具有很好的透水性也待解决，不然透水砖和混合土层之间由

于渗透不同步就会形成积水层，积水严重时就有可能浸坏透水砖或形成地面塌陷。雨水积存造成塌陷。

2. 软覆盖物一般是指花木、草坪或有机覆盖物

（1）花木可以美化环境，其根系可以保固水土这是公认的，但是其根部的裸露土壤有造成扬尘等影响环境的因素也是不可置疑的。

（2）草坪覆盖可以压制扬尘，但是草坪如果在树下和花木下种植，首先草坪会夺取花木的养分使花木生长不好。其次草坪由于在树下得不到很好的光合作用，其生长也会出现问题。再次草坪的养护修剪由于花木的影响也会更费时费力费工。如大面积地使用草坪，还会大量浪费水资源、人力维护资源等。特别是在北方冬季草木枯萎城市色彩单调和南方城市的绿过量问题。

（3）有机覆盖物铺设在花木下可以压制扬尘，吸附空气中的 PM2.5。同时又为花木源源不断地提供了养分（因为有机覆盖物是很好的缓释肥）。有机覆盖物还可以有效地减少土壤内水分的蒸发量提高土壤饱水度和温度，为花木的成活率和生长提供了基本保障。

三、海绵城市建设中的地表覆盖物的创新探究

美国农业部自然资源保护中心曾提出：有机覆盖物是对土地和植物非常有益的产品，建议在自己的花园中铺设有机覆盖物。有机覆盖物可以阻止杂草生长，从而远离除草剂等药品；可以调节土壤湿度和土壤温度，以减少浇水的时间和浇水成本，尤其适合用于干旱少水地区；同时还可以加快土壤中有机物的分解来改善土壤。有机覆盖物将会是花园的好伙伴。

由惠好公司（Weyerhaeuser Co.）研究表明，两英寸的有机覆盖物可减少夏季80%的水分流失，降低土壤下4英寸土壤温度10华氏度，延迟冬季土壤表层冻结3~5天。

根据《室外给水设计规范》中规定浇灌绿地平均用水量 $2L/m^2$，对照绿地浇灌日为66天/年，以此推算一年绿化用水量估算为 $66 \times 2 \times 10000000$（按每1000万平方米为一个计算单位）＝13.2亿升＝132万立方米，按城市经营服务业用水每立方米4.30元计算，一年1000万平方米绿化灌溉用水总体费用约为567.6万元，根据北京市园林科学研究院给出的有机覆盖物节水数据分析，年节约灌溉用水费用284万元，并产生不可估量的社会效益。

海绵城市中使用有机覆盖物进行地表覆盖，既节约了水资源的同时又解决了树草矛盾（由于草坪与树木需水量不均导致的生长矛盾）。不仅如此，有机覆盖物还能修复土壤。有机覆盖物中的微生物可以与土壤充分融合，经过发酵降解，改善土壤，增加土壤肥力，调节土壤 pH 值，活化土壤，改善土壤微生物循环，增强土壤的通透性和保肥性能。并可以阻止杂草生长，使土壤远离除草剂等物品，降低农药残留，改善园林植物生长品质。铺设3至5厘米厚度，可以使冬季地表温度提高4至6摄氏度从而保护球宿根花卉根系，使其安全越冬，同时给予肥力让植物来年长得好。

有机覆盖物作为高效治理雾霾的新型材料，具有超强的滞尘能力，净化使用范围内

的空气，并能有效降低地表风速，抑制地表土壤上扬至空气中形成扬尘。研究数据表明，在一个测试周期内，单位面积中的2.17亿颗总悬浮颗粒物，在铺设有机覆盖物后降低为7100万，有机覆盖物对裸露土壤的覆盖可减少空气中67%的总悬浮颗粒物，并减少空气中52%的PM10含量。

有机覆盖物可以改良土壤，增加土壤肥力，使原本贫瘠板结的土壤肥沃化，因为我们目前土壤板结贫瘠主要原因就是过度使用化肥。有条件的进行轮耕轮种使得植被长势更优（参考农业部2016 – 1文件逐步增加有机肥及有机覆盖物使用，逐年减少化肥使用量）。通过对裸露土地进行压尘治霾美化环境。根据环科院检测报告：铺设有机覆盖物可以降低空气中67%的悬浮颗粒物，在67%悬浮颗粒物中有52%是PM2.5。

市面上高端有机覆盖物使用专利技术生产而成，可以进行环保染色，区别于酸性化工染色，广泛应用于公园景区、市政道路、营地园区、私塾庭院、屋顶花园、儿童乐园等一切裸露地表。有机覆盖物的使用，使园林环境获得色彩、质地、形式、色调和季节性的趣味混合，提供给人们更为丰富的视觉空间和色彩意境，在海绵城市园林造景过程中，有机覆盖物的运用是"源于自然、表现自然、回归自然"的最好诠释。

我国北方城市园林绿地有机覆盖的思考和探索

孙向阳　周　伟　北京林业大学

杨庆丽　动向国际科技股份有限公司

摘要： 随着城市绿化环境不断改善，我国北方城市园林绿地面积逐年增加，但是大量裸地存在，造成扬尘污染、雾霾加剧、土壤蒸发严重等一系列环境问题。有机覆盖是改善城市绿地质量的有效手段，可实现美化景观、改良土壤、抑制扬尘、经济环保等多重效果。本文结合北方城市园林绿地现状，阐述了有机覆盖技术要点及其覆盖优势，并介绍了相关案例，以期为我国北方城市园林绿地质量改善提供思路。

关键词： 北方园林绿地　有机覆盖　实践案例

城市化进程不断加速导致城市环境问题日益突出，园林绿地在改善城市环境中扮演重要角色，是城市生态系统的重要组成部分，不断发展和提升城市园林绿地质量，对加强城市生态文明建设，提升城市竞争力及市民幸福指数有重要意义[1][2]。有机覆盖是目前最常用的一种园林绿地生态改良措施，广泛应用于园林绿地有利于提升城市生态服务功能，实现园林绿化事业绿色、健康、循环发展。

一、我国北方园林绿地现状及存在的问题

随着我国经济社会快速发展和城市化水平的不断提高，人们对美好绿化环境的需求不断提升，我国园林绿化事业快速发展，园林绿地建设已成为城市建设发展过程中不可缺少的一部分，在改善生态、调节气候、净化空气等方面发挥重要作用[3][4]。近年来，我国北方地区园林绿地建设取得长足进步，绿化覆盖率和园林绿地面积不断增加，为改善城市生态环境，促进经济社会可持续发展起到积极作用。然而，不可忽视的是我国北方城市园林绿地还面临许多问题。

（一）裸地引起环境问题

北方城市园林绿地尚有大量的裸地存在，即使有栽植植物的绿化区域，也会伴随阔叶植物冬季落叶造成大量土地出现季节性裸露，以北京为例，北京五环内冬季裸土面积可达 99.33 km²，草坪裸地对裸地面积的贡献率最大[5]。裸露土壤极易造成扬尘污染和空气污染，特别是冬春季节，扬尘成为北方地区雾霾的重要来源，引起 PM2.5 和 PM10 浓度增加、土壤蒸发量大、水土流失等一系列环境问题。因此，治理城市裸地、防尘治霾成为许多北方城市环境综合治理的重点。

（二）土壤质量有待改善

大量研究显示，我国北方城市园林绿地土壤多以客土为主，土壤质量较差，主要表

现在：土壤板结严重，容重值大；土壤有机质含量低，土壤肥力水平不高；pH 偏碱性；部分区域含盐量较高，有轻度盐碱化现象等[1][2][6]。这些问题不利于植物生长，影响城市绿化水平，制约了城市生态质量提升。

（三）园林绿化废弃物处置不当

大多数北方城市，园林绿地养护还停留在粗放的养护阶段，绿化产生的枯枝落叶、残花草屑、树皮、木片等园林绿化废弃物不能有效利用，往往被当作垃圾填埋或者焚烧处理，不能回归土壤进行养分循环，不仅造成了环境污染和资源浪费，也加剧了土壤紧实、通气不良、有机质含量及肥力下降，从而形成恶性循环[7]。

二、有机覆盖技术要点

园林绿地有机覆盖是治理裸地、防尘治霾、提升绿地质量的有效手段，是目前最常用的一种符合生态学原理的改良措施，对改善城市环境，促进经济社会可持续发展具有重要意义。

（一）有机覆盖概述

有机覆盖是指利用枯枝落叶、残花草屑、树皮、木片以及林产品加工剩余物等，直接或经加工处理后覆盖于土壤表面的一种土壤改良措施。有机覆盖物经粉碎、筛选、杀虫灭菌、染色等加工工艺后形成覆盖产品覆盖于城市绿地表面，可为城市绿地土壤提供高效肥料，具有生态、美观、环保、经济等诸多优点[8]。既实现了资源再利用，也缓解了资源处置不当所引起的环境问题。

有机覆盖物在西方发达国家应用历史较久，但是我国才刚刚起步，仅在北京、上海、深圳等较大城市有广泛应用，其应用尚处于初级阶段。随着城市环境改善力度不断加大，人们环境保护和资源循环利用意识的不断增强，有机覆盖越来越被认可，发展潜力巨大，特别在北方城市中快速推广与普及有机覆盖物应用，已成为园林绿地养护管理中的一项重要措施和城市土壤保育的重要策略[4]。

（二）有机覆盖物覆盖原则

有机覆盖物在园林绿化中适用范围较广，可以在行道树植栽、公园景区、屋顶绿化、厂区园区、庭院、裸地（包括一些立地条件很差暂时不宜绿化的贫瘠土壤）等区域大量使用，同时还可以在花卉、盆景等观赏植物中作为基质或城市公共绿地园径、小径的铺装材料使用。

通常全年都可进行覆盖。北方地区每年 12 月至翌年 4 月沙尘暴天气易发多发，可在沙尘暴多发季节之前进行覆盖，起到抑制扬尘的作用。

常规覆盖厚度应在 2～10cm，以 5～10cm 为宜。首次覆盖时，覆盖厚度宜厚，多次覆盖时，应根据覆盖材料的腐烂速度，适当调整覆盖厚度。夏季覆盖时，由于降水较多，气候湿润，应适当降低覆盖厚度；秋冬季节，气候干燥应适当增加覆盖厚度，且适当浇水以利于防火。公园裸地可适当增加覆盖厚度。

（三）有机覆盖在不同绿地中的应用

应用于行道树树池时，应低于树池及路沿高度。应用于花坛时，应低于花坛外边框，可增强花坛边缘的清晰度，形成空间分界线，从而有效防止游人踩踏[9]。应用于林地、森林公园时，有机覆盖物可不经加工直接覆盖，类似森林凋落物的"落叶归土"。应用于城市（城郊）公园、厂区园区时，可选择加工处理后的有机覆盖物进行覆盖，根据景观需要搭配色彩和造型。应用于庭院或屋顶绿化用地时，优先采用其绿化植物自身产生的废弃物作为基质进行覆盖，但有病虫害及喷洒杀虫剂的废弃物不可使用。堆肥或小粒径覆盖物（小于 2 cm）不宜单独覆盖于园林绿地表面，可下层铺设堆肥或小粒径覆盖物，上层铺设大粒径（4~8 cm）覆盖物。

三、有机覆盖技术优势

有机覆盖物在园林绿地中的应用，可实现改良土壤、抑制扬尘、美化景观、经济环保等多重效果，具有良好的生态和经济效益。

（一）改善土壤理化性状

以北京市为例[10][11][12][13]，大量研究表明（表1），有机覆盖能有效降低土壤 pH 和土壤容重值，增加土壤有机质和土壤养分含量，能够起到保水保肥、促进植物生长的作用。

1. pH

北方城市绿地土壤 pH 多偏碱性，草皮、木片等材料在树穴覆盖后，pH 值由 8.3 降到 7.96 和 8.14，分别降低 0.34 和 0.16[10]。pH 的降低更有利于北方植物生长。

2. 土壤容重

有机覆盖能有效降低土壤容重，木片覆盖能显著降低土壤容重，由覆盖前 1.42 g/cm^3 降低到 1.36 g/cm^3，降幅达 4.4%[10]。土壤容重的降低有利于改善土壤通气性，促进植物根系生长。

3. 保水控温

有机覆盖物能起到"保水剂"的作用，能有效吸收雨水或灌溉水，避免土壤水分大量蒸发。有机覆盖还可以调节土壤温度，在 1 月提升土壤温度，7 月降低土壤温度[11]。

4. 土壤有机质及土壤养分

李啸冲、曲炳鹏等通过研究有机覆盖材料在园林中的应用发现，有机覆盖均能够显著增加土壤有机质及土壤碱解氮、速效磷、速效钾等养分含量[12][13]。

表 1 　　　　　　　　有机覆盖后土壤理化性质变化[10][11][12][13]

项目	pH	容重 g/cm^3	有机质 g/kg	碱解氮 mg/kg	速效磷 mg/kg	速效钾 mg/kg
覆盖前	8.3	1.42	18.09	113.57	29.78	384.0
覆盖后	7.96~8.14	1.36	22.11	147.23	39.7	513.33

（二）抑制扬尘

有机覆盖物覆盖于绿地表面，能有效抑制裸露地面扬尘，缓解扬尘引起的雾霾天气。有研究表明，当近地表风速不高于4m/s时，有机覆盖物能很好抑制扬尘[13]。

（三）美化景观

有机覆盖产品经过环保染色，形成红色、黄色、棕色、黑色等色彩，且一般可保持2年以上。通过有机覆盖色彩搭配和造型，进一步提升了城市园林景观，特别对北方城市冬季美化具有重要意义，有利于提高景观的可进入性，改善景观的游憩质量和旅游质量[8][9]。

（四）经济环保

有机覆盖不仅实现"变废为宝"，促进资源循环利用，还可减少浇水、施肥、除草等园林养护成本，实现了城市园林绿地的低成本维护[9]。

四、有机覆盖实践案例介绍

近年来，有机覆盖物生产企业不断增加，动向国际科技股份有限公司成为中国有机覆盖物行业领导者之一，北京林业大学与动向国际科技股份有限公司共同签署战略合作协议，双方将针对有机覆盖物应用技术，开展密切合作，发挥各自优势，实现优势互补、合作共赢，为有机覆盖物应用提供科学保障，也为有机覆盖物行业标准制定奠定基础。在北京林业大学的合作与指导下，动向国际科技股份有限公司在公园、社区、道路等区域广泛铺设有机覆盖物，形成了良好的生态效益、景观效益，赢得了广泛的口碑和社会赞誉。

（一）圆明园示范基地

北京林业大学与动向国际有限公司成功在北京圆明园建立"有机覆盖物园林绿化应用示范基地"。该示范基地是北京第一个有机覆盖物产学研示范项目，将进一步拓展有机覆盖物在我国北方城市园林的应用空间，形成一批领先的科研成果，进一步加强有机覆盖物行业的科技创新能力，推动有机覆盖物中国标准建立。该基地原为圆明园东门入口的一处裸地，未铺设前，极易造成扬尘污染，土壤通气性差，景观效果不佳，铺设后有效改善了景观环境和土壤质量，得到了游人一致好评。（图1）

图1　圆明园示范基地景观

（二）奥林匹克公园千米景观大道

有机覆盖物应用于冬季奥林匹克公园千米景观大道，独特的景观效果得到现场游客

的持续关注。景观大道铺设以红、黄、蓝、绿、黑五种颜色为主，与奥运五环颜色相呼应，形成了独特的生态文明景观。（图2）

有机覆盖在奥林匹克公园的应用，是体育和生态文明结合的典范。生态文明与体育不可分割，都是推动人类进步与社会发展的重要力量。生态环保中需要的坚持与持之以恒的体育精神不谋而合，有机覆盖物以其特有的形态魅力愉悦人们的生活环境，更以其强烈的人文精神催人奋进。

2020年初春，在经过冬季的风雪后，景观大道依然保持靓丽的颜色，为奥林匹克公园增添了灵动色彩。人民网、北京日报对此进行了专题报道。

图2　奥林匹克公园千年景观大道景观

（三）北京地景艺术节

地景艺术（Land Art），又名大地作品或大地艺术，它是从环境艺术演进而来，广义地说是环境艺术的一种。设计师把对地景艺术的理解与自然景观相结合，利用各种自然材料，如树木枯枝、落叶、果实、竹竿、自然石料等。在园林景观的草坪、斜坡等绿地上融入精心设计的艺术作品，用自然材料创造新景观，重新焕发勃勃生机。

地景艺术节以"生态环保、循环利用、变废为宝"为理念，赛场作品的用材基本以园林废弃物枯枝落叶为主素材，有机覆盖物的产品性能与地景艺术节不谋而合，得到众多设计认可，有机覆盖物在设计师手中变成一个个栩栩如生的作品，从而助力地景艺术节，推动地景艺术发展。（图3）

图3　北京地景艺术节景观

五、结语

园林绿地质量改善越来越受到重视，裸地治理已被许多城市列为环境综合治理的重点。有机覆盖技术的应用，有利于提升园林绿地质量及其景观效果，有效缓解北方城市园林绿化面临的扬尘污染、土壤蒸发严重等环境问题。目前，我国有机覆盖应用技术还处于初级阶段，应用前景广阔、市场潜力巨大，亟须制定相关标准、法规、政策等加以规范与引导，科研单位和相关企业要加强关键技术研究合作，加快技术推广与应用，从而更好满足人民对美好绿化环境的需求，促进城市生态环境可持续发展。

参考文献

［1］周伟，王文杰，张波，等．长春城市森林绿地土壤肥力评价［J］．生态学报，2017，37（4）：1211－1220.

［2］周伟，王文杰，何兴元，等．哈尔滨城市绿地土壤肥力及其空间特征［J］．林业科学，2018，54（9）：9－17.

［3］周青丽．城市园林绿化发展现状及优化分析［J］．山西建筑，2017，43（5）：212－213.

［4］黄利斌，李荣锦，王成．国外城市有机地表覆盖物应用研究概况［J］．林业科技开发，2008，22（6）：1－8.

［5］张骅，王心语，张骏达，等．北京地区五环内冬季园林绿地中裸土调研及其分布特征［J］．中国水土保持科学，2017，15（2）：79－84.

［6］石军，栗秀芬，李大鹏，等．德州市城市园林绿地土壤现状和改良建议［J］．园林科技，2020，155（1）：26－29.

［7］孙向阳，索琳娜，徐佳，等．园林绿化废弃物处理的现状及政策［J］．园林，2012，2：12－17.

［8］成立．浅析有机覆盖物在裸露绿地中的应用［J］．绿色环保建材，2019，146（4）：259－262.

［9］王欣国．有机覆盖物及其在美国城市园林中的应用概况［J］．广东园林，2015（2）：83－85.

［10］贠炳辉，李素艳，曲炳鹏，等．不同覆盖材料对城市树穴土壤理化性质的影响［J］．西北林学院学报，2017，32（6）：34－39.

［11］王心语，李素艳，孙向阳，等．不同地表覆盖物对城市表层土壤物理性质的影响［J］．中国水土保持科学，2018，16（6）：71－78.

［12］李啸冲，孙向阳，李素艳，等．有机地表覆盖材料对树穴土壤理化性质的影响［J］．水土保持学报，2020，34（1）：322－326.

［13］曲炳鹏．以园林废弃物为原料的覆盖垫的制备及应用研究［D］．北京：北京林业大学，2018.

绿色能源与能效

中国农村清洁能源供热 10 年发展历程

杨旭东

清华大学建筑节能研究中心

一、前言

我国长期存在的城乡二元结构体制导致建筑节能和清洁能源利用的重心一直放在城市，农村相关领域的工作没有得到足够的重视，发展严重滞后于城市。目前，我国农村建筑围护结构热性能差，北方农村大多数房屋的墙体、屋顶等围护结构没有任何保温措施，导致冬季散热损失过大，再加上大部分地区采暖和炊事等生活用能方式仍很原始，设备简陋，主要以散煤、生物质等固体燃料的直接低效燃烧为主，造成了极大的能源浪费和环境污染等问题，因此，农村清洁能源供热需要重点解决。但由于我国农村分布范围广，不同地区的气候条件和资源禀赋存在很大不同，整体经济水平也相对较低，农户节能意识淡薄，所以农村清洁能源供热也成为了我国清洁供热工作的痛点和难点。

二、我国农村建筑用能现状

2018 年我国建筑运行的总商品能耗约为 10 亿吨标准煤（tce），占全国能源消费总量的 22% 左右，2018 年北方城镇供暖能耗为 2.12 亿吨标准煤，占全国建筑总能耗的 21%。从建筑面积上来看，城镇住宅和农村住宅的面积最大，北方城镇供暖面积约占建筑面积总量的四分之一左右，公建面积仅占建筑面积总量的五分之一左右，但从能耗强度来看，公共建筑和北方城镇供暖能耗强度又是四个分项中较高的。因此，从用能总量来看，基本呈现出北方城镇供暖、城镇住宅、公共建筑和农村住宅四分天下的局势，四类用能各占建筑能耗的四分之一左右。近年来，随着公共建筑规模的增长及平均能耗强度的增长，公共建筑的能耗已经成为中国建筑能耗中比例最大的一部分。

目前我国 31 个省（自治区、直辖市）每年农村生活用能总量约为 3.11 亿吨标准煤，其中包括用于取暖、炊事（含生活热水）、空调、生活用电（包括照明和各类家电）的能耗，统计的能源种类包括：煤炭（散煤、蜂窝煤）、液化石油气、电力、天然气等商品能，以及以木柴和秸秆为主的非商品能。农村建筑用能中商品能煤炭为 1.59 亿吨（折合 1.13 亿吨标准煤）、液化石油气 916 万吨（折合 0.16 亿吨标准煤）、电 2623 亿千瓦·时（折合 0.81 亿吨标准煤）、天然气 55.4 亿立方米（折合 0.067 亿吨标准煤），商品能总量合计 2.16 亿吨标准煤；非商品能生物质（包括薪柴和秸秆）总量为 1.68 亿吨（折合 0.94 亿吨标准煤）。商品能和非商品能分别占到 69.6% 和 30.4%。

其中北方地区由于冬季取暖需要，其能耗普遍要高于南方地区，地处严寒地区的某些省份的取暖负荷较大，户均能源消耗量超过每年4吨标准煤。

三、农村清洁能源供热的重要性

目前农村建筑用能主要以散煤、生物质等固体燃料的直接低效燃烧为主，燃烧时产生大量颗粒态和气态污染物，会对室内空气质量、人体健康以及大气环境造成严重影响。农村地区家庭固体燃料燃烧被公认为是造成环境污染以及区域和全球性气候变化的主要原因之一，同时也是一种主要的环境性健康风险影响因子，燃烧过程所产生的细颗粒物是造成高浓度室内污染的主要物质之一，其容易吸附多种有毒有害物质并进入肺泡内或者肺间质内，激活肺部免疫细胞，引起呼吸道的炎症反应，最终造成呼吸系统相关疾病。

农村土暖气在燃烧单位质量散煤时的PM2.5排放量是带有除尘设施大型锅炉的10倍以上，从输出单位有效热量的角度考虑，农村土暖气提供单位有效热量时的PM2.5排放因子是带有除尘设施大型锅炉的20倍以上，由此产生的污染物势必会对区域空气质量产生影响。在我国近年来多个地区雾霾天气频发的大背景下，农村利用清洁能源进行供热显得越发重要。

四、近10年的发展历程

农村建筑节能和清洁能源供热工作由于受社会、经济、人文、技术等多种因素的制约，长期处于无章无序、缓步不前的发展状态，最近10年因为社会各界的共同努力才开始有了明显的进展，整体上可将其归纳为先行探索期、快速起步期和全面发展期三个阶段。

（一）先行探索期（2012年以前）

从2005年10月党的十六届五中全会提出建设社会主义新农村的发展目标开始，农村建筑节能和环境改善工作被提上议事日程。为此，清华大学建筑节能研究中心先后组织清华大学1000多名师生开展对全国24个省份、150多个县、1万余户农户的大规模调研，获取了大量第一手数据，从中发现和总结了关于农村建筑用能和室内环境方面所存在的诸多问题。随后在北京郊区率先开展农宅围护结构节能改造和可再生能源利用技术的试点研究工作，并于2008年首次提出在农村地区建设"无煤村"的发展理念，主要包括无煤、节能和宜居三个特征，即农宅不使用燃煤，而是以生物质、空气能、太阳能等可再生能源解决全部或大部分采暖、炊事和生活热水用能，如果不足时，用电、液化气等清洁能源进行补充，同时满足农宅照明、家电等正常用电需求；农宅围护结构应具备良好的保温性能，从而大大减少采暖用能需求；农宅需要满足与农村地区居民相适应的热舒适要求，同时避免由非清洁用能引起的室内外空气污染及环境恶化。经过几年的系统化研究和实践，在《中国建筑节能年度发展研究报告2012》中对"无煤村"的发展目标、内涵和实现路径等进行了详细总结和论述。

这一时期的显著成果之一是首先通过实例验证了农村建筑本体节能工作的重要性，

而且建议北京市政府将其定为长期支持政策，开始逐年在全市郊区进行规模化推广。

（二）快速起步期（2012—2016 年）

2012 年冬季在我国北方地区爆发的大范围雾霾天气引起了社会各界对建筑用能尤其是农村建筑所产生的污染排放问题的高度重视，环境领域的科研工作者们开始重点关注大气污染排放的源解析工作，能源领域的科研工作者们则重点关注清洁能源供热的技术解决方案和实际应用。清华大学建筑节能研究中心团队利用科技部、国家自然科学基金委、北京市政府等多个项目的支持，在国内陆续开展了大量关于农村散煤清洁能源替代和清洁取暖相关的理论研究、技术研发、系统化解决方案和工程示范等，相继提出了低温空气源热泵热风机、智能型生物质取暖炉、高效低成本太阳能空气集热器等多种创新性技术和系统化方案，开展了针对超过 10 种清洁能源供热技术的节能减排性和技术经济性的现场测试和理论对比研究。各地政府则根据自身的资源特点和经济水平等，也相继开展农村清洁供热的规模化试点工作。

这一时期的重大成果之一是北京市截止到 2016 年年底共计完成了 71 万户的农宅保温节能改造工作，同时完成了超过 20 万户的煤改清洁能源改造，为其他地区起到了很好的示范带动作用，由此每年可以节省能源消耗量超过 100 万吨标准煤，实现减少约 0.3 万吨的 PM2.5 排放和 250 万吨的 CO_2 排放。

（三）全面发展期（2017 年至今）

为解决北方建筑用能对室外大气环境质量的不利影响，习近平总书记在 2016 年 12 月 21 日召开的中央财经领导小组第十四次会议上提出："推进北方地区冬季清洁取暖，关系北方地区广大群众温暖过冬，关系雾霾天能不能减少，是能源生产和消费革命、农村生活方式革命的重要内容。要按照企业为主、政府推动、居民可承受的方针，宜气则气，宜电则电，尽可能利用清洁能源，加快提高清洁供暖比重。"此次会议彻底拉开了北方清洁取暖的帷幕，也标志着中国清洁能源供热工作随后进入了快速发展期。

2017 年 5 月，财政部、住房城乡建设部、环境保护部、国家能源局等四部委联合发布《关于开展中央财政支持北方地区冬季清洁取暖试点工作的通知》，明确中央财政支持北方地区冬季清洁取暖试点工作。重点支持京津冀及周边地区大气污染传输通道"2 + 26"城市，并通过竞争性评审确定首批 12 个试点城市（天津、石家庄、唐山、保定、廊坊、衡水、太原、济南、郑州、开封、鹤壁、新乡）。2018 年 7 月，财政部、生态环境部、住房城乡建设部、国家能源局又联合下发《关于扩大中央财政支持北方地区冬季清洁取暖城市试点的通知》，将试点范围扩展至京津冀及周边地区大气污染防治传输通道"2 + 26"城市、张家口市和汾渭平原共计 23 个试点城市：邯郸、邢台、张家口、沧州、阳泉、长治、晋城、晋中、运城、临汾、吕梁、淄博、济宁、滨州、德州、聊城、菏泽、洛阳、安阳、焦作、濮阳、西安、咸阳纳入试点范围的城市，北方清洁取暖试点工作得到了大范围开展。

截至 2018 年年底，京津冀及周边地区、汾渭平原共完成清洁取暖改造 1372.65 万户。从采用的技术方案看，试点城市主要采用的清洁热源替代方式以"煤改气""煤改电"为主，其他形式如"煤改热""煤改生物质"等仅有少量试点。从试点城市的清洁取暖工作进度来看，2018 年，北京市在完成 312 个村、12.26 万户清洁改造任务基础上，超额完成了山区 163 个村 5.74 万户配套电网改造，全市平原地区基本实现"无煤化"。表 1 为北方部分省（市）完成清洁取暖改造情况，从计划任务层面来看，河北省工作量最大，同时河北也是完成规模最大的省份，清洁取暖改造规模约占重点省市规模的 30%。

表 1 北方七省（市）完成清洁取暖改造情况（截至 2018 年年底）

地区	计划任务（万户）	完成情况（万户）		
		煤改气	煤改电热或煤改热泵	总计
北京	72	17.5	68.4	85.9
天津	120	40.5	19.7	60.2
河北	1133	448.3	56.2	504.5
山西	611	76.6	15.5	92.1
山东	594	92.8	88.4	181.2
河南	503	15.1	287.1	302.2
陕西	362	133.32	13.23	146.55
合计	3395	824.12	548.53	1372.65

从完成情况来看，河南省完成比例达到 60%，天津市、河北省完成 50% 左右，其中天津市、河北省、陕西省、山西省清洁取暖以"煤改气"为主要方式，河南省以"煤改热"或"煤改热泵"为主。

自清洁取暖工作实施以来，农村散煤使用量减少了 3000 多万吨，对改善大气环境做出了实质性贡献。2018 年，京津冀和汾渭平原地区平均 PM2.5 浓度分别为 60 $\mu g/m^3$ 和 58 $\mu g/m^3$，比 2017 年各下降 11.8% 和 10.8%。以此为基础，全国 338 个城市 PM2.5 浓度也出现了明显的下降，近六年来全国重污染日持续减少，2018 年全年首次无持续 3 天及以上的重污染过程。

五、北方农村清洁取暖优秀案例

清华大学建筑节能研究中心团队经过长期的技术研发、项目应用和实践总结，以及利用近两年为多个北方清洁取暖试点城市提供技术指导和示范的机会，总结出适合我国北方农村清洁取暖的适宜模式，即初投资每户平均不超过一万元、无补贴的年取暖运行费每年不超过一千元、设备一键式智能化操作，并整体建立在一个顶层规划的"四一"模式。在此基础上，随之涌现出了一批以河南省鹤壁市和山东省商河县为代表的北方农村清洁取暖的优秀案例。

（一）河南省鹤壁市

基于鹤壁市当地的气候条件、能源资源和农宅建筑结构，探索确定推进"四一"模式和技术路径，逐步形成"六个一"的鹤壁标准建设管理标准，具体包括：整村推进且明确一个技术路径和品牌产品，有利于运营维护一体；遵循能效改造一套技术标准，能效提升不能低于30%；热源侧和用户侧节能总改造费用控制在1万元，而居民承担费用小于1/4，成本控制在政府和居民可承受范围内；通过实施低温空气源热风机或生物质清洁取暖炉两种方式，确保居民清洁取暖年运行成本控制在1千元左右；设备操作一键化，主要考虑到农村老人和孩子在家，便于操作；管理平台一体化，热风机按照数字化管理，简化运维。达到了农户可接受，政府能承受，资源可担负的可持续效果。

目前河南省鹤壁市已有400多个村庄试点安装了空气源热泵热风机，推广安装约7.2万户，生物质颗粒燃料炊暖炉推广也在有序进行中。通过采用"四一"模式，并经过前期的科学的规划和合理设计实施，用实际工程证明了清洁取暖可推进、可接受、可持续，为北方其他地区的清洁取暖工作提供了良好示范。

（二）山东省商河县

商河县在用户侧围护结构保温方面，根据当地农宅特点，结合农村经济状况，提出经济型的靶向保温技术体系。通过理论模拟分析和现场实测等手段，进行不同农户和不同房间的个性化和精准化设计，合理分配资金预算以达到最佳的投入产出比。用户侧围护结构保温的基本原则：常用房间改造优先；围护结构内保温为主；屋面和薄弱北向外墙优先；南向充分利用阳光能量；增设吊顶来减少室内层高等。确保每户总初投资控制在4000元左右，运行能耗与无保温相比减少约30%。

采用低环境温度空气源热泵热风机取暖，中标企业整片包干，承担所包干范围内热泵热风机取暖工程的具体实施工作，包括方案设计、设备安装、调试、售后维护等；农户通过支付少量费用获得热泵热风机所有权和使用权，同时享受后续设备维护等专业服务，根据用户建筑房间使用习惯，一户在主要活动房间安装一台热风机，单台热风机投资约5000元。最终实现了保温改造以及取暖设备总投资低于一万元，且农户仅承担总投资的1/3左右，剩余部分由政府、企业及亚行贷款共同垫资支付。

六、未来发展建议及展望

国家和地方政府在过去两年多所出台和实施的一系列政策，对我国清洁供热工作的发展起到了重要推动作用。从"煤改电""煤改气"到"四宜"原则（宜电则电、宜气则气、宜煤则煤、宜热则热），从多能互补到因地制宜，北方农村清洁取暖改造工作在环境、经济尤其是民生方面取得了显著的成效。但从实施情况来看，仍然存在一些问题，例如部门间协同性不足、财政补贴未差异化对待、可再生能源发展政策不明确、缺乏对规划和技术路径的科学引导、清洁供热改造实施方案笼统、市场化运行机制不健全、清洁取暖可持续发展及长效市场机制尚未形成、考核机制重"量"不重"质"等，这些都从某种程度上影响了政策的实施效果和行业的可持续发展。

（一）未来发展建议

建议在后续推进清洁能源供热过程中应加强以下方面的工作：

1. 加强指导政策统筹规划与管理

应鼓励因地制宜制定政策，避免"一刀切"，加强规模化实施方案的科学论证和前期试点示范，增强政策制定与执行部门协同性。针对清洁取暖改造政策设计中的政策冲突问题，成立相关部门参加的清洁取暖改造协调议事机构，打破部门管辖区域边界，就保障清洁取暖所涉及的环保标准、热源供应、供暖技术应用、供暖方式选择等方面的问题进行统筹协调，为清洁取暖改造工程提供强有力的保障。

优化监督考核机制，将"明察"与"暗访"相结合，以明察等途径对政府部门进行调研和座谈，深入了解政策背景、补贴标准、政策执行、监督管理等政府推进的情况。同时随机走访居民或企业员工进行交流，深入了解政策执行、居民反映、补贴资金到位等情况，客观评估用户层面的态度与需求。将"质"与"量"相结合，科学评估清洁取暖的实施效果，除了将完成工作量作为考核目标之外，还应引入对工作效果的评估。

2. 加强规划和技术路径引导的科学性

从现有的政策来看，大多只是下达任务目标、罗列技术，缺乏基于本地实际对各项技术进行深入系统的可行性分析比较，对挑选出来的技术路线进行严谨的分析论证。以《北方地区冬季清洁取暖规划（2017—2021年）》为例，其中提到"在热力管网覆盖不到的区域推广碳晶、石墨烯发热器件、电热膜、蓄热电暖器等分散式电供暖，科学发展集中电锅炉供暖，鼓励利用低谷电力，有效提升电能占终端能源消费比重。到2021年，电取暖（含热泵）面积达到15亿平方米，其中分散式电供暖7亿平方米，电锅炉供暖3亿平方米，热泵供暖5亿平方米，城镇电供暖10亿平方米，农村5亿平方米。在农村地区，根据农村经济发展速度和不同地区农民消费承受能力，以'2+26'城市周边为重点，积极推广燃气壁挂炉。在具备管道天然气、LNG、CNG供气条件的地区率先实施天然气'村村通'工程"。本条款在实际实行过程中，很容易被误解成只要从上面选择一种或几种形式进行推广，即可达到清洁取暖的目的。但上述技术路径相差迥异，需要进行科学的技术经济分析对比，才能优化出适合本地区实际的合理技术方式。

3. 进一步加强北方农村建筑节能工作

由于北方农村地区传统建筑分散、围护结构保温性能弱、农户使用个性化，各区、各村因农宅户型、保温情况、生活习惯不同，以及平原、山区气候差异导致了不同取暖需求，而农村建设长期滞后于城市，在农村地区施行建筑保温改造势必是清洁取暖的必要基础工作。首先需要通过加强保温和被动式太阳能等实现用户侧能效提升，减少建筑能耗需求，针对不同地区、不同类型的农宅，基于建筑热过程分析构建切合实际的用户侧能效提升节能指标体系，并建立起农村居住建筑节能设计的行业标准和国家标准来对节能改造进行科学指导和评估。

4. 改进设备及运行补贴方式

各级层面已经出台的清洁取暖补贴政策大部分都是既补初装费又补运行费，给各级财政造成了很大的压力，且大部分政策均明确了"煤改电热""煤改气"的补贴，而对于可再生能源供暖以及建筑节能保温的补贴并未明确。因此，在补贴方面应进一步提高建筑能效提升在补贴资金中的份额以及明确可再生能源的补贴政策，同时以实施"只补初装费不补运行费"为目标，将运行补贴转化为热需求的下降和能效的提高，鼓励推广节能高效性技术产品应用。

在清洁取暖资金途径方面，打破单一依赖政府补贴的方式，进一步促进绿色金融产品和服务的落地，通过再贷款、专业化担保、财政贴息等措施加大对清洁取暖项目的支持力度，降低清洁取暖企业融资成本。支持清洁取暖企业发行绿色债券，支持符合条件的清洁取暖企业上市融资和再融资。建议国家尽快设立绿色发展基金，并下设清洁能源子基金。合理运用融资租赁、证券化等金融工具，为清洁供暖企业多渠道融资创造条件。

5. 高度重视发展生物质资源解决农村用能和低碳发展问题

我国农村具有丰富的生物质能资源，长期以来，广大农村地区有着很好的利用可再生能源的传统，如能充分发挥农村丰富的生物质资源优势，在国家层面大力推广基于生物质资源的可再生能源综合利用体系，不仅可以给中国丰富的农林固体剩余物资源提供一条就近分散利用的可靠途径，改善农村面源污染和提升农村人居环境水平，还对贯彻党的十九大提出的乡村振兴战略和建设美丽中国的政策目标，推动全国节能减排工作，实现应对气候变化和打赢蓝天保卫战，都具有重大意义，建议加快构建生物质能综合利用体系，切实推动农村能源革命。

6. 着力推动"四一"模式在农村清洁取暖中的应用

从北方农村清洁取暖工作的初投资约束、运行费约束、使用便捷性约束、统筹规划约束四个方面出发，提出了初投资每户平均不超过一万元、无补贴的年取暖运行费每年不超过一千元、设备一键式智能化操作，并整体建立在一个顶层规划的"四一"模式。"四一"模式在山东省商河县、河南省鹤壁市等地的成功实践，证明了这种创新模式是完全能够在北方农村地区进行大规模复制的。"四一"模式从顶层设计出发，通过因地制宜的科学规划，将大大减轻农民用能负担，节约国家财政补贴支出，降低农村清洁取暖能耗和排放，应在北方农村地区大力推广。

（二）未来展望

国家十部委发布的《北方地区冬季清洁取暖规划（2017—2021年）》指出，到2019年北方地区清洁取暖率达到50%，替代散烧煤（含低效小锅炉用煤）7400万吨，其中"2＋26"重点城市城区清洁取暖率要达到90%以上，县城和城乡接合部（含中心镇）达到70%以上，农村地区达到40%以上。其他地区、城市城区清洁取暖率达到60%以上，县城和城乡接合部清洁取暖率达到50%以上，农村地区清洁取暖率达到20%以上。到2021年，北方地区清洁取暖率达到70%，替代散烧煤（含低效小锅炉用煤）1.5亿吨。其中"2＋26"重点城市城区全部实现清洁取暖，35蒸吨以下燃煤锅炉全部拆除；县城和城乡接合部清洁取暖率达到80%以上，20蒸吨以下燃煤锅炉全部拆除；农村地区清洁取暖率60%以上。

预计未来再用5年到10年的时间，我国北方地区农村基本可以全部实现清洁能源供热，由此可以实现每年节能1亿吨标准煤，而且能为农户减少燃料费用支出1000亿元/年，同时每年可以减排将近3亿吨CO_2、370万吨SO_2、110万吨NOx和270万吨细颗粒物（$PM2.5$），为我国打赢蓝天保卫战、乡村振兴等战略的顺利实现做出重要贡献。

中国生物质供热机遇和挑战

田宜水

农业农村部规划设计研究院

一、引言

化石燃料燃烧等人类活动导致 CO_2 等温室气体的大量排放，从而引起全球变暖，引发了气候变化异常，对全球自然生态系统产生了明显影响。为了应对全球气候变化，我国政府提出，到 2020 年单位国内生产总值 CO_2 排放比 2005 年下降 40% ~ 45%，作为约束性指标纳入国民经济和社会发展中长期规划。2016 年 9 月 3 日，全国人大常委会批准中国加入《巴黎气候变化协定》，成为 23 个完成了批准协定的缔约方。

我国能源结构以煤为主，开发利用方式粗放，资源环境压力加大。大量水资源被消耗或污染，煤矸石堆积大量占用和污染土地，酸雨影响面积达 120 万平方公里，主要污染物和温室气体排放总量居世界前列。国内生态环境难以继续承载粗放式发展，国际上应对气候变化的压力日益增大，迫切需要绿色转型发展。近年来，我国部分地区连续爆发雾霾天气，以可吸入颗粒物（PM10）、细颗粒物（PM2.5）为特征污染物的区域性大气环境问题日益突出，损害人民群众身体健康，影响社会和谐稳定。

生物质能供热就地收集原料、就地加工转化、就近消费，是重要的清洁供热方式，可为农村居民、中小型区域提供清洁供暖和工业蒸汽，直接在用户侧替代化石能源。构建城乡分布式清洁供热体系，在终端消费环节直接替代燃煤，既减少了农村秸秆露天焚烧，又提供清洁热力，带动生物质能转型升级，有较大的发展空间。本文从生物质供热需求、资源和技术等方面进行分析，讨论了存在的主要问题，并指出了未来发展方向，可为政策制定提供参考依据。

二、中国生物质供热机遇

（一）需求分析

1. 北方地区冬季取暖

当前，国家高度重视北方地区冬季清洁取暖，相继出台了《北方地区冬季清洁取暖规划（2017—2021 年）》《国家发展改革委、国家能源局关于印发促进生物质能供热发展指导意见的通知》等系列文件，明确提出：到 2021 年，生物质能清洁供暖面积达到 21 亿平方米。

北方地区冬季取暖涉及 15 个省（区、市）的 5 亿多人口，占全国人口总数的 40% 左右。截至 2016 年年底，北方地区冬季供暖面积约 175 亿平方米。其中，农村供暖面积约45亿平方米。据估算，北方地区年供暖能耗约为3亿吨标准煤（含生物质能），接近全国建筑能耗的三分之一。其中，农村供暖能耗约1.0亿吨标准煤（含生物质能）。北方农村地区以分户式取暖为主，商品能源大多为散煤或型煤，此外还大量使用薪柴、秸秆等非商品能源。

2. 能源贫困问题还在少数地区存在

能源贫困是当前国际社会关注的热点问题之一，在发展中国家尤为严峻，制约国家经济和社会的可持续发展，影响居民健康和生活水平。世界卫生组织认为，全世界大约30亿最贫困人口仍然依靠柴草、动物粪便、木炭和煤等固体燃料在低效、高污染的炉灶中燃烧来炊事和取暖，每年造成大约400万人死于呼吸和心血管，以及癌症等疾病。

我国农村人口规模庞大，基础设施建设落后，主要依靠老式锅炉取暖供热，约44.2%的农户还依赖于煤炭和传统的生物质能源，能源贫困还一定形式的存在，主要分布在我国的东北、西北和西南等区域。老式锅炉数量多、耗煤量大、热效率低；煤炭则以低质散煤为主，原煤灰分和硫分都相对偏高，而且没有污染控制设备，直接低空排放，导致农村吨煤排放量远超全社会煤炭排放。

（二）资源分析

我国农村生物质能资源广泛，主要有农作物秸秆及农产品加工剩余物、林木采伐及森林抚育剩余物等。

1. 农作物秸秆

根据国家发展改革委、农业部对全国"十二五"秸秆综合利用情况的终期评估结果显示，2015年全国主要农作物秸秆理论资源量为10.4亿吨，可收集资源量为9.0亿吨，主要分布在华北平原、长江中下游平原、东北平原等13个粮食主产省（区）。已利用量为7.2亿吨，秸秆综合利用率为80.1%（图1），其中，秸秆肥料化利用量为3.9亿吨，占可收集资源量的43.2%；秸秆饲料化利用量1.7亿吨，占可收集资源量的18.8%；秸秆基料化利用量0.4亿吨，占可收集资源量的4.0%；秸秆燃料化利用量1.0亿吨，占可收集资源量的11.4%；秸秆原料化利用量0.2亿吨，占可收集资源量的2.7%。尚有1.8亿吨秸秆未得到有效的利用，被废弃或焚烧。可供能源化利用的秸秆资源量每年约2.8亿吨，折合1.4亿吨标准煤。

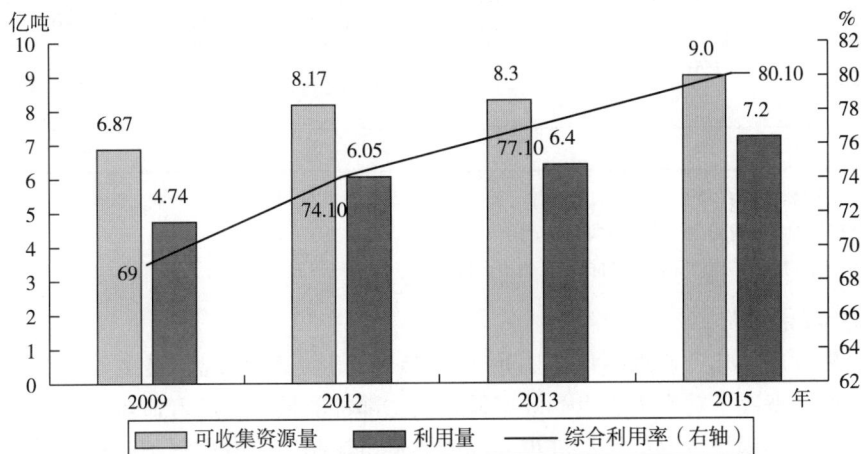

图1 中国农作物秸秆资源潜力

2. 农产品加工剩余物

农作物收获后进行加工时也会产生废弃物，如稻壳、玉米芯、花生壳和甘蔗渣等。这些农业废弃物由于产地相对集中，主要来源于是粮食加工厂、食品加工厂、制糖厂和酿酒厂等，数量巨大，容易收集处理，可作为燃料直接燃烧使用，也是我国农村传统的生活用能。2016 年我国农产品加工剩余物每年约 1.14 亿吨（表1），可供能源化利用约5700 万吨，折合 2850 万吨标准煤。

表1 中国农产品加工剩余物资源潜力

品种	农产品产量（万吨）	转换系数	剩余物产量（万吨）
稻壳	20707.5	0.2	4141.1
玉米芯	21955.2	0.25	5488.8
花生壳	1729	0.35	605.15
蔗渣	11382.5	0.1	1138.2
合计	55774.2		11373.25

3. 林业生物质资源

全国森林面积 20769 万公顷，森林覆盖率 21.63%。其中，防护林 9967 万公顷，特用林 1631 万公顷，用材林 6724 万公顷，薪炭林 177 万公顷，经济林 2056 万公顷，其他（包括宅旁、路旁、水旁、村旁四旁林）214 万公顷。可利用的林业抚育和木材采伐剩余物生物质资源年产量约 19508.71 万吨，折合 9754.4 万吨标准煤，见表2。

表2 可利用的林业生物质资源

林种	林地面积（万公顷）	产量（千克/公顷/年）	总产量（万吨）
防护林	9967	866	6831.42
特用林	1631	750	1233.25
用材林	6724	750	4705.5
薪炭林	177	7500	1327.5
经济林	2056	750	1542
四旁林	214	750	1605
采伐剩余物	7553.46 万立方米 （2014 年）	3237.2 万立方米	2264.04
合计	20769		19508.71

注：1. 防护林包括了 5590 万公顷的灌木林。灌木林的平茬抚育量为 1250 千克每公顷，按每 3 年一次平茬抚育计。其他防护林的年抚育量为 375 千克每公顷；

2. 采伐剩余物包括树枝、梢头、树根等，约占全树的 30%，其密度按 0.7 吨每立方米计。

（三）技术评价

我国生物质供热产业规模化发展始于 2006 年，近几年呈现了迅猛发展的态势。生物质成型燃料解决了功率大、生产效率低、成型部件磨损严重和寿命短等问题，秸秆成型燃料专用供热锅炉也取得长足进步，成型燃料机械制造、专用锅炉制造、燃料燃烧等技术日益成熟，具备规模化、产业化发展基础。截至 2015 年年底，生物质成型燃料年利用量约 800 万吨，主要用于农村居民炊事取暖用能、工业锅炉和发电厂的燃料等。

根据秸秆固体成型燃料的成型原理不同，生物质固体成型燃料成型设备分为：螺旋挤压成型、活塞冲压成型和模辊挤压成型。国外模辊式成型机设备制造比较规范，自动化程度高，生产技术大部分已经成熟。我国生物质固体成型燃料技术也基本成熟。

1. 螺旋挤压成型设备

是指利用螺旋推挤原理将生物质压制成成型燃料的生物质固体成型设备。适于压制木屑、稻壳、棉杆等木质生物质原料，其原料粒度一般要求为 1～10 mm；全水分不得超过 12%，否则挤压时容易产生"放炮"现象。为延长螺旋叶片工作寿命，在工作数小时后，需进行堆焊修理。加工制成生物质成型炭，用于烧烤、炊事、取暖以及以木炭为原料的化工行业。

2. 活塞冲压成型设备

利用活塞的往复运动实现固体成型的生物质固体成型设备。按驱动动力形式不同，活塞冲压式成型工艺可分为两类：机械驱动活塞式成型和液压驱动活塞式成型。原料粉碎粒度要求低，一般在 1～100mm，压缩比为 14～18，生产大块或棒状燃料，适合农村和小型锅炉应用。间歇成型，占地面积大，噪声大，润滑污染较严重，产品质量不稳定。

3. 环模颗粒成型机

采用环形压模和与其相配的圆柱形压辊为主要工作部件（压粒器）的颗粒成型机。充分借鉴了颗粒饲料的生产工艺，其自动化程度高，单机产量大，适于规模化生产。

4. 平模颗粒成型机

采用水平圆盘压模与其相配的压辊为主要工作部件的颗粒成型机。对原料水分适应性强，全水分一般在 15%～25%，结构简单，成本较低，适合农村小规模使用，但产量普遍偏低，一般不超过 0.5 吨每小时。

表3 各类固体成型技术综合比较一览

技术类型	成型原理	适用原料	燃料形状	主要技术特点	适合场合
环模压辊	采用环形压模和圆柱形压辊固体成型，一般不需要外部加热	农林生物质	颗粒、块状	生产能力较高，产品质量好；模具易磨损，维修成本较高	适合大规模生产
平模压辊	采用水平圆盘压模与压辊固体成型，一般不需要外部加热	农林生物质	颗粒、块状	设备简单，制造成本低；生产能力较低	适合小规模生产
机械活塞	冲压成型	农林生物质	棒状	密度高；设备稳定性差、振动噪声大，有润滑污染问题	适合工业锅炉用户
液压活塞	冲压加热成型	农林生物质	棒状	运行平稳，密度高；生产能力低，易发生"放炮"现象	适合工业锅炉用户

技术类型	成型原理	适用原料	燃料形状	主要技术特点	适合场合
螺旋挤压	连续挤压，加热成型	木质生物质	空心棒状	产品密度高；套筒磨损严重，维修成本高	适合中小规模生产，加工成机制碳

生物质成型燃料可为农村居民提供炊事、取暖用能，也可以作为农产品加工业（粮食烘干、蔬菜、烟叶等）、设施农业（温室）、养殖业等不同规模的区域供热燃料，另外也可以作为工业锅炉和电厂的燃料，替代煤等化石能源。

生物质炊事炉具只有单一炊事功能，用于江浙苏皖及广大农村地区，可燃用秸秆散料或成型燃料。特点是上火快、效率高、不冒黑烟，轻巧耐用，便于移动。生物质炊事水暖炉具具有炊事和采暖两种功能，也适用于北方广大农村采暖和炊事，其燃烧原理采用上点火半气化燃烧方式，效率高，不冒黑烟。

生物质颗粒尺寸较为单一、均匀，开发了不同的采暖炉和热水锅炉，配套的自动上料系统，可以实现连续自动燃烧。国外具有代表性的燃烧器生产厂商有 Ulma AB、Janfire AB、Pelltech LTD 等，主要以 6~8 毫米的木质颗粒为燃料，输出功率在 12~80 千瓦，平均燃烧效率大于 85%。

当生物质燃烧系统的功率大于 100 千瓦时，一般采用现代化的燃烧技术，适合于生物质大规模利用，主要应用于工业过程、区域供热、发电及热电联产等，主要分为层燃、流化床和悬浮燃烧等三种形式。

（四）国外发展经验对我们的启示

2015 年，世界生物质能初级能源消费量约 51EJ，约占世界能源消费总量的 9%。其中，约 50% 以上为发展中国家的传统生物质能利用，多采用开放式或简单的炉具，主要用于炊事和采暖用途。在现代化生物质能利用中，约 13 EJ 用于民用建筑和工业供热，约占世界供热消费量的 6%。其中，工业用途大约为 7.9 EJ；住宅和商业部门大约消费了 5.2 EJ，主要用于室内加热。

欧洲是最大的生物质供热消费市场，2016 年欧盟成员国生物质供热消费量约 3.6 EJ，主要是固体生物质颗粒，约 1290 万吨。欧盟等地生物质能固体成型燃料技术及设备的研发已经趋于成熟，相关标准体系也比较完善，形成了从原料收集、预处理到生物质固体成型燃料生产、配送、应用整个产业链的成熟体系和模式。目前，北美约有 80 家生物质颗粒生产厂，年生产生物质颗粒 180 万吨，主要用于家庭采暖，木质生物质颗粒的市场已经建立。在欧美等国家，居民家用的木质颗粒燃料及配套的高效燃烧设备已经非常普及，成型燃料现已通过袋装在市场上销售，成为许多家庭首选的生活用燃料。

为了提供统一的固体生物质特性和测试准则和方法，ISO 成立了 ISO/TC 238 Solid biofuels 工作组，负责制定固体生物质定义、规格恶化分级、质量保证、采样和样品制备、试验方法等标准，原料来源园艺、农业和林业，产品包括木质颗粒、压块和木屑、非木颗粒等，准备制定 60 项国际标准，涵盖已经发布的 41 项国际标准。

三、中国生物质供热挑战与发展趋势

（一）生物质存在的主要问题

1. 经济性

秸秆等生物质原料相对比较分散，能源密度较低，单位面积耕地上的产生量、可收集量和可利用量相对有限，导致了收集、运输成本较高。此外，生物质原料供应具有周期性，与供热连续性存在一定的矛盾，需要一定的贮藏空间和成本。这是生物质供热成本较高的主要原因，一般生物质供热成本高于燃煤，低于天然气和电。生物质供热产业发展了多年，但仍存在着产业规模小和生产成本高等问题。

2. 排放

目前，生物质作为一种可再生能源，在生态环境部门制定大气污染物排放标准时，生物质锅炉的排放标准一般参考燃煤锅炉标准，如《锅炉大气污染物排放标准》（GB 13271—2014）中，规定"使用型煤、水煤浆、煤矸石、石油焦、油页岩、生物质成型燃料等的锅炉，参照本标准中燃煤锅炉排放控制要求执行"。但在实际执行过程中，一般参考燃油或燃气的标准执行。如《国家能源局 环境保护部关于开展生物质成型燃料锅炉供热示范项目建设的通知》中规定，生物质成型燃料锅炉排放标准为：烟尘排放浓度小于 $30mg/m^3$，SO_2 排放浓度小于 $50mg/m^3$，NO_x 排放浓度小于 $200mg/m^3$。一方面，如果不配备脱硝设备，生物质供热氮氧化物很难达到指标要求。另一方面，由于生物质原料来源广泛，存在着以次充好的现象，导致排放超标。

（二）未来发展方向

秸秆由于含水量高、能量密度低、不易储存等缺点，限制了其规模化应用。烘焙是一种常压、无氧的情况下，在 $200 \sim 300℃$ 内的慢速热解过程。低温烘焙后秸秆表观体积明显缩小，粒度分布更加均一化，氧含量明显降低，对提高生物质品质有积极的作用。

对秸秆进行水洗去除其中的氯和钾，可降低二噁英产生量，延长锅炉的使用寿命。在收获之后将秸秆放置农田中一段时间，让雨水冲洗或使用人工的方法。在丹麦进行的一个对秸秆的溶滤试验表明，经过 150 毫米的雨水后，氯的含量可从 0.49% 降至 0.05% 以下，钾的含量从 1.18% 降到 0.22%。

生物质燃烧设备产生的 NO_x 主要是由燃料中的氮元素氧化产生，燃料中的氮通过一系列基元反应转化为 NO（大于90%）和 NO_2（小于10%）。其主要初级含氮化合物是 NH_3 和 HCN。当氧气量充足时，燃料中 NH_3 和 HCN 主要通过不同的反应步骤转化为 NO。但在燃料量充足时，NO 与 NH_3 和 HCN 反应生成 N_2，这可作为减少 NO_x 生成的措施。通过优化和调整燃烧阶段的过量空气系数、温度和反应时间，采取分级配风、分阶段供给燃料和再燃烧等措施，可以最大限度地将 NH_3 和 HCN 转化为 N_2。

四、结论和建议

我国农村生物质能资源广泛，主要有农作物秸秆及农产品加工剩余物、林木采伐及

森林抚育剩余物等。中国需要大力发展可再生清洁能源，来解决化石能源带来的气候变化、能源危机、生态环境等问题。城市特殊公共建筑供热市场、区域供热市场、工业供热市场将是生物质成型燃料供热的主要市场。建议通过改性、添加添加剂等方式，清除有害杂质，提高燃料品质；采取多级配风和多级供料燃烧等清洁燃烧技术，降低NO_x含量。

节能技术评价指标体系的研究与应用

辛　升①

国家节能中心

摘要：技术节能是节能工作的重要手段。节能技术应用也普遍存在推广难、选择难、融资难、落地实施难等问题。目前在节能技术推广工作中存在着缺乏统一的节能技术评价指标和评价标准。本文研究构建了节能技术评价的指标体系，为先进实用节能技术的遴选、评估和技术分类推广提供评价基础。

关键词：节能技术评价　指标体系

节能技术的推广应用是推动用能单位能效提升、促进节能降耗、加快节能产业发展的重要途径，对于促进产业转型升级、加快绿色发展、深化生态文明建设等具有重要意义。我国高度重视节能技术研发及推广应用工作，自"十二五"以来开展了节能科技专项行动、实施重大技术与装备产业化工程、遴选发布重点节能技术目录、评选发布国际"十大节能技术和十大节能实践"、实施节能产品惠民工程等重点工作，推动先进实用节能技术和产品得到广泛应用。

但是，我国的节能技术进步也相对缓慢，节能技术也普遍存在推广难、选择难、融资难、落地实施难等突出问题。目前国内在节能技术推广工作中存在着缺乏规范统一的节能技术评价标准、评估方法和筛选程序，节能技术推广工作零散、权威性差，节能技术市场尚未健全等问题，难以有效指导用能单位、科研机构及投资机构等市场主体筛选、评价与应用节能技术，这都制约着节能技术的有效推广应用。针对当前先进节能技术评价中的关键问题，在参考借鉴目前的做法实践和总结先进经验的基础上，总结国内相关机构及技术实践，研究提出构建节能技术评价指标的原则，并形成了节能技术评价指标体系，为国家层面相关节能技术政策的制定与实施和规范地方和行业遴选节能技术开展示范推广等提供决策依据。

一、构建节能技术评价指标体系的原则

（一）符合国家要求与体现行业特征相结合

节能技术评价指标的设置和选取应积极响应落实国家绿色发展及节能的相关政策要求，突出国家政策对节能技术的需求和引导，同时紧密结合行业特征，将国家要求有效

---

① 作者简介：辛升（1975—），男，高级工程师，国家节能中心推广（信息传播）处副处长，主要从事节能政策研究、节能管理、节能监察、技术推广等工作。

落实到各用能领域和用能行业，有针对性地引领行业绿色发展，保障各行业和领域技术发展与国家相关节能政策要求的一致性。

（二）科学理论与实践操作相结合

节能技术评价指标的设置应在科学合理的基础上明确每个指标概念和范围，体现节能技术的内涵，突出节能技术评价的系统目标。同时，评价指标体系也要体现技术的简便实用。指标的构建也要尽可能考虑每个节能技术评价指标的可用性，指标范围可界定、指标数据来源可获得、指标值可比较，充分体现指标设置的可操作性。

（三）立足当前与着眼长远相结合

当前节能技术发展较快，各种系统化、智能化新技术不断涌现，在设置指标的过程中，需要立足行业节能技术发展的现状，对当前的技术发展水平进行合理评价。同时，要着眼于技术未来的发展潜力，指标体系的构建也要充分挖掘出发展空间，引领技术绿色发展方向。符合当前行业绿色发展现状的评价是指标体系构建的基础需求，也要体现技术未来发展趋势。

（四）总结国内实践与借鉴国际经验相结合

节能技术的国内应用实践是工作基础和依据，而节能技术的国际经验则是工作的重要参考条件，也是节能技术发展的借鉴和趋势。在节能技术评价指标体系的构建中，既要体现把先进的、适用的国际节能技术引进来，又要推动国内的优秀节能技术走出去。

二、节能技术评价指标体系设置

初步考虑设置技术能效水平、技术创新、经济效益、社会效益、推广潜力和行业指标6项一级指标，以及节能量、节能率、技术先进性、实用性、可靠性、投资回收期、单位节能量投资额、推广范围、推广难度、行业特征等11项二级指标所构成的评价指标体系，具体如表1所示。

表1 节能技术评价指标体系

一级指标	二级指标	简要说明
能效水平	节能量	绝对量
	节能率	相对量，联合使用
技术创新	技术先进性	技术先进性的水平评价（国际、国内）
	技术实用性	解决的实际问题情况（经济性等）
	技术可靠性	技术应用阶段及实践情况
经济效益	投资回收期	收回初始投资的年限长短
	单位节能量投资额	投资总额与年节能能力的比
社会效益	社会效益贡献	对社会发展所起到的推动作用、环境效益等
推广潜力	推广范围	技术应用的程度、应用的行业领域范围等
	推广难度	政策导向、市场认可等
行业指标	行业特征	所在行业领域的具体特点和情况

三、节能技术评价指标的定义

（一）能效水平指标

1. 节能量

用能单位在一定范围内应用某项节能新技术或新产品后，在同等时期内生产同等数量的产品或提供相同数量的服务比原来减少的能源消耗量。该指标反映了用能单位由于采用该节能新技术所带来的节能效果。具体包括由于应用该技术所直接带来的节能量，也包括带来的系统间接降低的能耗或系统效率提升。节能量是绝对值，节约的能源品种可以是煤、电、油、气等，单位一般换算成标准煤。

2. 节能率

用能单位在一定范围内应用某项节能新技术或新产品后，生产同等数量的产品或提供相同数量的服务所减少的能源消耗量与采用节能新技术新产品之前的能源消耗量之比。该指标可与节能量联合使用，从不同角度反映用能单位由于采用某项节能新技术所带来的节能效果。节能率是相对值，其单位为百分比（％）。

（二）技术创新指标

1. 技术先进性

新技术与传统技术相比在技术原理、生产力水平等方面的进步水平，也可以根据新技术与国际领先技术的比较情况分析技术先进性。技术先进性水平可以根据行业协会、社团组织等对技术成果的评价结论来判定。一般来说，技术先进性由高到低包括国际领先、国际先进、国内领先、国内先进4个水平层次。

2. 技术实用性

《专利法》规定，实用性是指该发明或者实用新型能够制造或者便于使用，并且能够产生积极效果。通常情况下，技术的实用指原理相对清晰，工艺相对简单，但能解决实际应用中存在的问题，而且经济效益明显。技术的实用性是由技术发展的环境和目标决定的。

3. 技术可靠性

技术应用的可靠程度，是指在满足技术适用条件下，根据技术投入应用的情况和实践进行分析。技术可靠性主要考虑技术目前处于批量（规模）生产、小批量生产、中试生产或样品、样机等何种阶段，技术是否已投放市场，是否有实际应用案例，应用案例使用时间长短，在应用中是否影响正常运行因素等。此外，技术可靠性还可参考借鉴权威部门的检测、认证试验或生产许可等。

（三）经济效益指标

1. 投资回收期

投资回收期分为静态投资回收期和动态投资回收期，用于技术经济性评价通常采用的是静态投资回收期。它是指用能单位采用某项节能技术后产生的节能总收益抵偿收回其初始总投资额所需要的时间，一般用年来表示。根据《节能产品评价导则》（GB/T 15320—2001）的有关规定，该计算应扣除采用该节能新技术在寿命期内的额外运行管理和维护费用。

投资回收期指标衡量的是收回初始投资年限的长短，如投资回收期越长，投资风险越高。指标计算简单，易于理解，在一定程度上考虑了投资的风险状况。该指标是投资决策者主要参考指标之一。

2. 单位节能量投资额

应用节能技术进行节能改造投入的成本与节能技术应用后年节能量的比值，单位通常为元/吨标煤。从节能的角度来讲，单位节能量投资额大致估算了实现单位节能能力需要的投资，可以与同等类型技术、行业领域内其他技术的指标进行简单对比，判断本技术在行业或者同类技术中的地位。指标忽略了项目的运行成本和项目寿命周期，不能直接判断是否具有经济性，应与投资回收期等指标联合使用判断。

（四）社会效益指标

社会效益贡献主要考虑技术对社会发展所起的积极作用或产生的有益效果，包括技术在生态文明建设和绿色发展理念中的作用，包括在京津冀协同发展、粤港澳大湾区建设、扶贫攻坚等国家重大战略和重大工程中发挥的作用，对国家能耗双控目标的贡献程度，也包括技术应用带来的环境效益等。

（五）推广潜力指标

1. 推广范围

主要从技术推广适用的领域、技术推广的潜在范围、技术普及的程度前景等来考虑。一般而言，通用类技术的推广范围优于行业技术，而适用于多个行业、大行业的技术的推广范围优于适用于小行业的技术。

2. 推广难度

节能技术推广的难度，主要与市场对技术的认可度、技术改造的复杂程度、与现有工艺流程的匹配情况等相关。此外，推广难度也与国家产业政策导向相关。

（六）行业指标

行业特征根据具体技术的行业特点来设定。具体行业指标应根据行业特点和技术发展水平进行设定和赋值，分类进行技术评价。针对不同行业的特征建立有差异的技术评价体系，同时要考虑不同行业技术推广应用的节能潜力、发展前景等因素。

四、节能技术评价指标体系的应用意义及说明

（一）为地方和行业遴选节能技术提供参考依据，规范节能技术遴选评价。节能技术评价指标的标准化和规范化是节能技术推广的重要前提，研究构建的这套定量与定性指标相结合、科学客观、可推广使用的节能评价指标体系，对于客观评价节能技术具有的价值和效益具有比较重要的理论价值和现实意义。本节能技术评价指标体系可以为规范地方和行业的节能技术遴选评价提供科学支撑，各地区和行业可以依据本节能技术评价指标体系去设置评价指标，并指导开展节能技术评价和推广工作。

（二）引导用能单位和金融投资主体筛选先进适用节能技术，推动节能技术的应用。当前用能企业在节能决策各环节仍然存在一些难点和薄弱环节，其中如何识别和运

用节能技术存在明显障碍，通过科学公正的节能技术评价指标体系可以帮助用能企业去甄别、筛选合适的技术，判断哪些技术适合本企业，尤其是实用性更好的技术。绿色金融对促进节能环保、绿色技术的发展非常重要，对节能等绿色技术的需求也非常大，节能技术评价指标也可以引导金融机构、投资主体等去识别节能技术，帮助金融机构运用多元化的金融工具支持实体经济实施节能技术改造等绿色项目。同时，政府主管部门、行业协会等也应加强节能信息传播的服务，为企业提供先进节能技术和产品的信息渠道和平台，集中把节能技术和产品公布。

（三）指标体系中每个指标的分值需要灵活设置，体现各个地区和各个行业对不同技术需求的差异性。指标分值可以根据不同地区和行业领域的实际情况对各个指标进行不同的赋值，这样能筛选出符合本地区或本行业的节能技术，促进先进实用节能技术在地区和行业示范推广。如：钢铁行业大省河北省，可以针对钢铁行业类节能技术设置行业指标的分值高一些，能容易遴选出针对钢铁行业的节能技术；在数据中心系统建设和应用较多的地区，针对数据中心节能类技术可以设置较高的行业指标分值。同样，在高耗能行业即使比较小的节能技术也有较大的节能量，可以对节能量指标采取较小赋值，对节能率指标采取较大赋值，这样可以通过相同情况下自身技术的比对情况来判定技术能效水平。

另外，评价指标不一定能满足全行业领域的各种需要，在实际应用中需要结合其他指标共同评价。如投资回收期作为重要的技术经济性评价指标也存在不足，如投资回收期指标将各期现金流量给与同等权重，没有考虑资金的时间价值；没有考虑回收期之后现金流对投资收益的贡献等。在实际节能技术改造项目方案选择和项目评估时往往还需要结合净现值、内部收益率等方法应用，投资回收期作为辅助评价指标。

能源转型视角下的农村清洁供暖

吕　彤

亚洲开发银行长治清洁供热试点项目专家组组长

长治能源革命研究院院长

　　清洁取暖是中国能源消费革命的重要组成部分，是重大民生工程，也是中国打赢蓝天保卫战三年行动计划成功的关键，清洁取暖正在逐步改变中国北方居民特别是农村居民的生活方式，这在之前的很多研究中，官员、学者们有很多阐述，我希望换一个视角，更多地从产业发展的合理性和能源转型的角度，来审视清洁取暖对农村居民用能方式的转变。

　　我是亚行长子县农村清洁取暖项目的负责人，亚行的能源专家，同时我也是长治能源革命研究院和北京嘉澍咨询公司的法人代表。我和我的同事从 2010 年开始从事能源转型研究，后来国内统一到总书记的表述，叫能源革命，能源转型和能源革命我认为是同一件事，从角度上偏向于量变和质变有所侧重不同而已。在欧洲更多的讲能源转型，欧盟提出三个 20%，减碳 20%、能源提升 20%、可再生能源占比 20%，这是欧洲讲的能源转型，国内总书记讲能源革命，包括能源消费革命、生产革命、技术革命、体制革命和对外合作。

　　清洁取暖属于能源消费范畴，最初接触这个问题，是国家能源局搞的新能源示范城市，主要是在城市推动能源消费中的可再生能源占比，在指标设计时当时还主要考虑可再生能源发电，但其中考虑到了可再生能源供热的部分，后来还搞了几个高比例可再生能源城市的试点和高比例可再生能源 2050 年的愿景研究，做高比例可再生能源消费，热力是重要的部分。

　　与这个政策相关的背景，我个人认为是两个，一个是新能源可再生能源突飞猛进的发展，另外一个就是国家城镇化加速，国家有 2014 年到 2020 年城镇化发展纲要，城镇化率每提升 1 个百分点我们大概要新增 2 千万人口，当时大家更多看重的是城镇化对我们内需的增加、基础建设的投资方面的积极作用，但与之相对应的，农村人口转入城市以后，能源消耗将增加 3 倍多，这么巨大的能源消费，我们希望用可再生能源填补这个空间。大概是 2014 年，形成了国家能源局可再生能源供热的课题，考虑经过了"十一五""十二五"的发展，风电、光伏发电都有非常大的发展，但是所有新能源的发展几乎输出形式都是电，包括生物质，都是发电。当时就认识到还有一个重要的形式就是供热，供热在能源消费中当年的占比是 16%，消耗总标煤 6 亿吨，当时研究这个课题就希望通过地热、生物质、太阳能制定新能源供热的发展纲要，由于课题稍微有点慢，所以这个课题在 2017 年的时候拿出了征求意见稿，后来总书记都提出清洁供暖了，这个文件就融入十部委关于清洁取暖的发展规划里边了。

另一个事情，"十二五"的时候做了 100 个新能源示范城市，由于方方面面的原因，"十三五"不再提大规模的做新能源城市了，但是做了两件事情，一个是做高比例的可再生能源城市，这个是跟国际上相呼应的，当时做了四个城市，其中敦煌是我们做的方案，敦煌有 500 万的光伏装机，还有风电厂，发电远远满足需求且能够超 100%，敦煌是能源输出型的城市，电没有问题，只有 5 万的常住人口，本身又是青海油田的后方基地，天然气都不是问题，最大的问题我们发现是供热的问题，到今天敦煌还是煤锅炉，想过电锅炉替代、利用塔式太阳能发热热电联产，这是 2014 年国家能源局批的，然后就开始做方案，2018 年又开始了最新的一轮第三热源厂的电锅炉替代，因为甘肃没有北方地区清洁取暖的政策，100% 要敦煌市里自己投的，很艰难，但是一直往前走。

这是我讲的第一部分，从清洁能源、可再生能源的发展角度来讲，不是说总书记一讲，政策就拉升了，确实对政策力度和广泛宣传有非常大的拉升，但我讲的意思是，其实它有内在的发展逻辑和动力，这是我讲的视角问题。

接下来讲第二部分城市和农村。在中央财政资金支持清洁取暖试点城市，主要是"2 + 26"个城市和汾渭平原，我们公司有幸为 4 个城市提供了申报和后续服务，包括济南、德州、长治、吕梁，这些城市无一例外的都是集中供热、热电联产，我们在清华开会的时候杨老师和江院士也在讲，热电联产集中供热是解决城市取暖问题最有效的途径，主要是经济性和难度的问题，济南就是远，将近百公里；太原是难度大，穿山越岭。农村是清洁供暖的重点和难点，量大面广，人口非常分散，而且人都没有一个口径是统一的，因为农村建筑面积没有统计，他想干就干，他拆就拆了，人口也是流动性非常大，我们在实际做的过程中，运维保护难，厂家卖完了之后怎么维护很难，而且农民接受起来也是有问题的，重点和难点都在。

也是因为这个原因，亚洲开发银行委托我们做了泛京津冀农村用能调研，亚行在考虑这件事情的时候是把供暖和炊事一块考虑的，这两个有小差别，但是差别不是特别大，绝大部分用能是取暖，相对来讲炊事用能少一些，但也非常重要，我们一共要做 8 个市 300 多个村的调研。我们看到雄安、乌兰察布和长治，差别非常大，比如说雄安，由于土地面积小，户型并不大，门窗保护不太好，屋子比较高，跟当地前店后厂的经济发展模式有一定的关系。乌兰察布比较冷，属于内蒙古了，房子户型比较小，而且围护结构做得比较好，长治非常的不一样，一会儿还会讲。河北本身电网条件就不好，到乌兰察布看更不行，煤改电就不具备条件，我们这个题目还在进行中，有机会的话后边完整的报告出来再跟大家分享。

下面第三部分我们重点讲长治市长子县。长治市做试点有偶然也有必然，长治是一个四季分明的城市，这个属于上党盆地地区，咱们二十四节气就是以长治为标准的，长治那个节气特别准，节气一变天准变，以这儿为标准。长子县取名"长子"是尧的大儿子丹朱的封地，故称"长子"。长子县 36 万人，十来万户。

这是我们对长子县做的深度调查，房子建筑分了四个类型，长子在长治经济算是比较好的，长治一年的GDP为1500亿元，在山西排老二，在河北排不上，邯郸就3000多亿元，经济不是特别好，长子县房子还不错，因为有煤，基本的建筑都是二层小楼，很少有单层的。长子县基本上都是这样的建筑，基本上二层放东西、放粮食、堆点杂物，一层住人。大家讲因地制宜，确实每个地方不一样，二楼搁东西没有必要供暖。我们在长子县做了比较大范围的调研，一个是农村收入水平问题，还有人口流动的问题，农村的空心化和老龄化相当的严重，所以我们在给市里面建议的时候都是建议先易后难，大家可以有一个参考的概念，120平方米其中主要是一家三代都在的，这样的只占20%，大量的是老人带孩子，这个可能在全国许多的中等地区都是这样的，老人带孩子的占55%以上，所谓老龄化是指60岁以上的，大家如果去的话，一间房子既是厨房又是客厅，基本上在一间里面了，50~60平方米。长子县的户型都不大，从建筑上大家可以看到，凡是新盖楼的，窗墙、围护结构都不注意，这个可能跟我们宣传有关，管了夏天没有管冬天，大玻璃、大窗户的这种特别普遍，新建的建筑能耗都低，右边的房子是老式建筑，还是土坯房，这个房子反而特别保暖。

长治农村能源资源情况，生物质很多，秸秆为主。长治电力条件不错，整个山西省因为火电比较发达，城市基本上是热电联产、电厂余热资源非常丰富，农村的电网就比较薄弱，跟北京没法比，一户是按2000瓦设计的，电源不是问题，但是电网有问题。从光伏上看，光照属于太阳能是三类地区，光照资源一般，天然气方面长子县是有煤层气的，但是因为管路修不到农村，而且经济性不好，真正能够依靠的是生物质和电力，长子后来主要选择煤改气，我认为是有很多非技术因素的。

长治市清洁取暖的任务，希望大家有一个概念，未来三年要改造61万户，去年改造了12.8万户，财政补贴花了14亿~16亿元。它的补贴标准跟太原持平，在全国里面算是比较高的，它的煤改电补贴是2万元设备补贴，运营补贴是2400元；煤改气最高8000元，其中5000元是管网给燃气公司了，3000元给用户买壁挂炉，一个采暖期最高补2400元。未来三年要改61万户，一个长治市煤改气改13万户，煤改生物质是17万户，煤改电是13万户。

技术路径选择，因为去年长治和全国一样普遍出现气荒，去年都是非常的手段把外输的气源全给断了，为此长治市请了亚行的首席能源专家翟老师，当时和清华大学年初的时候共同开研讨会，江院士、杨老师主持，包括长治市、长子县的领导都参会了，一共研讨了两天，拿出了10种技术做比较，最后江院士一锤定音做了一个比较说明。后来长子试点我们从中选了5种，一个是空气源热泵，当时没有热风机，市场上只有格力做热风机，这是两个不同的技术路径，生物质炉子和"光伏+"，以及地源热泵，经过半年的发展，形式发展非常快，我们是1月开的研讨会，接着找五类厂家做了一个竞标，最后我们选了3种技术模式。第一个"光伏+"，因为国家530补贴政策的调整，原来是用光伏补运营费，现在分布式光伏取消限制了，这个模式就取消了；原来我们是大力发展热水机，积极推进热风机，在江院士和杨老师的大力呼吁下，厂商闻风而动，我们招标时厂家一共去了十几家热泵，全都有热风机、热水机，没有一家没上热风机的，这就是中国特色，半年的时间热风机全都上来了。第二个是生物质锅炉，2014年在河北的时候我们考察过生物质锅炉，认为不行，杨老师的学生开发了新的锅炉，看了以后发现根本性的不一样，我说它不叫生物质炉，它叫小型生物质锅炉，他是用锅炉的原理做二次、三次燃烧的，生物质炉子里面加了温控，我们看了以后还是挺震撼的，基本上一键控制，就跟我们电磁炉似的，你要不同的大火、小火和保温一键就能控制，里面有风机和烟道，非常不错，这个也准备大力推广。直电式，刚才领导也说了不是主推方向，但是由于在一些偏远地区收入比较低的地方，我们觉得这是最简单粗暴的解决方案，我们还是有这样一种方式。

我们当时做了比较，这个只是参考，变化非常大，我们参照以 100 平方米取暖面积和 120 天取暖周期，为什么讲清洁供暖一地一策、因地制宜？我们做的另外一个项目是济南商河，这两个地方气候非常不一样，当地住房特点、人均收入、使用习惯，每个地方的补贴政策、措施都是不一样的，当然最后的使用方式、开机时长等，也会差距较大，我们最近研发一套系统在做智能监测。

第四部分，虽然很短，但是最关键的部分，商业模式和金融服务。刚才清华大学杨老师讲了技术创新和技术创新以及政策保障是将来可持续发展的关键，作为亚行来讲，我们一直讲要银行化，我贷款贷给谁，这个问题在农村清洁取暖实践中没有解决，我们是亚行的试点项目，希望在这儿找到突破口，最近人民银行总行研究局也在做绿色金融清洁供暖的课题，全国选了两个试点，长子县也被选中了，目前正在积极地探索，如何引入金融参与，如何固化商业模式。

这是我们积极探讨的第一个模式，叫以农户为中心的服务模式，这个模式最开始的时候大家都挺感兴趣的，其实是以消费贷为原型来做的，左边从农户出发，我们稍微扯远一点，国家推动清洁取暖工作的原则是"企业为主、政府推动、居民可承受"，在实际操作中现在变成政府主导、财政兜底，这样的话第一财政难以为继，第二会抑制农户的积极性，我们强烈建议各地政府补贴政策退坡，你一定要激发居民在可承受情况下自愿地改善向往美好生活的意愿，如果这件事情他认为是政府在完成任务，就本末倒置了，我们出发点是以农户为中心，中间是服务平台，我们叫综合服务平台，这个平台是基于互联网技术的，我们把中间的这部分想象成一个购物网站，通过平台可以选择我是煤改电，还是煤改气、煤改生物质，上面有不同的品牌和选项，你可以去点，你自己要了解这个地方是否可以改，因为受电网的限制、气网的限制和燃料供应半径的限制，你有没有燃料，有没有电网，稍微复杂一点，然后再选择施工方，大家可能会觉得说你要弄一个 APP，做一个网站，农民不会用，施工商会用就可以，他会教你。蓝色的线是信息线，我把信息传递到这个平台，通过这个平台辐射出去，黄色的线反馈回来的就是资金流向，农户发到平台上我要选这个，我要干这个模式，剩下的政府给你补贴，银行给你贷款，全是在这个平台上完成的，银行通过平台贷给客户。这个模式的好处是充分调动了农民的积极性，消费贷的模式易于操作，消费贷是银行成熟的业务模式，套用一下。实际在工作中遇到的主要难点，第一个是清洁取暖本身设备值偏低，对于农民很贵，对于银行来讲量太小了不值得做。第二个也是主要的问题，农户可抵押资产和信用比较低，银行实际上不愿意干这件事情，我们遭受了很大的打击，人民银行把商业行都坐在一块儿，央行给一笔钱支持这个试点项目，但是银行都觉得合规性这块过不去，而且麻烦，这个模式什么人感兴趣？发改、财政大家都觉得这个模式好，调动农民积极性，但是银行积极性不高，也没有封死路，农发行有兴趣探讨。

第二条是转换主体，我们就想找企业这条路，左边是企业，我这个企业指的是设备企业，打个通俗的比方，一个锅炉厂后来干了供热了，就是这个逻辑，比如我是空气源热泵厂，或者生物质炉子厂，他来出资，他出资有两个好处，第一个他是干这个的，他通过规模采购可以大幅度降低成本，你原来是卖设备的，现在把批量给你，你换服务，我把批量给你，你既是卖我设备，同时把服务业做了，企业出资有两个，一个是有信誉担保的，第二个可以对供热平台征信，还可以卖便宜的设备给他，这是他的价值。右边政府，政府相当于给他一个特许经营权，我占了一部分股份，我出资同时也监控。银行愿意干这个，相当于银行把贷款给了一个央企，或者是一个上市公司，比如格力、美的这样的愿意干，你是一个大的企业愿意干，政府也愿意干，银行的问题就解决了。这种模式上面解决了，下面有点麻烦，我们当时设想的是引入租赁服务，出发点是引入租赁服务，将来把这部分资产证券化，他变成平台以后跟农户去交互，能不能电网准入是一个技术条件，实际上变成农民要么在平台上买这个东西，要么租他的，租相当于出一份热费，想法是这样的话，既完成了任务，也减轻了政府的压力，因为银行一旦出手，政府的补贴压力就减少了。打个比方说，长治三年清洁取暖，目前的规划是中央政府给了15亿元，地方配套57亿元，让一个地市三年拿57亿元十分痛苦，如果到十年银行允许贷款给他就轻松了，这个模式好处是银行愿意贷给企业了，比较利于合规，减轻政府的负担，金融方式介入为后面的资产证券化留有很大的余地，它的难点刚才杨老师也讲到，模式创新要有政策保障，后面面临的几个问题都是难点，第一个问题是跟农民收费，这事有点难，租赁也罢，甭管怎么着要跟农民收钱这事有点难，没有强制手段没有办法保证企业的利润；第二个是专营权问题；第三个是证券化退出机制的问题，现在觉得都是要设计；第四个是技术进步带来的模式不稳定性，因为我们清洁取暖还在快速发展中，包括空气源热泵和生物质炉子，都没有较长期的检验，可能后面从技术到模式都会发生一些变化，这个对我们本身设置的模式就是一个挑战。

新能源汽车产业发展概述

王水利

北京新能源汽车股份有限公司营销委员会副总经理

新能源汽车是国家战略性新兴行业之一，发展新能源汽车是中国由汽车大国迈向汽车强国的必由之路。以 2009 年"十城千辆"新能源汽车推广应用示范工程为起点，中国新能源汽车产业经过十余年的发展，取得了令人瞩目的成就。当前，中国新能源汽车产业已由导入期迈入成长期，保有量渗透率超过 5%，成长空间广阔。自 2001 年我国正式启动"863"计划电动汽车重大专项至今，行业经历了战略规划期（2001—2008年）、导入期（2009—2015 年）、成长期（2016 年至今）三个发展阶段。2010 年我国新能源汽车销量仅 8159 辆，自 2018 年以来，连续两年销量突破百万辆、占全球市场份额超过 50%。自此，新能源汽车产业迈向高质量发展阶段。

从技术路线来看，三条技术路线并行发展，纯电动汽车仍居主流，插电混动汽车有望趋于成熟，燃料电池汽车初现端倪，并向好发展。当前氢燃料电池汽车主要应用于商用车领域，2019 年示范运营约 2700 辆，技术瓶颈有待突破，成本需进一步降低，未来有望实现大规模商业落地。

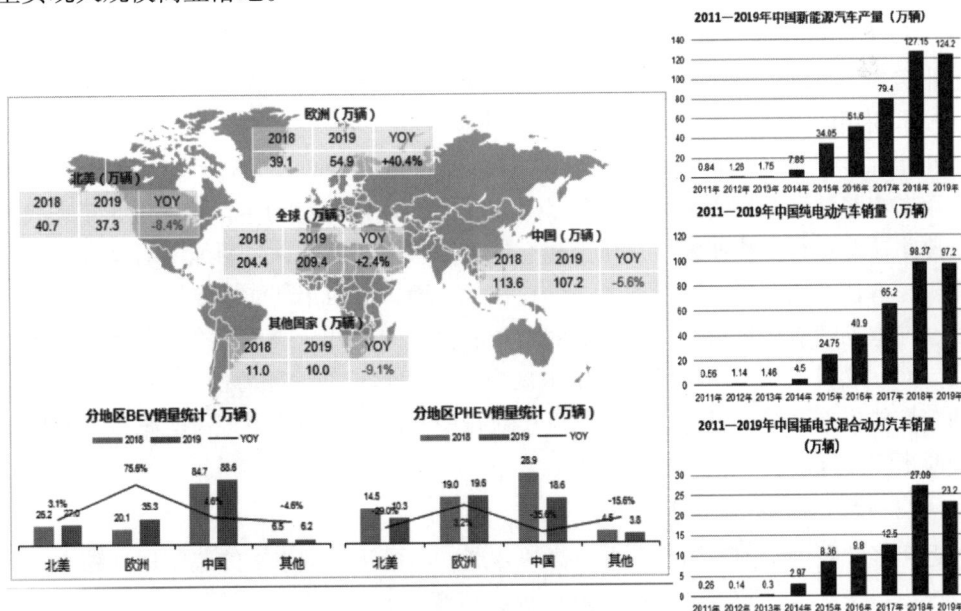

图1　全球新能源车销量统计

（资料来源：ACEA；SNE）

一、新能源汽车产业跨入高质量发展阶段

2018 年开始，我国新能源汽车产业由量变开始向质变转化，在实现销量破百万的同时，向提质增效、增强核心竞争力方向发展，跨国整车集团的加入使得市场竞争日趋激烈，优秀企业和产品开始脱颖而出，中国作为世界新能源汽车市场引领者的地位得到凸显。

（一）产业迈向高质量发展阶段，整体竞争力显著提升

新能源乘用车行业开始进入高质量发展阶段。主要表现为：一是市场增长动力开始从政策驱动转向市场拉动，新能源乘用车市场份额进一步提高，私人消费开始发力，成为新能源汽车消费的主要群体，按照保监会上险量数据统计，2017 年以来，私人用户占比超50% 。二是领先企业优势得到巩固，产品技术水平迈上新台阶。以比亚迪、北汽新能源为首的自主品牌大量换代新产品陆续上市，新产品品质大幅提升，整车能耗、续驶里程指标进步显著，产品定位整体上升，进一步推动新能源汽车消费区域由限购城市向非限购城市扩展。三是国内新能源汽车正在从中资品牌为主向中外竞争转变。在双积分等国家政策、国内新能源汽车市场前景等综合作用下，特斯拉中国建厂，宝马、丰田、大众等跨国公司纷纷发力中国新能源汽车市场，必将促进与带动中国新能源汽车产业快速发展。

新能源客车成为全面电动化的重要领域。在产品方面，随着蓝天保卫战等国家战略实施，城市公交车作为公共服务领域的重要环节，将成为推进全面电动化的重要领域，公路客车、旅游客车、通勤客车等细分领域的电动化进程也将逐步加快。市场方面，2018 年、2019 年我国新能源客车销量分别约为 9.2 万辆、7.6 万辆，占客车市场份额超过 20% 以上，累计推广新能源客车逼近 60 万辆。在智能化应用方面，宇通、金龙等客车企业实现了自动驾驶客车示范运营，实现定点、定线自动行驶和避让等功能，成为智能化技术应用的重要载体。

新能源专用车（货车）将迎来快速发展。在市场方面，2018 年、2019 年我国新能源专用车市场销量分别为 10.3 万辆、5 万辆，以纯电动车型为主，随着近 5 年来我国城市快递物流配送行业快速发展，城市短途运力需求快速提升，轻型纯电动物流车迎来发展良机，占比专用车市场销量的九成。在技术方面，近两年新能源专用车平均电池能量密度、纯电动续航里程持续提升，而随着产品性能的提升，产品价格也在逐渐下降。在产品方面，燃料电池专用车已经开始小规模示范运营，相信随着国家环保要求的加严、柴油车排放标准升级，以及新能源物流车通行便利性等支持政策，新能源汽车专用车市场将迎来快速发展。

（二）动力电池行业技术水平显著提升

近年来，我国动力电池产业保持高速发展，与国际先进水平的差距逐渐缩小。一是产业规模持续扩大。随着电动车续航里程的持续提升，三元电池相对较高的能量密度，在乘用车领域占据很大优势，市场份额逐年提升。随着磷酸铁锂电池技术瓶颈的不断突破，电池能量密度持续提升，加之与身俱来的电池稳定性、成本优势以及长寿命，磷酸

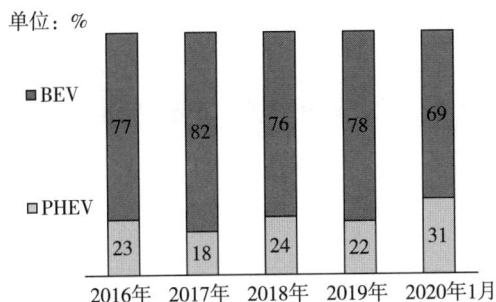

单位：%

■ BEV
□ PHEV

	2016年	2017年	2018年	2019年	2020年1月
BEV	77	82	76	78	69
PHEV	23	18	24	22	31

图2 新能源市场结构变化情况

（资料来源：乘联会批发数，终端上险数）

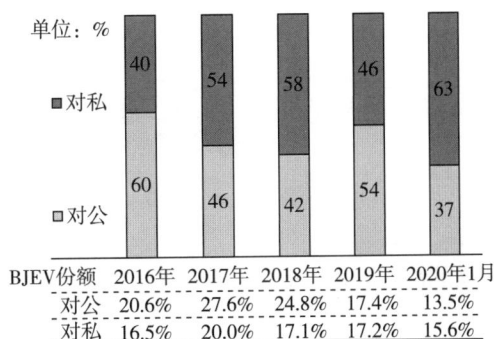

单位：%

■ 对私
□ 对公

BJEV份额	2016年	2017年	2018年	2019年	2020年1月
对公	20.6%	27.6%	24.8%	17.4%	13.5%
对私	16.5%	20.0%	17.1%	17.2%	15.6%

图3 公私结构变化情况

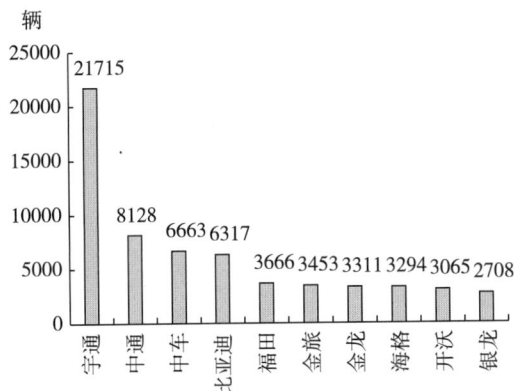

图4 2019年新能源客车销量排行榜

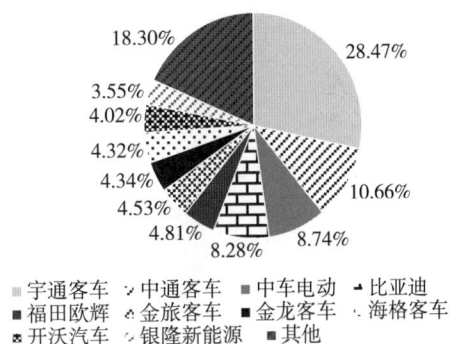

图5 2019年1－12月6米以上
新能源客车市场份额

铁锂电池回暖趋势明显。随着宁德时代 CTP 无模组技术、比亚迪刀片电池技术以及国轩高科电池包设计和 PACK 工艺改进等新技术的推出，实现了磷酸铁锂电池的能量密度大幅提升，其仍将成为未来的主流技术之一。二是新能源汽车产业链愈发完善，电池市场集中度快速提升，行业优胜劣汰加速。我国动力电池单体企业由 2016 年年底的 140 家左右减少到现在的 70 家。其中，2019 全年累计装机量约 62.38GWh，同比增长 9%。前十家动力电池企业累计占比高达 87.88%，企业集中度进一步提升。CATL 和比亚迪作为龙头企业大幅领先，市场占比分别为 51.01% 和 17.30%。三是技术经济性不断提升，关键指标接近国际领先水平，目前我国三元电池单体能量密度高达 304Wh/Kg，系统能量密度可达 200 Wh/Kg，电池系统价格低至 1000 元/kWh，属于国际领先水平。

新能源汽车市场的快速增长迅速推进了全球动力电池需求量的快速提升，综观全球，CATL 已经实现连续三年全球动力电池装机量第一，松下得益于特斯拉销量带动，保持不虚的发展势头，TOP10 基本上被中、日、韩三分天下，中国有五家入围。现阶段，继续提升动力电池性能水平、持续降低成本、提高安全性和可靠性仍是中国动力电池产业发展的关键和重点。

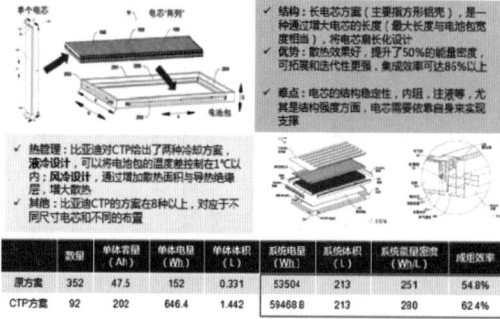

图6 基于原有体系的挖掘创新
——比亚迪"刀片电池"（磷酸铁锂）

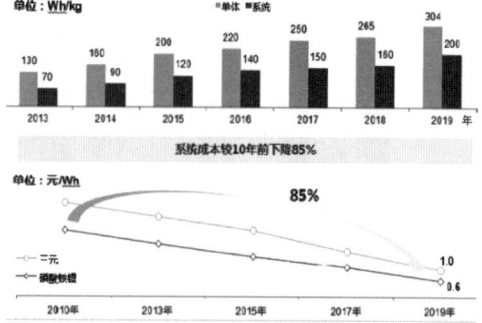

图7 能量密度进一步提升

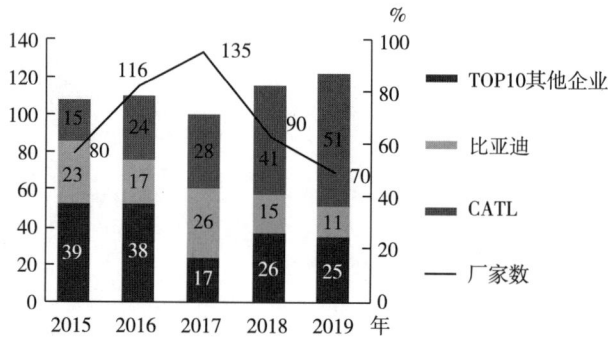

图8 2015—2019年动力电池企业出货量占比

表1 2019年中国动力电池装机量排行榜TOP10

排名	电池企业	装机量（GWh）	占比
1	宁德时代	31.71	51.01%
2	比亚迪	10.76	17.30%
3	国轩高科	3.31	5.33%
4	力神	1.94	3.13%
5	亿纬锂能	1.74	2.79%
6	中航锂电	1.49	2.40%
7	孚能科技	1.21	1.95%
8	时代上汽	1.14	1.84%
9	比克	0.69	1.11%
10	欣旺达	0.65	1.04%

日本	中国	韩国
松下 日立 东芝 GS Yuasa	比亚迪 CATL 力神 万向 中航锂电 国轩高科	LG 化学 三星 SDI SK

图 9 全球动力电池厂商

表 2   **2019 年全球动力电池出货量前十企业（GWh）**

排名	企业	国家	出货量	同比	全球市场份额
1	宁德时代	中国	32.5	38.89%	27.87%
2	松下电池	日本	28.1	31.92%	24.10%
3	LG 化学	韩国	12.3	64.00%	10.55%
4	比亚迪	中国	11.1	−5.93%	9.52%
5	三星 SDI	韩国	4.2	20.00%	3.60%
6	远景 AESC	中国	3.9	5.41%	3.34%
7	国轩高科	中国	3.2	0.00%	2.74%
8	PEVE	日本	2.2	15.79%	1.89%
9	力神电池	中国	1.9	−36.67%	1.63%
10	SKI	韩国	1.9	137.50%	1.63%

展望未来，无模组电池成为短期降本增容的重要方向。CATL – CTP 无模组电池：体积利用率提高了 15%～20%，零部件数量减少 40%，能量密度也提高到 200Wh/kg。比亚迪—刀片电池：体积比能量增加 50%，成本下降 30%，续航里程达到 605km。长期来看，固态电池将成为下一代动力电池体系商业化应用的重要产品。由于电化学性能客观存在性及相似性，动力电池产业技术演变主要体现为材料变化。全固态电池在安全、能量密度、成本等方面，较传统锂电池有较大优势。主流动力电池企业均规划在 2025 年左右量产类固态或者全固态电池产品。

（三）驱动电机行业关键技术取得积极进展

近几年，随着我国新能源汽车整车销量的快速提升，我国驱动电机产业规模持续扩大，产品技术加快向集成化方向发展，集成驱动电机、电机控制器和减速器的三合一电驱动总成产品实现量产配套，车规级 IGBT 器件实现整车应用，驱动电机研发创新能力大幅提升。首先，我国已经形成从驱动电机、电机控制器、变速器、电驱动总成、主要关键材料和关键器件的完整产业链，并全部实现国产化。其中 2018 年、2019 年我国驱动电机装机量实现破百万台，分别为 133 万台、124 万台。其次，产品品质不断提升。三合一集成化电驱总成的量产配套，标志着我国新能源汽车动力总成自主创新能力持续

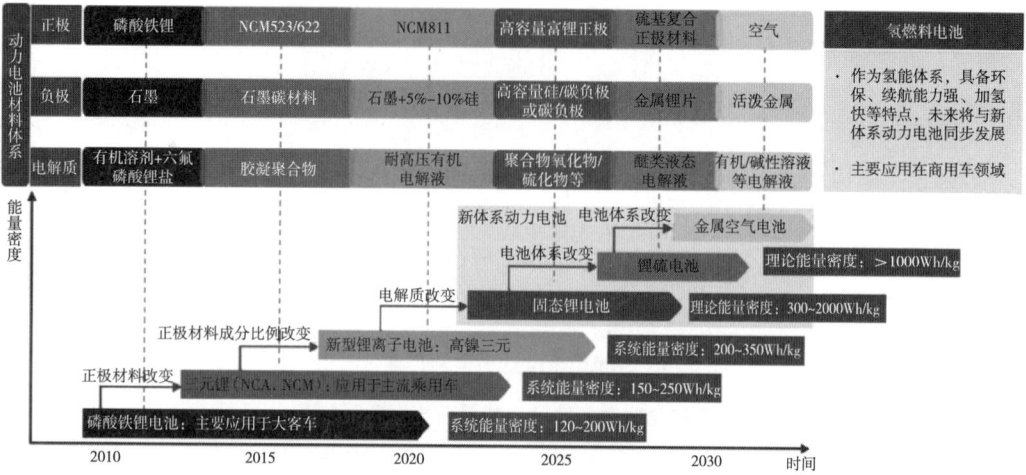

图10 动力电池材料体系发展趋势

增强，行业内涌现出精进电机、上海电驱动、上海大郡、中车时代、汇川技术等一大批领先企业，产品集成从简单的物理集成逐步发展为机—电—热深度集成，并表现出良好的NVH性能。此外，IGBT取得关键性突破，产业布局逐步完善。比亚迪微电子、株洲中车时代电动等企业纷纷开发出自主的车用IGBT芯片、双面冷却IGBT模块封装和高功率密度电机控制器，经过多年持续研发与验证，我国已经陆续突破IGBT芯片设计与制造、模块封装设计与制造、大功率器件测试应用等关键技术与工艺，在产品性能和封装水平方面与国外同类产品相当，并实现整车应用。

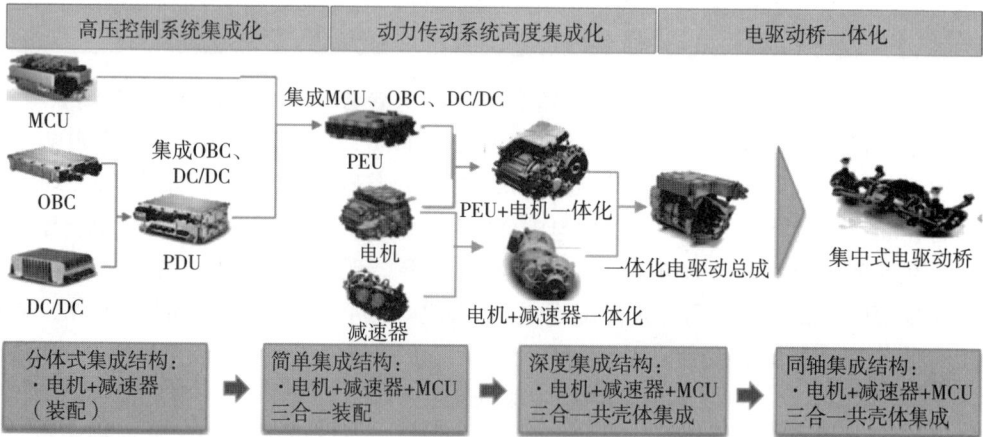

图11 驱动总成产品发展演变

（四）智能网联技术已经成为新能源汽车进阶的关键

智能网联汽车作为全球新一轮科技革命和产业变革融合的重要载体，正在推动汽车产品形态、交通出行模式、能源消费结构和社会运行方式发生深刻变革，具有广阔市场前景和巨大增长潜力，智能网联汽车产业链相比传统汽车产业的基础上再次扩大。其快速发展即将促使汽车价值链出现变革，数据将会成为未来竞争的核心要素。汽车产业链从造车端到用车端各个环节，既产生数据同时也利用数据不断优化，汽车产业的整体价值体量将大大提升，各种新兴的商业模式将大量涌现。

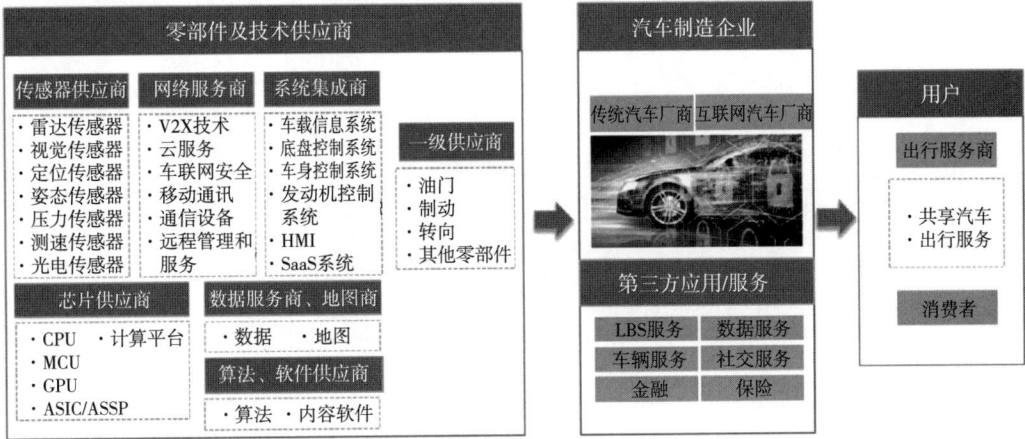

图 12 汽车产业链各环节

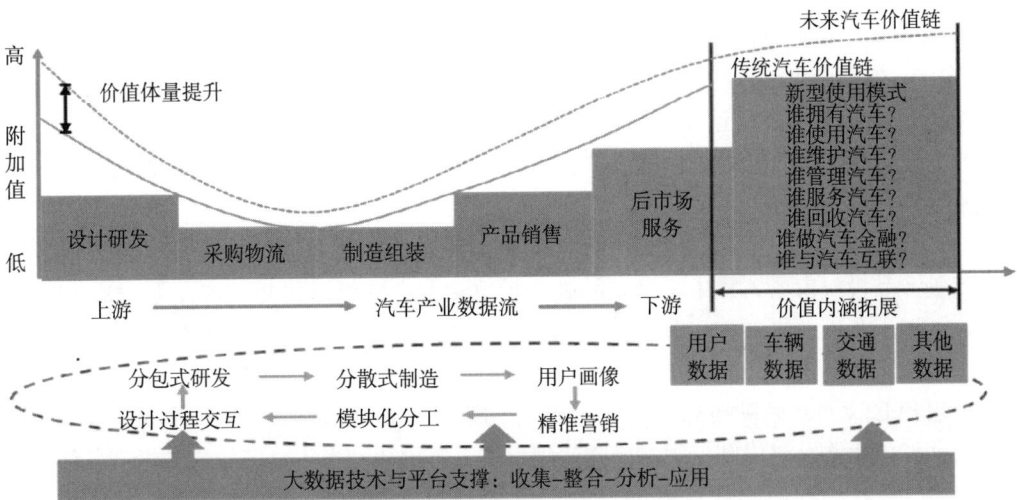

图 13 大数据技术与平台支撑

硬件＋软件将是未来汽车的核心竞争力。软件的价值在汽车总价值中的所占比例将会明显提升，但是软件的强大必须基于优秀的硬件来实现，所以硬件设计要具有前瞻性，要能承载软件系统不断迭代升级，软件则可以迭代开发，在线升级。基于此，各方势力纷纷入局智能网联产业。智能汽车市场的主体越显丰富，传统主机厂、Tier1 之外，造车新势力及互联网企业、ICT 企业、出行公司等新玩家共同推动智能汽车产业向前发展。在智能网联关键共性技术方面，我国已取得积极进展，部分领域已与国际同步。科大讯飞车载语音系统实现了基于人工智能语言技术在车载人机交互领域的深度应用，地平线研发的征程处理器填补了国内嵌入式 AI 的车载处理器硬件空白，华为推出增强型 LTE－V2X 芯片解决方案，推动了自主 V2X 技术的发展与应用，百度发布云端 AI 芯片，将会降低国内对进口高端芯片的依赖度。另外，传感器、人工智能、物联网等技术的快速发展加速向汽车领域渗透，促进众多初创企业涌向机器视觉、图像处理、整体解决方案、算法等智能网联汽车关键技术领域，产业体系日趋完善，技术实力不断增强。

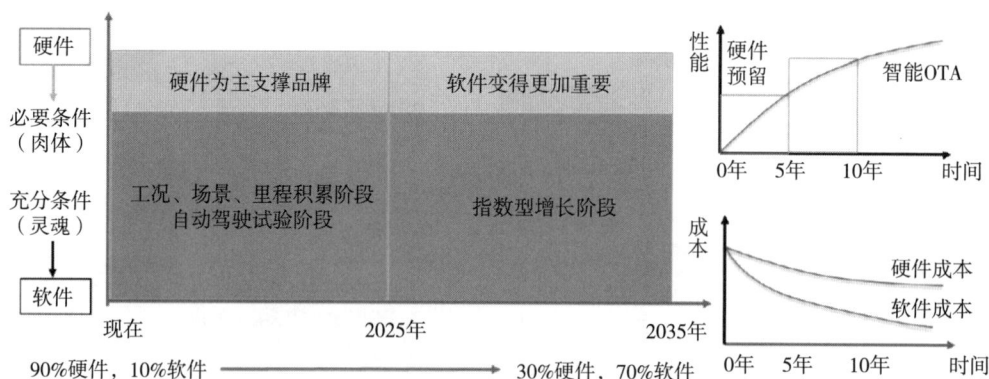

图14　软硬件协同发展

新冠肺炎疫情短期内对汽车产业带来了冲击，但从长期来看，无接触防疫等主要防护手段的实施正在从侧面驱动自动驾驶汽车发展向好，使其进一步受到政府与公众的认可。当前，在无人化运输与出行方面需求持续增加，商用车无人化发展尤其是干线物流与末端配送将迎来明显机遇期。目前国内干线物流自动驾驶技术主要处在测试阶段，主要由传统整车企业与自动驾驶科技公司参与。与此同时，疫情期间使得人们对汽车健康相关功能更加关注。

在产品方面，2019年以来，L2级别车辆批量落地，截至2019年，已有65款L2级别自动驾驶产品投放市场，其中，自主品牌在投放量上占据绝对优势，占比超七成，吉利、长安、长城汽车投放量领先。2019年投放车型占比高达78%，同比2018年增长近3倍。L2级产品上市规模连续2年高速增长，但市场规模仍小，高增长趋势将延续。当前，多家企业启动L2+自动驾驶布局，2020年或迎小规模投放。但是L3级自动驾驶面临传感器成倍增加，成本将显著提升，同时面临法规、安全等挑战，尚不具备较好的量产条件。

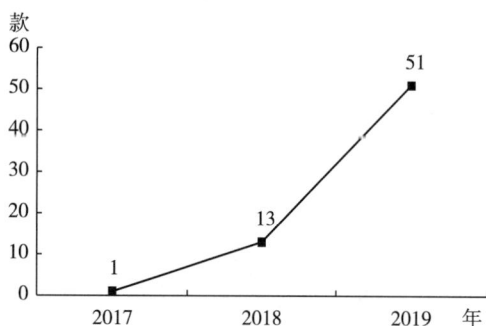

图15　L2级别市场投放数量

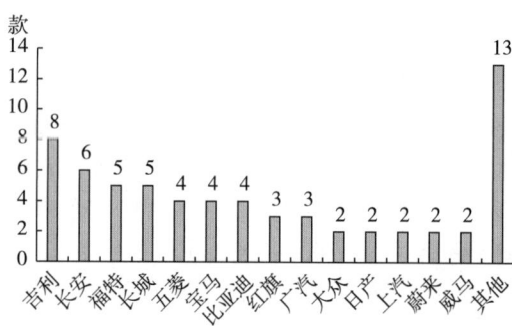

图16　各企业投放L2级别自动驾驶车型数量

二、充电设施建设规模大幅提升，产业发展提质增效

当前我国充电基础设施产业取得了长足进步，有力支撑了我国新能源汽车产业的发展。为更好地满足新能源汽车用户的充电需求，我国充电设施体系不断完善，充电行业发展已由初期的"跑马圈地""超前建设"，逐渐调整为当前的"切合需求""合理超前"的模式。

（一）充电设施建设规模大幅提升，产业链建设日趋完善

充电桩总量增长迅速，发展规模持续保持全球首位，公共充电桩保有量呈近似直线上升状态。截至 2019 年年底，我国电动汽车充电桩保有量达 121.9 万台，其中公共桩51.6 万台，私人桩 70.3 万台，车桩比达到 3.1:1，车桩配比率进一步优化。私人桩配建设桩占比逐年提升：从 2015 年的 14% 提升至 2019 年的 58%。充电网络运营商主体众多，产业链建设日趋完善，截至 2019 年年底，充换电行业总体注册企业约为 100 家左右，实际运营数量约为 50 家左右，主要可分为传统充电运营商、主机厂旗下企业、第三方互联网平台以及围绕产品和技术研发的专业企业，极大促进了充换电设施建设的快速发展。前期投入高和回报周期长的特征形成了充电桩产业高度集中的竞争格局，少数头部运营商已形成规模优势。2019 年，全国充电运营商所运营充电桩数量超过 1 万个的共有 8 家，占总量的 90% 以上，产业规模效应极强。

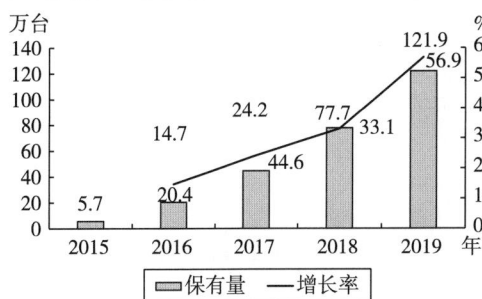

图 17　中国电动汽车充电桩保有量及安装量情况

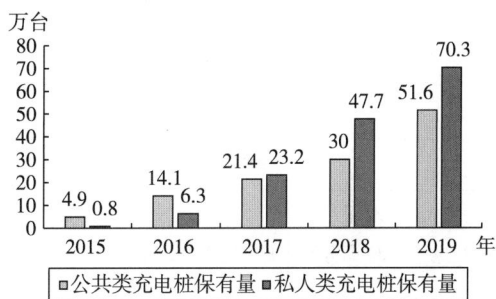

图 18　中国电动汽车充电桩细分产品保有量情况

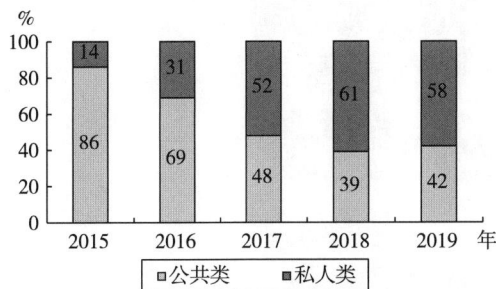

图 19　中国电动汽车充电桩细分产品占比情况

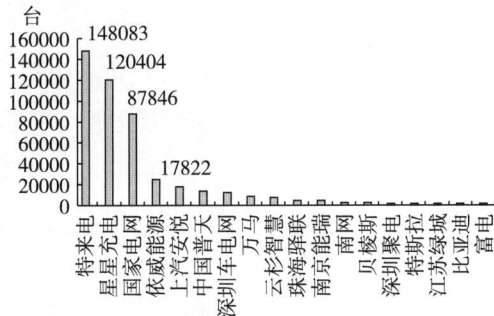

图 20　截至 2019 年年底规模化运营商充电桩总量情况

（二）多技术混合布局满足不同应用场景，产业发展模式多元化

现有电动汽车充电桩产业的充电技术主要分为三大类：交流充电、直流充电和换电

技术。未来，国内充电方向将向大功率充电和无线充电拓展。直流充电桩功率较大，充电速度较快，主要安装在高速公路的充电站、商场停车场和公共停车场等地。交流充电桩功率较小，充电速度较慢，主要安装在住宅小区停车场等地。换电技术能够显著减少充电时间，其中，以北汽新能源为首的换代企业可以实现在两分钟内完成充电，是对出租车、网约车和部分私人用户充电方式的最好补充，多技术混合布局最大限度地满足不同应用场景。充电设施的快速发展促进了产业发展模式的多元化。一是设施建设由粗放、盲目转换为按需配建为主，公共充电设施增速放缓，但新建场站平均运营效率有所提升。二是充电场站经营管理日益精细化，多方合作、共同管理成为公共场站经营的主要模式之一。三是持续探索增值业务，为企业盈利探索新道路，带动运营商其他业务增长。

表3　　　　　　　　　　　　　**电动汽车主要充电技术比较**

充电类型	充电时间	优点	缺点	应用场景
交流慢充	8～10 小时	1. 对充电要求不搞，充电桩和安装成本低（0.5 万～1.2 万元） 2. 延长电池寿命 3. 利用汽车闲置时间充电	1. 充电功率低（7～40kW） 2. 充电时间长	私人充电桩、单位停车场、住宅小区周边、部分公共停车位
直流快充	30～90 分钟	1. 充电功率较高（≥60kW），缩短充电时长 2. 保障长途旅行，解决里程焦虑 3. 大功率充电（350～500kW）大幅缩短充电时间	1. 成本高（5 万～12 万元） 2. 电池寿命造成伤害	商场停车场、公共停车场、高速公路服务站
换电	2～5 分钟	充电效率高，即换即走	1. 需标准化电池 2. 初始成本高 3. 占地空间大	高速公路、公共运营车充电站

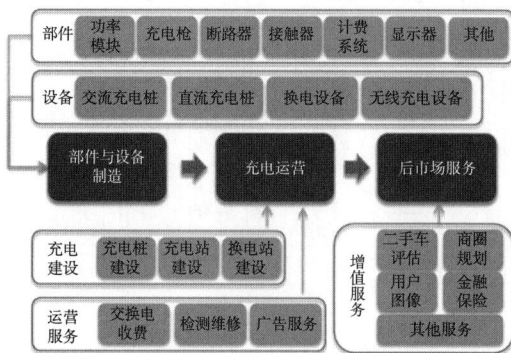

图21　电动汽车充电桩产业链全景图

（三）已形成完整的充换电保障体系，助力新能源汽车快速发展

国家政策的扶持极大地促进了中国充电基础设施建设的发展。从 2015 年至今，国家及各地政府部门先后出台了二十多项关于充电基础设施的支持政策，让政策导向与市场需求共同发力。随着"新基建"的不断推进，充电基础设施产业具有国家经济中前所未有的战略地位。国家和地方政府持续出台配套政策和规划，重在解决充电桩建设商和运营商的时间成本高和前期投入高的两高困难，从而提高建设商和运营商收益水平来吸引更多企业积极参与充电基础设施产业。2020 年国家规划建设 480 万个，当前缺口巨大，随着一车一桩、新建住宅 100% 预留、车辆补贴政策逐渐向"补贴充电运营"转变且要求由"充电运营主体"承接等政策的逐步实施，未来两年将进入爆发式增长期。

表 4　　　　　　　　　　　　关于充电基础设施的支持政策一览

部门	政策名称	政策内容
国家发展改革委等四部委	《提升新能源汽车充电保障能力行动计划》	• 引导地方财政从补购置转向补运营，应由充电运营主体承接 • 鼓励整车和运营公司以及房地产商等展开全面社会化合作，促地充电服务专业化 • 明确充电设施新技术庆用方向，加强研发，加大探索与实践 • 加强平台建设，实现未来充电数据可追溯，推动车辆监控平台与充电运营平台互联互通
北京城管委	《关于印发实施 2018—2019 年度北京市电动汽车社会公用充电设施运营考核奖励实施细则的通知》	• 季度考核奖励：对考核评价最好的 A 级充电站给予每度电 0.2 元的奖励，上限为 1500 度/千瓦·年 • 年度考核奖励：对考核评价最好的 A 级充电站给予 106 元/千瓦·年的奖励，上限为 20 万元/站·年
多城市	北京、上海、广州、太原、济南、长沙充电设施规划、行动计划等政策	• 对具有固定停车位及电源条件的，本市将实现全部小区电源条件到车位，随时可建充电桩，落实电动汽车整车企业主体责任，紧持"一车一桩"，推进自用充电设施建设
财政部	《关于"十三五"新能源汽车充电基础设施奖励政策及加强新能源汽车推广应用的通知》	• 2016—2020 年中央财政将继续安排资金对充电基础设施建设、运营给予奖补，奖补资金最高封顶 2 亿元
国家发展改革委等四部委	《电动汽车充电基础设施发展指南（2015—2020 年）》	• 2020 年之前全国需要新建公务车与私家车专用充电桩 430 万个，分散式公共充电桩 50 万个，共 480 万个
国务院	《关于加快电动汽车充电基础设施建设的指导意见》	• 新建住宅配建集车位应 100% 建设充电设施或预留建设安装条件；大型公共建筑物、社会公共停车场建设充电施或预留建设安装条件的车位比例不低于 10%
住建部	《关于加强城市电动汽车充电设施规划建设工作的通知》	• 新建小区建设：将相关要求纳入工程建设强制性标准，施工图审查机构在审查住长项止和大型公共建设施工图时，应对充电设施设置是否符合相关标准进行审核

三、新能源汽车出行服务迎来发展良机，后市场动力电池回收体系初步搭建

新能源汽车产业的快速发展，拉动了其后市场服务迅速跟进。当前在新型城市交通体系下，新能源汽车出行服务迎来发展良机。与此同时，新能源汽车保有量的大幅增长以及车型换代需求增加，在国家政策引导下，动力电池回收体系初步搭建。

（一）构建新型城市交通体系，新能源汽车智能共享出行迎来新机遇

随着国民经济的快速发展和人们生活水平的不断提高，庞大的出行需求给城市发展带来了繁荣，同时也带来了交通拥堵、环境污染、事故频发等一系列问题，汽车保有量的增加导致了城市出行负荷的不断增加。自2016年以来，国家在城市出行领域出台了一系列政策，从而促进城市交通出行便捷、安全、绿色地发展，在此背景下，新能源汽车智能共享出行正在成为汽车发展的重要方向。以滴滴、首汽以及北汽新能源等各大企业为主的汽车出行服务公司，大力布局电动出租车、网约车、分时租赁、P2P、定制公交等新型领域。2015—2018年整体市场保持快速增长，平均复合年增长率达50.01%，进一步拓展了新能源汽车的业务领域。

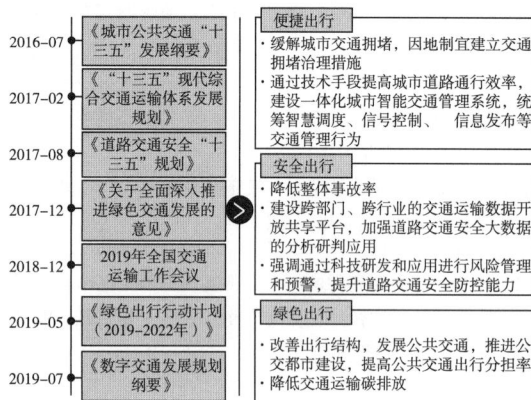

图22　城市出行领域出台的
一系列国家政策

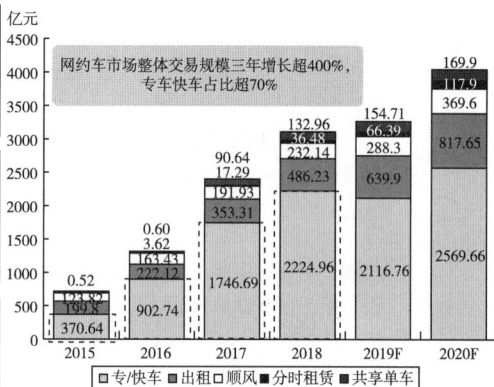

图23　2015—2020年中国移动出行
各细分市场规模

（二）动力电池产业规模化发展，其回收及梯次利用发展成为必然

截至2019年，我国新能源汽车保有量为381万辆，其中，纯电动汽车保有量310万辆，占新能源汽车总量的81.19%，动力电池累计配套超过202GWh，2020年我国将产生约26万吨退役锂离子电池，针对这种情况，国家和地方给予动力电池回收相关政策支持，各大主机厂承担主体责任，联合行业内重要伙伴，抱团合作，动力电池产业将呈现规模化效应，未来回收和梯次利用市场大有可为。通过对退役电池性能评估，根据其使用情况设计通信备用电源、储能集装箱、低速电动车、AVG小车等应用场景进行梯次利用，最后进行电池拆解，实现稀缺金属及相关资源的重复再利用，符合绿色、循环、可持续的发展理念。尽管当前发展面临拆解成本高、电池评估标准缺失、梯次利用

使用场景缺乏管控等相关问题，但是随着产业体系的不断完善，动力电池回收及梯次利用未来可期。

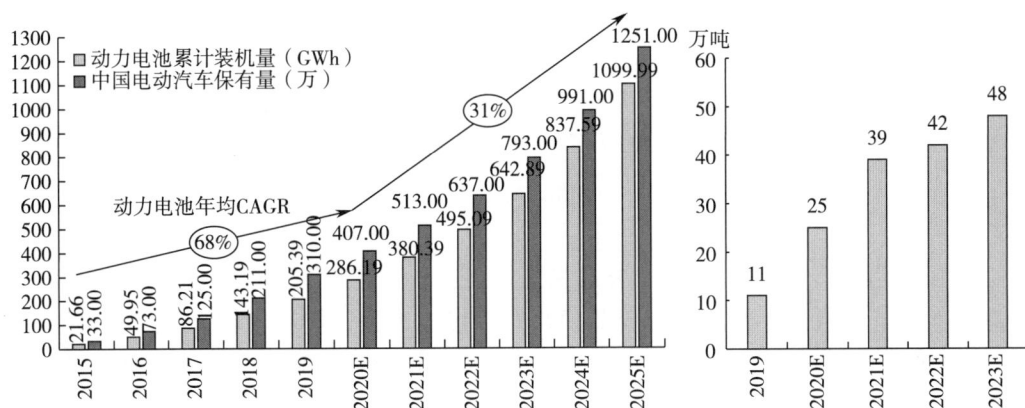

图 24　电动汽车动力电池将成为电化学储能领域的主要载体　　**图 25　退役动力电池回收预测**

四、小结

新冠肺炎疫情催动下，机遇与风险并存，新能源车企开启全新商业模式探索。

受新冠肺炎疫情影响，整体汽车行业发展短期受阻，新能源汽车市场短期销量不佳也在情理之中。多数新能源车企选择了开辟全新商业模式探索。其中北汽新能源、比亚迪打造数字化服务体系，顺应互联网时代下用户服务需求，推出线上销售、智能控车、无忧充电、无感服务、互动社区等线上服务，并于 2020 年实现门店数字化体验，数字化、智能化服务体系初见成效。除此之外，部分车企适应新冠肺炎疫情期间人们的需求，加大研发投入，打造智能清洁驾舱、空气净化系统，净化座舱环境。短期新能源汽车市场受阻，并不能影响新能源汽车逐步替代传统汽车成为主流的趋势，在国家政策扶持、企业动力电池/智能网联核心技术革新、国家经济发展向好、充换电设施等新基建不断完善、消费理念和信心持续提升等综合因素影响下，中国新能源汽车产业发展潜力巨大、前景可观、大有可为。

换电模式探索与实践

赵许博　任　毅

北京奥动新能源投资有限公司

目前，新能源汽车的能源补给方式主要分为三种：慢充、快充以及换电。在解决新能源汽车充电问题上，国内已形成共识，即"慢充为主，快充为辅，鼓励换电"。但是，慢充面临"建桩难"的问题，无法实现大规模的全面覆盖，成为影响新能源汽车消费升级的关键瓶颈。

近年来，随着政府相关支持政策的引领与实施，在政策鼓励和技术突破的双重推动下，换电技术路线优势逐渐凸显，加之以北汽新能源、蔚来、奥动新能源等为代表主流车企及运营商的不断探索与实践，推动了换电模式的落地和市场认可，使得中国新能源汽车的能源补给方式由充电为主转变为充换并存。

换电模式将成为后补贴时代推动我国新能源汽车产业发展的创新商业模式之一，将有效解决新能源汽车使用过程中遇到的充电难、充电时间长、充电安全隐患等问题，通过"车电分离"降低购车成本，激发市场活力，助力新能源汽车产业快速发展。

一、国家层面政策支持助力换电模式快速发展

"新基建"的推出为中国经济注入强大动力，而"新能源汽车充换电基础设施"作为我国"新基建"的七大重要领域之一备受关注，政府支持力度大，市场需求潜力高，将为新能源汽车带来新的机遇，意味着换电行业将进入新的发展阶段。

在《2020 年国务院政府工作报告》中，首次将换电站纳入"新基建"领域，明确指出要加强新型基础设施建设，增加充电桩、换电站等设施，推广新能源汽车。苗圩部长明确表示，将鼓励换电模式的发展，鼓励地方在公共服务领域更多使用新能源汽车，鼓励各类充换电设施实现互联互通。

2020 年 4 月 23 日，财政部等四部委联合印发《关于完善新能源汽车推广应用财政补贴政策的通知》。明确提出，新能源乘用车补贴前售价须在 30 万元以下（含 30 万元），为鼓励"换电"新型商业模式发展，加快新能源汽车推广，"换电模式"车辆不受此规定。

"国家政策背书"将换电带入发展的"快车道"，同时换电模式的"重生"，也得益于各地政府响应号召、大力支持，以出租车电动化为重点着手，积极探索与实践换电技术路线。

其中，北京市确定采用充换兼容电动车为市出租车转型升级技术路线。2019 年 5

月 20 日，经市政府批准，北京市交通委发布《北京市纯电动出租汽车推广应用实施操作方案》，明确至 2020 年年底前到期报废的巡游出租车全部更换为充换兼容电动车，并给予资金（7.38 万元/辆）和指标奖励，涉及更换车辆数约 2 万辆。北京成为全国第一个明确将"充换兼容、以换为主"作为出租车电动化技术路线的城市。

广州计划到 2021 年实现出租车全部电动化。2018 年 5 月 23 日，广州市交通委发布《关于加快新能源出租车推广应用工作的通知》，规定 2018 年起广州市各出租车企业更新或新增的巡游出租车中，纯电动汽车比例不低于 80%，且逐年提高 5 个百分点，其余全部使用新能源汽车，计划在 2021 年之前将约 2.5 万台出租车全部电动化。

二、换电模式符合新能源汽车行业发展的长远趋势

汽车"纯电化"是国家战略，源于国家对能源安全、环境保护和汽车产业升级的战略需求，目前行业经过"政策驱动"的繁荣正向"市场驱动"过渡，随着补贴政策的退坡和退出，产业发展需要寻求电动汽车、电力和清洁能源行业统筹发展的新路径，以联合创新的商业模式平稳过渡到后补贴时代，预防断崖式滑坡的危机。

在补贴退坡的影响下，新能源汽车将如何突破重围？营运车辆将是新能源车企的重要突破口，而"车电分离"是新能源汽车推广在后补贴时代的有效解决方案，换电模式在城市高频营运领域将发挥重要作用，尤其在节能与储能以及关联业态的运营中，市场辐射带动性强，换电模式符合新能源汽车行业发展的长远趋势。

按照规划，2020 年纯电动汽车和插电式混合动力汽车市场保有量有望超过 500 万辆，其中运营车辆将占重要比例；为了保障电动汽车能源补给，计划新增集中式充换电站超过 1.2 万座，分散式充电桩超过 480 万个，到 2025 年将建设超过 3.6 万个充换电站。

后补贴时代，换电模式优势凸显，具有以下八大优势和商业生态价值：

一是车电分离的实现。在换电模式的基础上，推出了"车电分离"，把电池以租赁的方式来运营，这样的话前期购车成本大大降低，让新能源汽车更具竞争性，更受市场青睐。

二是安全性高。快充大部分充电桩是无人值守，大量充电桩安装在地下空间，安全隐患大，安全风险高。而换电补电在恒温恒湿的环境下均衡充电，24 小时有人值守，并有光纤测温、电池一键出仓等多重安全防护。

三是解决电动化后无固定停车位群体的能源补给问题。据统计，中国大约有 70%的汽车用户没有固定停车位，只有 40% ~50% 的新能源汽车用户能够装上专属充电桩。采用快充不仅影响动力电池寿命，也会增加城市电网的配电负荷，相比之下，换电模式补能过程比加油还快，且无需停车位支持，更显集约高效。

四是节省补电时间。随着换电站网络规模化形成，换电站如同加油站，1 ~3 分钟换电完成，时间快，效率高。

五是资源充分利用。充换电站建设集成高、建设快、技术适应性强，在同等服务能力前提下，充换电站占地面积为充电场站的 40%，电力资源占用量为充电站的 50%，

土地平效是充电站的 19 倍。一个占地 200 平方米左右的换电站，一天满足 250～300 辆出租车辆服务，针对私家车一天行驶 80～90 公里（三天换一次）可服务 750～900 辆，相比一对一的充电，无论投资、土地利用率都是大幅度提高。

六是有效延长电池寿命和梯次应用。根据电池运营平台大数据验证——换电模式可以使锂电池的 SOH（电池健康状态）延长约 60%。电池处于统一功率、恒温、恒湿的环境下充电，是换电模式让电池安全性普遍提高的原因之一。

七是储能和减轻电网负荷。换电可以利用夜间波谷充电，所以电池的充电成本可以大大降低，且对电网的冲击负荷最大幅度减小。储能的天然优势是充电桩无法具备的；同时，换电站储能，统一功率充电可以缓解对电网的压力。

八是实现电池全生命周期与价值管理。新能源汽车的车载电池通过换电回舱充电补能，实现运行中的电池数据分析、养护和管理，让每块电池更健康、更安全。这些运行中的电池大数据对今后的电池产业发展也能带来新的价值。同时，通过分析电池的不同阶段和生命周期价值，包括：换电补能、日常储能、数据传递、后期梯次利用，让每块电池的价值最大化发挥。

此外，换电模式作为能源基础设施将成为链接车企、电池厂、用户、二手电动车交易、电池梯次利用、储能的重要一环，将对新能源汽车上下游价值链相互赋能。通过车电分离、电池租赁、灵活配置，赋能主机厂降低成本、扩大销售、释放产能，降低综合成本；通过电池统一管理，有利于削峰填谷，促进电网平稳运行；还可以发挥分布式储能作用，消纳富余的清洁电力能源，作为能源供应的战略储备，稳定骨干电网运行，促进能源清洁化。尤其对于运营车辆领域，换电模式可迅速补充能源，解决了安全隐患、电池衰减严重等问题，消除司机里程焦虑、能源补给时间长、后期维护成本高等顾虑。

三、探索北京模式，奥动换电获市场认可

根据中汽协的数据，截止到 2020 年 3 月，我国共有换电站 433 座。其中，北京是换电站最多的地区，共有 182 座，占总量的 42.03%，其次是广东、浙江、江苏等省份。从换电站运营商看，奥动新能源建设运营换电站最多，共 216 座，其次为蔚来 123 座和杭州伯坦 94 座。

以北京为例，奥动新能源作为全球换电站建设和运营的领军者，深耕电动汽车快换领域近 20 年，拥有 2000 项全国范围技术专利，一直是换电领域的先行者，换电技术和运营管理处于行业领先地位。早在 2016 年奥动携手北汽集团就在京开始进行换电模式推广示范，北汽专注换电车辆推广，奥动承担换电技术研发和换电网络投资建设及运营。按照积极、稳妥的总原则，北京市出租车电动化优先从郊区试点，通过 2 年实践，郊区纯电动出租车已基本实现电动化，保有量约 3200 辆，其中北汽新能源车辆占比高达 94%。从前期实践结果来看，驾驶换电车出租车司机收入比充电车高 17%，换电车辆更受出租车司机师傅的欢迎。

基于郊区电动化的成功实践，北京市城区出租车电动化正式启动，北京市明确了 2019—2020 年在五环及重点地区累计投运充换电站建设和运营目标。

为了保障北京市出租车油改电工作顺利实施，为人们提供更加便捷、绿色、智能的出行服务体验，奥动加大投资力度，加快换电网络布局，截至 2020 年 3 月，在北京五环及重点地区累计建设换电站 118 座，覆盖大型居民区、通州副中心周边、机场周边等区域，服务半径 5 公里以内，可满足 1 万台以上出租车换电需求，可为车辆提供 24 小时不间断运营的服务保障。目前已累计安全行驶超过 1.6 亿公里，实现 4 年安全 0 事故，计划到 2020 年底累计建成换电站 194 座，并投入运营新一代 4.0 换电站，4.0 换电站效率较 2019 年投运的换电站提高 3 倍。

在换电模式下，20 秒即可完成换电，即换即走，不改变出租车司机能量补充习惯。换电版出租车采用里程计价的结算方式，费用仅 0.35 元/公里，是燃油车成本 1/2，且空调、暖风的消耗费用均包涵在里程计价之内。凭借快捷高效、节省成本、安全可靠、优质服务等优势，换电模式受到市场广泛欢迎。据金建、银建、北方、祥龙等北京市"头部"出租车运营企业反馈，通过换电站对电池进行统一的充电控制，能有效保护电池并延长其使用寿命，增加折旧年限，这对于企业来说，意味着直接利润的提高，核心竞争力增强。驾驶换电出租车司机则表示："换电全程不到一分钟，和加油一样方便；每个月电费只要 2000 块钱左右，不到燃油车一半，而且车内比较安静，比燃油出租车坐着更舒服，乘客满意度也更高。"

按照规划，2020 年年底奥动新能源预计将进驻 10～15 个新城市，总体建设及运营换电站 500 座以上。未来 5 年，奥动换电网络布局国内 100 座城市，建成运营 10000 座换电站，为包括私家车在内的 1000 万辆新能源汽车提供换电服务，为城市提供更高效的新能源补给网络服务。

四、换电全国普及，标准亟须统一

目前，国内各大主流车企都在争相布局换电模式赛道，每家车企都有各自的动力电池技术标准，不同品牌及型号的新能源汽车难以在同一换电站实现兼容。

与此同时，换电站建造及运营前期成本较高，如无国家政策扶持与引导，企业资产负担较重，光靠自身市场化运作，难以在短期内实现盈利，这将直接限制"换电模式"的大规模发展。

相信未来，政府能够出台相关支持政策，有序引导"换电模式"规模化发展，统一换电标准，并对换电站建设所需用地、用电问题纳入规范化管理。

换电的春天已经到来。换充储一体化是能源补给多元化的趋势，换电技术和模式的推广应用对国家能源战略、新能源汽车发展、绿色出行发展、多元能源应用、电池标准化及梯次储能、环境保护及社会资源的集约利用都能带来巨大价值。

以"零碳社会的全局观"
全力打造能源创新零碳新业态

文　辉

启迪清洁能源集团董事长

摘要： 启迪清洁能源集团系启迪控股旗下能源领域领军企业，潜心专注于科学技术成果转化，布局全产业链条，全面推进我国能源供给侧结构性改革和能源体系发展，不断加速项目产业化落地及国际化产业进程。

启迪清洁能源集团承接启迪控股能源环保一体化发展战略，深刻贯彻落实党的十九大报告中提出的"推进能源生产和消费革命，构建清洁低碳、安全高效的能源体系"的重要精神，以构建零碳无废社会为己任，聚焦打造"一脑一链四网"核心竞争力，切实推动国家能源革命，促进能源转型升级，加速构建安全、稳定、多元的零碳现代能源体系。

关键词： 能源　"一脑一链四网"　零碳

一、引言

启迪清洁能源集团致力于成为全球清洁能源使者，以零碳社会的全局观，全力打造具有国际化视野的清洁能源平台，融合清华大学及全球的清洁能源先进技术，在启迪清洁能源的平台上实现转化，并随着国家"一带一路"倡议走向世界。

在全球经济发展及碳减排的大环境下，能源转型势在必行。启迪控股副总裁、启迪清洁能源集团董事长、启迪环境董事长文辉在大同市政府未来能源战略规划进程中率先并正式提出"一脑一链四网"，即智慧能源管理系统、能源区块链、零碳电力网、零碳热力网、零碳动力网、零碳生物质能源网的全新理念，促进能源转型升级，加速构建零碳能源体系，开创能源革命新局面。

智慧能源管理系统是综合能源"大脑"，集成冷、热、电、气、水等能源监控及在线平衡调节，通过能耗数据分析，进行事前、事中、事后预警决策，实现标准化、智能化能源管理。能源区块链通过分布式记账、智能合约等改变传统的供应与交易方式，促进分布式能源消纳，以达最优经济效益和社会效益。

零碳电力网以压缩空气储能为核心，通过风、光、生物质等清洁能源替代火电，构建风光储一体化的电力系统。零碳热力网基于新一代零碳热力技术打造，融合新一代大温差远距离输送技术、烟气余热回收、低温核供热、热源与热网的自动优化平衡调节技术加速产业落地。零碳动力网以生物柴油、氢能为核心，未来启迪清洁能源集团将高效转化能源领域重大变革性技术，加速零碳动力网在未来清洁能源体系中的价值体现。零碳生物质能源网融生物质原料的收集、储运、加工、应用为一体，通过农村生物质综合利用打破农村清洁取暖的多重困局，改变村民用能观念，促进能源循环利用，重构绿色生态体系。

启迪清洁能源集团坚持"以人为本，知行合一"的企业文化理念，建立以企业为主体、市场为导向、产学研深度融合的科技成果转化生态链，依托启迪控股强劲的平台实力，发挥清华大学产学研得天独厚的优势，将更多的科研成果转化为产业并加速其发展，实现技术产业化，产业资本化的发展目标。

二、以零碳无废的全局观构建能源新业态

（一）零排放压缩空气储能系统为全国煤炭资源枯竭型城市提供革命性转型方案

清华大学电力系统国家重点实验室卢强院士团队创新研发的零排放压缩空气储能系统，利用被遗弃的风光水和"低谷电"，制造并以100～120个大气压的高压空气进行存储，用电高峰期时，高压空气经储热换热系统加热后驱动透平发电机发出电能，达到废电精用的目的。系统运行过程中无燃烧，零排放，无后处理污染，使用寿命长达50年，能够在电、热、冷和调相的四联供上有效满足人们生活需求，有效提升大电网系统安全。

2019年8月，启迪清洁能源集团与大同共同打造的大同市同煤集团云冈矿北巷道压缩空气储能电站项目正式开工，已在建首期60兆瓦工程。基于煤矿巷道压缩空气储能系统属全球首例，是中国在清洁能源领域迈出的重要的第一步，是在实质上推动全球能源技术进步的重要举措，将促进全球压缩空气储能产业健康发展。

压缩空气储能系统可广泛应用于废弃煤矿巷道、盐穴、管线钢储气库等不同形式的高压气体储存空间，以压缩空气储能为主体的微能源网将为大同等全国煤炭资源枯竭型城市，提供具有革命性的转型方案。该系统建设周期短，成本低，寿命长，但现阶段缺少对系统电站容量补贴、辅助服务等政策支持，若能完全推广，将彻底解决弃风、弃光、弃水，替代抽水蓄能电站及火电厂，进而解决生态破坏、环境污染等问题。

（二）多燃料多流程循环流化床燃烧技术实现工业固体废弃物高效清洁利用

清华大学能源与动力工程系教授张衍国带领团队历经十余年自主研发的多燃料多流程循环流化床燃烧技术，现已获得发明专利28项，启迪清洁能源集团旗下热华能源已建成投产江苏兴化市脱水果蔬产业园生物质热电联产项目、四川烟叶复烤公司合同能源管理项目等近百台工程业绩，实现产值逾4亿元。

本技术提出了"三床两返多流程"理念，采用三级炉膛、两级回灰结构设计，开发出结构紧凑的多流程循环流化床工业锅炉，降低了1/3的炉膛高度并缩短了沿烟气流程的纵向深度，初投资降低了10%～20%。独特的结构设计使燃料中挥发分的燃烧时间加长，燃烧完全，锅炉热效率达到88%～92%，采用中温分离技术，设计合理的燃料和风配比例，两级灰循环，解决了生物质锅炉结焦难题。这种清洁燃烧技术采用低温

燃烧、多级配风和 SNCR 脱硝、炉内钙基脱硫等技术，锅炉初始排放低，与层燃炉相比烟气污染物脱除运行费用节省约 1/3，可实现超低排放。

锅炉燃料有秸秆、酒糟、稻壳、中药渣、咖啡渣、烟梗、造纸废料、木屑、玉米芯等，具有分散能源分散利用、多种燃料同炉同时适用的优势，有效舒缓生物质能源燃料季节性波动，彻底解决秸秆焚烧带来的环境污染难题，高效清洁利用工业固体废弃物，节能减排效果显著，未来发展前景广阔。

（三）酶法生物柴油技术助推构建低碳可持续发展和谐社会

清华大学化工系刘德华团队经过 10 多年研发成功地开发了以地沟油、潲水油为原料的生物柴油双酶法绿色生产工艺，目前已经实现了年产 5 万吨的规模，酶法生物柴油技术已应用于全球首家酶法生物柴油工厂——信汇工厂，已具备了商业化应用推广的条件。启迪清洁能源集团布局液体燃料领域主要以生物柴油、生物乙醇等核心技术来推动生物燃料的大力发展，该技术得到国内外的广泛赞誉，已在巴西、马来西亚等国家和地区开展联合研究与推广工作，清华大学、马来西亚棕榈油局、启迪清洁能源三方于2019 年 5 月正式签署《棕榈生物柴油示范科研项目》。

该技术从酶的基因改造入手，具有适应原料广泛、转化率高、清洁生产无污染、反应条件温和、成本优势明显、副产品附加值高等特点。生物柴油作为传统柴油的有益补充，可降低 PM2.5 排放 35%，一氧化碳排放 10.4%，碳氢化合物排放 50%，有效地改善了城市交通污染。生物柴油是天然的抗磨剂，添加 0.8% 即可满足国六柴油的抗磨性要求。在船运上可打造绿色航运，在矿山机械领域可协助建设绿色矿山，还可替代灌装液化气、醇基燃料，为低碳厨房建设发挥作用。

生物柴油作为能源革命的有机组成部分，政府通过强制使用 B10 生物柴油可以彻底解决地沟油导致的食品安全问题，规范餐厨剩余物的资源利用方式，从源头杜绝非洲猪瘟疫情的传播，大力推广生物柴油，加速建设低碳可持续发展的美丽城市。

（四）氢能与燃料电池技术推进能源结构转型

启迪清洁能源集团与清华大学能动系、汽车系、环境学院等多个院系共同合作，筹备建立跨学科、跨专业的清华大学氢能与燃料电池联合研究中心，同时积极在各地建立中试基地开展技术成果转化。目前已在汉中、东莞建成了氢能与燃料电池工程技术中心和氢能研究院，开展氢气制取、氢气储存与提纯、氢气加注、燃料电池等领域国内外先进技术的工程示范及产业化落地，目前已形成以清华大学为核心的一系列重大成果库。

固体氧化物燃料电池是燃料电池中最难攻克的技术，清华大学能动系韩敏芳教授打破国外技术封锁，攻克了材料、热工等核心关键技术，形成我国自主知识产权，构建起能源领域高效、低碳、洁净利用的产业体系。固体氧化物燃料电池适应性强，可使用氢气、工业废氢和含碳燃料，与现有能源系统兼容性好，发电效率高、运行寿命长，无须贵金属催化剂，污染少，具有更低的设备和发电成本，应用范围广阔。目前已在徐州建成国内首个固体氧化物燃料电池生产线，实现年产 100 万件单电池片、4 万个电堆、1000 套发电设备的产能规模。

发展氢能与燃料电池产业是能源结构调整和产业结构转型的必经之路，将在电动车后时代及未来清洁能源体系中扮演关键角色,并在重型交通、季节性储能等领域有着不可替代的价值。

(五)"启迪模式"构建零碳生物质能源网加速能源革命进程

启迪清洁能源集团积极响应国家大力发展生物质能的要求,全面布局生物质能源全产业链,利用自身清洁燃烧、低能耗生产等一系列国家专利,在大同市广灵县成功开展农村能源革命与生物质资源化利用项目,探索出农村生物质能分布式清洁能源生产与农户自产应用供暖的"启迪模式",打造了融清洁能源理念、先进性的科学技术、创新型的产品、优质的生产运营模式于一体的贯穿全产业链的零碳生物质能源网,可推动农村精准扶贫、集体经济建设和新农村建设的发展。

启迪创新模式具有独特的先进性、创新性、科技性,易推广、可复制、易操作。该项目真正颠覆了传统农民用能习惯,树立能源环保意识;从根源上彻底解决了"改了还要烧、不补就要停"的被动执行现象;为打赢大同精准脱贫、污染防治的攻坚战,改善人居环境、振兴美丽乡村,优化调整能源结构有着重大的革命性意义,可向"一带一路"沿线国家输出成熟的生物质设备技术与能源网建设模式。

未来,启迪将高度发挥产业协同的平台优势和技术优势,深化启迪创新模式,以科技创新助力产业精准扶贫,打造能源种植、无人收割、无人加工、无人制造、运输、储运于一体的前沿性生产运营模式,进一步降低生产成本,助农户安全稳定采暖,从本质意义上重构能源业态,助力能源革命。

三、行业权威专家为科技成果转化提供动力支持

启迪清洁能源集团全力践行启迪控股立体三螺旋的创新理论体系,构架零碳能源生态系统。启迪清洁能源研究院以国家能源环境的发展为目标,立足清华大学及全球性的科研优势,由行业知名的科学家殷志强、卢强、倪维斗、王光谦、严晋跃、杜祥琬、郝吉明为代表组成的科学顾问委员会,与清华大学十几大院系直接合作,为清洁能源领域的技术发展提供多学科、协同性、前瞻性的研究支持,全力打造覆盖清洁能源和节能环保领域更全面、更权威的科技成果转化平台。

结合各地实际情况,启迪清洁能源与清华大学及地方政府展开合作,建立实验室、科研站、技术中心等研发机构,并将零碳四网的专业技术在当地示范、建设和应用。目前已有陕西、山东、云南、马来西亚、巴西等区域性公司在当地开展业务;已逐步成立启迪清洁能源研究院西部分院、内蒙古能源研究院、启迪汉中氢能与燃料电池工程技术中心、新疆启迪能源环境研究院等机构,进一步构建清洁能源战略性产业发展生态圈,助力重大科技成果转化。

四、响应"一带一路"倡议加速国际战略布局

启迪清洁能源集团积极响应国家"一带一路"倡议,集成国内外先进的技术、人才、资本、政策等创新要素,重点与"一带一路"沿线国家进行创新合作。近年来,分别与美国、芬兰、荷兰、巴西、瑞士、德国、法国、英国、以色列、马来西亚、肯尼

亚等国家和地区进行技术与资本合作，为中国与世界的清洁能源领域合作搭建桥梁，聚焦全球清洁能源热点，探索清洁能源产业国际化合作新路径。

五、结语

启迪清洁能源集团将持续强化战略引领、聚焦零碳科技、加速科技创新、打造强劲引擎，加快创新生态培育，积极推动能源领域产业升级，打造新的产业增长极，加快推动清洁能源领域高质量创新性发展，切实推动能源转型及产业升级。

生物质能源化利用的创新实践

熊　建

武汉光谷蓝焰新能源股份有限公司

摘要： 秸秆等农林废弃物能源化利用，既可变废为宝、促进生态文明建设，又可补充天然气、降低国家能源安全风险。生物质能源化利用与农业、林业、群众生活紧密联系在一起，构成一个绿色、再生、可循环的生态链条。生物质清洁供热、生物质热解的"蓝焰模式"，可快速产生社会效益、经济效益、能源效益和环保效益，有重要推广价值。

关键词： 生物质能源　清洁供热　热解　创新发展

习近平总书记在党的十九大报告中提出："建设生态文明是中华民族永续发展的千年大计。必须树立和践行绿水青山就是金山银山的理念，坚持节约资源和保护环境的基本国策，像对待生命一样对待生态环境。"

生物质能联通城乡环境保护和清洁能源两大领域，采用先进的可再生能源技术，将农作物秸秆、林业枝丫柴、城乡生活垃圾、畜禽养殖粪便、工业有机废水等，转化成为清洁的热力、燃料等多能源品种，变废为宝，一举多得。

一方面，我国天然气依赖进口，对国家能源安全带来一定挑战。特别是 2017 年冬天以来，部分地区出现天然气短缺现象。另一方面，我国生物质能原料丰富，分布广泛，如果开发利用，可以降低国家能源安全风险。

国际实践证明，生物质能可达到天然气效果，在替代和节约常规天然气方面，发挥了重要作用。发展生物质新能源，是"能源革命"的重要组成部分。新的历史时期，面临新的历史任务，急需对生物质能从新的视角，做出新的理论创新和探索。

一、生物质能源化利用具备绿色、循环、可持续特征

在能源领域，替代常规化石天然气，达到天然气的使用效果，要具备三个条件：第一，必须要作为燃料来使用，这样才能替代天然气，水能、风能、太阳能、地热能、海洋能都不行；第二，必须达到天然气的排放水平，这样才能发挥天然气的基本功能——替代煤炭，这是当前应对大气污染和雾霾所必需的；第三，必须是低碳的能源，天然气的碳含量比煤炭要低，替代能源必须是低碳的。

生物质能是作为燃料使用的主要可再生能源，在配备必要的环保设施后，污染物排放达到天然气水平，甚至比天然气还要低。生物质能是碳中和的零排放能源。此外，生

273

物质能还具备另外两个独特性质，即可再生和可循环，与农业、林业、人民群众日常生活紧密联系在一起，构成一个可再生可循环的生态链条，可以说，既达到了天然气的使用效果，又具备天然气缺乏的可再生可循环特性。

二、国际国内生物质能源化利用形势

我们的地球，蕴含着丰富的生物质，地球每年经光合作用产生的物质有1730亿吨，其中蕴含的能量相当于全世界能源消耗总量的10～20倍。[1]

从国际能源消费结构中看，可再生能源占总能耗的13%，而生物质能占可再生能源的77%。在能源消耗终端市场，供热领域占比为50%。其中，生物质能是唯一可作为燃料替代化石能源的可再生能源[2]。

美国生物质能源占能源消耗总量的5.4%，比风能、太阳能、水能的利用率都要高。据美国能源信息署预测，到2040年将增加到7.1%。[3]

欧盟生物质能产业起步早，发展迅猛。目前，其可再生能源消费总量达1.6亿吨石油当量，占能源消费总量的10%。其中生物质能源消费总量达1.2亿吨石油当量，约占可再生能源消费总量的78%，在可再生能源供热中占93%以上，满足了欧洲总体供热领域能源需求的13%。预计到2040年，欧洲供热和制冷将100%由可再生能源提供。[4]在瑞典，目前生物质供热发电约1030亿度，占全国能源消费总量的16.5%，约占供热能源消费总量的68.5%。[5]丹麦正准备在全国前5大城市，逐步减少并淘汰燃煤发电站，要求发电站进行技术改造，使用生物燃料替代煤和燃油，作为城市生产和生活的主要能源来源。[6]约在2030年，丹麦生物质燃料将全面替代燃煤、燃油和天然气，作为城市生产和生活的主要能源。

我国可供开发生物质能达8.37亿吨标准煤[7]，不仅可替代燃煤，也可以补充天然气，而且是循环再生能源，它是治理大气污染的重要措施。但我国生物质能源利用起步较晚，在能源消费总量中，所占比例不到1%，远低于欧美发达国家。发展清洁能源，缩小与发达国家间的距离，还世界一片碧海蓝天，是历史赋予我们这一代人的责任和使命。

三、生物质供热、热解的创新实践

生物质能是全球公认的第四大能源。以资源丰富、遍布全国城乡的生物质为原料，采用先进的可再生能源技术，生产出清洁能源，可替代燃煤，节约天然气。

生物质清洁供热。即以秸秆或以秸秆为原料的成型燃料，在生物质锅炉里燃烧产生清洁热力。生物质供热因为排放水平达到天然气标准，即烟尘、二氧化硫、氮氧化物分别不高于20毫克/立方米、50毫克/立方米、200（重点地区为150）毫克/立方米。引进国际先进锅炉进行国产化后，污染物排放比天然气还要低。

生物质供热除了替代燃煤、减少露天焚烧秸秆、治理雾霾以外，还可为工业企业提供清洁蒸汽，特别是为广大中小用热企业提供廉价热力。在达到同样环保排放的条件下，生物质供热成本低于化石天然气，是当前经济新常态下广大用热企业、特别是中小型企业最实惠的选择。

生物质热解燃气。即以生物质为原料，采用热解技术，生产出与化石天然气基本一致的生物质燃气。国内自主研发生物质热解多联产技术世界领先，采用先进的农林生物质中高温热解技术，通过高温烟气对生物质间接加热，热解生成高热值清洁生物质燃气（3500～4200大卡/立方米）、生物质炭、生物质油（焦油和木醋液），解决了生物质气化不能连续、燃气杂质多等难题，并已成功商业化，实现了标准化、模块化、系列化。

生物质燃气主要是为广大城镇和社区提供绿色、低碳、清洁、经济、可再生、可循环的民用采暖。生物质热解气化产生的燃气，热值较高，经济性较好，同等热值条件下较天然气、罐装液化气和电采暖成本低，适用于民用供暖。可再生合成天然气是典型的分布式清洁供热，满足5000～40000人口规模的城镇和农村清洁取暖需求，特别适合于北方农村。可再生合成天然气立足于当地，就地收集生物质原料、就地气化转化为清洁燃气、就地消费用于取暖和炊事，构建分布式生产和利用体系，直接在用户侧替代燃煤，大幅减少污染物排放，有效治理大气污染、减少雾霾。

生物质供热和热解燃气是替代常规化石能源、提高国家能源安全保障水平的现实选择，是实现增加清洁能源、治理大气污染、促进现代农业、降低实体经济成本、推进民生建设多重目标的路线图。

四、生物质能源化的"蓝焰模式"

武汉光谷蓝焰新能源股份有限公司位于中国武汉光谷，注册资本3.9亿元。主要从事：生物质清洁供热、生物质热解联产、生物质锅炉及热解关键装备的研发、制造与销售。目前已投产运营生物质能源站及生物质成型燃料基地数十个，储备生物质供热项目千万蒸吨。公司荣获联合国颁发的"蓝天奖"、第47届日内瓦国际发明金奖，被国家能源局授予"生物质燃气高效制备与研发技术中心"，拥有各项专利及知识产权200余项，其中发明专利60余项。

2013年7月22日，中共中央总书记、国家主席、中央军委主席习近平亲临光谷蓝焰视察，并就生物质能源化利用作重要指示。

2019年，国家能源局领导到蓝焰视察时，要求蓝焰公司"当好中国秸秆能源化利用的排头兵"，尽快在全国复制生物质供热"蓝焰模式"，由蓝焰牵头制定供热、热解、燃料等生物质能源化利用技术一系列国家标准。蓝焰公司深入贯彻落实"创新、协调、绿色、开放、共享"新发展理念，认真思考能源、环境和农业三大课题，深入研究经济新常态下绿色低碳发展的新路子，探索新道路，深入推进新时期企业发展与民生建设紧密融合的新道路，精准发力，改革创新，扎实推进生物质天然气发展，助力生态文明建设。

蓝焰生物质清洁供热在全国创下四个第一。光谷蓝焰与丹麦合作，引进消化全球最先进的生物质清洁供热锅炉设备，在中国首次落户实现清洁供热，并成立中丹合资公司研发、生产、销售全新生物质锅炉。蓝焰旗下的康师傅清洁供热项目，于2018年投产运营，年供汽可达35万吨，项目排放标准优于天然气，用热成本低于天然气。该项目创下四个全国第一：即中国首次引进全球技术领先的生物质锅炉项目、国家确立的第一家生物质清洁供热全国示范项目、中国工业园生物质锅炉产汽量排名第一的项目、中国省会城市第一次使用生物质清洁供热的项目。

蓝焰生物质热解技术国际领先。光谷蓝焰独创全球领先的生物质热解工艺，以秸秆等农林剩余物为原料，通过高热分解，为用户提供生物质燃气、生物质炭等高品质产品。适用于全国各类工业园区、新农村、城镇化建设的能源供应，录入国家发改委重点低碳目录，系国家重点引导和推广项目。受国家标准委的委托，光谷蓝焰负责中国生物质热解技术标准的制定。

该技术在国际上首次实现了农林剩余物能源化、高值化、清洁化利用和环保条件下的工业化生产模式，社会效益、环保效益、经济效益明显。目前，光谷蓝焰以鄂州热解项目为模板，已在团风、罗田、房县、通山等地复制推广。

蓝焰公司将按照党的十九大报告中的关于建设生态文明、保护生态环境的重要指示精神，继续加大投资力度，加快投资进度，为建设美丽中国、促进经济建设绿色循环可持续发展做出新的更大贡献。

参考文献

［1］能源化学相关知识，人人文库网，https：//www. renrendoc. com/p－20177259. html.

［2］Http：WWW. GLOBAL STATUS REPORT 2014.

［3］中华人民共和国农业部. 中国农业统计资料2010［M］. 北京：中国农业出版社，2007.

［4］石春元. 生物质能源破解中国"世纪难题"［J］. 瞭望，2007（Z1）：87.

［5］国家林业局. 中国林业统计年鉴［M］. 北京：中国林业出版社，2009.

［6］生物质锅炉脱硝改造前工况与关联资料［EB/OL］. https：//www. doc88. com/p－7833820948611. html.

［7］中国可供开发生物质能达8. 37亿吨标准煤行业发展农村成突破口［N］. 华夏时报，2019－11－07.

有机废弃物综合处理

——绿色能源中心模式

龙基电力有限公司

摘要：有机废弃物综合处理不仅能高效利用其生物质能，而且能够保护环境，实现国家能源的可持续发展。本文以内蒙古某生物质综合利用项目为例，简要介绍了其生物质能——电、热、气、有机肥综合高效利用发展模式，为有机废弃物多途径综合处理提供技术参考及依据。

关键词：绿色能源中心　生物质能　有机废弃物

我国有机废弃物分布广泛，主要有农作物秸秆及农产品加工剩余物、林业采伐及森林抚育剩余物、木材加工剩余物、畜禽养殖剩余物、城市生活垃圾和生活污水、工业有机废水和高浓度有机废水等。

据统计，我国每年有机废弃物 60 多亿吨，其中农作物秸秆年产量约为 10 亿吨[1]，畜禽粪污约 30 亿吨，林业枝桠和林业废弃物年可获得量约 9 亿吨，甜高粱、小桐子、黄连木、油桐等能源植物（作物）种植面积达 2000 多万公顷，可满足年产约 5000 万吨生物液体燃料的原料需求，全国城市生活垃圾年产量约 1.2 亿吨，每年排放的有机废水约 8.6 亿吨。大量的农林废弃物、畜禽粪污和有机废水等若不能得到合理的处置、处理，不仅造成生物质能源浪费，还会造成严重的环境污染问题[2][3]。

研究表明，通过对有机废弃物的分类处理，有利于生物质能的高效利用，调整产业结构，同时对转变农村发展模式、促进新农村建设具有重要意义，因此生物质能的综合利用具有较强的综合效益。如高固含量有机废弃物（秸秆、林业废弃物等）进行热电联产[4]，提供电、热、汽用于其他生产生活用能；高油含量作物（油料作物、餐厨垃圾油）可通过酯交换或化学工艺制备液体燃料，提供液体能源；高含水有机废弃物（粪污、有机废水）进行厌氧消化产生沼气[5][6]，提纯成天然气，提供气体能源；有机废渣（草木灰、沼渣等）通过耗氧消化处理后可作为有机肥[7]，用于改良土壤。因此综合、高效、分类处理有机废弃物，生产绿色能源，有利于国家能源补充，具有保护生态环境，改善生活环境，改良土壤等综合功效。

本文以内蒙古某生物质综合利用项目为例，简要介绍其有机废弃物综合处理产生——电、热、气和有机肥的发展模式，阐述生物质能综合利用未来发展方向。

一、绿色能源中心模式

绿色能源中心模式是以建设社会主义新农村为契机，与生态农业建设、农业结构调整、清洁生产相结合，合理施用化肥，减少化肥造成的土壤污染，减少化学农药施用量，收集粪污，降低粪污直接排入土壤，即从源头控制土壤环境；建设绿色能源中心分类处有机废弃物（高含固有机废弃物进行热电联产、高含水有机废弃物进行厌氧发酵），提供清洁能源——热、电、生物天然气，副产物进行耗氧发酵，生产有机肥，所有有机废弃污染物通过绿色能源中心进行清洁化处理，转变成绿色清洁能源和有机肥，有机肥回归农田土壤，又一定程度上降低化肥施用量，形成良性循环，逐渐改善当地生态环境，再结合区域生态安全，保障社会稳定，在有机废弃物处理、流域治理、新农村建设等方面起到示范作用。

（一）生物质热电项目

利用农林废弃物（秸秆、林业剩余物等）进行直燃发电，年处理农林废弃物 24 万吨以上，可解决方圆 200 公里内未处理的农林废弃物污染的问题。项目建设内容包括 1 台 30 兆瓦非调整抽汽凝汽式汽轮发电机组、1 台 130 吨/小时高温高压直燃生物质锅炉、1 台 6 吨/小时生物质启动锅炉及配套上料、除灰、除渣、消防、脱硝、供配电系统等，项目年发电 7000 小时以上，年发电量约 2.1 亿千瓦·时，年供工业蒸汽约 14 万蒸吨，清洁供暖面积 150 万平方米，年替代标煤量约为 8.4 万吨，年二氧化碳减排量约 21 万吨。处理废弃物的同时能够提供清洁电能、蒸汽，替代部分化石燃料，减少大气中二氧化碳排放。

（二）沼气工程项目

处理项目一定范围内高含水有机废弃物（粪污、有机废水等），实现高含水有机物的资源化、能源化和综合化利用，产生沼气，净化提纯后为生物天然气。项目建设规模为 6 座 3000 立方米的厌氧罐，配套预 2 座 600 立方米的水解酸化池、1 套 1200 立方米/小时的脱硫系统，2 套 30 立方米/小时的固液分离系统等，处理有机废弃物 12 万吨，生产沼气 707 万立方米，净化提纯后天产气 424 万立方米，年二氧化碳减排量约 17.5 万吨。

（三）有机肥项目

以沼渣、草木灰等为原料，进行耗氧发酵使物料充分腐熟，经过筛分、粉碎、造粒技术，可制备有机肥，响应国家减肥增效，能够改良土壤，增加土壤有机质含量，改善土壤透气性，保障食品安全。项目建设规模为耗氧发酵车间，一条有机肥造粒生产线（配套筛分、抛光、包装等），项目建成后年生产有机肥 6.8 万吨，有机肥回归流域农田，降低化肥污染，减缓水体恶化，形成良性循环，逐渐改善流域环境。

二、工艺设计

（一）工艺流程

以"整体、协调、循环、再生"为总的指导思想，按照"减量化、无害化、资源化、生态化"的原则，建设绿色能源中心，将有机废弃物进行分类处理：其中以生物质热电联产为核心，处理农林废弃物；以沼气工程为辅助，处理难以直燃处理的高含水有机废物；以有机肥为副产物处理终端，处理生物质热电、沼气工程副产物。绿色能源中心可实现内部能源高效利用：生物质热电联产项目产生清洁电力和热力用于生物天然气项目和生物有机肥项目，产生的草木灰用于有机肥原料；生物天然气项目中利用沼气发电或提纯净化后补充国家燃气管网，产生的沼液沼渣可直接用于有机肥原料；有机肥项目充分利用热电联产和天然气项目副产物生产有机肥，用于当地农作物、经济作物种植，同时改良土壤。整体向外提供绿色能源——电、热、气和有机肥。

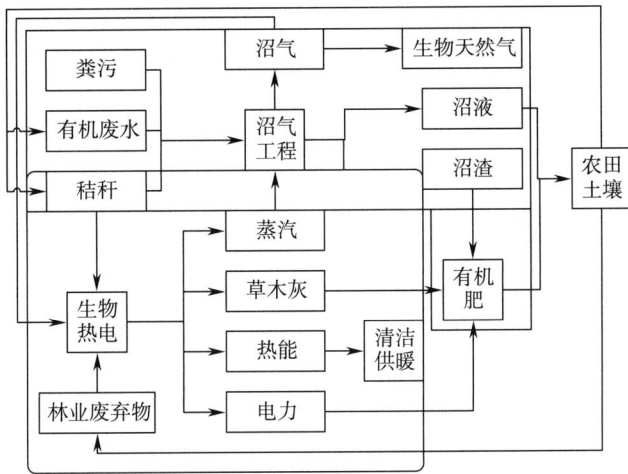

图 1 绿色能源中心示意图

（二）原料收储运

农林废弃物分布广泛，其所有权分属千家万户，由公司直接向农户采购需要投入大量的人力、物力且效率很难保证，因此采用建立经纪人制度。经纪人可利用掌握的信息和农民的人脉关系，提前有计划、有组织地安排收购。这种收购方式对公司而言，利用了经纪人的力量为自己提供稳定可靠的收购服务：公司通过选出每个镇二至三名有实力、有信誉、忠诚高的专业经纪人，与分布附近的各镇建立长期合作模式，每人确保至少 1 万吨/年的生物质燃料供应量。公司确保经纪人按时结算，能够投入资源扩大收储量、收储品种，从而提供更优质的生物质燃料，进一步降低收储运成本。这种收储模式保障了公司的正常运转，同时降低了运行费用、提高了公司的整体利润水平。

（三）技术成熟

公司采用的是从丹麦 BWE 公司引进的生物质水冷振动炉排技术，结合中国国情加以吸收、改进、优化后在中国国内生产的锅炉，龙基电力自主研发操作系统。该技术优势是：（1）运行经验多，持续运行能力强，该技术在中国国内使用超过 15 年，已被上百台生物质能源锅炉使用，现为该领域最成熟、可靠的技术。（2）对比循环流化床技术，锅炉燃烧效率可达 89%，燃料适应性广，对黄色秸秆掺烧比例无限制，对燃料破碎粒度要求宽松，电能耗低，运行费用低。

（四）安全保障

生产安全：龙基电力使用自动化的 ATC、DEH 等控制系统，实现全厂锅炉、汽轮机、水系统、除尘输灰系统等各个工段一体化自动控制，锅炉 MFT、汽轮机 ETS 等安全保护系统均实现100%投运率，充分保障设备及人员安全。

厂区安全：该公司采用无人机、DCS系统，对厂区2700多个测量点及上百个监视点无死角监视，保障厂区及原料仓储安全，同时采用芯片识别进行数据汇总与分析。

三、效益分析

（一）社会效益

该项目直接用工179人，间接带动1000个农户就业，增加当地农民近8000万元人民币收入、人均收入增加508元人民币，实现精准扶贫；同时为周边城乡居民提供低价、清洁的余热供暖；而且能够调整能源结构，保障能源安全，实现能源可持续发展。

（二）生态效益

该项目年处理有机废弃物36.8万吨，可替代燃煤量约16.9万吨，提供绿色电力2.1亿千瓦·时，清洁生物天然气424万立方米，有机肥6.8万吨。年均CO_2减排35.9万吨，SO_2减排6300吨，NO_x减排3.15万吨，化肥减施2万吨以上。

（三）经济效益

该项目年运行7000小时，提供电力2.1亿千瓦·时，天然气424万立方米，有机肥6.8万吨，同时可提供蒸汽14万蒸吨，满足150万平方米的供暖面积，收入2.01亿元人民币，运营净利润6248万元人民币。

四、结论

绿色能源中心模式通过对有机废弃物分类处理，根据原料特性确定最佳处理工艺，最大限度利用不同原料内的生物质能，提供绿色能源——电、热、气和有机肥，做到能量的充分利用，物质的良性循环，形成没有污染的可持续发展的"有机废弃物处理、绿色能源和农业生态循环经济"相结合的发展模式。随着国家可再生能源的需求增长、环境治理力度的加强以及新农村建设的推进，生物质能的发展必将推向一个新的高度，有机废弃物的处理不再是单一低效处理方式，未来将形成产业融合，逐步形成以生物质热电为基础的有机废弃物综合利用产业集群。

参考文献

［1］蒋建国．固体废物处置与资源化（第二版）［M］．北京：化学工业出版社，2013：6－8．

［2］蔡勖．国内生物质发电现状及应用前景［J］．科学技术创新，2019（28）：195－196．

［3］段珍，张红梅，张建华，等．农作物秸秆饲料研究进展［J］．粮食与饲料工业，2017，12（2）：40－43．

［4］王鹏恒，向腾飞，张晨．生物质能发电技术的应用发展前景研究［J］．科技经济导刊，2019，27（33）：73－74．

［5］夏江华，付龙云，杨光，等．秸秆厌氧发酵产沼气技术研究进展［J］．山东农业科学，2015（12）：115－119．

［6］侯如梁．规模化猪场粪污沼气利用研究［D］．石河子：石河子大学，2014．

［7］张军，梁英波，谈家云．生物有机肥应用探析［J］．现代农业科技，2009（11）：196．

从节电器到节电设备系统的演进

黄德义

上海勤义节能科技有限公司、广东勤义节能科技有限公司 CEO

摘要： 受制于疫情，企业面临市场和生产的双重压力，如何节能降耗，降低生产成本，取得更好的经济效益，有着重要的现实意义。文章从"合理控制电压、无功补偿优化配置、高次谐波综合治理、三相不平衡予以整治"等角度，介绍了传统节电器的基本原理和实际应用。在此基础上，推介节电系统，不仅是功能的简单集成，更是节能技术的优化配置，其性能更优，效益更佳，在战役情、降能耗，助力企业共克时艰之时，将发挥积极作用。

关键词： 节电器　节电系统　性能　降耗　效益

引言

针对全球性的资源短缺和环境恶化问题，很多国家通过"开源"（开发及应用一些大自然的能量来代替开采耗用地球化石资源）和"节流"（开发出一些节能产品）两种手段，来化解这一矛盾。2020 年以来，全球性的新冠肺炎疫情肆虐，企业面临着市场和生产的双重压力，如何降低能耗，大力压缩生产成本，就显得尤为迫切。

节电器多年前即应运而生，是一种适合不同用电设备的综合节电装置。它不仅可以减少用电量，而且还能延长电器设备的使用寿命，是企业生产和人们日常生活中不可或缺的角色。在当前面对疫情的非常时期，发挥着重要的积极作用。

本文从"合理控制电压、无功补偿优化配置、高次谐波综合治理、三相不平衡予以整治、降低优化无做功功率"等方面，分析了各种节电器的原理和方案；同时，在此基础上，推广"综合性多功能实时显示节能降排计量验证监控系统"（以下简称节电系统），不仅是功能的多项集成，更是节能技术的优化配置，其性能更优，效果更佳，助力企业战役情、降能耗、共克时艰工作中，发挥积极作用。

一、用电设备的负荷类型

常见的用电设备按照用户申请的用电容量和供电方式，可分为"家用型（小容量、单相负荷）、商业型（三相负荷，公变供电，低供低计为主）、小型企业型（三相负荷，公变供电，高供低计为主）、大中型企业型（三相负荷，专线或专变供电，高供高计为主）"四种供电形式。

其负荷类型大体上可分为：照明负荷、电动机负荷、电热型负荷和充电类负荷等。这四类负荷从能量转换角度来看，它们是：

1. 照明类负荷：由电能转换成光能；
2. 电机类负荷：由电能转换成机械能；
3. 电热类负荷：由电能转换成热能；
4. 储能类负荷：由电能转换成化学能。

二、节电器工作的基本原理

（一）照明类负荷的用电特点

此类负荷，在保证正常使用（即：保证所需"照度"）的前提下，力求最优性价比。这不仅仅是节电，还要考虑灯具寿命，才是"最佳经济效益"，否则，"节电不节钱"，并非良策。

目前，发光效率较高的冷光源如荧光灯、节能灯等被广泛使用，是颇具代表性的光源。此类冷光源灯具的照度和工作电压的对应关系见图1。

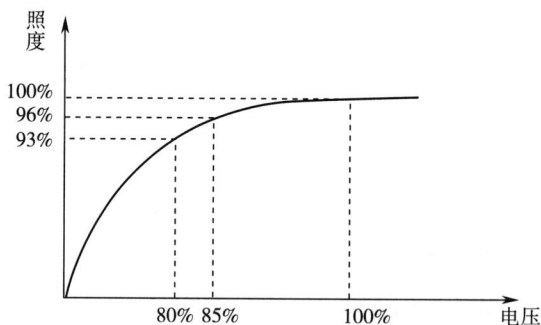

图1 灯光照度和工作电压的对应关系

冷光源灯具的电压与照度、灯具寿命的综合比较如表1所示：

表1 照明（冷光源）电压、照度和灯具寿命一览表

电压（U/U_e）	%	80	90	100	110
照度（E/E_e）	%	87	93	100	110
灯具寿命	倍率	0.8	2	1	0.5
综合评价		差	最好	好	最差

当冷光源照明电压是额定值的90%时，综合评价最好，为节能之优选。

（二）电机类负荷的用电特点

电机类负荷（电力变压器的用电分析与此类似，所谓"电机是旋转的变压器，变压器是静止的电动机"）的用电损耗分两类，一类是固定损耗，也叫"铁损 P_0"，一类是动态损耗，也叫"铜损 P_s"[1]。

因为电机产生的转矩与供电电压值的平方成正比，降低端电压实际上是所供磁场能量的减少，即降低了电机的额定输出功率，这样将减少转矩。有些用于电动机的节电器

正是基于这一原理，如变频器，就是调整频率降低转速来节电，但是会增加回路中的谐波，增加负载设备的耗损。

从空载至多数负荷情况下保持恒定的电机效率。对于大量使用的交流异步电动机，间隙性轻载或空载运行是不可避免，我们应根据实际负载的大小合理选配电动机，同时在运行中，针对负载的轻载或空载运行，变更电抗值或无功补偿装置的配置，可取得电机类负荷节电运行的效果[2]。（图2）

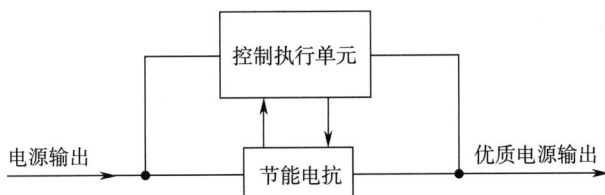

图2　串联电抗器节能的工作原理

改善供电电压的三相不平衡度，对于电机类负荷的节电运行，减少中性线电流损耗、避免偏向问题，降低电机、变压器的发热温升等，都具有一定的节电效果。

（三）电热类负荷的用电特点

这类负荷是能耗大户。大的如工频电弧炉、电焊机、高频炉、中频炉等，小的如家用电饭锅、电水壶、热水器等。此类负荷节电的要点如下：

1. 均衡用电问题

均衡用电的节电原理简述之，如下：

设某用电线路上的电阻 R（阻值是 r）上通以恒定电流 I，通电时间为 $T_1 = T_2 = T$，$T_1 + T_2 = 2T$，则电阻 R 上消耗的电能为：

$$W_1 = I^2 r \cdot (2T) . = 2I^2 r \cdot T$$

如 T_1 时间段内，电流增大为 $I + b$，而 T_2 时间段内，电流减少为 $I - b$，似乎"一增一减，可以相抵"，实际上电阻 R 上消耗的电能为：

$$W_2 = (I + b)^2 r \cdot T_1 + (I - b)^2 r \cdot T_2 = 2I^2 r \cdot T + 2b^2 r \cdot T$$

因用电不均衡，将多耗电量 $2b^2 r \cdot T$，即：线路损耗与线路上的电流波动幅度有关，波动越大，损耗越多（多耗电量与波动幅度的平方成正比）。

2. 合理调节电压。首先要合理配置电压，电压过高或过低都增加能耗。

3. 高次谐波问题。采用 SVC 或 SVG 解决高次谐波对电网即用户的污染及增加电能的消耗（因"集肤效应"而带来的附加损耗）。

4. 电压暂降和瞬变浪涌问题。此类设备的启停，因为功率较大，所以对供电电源有冲击，往往产生瞬变浪涌，必须引起重视。

（四）储能类负荷的用电特点

电动车、电动汽车等储能负荷的最大特点是交流电源必须整流成直流电，才能作为向蓄电池充电的电源。其负载多变，且畸变严重，附加损耗也十分可观。这类设备用电时间比较集中、三相不平衡及谐波污染等原因，致使电能浪费较为突出。

（五）各类负荷的用电特点综述及对策

以上分析可以看出，不同类型的负荷，在电能量有效使用上，都牵涉均衡供（用）电、三（单）相电压调整、功率因数控制、高次谐波治理、抑制瞬变浪涌等问题。只不过不同类型的负荷，其表现的形式、出现的时刻和所占的比例不同而已。

三、照明负荷的电压控制型节电器

用于照明负荷的节电器由微处理器进行实时动态精密检测和监控，实现大功率稳压（适度降低电压），利用不间断小电流切换技术，并根据实际需要可选配分时段控制方式、照度控制方式、远程集中控制方式等，真正实现灯光的智能化控制。程序设定后，将自动调节照明负载电压和电流，平衡控制输出功率，改善功率因数，达到节约用电的目的。

灯光节电器的电压调节过程见图3。

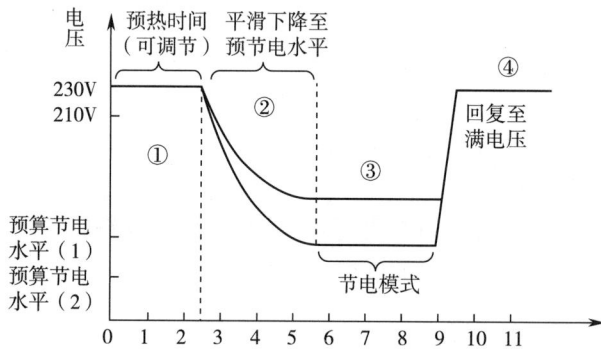

图3 灯光节电器的电压调节过程

降压技术从原理上来讲，只对负载阻抗基本不变的负载有明显的节电效果。这从公式 $P = V^2/Z$ 可以看出，此处 P 代表有功功率，V 代表电压，Z 代表负载阻抗（包含功率因数）。对于这样一类负载，电流也随电压的减小而减小，这由公式 $I = V/Z$ 可以看出。以某型号路灯专用节电器为例，其不同档位的节电率范围见表2。

表2　　　　　　　　　　　某型号路灯节电器节电效果一览表

档位	1	2	3	4	5
节电率（%）	8	12	18	26	34

电压调节型灯光节电器适合于所有使用电感型镇流器的纯照明线路。如：日光灯、高压钠灯、汞灯等。该型号节电器通常用于智能大厦、学校、办公写字楼、宾馆、饭店、各类商场、超市、银行、电信、城乡路灯、城乡亮化工程、智能商住小区、地下停车场等照明电器用电量较大的场所。

四、瞬变浪涌抑制型节电器

（一）瞬变浪涌的来源与特点

1. 瞬变浪涌的来源

（1）外部因素：雷电（直接雷或感应雷）、大型输变电站的分合闸操作、邻近大型负载的启动和停止等，占比为 20% ~ 30%。

（2）内部因素：因电网内大型设备（变压器、电机、开关、电容器等）的投切或大型晶闸管的开断和电弧放电等，均可能造成电网产生瞬流浪涌冲击，占比为 70% ~ 80%。

2. 瞬变浪涌的特点

一是超高压：瞬变电压尖峰高出正常电路电压幅值的 5 ~ 10 倍，最高可达数万伏。

二是瞬时态：瞬流持续的时间非常之短，它可以在数亿分之一秒内完成从迸发到消失的过程。

三是高频次：频率很高。经测试，日光灯管的开关动作，就有 24 个瞬流产生，电压高达 1200V。

3. 瞬变浪涌的危害

瞬流浪涌对供用电系统的危害有四个方面：一是电磁干扰；二是设备老化；三是设备损坏；四是电能损耗增加。概括地说，瞬流会使用户的电耗增加；同时，瞬流会破坏设备的安全运行。

（二）瞬变浪涌抑制型节电器工作原理

瞬变浪涌抑制型节电器由微电脑控制技术及瞬变抑制组件组合而成：随时监控电网的电压波动情况；保护设备不受瞬变的影响或破坏；减少由此引起的用电设备能耗的增加，提高设备运行效率；降低运行成本和设备维护费用，延长设备使用寿命；具有节电和保护的双重功效。

其性能特点是反应速度极快，要超过多数瞬流的速度；箝位电压足够低，保证那些电压峰值不高的瞬流也能被捕捉到，以保证抑制的效果。

瞬变浪涌抑制型节电器对瞬流抑制的过程，如图 4 所示：

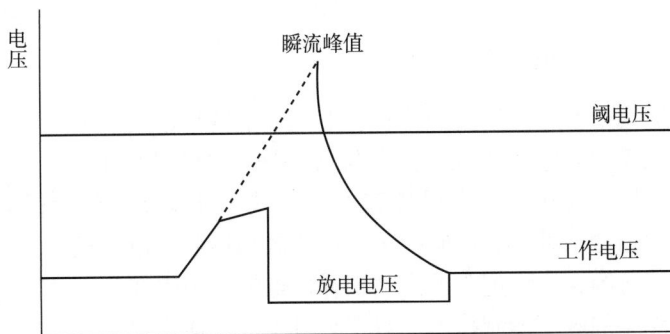

图 4　瞬变浪涌抑制型节电器对瞬流抑制的过程

该类型节电器是一种被动型节电器，其反映出的节电效果与其应用环境的瞬流活跃程度密切相关。因此它比较适用于大中型机械加工、化工、水泥、纺织、食品加工、制药、矿山机械等场所，其性价比才最高，投资回报时间才最短。

对于瞬变抑制型节电器，在设计使用时，原则上需要三级布控：第一级在计量电能表的下方，第二级在总配电柜的每一路各分支开关下方，第三级在分配电柜的某些开关

（启动频繁，负载变化大）处各安装一台，见图5。

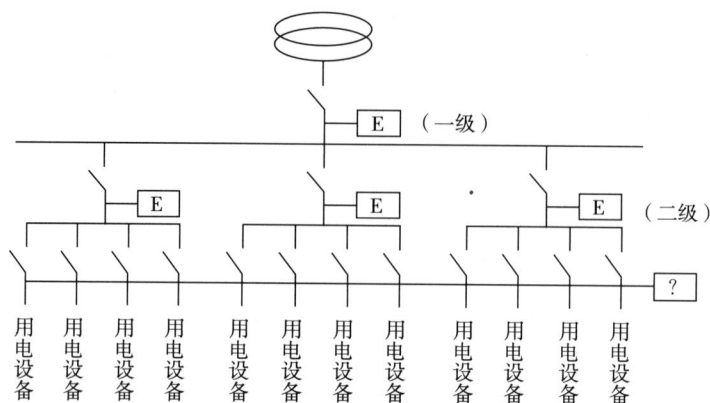

图5　瞬变抑制型节电器设计示意图

五、功率因数提高型节电器

在电力系统中，功率因数是一个非常重要的指标，若用户负载的功率因数较低，则表明供电设备的有功功率在整个传输电流中占比较少，供电设备未能得到充分有效的利用。当有功功率一定时，功率因数越高，供电线路上的电流就越小，这样线路上的发热损耗也就越低。

采用一般的功率因数补偿装置，虽然可以大幅度降低基波无功电流，但是必然出现谐波放大现象。这时，供电电流和器件电流中谐波和间谐波电流将大幅度增加，器件将因超温或过压而损坏，供电变压器温升加大。为避免谐波电流大幅度增加，谐波治理与功率因数改善必须同时进行。

六、专用于电动机的节电器

此类节电器适用于调速的场所，弥补了电机节电器只适用于恒速设备（工艺要求不需调速）使用上的不足。它可以在功能上与电机节电器形成互补。

对于各种负荷经常变化的动力设备和加工机械，或非满负荷运行但转速恒定的电机，如金属加工用的冲压设备、粉碎机等；注塑制品行业的造粒机、注塑机等；纺织行业的筒子机、编织机等；大型超市的自动扶梯、电梯、中央空调等，节电器在传统的变频技术上增加了先进的脉宽调制技术，对工频电源进行逆变以后，直接驱动电机并进行调速，控制精度高，反应速度也快，以最适宜的转速给流体（空气或水）提供动力，满足负载（用户）对流量的需求，并在内部增加谐波滤除装置，减少因设备的使用而产生谐波干扰，从而达到经济运行的目的，其节电效果比较显著。

七、顺富电能质量改善型节电器系统

（一）谐波的产生与危害

随着各种电力电子开关器件的大量应用，导致了高次谐波的产生，电网电压畸变，供电质量受到严重影响，谐波的存在影响整个电网环境，它不仅会影响设备的正常工作，而且会使用电设备产生附加的谐波损耗，降低了用电设备的效率。

我们知道高次谐波在供配电设施产生热损耗；降低了供配电设施的输送容量和运行可靠性。谐波和间谐波的集肤效应使导线等效截面积变小，损耗增加；铁芯中附加高频涡流损耗；谐波和间谐波电流导致网压波形畸变和辐射干扰，引起同一电网下其他负载出力减小，损耗增加，甚至误动作。

（二）谐波对电气设备的影响

1. 对变压器的影响：谐波电流可导致铜损和杂散损耗增加，谐波电压则会增大变压器铁损，增大变压器噪声。

2. 对电力电缆的影响：增大导体交流电阻，进而导致供电的电力电缆损耗增加。

3. 对电动机与发电机的影响：在谐波频率下电动机与发电机铁损和铜损的增大，引起额外温升，导致电动机效率降低，并影响转矩，增加噪声量，降低设备的使用寿命和维修费用。

4. 对电子设备的影响：电力电子设备对供电电压的谐波畸变很敏感，较高的谐波含量会导致波形严重畸变，使控制设备误动作，进而造成生产或运行中断，导致较大的经济损失。

5. 对开关的影响：谐波电流会引起开关之额外温升并使基波电流负载能力降低。温升的提高对某些绝缘组件而言会降低其使用寿命。

节电器通过滤除谐波提高系统用电效率，改善电压质量，提高设备的利用率。系统内非线性设备越多，环境谐波含量越大，电源品质越差时，节电器表现出的节电效果越好。

（三）顺富多功能电抗滤波节电器的原理及作用

1. 顺富电抗滤波节电器的原理和结构

顺富电抗滤波节电器是一个三相线圈对应组合的节电装置，内部结构是串联电抗器与并联自耦固定式线圈结合在一起，且固定在同一个三柱形铁芯上，内部附有滤除电源侧传来的高次谐波（主要是三、五、七次谐波）的线路（图6）。

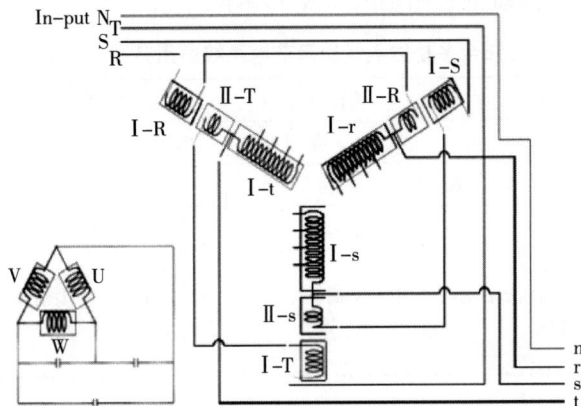

图6 顺富电抗滤波节电器的原理

2. 顺富电抗滤波节电器的节电作用

电抗滤波节电器类似于家庭用水的净水器，除了能过滤污染的电力外，并能依负载的实际运转情况，提供给负载一种更优质、更稳定、更实用、更经济的工作功率，做最有效的运用，而达到节电效果。

（1）电抗滤波。运用特殊自动滤波电抗整流技术，将输入电压优质化，削减因电抗产生的无效电力，减少阻抗，使电力达到最大有效利用率。

（2）相位平衡。保持电流电压三相平衡，提高计量表的准确性，减少设备因不平衡而增大的损耗。

（3）提高有效功率。提高有效功率3%～5%，增加设备效能，减少设备（器材）损耗，延长使用寿命。

（4）降低无效电力负载。降低无效电力负载5%～10%，用电更安全。电流断路器的容许范围可提高15%以上。

（5）国标《配电降压节电装置》（GB/T 25099—2010）明确定义，该装置是"装有高效自耦变压器，有主线圈和辅助线圈，串联安装于中、低压配电系统中，通过调节实时三相电压平衡及特殊整流、滤谐波技术，达到节电目的装置"[3]。

八、勤义综合多功能实时节电降排验证系统

（一）节电工作原理

实践证明，对用户负荷必须全方位地连续监测、实时跟踪、系统调节和治理，才能取得良好的节电效果。由节电器提升为综合性多功能节电系统（以下简称节电系统），是节电技术发展的方向。

节电系统是量身定制的一套节电设备。其基本原理是通过改变系统电抗、提高功率因数、滤除高次谐波、抑制瞬变浪涌、限制启动电流、平衡三相、稳定电压等措施达到提升电器设备作功效率、减少无效电力、降低电能损耗、节省电费支出、延长设备使用寿命，具有节电和净化电力的双重功效。

（二）实时监控节电降排系统的适用范围

实时监控节电降排系统的适用范围如表3所示：

表3　　　　　　勤义综合多功能实时显示节电系统适用范围一览表

类别	家用型	商用型	工厂型	高压型
电压（V）	单相220	单相220V／三相380V		6～10kV
频率（Hz）	50/60		50/60	
容量（kVA）	1～5	5～20	30～1600	300～20000
适用范围	家庭及小型商店、小办公室、小餐厅	单相小型商店、办公室、小加工点	中型加工厂、中型基站及机房、酒店、餐厅	大型企业、制造工厂、大卖场、大型酒店、大电信数据机房

（三）勤义综合多功能节电降排验证系统的综合效益

1. 安全合法性

勤义节电系统历经国家电网五年的检测认证，是合乎国家标准的节电设备，研制单位曾参与国家标准《配电降压节电装置》（GB/T 25099—2010）的制定。节电设备安装于电力设备的二次侧，合乎有关规定。

2. 节电率有保证

有效节电率达 10%～30%。以往对节电率的测试，采用"停电对比"或"旁路代供对比"的方法，所需时间长，停电影响大。新型节电系统，具备在线监控功能，可实时计算节电率及节电碳排量的换算，还可以选配节电效果的远程监控系统。数据及时、可靠，极大地方便了节电效果评判。

3. 自身耗电量低

节电系统采用稀有材料，导电率高，阻抗低，自身耗电率低于 0.3%，每 500kVA 耗电仅 1kW。

4. 投资回收期短

节电系统平均投资回收期 2～3 年，24 小时用电，约 2 年时间即可收回投资。

5. 投资受益全方位

节电系统投运后，除节电外，还间接保护用户生产设备，使生产设备运行稳定，延长用户负载设备使用寿命，降低维护成本。

6. 节电器本身使用寿命长

在正常使用的情况下，综合性多功能节电系统提供质保十年，设备寿命可以达到 20～30 年。

九、勤义新突破

2020 年勤义又创新开发了结合勤义家用型智能节电神器，达到节能与用电环境的安全保护监控系统"智慧节能实时安全保护监控系统"，兼顾了节能又杜绝万一用电漏电造成短路或过载造成电死人或火烧房子的危险，可以通过手机 24 小时无线监控，自动关掉总开关，确保不会有意外发生，减少用电户的生命财产的损失，适用一般家庭、商店、小办公室，小工厂。

十、结语

勤义综合性多功能节电降排计量验证系统的问世，是普通节电器的一大进步，在节电器基本工作原理的基础上，实现了多功能节电设备对运行参数连续监测跟踪、功率因数、三相不平衡及高次谐波综合治理，总体效益最佳，也克服了合同能源管理公司与用户之间如何公平计量节电率计算分成问题，更实现了节能降排计量实时显示监控验证系统，作为碳排计量最科学、最公正、最快速的计量验证系统。

电力设备的变化日新月异，运行方式千变万化，追根溯源，节电器的使用和多功能节电系统的推出，向人们提出一个重要问题：我们的节电工作应该从源头抓起，从电气工程设计、电器设备制造、电气系统运行方式等不同阶段提前策划、提前考虑、提前建设，这才是最经济和最合理的。后期的节电器或多功能节电系统，仅仅是一种补救措施。这一问题，应引起全国各单位、各商业家庭、各产业及广大电力耗电用户的足够关注和重视。

附注：勤义节能科技公司提供全系列节电产品：家用型→商用型→低压工厂型→高压工厂型。

参考文献

[1] 李顺宗，李立，等. 配电变压器的节能开发与节能改造 [J]. 供用电，2008，25（1）：65 – 66.

[2] 李顺宗，永飞然，等. 配电系统节能技术 [M]. 北京：中国电力出版社，2008：71，131.

[3] 莫青，等. 配电降压节电装置（GB/T 25099—2010）[S].

[4] 郭学武，邵玉槐. 综合性多功能运行分析 [J]. 电力学报，2008（4）：161 – 163.

[5] 王绍荣，孙庆高，路俊奎. 综合性多功能在电机上节能的探讨与应用 [J]. 莱钢科技，2009（10）：99 – 101.

供热管道节能环保组合拳

陈起超

廊坊华宇天创能源设备有限公司

摘要：随着我国的城市化进程的快速发展，集中供热成为供热行业的主流，城市供热面积的增加，使得供热管网也不可避免的扩大。但目前中国的供热管网传输效率低，管道的热损失过大，在能源紧缺的今天，实现供热管网的节能环保，对节约能源、减轻污染、保护环境有重大的意义。本文简述了以聚氨酯直埋保温管、TSC 保温补口技术和管网泄漏监测系统为一体，实现供热管网节能环保的组合拳。

关键词：聚氨酯直埋保温管　TSC 保温补口技术　管网泄漏监测系统　节能环保

在我国建筑能耗占所有能耗的 27% 以上，而且以每年 1 个百分点的速度在增加。在建筑能耗中采暖制冷是最耗能的，占整体比例的 6 成以上。有数据显示我国单位建筑面积采暖能耗是气候相近国家的 2 至 3 倍。[1] 为此，实现供热管网的节能环保，已经是刻不容缓。

供热管网是由城市集中供热热源向热用户输送和分配供热介质的管线系统。每年在供热管网上我国消耗的资源随着我们城市化的进程水涨船高。供热管道作为供热管网的一个重要组成部分，是集中供热不可缺少的一环。[2] 但目前，供热管道老化、腐蚀严重、技术落后、热能浪费、安全事故时有发生。造成上述后果的主要原因有：

第一，自 20 世纪 80 年代我国从欧洲引进聚氨酯直埋保温管技术以来，经过三十多年的使用和安装，供热管道基本使用的均为聚氨酯直埋保温管。但市场上聚氨酯直埋保温管质量参差不齐，导致保温管保温性能缺失和资源浪费。

第二，目前国内保温管道接口普遍采用电热熔套袖和热缩带方式进行保温接口，但此方法接口极易造成补口处泄漏进水。一旦补口进水，以聚氨酯的高吸水特性会殃及附近的保温管道和管件，轻则保温管道聚氨酯保温层碳化消失，只剩外护管壳和钢管，造成热量的极大损失；重则腐蚀工作钢管焊口，导致泄漏事故的发生。

第三，供热管道没有可靠的监测手段来反映其运行状态，我国绝大部分管道都在没有监测的条件下运行，尤其是老旧管网，因为运行年限长，随时都有可能发生爆管泄漏事故。建立供热管道的管网泄漏监测系统，可随时监测管道运行情况，一旦发生泄漏快速定位修理，大大节省了人力物力，减少了热量的损失，节约了资源。

一、供热管道节能环保组合拳——聚氨酯直埋保温管

聚氨酯直埋保温管是由高密度聚乙烯外护管、硬质聚氨酯塑料保温层、工作钢管或

钢制管件组成的预制直埋保温管。聚氨酯直埋保温管于20世纪80年代引入我国，几十年来的实践成果充分证明了聚氨酯保温直埋管建设方式与传统的地沟及架空建设相比，具有诸多优点。

1. 聚氨酯直埋保温管保温性能好，热损失仅为传统管材的25%，长期运行可节约大量能源，显著降低能源成本。

2. 具有很强的防水和耐腐蚀能力，不需附设管沟，可直接埋入地下或水中，施工简便迅速，综合造价低。

3. 在低温条件下也具有良好的耐腐蚀和耐冲击性，可直接埋入地下冻土。

4. 使用寿命可达30年，正确的安装和使用使得管网维修费用极低。

5. 可以在聚氨酯直埋保温管内预先敷设信号线，监测热力管道的运行情况。

二、供热管道节能环保组合拳—— TSC 保温补口技术

欧洲供热行业的统计数据表明：有80%直埋预制保温供热/供冷管道运行中断是由管道保温补口外护管质量不良所引起的。数量巨大的管道保温补口也已成为影响热力管网使用寿命的最主要环节。

目前国内大多数采用的电热熔套袖和热缩带方式进行的保温补口，在实际施工时焊接时间或热缩时间由人来把控，往往不能做到严密的密封和可靠的焊接，气密试验不能得到保证，使得保温补口进水的概率大大增加。而 TSC 保温补口技术采用焊机的全自动焊接，实时监测焊接温度，不需要人为控制焊接过程。根据高密度聚乙烯外护壳的物理特性，焊接出完美的温度曲线，使得保温接头的密封性和牢固性大大增强，保温接头没有了进水的困扰。与目前国内的电热熔套袖和热缩带方式的保温补口相比，TSC 保温补口技术具有如下几个优点：

1. 满足最苛刻的质量标准要求

可以做到让补口的强度和使用寿命与保温管道达到高度一致。米特补口外护管的性能参数遵照 EN 489 标准并高于标准。经过德国汉诺威大学 FFI 检验机构的测试，砂箱试验全循环次数达到 20 倍于 EN 489 标准要求（100 次）时，TSC 保温补口仍然保持完好。

2. 适用性广泛，性价比高

TSC 保温补口技术适用外护管管径范围为 φ90～2000 mm，可采用任意制造商提供的补口套管材料。补口的长度可根据需要任意调整，最长的补口套管可达到 6～7 米。TSC 保温补口技术还可用于现场各种管件的保温制作，包括阀门保温。

3. 开放式套管

泥土、砂砾和潮湿是影响保温补口作业质量的关键因素。TSC 保温补口技术采用开放式的补口套管，在套管安装过程中，各个工序均可实现套管内表面清洁，获得满意的焊接质量。

4. 全自动控制

焊接过程自动控制单元对焊接作业过程和环境条件进行实时监控，以确定焊接结果

达到预期质量标准。温度、时间以及功率参数全部由计算机自动控制和调整以获得最佳的焊接效果，消除材料来源、外界温度以及其他可能出现的不利因素对焊接结果的影响。焊接过程参数由焊接设备自动记录并上传到云端服务器，保证每一道焊口的焊接参数都具有可追溯性，只要需要，都可以重新调阅每一个焊口的焊接作业记录，记录内容包括焊口编号、GPS 位置、焊接过程详细参数、焊接温度—时间曲线、日期以及操作者姓名等。

三、供热管道节能环保组合拳——管网泄漏监测系统

供热管道在具备了高质量的聚氨酯直埋保温管和可靠的 TSC 保温补口技术的接头后，必须考虑对管道进行实时监测。这样不仅能够在管道建设时期监测保温管道和保温接头的施工质量，还能在试压阶段保证能够快速准确找到泄漏点进行维修，并且在运行的整个时期都能监测整个管道的运行情况。目前国内的管网泄漏监测系统主要有管道内敷设信号线式的监测系统、使用光纤敷设在聚氨酯直埋保温管外的监测系统和适用于老旧管网的声频监测系统。

对比三种管网泄漏监测系统，各自具有自身的特点：

1. 管道内敷设信号线式的监测系统是以测量保温层和钢管之间绝缘电阻为设计原理的系统。其基本原理是在管道未发生泄漏时，工作钢管与敷设于管道保温层内的信号线间的绝缘电阻在 $1M\Omega$ 以上。当管道发生泄漏时，因管道内的保温层变得潮湿，信号线与工作钢管间的绝缘电阻就会下降变为 0。这种特点就保证了此种监测方式的灵敏性，且聚氨酯直埋保温管外护管和工作钢管的泄漏均能被监测。

2. DTS 分布式光纤温度监测系统，是国内外应用较成熟的分布式光纤测温技术，该系统利用光纤感测信号和传输信号，采用先进的 OTDR 技术和 Raman 散射光对温度敏感的特性，探测出沿着光纤不同位置的温度的变化，根据数据智能分析，实现真正分布式的测量，可及时预温度变化点，并精确定位报警发生的位置。

3. 声频监测系统，声频泄漏监测系统应用于介质输送钢制管道的泄漏监测，系统通过安装在介质钢管上的声频传感器采集沿钢管传播的声音，通过声频处理模块对声频信号进行过滤处理，识别管道泄漏噪声，通过数据传输单元将泄漏监测数据提供给使用者，使用者通过节点管道泄漏声频信息的变化判断和识别管道泄漏状况。声频监测系统安装为点状安装，即不需要和上述两种监测系统一样整条管道均需安装。这种特点就保证了老旧管网在没有监测系统且不能全部开挖的情况下通过建设几个监测点即实现管道监测目的。

四、供热管道节能环保组合拳实践者——廊坊华宇天创能源设备有限公司

廊坊华宇天创能源设备有限公司成立于 2006 年，注册资金 1.2 亿元人民币，是专业化的智能化供热/供冷/蒸汽管道系统和服务整体供应商。地址位于廊坊开发区国际环保产业园内，是世界环保组织重点支持项目。核心业务包括：

一是区域能源保温管道及直埋蒸汽管道系列化产品；

二是智能化管道泄漏监测系统设备及应用技术服务；

三是瑞典 TSC 智能化电热熔保温接头安装服务；

四是管网维保托管服务；

五是与合作伙伴共同提供区域能源管网工程 EPC 总包服务。

华宇公司奉行高起点、高品质、可持续的发展战略。在聚氨酯直埋保温管生产中一贯坚持高标准、高质量生产方针，对比市场上的劣质产品，我司生产的聚氨酯直埋保温管完全符合或高于国家标准，在保温管的寿命上可以达到 50 年。打好了供热管道节能环保组合拳的第一拳。

另外我司与瑞典米特公司合作，引进了新一代的保温补口技术。米特公司总部位于瑞典于默奥市，曾经在过往的 20 年中，满足了欧洲用户对保温管道补口提出的最苛刻质量要求，在水下管道工程、定向钻拉施工工程、高水位环境管道工程等新建保温管道工程中交付了近 70 万个高质量保温补口。TSC 保温补口技术是我司做好供热管道节能环保组合拳的第二拳。

管网泄漏监测系统则是华宇公司做好供热管道节能环保组合拳的第三拳。我司引进了基于管道内敷设信号线式的监测系统——北欧系统。北欧系统的研发和实用化开始于 1970 年，经过 40 余年的充足发展，北欧系统已经成为区域能源领域直埋保温管道泄漏监测的标准配置系统。时间和实践都充分证明，北欧系统在保证保温管道长寿命安全使用方面具有不可替代的作用。

另外根据国内老旧管网的监测需要，华宇公司引进了声频泄漏监测系统。其整合了具有 30 年声频检漏专业经验的 Arne JensenAB 公司强大的管道泄漏声频采集、分析和处理技术。通过音频处理和分析，只保留与泄漏相关的噪声。通过监测设备将数据发送到泄漏监测系统服务器进行进一步数据分析和整理，最后由监测软件显示。

除了上述两套系统，我司根据国内供热行业实际情况并结合华宇多年管道制造及施工经验开发的 DTS 分布式光纤泄漏监测系统，采用了模块化设计，可靠性高；同时凭借高速微信号处理技术优势，实现 0.5 米空间分辨率，技术指标达到国际先进水平。

华宇公司依托质量过硬的聚氨酯直埋保温管、TSC 保温补口技术以及管网泄漏监测系统的组合拳，大大减少了供热管道的热能浪费，实现了供热管网的节能环保，为国家的节能减排事业做出了自己的一份贡献。

参考文献

［1］唐文娟．浅谈中国建筑能耗现状［J］．城市建设，2010（25）：86．

［2］李鹏涛．关于供热管道的节能分析［J］．工程技术，2018（1）：281．

水蓄热

——清洁采暖的优秀解决方案

刘安全

北京瑞特爱能源科技股份有限公司

摘要： 电加热水蓄热技术是优秀的清洁采暖技术，具有安全可靠、使用寿命长、投资低、运行费用低、性能无衰减、冷热双蓄等一系列优势。在进行清洁采暖技术选择过程中，应采用全局性系统性比较方法，以避免局部性比较所造成的不正确比较结果；水蓄热技术不但适用于大面积区域供热应用，也在持续向小面积采暖甚至房间级采暖方向发展。

关键词： 水蓄热　电价比　综合能效比　冷热双蓄　房间级水蓄热

一、前言

为减少雾霾现象、保护我们的生活环境，国家从 2008 年开始，就大力推动清洁供热工作。业内人士积极响应国家号召，实施清洁供热，其中最主要的工作之一是清洁采暖。由于燃煤采暖具有成本低的显著优势，燃煤采暖成为难以被替代的采暖方案。但是，不管怎样，为实现国家的绿色发展战略，清洁采暖的工作必须向前推进。在国家大力倡导和一系列政策的鼓励下，多项技术解决方案被陆续提出并付诸试点或实施，部分技术方案逐渐成为主流方案，主要包括蓄热技术、热泵技术、地热技术、热回收技术、太阳能技术等。

应该说，各种技术都有其优势、都有各自的理想应用场景。为进一步促进清洁采暖的发展，笔者结合多年来重点从事电锅炉水蓄热应用的工作经验，编写本文，介绍水蓄热技术在采暖应用中的优势、应用方法、注意事项等内容，以推动这种优秀绿色清洁采暖技术进一步发展。

二、水蓄热技术简介

本文所述水蓄热主要是指"电加热水蓄热"，也可以称为"电锅炉水蓄热"。后者是常用叫法，本文采用"电加热水蓄热"概念，以使其符合更广泛的范围。

所谓电加热水蓄热是指：利用电加热设备在电力低谷时段、新能源电力过剩时段或低电价时段对水加热，使水升温，将热量存储在水中，然后在电力高峰或高电价时段将水中的热量释放出来，以减少电加热设备使用电力高峰或高电价时段的电能，从而实现电力移峰填谷、消纳过剩的新能源电力或降低电加热应用成本的一种电能应用技术方法。

根据蓄热水温的高低，我们将水蓄热分为两大类：常压水蓄热和承压水蓄热。前者的蓄热水温低于大气压对应的水的饱和温度，而后者则高于对应的饱和温度。二者的主要区别如表 1 所示：

表1　　　　　　　　　常压水蓄热和承压水蓄热主要的区别

对比项目	常压水蓄热	承压水蓄热
最高蓄热温度	90～98℃（1 个标准大气压下，具体温度与应用条件和设计方案有关，一般为 90℃）	110～180℃（理论上可以更高，但由于压力和造价会快速上升，所以，实际使用的蓄热范围以 120～130℃居多）
工作压力	蓄热容器与大气相连通，在大气压下工作	蓄热容器不与大气相连通，工作压力与水温相关，水温越高，压力越高
建造成本	压力较低，用材较少，成本较低	压力较高，用材较多，成本较高
管理要求和费用	较低	较高（需要按压力容器监检的要求进行管理）
单位容积蓄热量	较低	较高
蓄热体体积	较大	较小
蓄热体占地面积	一般较大，但可以通过优化设计减少	一般情况下，会认为承压方式的占地面积小于常压蓄热，但仍需要具体问题具体分析，才能得出准确结论

表 1 中，主要是做定性的比较，具体数据不多，是因为具体数据与使用条件和设计工况密切相关；在实际工作中，需要确定准确的设计边界条件、参数，然后具体问题具体分析，经过绘图、计算后进行对比，才能得出准确数据和结论，请充分注意。

根据笔者的实际工作经验，大多数情况下，采用常压蓄热方式会具有综合优势。

三、水蓄热的优势

讲到优势，就需要进行对比，而对比的对象自然是其他的蓄热技术，包括：固体蓄热、相变蓄热、融盐蓄热。在此需要说明的是本文重点描述对象是采暖应用，因此，这里只对采暖应用相关的方面进行对比。非水蓄热技术可能在非采暖应用方面有很大的优势，但不是本文关注的重点。此外，在对比比较中，共同点就不再进行说明，以节省篇幅，这里仅比较不同的方面。同样，为节省篇幅，本文仅对最主要的方面进行对比，次要方面不做说明，如表 2 所示：

表2　　　　　　　　　不同蓄热技术主要方面对比

对比项目	常压水蓄热	承压水蓄热	相变蓄热	固体蓄热	融盐蓄热
造价	低	较低	高	高	高
维护	简单	简单	复杂（部分有毒性）	较复杂	复杂（化工材料）
介质使用寿命	无寿命限制		无寿命限制	未完成长时间的测试确认	

对比项目	常压水蓄热	承压水蓄热	相变蓄热	固体蓄热	融盐蓄热
介质成本	低	低	高	高；镁矿是受控制稀缺资源	高
性能衰减	无	无	衰减快	有衰减	有衰减
占地面积	视具体项目条件而异				

表2中，同样也仅做了定性的对比，没有具体数值对比，可作为一般性参考。要做具体的数值比较，需要确定比较基准（参数、边界条件），需要针对具体的项目进行方案设计和计算。例如许多人会认为：固体蓄热介质的蓄热温度高、蓄热密度高，所以，蓄热体体积小、占地面积比水蓄热小，但真实情况很可能不是这样的。甚至还有人认为：固体蓄热、相变蓄热、融盐蓄热技术含量高，所以要选择这些技术。其实，这是不正确的做法，因为这会导致增加了投资却得不到最适用的技术的结果。

四、对比过程中应注意的事项

作为技术供应商，总会向用户介绍技术的优势。由于用户一般不是相应技术的专家，在接受到新技术后会很兴奋，比较快速地接受技术供应商的优势推荐。

然而，我们需要充分注意的是这些优势是真的吗？如果是真的，作为用户，自己是否需要这些优势？这些优势是如何影响到我们自己最终的需要（安全性、可靠性、寿命、成本、占地面积等）呢？显然，最终要看结果，要看比较基准确定之后的具体比较结果。

所谓的最终需要主要指：可靠性、安全性、使用寿命、初投资、全生命周期总成本、占地面积、维护方便性等。就是说，再好的技术优势都必须体现到这些用户最终关心的方面。

还需要特别注意的是对比的范围要全面，不能只讲局部。例如，如果仅从蓄热介质本身的体积或占地面积来讲，固体蓄热、融盐蓄热、相变蓄热等，与常压水蓄热相比，都有显著的优势。然而，作为用户，最终需要的是"整个系统"性能，所以，我们要从"系统"的高度来全局性地进行比较，要看最终整个系统（包括蓄热体、相关建筑物、管路、维护检修空间、相关设备如水泵和风机等）的总体积、总占地面积。当我们系统性、全局性看问题时，就会经常发现，所谓的常压水蓄热系统占地面积大并不是真实情况，很可能是相反的结论。

五、水蓄热设备应用于蓄冷

水蓄热设备的一个重要优势是冬季可以蓄热，在夏季还可以应用于蓄冷，可实现冷热双蓄功能。由于水蓄热体的水容量较大，尽管只能利用"显热"进行蓄冷，但仍可储存较大比例的蓄冷量，有效降低中央空调系统的运行费用，并起到夏季移峰填谷的作用。

六、电价比、综合能效比概念与运行费用的关系

采用电加热水蓄热采暖技术时，会经常需要与空气源热泵进行对比，其中最主要的一个对比是运行费用对比。

空气源热泵消耗一定的电能从外部空气中取出热量送到室内空气中，送入室内空气中的总热量除以空气源热泵所消耗的电能就是空气源热泵的"性能系数"，也称为"能效比"。从整个采暖季来看，热泵设备系统送入室内的总热量除以其总电能消耗则是其"综合性能系数"或"综合能效比"（注：为简化描述，这里的名词说明与有关标准中的定义有所不同，但表达的意思相同）。

我们经常听到这样的说法：采用空气源热泵，则1份电能可以产生"N"份热能。这里所述的"N"，一般为2到5之间的数字，就是说平均为3.5份。然而，真有这么好吗？理论上讲，这没有问题，但是，有条件。不同的条件下，会产生大不相同的结果。主要影响因素有：

- 室外空气温度：室外温度越低，能效比越低，制热量越小。
- 室外空气湿度：湿度越高，越容易结霜，造成性能快速降低；除霜过程还会消耗双倍的能量。
- 室内空气温度：室内温度越高，则能效比越低；由于室内温度的变化范围小，所以，室内空气温度对性能的影响小于室外空气温度和湿度。
- 换热器维护：主要是指室外侧换热器的维护。当换热器表面积累污垢时，性能就会下降，污垢越多，性能越低。少量的灰尘即会使性能（能效比、制热量）显著下降。对换热器的及时维护，有利于保持设备的性能。
- 部件磨损：压缩机、风机、水泵（如果有）等部件的磨损，均会导致效率持续降低。
- 水泵运行对综合能效比的影响：对于有水泵的热泵供热系统，水泵需要持续运行，这会显著降低系统综合能效比。
- 室内风机：室内风机是连续工作的部件，也会对综合能效比产生较大的影响。

由于有诸多因素使空气源热泵系统的性能降低，所以，该设备实际使用性能与所述的理论性能差距非常大，在选择设备过程中应充分注意这一方面。同样，仍需注意的是要系统性地看问题，要看整个系统，不能只看热泵制热设备本身。

那么，空气源热泵系统的综合能效比大约有多少？根据笔者的经验，空气源热泵系统实际运行的综合能效比能达到2.0可以算是相当好的性能，这个数值低于很多的测试报告（因为测试方法、条件与实际使用情况不一定相同）。由于这是笔者的经验、一家之言，仅供业内人士和用户参考使用。

假设我们已知某个热泵系统的综合能效比（如上所述的"2.0"），我们就可以简单地利用"电价比"与"综合能效比"来比较电蓄热与空气源热泵的运行费用孰高孰低了。所谓电价比是指全天的平均电价与低谷电价的比值。以张家口地区为例，谷电时长为12小时，谷电电价为0.15元/千瓦·时；非谷电时间的电价执行正常电价，平均按0.55元/千瓦·时，因此，全天平均电价为：$(12 \times 0.15 + 12 \times 0.55)/24 = 0.35$（元/千

瓦·时），电价比为 0.35/0.15 = 2.33。如果热泵系统的综合能效比高于 2.33，则使用热泵的运行费用低，反之则使用电蓄热的运行费用低。另外，热泵设备需要在用电高峰时段运行，这就增加电力高峰时段的电网负荷和压力，因此，热泵没有消峰填谷的能力（反而会增加峰值压力）。

七、水蓄热的应用范围与房间级水蓄热

水蓄热的主要应用是清洁采暖，采用承压水蓄热时，还可以用来实现蒸汽蓄热。在采暖应用中，电蓄热技术目前主要应用于"集中式"采暖，即一套水蓄热设备为一个区域服务，供热面积从数千平方米到数百万平方米不等。近年来，水蓄热技术持续向小面积区域供热应用发展，特别是市场上已经出现房间级的水蓄热应用（即每个房间安装一套水蓄热设备）。其基本设计方案是采用常压蓄热方案并尽可能提高蓄热温度（98℃）；采用强化放热结构设计使最低放热温度可以小于 30℃，这就使蓄热体的体积显著缩小，基本解决了水蓄热装置体积偏大的劣势；采用双层结构并利用两层结构之间的空间进行通风，不但强化了放热效果，还消除了其他房间级蓄热产品表面温度过高可能造成烫伤的风险；当然，还有关键一条就是其单位面积造价有较大的优势。房间级水蓄热产品还具有使用灵活、运输重量轻、安装方便、使用方便并便于行为节能等重要优势，未来还具有与蓄冷、虚拟电厂技术相结合的发展潜力。

八、水蓄热技术的应用案例

通过业内人士的大量努力，近年来水蓄热技术得到了较好的发展，实施了大量的非常成功的工程，希望更多的人员能通过这些典型工程了解水蓄热技术的优势和良好应用效果。这里推荐部份工程供读者或用户参考：①乌鲁木齐高铁片区电能清洁供热项目使用 6 台 8MW 电极锅炉和 $10000m^3$ 水蓄热罐；②青海省国网科研楼电力调度中心使用 2 台 4MW 电极锅炉；③酒泉市金塔县棚户区改造配套项目新能源清洁供暖使用 2 台 20MW 电极锅炉和 $8000m^3$ 水蓄热罐；④内蒙古师范大学二连浩特国际学院电供热项目使用 2 台 4MW 电极锅炉和 $1000m^3$ 水蓄热罐；⑤国电华北新能源内蒙古有限公司呼和浩特风电供热示范项目 2 台 10MW 电极锅炉；⑥张家口崇礼奥雪小镇酒店清洁供暖项目使用 2 台 10MW 电极锅炉和 $4000m^3$ 水蓄热罐；⑦河北建筑工程学院使用 1 台 16MW 电极锅炉和 $1000m^3$ 水蓄热罐；⑧固安县尚品馨界综合体使用 2 台 4MW 电极锅炉和 $1500m^3$ 水蓄热罐；⑨中国航天科工某院涞水试验基地使用 2 台 10MW 电极锅炉和 $3500m^3$ 水蓄热罐；⑩京东世纪贸易有限公司京东总部大楼 2 台 2MW 电锅炉。

九、总结

水蓄热技术具有使用安全可靠、方便、初投资低、运行成本低、寿命长、性能无衰减、可冷热双蓄等一系列优势，是清洁采暖的优秀解决方案和良好选择。在实际应用工作中，在与其他电采暖或蓄热技术进行对比时，应注意做全局性比较，而不是局部的技术比较，以得到更准确的比较结论。

可再生能源绿色环保创新之路

锦州阳光能源有限公司

一、践行绿色产业，维护地球绿色生活环境

1. 建立健全绿色管理制度，确保高效管理绿色制造

在过往的发展历程中，锦州阳光能源有限公司认真贯彻实施"中国制造2025"战略，坚持绿色制造、绿色发展，充分发挥光伏绿色制造领跑企业"以点带面"的示范作用，加快光伏绿色制造体系建设步伐、助推光伏产业转型升级。在产品的各个生产环节公司加大节能环保技术、工艺和装备的研发力度，加快产线设备升级，努力构建高效、清洁、低碳、循环的绿色智能制造体系，在环保化和智能化方面为行业提供了发展样本，力争树立绿色制造先进典型的示范带动作用。

2. 积极响应国家环保政策，提升绿色生产工艺技术

（1）绿色材料

硅材料是太阳能光伏工业的基础材料，具有元素含量丰富、化学稳定性好、无环境污染等优点，又具有良好的半导体材料特性。

（2）绿色设计

利用光电转换原理，生产单晶硅棒，切成单晶硅片，制成单晶硅电池，经过组件封装，最后建成电站，经过光照后，光能转换成电能，实现可再生能源替代传统能源。

（3）绿色工艺

在产品加工过程中尽量节约能源、减少污染。采用物料和能源消耗少、废弃物少、对环境污染小的工艺方案。

（4）绿色处理

生产过程中报废的产品通过有效的回收又进入下一个生产循环中。

①对使用过程中的材料回收、循环利用；

②利用佑华硅材料有限公司的单晶炉冷却水余热，降低生产园区的空调系统、生活热水的电能消耗；

③通过改造升级原有砂浆线切割设备，产线全面推行金刚线切割工艺技术，该项目使锦州阳光能源成为国内同行业中首家集中批量改造机投产企业，设备性能上可与金刚线专用机媲美，该项目实施后，使切片环节生产环境变得整洁，并大幅提升同期切片产量，降低生产制造成本；

④采用先进的金刚线切割液在线回收技术，降低切割液成本25%，减少污水排

300

放量；

⑤锦州阳光能源对改造机细线技术进行研发攻关，完成了 60μm 电镀金刚线到 50μm 电镀金刚线转型。

二、秉持科技创新，彰显企业领先技术优势

自 2015 年国家光伏"领跑者"计划实施以来，光伏组件转换效率提升进入加速期，组件技术的"高效时代"也正式开启。作为历经 20 余年历史积淀的光伏制造企业，锦州阳光能源有限公司深谙行业进步依托于技术引领。近年来公司组件产品在常规技术的基础上，叠加使用大硅片、MBB 多主栅、半片等技术。

166 - MBB 单晶双面组件：多主栅设计，减少焊带遮挡，提升组件功率，具有更均匀的电流收集能力，降低电池片的电流热损耗，增加组件发电量；双面 Perc 电池技术及半片设计，提升组件输出功率增益发电量；公司组件产品支持 1500V 系统，降低终端电站整体成本；具有优异的抗 PID 性能及承载能力；所有组件产品均已通过中国 CQC、德国 VDE、德国 TüV 及美国最具权威的产品安全性 UL 认证。锦州阳光能源组件产品基于夏普公司的产品设计和质量管控标准，已成为夏普全球最大光伏组件代工厂，累计为夏普代工组件出货超 2.5GW。

图 1 166 - MB 单晶双面组件 JMPV - HM6VHBM2/72/ 445 ~ 450（R）

三、阳光能源未来发展规划

坚持创新、协调、绿色、开放、共享五大发展理念，紧紧抓住全球新一轮科技革命

和产业变革契机和锦州发展的实际情况，主动融入国家"一带一路"和京津冀协同发展战略，制定产业发展方向、发展目标、发展重点，逐步完善战略性新兴产业布局，到2023 年光伏产业实现产值 100 亿元，形成锦州市新的经济增长点。

1. 发展方向

加快提升光伏产业智能制造水平，推动互联网、大数据、人工智能与光伏产业深度融合，鼓励特色产业创新和智能应用，促进锦州市光伏产业高质量发展。

2. 发展目标

到 2023 年，光伏产业成为锦州市战略性新兴产业重要组成部分，企业数字化、网络化、智能化发展水平进一步提高；企业核心竞争能力明显增强。形成具有国际、国内影响力的创新型龙头企业；产业创新能力进一步增强，人才队伍结构进一步完善，对全市经济发展和社会进步的服务支撑能力明显增强。

① 经济效益稳步增长。2023 年光伏产业实现工业总产值 100 亿元，年均增长 10%以上，占全市工业比重逐年提高。光伏产品出口实现 30 亿元，龙头企业阳光能源出口比例达到 50%，成为锦州市出口创汇外向型的重要企业。

② 产业规模不断壮大。重点培育龙头企业年产值超 30 亿元大型企业 2 家，阳光能源、创惠新能源，通过重大项目带动产业发展，同时加快主导产业的产品创新、研发、改造力度，提高产能。到 2023 年 200 台单晶炉单炉产能从现在每月 2 吨提升到每月 2.8吨，20 台硅片专用机单机台产能从现在每月 102 万片提高到每月 115 万片，组件产能从现在每月 190MW 提高到 290MW。

③ 产品质量不断提高。努力提升产品质量，单晶硅锭、单晶硅片、组件等主要产品指标力争有突破。硅片薄片从 170～180 微米降低到 130～140 微米，材料纯度在现有6 个 9 的基础上力争超过 9 个 9，甚至到 11 个 9，量产尺寸达 9 英寸，有效提升光伏组件产品功率，每块组件功率从现在的 370W 达到 440W。

3. 发展重点

为实现光伏电子信息产业高质量发展，加快推进高新技术企业加速成长机制，形成叠加效益，促进产业高质量发展。

光伏智能制造既能节省劳动力成本，又能实现制造业产品品质的提升，逐步实现光伏制造业向智造业的转变。首先从设备的自动化程度上，提升阳光能源公司设备的自动化程度，长晶、切片、组件等环节的流水线自动化水平提升，完全实现机器人操作，降低了用工和生产成本，提升了生产过程中产品的稳定性和安全性。创惠新能源 1GW 太阳能组件项目自动化程度是目前国内光伏产业智能化最高水平，锦州市将以创惠新能源为样本，促使光伏核心产业智能化。

4. 保障措施

① 强化招商引资，拓展发展空间。发挥锦州市龙头企业带动作用，"以商招商""以项目促招商""以产业链招商"，形成全方位、宽领域、多元化的招商引资新格局，力争与中国电子信息百强领军企业开展合作；鼓励符合行业规范条件的电子信息企业"走出去"，拓展国内外新兴市场。

② 积极引进和培养高素质人才。积极引进高素质的电子信息技术创新人才，特别是领军型人才和创新团队。加强电子信息应用型人才的培养，鼓励电子信息产业园设立博士后科研工作站，鼓励企业与高校科研院所深度融合，建立电子信息技术领域人才培养基地，提供人才支撑。

③ 加大政策扶持。利用现有财政资金，优化资源配置，加大电子信息产业扶持力度，认真落实锦州市人民政府《锦州市促进工业经济发展扶持政策》（锦政发〔2017〕57号）文件精神。对电子信息产业在项目申报、人才引进、产品开发、示范工程和纳入国家和省重点产业支持范围内的项目给予配套支持；金融机构对重点企业加大信贷支持力度，鼓励社会资本通过多种方式投资，鼓励企业上市融资。

四、阳光能源——"绿水青山的践行者"

锦州阳光能源有限公司是集单晶硅全产业链产品研发、生产制造、光伏应用及全球销售为一体的新能源上市公司（2008年在香港上市，上市公司名称为阳光能源控股有限公司，股份代码：00757.HK）。锦州阳光能源有限公司获得273余项国家专利，荣获"国家级高新技术企业""国家级绿色工厂""工信部第一批符合《光伏制造行业规范条件》"的企业殊荣。未来任重道远，锦州阳光能源有限公司将会不忘初心、砥砺前行，践行社会责任与使命，锐意进取。和全体光伏人共同为绿水青山、为实现美丽的中国梦、为全人类清洁能源的普及而不懈奋斗！

绿色制造

依靠科技进步推动有色金属工业绿色发展

康 义

中国有色金属工业学会原理事长

有色金属工业是国民经济中重要的基础原材料产业，也是能源资源消耗和污染排放的重点行业。因此，推动有色金属工业节能减排和环境保护，实现绿色循环低碳发展，对于推动产业高质量发展和增进人民福祉具有重要意义。

一、新世纪以来，有色金属工业发展成就辉煌

新中国成立以来，逐步建立了独立完整的有色金属工业体系，奠定了有色金属工业现代化的基础。改革开放后，极大增强了发展的活力和动力。新世纪以来，中国加入了世界贸易组织。在经济全球化和工业化、信息化、城镇化、农业现代化的推动下，有色金属工业持续快速发展，一跃成为世界有色金属第一大国。特别是党的十八大以来，贯彻新发展理念，转变发展方式，推进供给侧结构性改革，发展质量和效益不断提高，新时代有色金属工业发展取得了巨大成就。

（一）产业综合实力显著增强

表1　　　　　　　　　　有色金属主要产品产量变化　　　　　　　单位：万吨

年份	十种有色	铜	铝	铅	锌
1978	99	30	30	15	20
2000	784	137	279	110	196
2010	3136	454	1624	416	521
2012	3697	588	2025	459	488
2019	5841	978	3504	580	624
2019 比 1978 年年均增长（%）	10.4	8.9	12.4	9.4	8.8

表2　　　　　　　　　　有色金属产量在全球地位　　　　　　　单位：万吨，%

	1978 年			2000 年			2010 年			2019 年		
	中国	世界	占比	中国	世界	占比	中国	世界	占比	中国	世界	占比
铜	30	923	3.3	137	1482	9.2	454	1908	23.8	978	2358	42
铝	30	1478	2.0	279	2466	11.3	1624	4081	39.8	3504	6400	55
铅	15	538	2.8	110	674	16.3	416	960	43.3	580	1179	49
锌	20	643	3.1	196	909	21.6	521	1286	40.5	624	1375	46

有色企业国际地位显著提升。2019世界500强企业中，有色企业占8家；全球精炼铜前十位企业排名，中国占据5家，江西铜业位居榜首；全球十大电解铝企业，中国占据5家，其中，魏桥和中铝居前2位。

（二）科技创新引领产业全面升级

进入新世纪以来，加强了基础研究，在原始创新和协同创新上取得了重大技术突破。其中，电解铝技术最为显著。近年来开发的600千安超大型铝电解技术，属世界首创、国际领先。自主研发的300千安大型铝电解技术早已输出国外，在伊朗、印度、越南、哈萨克斯坦等国建厂，并取得了良好业绩。

自主研发的悬浮铜冶炼、氧气底吹、双底吹和"两步"炼铜技术达到世界先进水平。自主生产的高端铝材、镁材和钛合金材已应用于航空、汽车、高速铁路等。超粗、超细、超纯均质硬质合金，核电锆铪材料以及其他稀有金属加工材，在替代进口上，取得了重大进展。

图1　世界最大的600KA铝电解生产车间

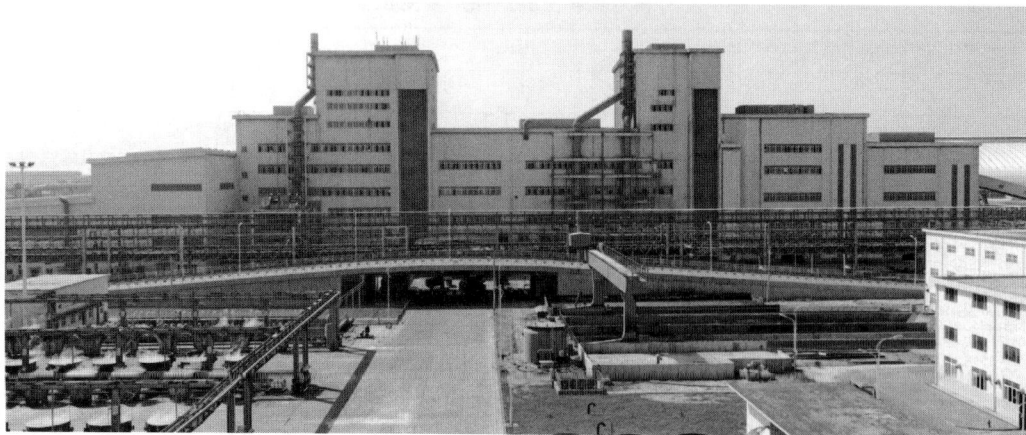

图2　双闪铜冶炼厂

（三）绿色发展成效明显

新世纪以来，有色企业认真践行绿色低碳生态文明理念，率先淘汰了全部落后产能。依靠科技进步，坚持源头减量、过程控制，推动节能减排全面持续开展并取得明显成效，使主要技术经济指标达到了世界先进水平，电解铝综合交流电耗达到世界领先水平。2010 年，全国电解铝原铝综合交流电耗为 15480 千瓦·时/吨；2019 年降为 13531 千瓦·时/吨，比 2010 年下降 1949 千瓦·时/吨，当年节电 683 亿千瓦·时。比世界（不含中国）平均水平低 669 千瓦·时/吨，当年节电 234 亿千瓦·时。

做好绿色开采，打造绿色矿山。近几年来，全面推广"采矿—选矿—充填"和"排土—开采—复垦"一体化有序开采，实现了矿山开采科学化、资源利用无害化、管理信息数字化和矿区社区和谐化。同时大力推进低品位复杂难选矿产资源的综合利用与选冶尾渣、废水、废气的减量化无害化与资源化，实现清洁生产和资源有效利用。

再生金属回收利用是有色金属工业污染控制的重要途径。依托"城市矿产"示范基地，加强再生资源综合利用，为节省原生金属矿产资源、能源，减少污染物排放，保护环境，为绿色发展作出了重要贡献。

2019 年，再生铜、铝、铅、锌产量分别为 330 万吨、725 万吨、237 万吨、145 万吨，分别占原生金属产量的 33.7%、20.7%、40.8%、23.3%。

（四）资源配置更趋市场化

近 10 年来，有色金属工业优化资源配置，延长产业链，提高产品附加值，形成冶炼—加工一体化，向深加工产品及中高端化方向发展。铝行业的煤电（水）铝一体化企业增多，自备电厂的电解铝企业达 70% 以上，形成了若干个大型氧化铝、电解铝及铝加工较为完整产业链的生产基地。

产业布局趋于市场化。电解铝产能逐步向西部能源丰富的新疆、内蒙、云南等地区转移。依靠进口矿的氧化铝和铜冶炼厂向广西防城港和福建宁德等沿海城市转移。铝加工企业与汽车制造厂合作，加快推进汽车轻量化。

（五）企业走向国际化

进入新世纪，特别是国际金融危机以来，有色金属企业充分利用国外一些矿业公司资金困难和市场价格低迷等有利时机，采取整体收购、股权并购、项目投标等多种方式获取境外矿产资源，增强了资源保障能力。

中铝公司收购秘鲁特罗莫克铜矿、五矿收购秘鲁邦巴斯铜矿、紫金矿业并购刚果金卡莫阿铜矿、洛阳钼业收购美国自由港—麦克莫伦铜钴矿项目，以及魏桥在几内亚开发铝土矿、在印度尼西亚建设氧化铝厂等项目，成为有色企业走出去的成功范例。

据不完全统计，有 47 家企业在境外获取的权益铜资源达一亿吨以上，形成权益矿产铜产能在 180 万吨以上，权益铝土矿资源 60 亿吨以上，权益铝土矿产能在 4000 万吨以上，均超过国内铜铝资源储量，极大增强了矿产资源保障能力。

二、"十四五"时期，有色金属工业发展战略思考

"十四五"时期，我国有色金属工业发展仍处于战略机遇期，产业增长潜力将继续释放。同时，外部环境不确定性和挑战也明显增多，国际市场环境复杂性上升，国内市场需求也将深刻变化。特别是突如其来的新冠肺炎疫情在全球的蔓延，给世界经济带来的冲击和影响更是无法考量。面对复杂多变的外部环境，有色金属工业必须加快向高质

量发展的战略性转变。

"十四五"时期，有色金属工业发展的总体设想，以习近平新时代中国特色社会主义思想为指导，全面贯彻党的十九大精神，按照建设现代化经济体系的战略要求，以供给侧结构性改革为中心，坚持需求导向，加快结构优化提升，增强核心技术创新力，推动工业互联网、大数据、人工智能与有色产业深度融合，突破一批"卡脖子"材料产品和关键技术，全面实现有色金属工业发展水平迈向中高端，为建设有色金属工业强国提供强力支撑，为我国经济持续健康发展提供新动能。

（一）坚持创新引领

科技创新是发展的不竭动力。重点围绕"高精尖缺"及国家重大需求，组织开展"卡脖子"技术攻关，推进一批重大关键技术突破。以满足集成电路、大型客机、海洋工程及高技术船舶、先进轨道交通、新能源汽车、节能环保等高端领域的关键基础材料需求为重点，加强基础研究，增强原始创新、集成创新和协同创新能力，尽快实现批量化生产和应用，填补国内空白，解决进口替代。

（二）提高矿产资源保障能力

提高矿产资源保障能力，逐步解决铜铝等主要原料长期依赖进口局面。要立足国内，加大重点成矿区带找矿力度，增加储量。加快推进西南、西北地区铜、镍、锂等重点成区带远景调查与找矿预测，提高稀土等战略性矿产资源保障能力。积极开展老矿山深部和外围勘探，形成一批重点矿产资源接续区。

加大境外矿产资源勘探、开发。通过投资并购、联合投资等多种方式获取境外矿产资源。以刚果（金）、赞比亚、秘鲁等国家铜资源，几内亚、印度尼西亚、牙买加、老挝、柬埔寨等地区铝土矿资源，印度尼西亚、菲律宾、缅甸、巴布亚新几内亚等地区红土镍矿为重点，统筹规划、合理布局、长期跟进，有序推进区域内重大项目并完善相配套的基础设施和港口建设，形成一批具有国际竞争力的境外有色金属生产基地和产业园区，增强境外资源保障能力。

（三）推动绿色循环低碳发展

加强重金属污染防治，确保污染物达标排放。在湖南、广西、贵州等重金属污染集中地区，开展砷、镉等无害化处理工程，开展有害土壤、废弃土地治理，推广矿山冶炼废水生物制剂法深度处理与回收技术，实施烟气脱硫、脱硝、除尘改造工程，确保"三废"污染物达标排放。

推广应用大型高效自动化采选设备以及新型高效药剂，大型铝电解槽节能减排技术等，支持利用局域电网消纳绿色可再生能源。

以"城市矿产"示范基地和进口再生资源加工园区为重点，加快高附加值再生产业化基地建设，提高有价元素回收利用水平。鼓励支持以废杂铜为原料生产高附加值铜加工产品，支持废旧易拉罐保级回收利用，提高现有冶炼中含有铜、钨、锆、铟、锗、镓、铼等有价元素二次资源回收利用水平。加强对废旧电器电子产品、报废汽车等含有色金属废旧再生资源建立回收、拆解、熔炼到深加工的产业链体系，提高资源利用水平。

（四）加快实现产业模式智能化

为进一步推进5G、工业互联网、人工智能等新一代信息通信技术在有色金属行业的集成创新和融合应用，2020年4月，工业和信息化部、发展改革委、自然资源部联合公告了《有色金属行业智能工厂（矿山）建设指南（试行）》，具体包括《有色金属行业智能矿山建设指南（试行）》《有色金属行业智能冶炼工厂建设指南（试行）》《有色金属行业智能加工工厂建设指南（试行）》，明确了建设目标、建设路径、建设内容及基础支撑等方面要求，《指南》从操作层面为有色企业开展智能制造提供了顶层设计和全面引导，为有色金属工业转型升级、技术进步，有序推进智能化建设提供了引导性文件。

有色企业智能化建设目标是在企业已有自动化、信息化建设基础上，推进互联网、大数据、人工智能、5G、边缘计算、虚拟现实等前沿技术在有色矿山、冶炼、加工企业的应用，实现设备、物料、能源等制造资源要素的数字化汇聚、网络化共享和平台化协同，建成集全流程自动化生产线、综合集成信息管控平台、实时协同优化的智能工厂（矿山）。

智能工厂（矿山）采用工业互联网平台的"云、边、端"技术架构，建立"平台协同运营、工厂智能生产"两个层面的业务管理控制系统，实现企业全流程的智能生产和供应链协同。

智能化企业建设内容，一是基础设施的数字化改造和建设，包括智能感知、智能设备、网络建设和信息安全。二是数据驱动的智能生产与管理系统建设，包括生产过程控制、生产管理与执行、企业管理与经营决策、工厂的虚拟仿真。三是基于服务型制造的智能服务应用建设。四是基于工业互联网大数据的协同创新平台建设。

实现有色企业智能化建设是一项复杂的系统工程。要做好规划，有序推进、分步实施。企业要根据自身实际，加大资金投入和人才队伍培养。有色行业要研究组建有色金属行业智能制造联盟，在成果转化、试点示范、标准制定和技术创新等方面发挥引领作用。

（五）加强国际产能合作

要充分利用好现有国际交流平台，办好系列国际峰会、会展和伦敦有色金属报告会。积极参与多边活动，深化与国际铝协、铜协、钨协等国际行业组织的交往，巩固中、美、俄、欧、日等双边交流机制，发出中国有色声音，讲好有色故事，扩大国际影响力，提高有色行业国际地位和话语权。

积极推进有色企业围绕国内矿产资源短缺，加大境外资源开发力度，通过境外并购、股权投资等多种方式，建设一批规模巨大、品种齐全、配套完整的境外矿产资源基地。

充分发挥有色企业在国际竞争中的优势，特别是借助有色冶炼先进技术、装备、管理及资本优势，积极向资源、能源丰富的国家地区拓展产业发展新空间。在"一带一路"沿线国家选择有条件的国家和地区布局铝、铜等加工企业，延长产业链，填补所在国家的空白，为当地的经济社会发展做出贡献！

新材料产业助力绿色经济快速蓬勃发展

王　镇

中国材料研究学会产业工作委员会委员

改革开放以来，伴随经济的高速增长，我国的环境状况每况愈下，污染事件频繁发生，环境安全问题日益尖锐。水俣病、雾霾、镉大米、铅中毒、二噁英等众多环保热点问题和事件，越发引起人们对生态环境的重视，面对资源、生态环境及人口的巨大压力，我国面临着发展经济与保护环境的两难选择，生态环境及绿色节能产业的发展日益受到关注。

当前，我国绿色经济在国家及各地方政府的高度重视和大力支持下，实现了高速发展。绿色发展政策规划体系逐步完善健全，传统产业"去产能"工作和新兴产业培育发展进程协同推进。经过几十年的发展，围绕节能环保等战略性新兴产业发展和制造业强国建设等重大需求，我国大力推进绿色经济相关产业发展，以新材料、新能源等为代表的一大批绿色新兴产业成长迅速。

作为国民经济高质量发展的物质基础和建设现代化经济体系的战略支撑，新材料产业是高技术产业发展必不可少的关键保障，是决定未来国家竞争力的战略性和基础性领域。在我国制造业向绿色化、可持续发展转型升级的过程中，新材料绿色产品品种质量不断改善，新材料绿色节能工艺技术与体系逐步健全，满足了我国绿色经济发展的内在需求，发挥了其无可取代的作用。为推动工业经济向低消耗、低碳排放转型提供物质基础，为推动社会发展向零污染、环境友好方式转变提供条件保障。

一、新材料技术进步与产品创新为中国经济绿色可持续发展做出巨大贡献

（一）新材料工艺流程技术进步为绿色经济发展做出突出贡献

目前，我国钢铁、有色、石化、建材等先进基础材料的产量除石化产品外，其他行业产量连续多年居世界第一，在国际上具有举足轻重的地位。但这些基础传统产业污染物排放集中，能耗和污染总量大，治理难度较大。高效节能技术、清洁生产技术、资源循环利用技术等节能环保技术已成为这些传统产业突破资源、能源、环境瓶颈，推动社会经济和节能环保产业发展的巨大动力，为产业转型升级及可持续发展做出了突出贡献，取得了巨大的成效。

以连铸连轧、热装热送、烧结矿竖式冷却机、烟气循环烧结、焦炉烟气脱硫脱硝、短流程电炉炼钢技术为代表的钢铁工艺流程优化和再造技术，资源消耗低、能源消耗少，经济效益突出，节能减排效果显著。宝钢大力推进除尘、水处理工艺设施有序升级

改造，投入应用一批业内首发和示范性环保技术，持续推进"三流一态"（能源流、制造流、价值流及设备状态）能源管理体系，有效促进工业低碳发展，降低了生产成本、实现了节能减排，构建了城市钢厂与城市的有机融合。首钢京唐在十多年的发展历程中不断创新突破、总结经验，开发出首钢海水淡化模式，推动海水资源综合利用，成为解决淡水短缺问题的重要途径，为海水淡化在沿海钢铁、石化、电力等行业大规模发展应用起到了示范引领作用。德龙钢铁将环保做到极致，颠覆传统观念，让钢铁"绿色智能"，将生产中的钢厂打造成为 4A 级旅游景区，创造了钢铁行业绿色发展的新高度。

经过清洁技术研发、清洁冶炼技术推广等环保治理措施的稳步推进，我国稀土行业环保工作取得初步成效。非皂化萃取分离稀土新工艺、离子型稀土矿高效清洁提取技术和稀土精矿低温硫酸化动态焙烧等稀土清洁冶炼生产技术获得广泛推广应用，实现从源头遏制稀土冶炼污染的情况，提高了稀土冶炼和生产技术水平，提高冶炼废物利用率及资源利用回收率，有力地推动了稀土行业长远发展。以非皂化萃取分离稀土清洁技术为例，该项技术在稀土生产加工企业的普及率超过了 50%，有效减少了稀土冶炼过程中"三废"的排放量。据此计算，全行业（以每年 9.04 万吨产量计）可减少氨氮产生量 3.4 万吨/年，可节约液氨 3.3 万吨/年或氢氧化钠（30%）23.8 万吨/年。在国家政策引导下，包钢白云鄂博、江铜集团、南方中重稀土矿等企业通过地形整治、土壤改良、恢复绿植等方式，对原来的污染区域进行了综合治理，有效改善了稀土开采区水土流失、水源污染、生态环境恶化现象，形成了现代化、规范化、绿色化的企业及矿山管理机制。

石化行业全面推动对耗能用水和节能、节水、节电、节煤、节气、节油、污染减排情况的跟踪、分析和达标要求。加快推进节能重点项目的实施，加强节能技术创新，加快高耗低效设备的淘汰和技术改造。深化应用节能科技创新示范工程，大力推进油气田加热炉提效、炼化能量系统优化、管道余热利用、钻井节油代油重点工程实施，深入推进全面开源节流降本增效工作。大力推广煤制烯烃、煤制油等能源高效清洁利用技术以及无汞 PVC 绿色生产、铬盐清洁生产新工艺等绿色生产工艺，深入开展节能节水和低碳技术产学研协同创新，培育了一批新的绿色经济增长点，推进了行业的清洁生产和循环经济，提升了行业能效水平和低碳发展水平。

（二）新材料产品产业化应用推广为绿色经济发展注入新动力

伴随新时代产业绿色转型发展趋势，新材料产业产品开发越来越注重资源节约、低能源消耗，一批关键战略新材料在众多关键领域不断应用推广，耐热合金、稀土永磁材料、燃料电池材料、高性能纤维及其复合材料等众多关键核心材料被广泛应用于风力发电、新能源汽车、节能家电、航空航天等战略新兴产业，为节能降耗、可持续的绿色经济发展注入新的发展活力。

600℃超超临界是迄今世界最先进商用燃煤发电技术，超超临界发电机组燃烧效率高，污染排放少，代表了煤电产业最先进高效的发展方向，国内超超临界燃煤电站全套耐热无缝管冶金技术及先进电站超超临界耐热钢成功应用，具有最高的效率和最低的建设成本，节能效果显著，同时由于煤耗下降，还大大降低了粉尘、SO_2、NO_x 及 CO_2 等的排放量。据统计，截至2018年底，我国火电机组的平均供电煤耗已经达到307.6克/千瓦·时，明显优于美国平均水平和世界平均水平，先进的百万千瓦二次再热机组的供电煤耗已经低于270克/千瓦·时，引领了世界燃煤发电的发展方向。未来，我国火电若从亚临界跨越到600℃超超临界，每年可少用电煤2.32亿吨、减排CO_2 5.1亿吨。

半导体照明材料通过"十城万盏"及合同能源管理等重点工程及先进模式，获得极大的推广应用。目前我国半导体照明核心器件已经实现国产化，半导体照明光效提升到了90%以上，是白炽灯的20倍、节能灯的5倍。使用普及率约为50%，每年节约用电量约为2700亿度，相当于3个三峡水电站的发电量，可实现碳排放减少2.2亿吨。半导体照明产业从零起步达到7000亿元规模，形成了比较完整的从上游外延材料生长与芯片制造、中游器件封装到下游集成应用的研发与产业体系，出口的LED产品占全球LED照明市场的20%以上。

高性能膜材料以节约能源和环境友好为特征，是解决水资源、能源、环境、传统产业改造等领域重大问题的核心材料之一，属于国家重点发展的战略新兴产业。在水处理膜材料、特种分离膜材料、气体分离膜材料、离子交换膜材料等高性能膜材料取得了长足发展，推动了膜材料在水资源、节能减排、资源高效利用等相关行业中的应用，促进了膜行业的发展，提升了我国膜领域的科技创新能力和产业的国际竞争力，提高了高性能膜材料在社会经济发展中的贡献度。

（三）新材料前沿颠覆性技术开发为绿色经济发展提供无限潜力

新材料产业在人类社会及经济建设中的重要作用正由基础性向颠覆性跨越，石墨烯、超导材料、气凝胶、储氢材料、可降解医用金属、生物质能源及生物基可降解材料等众多前沿颠覆性材料均在科学研究及技术开发进程中，未来将为绿色经济发展提供无限商机和可能。

石墨烯新材料具有众多优异性能，是未来高端制造业绿色发展的重要基础材料，被称为"万能材料""工业味精"，其在节能环保领域具有非常广阔的应用前景及巨大的潜在市场价值。石墨烯水性防腐涂料、石墨烯散热材料、石墨烯基疏水活性炭、石墨烯润滑油等新兴材料不断涌现，在高端装备腐蚀防护、LED照明及散热、污水处理、机械工程等节能环保领域开始推广应用，并取得良好效果，一旦实现产业化应用，市场占有率将快速增加，将成为石墨烯应用领域的又一项重大颠覆性技术。据CGIA Research预测，到2020年全球石墨烯环保领域的市场规模将达到90亿元。

电力已经成为人们生活及社会生产中不可或缺的能源，超导电力技术作为一种高效节能的供电方式，被美国能源部誉为"21世纪电力工业唯一的高新技术"。新的超导材料不断被发现并且发展迅速，在电力、交通、医疗等方面相继得以应用。超导电缆、超导发电机体积仅是常规发电机的1/2，重量为常规发电机的1/3，发电效率可提高50%。超导材料的研制突破将会带来难以估测的经济效益和社会效益，必将引起一次新的工业革命。当超导材料及技术普及之后，会给国家带来变革性的影响，我国科技水平的提高以及综合国力的提升，也会迈上一个新的台阶。

21世纪将是氢的时代，伴随着燃料电池质子交换膜、催化剂、氢气储运等关键核心材料的突破，为氢能源燃料电池及氢能源汽车的推广使用提供广阔空间。数据显示，2019 年全年中国氢燃料电池装机量为 128.06MW，同比增长 140.49%。2019 年全年中国共生产氢燃料电池汽车 3018 辆（合格证数据），同比增长 86.41%。预计到 2050 年，全球氢能将占能源比重的 18%，减排 60 亿吨的温室气体，带来 2.5 万亿美元产值，解决 3000 万人的就业问题。氢能源拥有巨大的产业链和经济带动性：从氢能源基础设施到燃料电池再到燃料电池汽车、分布式发电等氢能源应用装备，预计 2020 年将形成 3000 亿级产业规模、2030 年形成万亿级产业规模，到 2050 年将形成 4 万亿级产业规模。

二、绿色经济发展任重道远，对新材料产业创新发展提出更高需求

随着我国经济社会发展步入新阶段，新材料产业发展面临巨大压力与挑战，低端产能普遍性过剩、产业结构布局不合理、技术创新能力不强、资源环境利用效率不足、行业绿色发展标准不完善及绿色产品评价标准缺失等问题和矛盾越发突出，许多地区与领域仍在盲目加快工业化进程，不合理的工业经济结构与粗放式的增长方式导致了巨大的资源浪费和环境破坏。绿色环保问题已成为制约我国经济高质量和高速发展的根本性问题，未来资源能源和环境形势日趋严峻，气候变化、要素成本上升等压力将持续存在，仍是制约我国新材料产业发展的瓶颈。加快转型升级、走环境友好的可持续发展道路，已成为我国新材料产业转型升级和高质量发展的唯一选择。

（一）绿色发展是促进新材料产业结构调整、转型升级的强劲动力

当前，可持续发展已成为人类社会进步和发展的共同理念。绿色、节能、环保成为新材料产业发展的最强动力。可循环、低碳等材料绿色化技术将是新材料未来发展不可逆转的趋势。近年来，为应对气候变化、资源短缺、生态恶化、重大疾病、粮食安全等全球共同的挑战，世界各国加速了新材料的发展进程，把绿色、低碳技术及其产业化作为突破口，促进自身经济结构的调整，并希望通过新材料的发展带动下一轮经济增长，欧盟、美国、澳大利亚、日本等均将绿色、可持续发展作为经济增长的重要方向，出台了一系列相关科技政策。尤其是在目前疫情严峻、自然灾害肆虐的关键时期，新材料产业的发展，应当更加注重社会公共利益，在追求经济目标的同时更加强调资源节约、环境保护、公共健康等社会目标。

（二）绿色发展是推动新材料产业链条协同创新发展的重要抓手

面对资源、环境和人口的巨大压力，世界各国都在调整新材料技术和产业的发展战略，新材料的绿色化趋势日益显著，将带动上下游产业的协同进步与发展。例如以新能源为代表的新兴产业崛起将引起电力、IT、建筑业、汽车业、通信行业等多个产业的重大变革和深度裂变，拉动上游产业如风机制造、光伏组件、多晶硅深加工等一系列加工制造业和资源加工业的发展，促进智能电网、电动汽车等输送与终端产品的开发和发展，促进节能建筑和光伏发电建筑的技术进步和推广应用。未来新材料生产工艺流程将更短、能耗更低、排放更少，新材料产品将更加环境友好、易于回收、可自然降解，下游应用产业将更加绿色低碳、节能降耗，进一步实现全产业链条绿色循环可持续发展

之路。

（三）绿色发展是建设新材料强国的前置条件和必由之路

党的十九大报告指出，我国经济已由高速增长阶段转向高质量发展阶段，正处在转变发展方式、优化经济结构、转换增长动力的攻关期，建设现代化经济体系是跨越关口的迫切要求和我国发展的战略目标。落实好这一战略部署，需要我们准确把握制造强国新的时代内涵，健全和完善制造强国关键支撑体系。新材料强国建设应当以环境友好为内在要求，以绿色制造成就美丽中国。建设新材料强国，必然在发展理念、发展模式、产业结构、资源利用等方面与绿色发展的要求相适应、相协调，始终坚持把可持续发展作为建设新材料强国的重要着力点，促进新材料产业绿色改造升级，健全覆盖新材料产业全链条的绿色制造体系，促进新材料产业持续健康发展，为节能环保和绿色发展提供重要的产业支撑，为制造业强国建设打下坚实绿色基础。

三、走绿色化、可持续化发展道路，加快做大做强新材料产业，助力绿色经济快速蓬勃发展

（一）发展新材料循环经济，实现全生命周期绿色化

高度重视新材料与资源、环境和能源的协调发展，将新材料的发展与绿色发展紧密结合，开展产品生态设计，延伸产业链条，减少废弃物排放和资源耗费，实行材料回收再利用，降低新材料产品从开采到应用的整个生命周期对环境影响。结合新材料产业的特点，构建循环经济体系，打造符合新材料绿色产业链及新材料产业集约化发展的路径模式，实现产业经济效益与生态效益的平衡发展。筹划建立高温合金、锂离子电池、碳纤维复合材料等核心关键新材料的循环利用试点项目，支持制造企业通盘考虑新材料全生命周期循环、支持供应链企业部门合作研发回收材料的新应用、开展资助可循环利用新材料和回收新技术的研发项目。加大对绿色低碳生产工艺、技术和装备的研发、示范和推广力度，实现新材料产品开发、生产、流通、消费以及处置过程全生命周期的绿色发展。

（二）深入调整新材料产业结构，加强落实新材料绿色发展理念

基于循环经济打造新材料绿色产业链，将绿色发展理念深入新材料产业链各个环节，加强清洁生产、资源综合利用等措施，调整新材料产品结构和产业结构，积极发展对经济增长有突破性重大带动作用、对环保节能有巨大推进效应的高新技术产业，大力发展绿色新材料产业，实现相关产业资源的循环利用，提高资源的优化配置，促进新材料产业集约化发展。深入推进新材料产业绿色升级改造，逐步淘汰资源能源消耗高、污染排放大的落后产品，鼓励资源节约、环境友好的绿色产品的推广应用，逐渐形成节约资源和保护环境的产业结构。按照资源环境承载能力，依据各地区资源禀赋、生态环境保护、战略新兴产业发展等相关规划，优化新材料产业布局，建设新材料产业绿色化生产示范基地，完善新兴产业发展配套设施及环境，推动建设环境友好型园区和企业，实现园区与所在区域融合健康发展。

（三）完善新材料产业节能环保标准体系，持续推动绿色技术创新与绿色应用创新

加快建立节能降碳标准体系，加快制修订重点新材料领域产品生产过程能耗以及终

端产品能效与碳排放等标准，扩大标准覆盖范围，动态调整并不断提高产品的资源环境准入门槛。在现有能效领跑者制度基础上，建立标准动态调整机制。推动企业开展能效与碳排放对标工作，加快推动节能低碳产品标识与产品认证，充分发挥标准对企业及行业技术进步提升的引导和促进作用。瞄准国家战略新兴产业发展及制造强国建设目标，加大对污染治理技术、清洁生产工艺、绿色智能装备等方面的投入及支持力度，实现新材料产业与上下游多学科交叉创新，致力于推动新材料绿色产品及技术的研究、开发与应用，形成全域、全产业链、全套技术、产品及应用解决方案，打造效益目标集成、组织模式集成、技术创新集成的绿色发展新模式，进而推动构建绿色、高效、低碳的新材料研发生产应用体系。

（四）强化新材料产业绿色发展政策支持，营造公平竞争市场环境

加大对新材料绿色技术原始创新研究项目支持力度，加强对新材料绿色产品、绿色工厂、绿色园区的财政金融支持，鼓励建设一批新材料产业绿色技术创新平台、创新战略联盟、创新示范基地等创新载体，探索在项目核准、土地审批等方面提供便利条件及优惠政策。推动新材料企业兼并重组，优化资金、技术、人才等要素配置，进一步提高产业绿色发展水平。积极发展绿色制造和绿色服务业，建设产学研协同创新平台，积极探索应用绿色债券、绿色保险等绿色金融手段。加快健全第三方评价机制和配套评价标准，健全环保信用评价，营造公平竞争的市场环境，构建政府引导、企业主体、社会公众共同参与的治理体系，进一步提高环境标准和环保要求，推动落后和低效产能有序退出，为绿色产能发展创造更大市场空间。

"绿水青山就是金山银山"，习近平总书记时隔15年再次视察安吉，充分表明走绿色化、全面可持续发展道路是我国经济发展的永恒主题，绿色经济已是我国经济发展进入新常态和高质量发展的内在要求，也是世界经济可持续发展的必由之路。要走好这条必由之路，离不开新材料产业的基础保障和战略支撑，新材料产业可持续发展是满足经济社会可持续发展的必然选择，由新材料技术带来的高精尖技术的发展与市场化应用，必将有效地带来绿色经济市场蓬勃发展，为国家制造业转变生产方式、调整产业结构，培育新的经济增长点，促进经济高质量发展打下坚实基础。

2020年注定是载入人类史册的一年，注定是全球发展中最不平凡的一年。窗外的杨柳已露出茵茵绿意，和煦的暖风带来春的讯息。人类已然到了团结一心，共克时艰，构建全球命运共同体，砥砺前行的关键时刻，绿色、可持续发展将始终是未来世界携手进步的中心主题。期待世界各国一道攻克疫情、协力发展，期待全球人民共同面朝未来，春暖花开。

复合材料行业近 10 年发展状况及展望

张荣琪　中国物资再生协会纤维复合材料分会秘书长
严　兵　江苏澳盛复合材料科技有限公司技术总监

21 世纪被称新材料世纪，新材料已成为全球经济迅速增长的源动力和提升核心竞争力的战略焦点。材料作为制造业的基础，其应用创新是制造业科技创新、转型发展的重要环节。因此，新材料研究和产业发展的水平与规模，已经成为衡量一个国家科技进步和综合实力的重要标志。在新材料发展与应用中，复合材料占有相当重要的地位。由于复合材料具有轻质、高强、低碳环保、性能与功能可设计性等优点，在国内外都属于重点支持发展的战略性新材料产业。复合材料原来特指纤维增强塑料（FRP），近年来复合材料的内涵得到了广泛的扩展，涵盖了玻璃钢、碳纤维增加塑料、陶瓷基复合材料、金属复合材料、非金属与金属复合材料等。

一、我国复合材料行业发展现状概况

从 1958 年第一块玻璃钢出产到现在 60 多年的发展过程中，我国复合材料产业的发展从无到有，逐步壮大；技术不断提升，产品不断开发、扩充。生产工艺从纯手糊、缠绕，逐步拓展到层压、模压、拉挤、RTM、HP – RTM、注塑、GMT、LFT – D、D – LFT、CFT 等，装备的系列化、系统化、自动化、智能化等都有了长足的发展进步；所用不饱和聚酯树脂、酚醛树脂、环氧树脂和玻璃纤维、芳纶纤维、碳纤维，逐步扩充到乙烯基酯树脂、聚氨酯树脂、热塑 PP、PE、PA 及双组分反应型热塑树脂和玄武岩纤维、植物纤维等，产量已经跃居全球第一；产品工艺技术从原来的热固性成型工艺，已经扩展到了热塑性成型工，并且热塑性复合材料产量逐年快速增长；产品应用从最初的建材及军工，逐步拓展到汽车及交通运输、风电及新能源、环保防腐设施、化工管罐及航空航天、体育休闲、现代农牧养殖等国民经济的各个领域。我国复合材料产业从 1981 年到 2019 年，规上企业可考数据累计产量已经达到了 3860.89 万吨（以上数据来源：中国复合材料工业协会）。

2010 年是我国"十一五"收官之年，2020 年是"十三五"的收官之年，经过 10 年时间，我国复合材料产业从 2010 年的 329 万吨，到 2019 年的 445 万吨，实现了 35% 的增长率；工业产值从 425 亿元，到 1145.8 亿元，工业产值增长超过了 1.5 番，实现了 169.6% 的增长（以上数据来自中国复合材料工业协会规模以上企业统计数据）。具体数据见图 1。

从以上数据可以分析出，从 2010 年到 2019 年的复合材料发展中，高附加值的产品增长得到了极快的发展。

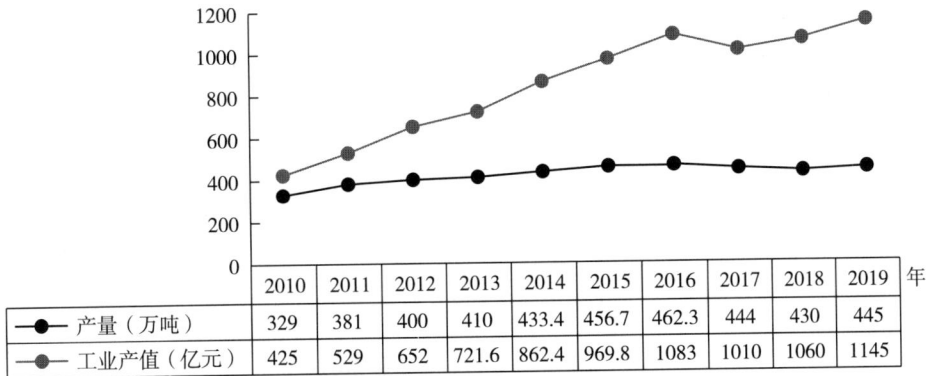

年	2010	2011	2012	2013	2014	2015	2016	2017	2018	2019
产量（万吨）	329	381	400	410	433.4	456.7	462.3	444	430	445
工业产值（亿元）	425	529	652	721.6	862.4	969.8	1083	1010	1060	1145

图1　纤维复合材料行业逐年产量及工业产值

（资料来源：中国复合材料工业协会）

复合材料行业从基础材料性质不同，分为两大类产品系列：热固性复合材料和热塑复合材料。基体材料分别是经过交联反应成立体网状结构的热固性树脂，以及以分子间范德华力纠缠的热塑性高分子树脂。两种基体材料的不同，导致产品性能的本质不同，例如：热固性复合材料不可自然降解、高强度、高模量、热变形温度高等；热塑性复合材料可加热融化、高变形、耐冲击、可通过注塑成型等。由于热塑性复合材料可以重复添加再利用，相对比较环保，因此在过去10年间，得到了长足的发展。以下是热固性复合材料和热塑性复合材料10年间的发展情况。

热固性复合材料产量由2010年的238万吨，到2015年达到280万吨，5年间连续增长了17.7%；在2015年后，由于重污染天气的影响，国家环保政策以及环保督察行动的逐年持续开展，热固性复合材料行业受到了严重的影响。部分企业因为污染排放不达标，生产现场"散乱污"现象严重，受到了错峰生产、限产甚至关停的处罚。因此，热固性复合材料产量从2016年开始，逐年下降。随着生产企业在环保设施的投资力度加大，解决了VOC及粉尘排放的问题，随着重污染天气的逐渐消退，各生产企业也逐渐步入正轨，因此，在2019年，热固性复合材料产业重新迎来了春天，年产量实现了增长。年产量及增长率数据见图2。

热塑性复合材料主要产品为纤维增强改性塑料，以注塑用纤维增强塑料粒子为主。短切纤维增强热塑性复合材料LFT－D由于目前市场产品单一，产品成本相对塑料及注塑产品较高，并没有形成市场增量。2017—2019年连续纤维增强热塑性片材及蜂窝夹心板材的应用得到了大幅度提升。热塑复合材料的发展是随着连续纤维增强热塑性具有的高强度、较高的耐热性等功能增加，不断的开发新的应用领域，将会得到长足的发展。以下是从2010年到目前历年来的热塑性复合材料发展情况。从热塑性复合材料逐年产量曲线图可以看到热塑性复合材料从2010年开始一直以较快速度增长，但在2019年由于受到汽车行业下行的影响，热塑性复合材料由于受到汽车产业以及应用市场开发速度缓慢的影响，2019年并没有呈现出显著增长的势态，出现了增长率下滑的状态。（图3）

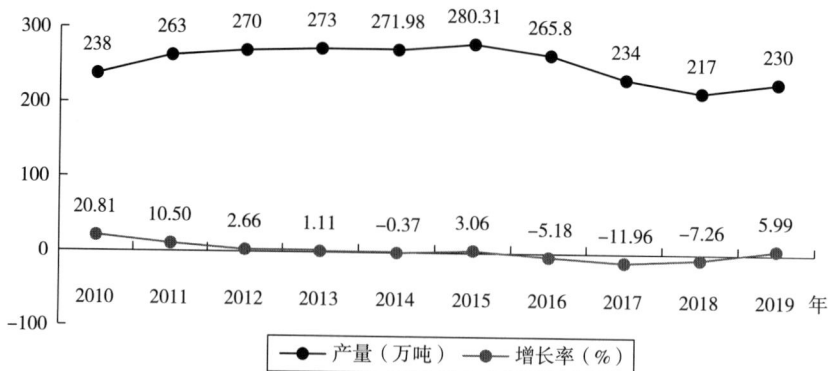

图 2 热固性复合材料年产量及增长率

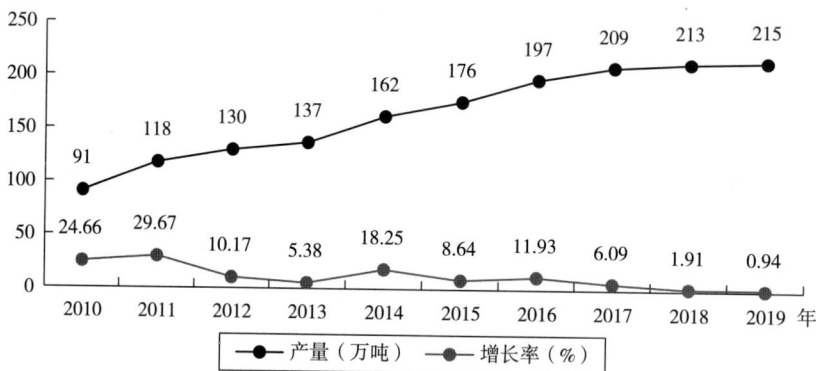

图 3 热塑性复合材料产量及增长率

（资料来源：中国复合材料工业协会）

我国复合材料的产量一直居全球第一，占全球产量的 30%～40%；近几年热固性复合材料年实际产量均在 500 万吨左右（通过年树脂在复合材料行业的应用推算）。其中重点应用领域涉及到了交通运输（汽车、轨道交通、基础设施等）、电子电器、绝缘、防腐、石油化工、食品卫生、清洁能源（风力发电、水利发电、火电防腐除尘等）、市政建设、建筑建材（结构、卫浴、门窗、装饰等）、游乐设施、体育用品等。复合材料已经成为支柱产业不可替代的材料。

二、近 10 年复合材料产业技术发展

任何产业的发展都是以材料和关键装备为基础，近 10 年复合材料技术、产业和应用发展也不离其宗。

（一）基体材料的发展

1. 基体树脂的发展

在原有的酚醛树脂、不饱和聚酯树脂、环氧树脂、乙烯基树脂的基础上，聚氨酯树脂因其绝缘性、耐候性、防腐性能等优异性能，得到了迅速的发展和应用，例如聚氨酯缠绕

工艺的电线杆、聚氨酯拉挤工艺的各种型材；同时，热塑性树脂复合材料因其耐冲击、可回收，相对于非纤维增强塑料产品的高强度、耐温性提高等关键特性，得到了迅猛的发展。广泛的应用于汽车保险杠骨架、底盘护板、箱体板，发动机用油底壳、缸盖罩等，畜牧行业漏粪板、物流托盘、建筑模板等，这并未包括通过短纤维改性的其他热塑产品。

2. 增强材料的发展

纤维复合材料的增强材料有玻璃纤维、碳纤维、芳纶纤维、玄武岩纤维、植物纤维以及其制品。

近几年随着玻璃纤维池窑拉丝工艺技术的提高，玻纤丝径由 12μm 减小到 3μm，其单丝强度超过了 2000MPa。同时，玻璃纤维的制品也由粗纱、短切纱、网格布、平纹布、斜纹布、表面毡、短切毡、针刺毡、多轴向织物，扩展到了 3D 织物、毡布复合织物等，为复合材料制品的发展起到了功能性关键作用。玻璃纤维产业在近几年产量增长幅度增加迅猛，2018 年玻纤行业出现产能无序扩张，新增产能达到近 90 万吨。2019 年玻纤总产量达到 527 万吨，同比增长 12.61%。近几年电子纱、热塑纱的增长明显。由于电子产品的更新换代周期短、需求量不断增大，电子纱需求量逐年增加。热塑纱因为热塑产品产量需求增加、产品开发应用范围扩展，得到了长足的发展。

近几年玄武岩及制品的应用，因为产品性能逐步稳定，2018 年四川玻纤厂投产了 3 万吨的池窑生产线，开启了玄武岩池窑投资的序幕，玄武岩纤维复合材料制品的工艺技术也逐步研究，并得到应用。例如：玄武岩 SMC 制品的开发等。然而，由于玄武岩原材料的不稳定性，导致玄武岩纤维复合材料发展还需要一个长时间的研发过程。

植物纤维增强复合材料以竹纤维、麻纤维增强热固性复合材料为主，因为其资源丰富、可能量回收而得到关注。然而，由于其材料本身的特性，工艺性和功能性的差异，导致发展缓慢。

我国碳纤维的发展过程艰难，但近几年由于应用广泛以及国家大力支持，从 2015 年以后，增长速度极快。

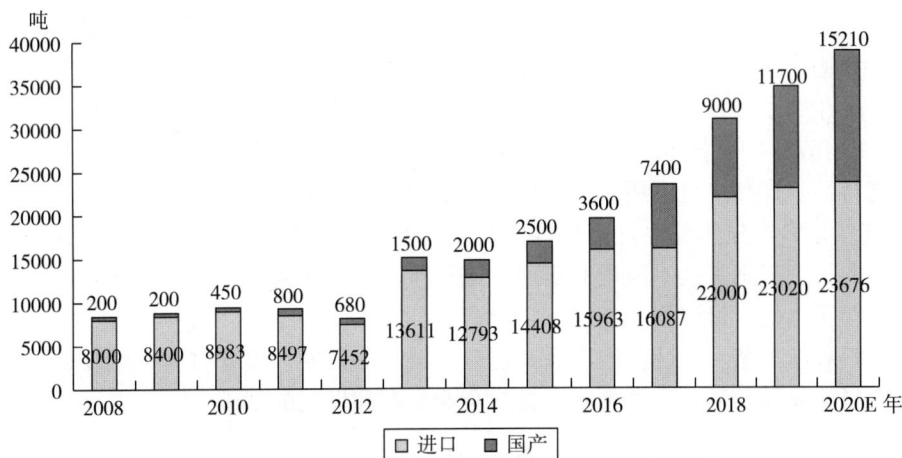

注：2020E 代表预计数据。

图 4　中国碳纤维需求

以吉林化纤和吉林精工、中复神鹰、恒神等为代表，2019年碳纤维总产量超过10000吨。目前国内几家企业能够生产的碳纤维系列类似于东丽T300、T700、T800、T1000和M40、M55等，性能和指标接近。而国际风电市场对碳纤维的需求，也促进了国内大丝束碳纤维的发展。2019年全球的碳纤维产销量达到10万吨以上，应用量最大的几个领域分别是风电、航空航天、体育制品和汽车，国内碳纤维用量37840吨，应用量最大的几个领域分别是体育制品和汽车、风电、建筑加固和压力容器等。国内国外相比，差距较大。

（二）工艺技术及装备发展

复合材料产业的发展另一关键基础就是先进工艺及装备的发展。近几年热固性复合材料先进工艺以缠绕、拉挤、模压、注塑等机械化、自动化、智能化装备的发展和多工艺技术相互融合为方向。

1. 缠绕装备向自动化程度高、效率和可靠性更高的连续缠绕发展，产品以连续缠绕管道为主，最大口径可以达到4000mm直径；可变径缠绕聚氨酯电线杆装备以国内武汉九迪为代表在缠绕技术和装备方面得到了长足的进步。

2. 拉挤工艺装备向聚氨酯材料拉挤、编织拉挤、拉挤缠绕等工艺技术和装备发展。其中聚氨酯材料因其为双组分反应型材料，其固化机理与其他热固性树脂不同，因此其装备的特性也不同。例如，聚氨酯材料遇水分子就会发泡，所以，其A、B组分材料的混合以及使用过程不能暴露于空气中。双组分灌注设备与拉挤装备的结合，确保了A、B组分的充分混合，而且全封闭，确保产品性能均匀。代表产品有聚氨酯拉挤的各种防腐、耐候性型材、管材等，广泛应用于电力、户外结构支架等。

编织拉挤、拉挤缠绕实际上拉挤工艺技术和缠绕技术的完美结合。拉挤工艺技术产品其轴向性能极大，环向性能差；而缠绕产品其环向强度极高，轴向性能差。将两个工艺技术结合后，实现了优势互补。该系列装备目前都已经实现了自动化、智能化在线监控的功能。代表产品是编织拉挤管、拉挤缠绕连续管等，由于性能的优势互补，应用领域将逐步得到极大的扩展。

3. 短纤维增强PP产品的应用，带动了热塑性模压工艺和装备的迅速发展，该工艺装备LFT设备是塑料挤出技术和模压装备的结合；通过将塑料挤出机和模压装备的在线技术、工艺匹配，实现产品的自动化，提高了生产效率、降低了成本、保证了产品的稳定性，实现了热塑性材料的模压工艺。目前产品以畜牧行业漏粪板、物流托盘、建筑模板为代表。

4. 高压RTM工艺技术是模压和RTM工艺技术的结合，其高效、产品高强、高模量是其关键特性。产品广泛应用于轻量化汽车复合材料制品。

5. 连续玻纤增强热塑性复合材料板材及蜂窝结构制品的发展，得益于双钢带压机的从特氟龙带到双钢带技术应用的实现。该类产品已经普遍的应用于高强度汽车结构产品、集装箱箱体板、保温板等。

新材料和新工艺、新装备的发展是复合材料产品研发、复合材料应用领域扩展以及复合材料行业发展的基础，也是复合材料企业生存和发展的基础。

三、碳纤维复合材料近10年的发展

20世纪50年代，具有现代意义的碳纤维技术被开发出来，并逐步实现商业化，并形成了以人造丝（黏胶纤维）、聚丙烯腈、沥青为三大前驱体制造碳纤维的技术。

至上世纪末，碳纤维厂商形成了以日本东丽、三菱、东邦，美国卓尔泰克、赫氏，德国西格里三足鼎立的局面。而中国台湾的台塑与美国 Hitco 公司进行技术合作，开始了中华民族第一个碳纤维工业化时代。而同期大陆，因为种种原因，碳纤维发展缓慢，而最大的成绩就是确定了 PAN 基碳纤维原丝三种工艺路线：二甲基乙酰胺法、硫氰酸钠法、二甲基亚砜法，并且延续至今，而在此期间以北京化工大学、中国纺织工业学院（后来的东华大学）、山西煤化所、吉林石化和化纤为基地的研究和探索，也培养和积累了一批人才，为后来国产碳纤维的崛起打下了基础。

（一）新世纪全球碳纤维及应用的发展

以碳纤维行业龙头东丽为例，1974 年命名第一代产品分别为 T300 和 M40，到 2000 年其产品系列已经有 T300、T700、T800、T1000 及 M40、M60 等。碳纤维在飞机上的用量也逐步从少量的 1 吨、2 吨，逐渐提升到 10 吨以上。而伴随着宽体大飞机的开发成功，特别是波音 B787 与空客 A350 分别在 2011 年和 2014 年完成首架交付，碳纤维的应用迅速提升，两款客机的碳纤维复合材料用量均超过 50%。波音 787 飞机的机身蒙皮、框、长桁、地板梁、龙骨梁、机翼前后、机翼蒙皮及翼肋等主要结构件全部采用碳纤维复合材料，碳纤维用量超 50%。空客 A350 的机翼、中央翼盒和龙骨梁、尾椎、蒙皮面板、纵梁和倍增器以及门等都采用碳纤维复合材料，碳纤维复合材料用量达到 53%。波音 B787 与空客 A350 是两家世界顶级航空公司开发的宽体客机，载客 250～350 人，目前已经成为国际航线的主打机型之一。而正是相关进展的推动，碳纤维在航空航天上的应用一直在碳纤维总应用中位列前茅。

2007 年卓尔泰克与风电巨头维斯塔斯（VESTAS）建立合作，将碳纤维用于风电。这个发端，也成为了新世纪碳纤维应用最大的亮点。卓尔泰克的碳纤维制造技术在世界上独树一帜，这是因为他们使用纺织级别的腈纶纤维，生产 50K 的大丝束碳纤维，成为市场上成本最低的碳纤维。碳纤维在风电领域应用的异军突起，也引起了人们的关注和思考。2019 年碳纤维在风电领域为 2.55 万吨，占全世界碳纤维用量 10.37 万吨的 26%，而这大部分是维斯塔斯一家的用量。2019 年全球新增风电装机容量 60.7GW，装机约 3 万台，维斯塔斯新增风电装机容量 9.6GW，装机约 4 千台，也就意味着维斯塔斯一台风机应用碳纤维约 5 吨，这样算下来，如果全世界一半以上风机用上碳纤维，全世界所有碳纤维生产厂家的碳纤维产量也就仅仅能满足风电一个领域。所以碳纤维在风电领域的应用，不仅被碳纤维行业所关注，也被风电行业所关注，特别是近年维斯塔斯拉挤碳板应用于叶片大梁的专利将到期，预计未来几年碳纤维在风电行业的应用还将会有一个井喷。

汽车市场对于碳纤维行业来说，是一个诱惑。但是传统的碳纤维生产工艺、碳纤维复合材料加工工艺无法满足汽车产品成本、节拍的要求，更是因为"搞车的不懂碳纤维，搞碳纤维的不懂车"，导致推广困难。2014 年宝马 i3 亮相，是碳纤维材料在汽车上实用化的里程碑式的进步，也一举打消了碳纤维汽车高不可攀的形象。在其后继推出的宝马新 7 系中有顶横梁、侧边梁、底部侧围、中央通道、B 柱及 C 柱补强板等 16 个部件采用碳纤维复合材料，采用了 HP‑RTM、湿法模压、碳纤维—金属混杂、短切碳纤维模塑 4 种不同的工艺。正是宝马i3和7系的成功应用，燃起人们对碳纤维在汽车中应用的激情。此后多家车企和碳纤维企业合作，如帝人＋通用、奔驰＋东丽、丰田＋三菱等。

（二）中国碳纤维发展之路

中国国内，国内海峡两岸的碳纤维产业发展有着不同之路。大陆碳纤维虽然发展较早，经历自主开发、引进、封锁……却是"起了个大早，赶了个晚集"，结果和世界差距越来越大。当1970年台湾光男公司的创始人把碳纤维网球拍引入岛内，台湾工程技术人员创造性地开发了"吹气模压"的方法用于体育制品，并发展了OEM的产业特色，开始生产碳纤维网球拍、羽毛球拍、高尔夫球头和球杆、棒球棒、自行车等。伴随着大陆的改革开发，一大批优秀的台湾复材企业前往大陆沿海地区发展，同时也为大陆培养了相当一大批相关生产、管理、技术人员。而台塑碳纤维在体育用品的支撑下，成长为世界产量排名前列的企业。2019年全球碳纤维在体育用品上的用量在15000吨左右，而中国就占14000吨，其中大陆和台湾各占一半左右。

与大陆相比较而言发展之路就更为曲折，有感于碳纤维发展的问题，老一辈科学家师昌绪老先生非常痛心，在2001年全国人大会议上给中央写了《关于加速开发高性能碳纤维的请示报告》，科技部决定设立碳纤维专项，组成了专家小组，由中科院化学所副所长徐坚任组长，北京化工大学徐樑华任副组长，把碳纤维列入863计划新材料领域。当时威海光威挑起了这个大梁，先自主开发碳纤维预浸料产线，后来又开发碳纤维，并得到师老的支持，他们经过刻苦攻关，在2005年国产碳纤维的产业化突破。同年，恒神成立，开发投入巨资研发碳纤维，2010年8月，一期碳化生产线试车成功。2006年成立中复神鹰，2007年，中复神鹰成功生产出第一批碳纤维；2010年，100吨T300级碳纤维规模生产。在21世纪的头十年，大陆碳纤维的发展解决了有和无的问题，而且是民营企业解决了碳纤维这一被卡脖子的国家战略材料。上述企业的成功，引起了资本的骚动。据不完全统计，2010年前10年间上碳纤维项目的超过40家，投资规模超过300亿元人民币，出现了很多"烂尾楼"与"僵尸企业"。

进入2010年后，得益于全球碳纤维应用的快速发展，国内碳纤维的发展也加快。目前国内几家企业能够生产的碳纤维系列类似于东丽T300、T700、T800、T1000和M40、M55等，性能和指标接近，特别是光威集团与中简成功上市，一扫前几年碳纤维行业发展的阴霾，而中复神鹰获得国家科技进步一等奖也体现国家和社会的认可。但碳纤维发展的良好势头，也引起了资本的蠢蠢欲动，所以在近十年里，又有众多资本或跨行业的玩家进入。最为令人唏嘘的就是康得新，携"股市白马股"的犀利进入碳纤维产业，攻城略地，中安信的碳纤维、康得复材的碳纤维复合材料，无限接近成功，却在2019年猝然倒地，可谓"眼见他起高楼，眼见他宴宾客，眼见他楼塌了"！

而国际风电市场对碳纤维的需求，也促进了国内大丝束碳纤维的发展，特别是原来几家就有基础的老国企，趁着这股发展的春风，也迅速恢复。其中最典型的就是吉林化纤旗下的碳谷和精功，吉林化纤是老腈纶工业基地，有着从20世纪六七十年代开始的碳纤维基因，所以一直维持着一定量的碳纤维产能。最近几年他们和浙江的精功集团合作，老国企的肯干、苦干加上南方民企的巧干，并抓紧大丝束碳纤维这一突破口，利用两步法、DMAc 溶剂法原丝工艺，预氧化、碳化得到碳纤维。2019 年吉林精功和绍兴精功加起来碳纤维产量超过 5000 吨，跃居国内第一并占全国产量一半以上。

经过半个多世纪的发展，碳纤维的应用已经涉及国民经济、社会生活的方方面面。2019 年全球的碳纤维产销量达到 10 万吨以上，应用量最大的几个领域分别是风电、航空航天、体育制品和汽车（图5），国内碳纤维用量 37840 吨，应用量最大的几个领域分别是体育制品和汽车、风电、建筑加固和压力容器等（图6）。国内国外相比，差距较大。

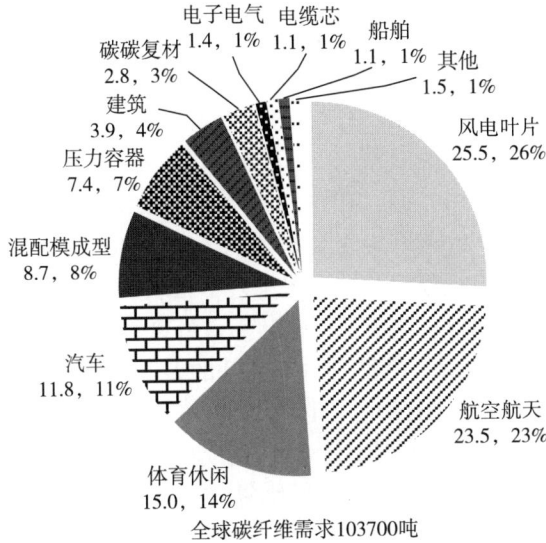

图 5　2019 全国碳纤维需求—应用（千吨）

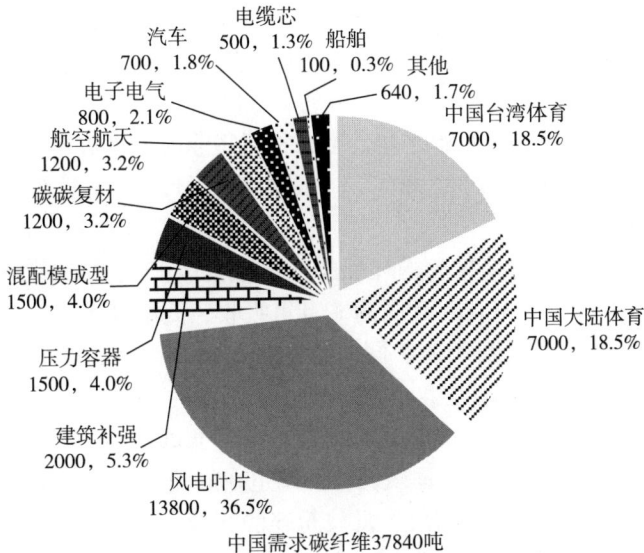

图 6　2019 中国碳纤维需求—应用（吨）

（三）碳纤维及其应用的技术进步

进入新世纪后碳纤维发展朝两个方向发展，一个是满足航空航天，更高更强；一个是应用工业领域，低成本大丝束。碳纤维，并不是碳做的纤维，因为碳很难加工，而是纤维碳化后得到的产品。所以要想做好碳纤维，一个要好纺丝，一个要好碳纤维。往往好纺丝的不好碳化，好碳化的不好纺丝。这就是为什么碳纤维发展这么多年，主要还是用人造丝（黏胶纤维）、聚丙烯腈、沥青为三大前驱体制造碳纤维。聚丙烯腈本来是不好碳化的，但是创造性的增加预氧化，使聚丙烯腈满足了既好纺丝又好碳化，成为目前碳纤维的主流产品。但是低成本并不是低技术，就如东丽，作为世界碳纤维老大，总体技术应该没的说，但是他们多年都没有低成本化，在2013年他们花大价钱购入卓尔泰克，实现了补短板。在目前前驱体没有革命性突破的情况下，低成本碳纤维的就需要考虑大丝束，以及利用工业级腈纶做原丝。

而在碳纤维的加工和应用方面，在这二十年进步很快。碳纤维一般不能直接应用，需要加工成复合材料。传统的碳纤维复合材料的工艺，如VARY、RTM、真空袋、预浸料模压、热压罐、拉挤、缠绕等工艺，这些工艺不是效率比较低，就是做出来的产品结构简单。但随着工程设备和自动化技术的进步，碳纤维复合材料也有相当大的进步。如针对宝马i3和7系车上使用碳纤维复合材料部件的HP-RTM、湿法模压工艺。而在航空部件上，自动铺丝机和铺带机的应用也逐渐普及。而碳纤维复合材料部件自动化转运、机加工也已经逐渐普及。树脂方面针对快速成型工艺开发出快速固化树脂，固化时间可以缩短到2~3分钟。此外热塑性碳纤维复合材料也逐渐受到人们的重视，并在汽车、电子产品等领域开始得到推广。

四、环境保护及循环经济发展对复合材料产业的影响

然而，随着我国"绿水青山，就是金山银山"的环保政策出台以及人民日益增长的绿色环境意识不断增强，环保政策及法律法规的逐步出台，复合材料行业产业面临极其严峻的发展环境，到了行业产业环保升级的关键时期。

2015年开始中央环保督察开始之初，复合材料行业因为排放不达标、"散乱污"等严重问题，在连续三年的环保持续督察和"回头看"行动中，据不完全统计，我行业至少有3000家企业被关停。

企业生产车间VOC和粉尘排放的环保排放应根据生产工艺不同，采取不同的处理工艺技术。推荐以RTO、光氧化＋碳吸附＋臭氧吸收、低温等离子＋碳吸附＋臭氧吸附等为主，VOC处理率应该大于90%。同时，粉尘的收集装备，应该有自动除尘功能，避免人工清理除尘设备收集的粉尘。

在《中华人民共和国固体废物污染环境防治法》于2020年9月1日开始实施之际，对行业企业产生的固废废物进行处理以及再利用迫在眉睫。目前玻璃纤维增强塑料固体废弃物的回收处理技术有重复利用法、机械粉碎法、能量回收法、水泥窑协同处理法、高温热解法、定向解聚法等。但各种方法都有优缺点（见表1）。

表1   玻璃纤维增强塑料固体废弃物不同回收处理技术优缺点

方法	简介	优点	缺点	回收物应用
重复利用法	主要针对服役期满产品，其部分功能还未丧失，可以进行重复利用	回收方法简单，成本方法低	无法处理生产过程中产生的边角废料；同时由于其剩余功能的局限性，难以实现产业化的回收再利用；最后，其在剩余功能丧失后，还需要进一步的回收再利用	根据保留功能，应用到相关行业，如绝缘、轻型建筑、景观等
物理回收法	将服役到期产品或者边角废料分割成为一定大小的块状物，然后再投进撕碎机中进行撕碎，再根据应用需要打碎、磨碎成纤维状、粉末状等形态，以备再次利用	技术简单、成本低、污染小	FRP机械强度大、硬度高，对机械粉碎处理造成难度；对于被涂料、黏结剂污染的FRP废料需分类清洗后才能处理	粉料作为热塑改性材料；纤维用作建筑板材增强材料
能量回收法	将FRP废料投入燃烧炉中进行燃烧处理，FRP燃烧产生大量的热量，进行发电、提供高温能源等	方法简单、成本低，回收能源	产生二次污染，热能利用率不高；批量燃烧易堵塞锅炉的篦子，易发生锅炉爆炸等安全事故	玻璃液成块无法应用
水泥窑协同处理	将复合材料固体废物添加到在制水泥中，有机部分作为燃料以提供能量，无机SiO₂作为水泥的组分进行利用的方法	成本相对较低，实现完全回收	由于复合材料中玻纤含量不一致，难以均化；玻纤有中碱、无碱等，无机金属元素含量不一致，易造成水泥品质不稳定	水泥制品
高温热解	将热固性复合材料通过450~650℃的高温，厌氧条件下，封闭加热，通过能量打开高分子之间的结合键，将网状结构分解成为小分子物，形成有机气体和液体，并保留增强类纤维及填料等组分	适合用于碳纤维复合材料的回收。回收各种类型FRP废料，各种尺寸、材料表面是否被污染等都可用此方法回收	成本较高，回收玻璃纤维温度高则易造成强度大幅降低；温度低，则玻纤表面碳化层难以去除，应用困难	回收油品可以做燃料油使用。纤维可以作为建筑板材、抗裂砂浆使用。回收碳纤维可用于性能要求不高的制品应用
定向解聚（化学回收法）	通过弱酸等介质，在常温或者100~200℃条件下，将高分子链中某个特定的键打开，形成新的高分子产物，保留纤维的方法	回收物价值高，纤维性能保留率高；若产业化，可实现循环经济。适合碳纤维制品小批量处理	效率低下，成本较高，还无法达到产业化的状态	回收高分子用在增塑剂等；纤维根据形态用于复合材料制品

众多回收方法比较，机械粉碎法应该是成本最低、回收物价值相对较高、可以实现循环经济的最可行、有效的方法。整个回收产业链包括了复合材料固废的回收环节、处理环节（包括分拣、分割、撕碎粉碎、筛分、包装、运输等）、回收物应用环节。各个环节均需要企业投入精力、财力和人力开展系统性的工作，需要打通各个环节，形成体系方可成功。

复合材料生产企业的发展的先决条件是环境保护。否则，将会面临限产甚至关停的高风险。

五、未来展望和产业发展方向

复合材料行业发展要实现快速转型、升级，需要有新技术、新产业方向、高效率高品质产品方案，也要有与时俱进的发展意识和科学管理。

复合材料由于其功能性强、轻量化、可设计性强等优越的特点，必将会得到广泛的应用。在各个工业领域体系、化工防腐、航空航天、建筑领域、交通运输、市政建设、农业畜牧、体育用途、游乐设施等模块，复合材料的用量将会逐步的扩大。当每个产品越来越精品化、精益化、高质量的时候，产品功能化细分和性能精确设计将会成为必然。复合材料可设计性能、可赋予新性能和功能，将会是首选材料。

在今后的发展过程中，复合材料的基体材料和增强材料的开发，将稳坐复合材料发展的"头把交椅"。基体材料将会以环保低排放为基础，开展耐候性更强、性能更优越的树脂材料。其中，热塑性树脂的针对性纤维增强塑料的应用开发，需要做更多的研究。

增强材料，将会以碳纤维的低成本化、质量稳定性为突破口，实现产业化，并不断的扩产。同时，各种纤维制品的新技术的发展，例如纤维预编织或者预成型技术的高效率、低成本产业化，应该是提高复合材料制品性能需要突破的技术。

其次，装备技术为支撑的新工艺技术的发展是复合材料产业发展的重中之重。所有复合材料制品都需要成型过程和大批量的应用，这离不开高效率的生产装备。今后，装备的自动化、智能化、低排放是各种工艺装备发展所必须赋予的功能。装备技术正在朝着系统化、精细化、智能化发展，这就必须有创新和融合的思路和践行的能力。新装备的研发需要新材料的应用以及新工艺技术的带动。例如：以玻纤增强热塑汽车保险杠防撞梁为例，原来是长纤维增强 PP 制品（纤维长度 10mm 以内），为了提高强度和耐冲击性，连续纤维增强热塑片材做面层并复合纤维增强注塑工艺做背筋的工艺得到了开发，并已经开始应用。在该工艺技术和装备的发展下，新产品的开发将是发展方向。

"新基建"所带来的 5G、互联网、大数据赋能工程，将会把复合材料电缆管、5G 天线罩、电杆等的发展推向高潮。基础建设中所应用的给排水复合材料管道等也将会有很好的市场。同时，基建所能带动的交通运输领域复合材料发展也会有很好的发展，如：卡车覆盖件、发动机用复合材料油底壳、缸盖罩、管路系统等；建筑领域的整体卫浴、门窗、拼装式建筑中的复合材料轻量化板材、型材、约束混凝土等；新能源车轻量化所用的复合材料制品，如热塑性纤维增强保险杠、碳纤维复合材料车架系统、轻量化引擎盖、后备箱盖、氢气瓶、电池托盘、电池盒盖、充电桩课题等等都将是复合材料行业奋力发展的基础。

总之，复合材料行业的发展之路非常光明，在国家环保、智能化、互联网、高质量、循环经济发展的要求、政策支持下，复合材料行业需要更多的技术研发投入，需要更多的人力资源的投入、需要更多的资金投入。相信在未来 10 年，复合材料产业发展将会是高技术含量、自主知识产权、产品差异化、专业性更高、精细精准化工艺及质量的发展；同时，也需要为在国际市场占有高科技的一席之地，做出更大的努力。这也会为国民经济、生态环境做出更大的贡献。

聚乳酸纤维产业的现状及其发展趋势

亓名杰

国际绿色经济协会专家理事

一、聚乳酸纤维概述

（一）简介

聚乳酸纤维又称玉米纤维，它是由玉米等谷物原料经过发酵、聚合、纺丝制成的，在其生产过程中，首先将玉米中的淀粉制成葡萄糖，发酵制成乳酸，再经聚合制成聚乳酸，利用熔融纺丝技术制成长丝、短纤维。

聚乳酸简称 PLA（Poly Lactic Acid），分子结构式为：

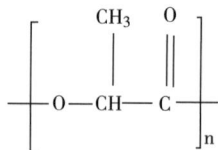

$$\left[-O-CH-\underset{\overset{\displaystyle \|}{O}}{C}- \right]_n \quad \overset{CH_3}{|}$$

它是一种以乳酸为原料的高分子聚合物，聚乳酸由乳酸聚合而成，而乳酸的原料是所有碳水化合物富集的物质，如粮食（玉米、木薯、甜菜、土豆、山芋等）、有机废弃物（玉米芯或其他农作物的根、茎、叶、皮，城市有机废弃物和工业下脚料等）。以涤纶为代表的合成纤维问世以来，20世纪在全世界得到了迅速发展。然而，随着以石油为原料的合成纤维产量的快速增长，石油过度开采引起的能源枯竭；石油制品废弃物的不可自然降解性，对环境造成了极大威胁。从环保的观点出发，对生物可降解材料的开发变得非常迫切，聚乳酸纤维是一种性价比很高的生物可降解材料。在微生物作用下，其废弃物可降解为二氧化碳和水，它们在阳光下经过光合作用又可以生成含有淀粉的农作物，淀粉又是聚乳酸的原料，这就实现了可持续发展的循环经济。因此，大力开发利用聚乳酸纤维及其制品，对综合利用资源和环境保护具有重要的意义和价值。

（二）聚乳酸纤维的形态结构

聚乳酸纤维的横截面近似圆形且表面有斑点（图1），而其纵截面存在无规律的斑点和不连续性的条纹（图2），这些无规律的斑点和不连续性的条纹形成的原因主要是聚乳酸存在着大量非结晶部分，在水、细菌、氧气存在的条件下可以较快地分解而形成的。

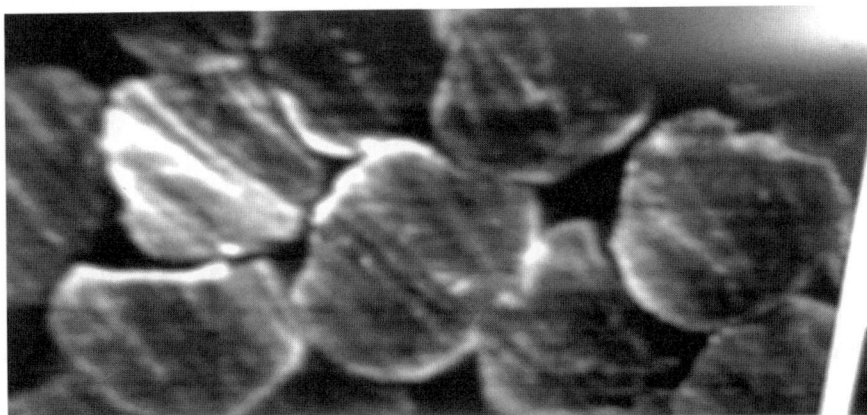

图1　聚乳酸纤维的横截面图像

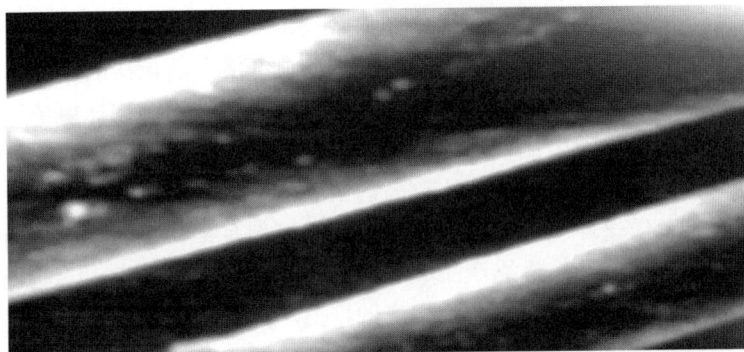

图2　聚乳酸纤维的纵截面图像

（三）聚乳酸纤维的生产工艺

1. 聚乳酸的合成

农作物中所含有的淀粉经过连续发酵或者间歇发酵可以制取乳酸，乳酸合成聚乳酸的方法有四种：即丙交酯开环聚合法（二步法）、溶剂回流脱水法、熔融固相聚合法和直接聚合法（一步法），由于其他两种方法很少使用，实际上人们一般认为只有二步法和一步法两种方法。不论哪种方法都需要以辛酸亚锡为催化剂。由于用来纺丝的聚乳酸分子量要求一般在10万以上，而一步法制取的聚乳酸分子量只能达到5000左右，无法用来纺丝。所以，可以纺丝的聚乳酸，只有用丙交酯开环聚合法（二步法）生产的聚乳酸，其分子量最高可以达到80万。

首先由乳酸脱水、环构化制得丙交酯：

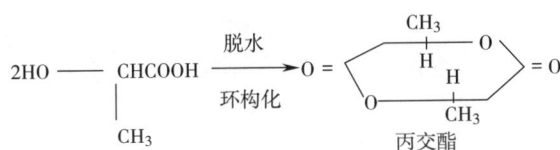

$$2HO\!-\!\underset{\underset{CH_3}{|}}{CHCOOH} \xrightarrow[\text{环构化}]{\text{脱水}} \text{丙交酯}$$

由丙交酯开环聚合制得聚丙交酯——聚乳酸：

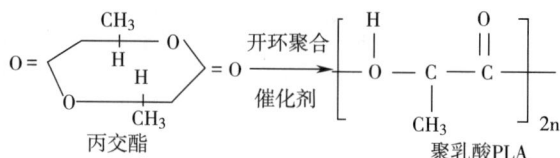

其生产工序为：第一步，将乳酸脱水、环化制得丙交酯；第二步，丙交酯在催化剂的作用下开环聚合制得聚乳酸，其中乳酸的提纯和环化是制取丙交酯的难点，也是制取聚乳酸的关键。这种方法可以制得高分子量的聚乳酸，可以较好地满足成纤聚合物和骨固定材料等的要求。因此，是当今生产聚乳酸的主要方法。

2. 聚乳酸纺丝

聚乳酸纺丝一般有两种方法，即溶液纺丝和熔融纺丝。

溶液纺丝主要采用二氯甲烷或者甲苯作为溶剂，二氯甲烷主要适用于分子质量比较低的聚乳酸，而甲苯是分子质量比较高的聚乳酸的良好溶剂。该法的优点是制得的聚乳酸纤维的机械性能优于熔融纺丝制得的纤维；在溶液中链的缠结比在熔体中低得多，因此该法制得的初生纤维显现出比较好的拉伸性能；而且溶液纺丝通常在相对低的温度下进行，热降解少，因此可以制得强度比较高的聚乳酸纤维。溶液纺丝的缺点是工艺较为复杂，溶液回收难，纺丝环境恶劣；同时所采用的溶剂有毒，必须经过严格的处理才能用于医用材料；成本高，致使最终产品成本更高，从而限制了其应用。所以，到目前为止还停留在试验室阶段，还未有产业化生产的报道。

熔融纺丝可借鉴涤纶纺丝的生产工艺，如高速纺一步法 FDY 和二步法 POY——FDY 或者 DTY。目前聚乳酸熔融纺丝的设备和生产工艺还处于不断探索和改进之中，熔融纺丝法将成为聚乳酸纺丝的主流工艺。

（四）国内外聚乳酸纤维研究现状

聚乳酸的研究和开发的历史可以追溯到20世纪30年代，当时美国杜邦公司著名的高分子化学家 Carotbers 首次用乳酸以真空加热方式生产出一种低分子量的玉米聚乳酸酯，之后在1948年美国维吉尼亚卡罗莱纳化学公司利用玉米残渣提取玉米醇熔蛋白质生产出 Vicara 纤维；1962年美国 Cyanamid 公司利用聚乳酸酯制成性能优异可被人体吸收的手术缝合线等。由于受早期科技水平的制约，上述研制出的各种聚乳酸酯纤维强度低，物理机械性能差，达不到纺织用纤维的基本要求，均未能实现产业化生产。1997年，美国两家大公司 Dopolymers 与 Cargill 合作，联合开发出了聚乳酸酯和聚乳酸酯纤维，所生产的聚乳酸酯已成为日本钟纺、尤尼吉卡、三菱树脂等大厂生产纤维的原料，开创了聚乳酸酯纤维工业化的发展阶段。

随后，日本钟纺公司、尤尼吉卡公司和美国的杜邦公司先后成功开发出聚乳酸酯纤维，此外日本尤尼吉卡公司和仓敷公司也相继利用 CDP 公司生产的 PLA 聚合物纺制长丝、短纤维或用纺粘法生产非织造布产品。2002年4月在瑞士日内瓦举办的非织造布贸易展览会上，日本大阪的纤维生产商 Kanebo Gohsen 有限公司作了有关 PLA 纤维的报告，该公司的生产能力为700吨/年，并且准备扩大规模。德国 Inventa Fscherwc 公司年产 3000 吨的中试实验装置已经获得成功，并且着手进行年产 1 万吨的生产线建设。

截至目前，全世界聚乳酸生产厂商仍然是美国的 Nature Works 公司占据着遥遥领先的霸主地位，投资 3 亿美元，历时 19 个月，于 2002 年建成了 18 万吨乳酸，14 万吨聚乳酸的生产能力，均远远大于全世界的乳酸和聚乳酸的产能。2004 年国外的聚乳酸纤维（短纤维）开始进入中国市场，2005 年 2 月非纤维 PLA 树脂进入中国市场，而对于纤维级的聚乳酸树脂美国直到 2010 年前后才开始对中国大陆销售。最近由于受中美贸易摩擦和新冠肺炎疫情的影响，价格急剧攀升。

表 1 世界乳酸生产现状

公司	产品	生产规模（万吨/年）	应用
美国 Natureworks	PLA	14	食品、医药等
荷兰 PURAC	L－乳酸	20	食品、医药等
美国 ADM 公司	L－乳酸	0.9～1.8	食品、医药等
Ecochem 公司	L－乳酸	0.9	食品、医药等
日本大赛路化学公司	L－乳酸	0.6	食品、医药等

资料来源：中国化纤工业协会高新技术纤维专业委员会《生物质纤维及生化原料"十二五"发展规划》。

表 2 世界 PLA 纤维生产现状

公司	商品名	生产规模（万吨/年）
日本钟纺公司	Lactron	1
日本可乐丽	Plastarch	
日本尤尼吉卡	Terramac	1.5
比利时 Futerro		1.5

资料来源：中国化纤工业协会高新技术纤维专业委员会《生物质纤维及生化原料"十二五"发展规划》。

中国的聚乳酸工业起步较晚，1987 年前后，上海工业微生物研究所、江苏省微生物研究所、天津工业微生物研究所等单位开展了发酵法聚乳酸的研究。我国研究聚乳酸纤维的有南开大学、浙江省医学科学研究院、东华大学、华南理工大学、中科院长春应用化学研究所、上海华源、仪征化纤等。东华大学承担的中国石油化工股份有限公司的项目"聚乳酸的合成方法及纤维制备工艺"2003 年 7 月通过了中石化集团公司的技术鉴定。经中国化纤工业协会化纤产品检测中心测定，项目制备的拉伸纤维断裂强度达 4.0cN/dtex，拉伸模量达 62.3cN/dtex，断裂伸长 31%；经国家教育部东华大学纺织检测中心测定，热定型纤维断裂强度达 3.79cN/dtex，拉伸模量 51.3cN/dtex，断裂伸长为 23.5%，达到了国际先进水平。浙江海正集团所辖的生物材料有限公司从 2004 年开始进行 1000 吨/年的聚乳酸合成实验，目前实际生产能力为 10000 吨/年，主要用于注塑工业；江苏九鼎集团于 2004 年开始进行 1000 吨/年的聚乳酸合成实验，目前实际生产能力为 3000 吨/年；上海同杰良公司有 1000 吨的一步法实验装置。安徽丰原集团为了解决聚乳酸原料紧缺的问题，正在建设年产 10 万吨的聚乳酸项目，其中的 5 万吨/年产能最近投入生产。浙江省嘉兴市普利莱新材料有限公司于 2008 年首次建成了年产 1000

吨的国内第一条聚乳酸纤维长丝生产线，并于 2008 年 3 月通过了浙江省科技厅新产品鉴定。常熟市长江化纤有限公司，2008 年成功地开发出了聚乳酸一步法纺丝新工艺，并获得了专利授权，连续聚合体直纺聚乳酸纤维长丝新技术填补了国内空白。

表3　　　　　　　　　　国内乳酸及聚乳酸生产现状

公司	产品	生产规模（万吨/年）		生化法路线	2009 年产量
		乳酸	聚乳酸		
浙江海正生物材料	PLA	1	0.5		
中科院长春应用化学所	PLA				
江苏九鼎集团	L－乳酸		0.3	微生物发酵	
上海同杰良生物材料	L 乳酸	0.2	0.1	微生物发酵	一步法试验装置
河南金丹乳酸有限公司	DL－乳酸	10		微生物发酵	
安徽丰原格拉特乳酸公司	L－乳酸	15		微生物发酵	
	L－聚乳酸	10			
江苏森达生物工程公司	L－乳酸	2		微生物发酵	
湖北广水市民族化工公司	DL－乳酸	1.2		微生物发酵	
江西武藏野生物化工公司	DL 乳酸	0.5		微生物发酵	
河北新化乳酸有限公司	L－乳酸	0.2		微生物发酵	

资料来源：中国化纤工业协会高新技术纤维专业委员会《生物质纤维及生化原料"十二五"发展规划》。

目前国内使用的聚乳酸纤维以短纤维为主，大部分是从美国、日本、中国台湾进口的。

二、聚乳酸纤维的性能

（一）聚乳酸纤维的物理性能

聚乳酸纤维是新一代环保型纤维，具有很多优越性能。表 4 所示为聚乳酸纤维与聚酯纤维、锦纶纤维的物理性能比较。

表4　　　　　　　聚乳酸纤维、聚酯纤维、锦纶纤维性能比较

项目	单位	聚乳酸纤维	聚酯纤维	锦纶纤维
密度	g/cm^3	1.27	1.38	1.14
断裂强度	cN/dtex	3.0～4.5	4.0～4.9	4.0～5.3
断裂伸长率	%	30～50	25～30	25～40
玻璃化温度	℃	57	70	40
熔点	℃	175	260	215
杨氏模量	Pa（N/m^2）	400～600	1100～1300	300
耐酸碱性		耐酸不耐碱	耐酸不耐碱	耐碱不耐酸

由表 4 可知：

1. 聚乳酸纤维的密度介于聚酯纤维和锦纶纤维，比棉、麻、毛等密度小，说明聚乳酸纤维具有良好的蓬松性。因此制成的服装比较轻盈、飘逸。

2. 聚乳酸纤维的强度较高，接近于化纤合成纤维。

3. 聚乳酸纤维的断裂伸长率高于聚酯纤维和锦纶纤维，后道工序加工有一定难度。

4. 聚乳酸纤维的杨氏模量小，与锦纶相近，属于高强、中伸、低模型纤维。因此，制成的织物手感柔软、悬垂性好。

5. 聚乳酸纤维与聚酯纤维具有相似的耐酸碱性能，这是由其大分子结构决定的。

聚乳酸纤维和常用纤维的弹性回复率比较见表5。由表中可知：聚乳酸纤维在小变形时的弹性回复率比锦纶还要好，即使在变形10%以上，其弹性回复率也比锦纶以外的其他纤维高很多。这说明聚乳酸纤维抗皱性能好，非常适合做运动服装等免烫服饰。

表5　　　　　　　　　聚乳酸纤维与其他纤维的弹性回复率比较表

应变	弹性回复率%					
	聚乳酸纤维	棉纤维	涤纶纤维	粘胶纤维	羊毛纤维	锦纶纤维
2%	99.2	75.0	88.0	82.0	99.0	—
5%	92.6	52.0	65.0	32.0	69.0	89.0
10%	63.9	23.0	51.0	23.0	51.0	89.0

由于聚乳酸纤维是一种高结晶性、高取向性和高强度的新型纤维，它的物理性能介于聚酯纤维和锦纶纤维之间。在服用性能方面，具有更好的手感和悬垂性，较好的卷曲性和保型性。它和化纤一样，可以制成长丝、短纤维、单丝、非织造布以及编织物、带子、绳网等多种制品，用途非常广泛。

（二）聚乳酸纤维的生物降解性能

聚乳酸纤维可降解的根本原因在于聚合物上酯键的水解。一般认为，其末端羧基对水解起催化作用，降解过程从无定形区开始。水解速率不仅与聚合物的化学结构、分子量、形态结构及样品尺寸有关，而且依赖于外部水解环境，如微生物的种类及其生长条件、环境温湿度、pH 值等。

在正常温度和湿度条件下，聚乳酸及其制品是极其稳定的。但在一定的环境和条件下，聚乳酸即可分解为水和二氧化碳，其降解的方法有以下几种：

1. 堆肥降解（也称为混合肥中降解）

这种堆肥条件的温度为60℃，相对湿度90%，其降解的主要机理是水解，通过温度来催化，然后由细菌对残留碎屑进行蚕食。

2. 掩埋降解

聚乳酸纤维被埋入土中2～3年后，强度会消失，如果与其他有机废弃物一起掩埋，几个月内就会降解。

3. 在活性污泥中降解

主要是通过大量存在的细菌，使其急速分解。一般只需1～2个月，制品强力会全部丧失。

4. 海水浸渍降解

其原理与土地掩埋法相似。

另外，在聚合物中通过添加组分进行共聚可以加速或者减缓这种降解。聚乳酸纤维的自然降解不会给环境带来污染，燃烧时几乎不产生氮氧化合物（NOx）等有害气体。

（三）聚乳酸纤维的吸湿快干和保暖性能

聚乳酸纤维的回潮率是0.4%~0.6%，比大多数天然纤维和合成纤维（涤纶除外，涤纶的回潮率是0.31%、锦纶的回潮率是3.17%）都低，吸湿性能较差，疏水性能较好。但聚乳酸纤维具有独特的芯吸效应，织物具有良好的导湿快干功能。此外，聚乳酸纤维还具有良好的保暖性能，这使得聚乳酸纤维可以根据不同季节发挥不同的功能：冬天穿用时，保暖性能比棉布和聚酯纤维高20%以上（经过热传导实验）；夏天穿用时，透湿性、水分扩散性优异，吸湿快干，可通过汗水的快速蒸发迅速带走体热，感觉非常凉爽舒适。聚乳酸纤维真可谓具有奇异的"冬暖夏凉"之功效。

（四）聚乳酸纤维的安全性

聚乳酸纤维表面呈弱酸性，其pH值在6.0~6.5，而健康人体皮肤也呈弱酸性。因此，聚乳酸纤维与人体弱酸性的皮肤具有极好的相容性。同时，人在运动时，体内的葡萄糖变成能量，并且在体内（肌肉内）形成乳酸，这说明人体本身就能天然地接受乳酸。所以，以乳酸为原料的聚乳酸纤维是一种安全的服装材料。聚乳酸纤维汗衫已经由日本产业皮肤卫生协会实验确认其安全性。实验表明，不需要经过特殊的加工处理，聚乳酸纤维就能在皮肤表面形成自然、平稳的抗菌环境，黄色葡萄球菌等细菌难以生存和繁殖。

（五）聚乳酸纤维的可燃性

聚乳酸纤维与其他常用纤维的燃烧性能指标如表6所示：

表6　　　　　　　　聚乳酸纤维与其他常用纤维的燃烧性能指标

指标	单位	聚乳酸纤维	聚酯纤维	棉纤维
极限氧指数	%	24~26	20~22	16~17
发烟量	M3/kg	53	379	62
燃烧生成热量	MJ/kg	22	38	17
自熄时间	min	2.28	6.20	4.50

聚乳酸纤维在燃烧过程中，只有轻微的烟雾释出，发烟量很小，而且烟雾中不存在有害气体；燃烧热量小，其燃烧热是聚乙烯、聚丙烯的1/3左右。虽然它不是阻燃性纤维，但是它的极限氧指数是常用纤维中最高的，已经接近国家标准对阻燃性纤维极限氧指数28%~30%的要求。

（六）聚乳酸纤维的抗紫外线性能

聚乳酸纤维及其织物不吸收紫外线，在紫外线长期照射下，对其强度和伸长的影响均不大。实验发现，聚乳酸纤维在室外暴晒500小时以后，强度仍可保留55%左右。

（七）聚乳酸纤维的染色性能

聚乳酸纤维与涤纶纤维都含有聚酯成分，其染色性能也比较类似。分散染料可以对聚乳酸纤维着色，但聚乳酸纤维的形态结构及超分子结构与涤纶纤维有所不同，故染色性能和染色工艺也与涤纶有一定差异。

（八）聚乳酸纤维的节能减排性能

资源短缺和能源短缺是影响我国经济发展的一个非常紧迫的问题，已经严重影响到我国的经济安全和国家安全。聚乳酸纤维的开发应用不仅开辟了我国纺织工业新的原料来源，使逐步替代传统的石油基化纤原料成为可能，而且有利于实现节能减排的循环经济发展战略。聚乳酸纤维的能源消耗是其他化学合成纤维的 1/3~1/5；而二氧化碳排放量是其他化学合成纤维的 1/2~1/4（见表7）。因此，大力开发和发展聚乳酸纤维产业对应对世界性的气候变化和节能减排指标的实现具有重要意义。

表7   PLA 和其他高分子能耗及碳排放量对比

聚合物	PLA	PET	PA6	PA66	PP
能耗（MJ/Kg）	34	79	120	142	77
CO_2 排放量（Kg/Kg）	1.8	3.3	8.1	7.6	2.0

资料来源：中国化纤工业协会高新技术纤维专业委员会《生物质纤维及生化原料"十二五"发展规划》。

聚乳酸纤维也有一些缺点，在今后的开发应用过程中需要进一步探索解决。如耐磨性较差，影响了它在高性能服装领域的应用；熔点较低，这也影响了它在高温环境下的应用。

三、聚乳酸纤维的开发利用

（一）聚乳酸纤维的开发利用前景十分广阔

由于聚乳酸纤维的力学性能优异、热稳定性好、穿着轻盈滑爽、透气性、悬垂性等服用性好，又具有良好的生物相容性，因此，用途十分广泛。

聚乳酸纤维可制成复丝、单纤、短纤维、假捻变形丝、机织物、非织造布以及衣被填料等，目前主要是用于医用材料和纺织服装材料领域。

1. 医用材料

在医用材料方面，用聚乳酸纤维作成的手术缝合线，不但能够满足缝扎强度的要求，而且能够被人体缓慢地分解吸收，免除了病人拆线的麻烦和痛苦。经过拉伸的高分子量聚乳酸纤维或者聚乳酸纤维增强的复合材料不仅可以做骨结合部的固定材料，而且可以作为骨缺损部位的补强材料。聚乳酸纤维还可以用作绷带、纱布、脱脂棉、妇女卫生巾、婴儿尿不湿等。

2. 纺织新材料

在纺织服装产业领域，聚乳酸纤维可以制成长丝复丝、长丝单丝、短纤维及纱线，进一步可以制作针织编织物、机织物面料、非织造布以及填料等。由于其良好的服用性，制成的衣物（尤其是长丝织物）既具有真丝般的光泽和柔软的手感，又解决了真丝服装汗湿后贴身的不适感；其良好的生物相容性决定了它不仅对人体无任何刺激作用，而且具有抑菌、护肤、保健等功能；其良好的力学性能决定了它制成的服装穿着轻盈飘逸、滑爽舒适、易洗快干，不但适合于制作运动服装，而且满足了人们对美的追求和享受，大大提高人们的服饰生活质量水平。利用聚乳酸纤维长丝制成的经编织物，可以用作汽车内饰布，从根本上解决了汽车轿厢内的空气质量问题。我们开发的聚乳酸纤维内衣、内裤、袜子、睡衣等系列产品正逐渐被广大消费者接受和认可，"不穿不知道，一穿离不了"已经成为所有新产品体验者的切身体会。

3. 其他应用领域

聚乳酸纤维还可以应用于农业、林业、渔业、土木建筑业以及环保事业等领域。在种植业中，可以用作可降解农用薄膜、防虫兽盖布、大棚内的攀附绳；在渔业中可以用作织造渔网、渔具、钓鱼线等；在土木建筑业中，可以用于防跌落网、垫、沙袋等。我们已经开发出了可用于农业、建筑业、环保事业等领域的绳网、挂带、过滤网等产品。

（二）发展聚乳酸纤维产业具有时代紧迫感

1. 国家和各级政府高度重视和关注这一战略新兴产业

由于聚乳酸纤维具有如此优良的性能，随着世界性的资源短缺和能源危机的不断加剧，我国政府对这一产业的的发展给予了极大的关注。

2010 年 6 月 29 日，国家发改委产业协调司副司长贺燕丽在出席"生物质纤维及生化原料"专题论坛时指出，生物质纤维符合战略新兴产业的发展新方向，化纤行业应大力发展生物基产品，实现对石化原料的部分替代。贺燕丽强调，目前重点发展新溶液法纤维素纤维、聚乳酸、海藻、甲壳素、聚羟基脂肪酸酯等生物质纤维……

国家发改委发布的《新材料产业"十二五"发展规划》和《新材料产业"十二五"重点产品目录》都对聚乳酸产业的发展提出了明确的要求。《新材料产业"十二五"发展规划》第六大类"前沿新材料"中第二项"生物材料"对聚乳酸提出的要求是"积极开展聚乳酸等生物可降解材料研究，加快实现产业化，推进生物基高分子新材料和生物基绿色化学品产业发展。加强生物医用材料研究，提高生物相容性和化学稳定性，大力发展高性能、低成本生物医用高端材料和产品，推动医疗器械基础材料升级换代。"在《新材料产业"十二五"重点产品目录》中聚乳酸被列入"前沿新材料"大类中的第三类"生物材料"第一项，序号为 371。

为推进我国生物产业持续快速健康发展，2012 年 12 月 29 日，国务院下发了《关于印发生物产业发展规划的通知》（国发〔2012〕65 号），文件明确规定："要推进生物基材料生物聚合、化学聚合技术的发展与应用，建设聚乳酸（PLA）、聚丁二酸丁二醇酯（PBS）、聚羟基烷酸（PHA）、生物基热熔胶、新型生物质纤维等生物塑料与生化纤维的产业化示范工程，推广应用生物基材料。"

国内的聚乳酸产业的发展即将进入一个快速发展的时期，目前国家正在制定全面禁塑政策（初稿正在征求意见中），由于党和国家的高度重视和各级政府的政策支持，受白色污染造成的环境压力和日益短缺的石油资源危机的影响，未来 5～10 年将以比较高的速度加快发展。据报道，仅 2020 年 1～3 月国内就有 300 多亿元资金投入年产 200 多万吨聚乳酸产能项目。

2. 聚乳酸纤维产业的快速发展是我国化纤产业结构升级和快速发展的需要

我国纺织工业的快速发展对纺织原料的需求逐年增长，国产纤维原料在数量上远远不能满足行业发展的需求。长期以来，我国纺织原料对国际市场的依存度很高。2018 年我国化纤总量约 5000 万吨，约占世界总产量的 1/3。化纤原料的进口依存度为：石油

52%、棉短绒 48%、木浆 100%。① 由于受土地和石油资源的限制，今后，棉花和化纤用基础原料的对外依存度将进一步加大。因此，扩大使用生物质原料是解决化纤产业结构升级的必由之路，加大对生物质纤维的研发，改造传统的化纤加工工艺，使用生物质纤维替代化学纤维，具有时代的紧迫感。

对聚乳酸纤维这种新型的生物质合成纤维，在"十一五"期间，我国已经完成了聚乳酸的合成以及纤维制备工艺的开发。中国化纤工业协会"十二五"规划要求"十二五"期间，要积极推进开发新型可降解的生物质合成纤维资源，大力发展可再生、可降解的化纤原料，实现化纤原料资源多样化，加快以生物质纤维和生化原料为核心的绿色生态纤维及材料的发展速度，逐步减少对石化资源的依赖程度。具体到聚乳酸纤维方面的要求是实现乳酸酯聚合产业化，2015 年建成万吨级聚乳酸纤维国产装置；提高 L－乳酸的发酵生产水平；加强对工艺技术、装备、溶剂等产业化的配套研发；大力进行聚乳酸纤维的市场开拓。2015 年底形成年产 6 万吨乳酸、5 万吨聚乳酸纤维的生产能力。②

3. 充分发挥自身优势，促进我国绿色发展，是绿协实现中华民族伟大复兴的历史担当

国际绿色经济协会（以下简称绿协）因威胁人类生存的环境污染问题应运而生，经过十年发展，不但聚集了一大批从事绿色经济研究的专家、学者，而且旗下拥有无数从事绿色产业以及相关服务业的企业，这就是绿协的资源和优势。这些资源和优势大致可以分为两大类：一类是技术资源，包括专家人才资源和产品技术资源；另一类是金融资本资源，以绿道资本为代表的绿色金融企业及其相关服务企业。

绿协要完成自身的历史使命，在实现中华民族伟大复兴中有所作为，有所担当，就必须通过促进我国绿色产业的发展，实现我国经济社会的绿色发展。而大部分绿色产业属于战略新兴产业，在产业发展初期，急需技术和资金的支撑，这无疑为绿协开辟了一个发挥自身优势的用武之地。以笔者所从事多年研究开发的聚乳酸纤维产业来说，随着人们生活质量的不断提高和对环境保护的日益重视，聚乳酸纤维及其他聚乳酸制品的应用领域和空间将不断迅速拓展，不但聚乳酸纤维会成为 21 世纪的新型环保纺织材料，聚乳酸的其他制品也会成为人们生活不可缺少的生物质合成新材料。

充分利用自身优势，通过技术和资本的有机结合，促进绿色产业的快速发展是摆在国际绿色经济协会面前一个千载难逢的重要机遇。

---

① 资料来源：中国化纤工业协会高新技术纤维专业委员会《生物质纤维及生化原料"十二五"发展规划》。
② 资料来源：中国化纤工业协会高新技术纤维专业委员会《生物质纤维及生化原料"十二五"发展规划》。

中国铝挤压产业绿色发展现状与建议

范顺科

中国有色金属加工工业协会理事长

前言

改革开放以来，中国铝挤压产业从小到大、由弱变强取得了巨大成就：产量占全球一半以上，连续多年居世界第一；先进产能冠居全球，技术装备后发优势显著；产品国际竞争力强，铝挤压材出口至全球 200 多个国家和地区，产业整体由跟跑进入并行阶段，个别领域已经开始领先；已经是初期强国，有些挤压企业已经成为全球领跑者。但发展不平衡、不充分的问题依然突出，创新驱动弱、集约化程度低等短板依然存在，机遇与挑战并存！

一、中国铝挤压产业发展现状

（一）产量占全球一半以上，连续多年居世界第一

虽然增速放缓，产业进入低速增长期，但总量仍继续增长。

2018 年中国铝挤压材产量 1980 万吨，比上年增长 1.5%（图 1）；2019 年上半年产量 1005 万吨，同比增长 2.6%。

目前中国铝挤压材占全球总产量的 65% 左右。

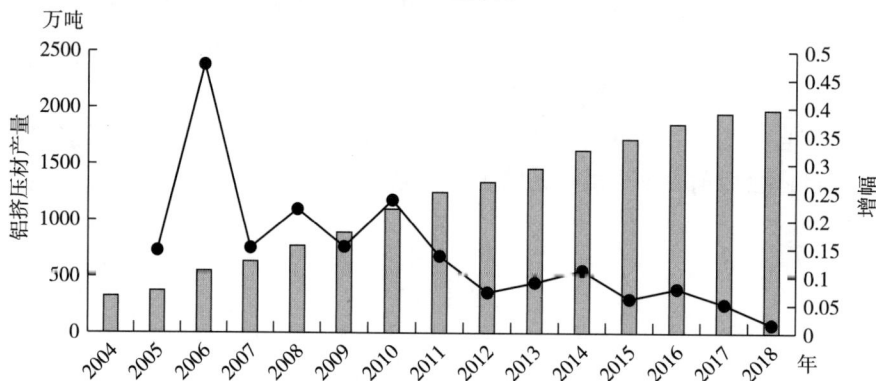

图 1　2004—2018 年中国铝挤压材产量

（二）表面处理技术先进，处理方式齐全

截至目前国内已建成 1200 多条各类表面处理生产线，铝材表面处理技术领先、处

理方式齐全、花色品种丰富多彩，处于国际先进水平。

从表面处理方式看，2018 年经表面处理的铝挤压材产量约 1544 万吨，占 78%。

在经表面处理的铝挤压材中，阳极氧化约占 20%、电泳涂漆约占 10%、粉末喷涂约占 65%、氟碳漆喷涂约占 5%。（表 1）

表 1 　　　　　　　　　　　　2018 年中国铝挤压材表面处理方式构成

	挤压材	其中表面处理量	阳极氧化	电泳涂漆	粉末喷涂	氟碳漆喷涂
产量	1980	1544	309	154	1004	77
占比	100%	78%	20%	10%	65%	5%

（三）装备水平进入世界前列

1. 大型挤压机保有量全球最多

截至目前，中国大型挤压机保有量已达约 124 台，其中最大吨位为 225MN，进口大型挤压机 30 多台。德国西马克、日本宇部、意大利达涅利等国际领先的挤压机，中国不仅都有进口，而且数量上全球最多。

表 2 　　　　　　　　　　　　中国大挤压机结构统计

挤压力 MN	台数	占比%
45～60	41	33.1
60～75	12	9.7
75～90	44	35.5
95～125	21	16.9
145～165	5	4.0
>200	1	0.8
合计	124	100

2. 国产挤压机水平不断提高

国产挤压机，以及前后辅助设备和周边配套设备全面发展，装备国产化程度在铝加工行业最高。近年来，以太重、中国重型院、业精机械、明晟机械等为代表的国产挤压机企业已经由单独生产挤压机开始向提供整条挤压生产线转变，更加注重技术与装备集成，开始向更加机械化、自动化和智能化的方向发展，国产装备支撑能力不断提高，行业整体装备水平进入世界前列。

（四）产品标准和产品质量不断提高

《铝合金建筑型材》（GB/T 5237）国家标准与欧盟和美国标准全面接轨，得到世界上多个国家认可和采用；

《铝及铝合金阳极氧化膜与有机聚合物膜》（GB/T 8013.2）已经转化为《铝表面阳极氧化与有机聚合物复合膜》（ISO 28340），成为国际标准。

产品质量不断提高，已经达到国际水平。一方面基本满足我国航空、航天、船舶、兵器、核工业五大行业等用户需求；另一方面，国际竞争优势明显，每年出口 100 万吨左右。

（五）盈利能力持续下滑

2018 年，中国铝加工行业实现主营业务收入 8931 亿元，比上年增长 3.8%；实现利润 253.6 亿元，比上年减少 31.5%；销售利润率 2.8%（图 2），比上年大幅下滑近 2 个百分点，呈断崖式下降。

2019 年 1～9 月，铝加工行业平均销售利润率进一步下滑至 2.6%。

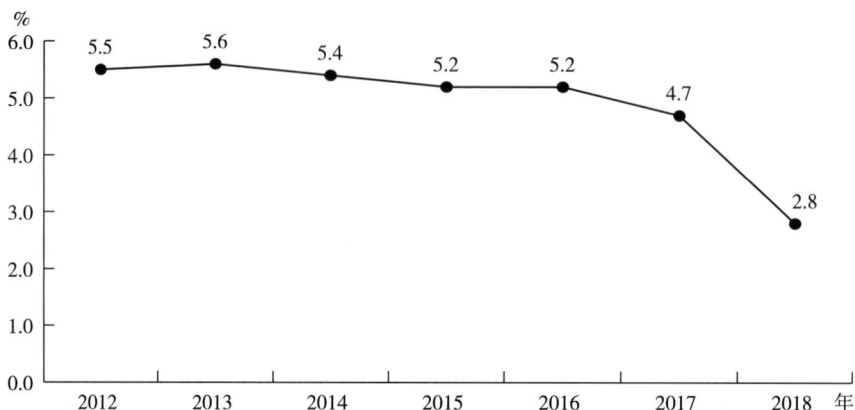

图 2　中国铝加工行业销售利润率

铝挤压行业虽然没有专门的经济效益统计数据，但从加工协会调研来看：

一是企业之间分化明显，拥有品牌和规模优势的龙头企业仍然保持较好的盈利能力，比如兴发铝业 2018 年毛利率仍然达到 10% 以上；

二是行业整体效益持续下滑，部分知名铝挤压上市企业 2018 年销售利润率已经降到 2% 左右，有的已经跌破 2%，中小企业的盈利能力可能更低。

（六）投资整体放缓，个别领域仍须警惕

从加工协会调研情况看，铝挤压行业固定资产投资近年来整体呈明显放缓态势，投资主要以填平补齐和装备升级改造为主，但在个别地方和个别领域仍需高度警惕：

一是近年来中国电解铝产能跨地区转移加快，转入地政府发展铝加工的意愿十分强烈；

二是新增大型挤压机，甚至重型挤压机依然时有发生，从目前产能利用率看，这不仅将会造成投资浪费，同时将进一步加剧产能过剩和市场恶性竞争。

（七）国际竞争力强，出口仍然增长

1. 出口数量

在铝材大家庭中，铝挤压材 2001 年率先实现净出口。

2018 年，中国出口铝挤压材 108 万吨（图 3），出口国家和地区达到 201 个；2019 年 1～11 月，出口铝挤压材 106 万吨，同比增长 8.2%。

2. 出口分布

2018 年中国铝挤压材出口目的地国家（地区）为 201 个，前 20 个目的地依次是越南、澳大利亚、菲律宾、英国、马来西亚、南非、墨西哥、尼日利亚、智利、德国、以

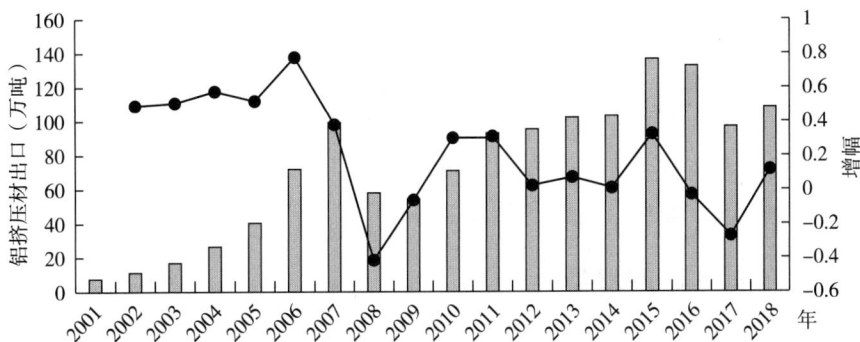

图3 中国铝挤压材出口数量

色列、印度、泰国、意大利、荷兰、美国、日本、波兰、新加坡和哥伦比亚，其中前10 个目的地合计出口 48.2 万吨，占出口总量的 44.5%；前 20 个目的地合计出口 70.5 万吨，占出口总量的 65%（图4）。

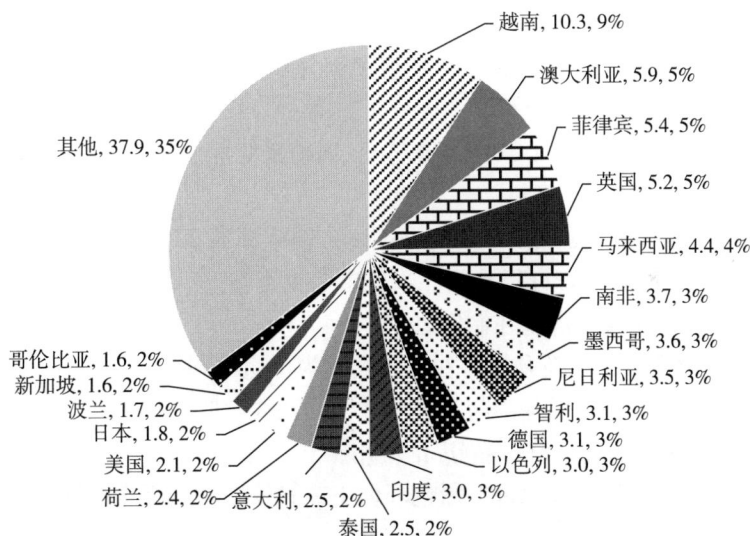

图4 2018 年中国铝挤压材出口重点区域万吨数及占比

（八）配套设备和辅料模具基本满足行业发展需要

与铝加工配套的挤压模具、铸锭加热炉、隔热胶条、粉末涂料、电泳漆等配套产业得到长足发展，基本满足行业需要（5月、7月辅料设备企业调研）。

5月辅料和设备企业调研（10家）：涂亿粉末、业精机械、精业机械、肇庆彩信、关西圣联、华江粉末、明晟机械、朗盾机械、德福生粉末、佛山三水亿兴隆。

7月辅料和设备企业调研：江顺模具、江阴恒兴涂料……

（1）粉末涂料：阿克苏诺贝尔、立中集团、爱粤粉末、广东华江粉末、广东涂亿粉末、艾仕得华佳；

（2）电泳涂料：肇庆彩信、江阴恒兴 、天津艾隆等；

（3）隔热条：泰诺风（苏州）、上海优泰、宁波信高、武汉源发、芜湖精塑、江阴良友等；

（4）模具：江顺模具、兴顺模具、磐石模具等；

（5）铸锭加热炉：朗盾机械、意立克机械、上海锐漫等；

（6）前处理：精细化工、科帆环保、汉高等；

（7）添加剂：黄岩精细化工、长城化工等。

二、绿色发展面临的形势

（一）绿色发展取得的成绩

铝加工表面处理产生的废水废渣主要来自铝挤压材的表面处理。

伴随产业快速发展，我国铝挤压产业绿色发展水平近年来有了显著提升，政策法规和标准日益完善，企业环保设施不断更新升级，在线监测成为普遍常态，环保工艺和绿色原辅材料得到广泛应用，基本实现"三废"治理全面达标，绿色发展已经成为行业共识和企业自觉行动。

1. 政策法规和标准日益完善

工业和信息化部制定的《工业绿色发展规划（2016—2020年）》，于2016年7月1日开始实施；

新版《铝合金建筑型材》（GB/T 5237）系列国家标准及相关配套标准2018年开始实施；

《绿色工厂评价通则》（GB/T 36132—2018）国家标准2018年12月1日实施；

《国家危险废物名录（修订稿）》第二次征求意见正在进行；

再生变形铝合金原料标准正在制定之中……

2. 企业环保设施不断更新升级，在线监测成为普遍常态

企业废水、废气处理结果基本与当地环保部门在线实时连接。

3. 环保工艺和绿色辅助材料得到广泛应用

无铬处理、水性漆等无毒无害的绿色环保工艺和辅助材料近年来取得显著发展，并得到广泛推广和应用。

4. 基本实现"三废"治理全面达标

固废基本得到妥善处置；危废交有资质企业集中统一处理；废水、废气、废渣治理结果全面达到国家标准。

5. "危转固""固转产品"的技术和装备研发及产业化取得突破

坚美铝业2014年即制定了对标国际的环保蓝图，与日本栗田和鹿岛水处理公司合作，关于废水等各项工业排放的指标，完全以日本工厂的排放标准为基准来设定，主要指标如COD、SS，将实现在原来指标基础上下降50%，与目前日本一些区域与工业企业的协定值同等水平，甚至高出，累计投入达数亿元。

2019年3月，坚美铝业投资1300万元，在行业内率先建成了铝型材表面处理废水综合污泥干化减量项目，在推动铝型材行业固废危废治理方面做出了表率。

6. 初步统计，目前铝加工行业已有18家企业被工信部评为绿色工厂

表3   获得工信部"绿色工厂"称号的铝加工产业

序号	企业名称	序号	企业名称
1	广东华昌铝厂有限公司（第一批）	10	苏州罗普斯金铝业股份有限公司（第三批）
2	广东兴发铝业有限公司（第一批）	11	栋梁铝业有限公司（第三批）
3	乳源东阳光优艾希杰精箔有限公司（第一批）	12	洛阳万基铝加工有限公司（第三批）
4	乳源瑶族自治县东阳光化成箔有限公司（第一批）	13	广东伟业铝厂集团有限公司（第三批）
5	云南铝业股份有限公司（第一批）	14	佛山坚美铝业有限公司（第三批）
6	新疆众和股份有限公司（第一批）	15	营口忠旺铝业有限公司（第四批）
7	河南明泰铝业股份有限公司（第二批）	16	福建省闽发铝业股份有限公司（第四批）
8	河南中多铝镁新材有限公司（第二批）	17	山东裕航特种合金装备有限公司（第四批）
9	广亚铝业有限公司（第二批）	18	新疆新铝铝业有限公司（第四批）

（二）绿色发展面临的形势

当前，中国特色社会主义进入新时代，建设生态文明是中华民族永续发展的千年大计，绿色发展成为新发展理念的重要组成部分，是高质量发展的普遍形态，铝挤压产业绿色发展面临的形势依旧时不我待，突出表现有三个方面：

第一，固体废物种类多、数量大，资源综合利用技术尚不成熟，处理能力不足。

铝挤压行业产生的固体废物包括铝灰渣、表面处理废水综合处理污泥、模具脱铝废水处理污泥、炉衬、废耐火材料等。

铝型材表面处理废水综合处理污泥年产生量150万吨左右，其中危废占10%~15%。

危废还没有很好的资源综合利用途径，过去多以填埋为主，存在环境安全隐患。

拥有合法资质的危废处理企业数量相对较少，处理能力相对不足，不少企业需要跨省处理危废，进一步增加了危废的管理难度和处理成本。

第二，原辅材料种类多、来源广。

行业分类处理效果明显，但部分含有危险特性成分的辅料产品在市场上仍偶有出现，鱼龙混杂现象时有发生，加大了源头治理的难度。

第三，企业之间绿色发展水平差别大。

2018年我国规模以上铝加工企业为2116家，其中铝挤压企业保守估计在1200家以上，既有进入国际一流方阵、绿色发展水平较高的先进企业，又有大量规模小、环保设施相对缺失，甚至环保不达标的企业，企业之间发展不平衡的问题较为突出。

三、加工协会开展的工作

一是2017年开始与生态环境部华南环境科学研究所、清华大学等单位合作编制

《铝型材行业大气污染物排放标准》，其间多次调研和召开研讨会，历经两年多时间，2019 年 10 月 25 日在北京召开了该标准技术审查会，专家组一致同意通过验收。

二是加工协会与轻标委共同提出了《铝及铝合金阳极氧化及有机聚合物涂装线废水、废气、废渣控制与利用规范》团体标准项目，目前该标准已于 2019 年 11 月下旬通过审定。

三是根据行业发展需要，加工协会从 2018 年开始组织会员企业和相关单位，积极向国家有关部门反映铝型材行业固废治理问题，并利用《国家危险废物名录》修订的契机，向国家主管部门提出了模具脱铝废水处理污泥属于一般固废；对表面处理废水综合处理污泥应分类处理，根据鉴定结果是否含有毒性成分加以区别对待等建议，基本得到了认可和采纳，为行业固废危废治理指明了路径。

四是目前，加工协会正在与生态环境部沟通，拟对京津冀、汾河、渭河以及长三角地区的有色金属压延加工行业实行环保分级管理，目前正在征求意见阶段。

所谓分级管理，大致意思是将来如果这几个地区的空气质量出现橙色、黄色、红色预警（分别对应霾天气预报等级用语的中度霾、重度霾和极重度霾）等天气时，将依照有色金属加工企业环保管理水平的不同，实施有差别限产管控，对于优秀的企业，可以不限产；对于水平良好的企业可能会被要求停产一部分产能；对于水平比较差的企业，可能会被要求全停。至于具体企业分级标准，目前还没有制定（如果大多数企业同意，将会尽快制定）。目前生态环境部正在委托我们征求企业意见，如果大部分企业不希望政府采取分级管控措施，也可以，生态环境部不强求。但会面临另外一种情况：当出现霾天气时，政府往往会对所有企业采取一刀切的无差别停产。所以说实施分级管控和不实施分级管控各有利弊。

今后，加工协会将一如继往加强与政府沟通，加强与企业和科研院所等相关单位合作，致力于持续提高行业环保治理和绿色发展水平。

四、绿色发展建议

（一）建议一：坚持新发展理念

绿色发展是新发展理念的重要组成部分，建设生态文明是中华民族永续发展的千年大计，全行业要进一步提高共识，持续提高绿色发展水平是行业今后一段时间的主要目标和任务。

（二）建议二：加强源头和过程控制，把危废产生量降到最低水平

完善原辅材料产品质量标准；

加强环保工艺和绿色原辅材料推广应用；

加强过程控制和分类处理。

（三）建议三：提高末端治理水平

加强环保治理和资源综合利用技术研究，推动危废向一般固废转化，推动一般固废向资源综合利用产品转化，确保"三废"治理全面达标；

发挥创新在绿色发展中的重要作用，持续提高"三废"治理水平，有价资源吃干

榨尽。

（四）建议四：创建绿色工厂、绿色供应链、绿色园区，完善奖惩政策机制，形成示范效应，全面提高行业绿色发展水平

"幸福都是奋斗出来的"，绿色发展既是我们的理想，也是我们必须达成的目标，只要全行业以习近平新时代中国特色社会主义思想为指导，坚定践行新发展理念，不忘初心，牢记使命，努力奋斗，就一定能实现中国铝加工行业的绿色发展之梦！

绿色江铜　有色样板

江西铜业集团

　　绿色是江西的原色，也是江西的主色。江西正在打造美丽中国"江西样板"，而这家坐落于江西的企业、中国现代铜工业的奠基者——江西铜业集团有限公司（以下简称江铜），正在打造"有色样板"。

一、绿色发展　坚持是共识

　　习近平总书记明确提出，良好的生态环境是最普惠的民生福祉。在江铜看来，坚持绿色发展，就是践行"习近平生态文明思想"，特别是作为一家有色金属企业，更应带头贯彻习近平生态文明思想，以高度的政治责任感和历史使命感，坚定不移走生态优先、绿色发展的新路。

　　江铜成立伊始，就打下了绿色发展的烙印。作为国家"六五"期间22个成套引进项目之一的贵溪冶炼厂，采用国际先进的两转两吸烟气制酸工艺，这在当时的铜冶炼厂堪称绝无仅有，使我国铜冶炼烟气制酸水平突飞猛进；《中华人民共和国环境保护法（试行）》颁布后，中国第一个环评出自江铜永平铜矿；早在20世纪80年代，江铜就开始与中国科学院生态环境研究中心等单位合作，进行矿山生态环境综合整治和试验示范研究……这样的例子不胜枚举。2000年以后，江铜又率先引进了渣选矿、硫化提铜等先进工艺，并持续从矿山、冶炼、加工等各个环节进行全流程的升级改造。

　　"可以说，在绿色发展的投入上，江铜从来都是一路'绿灯'"。江西铜业集团有限公司党委副书记、总经理郑高清介绍，江铜不是被动性的合规改进，而是主动性的事前出击，不是"头痛医头、脚痛医脚"的局部改进，而是全流程、全过程的投入。

　　正是因为坚持在全产业链的全过程积极寻求节能降耗、减污增效的空间和发展的机会，江铜的环保运行效果在国内同行中处于领先地位。企业也深刻体会到，绿色发展就是企业核心竞争力，而锻造企业绿色竞争力，既是企业生存和发展的必然要求，也是参与国际市场的必然要求。因此，江铜坚持从决策和制度上持续保证绿色发展理念的落实和环保、节能减排工作的稳步推进。

　　在这种认知下，江铜旗下各个企业对绿色发展的认识高度统一，同时，他们也结合各自的实际情况，进行了有益探索。比如，德兴铜矿除主矿种铜以外伴生的金、银、钼、硫、铼等有价元素全部回收利用，并将废石、酸性水污染防治与其中的有价金属回收有机结合，年循环经济项目产值占企业主营业务产值的24.09%以上。贵溪冶炼厂致力构建"效率最高、技术最优、能耗最小、成本最低、环保最好"的铜冶炼新模式，铜冶炼总回收率、闪速炉作业率位居世界第一，吨铜冶炼综合能耗居世界第二，智能工厂一期工程已经建成，生产步入"绿色＋智能化"轨道。江铜耶兹铜箔有限公司、广州江铜铜材有限公司坚持技术改造，前者每年减少标煤消耗 4000 吨，天然气年消耗量下降 80% 以上，铜箔迈入绿色环保产品行列；后者综合成本达到行业最优。截至目前，江铜已拥有四座国家级"绿色矿山"、三家国家级"绿色工厂"。按照《江铜全面推进绿色矿山（工厂）建设实施方案》，2020 年前公司所属矿山、冶炼、加工单位达到国家级绿色工厂建设标准。

二、加减有法　坚持和创新

初夏的杨桃坞山头，格桑花漫山开遍。杨桃坞面积 45 公顷，曾经堆满废石，寸草难生，是一片不毛之地。如今，运用生态修复的最新技术，裸露的山头涅槃成一座生态公园。

"我们从 2001 年开始探索杨桃坞复绿，一块块地做实验，一种种方法搞探索，不断加快恢复治理和试验研究。2019 年底，全矿已复垦面积达到 480 余公顷。"江铜德兴铜矿环保部部长占幼鸿告诉记者。

杨桃坞是江铜绿色发展的一个生动案例。在发展壮大的 40 余年间，江铜始终坚持走绿色健康、可持续发展之路，把锻造绿色竞争力作为决胜于未来的独特竞争优势，推动企业高质量、跨越式发展。

江铜坚持遵循工艺革新、源头管控过程控制和末端循环的理念，以全面推进绿色矿山工厂建设为抓手，着力在先进技术、产品升级和资源利用上做"加法"，在资源能源消耗和污染排放上做"减法"，实现了开发资源与生态效益、经济效益和社会效益统筹协调。

——坚持源头预防，做到高标准高投入。江铜实施"环保优先"的发展战略，自成立以来，每一个建设项目均坚持高标准高投入原则，投入大量资金用于环保治理工程建设；每个新上项目都以工艺技术先进可靠、设备装置大型化自动化、技术指标先进为前提。项目实施过程中，严格按照环评要求建设环保设施，做到与主体工程同时设计、同时施工、同时投入使用。

每年，江铜的环保运行费用达 16 亿元以上，旗下矿山和冶炼厂配套建设的大型污染物处理设施均正常运行。截至 2019 年年底，公司工业水复用率由"十一五"末的 85.50% 提高到 95.45%，二氧化硫、化学需氧量排放量大幅低于所在地政府下达的总量控制目标。

——严格过程控制，实现全过程减污。江铜高度重视科技投入，注重对节能减排与资源综合利用关键技术的研发攻关，将清洁生产纳入企业管理，向全过程控制迈进，以减少生产活动的各个环节对环境可能造成的影响，不断提高资源综合利用水平。

目前，公司绝大部分矿山的露天采场、废石场及尾矿库边坡封闭圈均修建了清污分流工程，每年减少工业废水产生量 1200 余万吨，其中仅德兴铜矿每年可减少污水产生量 620 余万吨。冶炼废气制酸技术持续改进，采用了两转两吸制酸技术、活性焦干法脱硫技术（铜行业首家）、有机胺脱硫技术、废水电化学处理技术、MBR膜生物反应技术等技术，总硫利用率达98.5%以上，达世界顶尖水平。主要污染物排放指标均低于国家标准50%以下。

——坚持废弃物减量化、资源化新理念，挖掘资源最大价值。一方面，通过技术持续创新，将废石、废水、废气、废渣等进行资源化利用，矿山每年利用低品位矿石（含铜废石）1300万吨以上，尾矿选铜、选硫等综合利用尾矿量1000万吨以上，尾砂井下充填量200万吨以上，大大减少土地占有和环境影响。另一方面，抓住当前环保节能产业发展的战略机遇，大力发展绿色环保产业。如与江西建材集团、江西建材设计院合资组建江西万铜环保材料有限公司，对尾矿进行综合开发利用，探索矿山"零废弃物"开采模式，以实现绿色发展提档升级。同时，提高绿色物料使用率，每年在江铜再生铜原料使用量高达近30万吨，包装材料循环使用，以减少对原生资源的消耗。

为进一步提高全系统的绿色竞争水平，江铜还积极对标国际，将绿色发展理念融入中心工作。

"不管是做加法，还是做减法，最重要的还是要坚持和创新。"郑高清认为，"绿色发展不能一蹴而就、不能一成不变。"

三、争做中国绿色矿山、绿色冶炼的倡导者和实践者

党的十八大以来，以习近平同志为核心的党中央，把生态文明建设放在治国理政的重要战略位置，形成并从统筹推进"五位一体"总体布局的战略高度，对生态文明建设提出一系列重要论述，作出一系列重大决策部署，并推动生态文明内容首次写入《宪法》。可以说企业绿色发展已经上升为国家战略。

2020年的政府工作报告提出了"提高生态环境治理成效""实施重要生态系统保护和修复重大工程，促进生态文明建设"等发展方向，再一次强调了生态文明建设的重要性。

40年余来，江铜产业链不断延伸，从"石头"做到了"插头"。这其中，"成为广受尊敬、可持续发展的全球化资源型企业"被确立为企业愿景，决不以牺牲环境换取发展，在江铜被奉为圭臬。在这背后也印刻着江铜牢记使命，争做中国绿色矿山、绿色冶炼的倡导者和实践者的决心和毅力。

作为"中国阴极铜生命周期评价研究暨应用"项目主要成员，江铜正从铜生产全过程、上下游全产业链的视角系统化地研究对环境造成的影响，其阶段性研究成果已成为中国有色金属工业协会制定绿色铜精矿和阴极铜技术规范中附录A和附录B的重要参考依据。

在工业文明转向生态文明时代背景下，绿色发展无疑是大方向、大原则、大逻辑。

秉持这一原则，江铜将积极践行"习近平生态文明思想"，坚持绿色、循环、低碳发展，加大对资源综合利用、节能减排技术改造、环境治理技术研究、矿山环境保护恢复治理等方面的投入，并积极推动绿色与智能结合。

在未来战略上，江铜将明确四大原则：坚持统筹规划突出重点的原则、坚持资源

高效综合利用的原则、坚持科技创新的原则、坚持开发与保护并举的原则。同时，实现矿山零废弃物开采、冶炼用水"零排放"的"双零"目标。

"在习近平新时代中国特色社会主义思想指引下，江铜集团争做中国绿色矿山、绿色冶炼的倡导者和实践者，坚持以'创新、协调、绿色、开放、共享'五大发展理念为统领，积极践行'成为广受尊敬、可持续发展的全球化资源型企业'的企业愿景，致力打造绿色标杆、培育绿色动能、供应绿色产品，用绿色引领推动高质量发展。"郑高清说。

倡导、引领、实践，江铜以成功实践树立了"有色样板"。

绿色铸造

——揭开中国制造基础建设新篇章

于彦奇

青岛卓唯绿色铸造技术有限公司、

北京瑞泓翔宏大科技发展有限公司董事长，

中国铸造协会绿色铸造研究院执行院长

一、中国绿色铸造之使命

铸造代表工业制造的一个行业，铸造生产通常是指用熔化的合金材料制作成产品的方法，将液态合金注人预先制备好的铸型中使之冷却、凝固获得毛坯或零件，所铸出的产品称为铸件。大多数铸件作为毛坯，经过机械加工后才能成为各种机器零件；有的铸件当达到使用的尺寸精度和表面粗糙度要求时也可作为成品或零件直接应用。

铸件是工业基础件，无处不在，在国民经济中占有极其重要的地位。如机床床身、汽车底盘、高铁底盘、导弹、卫星的结构件；飞机、火箭、火车、汽车、舰船的发动机；手机、电脑、相机、通信机柜的结构件；日常生活用的厨具、卫生洁具、下水管道、井盖、暖气片、家具、空调、茶炉、犁耙、铁锹等；建筑矿山机械如掘进机、挖掘机、压路机、搅拌机、吊车等；能源的核电、水电、火电、风电的发电机组，锅炉和高压输变电设备；通用机械产品的电机、风机、水泵、压缩机、液压泵阀等基本零部件都是铸件加工出来的。内燃机 70% ~ 90%、轿车 19%、卡车 23%、通用机械 65% ~ 80%、农业机械 40% ~ 70% 的重量都是铸件。铸件重量小到几克、形态薄到 0.3 毫米大到单件重量 480 吨、长到十几米。简单的火炉盖到复杂的大飞发动机的叶片、神奇的空心健身球。这些都是铸造出来的。

我国铸造技术有辉煌的历史，是中华文明的一部分，我国先辈是世界上较早掌握铸造技术的文明古国之一。2500 多年以前铸铁刑鼎，铜钺具，铸铁农具犁、锄、镰、锛、锹，宋朝铸造铁炮和地雷，曾侯乙 65 件套铜编钟，钟上共铸有铭文 2800 多字，发声音律准确和谐，音色优美动听，铸造工艺水平极高。现存于北京大钟寺内的明朝永乐大钟，全高 6.75 米，钟口外径 3.3 米，钟唇厚 0.185 米，重 46.5 吨，钟体的内外铸满经文共 227000 余字，大钟至今完好，声音幽雅悦耳，传出 15 千米，堪称世界铸造代表作；现位于河北省沧州的大铁狮，是公元 9 世纪铸成的，高 5 米多，长近 6 米，重达 19.3 吨；现立于当阳的铁塔，铸于北宋淳熙年间，由 13 层叠成，重 40 吨。我们现在仍然在铸造中使用组芯造型、叠箱铸造都是继承我国古代铸造技术，铸铁农具的出现推动了我国农业发展，使古代中国一直都是世界上最发达的国家。

从现代工业技术分工铸造属热加工工艺，是完成金属世界构建的学科，我们看见的金属零件内部是由各种合金的晶体构成，千姿百态的结构形成了我们需要的不同机械性能、物理性能和化学性能。不论我们要上天、要下海、要国防强大、要经济发达，都是离不开铸造技术的，我国有十几位院士耕耘在金属材料的战线上，包括铸造。

绿色铸造是从绿色制造派生出来的概念，它用在我们铸造行业非常贴切和容易理解，因为绿色制造就是在工业制造对全球环境破坏和资源消耗过度而提出的，而我们铸造行业正好背着"高能耗，高污染"的"两高"罪名。绿色制造的 3R 原则同样适用在绿色铸造，就是通过降低能耗和污染、再利用和循环完成产品全生命周期的制造使命。先进的制造技术和生存生态理念是支撑绿色制造的基础。

中国铸造之现状，到 2018 年中国铸件总产量 4935 万吨（图 1），连续 21 年占全球产量第一，占世界总产量的 46%。铸造总产值占全国 GDP 的 1%，从业人员 150 万，铸造厂 3 万家以上。近 20 年随着我国制造业发展，铸造业迅速发展，为制造业起到支撑作用。各种铸造工艺、材料、装备得到补齐和发展。大量引进西方先进技术和高效装备，满足了汽车、家用电器、高铁、通信、新能源等新兴工业的需求，并达到同类产品的国际技术水平。

中国已经成为世界铸造主产国，纯铸件出口已经占到总产量的 4%，大量铸件包含在出口机电产品中。欧美大部分铸件生产完成了从日韩到中国的转移。（图 2）

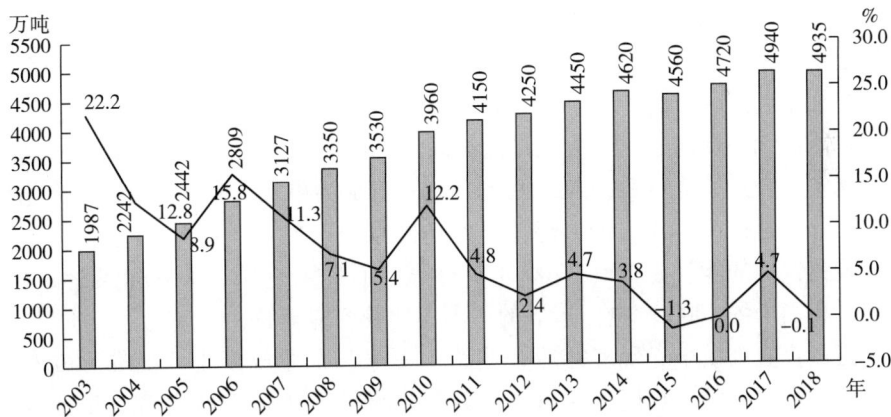

图 1　2003—2018 年中国铸件产量和增长率

我国的铸造机械产业在"十一五"期间的产业规模跃居世界首位，占全国机械行业 GDP 的比重已经超过 9%，成为世界第一并大量出口。

铸造为中国制造提供了基础保障，建立了完整的工艺体系和材料体系，形成了完整的产业链，带动了经济发展和就业，成为一支出口创汇的生力军，全球铸件原产国地位越来越明显。我国已成为名副其实的铸造大国，但是与其他工业发达国家相比，我国铸造产品在质量、生产设备、效率、能耗和环境等诸多方面仍存在很大差距。总体上又被称成为"大而不强"，实际上是两级分化：高大上的铸造企业我们有，如为汽车配套的

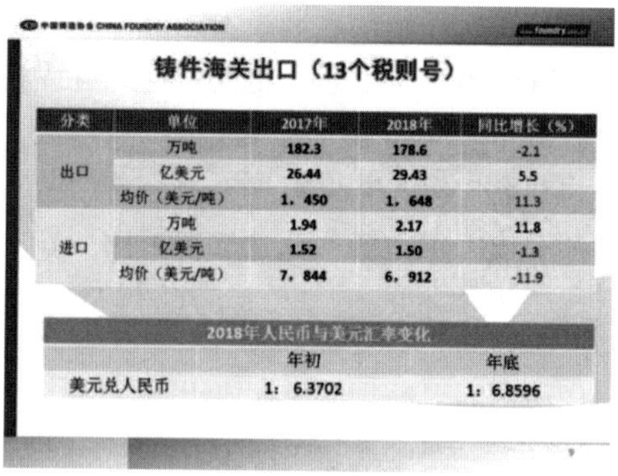
铸件海关出口（13个税则号）

分类	单位	2017年	2018年	同比增长（%）
出口	万吨	182.3	178.6	-2.1
	亿美元	26.44	29.43	5.5
	均价（美元/吨）	1，450	1，648	11.3
进口	万吨	1.94	2.17	11.8
	亿美元	1.52	1.50	-1.3
	均价（美元/吨）	7，844	6，912	-11.9

2018年人民币与美元汇率变化		
	年初	年底
美元兑人民币	1：6.3702	1：6.8596

图2　铸造件海关进、出口

铸造企业，几乎全部使用的是世界最先进的设备和工艺；紧跟世界的产品标准，如潍柴铸造、一汽铸造、长城汽车铸造等；像能源铸造在火电、水电、风电、核电我们基本站在世界最高点，如一重、二重、大重、中信重工、共享铸钢、安徽应流等，但毕竟总量还是少数，总数不超过200家，占企业总量的1%。大部分中小铸造企业起源于乡镇的私有企业，由于成本低、大量低附加值的铸件集中，形成了目前全国多个铸造产业聚集区。

我国国民经济粗放型增长模式导致铸造生产能耗和环保的不节制、不限制，这也如实反映了我国40年经济发展的历程，国家牺牲能源和环境、人民出卖低价劳动力，换来了今天的国家经济基础和国际市场份额。改革开放之初，我国经济是靠承接外来产业转移、扮演世界工厂角色发展起来的。承接的外来产业大都是劳动密集型、附加值很低、集中在加工制造环节的产业。各地政府大干快上，扩大GDP增长，形成了过剩的产能，现在能源和环保问题已经成为制约我国经济可持续发展的重要因素，这是我们需要面对的现实。今天铸造行业列入“两高”之一已成为事实，主要反映在两个指标，一个是能耗，一个是排废。我国铸造能耗是发达国家的1.5～2倍，以铸铁件为例，我国每生产1吨铸铁件的能耗是550～700千克标煤，而美国是323千克标煤，日本是308千克标煤，相当于约2000度电。造成的原因也比较容易理解：

一是铸造企业规模小。现有铸造企业约3万家，企业规模小，很难形成专业化生产，使用高效生产设备。我们平均每一铸造企业的年产量不足1500吨，工业发达国家的铸造企业一般规模都在5000吨以上。我国铸造企业对应的产品种类繁杂、小而全，而国外做专一产品，我国设备资源配置很难合理、利用率低，尤其在熔化设备上反映出能源消耗大。

二是铸造技术水平低。我国多数铸造企业来自农村和乡镇，白手起家的多，大多采用砂型铸造工艺，起点都比较低，技术靠传承和经验，缺少理论基础和设计软件支持，缺乏必要的实验和检测手段，设备缺少准确的控制和数字化，导致铸件废品率高、加工余量大。我国铸造企业废品率一般在7%～15%，有些企业甚至超过20%，而先进国家铸件废品率一般在2%～3%；我国铸件毛坯重量比国外平均重10%～20%，加工余量大，既浪费原材料又增加直接生产能耗。

三是铸造产品分布结构造成排废和污染严重。

德国现存的铸造总量 800 多万吨，其中铝合金占 500 多万吨，铝合金熔点低、大多使用金属型工艺，自然能耗低、污染少。而我国以黑色铸造为主、占总量的 80% 以上，而黑色铸造是以砂型工艺为主，这是造成铸造"两高"的主要原因。按照 2018 年我国铸造总量 4900 万吨中砂型分布：铸钢 573 万吨，球磨铸铁 1076 万吨，灰铸铁 2048 万吨，合计 3697 万吨。而有色铸造（铝镁和铜合金）才占 16.1%，789 吨。有色铸造大多服务于汽车行业，也是中国铸造的后起之秀，大部分建在汽车业发达的城市地区，如重庆、广东、江浙地区和长春。

按照 2000 年数据，铸造行业耗能占机械工业总耗能的 25% ~ 30%。每生产 1 吨合格铸件，大约要排放粉尘 50 千克，废气 1000 ~ 2000 立方米，废砂 1 ~ 1.3 吨，废渣 300 千克；这个总量是可怕的、惊人的，2000 年是发达国家生产 1 吨合格铸件的三废排放量 10 倍，但也是可信的，一些工业发达国家铸造厂用于环保投资占整个铸造厂设备投资的 20% ~ 30%，而我国只占 5% ~ 8%，加上执法不严或地方经济保护的原因是可以理解的。现在，我国吨铸件的各种污染物排放总量是工业发达国家的 3 ~ 5 倍。

二、绿色铸造之旅程

我从 1993 年进入外企公司开始从事欧美铸造设备的进口代理至今做了 27 年，第一个项目是 1993 年"玉柴第二铸造项目"，这是黏土砂工艺铸造项目，典型的发动机铸造厂。当时的玉柴称为"动力之王"，从一个农机修理厂发展到行业老大，缸体和缸盖是柴油机的五大核心部件中的两个，玉柴认准毛坯铸件为产品之母。该项目当时在国际铸造界引起轰动，整厂的设备和铸造技术全部引进。当时设计产能 14 万吨合格铸件，总承包合同额约 9 千万马克，其中铸件开发、软件、人员培训就占了约 3 千万马克，由我们代理的荷兰一家铸造工程公司总承包，国内厂房和工艺设计由机械部第四设计院配合。当时还没有互联网和数字化概念，就是自动化。即使在今天来看引进的设备和技术厂家还是世界一流的，那时大多是首次进入中国。德国外水冷长炉龄热分冲天炉、美国英达双联保温电炉、德国新东 HWS 造型线、德国爱力许混砂单元、德国 Hottinger（兰佩）冷芯制芯机、德国 Messner 的模具、测漏及磨床、德国 V + S（潘邦）抛丸机、德国 Neotechnik 除尘器、荷兰 GEMCO 的配套砂处理、烘干炉等边缘配套，全套瑞士 GF（迪沙）的实验室设备。按照今天技术评估这是个典型世界级的绿色铸造项目。

1995 年我参加世界银行贷款沈阳机床项目中机床铸造项目的引进，我们代理的德国 GFA 公司获得树脂砂造型线和制芯线的订单，我印象深刻的两个方面一直伴随着我对铸造技术的认识，第一个是生产管理系统，现在可以叫 MES 系统，由西门子开发，那时是铸造中使用的第二条线，首先计划制定当天的铸件型号和数量，计算机打印出条形码插到模型上，模型进入造型线自动识别条形码，后续的混砂工艺、硬化时间、起模时间全部按照预设的工艺执行，记录合格造型数量完成后自动下线。第二是制芯线与造型线协同生产，制芯线为无箱线，为造型线提供砂芯，砂芯没有储存，物流距离最短，这种生产的协调和管理是我们今天数字化时代所期待的。当时正值国内经济最困难时期，进口设备用世行贷款到沈阳应该在 1999 年，但国内配套资金已经没有落实，设备进来后在库里存放了 6 年，直到 2004 年沈阳机床银丰铸造成立才由国内公司进行改造和安装，但是功能已经没有了原设计的影子，否则在 20 年前我们就能看到数字化铸造的雏形，现在国际上树脂砂造型线的技术又有了发展，识别技术已经采用 FRID，填砂也可以按照不同模型的填砂轨迹自动执行面背砂填砂。

2000 年参加德阳二重的大件铸造线改造，当时是为三峡右岸 13 台国产化发电机组的配套项目，是当时吴邦国副总理直接抓的国家重点工程，项目从 1995 年开始调研。引进了当时世界最大的移动式混砂机，混砂能力 60 吨/小时，填砂范围在 11 米内，采用了移动快换式管道气力加砂；砂再生首次实现 24 小时无人值守运行，并配备了铬铁矿砂分离回收设备，均为国内首次应用。

后来自己开了公司，继续在铸造、钢铁、铝厂引进代理的国际铸造行业知名的设备和技术，如河南天瑞引进的德国新东的火车摇枕侧架 V 法线。随着现代铸造技术发展和产业转移，又代理了铝合金铸造系列的设备，如德国低压铸造设备（kurtz 集团）、德国自动清理和打磨设备摩森纳（August Moessner）、德国铸件开发（BECKER CAD – CAM – CAST）。2004 年一汽有色铸造引进了国内第一条铸件自动化清理线，这是用机器人代替人工打磨在中国的开端，那是照搬了德国大众捷达缸盖的铸造线。后来到 2010 年又参加了一汽铸造有色新厂的建设，从调研、工厂设计、产品开发到铸造线引进投产前后干了有 4 年。

在国家制定 2025 发展规划后针对智能化需求，我引进德国 3D 砂型打印机（EX-ONE）、匈牙利和意大利的视觉检测、德国和意大利的智能物流设备 AGV 和 LGV 和德国铸造数字化管理软件（IPS）并与德国提供黏土砂处理检测和控制系统（SENSOR CONTROL）公司合资，这些成为目前我参与智能化、数字化工厂设计的主流技术。由于常年代理欧美的铸造设备，又经常带领国内铸造代表团到欧洲访问和考察，大量接触和见识了欧洲尤其德国的铸造厂、铸造设备厂、材料和工艺供应商、研发机构，逐渐摸清了欧洲铸造技术的发展脉络和起源，结识了一批欧洲铸造专家、学者、工艺人员、设备商。近 10 年来德国铸造厂开始限制中国同行的参观，但我的身份特殊、经常和代理的厂家一起去访问他们的客户，使我有条件按照不同铸造专业给国内铸造厂提供设备和技术整体解决方案，我自称绿色铸造方案。先进的设备确实是实现绿色铸造的有力保证，在引进设备过程中大量带入应用技术，我们从事工艺装备引进的技术人员也为企业间接引进了大量生产技术和信息，也算为国家做了大量隐形的贡献。到目前经我手引进的设备称得上国内和国际首台套的就不下 20 多个项目。

2010 年我在中铸协主办的国际铸造博览会上打出为中国企业打造"绿色铸造"的广告词，在铸造行业刮起"绿色"风暴，受到铸造同仁的青睐。中国铸协在"十二五"铸造发展规划中就提出了发展绿色铸造，可能比工信部还早提到绿色。那时铸造厂对绿色铸造这个词非常羡慕和向往，众所周知中国铸造规模小，装备和技术落后，工作环境恶劣，都梦想有个绿色铸造厂。

在我做过的铸造业务中我对树脂砂设备和技术比较钟情，从 1995 年开始至今与 5

家德国公司和一家美国公司及一家英国公司（OMEGA）合作过，如矿砂分离设备，造型和机械—热法砂再生设备一直伴随着我。我在介绍绿色铸造技术中许多与他们有关，我在青岛举办的 2014 首届"中德绿色铸造"论坛上介绍绿色铸造技术时借用了绿色制造的 3R 原则，即 REDUCE（减少）、REUSE（再利用）、RECYCLE（循环使用），将 3R 按照铸造工艺和技术做了具体定义，很多都是针对树脂砂工艺的，因为我国是砂型铸造大国，体量太大了，减少 1% 都是个大数字。所以在我已获得的 16 项专利中有 7 项都是和树脂砂再生有关。

（一）R1 减量化（Reduce）

1. 减轻铸件重量

—铸件的薄壁化，通过树脂砂精密砂型和工艺减少加工预留量。

—铸件的轻量化，将黑色铸件转向轻合金—铝镁合金。这在国家的鼓励支持下正在显现可人的成绩，汽车底盘、高铁底盘、电池包采用了铝合金铸造件，全铝汽车指日可待，由此带动诸多的产业。

2. 减少吃砂量

—高强度和精密砂型

—正确的工艺设计

—经济造型法——特殊砂箱

这里面介绍的是德国 GUT 的经济造型法，通过随型砂箱的特殊设计，减少了吃砂量，是砂再生更加容易和提高再生中损耗，同时降低了砂型的冷却时间，提高了生产率，提了铸件的机械性能。我目前正在申报一个新的专利技术，借助 3D 砂型打印技术的应用发明新的造型方法代替传统的砂型铸造，就是针对在砂型铸造中减少用砂量、提高生产效率、实现铸件的机械性能可控并可实现快速制造。

3. 提高铁水的出品率

—采用低压浇注代替重力浇注

—减少浇冒口量

这个提法是针对鼓励使用铝合金低压铸造工艺从而提高出品率、生产效率和品质，发挥低压浇注工艺的特点，减少设计的冒口量，提高出品率，降低成本。

4. 采用短流程

—集中熔炼，铁（铝）水直供

—组芯工艺

—振动除芯代替预抛

—高温退火

—取消退火

—退火与砂再生的结合

—落砂、砂再生、退后一体化（我的专利技术之一）

从 4 个反向实现 R1 减少能耗、减少污染、减少成本。

（二）R2 再利用（Reuse）

1. 余热再利用，铸造本身就是热加工，铁熔化从炉料到水使用的 1000 千瓦/吨的热量，冷却时没人回收；有的铸件冷却后再去加热进行热处理，需要 2 次能耗；

2. 废砂再利用，通过不同砂再生技术提高回用率；

3. 粉尘在利用，通过与建材和陶瓷行业对接实现。

（三）R3 循环（Recycle），推广铝合金铸件产品的应用，铝合金铸件是在产品全生命周期结束后金属材料回收率高达 97%，也是能耗最低的金属材料

我在推销国外的产品同时也在学习吸收国外的先进技术和理念，设计和开发有自主知识产权的设备。在砂再生和结合热能利用上有很多技术可以实现节能环保。德国铸造在 20 世纪 80 年代是经历过类似比我们目前对铸造厂环保要求还严的时期，也是不达标就停产的地步，比如现在排放一吨废砂需要支付 3 吨新砂的费用，在德国和日本都有零排放的铸造厂，德国人也说那个时期环保就是政治。德国造就了世界第一的制造业，也造就了环保产业、高效节能的铸造设备。从这个历史角度看德国铸造技术和工艺理念很容易找到结合点，比如树脂砂铸造非常重视控制树脂加入量，树脂是有机化学品，加多了有化学污染，加多了砂子再生难度加大，再生强度砂的损耗加大，动力消耗就大，树脂加多了浇注时产生烟气多，有刺激气味影响到作业人员，排气设计的不好还影响到铸件缺陷，树脂是造型成本中最贵的材料，从一点就联系到七点不利方面，而我们的铸造关注的是树脂价格一点，其他点没人关注和控制。我带德国铸造厂去上海一家铸造厂去考察订购铸件，一问树脂加入量 1.2%，德国说我们同样铸件只加 0.6%，最后德国认为上海铸件报价高。所以绿色铸造不光是技术，管理和理念也是很重要的。还有德国的砂再生就是采用软再生，不对 LOI 要求太高，这样砂子磨损很少，回用率很高，而国内正相反；德国采用了面背砂工艺，另外树脂减少氮硫含量，不影响铸件的质量。还有德国铸钢中铬铁矿砂使用量 15%，我们平均使用 5%，德国采用回收技术，可以 80% 回用，相当使用量成本 3%，铸件质量有保证并且表面不用打磨；而国内用了 5% 还不能保证工艺性，最后表面靠人工打磨。

在 2012 年我承接了为一汽红旗开发 V6 铝合金缸体样件的任务，在德国贝克公司开发过程中发现了德国 EXONE 的 3D 砂型打印机。因为我们在合同签订并提供了产品图纸后 1 周后就接到德国贝克公司去预验收的通知函，这让我和一汽铸造公司领导和项目人员都惊讶不已，到了德国才发现人家是用 3D 打印砂型完成的初始砂型制造，并采用组芯低压浇注工艺完成首试件。认识了无模数字化制造的魅力，吸引我马上去德国 Prometal（美国 EXONE 收购前的公司名称）洽谈中国业务合作，签订了代理销售协议。紧接着参加了亚洲制造业协会首席执行官罗军组织的第一届世界 3D 打印大会并作为中国 3D 打印技术产业联盟发起人之一。2014 年我成功引入德国 3D 砂型打印机到宁夏共享集团，前后共签了 7 台并定制 4 台世界最大型号生产型 3D 打印机，当时给世界 3D 打印机行业和关注 3D 打印的人们一个惊喜，也给中国铸造引入一丝光彩，除了我将增材制造技术引入铸造行业外最有意义的是宁夏共享老总彭凡看准这个技术在未来铸造中发挥的作用，依然转向开发自己的 3D 打印机并从铸造转入智能装备制造，成为绿色铸造的领导者。现在共享集团创建的国家智能铸造产业创新中心，完成了工信部首批智能万吨级铸造示范项目，并以"引领行业进步，推动产业转型"为使命，秉承专业、协同、

共享、共赢的发展理念，致力于搭建开放、共享、线上线下相结合的行业平台，构筑"互联网＋双创＋绿色智能铸造"产业生态。以绿色智能铸造为主攻方向，建立关键共性技术研发、成果转移转化、产业化应用示范的运行机制，持续为铸造行业提供创新发展活力，促进产业转型升级，引领中国铸造由"铸造大国"迈向"铸造强国"。

2013年青岛机械总公司在德国收购世界老牌铸造机械厂德国KW公司，开始了行业性绿色铸造运动。国有青岛机械总公司全资拥有青岛铸造机械、德国KW公司，与德国铸造除尘器厂NEOTECHNIK的合资公司，加上新建的4万吨铸钢厂，成为当时国内最大的铸造和铸造装备企业集团，邀请中国铸协和我合作打造青岛绿色铸造平台，铸协福沃公司负责两化融合打造世界铸造订单中心，为铸造行业搭建国际铸造市场的信息平台。我负责引导国外公司与青岛进行合资合作并以青岛为制造基地，联合打造绿色铸造整体方案供应商。当时青岛将莱西的一千亩地改为绿色铸造工业园并得到市领导的认可和批准，以新建铸造厂、铸造装备制造、铸造研究院、铸造全球订单中心、国际铸造论坛、铸造职业培训打造一个绿色铸造生态园，实现绿色筑造梦！当时的目标令人振奋，打造绿色铸造生态环境，建设中德绿色铸造示范产业园（GFP），成为中国绿色铸造数字化产业升级基地，全球铸造行业贸易和技术合作平台，国际化铸造人才交流中心，现代制造服务业示范园区。我和铸协成了这个园区的策划和助推者。之后中国铸协、青岛机械和北京瑞泓翔发起组建中国铸造协会绿色铸造研究院，青岛同意出资资助、由我负责组建并任执行院长、铸协秘书长温平出任院长，从14年初开始筹备，到2015年3月31日在上海举办的中国国际铸造博览会上揭牌，我为组建这个研究院费尽了心血，真心想法是通过行业组织行业的技术力量承担绿色铸造共性技术研究，为行业开展绿色铸造提供技术支持，利用和发挥我掌握的技术和资源。当时国家级的2个铸造专业所沈阳铸造所、济南铸锻所都已转为企业，没人为行业免费为提供技术和服务。我根据掌握的欧洲铸造技术的应用现状提出命题，组织行业专业对口厂家联合成立专业研究所进行命题研究并申请国家研发资金，之后无偿和有偿地向行业推广和提供技术服务。当时我制定了一个五年发展规划，所选专业方向：（1）铸造基础材料研究所，研究目标①铸造铝合金——针对欧洲开始的底盘悬挂安全件，②树脂、涂料——针对德国开始投入使用的无机环保树脂；（2）铸钢工艺研究所；（3）铸铁工艺研究所；（4）轻合金铸造工艺研究所，分为①铝合金，②镁合金；（5）铸造装备研究所，研究目标①自动化清理设备，②铸造旧砂和循环利用装备；（6）铸造环保技术研究所；（7）3D打印砂型工艺研究所；（8）数字化工厂设计及应用研究所。除了航空叶片、军工产品没有涉足外，现有的铸造产品，包括汽车零部件都在考虑之中，我们准备了强大的德国专家团队做支持，包括德国当时正在建设第一个4.0铸造厂的团队成员和德国铸造研究所及德国Furdberg大学教授。我在研究院内部组建4个平台，服务上述项目实施：

第一，决策信息平台——收集和研究数据作为决策依据，包括欧洲、北美、印度和俄罗斯的市场需求。为铸协提供决策和行业发展意见书，进行工艺、质量、成本数字化网络研究。

第二，实用技术平台，提供对上述8个基础方向的研究。

第三，国际合作平台，组成国际智囊团。

第四，国际贸易平台，专指全球订单中心。

当时为运行德国 KW，青岛在法兰克福组建了德国华通国际，邀请我参加投资并出任总经理，为运行绿色铸造在青岛成立了德国华通国际子公司——青岛绿铸工程技术有限公司也由我任总经理，从此绿色铸造研究院的经费由德国华通支付。从我制定的研究院计划可以看出，硕大的绿色铸造工程需要足够的资金保证，2015 年随着美国次贷危机的发酵已经引起全球经济危机，德国 KW 业务出现巨额亏损，股东决定把德国华通国际资金用于保 KW，青岛机械无力支撑绿色铸造，所以 2016 年中青岛绿色工程停摆，绿色研究院也搁浅。这其中我的损失巨大，除了 2 年花费大量心血外，青岛答应的待遇也没有兑现，损失了我在北京瑞泓翔建立的绿色铸造数字化制造中心，打乱了我自己的绿色铸造进程。

2014 年我在完成共享 7 台 3D 打印机交付后，我用公司全部收入购买了一台德国 3D 打印机并自己设计配置成完整的无模制芯数字化生产线，同时配置一套数字化砂再生单元。当时国内 3D 打印技术刚刚兴起，实物比较少，为让大家切身体验数字化无模制造的魅力，我决定投资建了这个铸件快速开发的示范线，对外提供砂芯打印服务，既可以做服务又可以作售前培训，当时 3D 打印用砂比较特殊全部进口，砂再生回收很有必要，同时也试验我的专利技术。可惜当时没有通过国家立项申请资金支持。按照铸件开发市场，3D 打印服务需求已经在国外形成规模，EXONE 在美国、日本、法国共三十几台打印机在运行。因为 3D 打印砂芯运输成本高、易碎，我决定在全国建立 50 家连锁店，按照 40 万吨铸造聚集区安置服务店，这个想法后来纳入青岛的绿色铸造计划，成立了青岛卓唯绿色铸造技术公司并由其负责运行。后来德国 KW 运行缺乏资金，青岛开始融资，让我用北京那套绿色铸造数字化制造中心作投资投入德国，由青岛出现金购买，结果到 2016 年 KW 两年亏损，将当时投资全部花光。2 年的青岛绿色铸造之旅赔尽了我多年的积蓄和换来了"三高"回到北京。这段绿色铸造给我留下太深的印记。

绿色铸造是一场工业革命，它需要太多的技术、人才、政策、资金去支持，是需要个人和国家同时付出的，不是一年两年而是十年二十年去完成的。当时的青岛政府没有做好这个思想准备，也没有理解铸造绿色革命的意义和责任。按照我当时理解青岛具备这个条件和动机，青岛是中国铸造机械的发源地，已经在青岛和平度形成的铸造装备产业群，具备熔化、造型、砂处理、抛丸设备制造的规模和产业链，山东是中国铸造的第一大省，一半的砂型铸造都在山东。国际最大的铸造机械公司日本新东也在青岛。青岛是海洋城市、旅游城市、信息化产业和电子产业发达城市，搞绿色制造是再合适不过了。

从 2016 年回到北京，一部分精力放到我和德国的合资公司北京摩森纳身上，参与了系列汽车底盘件铝合金轻量化项目，为项目提供自动化后处理线，先后完成了长城汽车转向节、重庆三友的控制臂、湖北航特的特斯拉和红旗副车架项目。另一部分精力放在重点研究德国 4.0 和建设数字化铸造工厂的关键因素，在青岛时代表过铸协为铸造企业申报工信部的智能专项过程中，了解了智能工厂基本条件，数字化管理对成本的关系和我国建数字化工厂的缺项。在青岛有幸与卢炳恒院士畅谈了3D打印在铸造优先发展和通过3D打印技术实现"控形到控性"启发，对3D打印在铸造技术的发展深意更加确定，如何应用和设计3D打印生产模式是瓶颈，我确定在此方向作深入研究，已经开始申报专利，希望2021年申报个国家项目资助我开始试验。

砂型铸造厂零排放一直是我关注和研究的课题，并设计了铸造聚集区内铸造固废处理中心，通过集中处理和复合处理技术应用，实现废砂回用率最高和降低铸件成本、金属物回收、粉灰和炉渣增值再利用，实现工业危害固体废料的再循环使用和环保部门对环保的监控。砂型工艺主要有黏土砂、树脂砂、壳形砂消耗砂量占主体，黏土砂构成石英砂、煤粉、膨润土；树脂砂构成是石英砂、化学粘结剂和固化剂；壳形砂是石英砂、化学粘结剂。砂型在浇注高温熔体后，砂型被烧结，接触高温熔体的砂被部分烧结开裂和粉碎，铸造工艺对砂有粒度要求，过小粒度就被淘汰成为废砂，再小的在除尘器过滤时就成了粉尘，一部分变成漂浮颗粒就是空气污染物；煤粉、膨润土都是细粉，浇注后一部分变为粉尘；化学粘结剂被烧结后成碳化物，也是粉尘，没有被烧结的在循环再生是被机械磨擦成为粉尘，而且这部分含有有机物；还有一部分在浇注时以烟气的形式出现，带有焦臭刺激气味；化学粘结剂还会在混合反应时扩散到空气中，带有刺激性气味。砂型铸造还大量使用涂料，是水或酒精调和耐火粉料，浇注后粉料变成粉尘；抛丸也砂型铸造必备的工序，抛丸时铸件表面的砂和氧化皮被打成粉料变成过滤后的粉尘，这其中含有大量重金属细粉。铸造厂几乎个个工序都要安装通风除尘，将粉尘捕捉到除尘器中过滤收集，但也有部分捕捉不到的粉尘就成为漂浮粉尘进入车间、甚至进入到大气中，过滤效率低的除尘器也会排放部分粉尘进入大气中。所以砂型铸造产生的废物有砂、粉尘和气味，由于砂和粉尘中含有大量金属和有机物，因此被归类为有害工业固废。过去环保要求不严，铸造废砂和粉尘大都用去填坑。靠近居民区的铸造厂被投诉最多的是粉尘和气味。

在砂型工艺中，设计一般保守计算也要1吨铸件用4吨砂，3697万吨铸件大约总用砂量14788万吨，因为砂子在铸造中是循环使用，使用一次消耗按照最低平均10%，约1479万吨。砂型铸造用砂是恒定的，消耗掉的砂需要新砂不断补充，一年新砂用量也是损耗量，按照一节60吨的火车，24.65万节，按照50节一列约4930列。一天13.5列火车运送新砂给全国铸造厂；而粉尘的产生量按照1吨铸件50千克，平均一个1500吨/年铸造厂排放粉尘约75吨，这样大家比较有概念了。气味就不好量化了。

铸造用砂都是上等的石英砂，二氧化硅含量大于90%，是建筑舍不得用的，砂是国家列为《禁止出口货物目录》，也是不可再生资源，硅砂还是玻璃生产和建筑的主要原料。每年我国还大量进口河沙来补充建筑用料的不足。

三、绿色铸造之新征程

新基建理念为绿色铸造发展做出引导，以技术创新为驱动，以信息网络为基础，面向高质量发展，以数字转型、智能升级、工业互联网和云平台为基础工业创新赋能，我们要抓住机遇，融入大数据经济生态中，以区域绿色铸造平台为抓手，开始绿色铸造新征程。

德国4.0目标通过效率提升稳固竞争地位，他们有智能化工业体系做基础，实现工业互联网。现在我们也认识到了工业互联网才是制造的"绿色"，效率＝节能＝成本＝竞争地位。智能物流、在线监测、铸造管理软件成为数字化工厂的基础设施。数字孪生的虚拟与现实生产手段，成为产品全生命周期管理的最佳途径。科学务实的投资新基建，未来的工厂是生产和控制数据，是生态管理，人工计划和生产调度根本就不要想，设备是否具备智能、是否能实现物联网和互联网，如果局部投资改造可以实现的，按照数字化管理产生的附加效益进行评估，有附加值再上，切勿盲目投资。如果改造太多、投入太大要考虑新建厂。我们现在铸造成本管理还是粗框型，做不到精细成本管理，因为缺少过程控制。学习德国4.0思想也是重要的，我在介绍德国铸造厂管理软件时提示大家，软件是把人的思维逻辑放到计算机里执行的程序，因为它包含了德国铸造人的思想、经验、体会和管理之道。所以我有个想法，如果铸造厂希望在目前基础上做数字化升级，不知道改造哪些设备和投资多少，可以先上德国的MES系统，借鉴德国相同工艺的铸造管理模式去采集数据，这样就知道哪些设备的哪些数据是需要的，再按此进行设备的智能化升级或改造。

4.0工厂设计最重视的是智能物流，离散型生产物流比较复杂，是决定效率的关键环节，同时智能物流还承载着数字流的传输。在线监测尤其视觉监测是获取现实数据的重要手段，我们希望随时、随地地采集所要的产品数据，而且数据量越大判断越准确，这是人办不到的。这些都是我研究和关注的技术重点。

根据国家工业发展总体规划和政策，理解中国铸造现状，现实是残酷的、任务是艰巨的，铸造重要性也不用太多的解释，没有人去挖自己工业的基础，产能是过剩吗，需要我们从什么角度去分析，我们的产能占世界50%，我国2019年GDP占世界总量的16%，但第二产业占多少是关键，第一产业是农业我们受到地理条件限制，第三产业是服务业我们还没有完成工业化，还谈不上娱乐，技术和资本我们还独立不了，我们自己技术原创时代还没有到来，我们还需要勒紧腰带再干20年，这20年靠什么发展，靠工业制造，消费性工业品输出不了，只有投资性工业品才是我们的出路，首先就是机电产品，建筑、能源、汽车、高铁、通信、日用品、造船、飞机，哪些不需要铸造？中国产能不要只看国内需求市场，也要看国际需求和发展。宋朝GDP是中国历代占世界比重最高的，达60%，那时的人口占世界1/3，铁产量15万吨，而当时英国7.6万吨，那时没有轧制的钢铁，都是铸件，主要是农耕生产的工具，生产力强大才有GDP发达。产能过剩正说明我们服务业落后、贸易不畅，"一带一路"不光是为过剩产能准备的，也是为未来发展产能准备的。

铸造除了因工业基础件而重要，另外铸造是一个有技能型工种，是体验式获得认知的技能，需要继承的技能。影响铸造的因素非常多，造就一个铸造生态不容易，切不能因为眼前的困难而退宿，更不能不理它，我们要把铸造当做中华文明传承下去，发扬光大。

2005年时任浙江省委书记的习近平在浙江安吉考察时，首次提出了"绿水青山就是金山银山"的科学论断，后来，他又进一步阐述了绿水青山与金山银山之间三个发展阶段的问题。习近平同志的"两山"重要思想，系统剖析了经济与生态在演进过程中的相互关系，深刻揭示了经济社会发展的基本规律。

2017年10月18日，习近平在十九大报告中指出，坚持人与自然和谐共生。必须树立和践行绿水青山就是金山银山的理念，坚持节约资源和保护环境的基本国策。

2020年政府工作报告中指出"中国经济正迈向高质量发展，新时代需要新基建，是兼顾短期扩大有效需求和长期供给侧改革的最有效的办法，最有力的抓手，利国利民的国策。从需求侧，新基建有助于扩大有效需求，稳增长和稳就业，服务于消费升级，更好满足人民美好生活需要。从供给侧，新基建有助于扩大有效供给，释放中国经济增长潜力，为中国创新发展特别是抢占全球科技创新至高点创造基础条件。"

中国铸造分为高低两个层次，高层次的是为汽车行业配套的铸造企业、出口型企业、为行业龙头产品配套的铸造厂，受国际化的影响技术要求和产品标准趋于国际化，生产手段比较先进，管理比较规范，单一品种产量大。低层次的一般是供应通用零件的铸造厂，技术要求不高，标准化的零件，采购市场化率高，价格竞争激烈，如水暖件、法兰等，这些大多聚集在乡镇，工厂规模小，数量多，砂型铸造多。

目前铸造的问题是有解决方案的，对症下药，采用中医的辨证论治方法，根据收集的症状和体征等资料，通过分析、综合，辨清疾病的原因、性质、部位，以及邪正之间的关系，根据辨证的结果确定相应的治疗原则和方法。可以采用"同病异治"，也可"异病同治"，总的原则是生存中求发展，完成转型并做强。所以要科学地利用各种手段和技术打造新的绿色铸造生态。

绿色铸造不单单是技术问题，理念、管理和生产方式起到作用更大，德国铸造没有二班的，都是三班倒，一周6天，作业计划性强，设备保养有计划、运行稳定，生产准备、人员技能培训比较准确，产品稳定。采用计算机管理，实行目标成本控制，我们能耗大多浪费在误工和废品率上。计划性准确、组织性强、生产条件稳定是铸造的先决条件，最佳的铸件产生在一个稳定的条件下，这个条件总变，铸件质量也会变。

铸造环保是个伪命题，现在除尘设备和技术种类齐全，除尘效率要多高有多高，关键是安不安除尘器，生产时开不开除尘器，这是对行政执法最大的考验，而深层次的矛盾是这些做低档铸件的厂销售利润比较低，增大成本可能出现亏损，或者是真没有钱增加投资。

按照习主席的绿水青山与金山银山之间三个发展阶段论述，中国铸造已经完成粗犷型发展、奠定了在制造业的位置、集聚了国内国际市场规模、打通了国际市场通道、完成了现代铸造技术的对接，现在到了开展铸造转型升级的时候了。

我们坚信绿色铸造就是我们工业基础的新基建。给绿色铸造赋予新的使命。"新基建"要真正起到稳增长、补短板、调结构、促创新、惠民生的重大作用，防止"新瓶装旧酒""重走老路"。另外新基建是以新发展理念为引导，以技术创新为驱动，以信息网络为基础，面向高质量发展，提供数字转型、智能升级、融合创新服务基础设施体系建设，更能体现数字经济特征。

我们要利用好当前大好实机，响应中央的号召，充分利用创新化、数字化、智能化、绿色化促进铸造行业发展，把基础薄弱、又承担中国工业制造基础的铸造行业推向可持续发展的新阶段。

我建议：

一是由中国铸造协会等行业组织继续加强绿色铸造研究工作，由国家和地方财政资助，协同相关企业参加，用于开展铸造行业共性技术研究和针对地方铸造企业发展需求研究，制定绿色铸造发展路线，开展绿色铸造转型所需要的技术支持。开展国际合作、组建中德铸造专家团队，学习德国的技术和管理方法，扩大开展绿色铸造的技术来源，提供整体绿色铸造实施方案。

二是金融企业与地方政府进行"打造绿色铸造平台、创新铸造新生态"示范项目金融合作，确定合作方式。确定地方政策支持力度和实施的要求，利用绿色产业基金支持基础工业升级改造。从区域绿色铸造平台设计开始，通过工业互联网将该行政区域内铸造市场、供应、人才汇聚，建设新的绿色铸造生态圈，为政府管理部门提供工业和环保大数据。

三是工信部、科技部、环保部全面支持区域绿色铸造技术发展项目，对新模式、新生态、新技术和装备的科研和攻关以及产业合作示范申报国家资助和奖励，优先立项、设置重点基金。

按照现存铸造企业两个层次设计：

示范项目1——新模式：区域铸造群智能升级实现网络化、数字化管理，实现绿色铸造生产新模式。这个计划针对高层次的铸造企业，通过设备智能化改造，实现铸造生产数字化、网络化管理，有条件的实现工业互联网，改变生产模式，通过提高生产效率、提高交货准确率、减少废品率来抵消智能化和数字化增加的成本，使企业融入大数据的新生态，开展横向开发、产品全生命周期管理、供应网络化，使企业在大数据生态中获得赋能，使企业进入全球供应链，获得更多的发展机会。

示范项目2——新生态：区域铸造集合，建设大型联合生产体，实现绿色铸造新生态。这个计划针对低层次的铸造聚集区或产业群，关闭原有的小铸造，集合产能，建设新的巨型铸造厂，通过重建产线解决一切绿色铸造所需要解决的问题。如当地有40家企业，产能合计40万吨，那就建一个50万吨的铸造新厂，还会带动我国的铸造装备、技术的创新，全面采用工业互联网技术，物联互通，建设全数字化的、绿色的新生态铸造。

示范项目3——建设区域铸造工业固废中心，用最低的成本帮助铸造企业实现零排放。

只要我们有决心，战略目标明确，把绿色铸造纳入新基础建设，动员一切社会力量和资源，实现利益和机会共享，把这个工业基础产业推上中国制造面对未来全球发展的20年。

相变储能材料的绿色化应用及创新实践

杜兔平

北京宇田相变储能科技有限公司

摘要：相变储能材料作为一种新型化工材料，将暂时不用的能量储存起来，到需要时再将其释放，从而缓解能量供求之间矛盾，节约能源。近年来，相变储能材料受到越来越广泛的重视及深入研究，使得其在许多领域得以利用，并与人们的生活紧密相关。根据国家"十三五"规划的"新材料、新技术、新能源"三大产业方向的指导方针，将相变储能材料此类符合国家发展要求的新兴项目重点研发。相变材料技术拓展和衍生的相变储能、相变调温、相变热管理技术可应用于航天军工、工业余热利用、清洁能源供热、建筑物储热调温、电器电子产品热管理、纺织品领域等各领域。

关键词：相变材料　储能　温度　热管理

习近平总书记 2014 年 6 月 13 日主持召开中央财经领导小组会议，就推动能源生产和消费革命提出 5 点要求其中提到"推动能源技术革命，带动产业升级；推动能源体制革命，打通能源发展快车道"。国家能源局党组书记、局长章建华 2019 年 8 月 13 日发表在人民网中的文章指出：坚持以科技创新为第一动力。2017 年国家发改委、财政部、科学技术部、工信部、国家能源局联合发布《关于促进储能技术与产业发展的指导意见》，意见重点内容如下：（1）我国在未来 10 年内分两个阶段推进储能相关工作，第一阶段实现储能由研发示范向商业化初期过渡；第二阶段实现商业化初期向规模化发展转变。（2）围绕促进可再生能源消纳、发展分布式电力和微网、提升电力系统灵活性、加快建设能源互联网等重大需求，布局一批具有引领作用的重大储能试点示范工程。

能源资源短缺问题相对于战争和食品而言，已经成为 21 世纪人类面临的最大难题及困境。储能本身不是新兴的技术，但从产业角度来说却是刚刚出现，正处在起步阶段。到目前为止，中国没有达到类似美国、日本将储能当作一个独立产业加以看待并出台专门扶持政策的程度，尤其在缺乏为储能付费机制的前提下，储能产业的商业化模式尚未成形。在我国近年来高度重视储能产业的发展，能源安全是关系国家经济社会发展的全局性、战略性问题，对国家繁荣发展、人民生活改善、社会长治久安至关重要。

一、相变储能材料的显著优势及广泛的应用范围

随着全球工业的高速发展，自从 20 世纪 70 年代出现了能源危机及大量的能源消耗导致的环境污染和温室效应，人们一直在研究高效能源、节能技术、可再生环保型能

源、太阳能利用技术等。相变储能是提高能源利用效率和保护环境的重要技术，也是常用于缓解能量供求双方在时间、强度及地点上不匹配的有效方式，在太阳能的利用、电力的"移峰填谷"、废热和余热的回收利用、工业和民用建筑和空调的节能等领域具有广泛的应用前景，目前已经成为世界范围内的研究热点。利用相变材料的相变潜热来实现能量的储存和利用，有助于提高能效和开发可再生能源，是近年来能源科学和材料科学领域中一个十分活跃的前沿研究方向。

相变储能或调温材料是一种利用材料在相态转变过程中，伴随大量吸收或释放潜热而进行储能或释能的新型复合材料。该材料在相态（物理状态）发生变化时，自身温度几乎维持不变，而吸收或释放的潜热却相当巨大。单位体积相变储能材料的储热量是水的 4~5 倍，油的 7~8 倍。与显热储能相比，相变储能具有储能密度高、体积小巧、温度控制恒定、节能效果显著、相变温度选择范围宽、易于控制等优点，在航空航天、太阳能利用、采暖与空调、供电系统优化、医学工程、军事工程、蓄热建筑和极端环境服装等众多领域具有重要的应用价值和广阔的前景。

20 世纪 30 年代以来，特别是受 70 年代能源危机的影响，相变储热的基础理论和应用技术研究在发达国家，如美国、加拿大、日本以及德国等国迅速崛起并得到不断发展。材料科学、太阳能、航天技术、工程热物理、建筑物空调采暖通风及工业废热利用等领域的相互渗透与迅猛发展为相变储热研究和应用创造了条件。相变储热具有储热密度高、储热放热近似等温、过程易控制等特点。潜热储热是有效利用新能源和节能的重要途径。

二、相变储能材料在各领域的应用

相变储能材料在许多领域具有应用价值，包括太阳能利用、电力调峰、废热利用、跨季节储热及储冷、食物保鲜、建筑隔热保温、电子器件热保护、纺织服装、农业等等。通常按照业务范围将相变储能材料应用领域按照温度段分为四个领域：低温领域、常温领域、中高温领域以及高温领域。

在建筑领域相变储能材料发挥着重要的作用。有关资料显示：社会一次能源总消耗量的 1/3 用于建筑领域。提高建筑领域能源使用效率，降低建筑能耗，对于整个社会节能和环境保护都具有显著的经济效应和社会影响。生态建筑是可持续发展的重要手段之一。在生态建筑中，相变储能复合材料可以帮助利用太阳能、季节温差能等可再生能源，有效降低建筑物室内温度波动、缩减各种热能设备、降低能源支出和提供健康舒适的室内环境。可以利用低峰电力、削峰填谷，降低电能消耗，缓解电力紧张。近年来，随着高层建筑的快速发展，大量采用轻质建筑材料，而轻质建筑材料的热容比较低，不利于平抑室内温度波动。在轻质建筑材料中加入相变材料是解决这一问题的有效方法。其原理为，在有暖气的室内安装相变材料蓄热器后，当通暖气后，它会把热贮存起来；当停止送暖时，则放出热量，维持室内温度较为恒定。如果在室内地板和天花板使用相变材料，由于相变材料的贮热和放热作用，则可将室内温度梯度降低到小于5℃的舒适状态。相变材料还可以用在空调节能建筑上，通过在墙、屋顶、门窗、地板中加入相变材料，可提高空调使用效率，节约能源，同时提高室内环境舒适度。

在纺织服装领域，根据人体的冷热舒适需求，结合气候温度条件的差异，选择相变温度适当的相变材料，可以为人体有效地提供一个舒适的微气候环境，提高生活质量和工作效率。有关研究表明，含相变材料的纺织品能使人体在较长时间内处于舒适状态。在纺织品中加入相变储能材料可以增强服装的保暖功能，甚至使其具有智能化的内部温度调节功能。把相变材料加入纺织纤维中，如果外界环境温度升高，则相变材料熔化吸收热能，使得体表温度不随外界环境升高而升高；如果外界环境温度降低，则相变材料固化而释放热能，使得体表温度不随外界环境温度降低而降低。固液相变储能材料在液态时容易流失，所以其应用于纺织品时必须采用微胶囊化的形式，因此微胶囊型相变材料也是我司重点研发及广泛应用于产品的关键技术材料。

在太阳能领域，将组合相变材料用于太阳能供暖系统，减少了一次能源消耗，降低了供热时的运行费用，减少了对环境的污染。组合相变材料用于吸收热气模型，能够减少工质温度的波动，提高吸热器的效率。

在军事领域，将相变材料以涂料或遮蔽的形式用于军事目标上，通过改变、调节相变材料的组成、含量等，使其尽可能地吸收目标放出的热量，使军事目标的温度与周围环境温度相同。

在低温蓄冷冷藏领域，将相变储能材料在存放疫苗等需低温环境才可保存活性的特殊产品之前提前蓄冷，当环境温度升高时，相变材料释放出的冷量可以使疫苗在无其他冷源情况下，在所需时间段内保持低温。

相变储能材料也可以被单独制作成储能单元，在工厂生产过程中排放大量废热时，将废热余热多点收集、分段储存、阶梯利用。将收集整理好的热能贮存在移动蓄热车中，送至用户端，进行再利用。可替代燃煤、燃油、燃气、用电等能源设备，替代一次性不可再生能源，提高利用率。

三、相变储能材料的"宇田时代"

北京宇田相变储能科技有限公司2014年成立于北京，旗下拥有专注于研发已有八年研究史的北京宇田相变科技有限公司，以及山西宇田储能热管理科技有限公司等多个子公司，其中河北昊宇新能源科技有限公司作为北京宇田相变储能科技有限公司的全资子公司和生产基地，主要生产不同温度段的相变储能材料、不同型号的相变储能单元、不同用途的功能性微胶囊。基地占地47亩，建设投资1.5亿元。生产基地年产值可达20亿元以上，年创造利税可达6亿元以上，是全世界规模最大、产品品种最全及应用领域最广的相变储能材料生产基地。

宇田储能作为相变储能技术的拓荒者和推动者，已获得相变储能材料相关的数十项发明专利及认证，实属业内顶尖级融科研技术、工业生产、贸易及解决方案于一体的综合性公司。我司研制的相变储能材料兼具纳米技术、复合材料、新型功能、智能材料的属性，是全世界为数不多的集多种属性和功能的新型复合材料，是国家重点发展和大力支持的战略性新兴企业。

公司核心技术主要在于对相变材料掌握范围广，从可控温范围来说上至500℃，下至–30℃均有研究涉及；对材料的研究也包含单一成分材料、复合材料等；同时，对相变材料的研究也已从宏观发展至纳米（微胶囊）、从无机发展到有机。宇田储能的核心技术主要为（1）相变储能（调温）材料合成和复配技术；（2）相变储能（调温）材料和活性材料封装技术；（3）相变储能（调温）材料及储能单元换热技术；（4）相变储能、调温、热管理系统解决方案。公司以相变储能技术为基础，积极推进多学科和跨行业的综合性研发，创造性地解决了多项行业技术难题，其综合技术实力处于国际领先水平。公司拥有稳定、专业及互补性强（多维度）的研发团队，技术骨干均毕业于国内外著名院校，且在本行业内进行技术研究和产品开发多年，实力均处于国际领先水平。牵头和参与制订7项国家、行业及团体标准，用以规范行业技术和游戏规则，成为相关产业的技术推动者和领航者。

目前，宇田储能已与诸多知名品牌公司达成合作，在纺织、家具以及工业领域等多个行业中为客户提供技术及解决方案，未来将进一步扩大业务范围，将相变储能技术和材料用于更多领域。在实现自身价值的同时，为国家绿色储能材料产业发展奉献力量，为全球环境保护及人类生存环境的改善做出贡献。

参考文献

［1］储能发展现状. 中国能源网，https：//www. china5e. com/subject/show_688. html.

［2］尚燕，张雄. 相变储能材料的应用及研究现状［J］. 材料导报，2000（9）：2.

［3］郭茶秀，陈俊. 相变储能材料的研究和应用新进展［J］. 安阳工学院学报，2006（2）：2.

［4］章建华. 推动新时代能源事业高质量发展（深入学习贯彻习近平新时代中国特色社会主义思想）［R/OL］. http：//finance. people. cn/n1/2019/0813/c1004–31290947. html.

绿色催化反应与膜分离集成技术及应用

马东兴　张玉妹　王　莉　李　丽

河北美邦工程科技股份有限公司

摘要：随着"建设资源节约型和环境友好型社会"政策的提出，越来越多的研究开始集中在清洁生产技术的开发及应用中。绿色催化反应与膜分离技术的集成反应器（CMIR）能有效地提高反应转化率和选择性，提高生产效率，降低成本，减少工业三废的产生，是实现清洁生产的共性关键技术之一。

关键词：清洁生产　绿色催化　膜分离　集成技术　共性关键技术

一、引言

膜分离是在 20 世纪初出现，20 世纪 60 年代后迅速崛起的一门分离新技术，该技术利用膜材料的选择性分离功能，以一种高效、节能、环保的方式，实现了分离纯化的目的，操作过程简单，且易于控制。传统釜式反应器具有结构简单、体系内返混好、条件易于控制、可大型化、适用范围广等优点，同时也存在不适合高转化率反应、生产能力低的缺点。

将膜分离技术与传统釜式反应器相结合，在保留釜式反应器优点的同时，利用膜组件将反应产物分离出反应系统，打破了化学平衡，减少了副反应发生的概率，尤其减少了以主反应产物作为原料进行的串级副反应的发生概率，提高了反应的转化率及选择性；同时利用膜材料选择性分离的功能，将绿色催化反应中必需的催化剂截留在 CMIR 内部，继续参与后续的催化反应，实现了连续化生产，可以最大限度地发挥催化剂的催化性能，提高催化剂的利用率，提高 CMIR 的效率，提高生产效率，同时可大幅降低运行成本，减少工业三废的产生[1][2]。

由此可见，CMIR 是一种高效的新型反应器，是实现清洁生产的共性关键技术装备，是未来的发展趋势之一，具有巨大的开发及应用价值。

二、CMIR 的分类[3]

CMIR 根据膜在反应器内作用的不同，分为活性膜反应器和惰性膜反应器。

（一）活性膜反应器（A‑CMIR）

在 A‑CMIR 中，膜本身有催化活性或者在膜材料上直接涂装活性催化剂，使膜组件既具有催化的作用，又起到分离的目的。如在乙苯脱氢制备苯乙烯的过程中，将活性氧化铁催化剂涂装在膜组件表面，或在环己烷脱氢过程中，采用含钯活性膜组件与反应器集成的 A – CMIR，可以将环己烷的转化率由 18.7% 提高到 90% 以上，效果显著。

（二）惰性膜反应器（I – CMIR）

在 I – CMIR 中，膜材料对于化学反应是惰性的，不参与化学反应，只起到分离的作用。此类型的 I – CMIR 已成功应用在环己酮、己内酰胺、苯二酚、苯乙烯、氨基苯酚等产品的生产过程中，且 I – CMIR 运行状况良好，以生产己内酰胺为例，环己酮在 I – CMIR 中的转化率和选择性均高于 99.5%。

三、影响 CMIR 的因素

影响 CMIR 运行的因素有很多种，下面主要从膜性能、催化剂性能和反应器结构三个角度进行分析。

（一）膜性能的影响

膜材料作为 CMIR 的重要组件，对 CMIR 的性能及应用起着至关重要的作用。影响膜性能的主要因素包括膜的材质、结构、孔径（膜精度）、膜面积、膜再生工艺等，下面主要从膜材质和膜结构两个方面进行论述。

膜材料从材质上可以分为无机膜、有机膜、复合膜等，无机膜主要类型有金属膜、陶瓷膜、分子筛膜、碳化硅膜等，以上无机膜材料都具备一定的机械稳定性、化学稳定性及高温稳定性，与有机膜相比，尤其适合在较为苛刻的条件下实现膜分离的功能。

膜材料从结构上一般可以分为对称膜和非对称膜。顾名思义，对称膜就是膜材料的两侧结构基本类似，即过滤面与非过滤面的材质、孔径、开孔率基本一致，而非对称膜的过滤面与非过滤面的结构并非一致。CMIR 作为河北美邦工程科技股份有限公司（以下简称美邦科技）的专利产品，所使用的金属膜是将金属粉末在磨具中采用液压的方式压制成型，再通过高温烧结工艺得到的，所形成的对称膜材料整体结构一致，具有卓越的均匀孔径的特性，而非对称膜材料作为美邦科技的新一代 CMIR 中的核心组件，就是在孔径为 10 ~ 20 微米、厚度约 2000 ~ 3000 微米的对称膜材料的基础上，在过滤侧表面上涂装厚度约 200 微米、精度约 100 ~ 450 纳米的活性层作为主要过滤层，将原有对称膜结构作为支撑层，且活性层通过高温烧结，与支撑层结合为一体，保证了膜材料的强度，如图 1 – a、1 – b 所示。

如图 1 – c 所示，与对称膜相比，非对称膜的过滤压降主要在厚度约 200 微米的过滤层产生，整体压降更小，可利用压降更高，同时膜组件的在线反冲洗效果更好，极大地提高了 CMIR 的运行效果和生产效率[4][5]。

另外，膜材料布气、布液的功能也被广泛关注。将膜材料布置在反应器内，将需要分散的介质通过膜材料分散成微米级，甚至纳米级尺度，有利于突破传质的影响，提高反应效率[6]。

（二）催化剂性能的影响[7][8][9]

催化剂对 CMIR 的影响因素主要为催化剂的反应性能与过滤性能。与传统固定床中毫米级催化剂相比，CMIR 中可采用高活性的纳米级或微米级催化剂，催化剂的流化状态好，催化剂的整体性能和利用率更高。

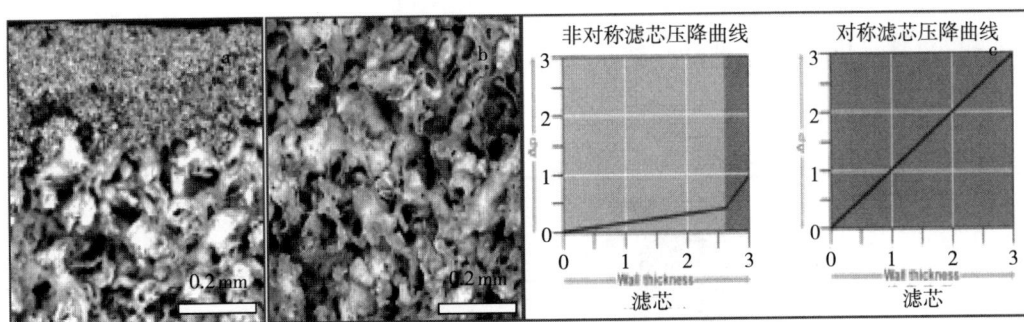

图1　扫描电镜图片与压降曲线

（a. 非对称膜扫描电镜图片；b. 对称膜扫描电镜图片；c. 对称膜与非对称膜的使用压降曲线）

以美邦科技生产的 TS－1 催化剂为例，在氨肟化反应中，转化率和选择性均高于99.9%，过滤液中固含量小于百万分之一，过滤压差小，可稳定运行 1 年以上。

（三）反应器结构的影响

CMIR 根据膜组件安装位置的不同，可以分为内置型、外置型及混合型。内置型CMIR，就是将膜组件安装在釜式反应器内部，过滤形式为穿流过滤，过滤动力主要为反应器内外部的压力差；外置型 CMIR 就是将膜组件安装在反应器的外循环管路上，过滤形式为错流过滤，过滤效果主要受膜面流速及跨膜压差的影响；混合型 CMIR 就是既包括内置膜组件，也包含外置膜组件的反应器。

CMIR 的结构对设备性能有明显的影响。如图 2 所示，对内置型 CMIR 进行流体力学分析。

图 2 中，a、c、e 分别为膜组件沿反应釜内壁均布、膜组件分上下两层环绕式分布在反应釜内、膜组件分上下两层环绕式分布在反应釜内部并增加外循环分布器，b、d、f 分别为与 a、c、e 三种 CMIR 对应的液相流场分析。如图所示，与 d、f 图对比，b 图中流场呈现明显轴流向，不利于混合；而 d 图与 f 图对比，虽然两种工况下膜管表面的平均流速接近，分别为 0.56 米/秒和 0.53 米/秒，但增加了外循环液体分布器的 f 图中的流场中加强了反应器上部的流化状态，整体返混效果更好。

为进一步分析固体催化剂在反应器内部的分布情况，分别对图 2 中的 c、e 型式的CMIR 进行液固流场分析。如图 3 所示，对比 a 与 b 不难发现，增加了外循环分布器后，膜组件表面的催化剂固体流速分布更加均匀，证明催化剂固体在系统中的流化状态更好。

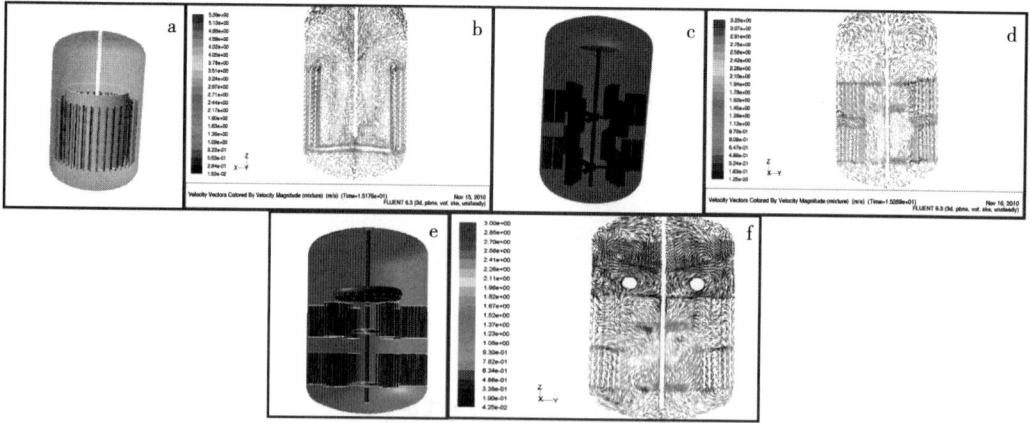

图2　内置型 CMIR 流体力学分析

（a. 膜组件沿反应釜内壁均布式 CMIR；b. 与 a 型 CMIR 对应的流体力学分析；

c. 膜组件分上下两层环绕式分布 CMIR；d. 与 c 型 CMIR 对应的流体力学分析；

e. 在 c 型 CMIR 基础上增加外循环液体分布器型式的 CMIR；f. 与 e 型 CMIR 对应的流体力学分析）

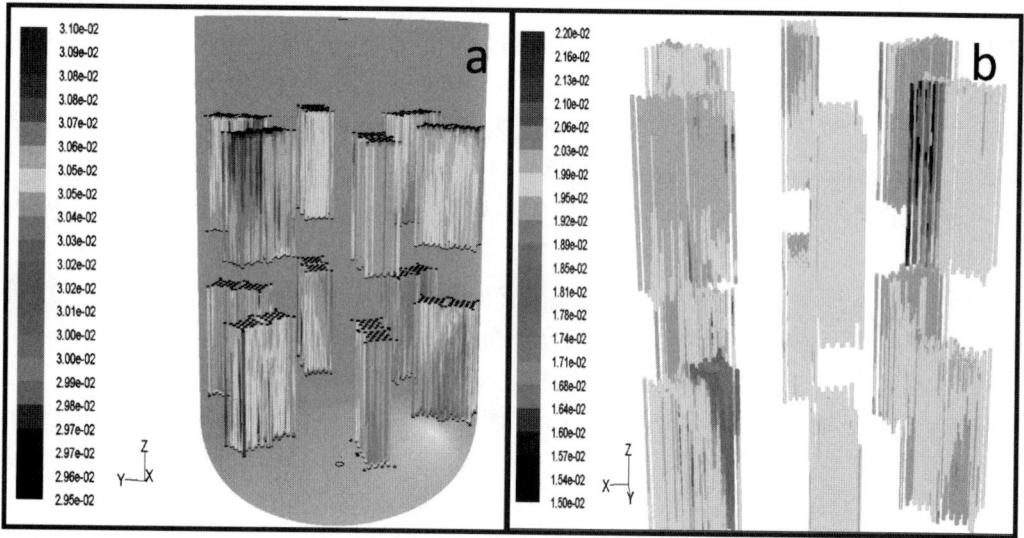

图3　液固流场分析

（a. 与图 2 - c 对应的液固流场分析；b. 与 2 - e 对应的液固流场分析）

四、CMIR 的行业应用

近年来，CMIR 在加氢脱氢、氧化反应、偶联反应、脱硫反应、酯化反应、水合反应等反应过程中的研究取得了显著的成果，如表 1 所示。

表 1 CMIR 应用实例

作者	膜材料	催化剂	反应类型	效果
Becker Y L 等[10]	ZrO_2/Al_2O_3	氧化铁	脱氢反应	乙苯脱氢转化率比固定床高 10%
Chmpagnie A M 等[11]	ZrO_2/Al_2O_3	铂	脱氢反应	乙烷脱氢制乙烯转化率可到平衡转化率 6 倍
刘昌呈等[12]	Pd/Al_2O_3	$Pt/K/Sn/Al_2O_3$	脱氢反应	丙烷脱氢转化率提升到平衡转化率的 2.5 倍，固定床的 6 倍
高文杲等	金属膜	TS–1	肟化反应	环己酮转化率、选择性均高于 99.5%
Liu M 等[13]	金属膜	TS–1	氧化反应	丙烯氧化制环氧丙烷的转化率和选择性均高于 99%
Gryznov V M 等[14]	Pd–Ru 催化膜		偶联反应	苯酚的转化率由 39% 提高到 92%
Chai Maorong 等[15]	ZrO_2/Al_2O_3	钌	氧化反应	甲烷水蒸气重整转化率为平衡转化率的 2 倍
Boreskov 等	催化膜，活性组分为钒、钴、锰的氧化物		脱硫反应	提高了 H_2S 的有效利用率
日本旭化成公司[16]	ZrO_2/Al_2O_3	ZSM–5	水合反应	环己烯水合制环己醇的效率大幅提高

五、总结

综上所述，CMIR 是一种绿色催化反应与膜分离的集成技术装备，能有效提高反应的转化率和选择性，提高原料利用率和生产效率，降低成本和工业三废的产生，是实现清洁生产的共性关键技术之一，是煤化工、石油化工、环境治理等领域的重要发展方向。

参考文献

［1］邢卫红，陈日志，姜红. 无机膜与膜反应器［M］. 北京：化学工业出版社，2020.

［2］Michael A S. New seperation technique for the CPL［J］. Chem Eng Prog, 1968（64）：34–43.

［3］Marcano J G S, Tsotsis T T. Catalytic membranes and membrane reactors［M］. Germany：Wiley–VCH, 2002.

［4］徐南平. 面向应用过程的陶瓷膜材料设计、制备与应用［M］. 北京：科学出版社，2005.

［5］Mozia S. Photocatalytic membrane reactor（PMRs）in water and wastewater treatment. A review［J］. Sep Purif Technol, 2010（73）：71–91.

［6］Jin W Q, Gu X H, Dong Z Y, et al. Experimental and simulation study on a catalyst packed tubular dense membrane rector for partical oxidation of methane to syngas［J］. Chem Eng Sci, 2000（55）：2617–2625.

［7］Bernstein L A, Lund C R F. Membrane reactors for catalytic series and series–parallel reactions［J］. J Membr Sci, 1993（77）：155.

［8］Zhong Z Y, Li W X, Xing W H, et al. Crossflow filtration of nano–sized catalysts suspension using ceramic membranes [J]. Sep Purif Technol, 2011, 76 (3): 223 - 230.

[9] 高文杲, 宛捍东, 金作宏, 等. 一种氨肟化反应与分离耦合工艺及装置: 201410442194. 0 [P]. 2015 - 01 - 06.

[10] Becker Y L, Dixon A G, Moser W R, Ma Y H. Modelling of ethylbenzene dehydrogenation in a catalytic membrane reactor [J]. Jour Membr Sci, 1993 (77): 233.

[11] Champagnie A M, Tsotsis T T, Minet R G, Webster A I. A high temperature catalytic membrane reactor for ethane dehydrogenation [J]. Chem Eng Sci, 1990, 48 (8): 2423 - 2429.

[12] 刘昌呈, 王春平, 马爱增. 工艺条件对 Pt - Sn - K/Al$_2$O$_3$ 催化剂丙烷脱氢性能的影响 [J]. 石油炼制与化工, 2013 (4): 34 - 38.

[13] Liu M, Ye X X, Liu Y Q, et al. Highly selective epoxidation of propylene in a low - pressure continuous slurry [J]. Ind Eng Chem Res, 2015 (54): 5416 - 5426.

[14] Gryaznov V M, Ermilova M M, Orekhova N V. Membrane - catalyst systems for selectivity improvement in dehydrogenation and hydrogenation reactions [J]. Catalysis today, 2001, 67 (1): 185 - 188.

[15] Chai M R. Machida M, et al. Promotion of methane steam reforming using ruthenium - dispersed microporous alumina membrane reactor [J]. Chem Lett, 1993 (2): 41 - 44.

[16] Asahi chemical industry Co. , Ltd. Cyclic alcohols: JP6010403A [P]. 1985.

绿色农业

坚持绿色发展理念　大力推进农业绿色发展

尹成杰

原农业部党组副书记、副部长，

农业农村部乡村振兴专家咨询委委员

尹成杰讲话
视频节选

绿色发展理念是新时代经济社会发展的根本遵循。党的十八大以来，习近平总书记围绕生态环境保护和生态文明建设，提出了一系列新理念、新思想、新战略。特别是在全国生态环境保护大会上，提出了绿色发展理念，强调推进绿色发展。在一系列讲话中，习近平总书记多次强调要坚持农业绿色发展理念，走出一条集约、高效、安全、持续的现代农业发展道路。

一、农业绿色发展是建设现代农业的根本遵循

习近平总书记指出："要全面推进绿色发展""绿色发展是构建高质量现代化经济体系的必然要求，是解决污染问题的根本之策"。要坚持以绿色发展理念为指导，加快新时代现代农业建设。推进农业绿色发展，是建设现代化农业的必然要求。

近些年来，特别是党的十八大以来，我国农业绿色发展加快，取得重要阶段性成果。一是粮食综合生产能力明显提高。粮食连续 16 年丰收，连续 6 年粮食产量稳定在13000 亿斤以上。2019 年粮食总产量达到 13277 亿斤。二是农业发展方式加快转变。农业发展由数量增长向数量质量并重转变，大力提高农业发展质量，提高农产品质量安全水平，走质量兴农、品牌强农之路。三是农业供给侧结构性改革逐步深化。推进农业结构和产业结构调整优化。我国东北地区不适宜种植玉米的面积减下来，减少玉米面积4000 多万亩，增加了马铃薯、大豆、小麦种植面积。四是农业资源生态环境保护力度明显加大。当前农业不再以牺牲资源、环境为代价，切实保护稀缺的农业资源和宝贵的生态环境。实行严格的耕地淡水保护制度，实行耕地淡水节约、集约利用制度。大力减少农业化学投入品使用，严格防控农业面源污染。农业部 2015 年提出到 2020 年实现化肥、农药零增长，在 2017 年就已经实现。五是农产品质量安全水平进一步提高。认真贯彻实施史上最严的食品安全法和农产品质量安全法，加强生产源头监管和治理。2019年农业农村部又提出，从 2020 年 1 月起，畜牧饲料中一切化学投入添加品一律退出，严禁添加抗生素等化学添加物，提高畜产品的质量安全水平。目前，农产品总体合格率为 98.2%，蔬菜、水果、茶叶、畜产品合格率分别为 97.2%、96.0%、98.6%、99.6%，农产品质量安全水平持续向好。

实践证明，绿色理念是新发展理念的重要组成。农业绿色发展是建设新时代现代农

业的战略性举措。

一是绿色发展理念是农业的发展力。新时代现代农业不能再以牺牲资源和环境为代价，要实现保护生态环境、节约农业资源的可持续发展。以农业绿色发展理念指导现代农业建设，才能实现低碳、绿色、可持续发展，才能实现生态、高效、循环发展。

二是农业绿色发展是农业的创新力。新时代农业发展需要转型升级，培育新动能、新业态、新模式。以农业绿色发展理念为指导，才能实现体制、机制、业态、模式的不断创新，实现现代农业的高质量发展、品牌发展、高效发展。

三是农业绿色发展理念是农业的生产力。新时代现代农业发展，最根本的是发展生产力、解放生产力、保护生产力。以农业绿色发展理念为指导的发展，保护绿水青山就是保护金山银山。保护资源、生态和环境，才能保护好基础生产力，才能进一步解放和发展生产力。

四是农业绿色发展理念是农业的竞争力。农业国际化竞争最根本的是农业发展质量竞争。只有坚持绿色发展，才能不断提高农业国际竞争力。坚持农业绿色发展，实现农业发展动力、效率和质量的三大变革，才能促进新时代现代农业的高质量发展，提高农业国际竞争力。

二、牢固树立农业绿色发展的新理念

理念创新是农业转型升级的先导，是农业绿色发展的前提和基础。要通过坚持和创新农业绿色发展理念，适应农业发展"新常态"，打造农业发展"新引擎"，开辟农业发展"新空间"，寻求农业发展"新途径"，培育农业发展"新增长极"。实现农业绿色发展，要以中央新的发展理念为指导，坚持和秉承六大发展理念，可从以下五点着手：

一是统筹实现农业发展和生态环境保护提升的发展理念。农业生产过程是自然界物质和能量交换的过程。农业生产既是对自然资源和生态环境的索取，也是对自然资源和生态环境的保护和建设。要把农业结构布局和资源利用，与生态环境修复、保护和提升同步推进，协调发展。实现农业发展与资源保护和生态环境建设的"三位一体"：把农业及其产业发展纳入生态环境的大系统，融入生态环境的大保护，促进生态环境的大提升。

农业既要充分利用资源生产更多更好的农产品，又要充分发挥着净化空气、涵养水源、防风固沙、美化环境、改善生态的功能和作用。农业发展实践告诉人们，传统农业必须向现代农业转变，不能再以牺牲资源和环境为代价发展农业。传统农业难以创造较高的农业生产率，难以满足人类发展对农产品的需求；石化农业虽可以创造较高的农业生产率，但越来越不适应消费者和保护生态环境需要。因此，现代农业要加快转型升级，必须实现绿色发展。

二是统筹实现农业传统功能和新兴农业功能的发展理念。要深化农业功能认识，农业种植业不仅生产和提供农产品，而且要生产和提供生态产品。农业区域布局和结构，不仅要注重提高农产品产量、增加品种和创造品牌，而且也要注重建设和保护美化生态环境。农业要不仅提供充裕优质的农产品，而且还要创建优美的田园风光和良好的生态环境。农业发展，要由单纯注重产量向产量质量并重转变，由增产增收向增产提质增收并重转变，由注重发挥经济效益向经济生态效益并重转变。

三是统筹实现农业平面开发与立体复式开发的发展理念。促进农业绿色和可持续发展，要提高光、热、土、肥、水等农业资源利用效率和产出效益。促进农业资源利用由平面利用向立体利用转变，由单一利用向复式利用转变，由粗放利用向集约利用转变，由一级利用向多级利用转变。向空间要资源，向集约要高效。

四是统筹实现农业资源和农副产品循环利用的发展理念。循环农业，是运用物质循环再生原理和物质多层次利用技术，实现较少副产物和废弃物的产生和提高资源利用效率的农业生产方式。通过发展循环农业，实现投入品减量化、成果再利用、资源再循环，是一种资源节约、环境友好、效益提高型的农业生产方式。统筹农业资源和农副产品循环利用，就是捡回另一半农业。

五是统筹实现农业投入品使用和农村生态环境治理的发展理念。传统农业向现代农业转变，要求传统农业投入品向新型农业投入品转变。现代农业对农业投入品的质量、效率和安全、生态等提出更高要求。要按照适应现代农业集约、高效、生态、持续的发展目标，更新和树立新型农业投入品的发展理念。要开发应用绿色、高效肥料和农药，减少化肥、农药使用量，实现化肥、农药用量零增长，防止农业面源污染，实现农业投入品科学使用与农村生态环境治理保护协调同步。

三、把农业绿色发展理念贯穿农业农村现代化全过程

推进新时代农业农村现代化建设，实现农业农村绿色发展，要坚持以新的发展理念为指导，把绿色发展理念贯彻落实到农业农村现代化建设的全过程。

一是坚持绿色发展理念导向。深入学习贯彻习近平总书记关于绿色发展的一系列重要论述，坚定不移地贯彻中央新发展理念，以此指导农业农村现代化建设，提高农业农村发展质量。深入贯彻人与自然是命运共同体的理念，爱护、尊重、敬畏自然和农业资源及生态环境。深入学习贯彻"两山"理论，种地养地、依水护水、靠山养山，把保护生态环境和资源摆在农业农村现代化的首位；深入学习贯彻像保护生命和眼睛一样保护生态环境的理念，在农业农村现代化建设进程中始终立足于资源、生态、环境的大保护、大修复。

二是制订完善农业农村绿色发展政策。进一步明确和坚持农业绿色发展的政策导向，建立健全农业农村绿色发展的激励机制。制订引导农业农村绿色发展的新政策新举措。通过建立生态绿色制度、绿色政策、绿色项目、绿色金融、绿色保险、绿色业态、绿色技术支持和扶持的政策机制，调动政府和农民推动农业农村绿色发展的积极性和创造性。制订培育农业绿色发展主体政策，培育坚持农业农村绿色发展的经营主体、新型农民和各类龙头企业。

三是倡导和形成绿色发展方式。大力改变高投入、高消耗、资源浪费、过度开发的发展模式和方式。坚持实行农业资源节约、集约、高效利用方式。依靠科技进步创新和劳动力素质提升，提高资源利用率、劳动生产率和经济效率。坚持农业高质量发展，实现农业发展质量变革、效率变革、动力变革。

四是倡导和形成农村绿色生活方式。绿色生活方式是城乡生产生活的必然要求。进一步推进农村生活方式的变革，树立新的绿色生活理念，尊重农业生态环境，重视农村环境卫生，养成良好的生活卫生习惯。大力倡导简约适度、绿色低碳、科学文明的农村风气和生活方式，建设农村绿色社区和服务体系。

五是构建市场导向的绿色技术创新体系。依靠科技创新和技术进步，大力推进农业农村绿色技术创新。要进一步研发创新农村环保治理技术，农作物秸秆、垃圾及各种污水、牲畜粪便治理利用技术创新。

四、不断提高农业绿色农产品和生态环境产品供给能力

习近平总书记指出："我们要建设的现代化是人与自然和谐共生的现代化""既要创造更多物质财富和精神财富以满足人民日益增长的美好生活需要，也要提供更多优质生态产品以满足人民日益增长的优美生态环境需要"。这一重要论述，深刻揭示了中国特色现代化的重要特征及本质要求，推进农业绿色发展，转型升级，实现农业现代化就是要为人民美好生活要求提供更多更优的绿色农产品、生态产品和优美环境产品。

良好的生态环境是最普惠的民生福祉，良好的生态环境是最公平的公共产品。推进农业农村绿色发展，不断提高农业绿色农产品和生态环境产品的供给能力，是对新时代农业农村现代化的本质要求，是满足人民对农业农村日益增长美好生活需求的重要任务目标，是推进农业农村现代化建设的出发点和落脚点。

一是大力推进农业农村两个现代化建设。这是乡村振兴的总目标。不断提高农业绿色农产品和良好的生态环境产品供给能力，根本出路在于实现农业农村现代化。推进农业绿色发展，加快农业农村现代化建设，当务之急要补上农业农村发展的短板，解决农业农村发展不平衡、不协调问题。特别是要集中力量打胜脱贫攻坚战和补上全面小康"三农"领域突出短板，持续抓好农业稳产保供和农民增收。要加强农村社会基层治理，建设幸福、和谐、平安、美丽乡村。

二是深入推进农业供给侧结构性调整与改革。着力构建绿色的农业区域布局和结构。农业和农村产业的结构与布局，与绿色农产品、良好生态环境产品供给密切相关，与保护农业资源与生态环境密切相关。良好的农业、农村产业结构与布局，是保护资源与生态环境，提高绿色农产品与生态环境产品供给能力的基础。推进农业绿色发展，就必须深入推进农业供给侧结构性改革，把农业结构与布局的设置与保护和重塑生态环境有机结合起来。要培育形成与拓展农业结构和布局的生态环境功能。绿色的农业结构与布局，既要生产绿色农产品，又要生产绿色生态环境产品。农业结构与布局是一个生产、生活、生态相结合的大系统、大网络、大循环，覆盖我国 18 亿亩耕地。未来绿色农业结构与布局的网络定位格局，应该是粮食供给安全网、农产品增产网、农民增收网、农民就业网，又是资源保护网、生态修复网、环境建设网、生态环境产品供给网。

三是切实加强生态宜居美丽乡村建设。学习和推广浙江经验，加快推进美丽乡村建设。生态宜居是乡村振兴的关键，生态振兴是乡村振兴的重要组成。建设生态宜居的乡村，是当下农村发展最重要的生产生活需求。要统筹山水林田湖草环境治理，建设生活

环境整洁优美、生态系统稳定健康、人与自然和谐共生的生态宜居环境。推进农业清洁生产，集中整治农村环境突出问题。加快补齐小康"三农"领域短板，健全乡村环境治理长效机制。加快农村生态保护与修复，实施重要生态保护和修复重大工程，发挥自然生态资源多重效应。

四是积极发展乡村绿色产业。依托农业资源发展农村产业，把农产品转化为农村产业，把产业转化为产业集群，把产业集群转化为农业产业化。特别是要发挥农村文化、生态资源优势，加快发展乡村文旅、休闲、康养等绿色产业。乡村文旅、休闲、康养产业是乡村振兴、产业兴旺的基础与重要构成，是农民增收的重要增长点，是生态、宜居、美丽的城乡融合点。

五是大力培育农业绿色发展新动能新业态。为适应农业绿色发展要求，对农业农村产业结构进行深度调整，培育和创建农业农村产业的新格局、新结构。要以绿色发展理念为指导，进一步调整、优化和加强"五区、四园、三镇一体"建设，加快形成农业绿色发展的新基础新平台，即加强现代农业示范区、粮食生产功能区、重要农产品生产保护区、特色农产品优势区、农业可持续发展实验区和现代农业产业园、农产品加工园、农业示范园、科技创新园建设。同时，要推进农字号小镇、商贸型小镇、产业强镇等特色小镇和田园综合体建设，形成农业农村产业绿色发展的新动能、新业态。

六是大力加强农业农村新基础设施建设。进一步加强农业农村新基础设施，为农业农村绿色发展提供科技支撑，促进农业农村高质量发展。要以科技创新为驱动，以农业信息化为基础，建设现代、新型的物质技术支撑，为智能农业、数字乡村提供新型农业基础设施体系。加强农业信息基础设施建设，以5G、互联网、物联网、大数据、云计算、区块链为技术支撑，推进农业农村信息化建设；加强农业科技创新基础设施建设，特别是加强支撑农业科学研究、农业技术开发、农业产学研的基础设施建设；加强农业现代流通基础设施建设，大力加强产品批发市场、仓储、物流设施建设，大力发展农村电商及跨境电子商务；加强数字乡村智能化、数字化和乡村基层治理的基础设施建设，提高乡村治理的科技含量。

七是加快推进农村环境治理工作，着力解决乡村突出环境治理问题。切实加大乡村污水、垃圾、废弃物综合治理力度。加强农村人居环境整治，积极推进改水、改厕、改灶、改路、改圈为内容的"五改"，来一场农村生活环境治理革命。创新农村生态环境整治理念与方式，把农村秸秆、垃圾等生物质资源变废为宝。要把废弃物焚烧填埋治理变为深度加工治理，防止垃圾搬迁异地污染。要以产业治污治环，把生物质资源转变为产业，实现以产治污治环，以产业发展保护农村生活生态环境。

五、高效生态农业是农业绿色发展的重要组成

农业绿色发展的形态和业态多种多样。从实践看，高效生态农业是农业绿色发展的重要组成。正如习近平总书记指出："高效生态农业是集约化经营与生态化生产有机耦合的现代化农业。"这一重要论述，深刻指明了高效生态农业作为一种重要形态，以及对农业绿色发展和推进现代农业建设的重要性。因此，发展高效生态农业是促进农业绿

色发展，建设现代农业的重要任务。

高效生态农业既是农业的集约化经营，又是农业的产业化生产；既是高效生态系统，又是现代化农业的重要组成部分，也是农业绿色发展的重要形态。要深入学习和领会习近平总书记的重要论述，从更高的层次和理念上认识高效生态农业，从更高的定位和战略上落实高效生态农业发展举措。

一是高效生态农业在技术基础上，以生物学、生态学、经济学和管理学为技术支撑，形成技术支撑体系，"四学一体"有机集合。

二是高效生态农业在经营效益上，追求经济效益最大化、生态效益最优化、社会效益最佳化。经济效益、生态效益、社会效益统筹兼顾，综合评价，把农民增收、生态建设、食品安全统一于经营全过程。

三是高效生态农业在发展模式和业态上，生产时间多序列，经营空间多层次，产业链条多环节，能量转换多量级，物质循环多路径，实现良性循环往复发展。主要形成五个"主要循环"：种植业内部良性循环，养殖业内部良性循环，加工业内部良性循环，种养业之间良性循环，种养加之间良性循环。良性循环往复利用资源成为生态农业发展的重要模式和业态。

四是高效生态农业在构成层次上，涵盖多层次、多空间的生态构成。高效生态农业不是农业某个环节的生态，也不是单一层面的生态，而是全链条性、多层次性、整体系统性的农业生态发展。要有生态的农业种植业结构和区域布局，有效保护农业生态和环境。把农业结构和布局，建设成为人工与天然相结合的修复和保护生态、环境的天然屏障和网络。要有生态农业资源，健康绿色的耕地资源和淡水资源，农业生产统筹利用和涵养保护农业资源。要有生态的农业投入品，农业投入品要转型升级，控制或减量使用化学投入品，大力应用高效、无害、无残留的生态投入品。控制和消除农业面源污染，保护土壤和淡水的微生态环境。实行保护生态的农业耕作制度，特别是轮作和休耕制度。合理利用农作物轮作和休耕，保护、修复和重建良好的农业生态环境和健康的农业资源。要生产生态的农产品。生态农产品和生态产品是生态农业的最终成果。生态农产品的内涵和外延都在拓展。既要生产无公害、绿色、有机的供消费者食物消费的农产品，又要生产供消费者消费的文旅、休闲、康养、养生等生态环境产品。

五是高效生态农业在技术应用方式上，注重发挥农业技术的综合作用和效果。通过农业科技创新，促进多项农业技术科学组装、互为融合、共建生态。特别是要把种植技术、养殖技术、田间工程技术、农田水利技术、农业投入品使用技术、病虫害防控技术、农产品加工技术等，按照发展高效生态农业的要求，进行技术性改革与创新，使之互为适用、有机契合、综合应用，形成与高效生态农业属性及特点相适应的现代农业技术支撑体系。湖北潜江市水稻种植从"水稻单作"发展到"稻虾连作"，再到"稻虾共作"和"稻虾加工融合"模式，其水稻栽培技术、龙虾养殖技术、田间水利工程技术、农业投入品利用技术、龙虾精深加工技术等都进行了一系列的改革和创新，在高效生态农业目标下，实现了技术的高度耦合、综合作用，实现了高效生态农业持续发展，获得了较好的经济效益、生态效益和社会效益。

数字绿色农产品电商模式创新

洪　涛　中国农业展览协会农产品电商工作委员会会长

洪　勇　商务部研究院电子商务研究所副研究员博士

数字绿色农产品电商模式是指采用各种数字技术进行的多种绿色农产品电商及其过程的商业模式。它包括各种绿色农产品（含"三品一标"产品）的数字化、其交易过程的数字化、其物配供应链过程的数字化、其支付结算网络金融的数字化等。

一、2018 年我国进入数字绿色农产品电商新阶段

1994 年以来，我国农产品电商经历了 26 年共 8 个发展阶段，2018 年我国进入数字绿色农产品电商模式创新阶段，表现为数字农产品电商得到了人们的重视，绿色农产品电商成为时尚，"三品一标"农产品成为农产品电商的主要内容。

第一阶段：1994 年，中国农业信息网和中国农业科技信息网相继开通，信息技术在农业领域开始应用，标志着我国农产品信息化开始起步，1995 年郑州商品交易所集诚现货网（中华粮网前身）成立，开展探索粮食电子商务。

第二阶段：1998 年 12 月，我国第一笔粮食网上交易，新华社记者报道"粮食在网上流动起来"，并且在全球成为一条重要的新闻，自 1998 年以来，通过中华粮网电商平台参与网上交易的粮油企业已有 3000 多家。1999 年，全国棉花交易市场成立并产生交易，标志着我国棉花网上交易起步。作为计划经济很强的粮食、棉花在网上交易，打破了电子商务的传统定义，即计划性很强的农产品不可能实现网上交易的"定律"。

第三阶段：2005 年易果生鲜的成立，标志着我国生鲜农产品电商正式起步，改写了电子商务教材，之前的教材指出，生鲜农产品是不可以做电子商务的，但 2005 年之后，越来越多的农产品电商网站涌现。

第四阶段：2012 年底，当时刚成立一年的生鲜电商"本来生活"凭"褚橙进京"事件营销一炮走红，随后又在 2013 年春挑起了"京城荔枝大战"，标志着品牌农产品电商出现，即品牌农产品也可以采取电商的方式进入市场，至此品牌农产品电商成为一种时尚。随即大量的品牌农产品采取电商的方式进入市场。

第五阶段：2013—2014 年，农产品电商 18 种模式同时出现，标志着农产品电商模式创新进入一个新的发展阶段。B2C、C2C、C2B、O2O 等模式竞相推出，越来越多的网络工具，如宽带电信网、数字电视网、新一代互联风、云计算、大数据及微博、微信等为各商家提供了更多的选择工具。

第六阶段：2014 年大量农产品电商进入融资阶段，本来生活、美味七七、京东、

我买网、宅急送、阿里巴巴、收货宝、青年菜君等先后获得了大量 PE/VC 融资，这些融资大都注入农产品电商。大量农产品电商融资出现，促进了农产品电商成为时尚，同时大量电商的同质化导致一些农产品电商亏损倒闭。

第七阶段：2015 年，网上网下相互融资入股，阿里、京东、苏宁、供销 e 家等纷纷进入农产品电商领域，采取了网络公司向网下企业兼并重组，网下企业向网上企业兼并重组的格局。2015 年阿里持股苏宁，京东入股永辉超市、投资天天果园，美团与大众点评合并等，我国农产品电商进入整合时期，兼并重组成为常态。

第八阶段：2018 年我国进入数字农产品电商阶段。特别是 2019 年颁发的《数字乡村发展战略纲要》提出：数字乡村建设 2020 年、2025 年、2035 年、2050 年四个阶段发展目标，标志着我国数字农产品电商新时代的到来。2019 年以来，我国各级政府继续把促进农产品上行作为主要任务，农产品上行成为消费扶贫和消费电商持贫的重要内容。

我国农产品电商发展轨迹如图 1 所示：

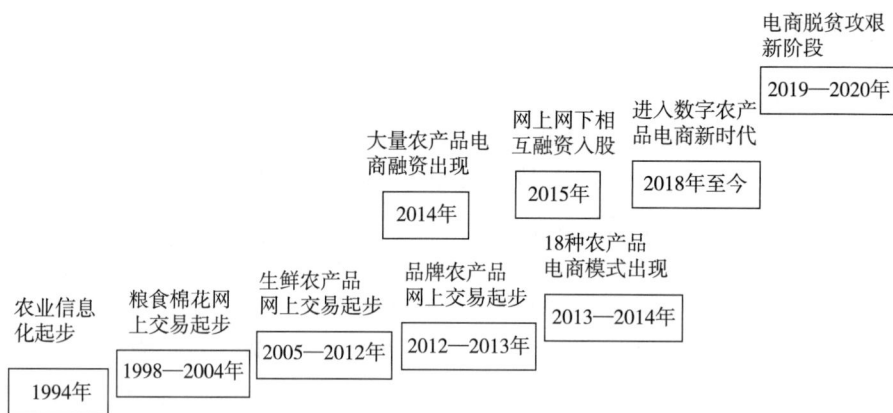

图1　1994 年以来中国农产品电商发展轨迹

据统计，截至 2020 年 3 月，我国农村网民规模为 2.55 亿，互联网普及率为 46.2%，较 2018 年底提升 7.8 个百分点。① 我国现有各种涉农电商平台 3 万多个，其中农产品电商平台 4000 多个。25 年来，我国农产品电商形成了 B2B、网络零售并存的多种模式创新的电子商务，有综合性电商、垂直性电商、社交电商、跨境电商等以及各种配送供应链、网络金融，"电商＋易货贸易"等各种新农产品上行模式不断创新发展。

一、数字绿色农产品电商的规模与作用

近几年来，我国数字绿色农产品电商规模不断扩大，从广义农产品电商来说，包括农产品网上期货期权交易、大宗农产品电子交易、农产品 B2B 交易、农产品网络零售、农产品跨境电商、农产品冷链物流、食品（农产品）餐饮外卖、生鲜农产品电子商务。

---

① 2020 年 4 月 28 日，中国互联网络信息中心（CNNIC）发布了第 45 次《中国互联网络发展状况统计报告》（以下简称《报告》）。《报告》显示，截至 2020 年 3 月，我国网民规模达到 9.04 亿，互联网普及率达 64.5%。

（一）农产品网上期货（期权）规模增加

2019年，郑州、大连商品交易所先后上市红枣、粳米期货品种，上海、郑州、大连三个交易所先后上市天胶、棉花、玉米三个期权品种，加上以前苹果、生猪、白糖等农产品期货，形成特有的期货板块，并且完成了许多农产品期货＋期权＋保险的供应链金融创新，探索了网上基差交易。2019年，我国期货期权农产品品种的上市超过往年。

据统计，全国三个期货交易所农产品期货交易品种累计达到15个，2019年全年交易16.44亿手，交易额达到52.68万亿元；交易农产品期权品种累计6个，2019年交易3562万手，交易额达到205.58亿元。

2019年农产品网上期货、期权累计交易16.79亿手，累计成交额52.68万亿元。对农产品实体经济的影响力进一步增强。

（二）大宗商品电子交易进入供应链新阶段

2019年，我国大宗商品电子交易进入供应链新的发展阶段，据中物联大宗商品市场流通分会资料，我国大宗商品交易市场超过2400个，其中农产品交易市场超过1/3，大宗农产品商品交易额超过20万亿元。其中比较典型的大宗农产品交易市场有以下六个。

1. 昆明花拍中心。昆明花拍中心是昆明国际花卉拍卖交易中心的简称，该公司开创全球新的创新，是商务部供应链创新应用试点企业。2019年交易量超过15亿枝花，交易额约13亿元，增长13%。其规模现在是亚洲第一、全球第二。

昆明花拍中心2002年12月20日正式运营。现拥有6万平方米的交易场馆、两个拍卖交易大厅、9口交易大钟、900个交易席位，每天可完成800万～1000万枝的花卉交易规模。昆明花拍中心有种植商（供货商）会员25000多户、来自全国各地的购买商3100多户。交易的鲜花不仅进入了全国各大、中、小城市，还出口到泰国、日本、新加坡、中国香港、俄罗斯、澳大利亚等40多个国家和地区，交易的鲜切花品种涵盖了玫瑰、非洲菊、满天星、康乃馨、洋桔梗、绣球等40多个品类500多个品种。2018年实现总供货量12.7亿枝花，成交率为95%，均价为0.98元。

2. 广西糖网。广西糖网是广西糖网食糖批发市场公司的简称，该公司成立于1993年6月，至今已有26年。其最早是广西食糖批发市场，2003年6月完成改制，是由柳州市国资委和深圳市国资委分别出资组建，委托国资委下属的专业投资公司负责管理和运营的国有控股企业。

自2003年改制以来，广西糖网开拓创新，一直坚持以现货交易和物流配送为发展方向，已连续16年成为国内最大的食糖现货批发市场，因此也被称为"中国糖业第一网"。

首创了"周合同"交易模式，平台开展食糖销售、物流及信息服务，通过积极建设全国范围内的食糖物流配送体系，整合社会仓储、运输、金融、质检等各种服务资源，创建了"电子商务＆现代物流配送"的食糖流通模式。广西是中国第一大蔗糖产区，全国每年60%以上的食糖供应来自广西。围绕国家供给侧结构性改革提出的去产能和去库存，广西糖网提出了"工业4.0＋流通4.0＋消费4.0"的发展理念与构想。2015年，广西糖网的实物交收量约占全国食糖总产量的30%。

3. 国家粮食交易中心。2019年国家粮食交易中心累计拍卖成交政策性粮油4201万吨，较2018年12559.3万吨减少8358.3万吨；2019年玉米拍卖2191万吨，较2018年减少7821.7万吨；2019年小麦拍卖261.8万吨，较2018年减少704.7万吨；2019年拍卖稻谷1575.1万吨，较2018年增加338.6万吨；2019年拍卖食用植物油15.3万吨，减少26.3万吨；2019年拍卖大豆58.1万吨，较2018年减少142.6万吨。

2019年12月30日，国家粮食青海青稞和牛羊肉交易中心交易上线。国家粮食青海青稞和牛羊肉交易中心与中国邮政储蓄银行青海省分行、中国邮政集团公司青海省分公司签订服务合作协议；国家粮食青海青稞和牛羊肉交易中心与中国农业产品流通经纪人协会、京东物流西北公司签订服务合作协议。国家粮食青海青稞和牛羊肉交易中心立足"青海特色"，树立"交易在青海、交割在全国"的理念，建成适应青海发展的"互联网＋青海特色产品"线上线下于一体的特色交易平台。当天首场交易，青稞和藜麦交易量为1650吨，牛肉和羊肉交易量为440吨，总交易额为2859.97万元。

4. 全国棉花交易市场。1999年10月全国棉花交易市场开始试运行，自1999年12月以来，交易市场接受国家有关部门委托，进行棉花交易，截至2018年底，参与交易市场业务的涉棉企业超过5000家，商品棉成交总量超过5000万吨，为涉棉企业、合作银行等提供规范的棉花监管服务3500多万吨，联合合作银行为涉棉企业提供直接融资服务1000多亿元，涉及1000多家涉棉企业，有效缓解了企业资金紧张状况，为服务"三农"、支持中小涉棉企业的发展做出了积极贡献。

5. 亳州中药材商品交易中心。该交易中心以合作共赢、平台共享的理念，立足中药材全产业链，围绕"1个中心、2大模式、3大平台、4大体系、5大业务"，打造平台＋实体智慧药市，服务中药产业全产业链智慧交易，构建"互联网＋"环境下中药材现代市场流通体系，引领传统中药材交易转型升级。

亳州中药材商品交易中心采取"六统一"保障交易数量真实性、药材质量无假货，"六统一"包括统一质检、统一仓储、统一包装、统一购销、统一结算、统一管理。

统一质检：药材入库前，进行"统一质检"服务，质检合格后入库，保证药材质量。

统一仓储：公司体系拥有10万平方米现代化智能仓库，配套仓储物流50万平方米，所有药材，严格按照公司仓储管理制度，统一入库，统一进行仓储养护。

统一包装：药材入库后，统一更换公司包装，统一悬挂标签。

统一购销：公司实行严格的统一购进和销售过程管理，严格把控购销过程，严格审核上下游资质。

统一结算：所有订单通过中药材电商平台，进行统一电子结算。

统一管理：建立市场交易规则，规范中药材经营主体，按交易商制度和合作经营制度实现统一管理。

6. 陆羽茶交中心。探索陆羽标准＋陆羽茶交所＋陆羽会S2B2C创新模式，确立了茶产业综合服务平台的目标模式，主要提供"四大服务"：

（1）陆羽标准评级中心，提供产区、茶企、茶品、仓储评级和评分，助推茶产业标准化、现代化，提升行业科学发展水平，夯实茶产业现代化平台基础。

（2）通过陆羽会、茶学院、茶频道等，汇集众多现有综合服务商和经销商，培训发展新型服务商和经销商，为茶产区和茶企提供品牌、文化、营销服务，为消费者提供健康美好的茶生活方式，实现"买茶放心"。

（3）茶交所＋电商＋线下，打造复合的交易模式，为茶产区和茶企提供一站式交易服务平台、仓储交收、大数据等基础设施，实现"卖茶不难"。

（4）与平安等大型银行和金融机构、与武汉股交中心等资本平台战略合作，为茶产业上下游提供银行授信、供应链金融、产业基金、资本市场、小微金融服务，助力行业做大做强。

借鉴国际一流的交易所治理体系，建立起第三方服务平台，汇聚四大板块专业会员服务机构，为茶行业上下游企业提供标准、交易、文化、金融服务，助力产业升级、产销对接、行业效率、赋能产业从业者，提升消费者效用。

此外还有中农网、甘肃中药材交易中心、李时珍中药材交易市场、重庆生猪交易市场、重庆咖啡交易市场等。

（三）B2B电商进入产业互联网新阶段

1. 网库集团。引领产业互联网发展，为县域打造特色农产品电商平台，如中国燕麦网、中国苹果网、中国大米网、中国黄花菜网、中国天麻产业网等垂直性的电商频道2600多个。至今已经在327个区县建设了特色产业平台。

2. 惠农网。2019年，惠农网线上用户量与交易额增长显著。其中，APP用户同比增长170%，线上交易额增长471%，支付订单量同比增长258%，支付人数同比增长290%，年交易额超过100万的商家增长900%。

（1）交易方面，该平台以交易线上化为核心，在产品层面进行了多次迭代，上线"商家等级""交易勋章"，升级"买家保障"和"看货保障"以及推出"定金交易"模式和"领样功能"。年度买家成交省（区、市）排名前三的分别为山东、广东、广西。鸡苗、小龙虾、四季豆为年度热门类目前三。

（2）农产品品牌培育方面，2019年平台共打造和建设了8个多品类区域公用品牌、4个单品类区域公用品牌及旗下涵盖的28款农特产品子品牌。

（3）针对农村电商人才培训，2019年在全国范围内共开展411场电子商务培训，累计培训25398人次，含贫困户4917人。

惠农网目前囊括水果、蔬菜、畜禽肉蛋、水产、农副加工、粮油米面、农资农机、种子种苗、苗木花草、中药材十大类目，涵盖2万多个常规农产品品种。

3. 美菜网。2014年6月6日，北京云杉世界信息技术有限公司成立美菜网——中国生鲜移动电商平台美菜网，其"两端一链一平台"农产品精准对接具有特色。

（1）生产端直采：订单农业提高行业效率；（2）派送端直达物流团队建设；（3）高效冷链物流网络，采用自建仓储、配送冷链物流基础设施体系；（4）开放供应商入驻平台，商城开启"供应商入驻平台"功能。

4. 美团网。2019年美团网也进入买菜这个领域，且在新冠肺炎疫情期间推出了"无接触配送"以满足医院、养老机构的食材供给。做到：（1）食材要"全"还要"快"，提高供应链保障能力。（2）防范疫情，提供"无接触"配送服务，即将货品送至客户指定地点，配送人员离开，等待客户清点确认并取走货品后，配送人员再赶往下一个配送点。（3）在2020年这个特殊的春节，美团"快驴进货"作为美团旗下的餐饮供应链平台继续保持供应链服务的稳定性，做到了"有货卖、有人配、稳价格、严防护"。

美团除了给一线配送人员提供防护服、口罩等防护装备，快驴物流部门还提升了针对新冠肺炎疫情的防范要求，包括司机佩戴口罩、监督洗手、测量体温、监督并执行每日清洁消毒出勤车辆、保温箱、蔬菜筐等举措，尽全力保障食材配送中的安全。

美团"快驴进货"开通"医疗机构合作"绿色服务通道，服务范围覆盖"快驴进货"已开城的34座城市内。目前"快驴进货"能够提供和配送的物资包括：米面粮油、干调、酒水饮料、鲜肉、蔬菜、冻品等丰富食材以及餐厨用品，全力保障不同人群的餐饮供应需求，保障特殊时期人们"吃得更好"。

5. 智能农贸市场——菜丁（嘉丰集团菜丁公司）。其累计运营的智能菜市场、农产品批发市场近100个，面积达120多万平方米，并计划以每年开发50个市场以上的速度发展。菜丁有菜丁网络交易平台（APP、PC端、微信端、商户抢单系统）和菜丁钱包支付系统。

（四）农产品网络零售规模进一步扩大

2019年农产品网络零售出现"井喷"，据统计，阿里农产品上行达到2000亿元[①]，拼多多达到1364亿元[②]，京东达到1000亿元，苏宁达到500亿元，中国邮政30亿元，如果加上其他农产品电商平台的交易额，2019年中国农产品网络零售额将超过5000亿元。2019年全国生鲜电商交易额3506.08亿元[③]。

2020年新冠肺炎疫情发生以来，全国农产品的销售面临巨大的挑战，而网络直播打开了农产品营销新思路，为农产品插上了"云"翅膀。据欧特欧咨询数据显示，2020年5月全国农产品参与直播的商品数达73万个，同比增速达663.2%，渗透率7.3%（见表1），高于全网直播渗透率2.3个百分点，"非直接接触"的农产品电商直播为农民解决了实实在在的农产品销路问题。

表1 2020年5月全国农产品电商直播一览

指标	2020年5月	2019年5月	同比增长
直播商品数（万个）	73.0	9.6	663.2%
渗透率	7.3%	2.9%	——
零售额（亿元）	154.1	37.0	316.3%
零售量（亿件）	5.7	1.2	361.0%

① 陈薇. 2019年阿里平台农产品上行超2000亿［N］. 经济参考报，2019－12－31.
② 2018年拼多多交易额达到653亿元，2019年增长较大，达到1364亿元，比上年增长109%。
③ 王维祎，何倩. "防疫保供网上行"释放新动能［N］. 北京商报，2020－03－12.

（五）跨境农产品电商模式创新

随着国民生活水平的提高，国内消费者对海外商品的需求也越来越旺盛。iiMedia Research（艾媒咨询）数据显示，2018 年中国海淘用户规模超 1 亿人，2019 年这一数字有望增长 50% 达到 1.5 亿人。不断扩大的市场需求支撑了跨境电商的快速发展，预计 2019 年中国跨境电商交易规模将达 10.8 万亿元，预计 2020 年将达 12.7 万亿元①。

2019 年我国跨境电子商务，通过海关跨境电商管理平台进出口达到 1862.1 亿元，增长了 38.3%。2019 年我国跨境电商零售进口金额 918.1 亿元，同比增长 16.9%。2019 年前三季度，主要跨境电商平台零售进口额达 775.5 亿元，同比增长超过 30.5%。从品类看，粮油食品进出口额排名前二，占比达到 25.3%。

2019 年以来，中欧农产品合作进入加速期，高品质需求成为双方市场共赢的契合点，随着多个欧盟国家将特色产品推向中国、中欧地理标志互认产品名单扩大、中国农产品加速进入欧盟市场，中欧农产品经贸升级态势明显，还有"中国—欧盟 100 + 100 地理标志产品互认互保"，这都为中国跨境电商便利化奠定了基础。

在 2019 年第二届中国国际进口博览会上，跨境电商十分活跃。如京东、天猫、盒马、菜管家等农产品电商十分活跃。

三、绿色农产品成为农产品电商的主体

（一）"三品一标"农产品成为农产品电商内容

1. 绿色农产品。截至 2018 年底，全国绿色食品有效认证企业总数达 13206 家，有效认证产品总数首次突破 3 万个，达到 30932 个。绿色食品国内销售额由 1997 年的 240 亿元增加到 2017 年的 4034 亿元，产品出口额为 25.45 亿美元。

2. 无公害农产品。2001 年原国家质检总局公布了 8 项无公害农产品国家标准，并将于 2001 年 10 月 1 日起开始实施。这 8 项国家标准包括蔬菜、水果、畜禽肉、水产品 4 类农产品，每一类农产品都有"安全要求"和"产地环境要求"两项标准。

3. 有机农产品。据统计，目前 70.1% 的有机产品是初级农产品，饮品、水产品、畜禽产品及其他产品所占比例相对偏小。在我国有机产品分类中最大的几类中，第一是大米，第二是茶叶，第三是乳制品。截止到 2017 年底，全国创建了 24 个有机农业示范基地，总面积近 2600 万亩，初步形成了茶叶、水果、蔬菜、稻米和畜产品等各具特色的有机种养示范模式。国家认监委批准了 84 个县/市/区开展有机产品认证示范创建工作。

4. 中国地理标准产品。据不完全统计，我国有各类农产品及加工品、非农产品地理标志产品 9800 多个。近几年来，"中国—欧盟 100 + 100 地理标志产品互认互保"，对于跨境电商具有重要意义。

（二）阿里、京东先后开展数字农业创新

阿里在全国农村开展了春雷计划 1000 个数字基地活动，通过数字农业基地和农场

① 艾媒新零售产业研究中心. 2019 上半年中国跨境电商市场研究报告［EB/OL］.（2019 – 08 – 08）［2019 – 08 – 09］. https：//www. iimedia. cn/c400/65637. html.

建设，使农业生产要素数字化，生产过程数字化，实现产业端数字标准化种植，并对基地的种植主体及经营主体给予"蜂耘农商"的认证，溯源管理，从而达成产销线上平台式对接，输送优质的数字化农产品供给消费端的目标。

京东在全国建设了22个京东农场，从优地优品到优质优价解决生产端"种好""卖好"，消费端"吃好"，把握品种、品控、品质、品牌。

（三）拼多多探索由集中式AI向分布式AI转型

2020年拼多多探索由集中式AI向分布式AI转型：在集中式人工智能模式下，平台对消费者全场景的数据，甚至包括一些片段的、短暂的，甚至是无意识的数据都会被收集起来，然后确定模型进行算法分析，绘制出一个深入的日常状态底层的画像，来为整个零售体系提供底层的数据支持。但是消费者往往是被动的。

场景	可以收集更多的场景数据，深度优化决策
计算	云计算成为像水电煤一样的公共部门
用户	用户重新获得了对决策的主导权
算法	开源的被公众审核的算法更加安全公平

图2　分布式AI：数据和决策控制逻辑重新构建

分布式人工智能的特点是在分布式人工智能的架构里，算法是开源的，消费者可以去抓取一段开源的代码，利用现成的算法拥有一个自己的AI代理。在需要购买的时候，消费者可以把自己的数据跟公共数据集成到一个自己选择的个性化算法里面，从而产生一个满足自己需求的结果，完成供需双方的一个高效智能的匹配。

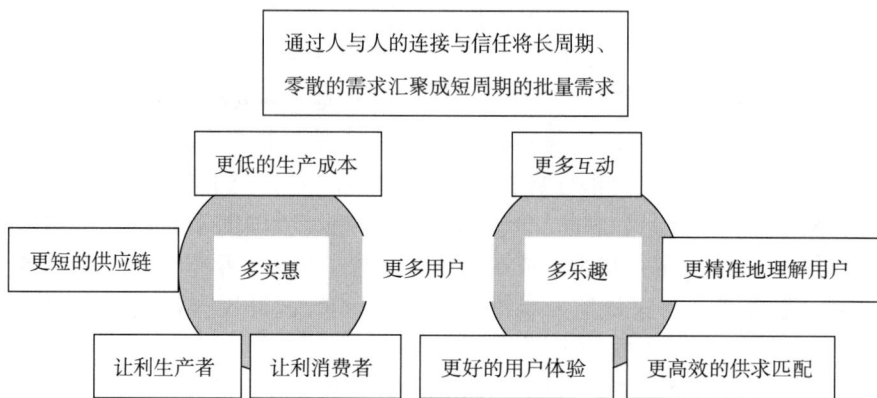

图3　农产品上行应用：多实惠，多乐趣

四、数字绿色农产品电商模式案例

（一）中国邮政2020年"9792"目标

2020年国家邮政局启动"快递进村"工程，加快"快递进厂"工程，实施"快递出海"工程，实现"9792"绿色快递目标，进一步完善邮政业高质量的服务民生体系和高效能的国际寄递体系①。2020年国家邮政局进一步加强绿色发展理念，确立了"9792"目标，即"瘦身胶带"封装比例达90%、电商快件不再二次包装率达70%、循环中转袋使用率达90%、新增2万个设置标准包装废弃物回收装置的邮政快递网点。

（二）包装减量回收、仓配智能提效

2020年"618"，天猫、京东、苏宁三大电商平台销售额再次出现"井喷"，而在不断滚动的销售数据背后，大量的快递包裹被快速打包、装配、出库、运输、配送，物流全链条上呈现一派繁忙景象。据统计，6月1日至18日，全国快递业务量完成46.78亿件，同比增长48.66%，有效助推了消费复苏。2020年在绿色发展理念引领下，电商企业纷纷加强了在包装、仓储、运输等多个环节进行低碳环保、节能降耗的探索和实践，汇聚着一股股绿色清流。

（三）循环包装逐渐普及

2018年1月，《国务院办公厅关于推进电子商务与快递物流协同发展的意见》中明确提出，探索包装回收和循环利用，建立包装生产者、使用者和消费者等多方协同回收利用体系。2019年2月，24个部门联合发布的《关于推动物流高质量发展促进形成强大国内市场的意见》也提出加快绿色物流发展，使用绿色包装材料，推广循环包装，减少过度包装和二次包装，推行实施货物包装和物流器具绿色化、减量化。

1. 京东。2020年6月5日，在第49个世界环境日，京东自2017年携手合作伙伴发起"青流计划"以来，京东物流3年来累计使用青流箱（由可复用材料制成，箱体正常情况下可循环使用20次以上）等循环包装1.6亿次；通过联动品牌商直发包装及纸箱循环利用，节约20亿个快递纸箱，超过20万商家、亿万消费者参与其中；通过推动仓库的无纸化作业、减量包装和快递纸箱回收项目，节约纸张近100万吨，减少一次性包装超100亿个，减少一次性快递垃圾3.2万吨；通过胶带瘦身、包装减量等减少塑料使用5万吨。

2. 苏宁物流。苏宁物流从2014年正式启动绿色包装探索，进行了包装回收、电子面单、一联单、瘦身胶带、3D装箱到共享快递盒等一系列的举措。截至目前，苏宁物流、天天快递全国范围内胶带减宽、减量填充物等绿色减量化包装实现100%覆盖；共享快递盒作为苏宁物流绿色循环包装的创新标杆产品，全国累计投放量突破40万只，投放使用累计超过1.5亿次，节约的胶带可绕地球9.35圈，节约6000多吨碳排放。

3. 菜鸟绿色物流行动。菜鸟绿色行动2017年发布"回箱计划"，号召消费者将收到的纸箱共享出来方便他人再次使用，以节约资源。在2019年"双11"，菜鸟联手快递公司全面升级"回箱计划"，绿色回收箱从菜鸟驿站走向快递网点，覆盖全国31个省。消费者可以把纸箱送到4万个菜鸟驿站和3.5万个快递网点，进行分类回收利用，实现"环保小循环"。预计一年可以回收再利用上亿个快递纸箱，减少的碳排放相当于种下了74万棵梭梭树。2019年11月20日，菜鸟还联合多家快递公司共同发起"全国纸箱回收日"，当日220个社区加入，5城220个小区一天回收纸箱11万个。

---

① 赵文君."进村""进厂""出海"中国快递2020要这么干［EB/OL］.（2020-01-06）［2020-01-08］. http://www.xinhuanet.com/2020-01/06/c_1125426782.htm.

（四）以智能科技护航绿色仓配

1. 京东。2020年"618"期间，亚洲首个全流程智能柔性生产物流园京东物流北斗新仓建成投用。在"智能大脑"的指挥下，800个智能分拣车实现动态规划流转路径，定位速度毫秒级，准确率99.99%。与此同时，28座亚洲一号、天狼、地狼、竖亥、秒收等机器人火力全开，由AI技术加持的物流GIS（地理信息系统）系统还实现了智能分单系统优化，智能排产对产能控制的准确率提升20个百分点，达到90%以上。

2. 苏宁。苏宁在仓配环节以单元化运输、自动化装备为顶层设计，致力于发展从仓储到转运配的全链路绿色物流供应链体系，将绿色环保理念贯穿于物流的每个关键环节。在仓储环节，其加大自动化设备的使用范围，根据业务规模选配合适的自动化设备类型，重点推进高密度存储设备、自动化分拣设备、自动打包设备的使用，既提高工作效率，又实现了节能减排。

3. 菜鸟。在绿色仓配上，菜鸟创新智能分仓、前置备货、门店发货等模式，引领城市物流网络的效率极大提升。在试点城市，单个包裹配送距离可从700公里缩短至约400公里，通过城市仓发出的包裹距离可减少至100公里，门店发货则可在3公里范围内实现"分钟级配送"，大大缩短配送距离，提升配送时效，不仅减少能源消耗、降低碳排放，也推动快递包裹简易包装，甚至"零"包装。

（五）外卖包装减量有新玩儿法

1. 美团。2017年8月，美团外卖启动了外卖行业首个关注环保的行动计划——青山计划，从环保理念倡导、环保路径研究、科学闭环探索、环保公益推动四个方面开展工作，希望发挥平台连接优势，带动外卖全产业链和消费者，共同推动行业环保进程。美团将每个月最后一天设置为"美团外卖环保日"，利用APP、微博、微信等渠道与环保组织合作向消费者宣传绿色消费等理念，迄今已上线31期。同时，平台也发起更多趣味活动，如"无塑吸管挑战"等线上活动、"青山盒作社"系列线下活动，线上触达10亿人次，线下参与用户18万人次，让绿色消费日益深入人心。

2. 饿了么。饿了么平台也在用户侧和商户侧两端同时发力，推动减少塑料制品在行业中的应用。

2018年2月，饿了么联手联合办公巨头WeWork中国区的旗舰店威海路空间以及知名智能回收机品牌Tomra展开了为期两个月的外卖垃圾回收试点项目，成功落地首个专注于外卖垃圾分类回收闭环的链路。

2018年4月推出了"可以吃的筷子"，并在上海市普陀区的环保示范区内进行试点。这双颜值高、口味也不错的"网红筷"有麦香、抹茶和紫薯三种口味。

2019年10月，饿了么还联合麦隆咖啡于上海时装周推出了"可以吃的咖啡杯"，旨在彻底从源头减少一次性咖啡杯的使用，并带领消费者解锁前所未有的味蕾享受。

（六）电商产业园的绿色行动

据统计，截至2019年9月，全国范围内电商产业园规模达到近2000个，包括电商产业园区、基地等。绿色建筑、绿色设计、绿色材料、绿色生产、绿色包装、绿色运输、绿色回收处理等一系列低碳环保举措在园区不断实践，绿色行动在多个园区形成风潮。

1. 福建。在福建省，推动园内资源共享是电商产业园的绿色行动纲领。通过鼓励各设区市电商园区完善绿色发展制度，落实电商企业共享公共设施制度，为入驻电商产业园的企业提供免费共享会议室、休息室、活动室、共享车辆、停车场、千兆光纤、无线网络等，提高产业园设备设施的利用率。

2. 厦门。这在厦门跨境电商产业园得以践行，其优化产业园区组织管理职责和建设推进机制，健全园区节能、环保、资源综合利用的政策支持体系和统计体系，加强园区节能宣传教育和培训，并建立起园区循环化改造和绿色产业园区创建评价体系，如《厦门跨境电商产业园贯彻五大发展理念建设绿色生态园区》《厦门跨境电商产业园绿色产业园发展规划》。

3. 深圳蛇口。深圳蛇口网谷大力建设基地的智慧能源管理平台，通过三个阶段的建设，实现能源数据上云分析、能源集中管理与优化以及基于平台的园区售电能力开发，新能源、储能接入，进一步提高园区运营能效和清洁性。目前已取得初步成果，如楼宇能耗信息数字化、楼宇能耗情报可视化、楼宇能耗数据价值体现。通过智慧能源平台管理预计可实现整体能耗下降 10%～15%，减少园区 10% 以上碳排放，旨在打造绿色低碳园区。

4. 湖南娄底。娄底市万宝新区电商产业园秉承"生态电商产业园"的发展模式，推动环境容量与产业集中布局均衡发展，让区域迈向绿色发展之路。园区为企业提供集中供热、供气、供电、供水等能源一体化和垃圾分类集中管理服务，园区污水进入产业园污水池集中处理；保安 24 小时巡查，保洁全工作日清洁服务。完善绿色发展制度、环保措施和管理考核机制，园区要求入园企业必须建立办公和生产生活场日常环保管理制度，并定期和不定期督查落实情况，强化巡查、整改、工作交办、跟踪督办以及绿色发展管理等工作，确保巡查 100% 覆盖、责任 100% 落实。

参考文献

［1］洪涛.2020 中国农产品电商发展报告［R］.（2020 – 03 – 15）［2020 – 03 – 16］.http：//www. 100ec. cn/zt/2020ncpyth/.

［2］洪涛.中国农产品电商发展报告［M］.北京：经济管理出版社，2020.

［3］李子晨.发展绿色事业，电商企业给力！［N］.国际商报，2020 – 06 – 29.

我国设施番茄产业发展新趋势

张天柱　胡晓立　关海燕

中国农业大学农业规划科学研究所

一、前言

设施农业是一种融生物技术、环境工程、保护设施和现代管理技术于一体的农业生产方式[1]，在我国农业转型升级过程中发挥着重要的作用。我国出台多项政策支持设施农业发展和蔬菜产业转型升级，高度重视确保蔬菜有效供给和质量安全。

番茄是我国蔬菜大宗产品之一，我国番茄总产量占全国蔬菜总产量的7.1%，全国各地均能栽培，且我国鲜食番茄主要为国民自产自销。从消费角度来看，番茄是大众消费类蔬果，品种多样，亦蔬亦果，营养丰富，价格亲民。我国番茄可全年全时节供应，其产业快速发展离不开设施农业的支撑。

全球设施番茄生产呈现出市场竞争加剧，传统依赖番茄进口的国家开始兴建温室生产番茄，对进口需求逐渐降低；特殊品种番茄（如梨形番茄、彩色番茄）的市场需求继续增长；受番茄病毒病影响，番茄生产技术标准持续升级，注重技术创新、新品种开发和可持续生产；发达国家产业发展战略转变，从输出产品到输出技术，带动多国番茄产业发展。

二、我国番茄产业发展概况

（一）我国番茄产业整体发展情况

据联合国粮农组织统计，我国是全球番茄种植面积最大、产量最多的国家，番茄产量约占全球番茄总产量的1/3。2018年我国番茄种植面积约104.0万公顷，较2009年增长了13.0%；产量约6163.2万吨，较2009年增长35.9%；番茄平均产能达到3950.3千克/亩，较2009年增长20.3%。番茄种植规模不断扩大，生产管理技术趋于成熟，番茄产量不断提高，见图1和图2。

我国番茄种植区域很广，形成了黄淮海、长江、西北、华南、东北（吉、黑）、西南6大优势区域，以北方产区为主，山东、新疆、河南、河北、辽宁5省（区）合计产量约占全国的56%，其中山东、新疆、河北、河南年产量均在400万吨以上，见图3。

（二）我国设施番茄产业发展概况

我国番茄种植分为设施种植和露地种植。山东省作为我国"蔬菜之乡"，设施番茄种植面积居全国首位；广西省以露地番茄种植为主，其露地番茄种植面积居全国首位。近年来，因种植户积极性提高及温室大棚补贴政策的推行，设施番茄产业发展较快，受国际番茄加工产业影响，露地番茄播种面积减少。

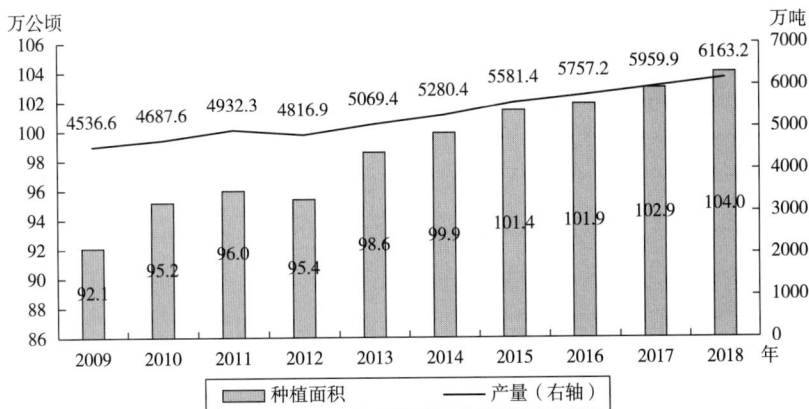

图1 2009—2018 年我国番茄种植总面积与总产量

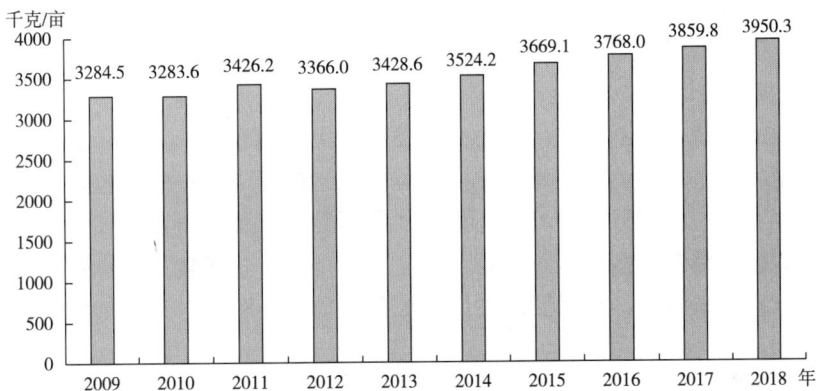

图2 2009—2018 年我国番茄平均产能

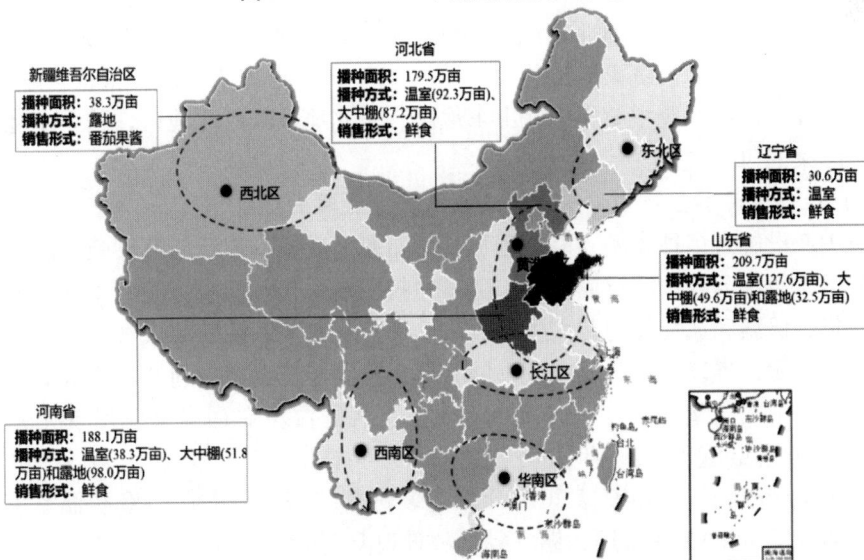

图3 2017 年我国番茄主产区分布及种植规模

（资料来源：农业农村部市场与经济信息司）

表1　　　　　　　　　　**2017 年番茄、播种面积前十省、自治区**

温室		大中棚		露地	
省、自治区	播种面积（万亩）	省、自治区	播种面积（万亩）	省、自治区	播种面积（万亩）
山东	127.6	河北	87.2	广西	99.6
河北	91.3	江苏	66.2	河南	98.0
山西	38.4	河南	51.8	广东	74.3
河南	38.3	山东	49.6	贵州	68.2
陕西	33.4	安徽	27.0	四川	40.7
辽宁	30.6	吉林	24.6	新疆区	38.3
内蒙古	29.9	四川	24.1	湖北	35.6
江苏	25.1	山西	24.0	云南	33.2
宁夏	23.0	黑龙江	22.0	山东	32.5
甘肃	14.8	湖北	19.3	江苏	31.6

资料来源：农财网《南方农村报》。

（三）我国番茄消费情况分析

全球番茄的消费总量不断扩大，番茄消费主要集中在欧洲、亚洲、美洲。发达国家以消费番茄制品为主，番茄酱在西餐中的地位类似于盐在中餐中的地位，是必不可少的调味品之一。发展中国家以消费鲜番茄为主，我国番茄消费以鲜食番茄为主，同时加工品越来越多的被消费者所接受。鲜食番茄中，菜用番茄可直接食用、做汤、炒菜；水果番茄市场需求量越来越大。果肉肥厚沙质、酸甜可口且具有儿时味道的鲜食番茄更受大众喜爱。

三、我国番茄生产设施发展进展

在"菜篮子"工程的推动下，我国设施蔬菜产业得到快速发展。据统计，2017 年，我国设施蔬菜种植面积占蔬菜种植总面积的 32.3%，设施蔬菜的总产量也在逐年递增。现阶段我国设施蔬菜产业主要集中在山东地区、东北地区和西北地区，这 3 个地区占据全国设施蔬菜的 70% 左右[2][3]。

（一）生产设施类型：由传统温室到设施产业集群的进阶

农业生产设施有多种类型，以冷棚和日光温室为代表的传统温室设施，因其材料成本低、取用方便等因素被广泛应用[4]。随着科技发展，传统温室设施因单栋面积小、劳动强度密集、保温和通气能力差、生产效率低、智慧农业系统安装成本高、全程机械化操作困难等问题，难以满足智慧农业发展需求，智能连栋温室设施产业集群的发展就成为了必然。据中国温室网统计，2008—2018 年，我国温室总面积整体呈现先升后稳的趋势，其中连栋温室面积逐年上升，由 2008 年的 17857.0 公顷上升至 2017 年的 57205.5 公顷，增幅达 220.4%。2019 年新增玻璃温室 277.5 公顷，PC 板温室 131.7 公顷，塑料薄膜温室 2392.3 公顷，温室餐厅和景观温室 18.3 公顷。

番茄设施产业集群作为一种新兴的设施番茄生产方式，以智能温室为设施，番茄产业链为载体，融生产、加工、分拣、包装、仓储、物流、销售为一体，形成一体化、标准化、自动控制化的智能温室大棚，实现订单生产、标准化种植、精细化分级、品牌化销售和冷链配送。以中国南和设施农业产业集群为例，该项目由中农富通规划建设运营，高端智能温室面积 11.3 公顷，配套国际先进的农业智能装备，进行水果番茄、水果黄瓜、水果彩椒高效生产，引领现代农业转型升级；年产优质果菜可达 2000 吨以上，已逐步成为京津冀最大的现代农业果蔬生产基地。

据不完全统计，2016 年以来，番茄设施产业集群发展数量一路飙升，仅 2018 年投产的智能温室面积就达 130 公顷，至 2019 年底，我国约有 20 家以上智能温室番茄生产项目投产，包括陕西海升、河北富硕、山东水发、北京极星、北京宏福、山西田森、恒大贵州、京农控股、上海崇明等，生产面积超过 260 公顷。未来几年规模化、标准化的设施番茄生产将会进入快速发展期。

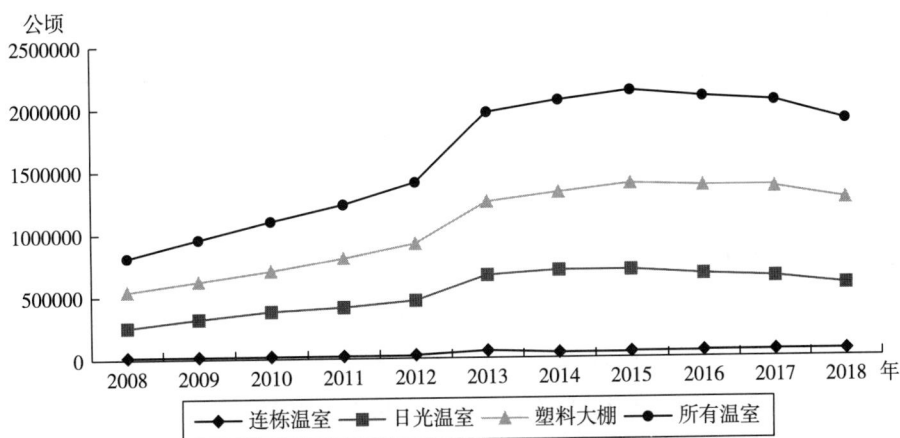

图 4　2008—2018 年我国各类农业生产设施面积
(资料来源：农业农村部农业机械化管理司)

（二）设施生产水平：以番茄产业为突破口，实现农业 2.0 到 3.0 转变，并积极探索农业 4.0

我国设施番茄的生产技术、管理环节都相对成熟，种植户、合作社等传统设施番茄生产主体，主要采用冷棚和日光温室，呈现出以"农场""种养植大户"为标志的农业 2.0 的特征。从 20 世纪 90 年代我国建设陕西杨凌农业科技园以来，多地政府在科技示范园中，通过引进连栋温室进行各种现代农业科技和智慧农业技术的综合展示，展露了农业 3.0 的雏形。近几年，基于市场的发展需求，出现了新兴企业主体投资番茄的热潮，企业与种植户、合作社相比，视野开阔，并具备资金、人才和科技等优势，更容易接轨国际先进发展模式。在综合判断生产效率、劳动力成本、产业水平、消费需求、市场定位等多因素后，这些新兴企业选择了智慧化程度较高的设施番茄产业，作为进军农业的突破口，采用以智能连栋温室为载体的产业集群发展模式，引进成熟的 3.0 农业的生产技术，在农资流通、育种育苗、植物栽种管理、土壤及环境管理、农业技术服务等多方面实现程序化和互联网的参与，促进了我国以番茄为代表的设施蔬菜产业从农业 2.0 到农业 3.0 的进阶，并开始探索以生产装备化、装备数字化、监管网络化、决策智能化、作业无人化为特征农业4.0。

（三）番茄生产方式：由传统高消耗型向绿色高效化发展

传统番茄生产在光、温、水、气、肥方面的管理方式比较粗放，属于高消耗型生产。随着无土栽培、水肥一体化、精准灌溉、生物防治、熊蜂授粉等技术发展和智能水处理、智能化数字联动、智能化环境监测等系统的应用，番茄生产方式逐渐向绿色高效化发展，促使市场诞生了以"豪根道""骑士"等为代表的园艺自动化和数字化服务公司，实现实时自动环控，促使番茄生产过程自动化和高效化。

（四）设施科技合作：以国内为主到全球化合作

我国设施农业发展初期，以国内自主研发的日光温室和冷棚为主，连栋温室发展规模小。现阶段，我国日光温室和冷棚仍以自主研发为主；连栋温室发展规模不断壮大，集合国内外多方优势，与多个国家形成良好的技术合作。各类工商资本、涉农企业进入智能温室番茄生产领域时，积极学习国外番茄生产技术，进行番茄智能化、标准化生产。我国各类企事业单位已多次以个人或团体形式到番茄产业发展较好国家进行产业考察、技术培训、人才引进、技术合作、设备引进和模式学习。例如山西田森与西班牙共同探索番茄产业发展；凡谷归真品牌成立之前赴日本、荷兰考察学习。

四、我国番茄产业发展趋势

（一）番茄产品：由"菜用"为主到"菜用""果用"平分秋色

番茄口味甜美、适口，可补充维生素C、维生素A、番茄红素、矿物质等营养，有抗癌、美容、保护心脏、降压降脂等功效，可菜食和果食，是人们日常生活的必备食材，广受人们喜爱。以往我国的番茄多为菜用，果用较少。水果类番茄味道浓郁，口感酸甜适度，营养高于普通番茄，近年来随人们生活水平的提升和消费理念的变化，水果番茄市场需求量越来越大，出现供不应求的现象，例如樱桃番茄中的千禧品系价高量少，其全年批发均价可高于普通番茄2倍。普通菜用番茄则始终作为人们日常生活的必需品。基于果用番茄市场不断扩大，菜用番茄始终作为生活必需品，果用番茄和菜用番茄市场几乎平分秋色。

（二）番茄育种：由耐贮运、高商品性向功能性、高营养方向发展

近年来，番茄育种主要集中外观品质、风味品质、营养品质、商品品质及耐贮性等方面[6]。随我国温室设施的不断创新，物流运输业的快速发展，我国大部分地区可实现周年番茄供应。番茄育种由最初的注重番茄丰产、抗病品种选育，到注重耐储运番茄品种的培育。随着经济水平的提升，消费者在购买番茄时，开始注重番茄的健康与安全、色彩与营养，引发了新一轮的番茄育种革命。自此，番茄不再仅作为蔬菜进行食用，更作为鲜食水果出现在市场中。近年来，消费者开始追求多种颜色、特色果型、营养丰富的番茄产品，并越来越追捧多功能鲜食番茄。

（三）番茄产业：由产业链中端种植为主逐渐向前后端延伸

产业经济学中，研发、生产、行销构成了产业链条中的三大支撑点，不断提升研发和行销的附加值，使之呈现"V"形"微笑曲线"。番茄产业发展初期，以中端的种植

采收环节带动区域发展，但种植采收环节附加值低，产业链条逐渐向番茄产业链前端和后端延伸，更加注重研发、加工、冷链物流和市场品牌的发展，加大田间预冷、分级、初加工等投资力度，不断提升产品的附加值。例如广西百色田阳番茄，收购商非常注重初加工，番茄收购后经清洗、分级、包装、预冷、储运、营销等环节获得大幅度增值。

（四）发展主体：由农户为主到发展主体多元化

近几年，番茄生产主体开始出现新的变化。第一，原来单打独斗的种植户朝合作社发展，以抵御更大风险；第二，企业主体投资番茄的热情高涨，除了传统的农业高科技型企业在积极探索番茄设施产业集群的发展模式外（如中农富通），大量工商资本开始投资番茄产业，以此作为其进军农业的突破口；第三，产业链后端电商、销地大王，如永辉彩食鲜、盒马生鲜、北京新发地番茄大王等，开始建设番茄种植基地，番茄市场正进行重构。

（五）从地域品牌独大，到地域品牌与企业品牌并存

蔬菜、果品、粮食等一直是以地域为主体或范围去梳理品牌，形成地域品牌。就番茄而言，人们对"海南番茄、广西番茄"等地域品牌认可度较高，市场价格具有明显优势；近几年，迎合市场需要，出现了蔬菜、果品的企业品牌，即以企业名称为品牌名称。例如，山西田森杜柿番茄科技有限公司的"杜柿番茄"、陕西海升集团的"海升番茄"及凡谷归真（北京）农业科技发展有限公司的"凡谷归真"等企业品牌开始被消费者认可和接受。

五、小结

随着社会不断进步，我国农业技术水平也开始从传统农业技术转变到现代化农业技术，设施农业技术发挥了重要的作用。当前我国设施农业技术水平发展还有较大提升空间，基于设施番茄产业，我国要秉承市场是动力、政策是支柱、科技是根本的原则，依靠市场的升级，促进番茄产业的升级发展，提升番茄产业价值链；依靠政策的支持，促进番茄产业提质增效，延长番茄产业链条；依靠科技的进步，促进番茄产业智慧化发展，提高番茄产业发展水平，加速农业3.0的全面实现，以期农业4.0时代的快速到来。

参考文献

［1］孙剑玲. 我国设施农业发展现状及发展思路［J］. 种子科技，2019，37（13）：134，137.

［2］李世楠. 我国设施蔬菜产业发展现状与未来发展趋势探讨［J］. 中国林副特产，2019（1）：84－85.

［3］张逸曼，李智超，魏德欣. 设施农业技术现状与展望［J］. 河北农机，2019（9）：17－18.

［4］左绪金. 我国设施蔬菜产业发展现状及其未来发展路径探析［J］. 现代农业研究，2019（5）：47－48.

［5］史国慧. 水肥一体化技术提高水肥利用效率研究进展［J］. 农业工程技术，2019，39（5）：51，53.

［6］李晓蕾，李景富，康立功，等. 番茄品质遗传及育种研究进展［J］. 中国蔬菜，2010（14）：1－7.

农业可持续生产力的瓶颈问题探讨

朱立志

中国农业科学院农业经济与发展研究所

一、提升农业可持续生产力的突破口在哪

我国农业的发展已经进入一个历史性的关键时期，在乡村振兴的大潮中，农业能否振兴，离不开农业可持续生产力的提升。面对重大的历史机遇和严重的危机，我国农业可持续生产力的提升必须摆脱常规思维，从资源、环境和生态三个方面去寻找突破口。如果我们农业的生产力紧紧围绕《全国农业可持续发展规划（2015—2030 年）》中提出的资源节约型、环境友好型、生态保育型"三型"农业，才能得到可持续性驱动，才算得上可持续生产力，也只有这样，相应的农业科技进步贡献率才会很快提升到 60%以上，甚至会在较短的时间内接近发达国家的水平。

任继周院士等撰文论述，自然与生产的协调发展能提高生产力，农业生产必须建立在自然许可值以内以致允许农业生态系统持续平衡的基础上。既要取得尽可能多的产品，又要保持生态系统的稳定，这就是农业生产力所要处理的问题。任继周院士还认为，植物所生产的生物量，有一半以上不能为人类所利用，而动物和微生物对一部分产品可以充分利用转化为农业生态系统内的生物量。这个一半以上的植物与其他生物的对接键所创造的价值，不少于人类所能直接利用的那部分植物生物量所产生的收益。发达国家的农业实践证明，养殖业产值应占农业总产值的一半以上才能使得农业生态系统平衡，才具有可持续生产力，这也进一步印证了上面的观点（任继周等，1995）（吴永胜等，2018）。

早在 300 多年前，英国著名古典经济学家威廉·配第就指出土地是财富之母，土地产出多少反映了生产力的高低。马克思也早已指出，不能破坏人和土地之间的物质变换，要把人以衣食形式消费掉的土地养分返还土地，以维持土地持久肥力和相应的土壤生态平衡。然而，长期以来我国很多地方严重违背了这个规律，以致农业生产力提升受阻，特别是不少老商品粮基地，都出现了土壤耕作层变浅、土壤营养元素失调以及板结和有机质严重下降等问题。土壤中严重缺磷、钾和中微量元素，不仅使氮肥利用率低下，土壤有机质缺乏，也影响了农业生态平衡，限制了农业增产，以致大大降低了农业生产力（马传栋，1985）（张文信等，2018）。

曾本祥在《生态经济》上撰文阐述，物质、能量等要素形成了农业生态经济系统生产力，而要素之间相互耦合与互相依赖、互为载体的复合形式，反映出生产力的高

低，这涉及自然生态和社会经济两个主要方面。在整个农业流程中，物质、能量在每个环节上进行循环和转换，都决定着生产力的大小。这种循环和转换越活跃，农业系统的生产力就越高。各种循环和转换的综合效率，虽然受到十分之一定律（或金字塔原则）的限制，但也受到价值增殖原理的作用（曾本祥，1990）。如果系统内未附在产品上的物质和能量都尽可能地循环和转换增值，那么必然以较低的系统消耗创造较大的价值产出，假如把直接经济价值和外部性正负价值放在一起综合考虑，这个价值产出就更大了（朱立志，2017）。白峰哲的《农民日报》文章表明，超过粮食生物量的秸秆就是巨大的"粮仓"。实测数据显示，在饲料中，7斤秸秆可替代3斤饲料粮，我国7亿吨秸秆可换回3亿吨粮食，这还没有考虑畜禽粪便养地、固碳和沼气能源的价值，特别是提升土壤有机质含量又可提高粮食产量，一般有机质提高0.1%可使每亩增产40~53公斤粮食（白峰哲，2010）。

大量事实证明，如果农田生态系统简单，稳定性就降低而容易受气象灾害和病虫灾害的侵扰。各地已经出现的可以规避这方面问题的模式不少，应该大力推广，如建立林田交织网络、稻田养殖、间作轮作、林下种植等，都比单一的农田生态系统产生更多的经济效益和生态效益。山东省鲁西南平原县兖州的相关数据显示，夏季农田林网内的风速比空旷地平均降低40%，空气湿度提高5%~10%，蒸发量减少16%，土壤含水量增加9%，气温降低0.4~1℃，在很大程度上减轻了干热风对农作物的危害。据统计，过去当地每年由于干热风一般造成小麦减产10%左右。此外，农田林网还为全县蓄积50万立方米木材，还可获得能作为饲料的鲜枝叶2000多万斤，干树枝叶还可供40万人三个月的薪柴，或与秸秆一道发展菌菇业，进一步提高农业生产力（马传栋，1985）。

高缅厚等在《生产力研究》上的论文显示，由于农业系统是从自然系统演变而来的，它必然受制于自然系统，如果农业系统给自然系统的压力超过了其能够忍受的范围，农业生产将不可持续。因此，要对农业系统实施生态化管理，树立生态效益是根本出发点的观念，按照生态效益—社会效益—经济效益而不是经济效益—社会效益—生态效益这个逻辑次序安排农业生产（高缅厚等，1992）。生态带来的生产力是一种在社会系统之上的大系统生产力（赵银卯，1994）。李晓燕等的研究表明，政策因素与综合投入不是决定耕地单产波动的主要因素，生态系统的良性循环与耕地单产的变化关系密切，是根本干扰因素。相关数据显示，新中国成立以来，以20世纪80年代初为转折点，我国多地的农业生态系统经历了两个变化阶段：基本稳定阶段到退化阶段以及退化阶段到破坏阶段，与之对应的是农业生态生产力的影响也呈现出同步变动（李晓燕等，2005）。

综上所述，农业是与自然关系密切的产业，农业生产力的提升是无法摆脱自然的影响的，因此，我们只能"顺应自然、尊重自然、保护自然"，这也是党的十八大提出的生态文明观。换句话说，农业可持续生产力的提升也必须从资源、环境和生态这些自然禀赋中寻找根本驱动力。

二、提升农业可持续生产力的重要路径

1. 从资源方面提升农业可持续生产力

我国是一个人多地少水缺的国家，人均耕地不到世界平均水平的一半，人均淡水只有世界平均水平四分之一左右。从耕地资源来看，随着工业化城镇化推进，每年还要减少耕地几百万亩，加上违规违法用地现象无法根治，守住18亿亩耕地红线任务显得越来越艰巨。同时，耕地长期过度开发利用超过了其承载力，导致越来越严重的土壤退化问题。再看水资源方面，一边是水利工程建设严重滞后，工程老化失修严重，农田水利基础设施薄弱，另一边是水资源供给与农业生产需求量的匹配关系严重失调。同时，农业用水缺乏长效政策措施保障，且管理体制机制上也十分不完善；水资源过度开发不仅造成量的减少，还造成了质的退化，加上水体污染性破坏，以致一些水源达不到使用标准，进一步加剧了农业缺水状况。此外，尽管我国一半以上的耕地属于水资源紧缺地区，但同时农业水资源利用效率却十分低下，目前每立方米灌溉水所生产的粮食只有1公斤，每毫米降水在每亩耕地上只能生产0.5公斤粮食，都只相当于发达国家的一半。这种低效率的水资源利用大大加剧了农业用水的紧张局面，使得农业用水的缺口进一步加大。

综上所述，从资源方面提升农业可持续生产力任务艰巨。今后，以下几个方面应该作为主要任务去完成：一是大规模建设旱涝保收高标准农田，要平整田地，提升耕地质量，田间水利设施要配套，田间道路要通畅，要建设适宜的农田林网；二是加强技术集成创新，全覆盖测土配方并科学施肥，提高土壤肥力，突破农业有机剩余物多环节多层次循环还田技术瓶颈，高效集成土壤质量提升技术；三是根据农产品优势产区的分布做好水土资源的科学匹配，并做到农业用水规范化、高效化，同时采用工程措施与非工程措施相结合的办法，集成创新农业节水技术与管理体系。

2. 从环境方面提升农业可持续生产力

目前，我国农业内源性污染加上工业、城市的外源性综合污染导入导致农产品产地环境问题十分突出，严重约束了农业可持续生产力的提升。首先，化学肥料和化学农药以及抗生素和激素的大量使用，是农产品产地环境污染的主要因素。我国化肥单季利用率只有发达国家的五分之四，每亩耕地化肥施用量是美国等发达国家的二至三倍，多余的养分已成为部分地区环境的主要污染物。同时，农药利用率也很低，比发达国家低四分之一左右，以致农产品中的化学药物残留成为农产品质量安全的最大隐患。当前，全国约有一亿多亩耕地受农药污染，土壤微生物和有益小动物群落因此受到严重损害。此外，养殖业方面的污染也十分严重，由于畜禽粪便资源化和无害化处理没有跟上，造成了畜禽粪便过度排放，污染地下水和地表水；水产养殖的饲料及其添加剂的不合理使用直接造成了水体的污染。与此同时，由于不重视农业有机剩余物的循环增值利用，导致秸秆、腐烂水果和腐烂蔬菜等得不到合理处置，不但不能资源化利用，反而形成了农业的污染物排放，再加上农膜残留的白色污染在土壤中长期存在，农产品产地环境污染日趋严重。其次，工业废弃物和城市生活垃圾等污染物向城市和工矿区以外的农村地区大

面积扩散，镉、汞、砷等重金属不断危害动植物，从水、土、气三个方面损害着农产品产地环境。据估计，我国每年仅因重金属污染而减产的粮食就有一千多万吨。

因此，要想提升农业可持续生产力，不能绕开农产品产地环境污染的防控与治理。要有效减少农产品产地环境污染，今后应该围绕以下几个方面开展工作：一是对耕地污染状况进行准确监测和彻底调查，并在此基础上落实耕地污染治理任务，同时，根据耕地污染状况调整种植业结构，集成组装耕地质量修复技术；二是推广粪尿分离、雨污分流，加快规模化畜禽粪便的资源化利用，尤其是通过种养结合提高畜禽粪便的利用效率；三是扶持建设农田残膜资源化利用企业及回收网点，调动农户的主动性和积极性，建立完善市场化运行机制，推广农田残膜捡拾回收技术；四是针对农药废弃物处置研发安全可靠、简便易行的技术和设备，构建废弃农药、废弃包装物等的存放、回收、处置系统；五是建立完善的秸秆收集、储运体系，推广秸秆多元化利用技术，形成秸秆综合利用产业格局；六是严格控制农业化学投入品的使用，推广畜禽生态养殖和水产健康养殖模式，推进化学肥料和化学农药替代品的创新和应用。

3. 从生态方面提升农业可持续生产力

农业是个生态产业，生态系统破坏和功能持续下降必然长期限制农业发展后劲的提升，从而影响农业可持续生产力的提升。一段时间以来，我国农业生态系统总体生态功能不断退化，不仅农田生物多样性面临威胁，甚至对作物、畜禽、水产都形成了十分不利的影响。除了农业生态系统内部的问题以外，外界大的生态系统的不利影响也在加剧，如我国森林覆盖率不高，甚至不及世界平均水平，自然湿地所占比例更是不及世界平均水平的一半。此外，草地大面积不断退化、沙化、碱化，沙化土地和石漠化土地威胁到近一半的中国人口，几千种野生动植物受到威胁或处于濒危状态。更有甚者，围垦致使天然沼泽和湖泊大面积消失，过度开发地表水和地下水严重影响了当地的生态用水，以致地表塌陷、植被枯萎。而且，由于水土流失每年丧失大量肥沃土壤，以致耕地损毁；由于过度捕捞和水体污染，水域生态恶化问题也越发严重。

习近平主席在人民日报上提出"走高效生态的新型农业现代化道路"，就是要求我们向生态要可持续生产力，今后这方面工作的主要任务有：一是遏制植被退化并保护和恢复植被，提升涵养水源及水土保持能力，对于一些污染严重不能作为农产品产地的地区以及退化草原地区加大力度实施退耕还林还草；二是发展草原经济多元化提高牧民收入，如牧文旅协同推进，以减少过度放牧现象，实现草蓄平衡，促进草原生态平衡；三是在平原农区建设农田防护林网，提升农田生态阈值，优化作物生长的周边小生态。

三、提升农业可持续生产力要突出三个创新

一是体系创新，即按照习近平主席提出的高效生态农业发展方向，用生物农业和物理农业构建高效生态农业体系，以逐步替代化学农业，生产高产优质农产品。所谓生物农业，就是通过生物性投入品，借助各种生物学过程促进动植物生长、防控动植物病虫害的农业体系，不仅能使动植物健康生长，更重要的是能够生产优质高产农产品。所谓物理农业，就是农业生产中利用物理技术并通过物理因子光、热、声、电、磁等影响动

植物生长发育，从而提高农业生产力。

二是产业创新，即以建立在农业废弃物循环经济基础上的静脉产业促进生产农产品的动脉产业，形成高盈利静动脉产业联合体。我国农业废弃物资源化利用一直走不出困境，一个关键性的问题是没有形成高盈利产业。目前，这方面的技术已经成熟，例如秸秆膨化饲料、环保型秸秆包装材料、秸秆板材、秸秆纸浆以及畜禽养殖废弃物无害化、资源化处理等产业技术体系，已经在很多地方为当地带来了新的价值增长点，大幅度提升了农业生产力。

三是模式创新，即创建高效生态农业特效模式，为提升农业可持续生产力找到特效路径。中国农业科学院原副院长章力建与创新工程团队首席科学家朱立志通过大量试验数据、调研资料、历史资料分析以及相关理论研究后共同提出："中医农业"可以利用中草药制剂促进、调理并优化动植物生长，能显著减少化学农业带来的困扰，提高产量、品质和收益，必将助力农业可持续生产力的提升。

从厨余到农产品： 马来西亚槟城
Auto – City 的农业循环经济

Gary Teoh Kiang Hong　　AUTO – CITY 集团创始人兼董事长

Mohd Armi Abu Samah　　马来西亚国际伊斯兰大学化学系理学院

Kavitha Nowroji　　马来西亚槟城黄金公路 Auto – City 有限公司研究与研发部门

Sravutt Som Chet，Nur Fitrah bt Mat Zainal，Siti Nursuhaida bt Noor Azman

马来西亚槟城金公路 Auto – City 有限公司绿色农业部门

摘要：今天的世界面临着同一个生态命题——废物污染。在众多污染物中，餐厨垃圾造成污染占有重大比例，它的易腐烂性质给环境造成了细菌和气味问题。通过使用自然发酵方法（NFM）将生食垃圾（RFW）转化为富含营养成分和矿物质的成熟食物垃圾（MFW）堆肥，Auto – City 的管理解决了这些问题。因此，MFW 堆肥适合使农耕土壤的肥力和健康恢复活力。以选择非化学的有机农业，Auto – City 管理层在不使用任何化学肥料或杀虫剂的情况下，对基于有机土壤的蔬菜（6 种生菜）进行了研究与开发（R&D）。它开发了自己的 Hydrosoil（HS）耕作系统和标准操作程序（SOP）。

关键词：餐厨垃圾　堆肥　农业　蔬菜　水土　循环经济

一、简介

根据联合国粮食及农业组织（粮农组织）的估计，全世界人类消费的粮食生产中约有三分之一被丢弃，粮食浪费构成了全球环境问题[1]。具有讽刺意味的是，世界上每九个人中就有一个人，即 8.2 亿人由于贫困而遭受饥饿[2]。在世界贫困人口中，近 80% 的人以农业为生，据估计，他们的主要农村家庭农业（FF）约为 5 亿个，约占世界所有农场的 90%。FF 总的来说是全球最大的雇主，按价值计算，其生产的食品超过世界的 80%[3]。具有讽刺意味的是，它讽刺了一个问题：为什么大多数为世界种植和生产粮食的 FF 遭受饥饿和贫困？

Auto – City 管理的任务是解决食品浪费和 FF 的生存能力问题。第一，将食物垃圾转化为富含营养的堆肥，以提高土壤肥力。第二，堆肥用于蔬菜种植。第三，开发了 HS 耕作系统，用于生产优质和高产的蔬菜。第四，将建立一个代表小型 FF 的展示农场，以评估其可行性。

二、Auto – City 的背景

Auto – City 成立于 2003 年，是一个综合性的商业开发项目，包括汽车中心、饭店、

银行、购物商店、活动设施和公园。2014 年，Auto - City 管理组织着手绿色环保，以保护环境，使未来的任何发展都与自然和谐相处，而不会产生任何浪费和污染。它以可持续的绿色实践进行研发，从而将食物垃圾、厨房废水和厕所垃圾处理并转化为有用的资源。在对将食物垃圾用于农业的研究过程中，Auto - City 管理学会并了解了 FF 所面临的挑战和困境。它寻找可行和可持续的解决方案的决心导致了 HS 农业体系的发展，这可以为 FF 带来好处。

三、从废物到堆肥

在 2014 年之前，Auto - City 的管理方式是将餐馆产生的 RFW 运走，然后倒入垃圾填埋场。当开始对 RFW 进行堆肥时，这种做法就停止了。对餐馆的经营者进行了教育，发挥了作用，将 RFW 分开，然后收集并转化为 MFW 堆肥。从 2015 年到 2018 年，使用 NFM 厨余堆肥生产了约 105 吨 MFW 堆肥。NFM 有适当的文档记录，并发表在国际最新技术与工程杂志[4]上的技术论文《食物垃圾堆肥：自然发酵方法》中。

基本上，NFM 使用自然的有氧过程，为有益微生物的生长及其微生物活性提供了有利条件，以加速 RFW 的发酵。与厌氧过程相比，自然的有氧过程更快，臭味更少。因此，优选并采用使用自然有氧过程的 NFM，因为 RFW 可以在 10 天之内以最少的气味转化为 MFW。

影响发酵速率的各种因素包括碳/氮比、水分含量、粒度、温度和 pH 控制。重要的是，RFW 的发酵和转化为 MFW 堆肥要经历中温、嗜热、冷却和固化的整个四个阶段，这是通过自然过程完成的，而无须使用任何外部加热、燃烧或化学处理。消耗掉 RFW 的有益微生物会排泄大量营养素，例如氮、磷、钾以及微量营养素，这些营养素很容易被植物生长所消耗。通常会遇到使用外部加热或燃烧的堆肥机来"烹饪"RFW 以产生"煮熟的堆肥"。"煮熟的堆肥"的缺点是，它不能适当地成熟，并且缺乏可供植物立即食用的必需的大量常量营养素和微量营养素。因此，"煮熟的堆肥"需要有益微生物进一步分解。

在 Auto - City 中，管理人员使用半自动化的食物垃圾堆肥系统，该系统可以将包括肉、骨头、贝壳、"皮肤"、蔬菜、果皮、油、沙司和其他有机物在内的 RFW 有效地转化为 MFW 堆肥。从 RFW 到 MFW 堆肥的工艺流程如图 1 所示。半自动食物垃圾堆肥系统包括以下设备：（a）混合器，将 RFW 与可可泥炭和内部培养的"Oommi"有益微生物均匀混合；（b）切碎机将 RFW 分解成较小的碎片，以加速堆肥过程；（c）旋转堆肥鼓，将切碎的 RFW 连续均匀地转化为 MFW 堆肥。

NFM 的食物垃圾堆肥系统适用于处理大学食堂产生的食物垃圾。自 2018 年以来，Auto - City 管理部门一直与马来西亚国际伊斯兰大学（IIUM）合作，在关丹和冈巴克的校园中实施 NFM 的食物垃圾堆肥系统。IIUM 的运营商将校园内收集的干叶用作棕色物质，而不是可可泥炭与 RFW 混合，产生的 MFW 堆肥品质也一样好。

NFM 用途广泛，可以进行修改以适用于 RFW 以外的各种类型的原料。一种流行的饲料原料是原鸡粪肥（RCM），由于其价格低廉且营养丰富，可以从养鸡场大量获得，

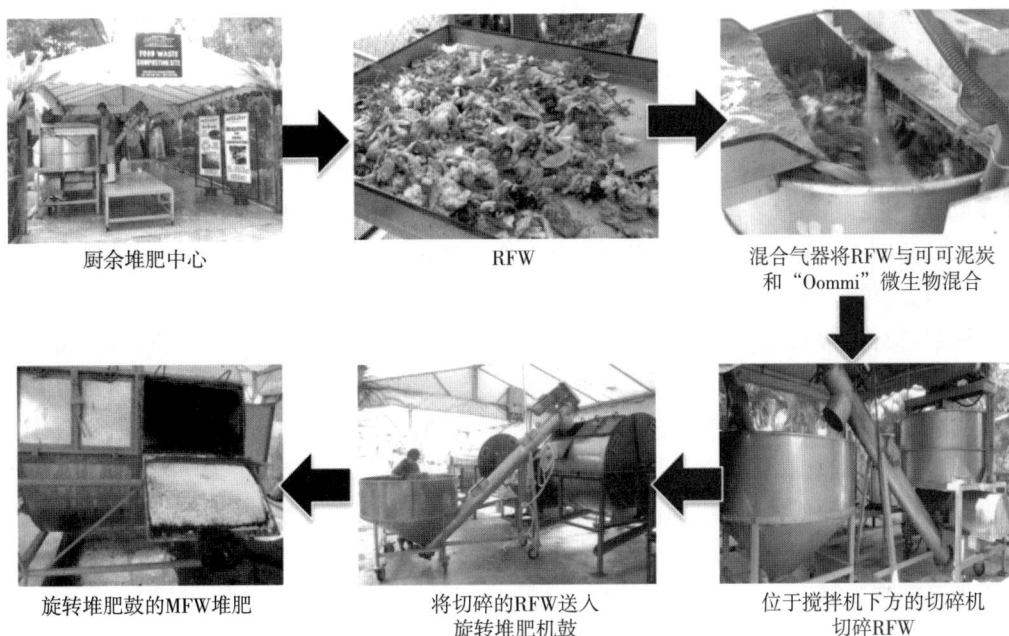

厨余堆肥中心　　　　　　　　　RFW　　　　　　　混合气器将RFW与可可泥炭
　　　　　　　　　　　　　　　　　　　　　　　　　和"Oommi"微生物混合

旋转堆肥鼓的MFW堆肥　　　　将切碎的RFW送入　　　　位于搅拌机下方的切碎机
　　　　　　　　　　　　　　旋转堆肥机鼓　　　　　　　切碎RFW

图1　从 RFW 到 MFW 堆肥的流程

并被农民广泛使用。然而，RCM 具有各种缺点。首先，RCM 被认为是"热"肥料，因为当它被埋在土壤中时，RCM 会产生热量并燃烧植物的根，导致其叶片变干。其次，RCM 具有较高的碱度，可以使土壤的 pH 增加到大约 8，并影响幼苗的生长。再次，RCM 由于其氨含量高，具有刺激性气味并吸引家蝇。最后，根据农场的卫生状况和鸡肉的健康状况，RCM 可能会被病原体（如大肠杆菌和沙门氏菌）污染。Auto – City 的管理部门已在开放棚区使用"Oommi"有益微生物对 RCM 的发酵和 RCM 转化为发酵鸡粪（FCM）进行了研发，发酵过程大约需要 3 周。与 RCM 相比，FCM 具有优势，因为它（a）不产生热量也不燃烧植物的根部，（b）pH 约为 7，（c）气味极小，不吸引家蝇，并且（d）没拥有病原体。在商业上，该发酵过程由蛋鸡场进行，该蛋鸡场使用"Oommi"有益微生物每天处理约 100 吨 RCM。

FCM 可有效提高土壤的酸度和肥力。Auto – City 管理层进行的进一步研究表明，pH 约为 4 且含营养素量不高的常见未经处理的红土（RES）不适合有机耕作。然而，当 RES 与 FCM 适当混合时，其 pH 提高到约 6.5，并且其大量营养素的含量进一步丰富。因此，经处理的 RES 变得适合有机耕作。

饲料原料也可以组合发酵。Auto – City 的管理层还进行了研发，以协助一家工厂使用多种原料（例如棕榈油厂的废水污泥、稻壳和 RCM）混合生产有机堆肥，以生产用于农业的有机堆肥。发酵过程需要大约 3 周的时间，在露天棚中每批生产约 10 吨有机堆肥。

尽管发酵的动物/家禽粪便可以用于蔬菜的有机耕作，但 Auto – City 管理部门还是更倾向于使用 MFW，因为 MFW 来自适合人类食用的优质食品。Auto – City 管理部门进行的研究得出的结论是，使用 MFW 滋味所生的生菜要比 FCM 所生的生菜更嫩。

四、堆肥

MFW 堆肥包含多种营养物质和矿物质，可以使耕作土壤的肥力和健康恢复活力，并种植大量农作物。MFW 堆肥本质上是有机的，适合种植有机蔬菜和草药。例如，自 Auto – City 管理部门一直在与有机草药农场合作，使用 MFW 堆肥种植药用草药，然后将其捐赠给因手术后或在恢复过程中出现健康问题的患者。这是因为他们食用的草药很重要，得是自然没有化学试剂和农药。

根据联合国粮农组织的说法，农业为世界人口提供了大部分粮食，全世界 60% 以上的人口依靠农业为生[5]。因此，农业非常重要，蔬菜种植是其中不可或缺的一部分。传统的基于土壤的农业使用大量的化肥和杀虫剂，它们污染环境，使食物中毒并给使用者和消费者带来健康问题。世界卫生组织担心农药的滥用可能产生急性中毒或长期健康影响，包括癌症和低生育率，最坏的情况是死亡[6]。另外，水耕法也越来越受欢迎，在这种方法中，蔬菜可以在没有土壤的水上种植，其根部可以生长在水中，而水中通常富含化学基液体肥料。

如今，传统的土壤耕作和水耕法生产的农作物占世界供应量的 90% 以上。越来越多的支持者主张恢复使用有机土壤为基础的农业生产方式而无须使用任何化学肥料和杀虫剂的传统方法。但是相对而言，传统方式使用更多的劳动力，产生较低的产量并导致较高的成本。面临的挑战是"是否可以对有机土壤耕作方式进行革新，使其（1）简单易行，（2）具有成本效益，（3）可持续和长期发展以及（4）有效的高产？"。

五、水土耕作系统

这一挑战使 Auto – City 管理公司开始进行有机土壤农业的研发。由 MFW 堆肥，有机废物和沙子组成的土壤混合物用于在 HS 床上种植 6 种类型的生菜，这些生菜种植在设计土壤下面拥有流动水的。就像将薄纸的底部浸入水中，水会缓慢地向上扩散以通过毛细作用将上方的组织弄湿一样，HS 床也采用相同的原理，即不断吸水以保持土壤湿润。因此，如图 2 所示的 HS 床具有内置的自动浇水系统，可为蔬菜根部提供稳定的水供应，并消除了人工浇水的任何劳动。

准备好 HS 床后，将使用一个简单的 SOP 来种植蔬菜：在苗圃中将种子发芽到长达 3 天的幼苗中，在露天环境中将幼苗移植到 HS 床上，监测幼苗长成为成熟蔬菜的 30 天内，通过在土壤上方切菜来收获，在不翻土壤的情况下在一两天内准备 HS 床以便重新种植，通过铺开新的 MFW 堆肥和有机覆盖层为土壤补充营养在 HS 床的顶部，然后重复 SOP 以再次种植新一批蔬菜。使用 HS 床种植蔬菜的 SOP 如图 3 所示。研发是在一个小型研究农场中进行。产量是大约 90% 的蔬菜健康生长到成熟，可以收获，并且蔬菜的平均重量约为每平方英尺 600 克。蔬菜味道鲜嫩，无苦涩。由于研究场上的研发看起来很有希望，因此建立了一个新的试验场，以由另一组研究人员重复相同的研发和 SOP。结果表明仍然可以达到相同的产量。前进的道路是通过建立一个约 60000 平方英

图 2　Paul Connett 教授访问槟城 Auto – City 使用 HS 床研究农场

尺的小型商业农场来复制一个小型 FF，以研究其可行性、可持续性和盈利能力。如果结果是肯定的，那么这个商业农场将成为 FF 的榜样，并成为教育和培训中心，为当今的年轻一代提供培训，成为具有绿色意识的农民。

准备好HS床用于种幼苗　　　　3天大的幼苗准备好了移植　　　　移植苗

已能收获的30日龄的蔬菜　　　　15日龄的蔬菜　　　　完全移植的幼苗

图 3　使用 HS 床种植蔬菜的 SOP

六、从农场到消费者

新鲜收获的蔬菜出售给某些餐馆以及 Auto – City 的种植市场。在图4中，它显示了"种植市场"，该市场是当地农民以合理的价格直接向健康意识强的消费者出售平台的有机农产品，这些消费者大多数都有家庭。当地农民使用基于土壤的有机耕作方法，他们面临的挑战是，一旦他们种植并收获了新鲜的蔬菜和水果，就需要迅速找到购买新鲜农产品的消费者。出于健康意识的消费者面临的挑战是确保他们购买的蔬菜和水果在种植时不使用化学肥料和杀虫剂。因此，种植市场是提供机会让消费者认识和了解农民，这有助于建立良好的关系和信任。这引起了一个重要的问题："如果吃健康的食物对每个家庭的健康都如此重要，那么为什么每个家庭都不应该有自己的农民小组来种植新鲜农产品供其消费？"毕竟，每个家庭都有自己的医生、牙医、银行家和其他人组成的小组。美国农业部的话说"知道您的农民知道您的食物"是多么真实。

图4 种植市场的农民将其新鲜有机农产品直接出售给消费者

七、循环经济

自2014年以来，Auto – City 的管理已不再使用其传统的线性经济，即将 RFW 运走并丢弃到填埋场。取而代之的是，Auto – City 管理采用了循环经济，由此，Auto – City 中产生的 RFW 不再被视为废物，而是被转化为 MFW 堆肥的有价原材料，该堆肥用于农业并进一步转化为健康草药和供人类食用的蔬菜。这种循环经济如图 5 所示。

图 5　Auto – City 的循环经济

八、结论

对循环经济的绿色实践和环境可持续性的信念驱使 Auto – City 管理部门进行研发，以发展其在厨余堆肥中的 NFM 和 HS 农业系统的能力。可以采用 NFM 来防止由食物垃圾腐烂引起的污染，而 HS 耕作系统仍在持续研究中，以研究其可行性、可持续性和获利能力，以确定是否可以将其用于 FF。如果结果是积极的，那么简单易行，具有成本效益，可持续性和长期性，高产。有效高产的 HS 耕作系统可以被教导培养年轻一代成为绿色意识的农民，并提供许多就业机会。

总而言之，循环经济模仿了地球母亲的自然循环，从而使形式不断地从一种转变为另一种，从而创造了没有浪费的价值。重要的是，在没有浪费的情况下，可以保护地球母亲，使其成为所有生物和谐、健康和长寿的家园。

缩略语表

FAO　粮农组织粮食及农业组织

FCM　发酵鸡粪

FF　农业

HS　水土

IIUM　国际伊斯兰大学马来西亚

MFW　成熟食物垃圾

NFM　自然发酵法

RCM　生鸡肉粪

RES　红土土壤

RFW　生食垃圾

R&D　研发

SOP　标准操作程序

参考文献

［1］FAO. Global Food Losses and Waste, Extent, Causes and Prevention ［EB/OL］. http：//www. fao. org/docrep/014/mb060e/mb060e00. pdf.

［2］FAO. The state of Food Security and Nutrition in the World ［EB/OL］. http：//www. fao. org/3/ca5162en/ca5162en. pdf.

［3］FAO. FAO's Work on Family Farming ［EB/OL］. http：//www. fao. org/3/CA1465EN/ca1465en. pdf.

［4］Hong GT, Samah MA, Nowroji K, Chet SS. Food Waste Composting：Natural Fermentation Method ［J］. International Journal of Recent Technology and Engineering (IJRTE), 2019, 8 (1C2) .

［5］FAO. FAO statistical yearbook ［M］. 2013.

［6］WHO. Pesticide residues in food ［EB/OL］. http：//www. who. int/news－room/fact－sheets/detail/pesticide－residues－in－food.

白世音研究与发展机构可持续农业创新实践

白世音

白世音研究与发展机构

在 21 世纪，人类制造的农残对空气、土地、水源造成了严重污染。因此，迫切需要一个突破性的方法和途径在提高农产品的数量和质量的同时减少地球污染。

白世音光博突破性地研究发现与发明了"智慧光科技"，能够迅速提升农作物的品质、产量，且无毒害，这使这项技术具有可持续发展性。

一、白世音研究的"总和光力量"

农业是全世界的命脉！农业的安全关系到全人类的基本生存条件。当今 21 世纪，正能量不断上升，负能量不断下降，所以正能量的农业应运而生。在这划时代的历史长河中，白世音光博研发出人类健康的"总和光力量"农业。这项技术有效解决农业生产过程中水源与土壤的污染问题，让大环境充满正能量，充满光力量。白世音光博研究的"总和光力量"科技，发现和发明了"总和光力量"概念，并将其应用在农业生产的各个领域，经过实践证明，其可以在农业全过程形成强大的保护力量！

二、21 世纪"总和光力量"农业

农业生产过程中因过度使用农药、化肥、杀虫剂，导致空气、土地和水源严重污染，最直接的结果就是土地板结而无法种植，同时污染造成恶性疾病的高患率，如何解决这个问题？

当今是现代农业转型为正能量农业的过渡期，转换的媒介之一 是"总和光力量"。这项技术与农业结合就是为人们提供优质、高产、收效迅速、简便易行、经济实惠、健康安全、无毒无副作用、充满正能量的农产品。21 世纪白世音研究的"总和光力量"农业，是农业健康转型的有效方法之一。

白世音研究的"总和光力量"智慧光科技的五大优势：

一是三高：高质、高产、高效率；

二是三低：低成本、低付出、低消耗；

三是三安：安全、安心、安康；

四是三易：易学、易懂、易用；

五是三少：少水土污染、少空气污染、少环境污染。

能量有许多种，数不尽也道不完，但总归为两大类：一是正能量，二是负能量。正能量为人们带来好处，为土地注入了对人们有利、对植物有利的正磁场，称为正能量，强者称为正力量、光力量；负能量是对人们没有好处的能量，顾名思义就是对人类、对水源、对空气、对土壤、对植物、对生态系统、对地球上所有的生物都没有一点好处的能量，称为负能量、暗能量，凶者称为负力量。在对负力量的研究中，白世音发现，负力量以"二竖子"为主，也就是以夺命性的生命负信息作乱和摧毁性的生命负气场干扰为主的负力量破坏力占植物和人体有害毒素的很大部分。

"二竖子"负力量聚集在土壤和植物中，将对农业生产造成低质、劣产等不良效果，所以应用总和光力量光化这两大负因素，就是白世音研究的"总和光力量"农业的核心所在。

三、正能量农业的背景

正能量农业，也被称为白世音总和光力量智慧光科技（简称白世音农业科技），发明者是白世音光博。白世音光博是一位划时代的总和光力量科技研究者、突破性的总和光力量发现与发明者。

白世音农业科技，意指使用智能光或智慧光的原理来进行栽培种植农作物。这是基于白世音光博所提出的"白世音农业科技"，即农业所出现的大多数问题背后的根本主因，例如病虫害，实际上就是负能量。此外，她认为这种负能量，或其背后的负力量，正是在《左传·成公十年》中早有记载的"二竖子"。她研究出迅速光化"二竖子"，也就是"光化夺命性的生命负信息作乱"和"光化摧毁性的生命负气场干扰"这两大负力量的有效方法，并将"二竖子"文化加以科学化、系统化、理论化，形成一门独特东方生命科学。

白世音光博已经成功地克服这项利用大自然中本有的总和光力量的技术挑战，提出了突破性的解决方案。这是她从光的公式所提出的阐明，说明如下：

$$光 + 水 = 光；A^{\infty} + B^{\infty} = A^{\infty\infty}$$
A^{∞}代表无限量的光，B^{∞}代表无限量的载体，
$A^{\infty\infty}$代表无限量的光与无限量的载体合一。
妙用无穷……

这一创新理论的关键是应用水中的光。应当指出的是，水仅仅是作为一个输送的载体。这项创新的科技使得光也可以注入其他载体中，尤其是当需要应用在广大的土地范围的时候。

正能量农业应用智慧光波震动性的改变生态环境和植物生态基因的原理种植作物，着眼于迅速改良农业生态系统，让农作物苗壮成长，达到优质高产，健康生态的目的。

白世音农业科技，是基于构建良好的农业生态系统，通过白世音农业科技的应用保护水土，减少土壤板块硬结，减少水资源污染，增强土壤的正能量和良性循环，进而减少对水土、空气和大自然的破坏性，恢复地球的良性生态系统，是未来全球经济可持续发展的创新科学与技术。

四、正能量农业的应用

白世音农业科技已在包括新加坡、马来西亚、中国、中国台湾、澳大利亚等多个国家和地区实验基地落实十多年。以下是各国和地区正能量农业的应用实例。

（一）马来西亚

罗京高原光场实践背景：

光化之前，土地种什么都很难存活。尤为突出的是种日本番薯，每一颗都被田鼠吃得一干二净。要如何解决田鼠伤害植物的过程？应用白世音创新农业科技，用光＋水＝光，$A^\infty + B^\infty = A^{\infty\infty}$的科学原理，和用正能量光化负能量、总和光力量光化负力量的原理，开始农业的实践工作，以栽种白萝卜和白菜为例。

实验方法：

第一，先应用总和光力量，121光贴大面积光化土地。第二，应用总和光力量的载体，549光的养料、一滴水、549光贴种植白菜和白萝卜。

白菜研究种植结果：

在土地还没有光化前，种的白菜很老、很难吃，而且歉收。光化后，作物生长提前了一倍的时间。

图1　光化前及光化后的白菜

白萝卜研究种植结果：

白萝卜种植要求土壤中空气含量高，也就是疏松的土壤环境，且白萝卜超过期限收割就会老化，影响口感。应用白世音农业科技之后，过期15天采摘萝卜，仍然鲜艳可口。

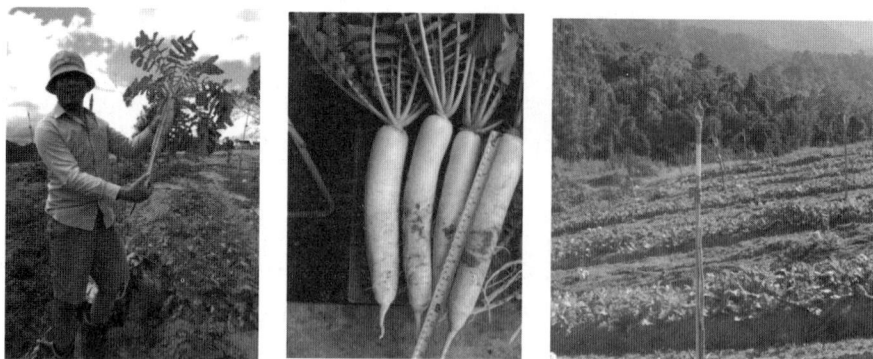

图 2　光化后的白萝卜

总结：

白世音农业科技充满着正能量，她的研究成果就是正能量光化负能量，总和光力量光化负力量的研究原理，对改善土壤种植环境，提高作物质量具有良好效果，这一科技具有可持续发展性。

（二）中国北京无花果

2017 年 11 月，白世音光博被特邀参加 2017 年中国国际果蔬大会。在展会上白世音光博展示了她最新的"总和光力量"研究成果——白世音农业创新科技。这一农业理念与来参观果蔬展的黑龙江省大庆市肇州县林业科学研究所所长李树久先生的理念不谋而合。李树久先生认为无毒天然的农业才是未来的农业方向，把他在北京的无花果园部分无花果种植转为白世音农业科技的实验基地。因而，成立了白世音研究与发展机构在中国北京和北京九度阳光农业发展联合的光力量无花果实践研究基地。

研究种植结果：

经过半年的努力，使用白世音研究的 549 光贴和 549 光养料的无花果树长得非常挺拔，使用了 549 光养料的无花果没有生过虫子，没有打过农药，没有施过化肥，果实盛产。

549 无花果实践研究基地，获得绿色生态——寻找全国最优秀无花果种植（总决赛区）冠军。

图 3　未使用光养料的无花果树（左边）及使用了 549 光养料的无花果树（右边）

图 4　未使用 549 光养料的无花果实发黑

图 5　使用 549 光养料的无花果实透亮

（三）中国福建省武夷山茶园

白世音农业科技在武夷山茶园的表现：

武夷山位于中国福建省，海拔平均约 650 米，有着亚热带得天独厚的湿润气候和高降水量，是理想的茶叶种植区。同时武夷山是联合国教科文组织世界文化与自然遗产地，它以其生物多样性赋予中国南部茶业生产中心古文化地位。

在 2006 年，白世音农业科技与茶叶种植园罗云辉厂长共同合作，设置了以实验为目的所划分的试验区。同年，福建省经历了长达 60 天不寻常的旱灾。这场旱灾对包括茶叶在内的农作物造成重大影响。但在光的试验区的茶树展现出韧性，它们似乎受干旱的影响不大，也没有受到虫害的迹象。因此，这个试验区的单位面积产量明显高于其他种植园区，而且茶叶的品质也较高。

图6 干旱影响下稀疏的普通茶园（左）及具有繁茂绿叶的试验区（右）

图7 幼茶叶看起来健康年轻

讨论和研究结果：

很明显的，发生干旱所带来了的影响不只是产量较低，在总和光力量的保护之下，除了使作物免于虫害之外，也使试验区植物周围的空气湿度维持较好水平。正能量的传送效益取决于情境和环境。

"总和光力量"的正能量，已被证明是试验区比较容易管理，且作物灾害较少的有效种植技术。

（四）中国台湾地区

受真菌感染的芒果树在使用白世音农业科技后的表现：

白世音光博前往台湾地区参观使用"总和光力量"的农业实验地时，看到一棵看起来不健康的芒果树（见图8）。她从园主那儿得知由于它不能正常的结成果实，芒果树即将被砍掉。

芒果树的果实稀疏。果实看起来不健康且果皮有瑕疵，有些甚至在未成熟前就掉落。树叶被覆盖着补丁粉末，有些树叶呈卷曲状，这是芒果树被真菌感染的典型例子。白世音带领一组成员在芒果树上贴着总和光力量的光帖。

之后在不到一年的时间，同样的一棵芒果树现在却硕果累累。

图 8　使用总和光力量之前的芒果树（芒果树的果实稀疏，叶子也不健康）

图 9　白世音光博贴上总和力量光贴　图 10　大家贴上 2000 张总和光力量光贴

讨论和发现：

芒果树很容易受到真菌感染，白粉病（其中的叶子都有白色粉状的菌丝体在稍后可能会变成紫褐色以及卷曲叶）和炭疽病（这将造成的黑色或褐色的斑叶，这也可能是卷曲的）是最常见的两种疾病。这两种疾病也可导致水果过早掉落。芒果树在 2012 年 6 月时遭受霉菌真菌感染，其中有 40% 覆盖着白色粉状菌丝体。传统的治疗方法需要使用适合的杀菌剂来对付这种感染，而且大多数情况下需要持续性的喷洒，增加了化学物质侵入土壤和被人体吸入的危害。

应用总和光力量不需要杀菌剂或杀虫剂，果实的丰富性是显而易见的。果实的外观（外皮呈粉红色清晰光滑，见图 11）可见证是棵健康的树。相较于一年前的果实状态，其果实又大又重，展现出健康的成长状态。

果实的产量和品质有所提高，证明"总和光力量"的效力。智慧光科技能够有效减少农药的喷洒并增加农作物的产量。

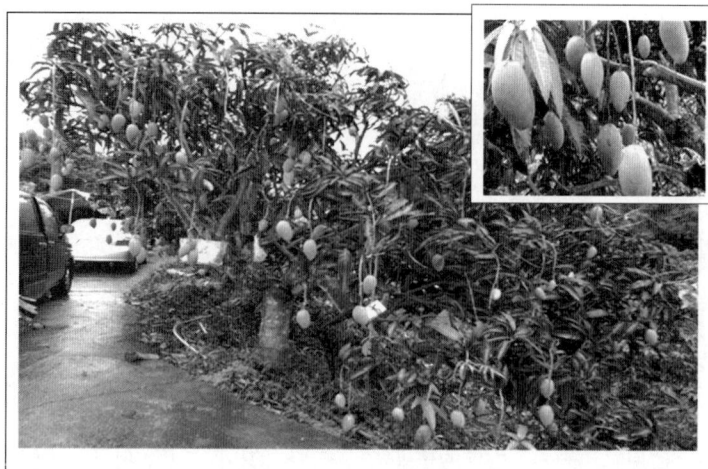

图 11　恢复生机的果树

五、"总和光力量"可伸缩性和可复制性

无论是对单一植物或是农作种植园区，都认可应用白世音研究的"总和光力量"智慧光科技所带来的正面成效，证明了这项科技并不受农耕地的大小范围所限制。它是可实现的，能独立的在不同大小的试验地进行应用，证明智慧光科技的可伸缩性。

在这讨论中所介绍的应用程序是尽可能呈献这项科技在多种农耕情况下发挥的潜在用途。这里所提及的文本和观念是有关于不同地区、不同类型的植物在提高产量或质量和改善疾病方面都取得正向的结果，它能成功地复制。这意味着可以利用相同的应用程序，从果树和蔬菜移至商业的农作物，例如水稻和小麦。在治理原则上保持不变，也就是光化土壤、植物、环境中的负能量的原理，唯一的区别是规模。现在，它涉及的实施案例，将为农业可持续发展提供相关的数据，从而应用到商业性农作物种植上。未来，在粮食安全、环境恶化和气候变化这三类最紧迫的生态问题上，我们将坚持不遗余力地为之继续实践着。

光科技在农业的应用实践

——悟心有机田园

白世音　范子祥

悟心有机田园

一、背景

悟心有机田园，位于马来西亚著名的金马伦高原，现有面积五英亩，是政府审定的有准证的有机菜园，已经经营了22年。金马伦高原海拔1000到1500米，温度大概是16℃～30℃，降水量大约2850毫米/年，常年清凉，是马来西亚比较清凉的地方。所以，金马伦高原一年都可以种植，不受季节限制。

二、金马伦高原的有机种植业

金马伦的有机菜园跟用农药的普通菜园比只占0.87%，整个有机菜园的耕种占有率低于1%。这与当地的种植传统与菜农的环保意识密切相关。随着农药、化肥成本的上涨，原本的种植模式利益下降，再加上虫害的频发加剧了菜农的负担，传统的种植模式开始被重新思考。随着种植者的新一代更迭与良好的教育，现在有些农夫开始转变传统的种植方式，转为有机

图1　有机田园主人范子祥先生

耕种，加上消费者健康环保意识的增强，对有机食物的诉求逐渐增加，之前忽略的环保和绿色种植理念开始被重新重视。

园主范子祥一直追求的是向大自然学习并与大自然和平共处，在种植生产上，我们提倡学习、尊重和配合大自然，以简单生态的种植方式去减少对生态环境的破坏和污染。在菜园的种植管理上，我们选择50多个品种精细化种植，这样在菜园的多元化种植上将充分尊重大自然的多样性原则，同时还可有效地减少大规模的虫害。

三、自然法则养护土壤、规避虫害

因为每种蔬菜吸取的养分不同，采取多种类、轮耕轮植的方式进行土壤养护，同时

也保证菜品种类的多样性与高质量。坚决不使用农药，而是尊重自然法则规律，利用益虫与鸟类进行除虫，最大化地追求生态的平衡性。

在肥料的使用上，施用堆肥与绿肥。将落叶、树枝、动物粪便、烂菜叶等进行发酵，生成可用的堆肥，以此养护土壤的健康环境。

尊重自然的动植物良性循环系统。例如养鱼。将废弃菜叶喂食鱼类，鱼的排泄物可作为肥料

图2　白世音光博为园主范子祥示范总和光力量种植技术

喂养蔬菜，建立无化肥、无农药、无污染的天然种养系统。

在尊重自然种养规律下，采用白世音光博研究的"总和光力量"来光化水源与土壤。光化菜园里的"二竖子"（夺命性的生命负信息作乱和摧毁性的生命负气场干扰），以此保证生态环境正能量的充分作用。通过"总和光力量"光化的水源与土壤种植的蔬菜品质更高，因此也得到了更多客户的认可，带来更高的销售。"总和光力量"带来的还有种植者生态环保意识的转变，让更多的人认识到生态环境的重要性，加入绿色化种植的有机蔬菜行列。

图3　体验正能量种植

泓宝微生态制剂
在绿色水产养殖中的应用和发展

邹国忠　上海泓宝绿色水产股份有限公司
李晓晖　上海海洋大学食品学院
赵一峰　上海博华水产咨询有限公司

摘要：近几十年来，我国的水产养殖业从粗放式养殖过渡到集约化、规模化养殖。这不仅增加了养殖的品种，而且大大提高了产量，在一定程度上推动了社会经济的发展，丰富了人们的生活。但由于未处理的养殖废水和工业、生活污水的大量排放，严重污染了养殖水体，使养殖生态环境遭到破坏，以致养殖病害频繁发生，水产品质量与安全受到威胁，抗生素和药物残留对水产养殖业和人类的身体产生副作用已日益显现。作为生命科学的一个新兴领域，微生态学正在显示出巨大的生命力和科学价值。微生态制剂既无药残，又无污染，且能改善动物健康状况，改善水体微生态环境，提高养殖的经济效益，因而受到了人们的重视。本文就微生态制剂对水产养殖环境的生物修复作用和在绿色水产品生产上的应用及上海泓宝绿色水产股份有限公司微生态制剂产品在绿色水产养殖中的推广使用作了阐述。

关键词：微生态　水产养殖　应用　发展

一、我国水产养殖现状和存在的问题

改革开放后我国水产养殖业进入快速发展阶段，逐渐成为繁荣农村经济、促进农民增收的重要产业。我国目前水产养殖总量已位居世界第一，同时，随着疯牛病、禽流感等的发生，世界对鱼类产品的需求上升，消费增加。但水产养殖业发展中也突现出一些问题和矛盾，已经制约了产业的健康发展，如资源利用水平偏低、养殖病害多发、对环境不良影响加重、产品质量存在隐患等，水产养殖业与资源、环境协调发展存在的问题进一步加剧。由于环境恶化造成的水产动物疾病或由此引发的传染性疾病剧增，养殖生态环境遭到破坏。

近年来，水产品安全的事件不断发生。因此改善水产养殖水域环境，降低养殖污染，尽可能利用少的空间，获得高产优质的水产品，已成为养殖业生产可持续发展的关键技术和研究热点。微生态制剂以其环境友好，天然、无毒、无副作用、无污染、无残留、不产生抗药性和价廉、高效、安全可靠，能有效地改善养殖生态环境，提高养殖动物的免疫能力，减少疾病的发生，增进健康，促进生长，维持养殖生态平衡，已被广泛的应用和推广，成为水产健康和高效养殖的一个新方向。

二、微生态技术在水产养殖中的应用与发展

微生态科学是现代生态医学的关键技术领域，现代微生态学研究表明，微生物在水产养殖中占有重要地位，直接影响着产量、物质循环、动物营养、水质、疾病控制和排放水质量。当水生生物处于健康状态时，在其内外环境中存在一个相对稳定的微生物优势种群，但是养殖环境恶化会导致一些有害微生物的大量增加而诱发疾病暴发，严重时导致养殖生物体死亡。

微生态技术是微生态科学的实践应用。动物微生态制剂是指将已知的有益微生物（动物体内或自然界中存在），运用现代生物工程技术进行培养、发酵等特殊工艺加工制成的生物制剂。微生态制剂包含有益活菌及其代谢产物和培养物。微生态制剂又称为益生菌（Probiotics）、直接饲喂微生物（DFM）等。动物微生态制剂曾经作为药物添加剂使用，自 2003 年 10 月 1 日起作为饲料级微生物添加剂管理使用。与畜禽相比，微生态制剂应用于水产养殖业起步较晚（20 世纪 80 年代），但发展迅速。

我国微生态制剂在水产养殖业中的应用研究开始于 20 世纪 80 年代初期，最早应用于养殖业的微生态制剂是光合细菌，主要用于调节养殖水质。在对光合细菌的培养、扩增、保存技术及应用效果方面做了大量研究工作基础上，又相继开发出乳酸杆菌属、双歧杆菌属、弧菌属、假单孢菌属、芽孢杆菌属的众多种类及硝化细菌等。

我国市场上的微生态制剂产品很多，主要以单一菌株或者多菌株复配而成，其主要成分都是益生菌群，应用较多的是光合细菌、放线菌、酵母菌、芽孢杆菌、硝化细菌、弧菌等几类细菌以及 EM 菌群。有些与中草药或者益生元组合形成复合微生态制剂。根据用途及作用机制可分为微生态水质改良剂、微生态饲料营养添加剂等。

三、泓宝微生态制剂产品在水产养殖中的应用发展

（一）泓宝微生态制剂研发应用

上海泓宝绿色水产股份有限公司是应用现代微生物技术全心致力于可持续绿色大农业发展、绿色农产品生产和生态环境修复的高新技术企业。2019 年 11 月泓宝股份成功挂牌上海股权托管交易中心科技创新板，股票代码：300308。

公司根据水产养殖全周期的需要，利用现代微生物技术精心研发出了针对水质调控和养殖动物生长的全品类产品。有复合微生菌、草本微生菌、微生物菌肥三大类，保健、促长、解毒、消毒、肥水、净水、调水、兑虫八大系列。共六十余种单菌或复合微生菌产品，自有发明专利产品 41 项。产品有：微胶囊复合菌、阳光菌、EM 菌、解毒液、护肝菌、菌克菌、医生菌、培藻菌、安基菌、追肥膏、粒粒菌、稻茬菌、促长菌、硬壳菌、生力菌、克虫菌、清素菌、抗暑菌等。所有产品均安全环保高效，天然、无毒、无副作用、无污染、无残留。泓宝 EM 菌通过澳大利亚检验检疫局认证获得澳大利亚农业部入境许可证并获得澳大利亚有机产品认证证书。

公司在全国各水产养殖区开展绿色健康养殖科技入村公益培训活动 600 余场次，培

训渔农超过 10 万人次。累计产品使用用户 3 万余人，部分产品远销澳大利亚、韩国、马来西亚、印度尼西亚和越南等国家。

（二）泓宝微生态制剂产品特性

泓宝 EM 菌（救急菌）是将从自然界分离出的光合细菌、乳酸菌、酵母菌、放线菌、丝状菌五大类微生物菌群中的 16 种有效菌株，通过分别驯化，复壮和培养，利用微生物菌群在各自生长过程中产生的有益物质可以互为生长基质并形成共生增殖关系的特点，选配合适的菌群结构，采用独特的发酵工艺，最后形成一个菌群复杂、功能齐全、结构稳定的复合型微生物水质改良制剂。可以高效分解水中残饵、排泄物，改善水质，增加溶氧，解救因缺氧造成的浮头、泛塘等现象；维持水产动物体内微生态平衡，提高抗病力；促进水产动物对营养物质的消化吸收，提高饲料转化率；稳定水体 pH 值，补充微量元素，保持水中益生菌和浮游生物比例平衡，抑制有害藻类的繁殖生长。

泓宝生力菌是根据特定菌种对天然草本植物培养基的可利用性，将天然中草植物用作特定菌种的培养基中，经液态或固态发酵培养，而获得含有多种益生物质的活菌制剂，再加入保护剂和特定的中草植物辅料，最后复配而成。投放到水体后，休眠活菌能很快复苏繁殖，迅速分解水体中过量的有机污染物，转化并消除水中有害物质，活菌制剂自身的有益物质和溶于水体的中草药微粒，起到抑制水体致病菌定植和杀灭病毒因子的作用，还可调节水产动物肠道内微生态菌群平衡，促进对饲料的消化吸收，提高食欲。长期使用不会产生抗药性。

泓宝粒粒菌是通过筛选高效净水活菌菌种，复配有极强离子吸附能力的硅酸盐等物质和速效增氧剂组成的新型颗粒型复合菌剂。产品为多层包埋、低温挤压机制颗粒制剂，活菌存活率高，直接泼洒，快速沉底，遇水逐层裂解，从工艺设计上防止了增氧剂在水解后产生的臭氧对菌种活力的影响，明显提高了产品的使用效果。并能快速提高池底氧化还原电位和溶解氧，分解池底淤泥，降解池底残饵、粪便、动植物尸体和有机碎屑，可有效吸附池底氨氮、亚硝酸盐、硫化氢、藻毒素等有害物质，降低水体酸度、稳定水体 pH 值，补充微量元素，提高水体透明度，达到改良底质、净化水质的目的。

四、微生态制剂应用前景及展望

健康、安全、绿色的水产品成为消费者和养殖从业者越来越关注的核心要素。绿色水产技术的发展和微生态制剂在绿色水产养殖上的广泛应用，越来越引起人们的重视，鉴于水产养殖的特殊环境，以及随着生物科学的纵深发展，在光辉的抗生素时代之后，必将是一个新的微生态制剂时代，其在绿色水产养殖上的应用必将有着更为广泛的前景。

畜牧（禽）业养殖废弃物综合治理与能源资源化利用

张亦蓝　张巧铃

北京誉铧生物科技有限公司

摘要： 畜牧（禽）业养殖废弃物是农业面源污染的主要原因，也是污水治理的重要方面。近年来，国家出台了一系列政策管控畜牧（禽）业养殖废弃物污染，强调对其进行综合治理，并鼓励将其进行能源和资源化利用。本文就北京誉铧生物科技有限公司研发的"畜牧（禽）业养殖废弃物综合治理与能源资源化利用"技术进行介绍，主要阐述三大核心技术，即"养殖水泡粪综合处理技术""养殖固体粪污低温水解处理系统"和"炭基有机肥好氧发酵系统"。最后结合应用案例分析产品的优势，展望了未来市场的前景。

关键词： 养殖废弃物　综合治理　能源化　资源化

一、政策背景

《中华人民共和国国民经济和社会发展第十四个五年规划和2035年远景目标纲要》强调"全面提高资源利用效率，落实2030年应对气候变化国家自主贡献目标，锚定努力争取2060年前实现碳中和"；国家发改委联合9大部门印发《关于"十四五"大宗固体废弃物综合利用的指导意见》（发改环资〔2021〕381号）明确开展大宗固废综合利用，是提高资源利用效率的重要领域，有助于推动碳达峰碳中和目标的实现；2021年中央一号文件《中共中央　国务院关于全面推进乡村振兴加快农业农村现代化的意见》明确提出实施乡村清洁能源建设工程，发展农村生物质能源；农业农村部印发《到2020年化肥使用量零增长行动方案》和《到2020年农药使用量零增长行动方案》鼓励引导农民增施有机肥，推进有机肥资源化利用，到2020年畜禽粪便养分还田率达到60%。

二、核心技术

北京誉铧生物科技有限公司自主研发的"畜牧（禽）业养殖废弃物综合治理与能源资源化利用"技术以生态循环、绿色可持续发展为理念，对养殖粪污进行无害化、减量化、标准化、提质化处理。该技术集成以下三大核心技术，特别适用于养殖水泡粪的综合处理。

（一）养殖水泡粪综合处理技术

养殖水泡粪经一次固液分离后，粪水在没有添加任何有机化学药剂，通过设备的物化混凝和誉铧一号介质（独家处理秘方誉铧一号介质是一种以生物炭为主的介质）的强效吸附，当天的粪水（COD 58000mg/L，氨氮 1400mg/L），当天即可完成吸附，通过压滤机二次固液分离，过滤成清液（COD 4000~5000mg/L、氨氮 200~300mg/L），实现一次性有效脱色除臭；同时通过誉铧一号介质回收粪水中有机质及悬浮物。清液通过狐尾藻等无生物入侵性的多种水生植物的 15 天生态吸附，出水（COD 200mg/L，氨氮 20mg/L）达到《农田灌溉水质标准》（GB 5084—2021）中旱作标准，实现粪水的无害化处理和资源化利用；吸附粪水中有机质和悬浮物后的誉铧一号介质和固体粪便一起进行资源化利用生产炭基有机肥或能源化利用生产生物质燃料。养殖水泡粪综合处理技术工艺（图1），无"三废"产生，零碳排放，无二次污染，高效环保。

狐尾藻生态治污模式是中科院亚热带农业生态研究所的专家通过 10 年的研究探索取得的治理农业污染尤其是养殖场废水的新成果，其可在 COD 超过 6000mg/L、氨氮超过 900mg/L 的养殖废水中正常存活[1]。本技术通过浮床种植模式，将狐尾藻等固定在水面下一定深度，利用其发达的根茎结构、极强的吸附能力，将水体中有机物、氨氮等转化成自身生长所需的营养物质，实现对污水的净化。在北方冬季气温较低的情况下，结合温室大棚种植模式，通过建立阳光温室大棚，为狐尾藻在北方冬季环境下，提供足够的阳光和生长温度。同时在绿植吸附池内进行曝氧处理，为水体提供充足的溶解氧，加快 COD 的分解，也起保温作用，使狐尾藻等水生植物在冬季正常生长。

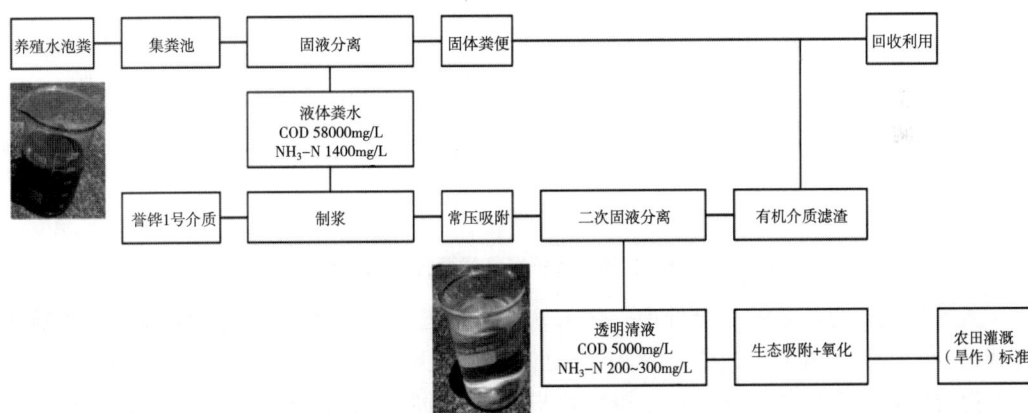

图1 养殖水泡粪综合处理技术工艺

（二）养殖固体粪污低温水解处理系统

养殖固体粪污低温水解处理系统工艺（图2），采用高效热能回收技术，经过 180℃ 低温水解，对固体粪污进行脱水并破坏其纤维结构，有效避免木醋液、焦油等危废的产生，无二次污染，将固态粪污干燥至 15% 的水分，用于生产生物质粉体/颗粒燃料。低温水解处理系统，通过高温对固态粪污进行有效杀菌和消毒等无害化处理，通过蒸发水分对固态粪污进行减量化和提质化的处理，约可减量 75%，并产出标准质量的生物质燃料，其热值为3300～3600大卡/千克。此外系统热能循环利用，能耗仅为传统烘干的1/3。

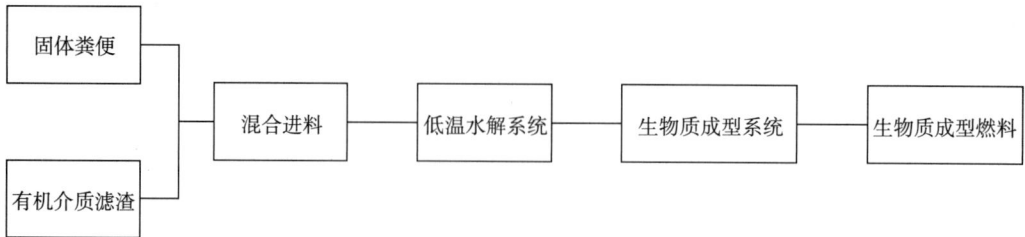

图2　低温水解能源化技术工艺

（三）炭基有机肥好氧发酵系统

养殖水泡粪经固液分离后，固体粪污采用好氧翻抛发酵，发酵温度可达70℃，发酵周期短，效率高，21天可完成发酵过程；翻抛过程，物料堆积高度可达1.8米，较常规翻抛减少用地50%，堆料保温效果好，可有效杀菌、高效分解。好氧发酵产生的气体主要为CO_2和水蒸气，无H_2S等恶臭气体，无CH_4等温室气体产生。炭基有机肥好氧发酵技术工艺（图3），通过添加回收粪水中的有机质及悬浮物的誉铧一号介质，利用其生物炭钝化固体粪便中的重金属，产出高品质的炭基有机肥，在达到中华人民共和国农业行业标准《生物炭基有机肥料》（NY/T 3618—2020）的基础上，生物炭含量≥20%，实现粪污的无害化处理和资源化利用。

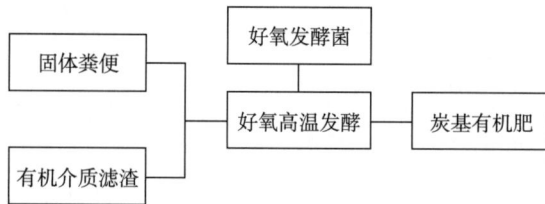

图3　炭基有机肥好氧发酵技术工艺

通过三大核心技术的综合处理，粪水处理实现出水指标达到《农田灌溉水质标准》（GB 5084—2021）中旱作标准；固体粪便处理生产炭基有机肥，实现资源化利用；生产生物质燃料，实现能源化利用，资源化与能源化协同处理，稳定运行。养殖场每天产生的畜禽养殖粪污，当天即可进行处理处置，且所有投入的物料，均能作为产品的原料，有助于打造循坏经济利用体系；主要的产品生物质燃料、炭基有机肥，可以根据巾场需求灵活调配产量和工艺路线，实现可持续发展。

三、应用案例及产品优势

（一）应用案例

山东牧场环保改造项目是由内蒙古富源国际实业（集团）有限公司与北京誉铧生物科技有限公司合作建设的，项目总投资3500万元，在富源牧业山东牧场内建立粪肥处理中心，设计年处理粪肥量 6 万吨，年处理粪水量 20 万吨，满足富源牧业山东临沂牧场现存栏 5000 头奶牛产生的粪便排泄物的处理需求，水处理达到农田灌溉标准，牧场养殖循环利用，零排放；固体废弃物全部资源化与能源化利用，零浪费。应用情况如下：

（1）项目产出生物质燃料，符合国家发展要求，属于国家鼓励类产业，可用于替代煤炭，助力减煤，年可替代标煤 3.11 万吨，年可减少二氧化碳排放 8.11 万吨；

（2）项目产出的炭基有机肥，符合国家鼓励类发展目录，可用于替代化肥，如项目养殖粪污全部资源化利用，约可替代 3300 吨化肥；也可供应牧场周边的农户，用于种植牧草，生产青贮饲料等；

（3）每年可为周边农田提供约 15 万吨/年的农田灌溉用水。

（二）产品优势

生物质能已成为我国仅次于煤炭、石油、天然气的第四大能源，是国家鼓励的可再生的、零碳排放的清洁能源。畜牧（禽）业养殖废弃物综合治理与能源资源化利用技术，将养殖废弃物就地进行无害化、减量化处理和资源化、能源化利用，将低热值、低价值的畜禽粪便转化为较高热值的生物质燃料来替代煤炭；通过高温杀灭虫卵和病菌后生产有机肥来替代化肥，不但产品多样化、适应市场需求，而且大大降低运输成本和对环境的影响，为养殖业粪污的处理处置建立了闭环产业链经济。

四、未来市场前景

目标市场规模年处理 5.2 亿立方米水泡粪，预计年产 1.2 亿吨生物质燃料或 1.2 亿吨炭基有机肥料。可替代标煤 6220 万吨/年，减少二氧化碳排放 1.62 亿吨/年，或替代 660 万吨化肥，并提供约 3 亿吨/年农田灌溉用水。

市场以项目地区为主，辐射项目周边区域。生物质燃料主要用于 35 蒸吨/小时以下燃煤锅炉燃料替代和生物质锅炉的燃料供应、冬季清洁供暖项目。炭基有机肥主要作为蔬菜种植底肥、高垄种植基质、花卉种植营养土和果树茶叶种植肥料等。

参考文献

孙婉婧，杨颖姿，罗晶晶，等．绿狐尾藻生物学特性及其在养殖业中的应用［J］．饲料研究，2017，（15）：37-40.

明瑞农机与轨道农业的创新探索

佳木斯明瑞农业机械制造有限公司

一、前言

国务院三部委（工信部、农业部、发改委）发布的《农机装备发展行动方案（2016—2025）》强调，为推动我国农机制造业转型升级，促进我国由农机制造大国向农机制造强国转变，增强农业机械的有效供给能力，提升我国现代农业生产水平，推进农机工业创新发展和政策引导，以优势企业为龙头带动农业产业集聚集约集群发展，培育创建一批专业化特色突出的新型工业化产业示范基地，打造具有国际影响力和较强国际竞争力的农机行业领军企业。

二、关于明瑞农机

佳木斯明瑞农业机械制有限公司（简称明瑞农机），位于距佳木斯东40公里的鱼米之乡——桦川县，是一家专业从事水稻大棚机械化平床摆盘播种覆土并集研发生产与服务一体化的农机生产企业。公司自成立以来，对水稻大棚育秧机械化进行了重点研究，并自主研发了水稻大棚半自动播种机、水稻大棚半自动覆土机、水稻大棚穴播机组、中草药播种机、水稻育秧条播机组、沙漠绿洲车、旋耕平床机、自动摆盘机、自动平床机、可滚动式轨道、滑道等水稻播种系列产品。

明瑞农机拥有占地面积25000平方米的生产加工基地，其中标准化厂房2个共9600平方米，总投资4300万元，研发团队先后获得国家专利13项，2010年5月获得了ISO9001质量管理体系认证证书，明瑞公司所生产水稻育秧系列农机在建三江、牡丹江、宝泉岭、齐齐哈尔等国有农场及黑龙江省各市县受到大力推广，产品不但为广大农户解决了播种机械化的实际困难，更减少了农户费用负担，同时也为我国水稻领域农业机械化发展做出了卓越贡献。

明瑞农机创始人陈荣明以"农业生产需要轨道"的理念，提出"轨道农业"，让农业机械化播种发展得更好、更远、更快，以轨道农业的作业方法解决人工除病秧，生长壮等育秧难题。

三、关于轨道农业

陈荣明提出，轨道农业是指农业机械在标准化轨道上实施作业，最终使农业生产更加绿色化、规范化、标准化和精确化的一种农业产业化模式。这一模式将实现四大突出特点：

一是绿色化。农业机械作业耗费大量的汽油和柴油，施加的化肥和农药加剧土地污染，这些农业行为给自然环境和资源消耗都带来一定的危害。佳木斯明瑞农机率先提出轨道农业理念，以绿色发展为导向，以轨道农业为手段，以体制改革和机制创新为动力，走出一条产出高效、产品安全、资源节约、环境友好的农业现代化道路。

二是规范化。现代农业的种植从农作物的播种、生长到成熟采摘这一过程涉及的农作物的生长方式、化肥农药的施加、杂草的铲除都缺乏规范性。轨道农业的出现加强了农业生产过程中的规范性，约束了农作物的生长方式、规范了化肥农药的施加用量和杂草的铲除方式，极大提高了农业机械工作效率。

三是标准化。农业标准化是以农业为对象的标准化活动，即运用"统一、简化、协调、选优"原则，通过制订和实施标准，把农业产前、产中、产后各个环节纳入标准生产和标准管理的模式。

轨道农业标准化是把先进的科学技术和成熟的经验组装成农业标准，推广应用到农业生产和经营活动中，把科技成果转化为现实的生产力，从而取得经济、社会和生态的最佳效益，达到高产、优质高效的目的。它融先进的技术、经济、管理于一体，使农业发展科学化、系统化，是实现新阶段农业和农村经济结构战略性调整的一项十分重要的基础性工作。

四是精确化。轨道农业精确化是指站在农业整体化高度，根据预先确定的适当要求，对农作物目标投入、作业以及决策都进行精确控制，从而实现产出优化。精确农业的基本特征可以概括为：生产手段精细、资源投入精省、运作尺度精确、精确平衡施肥技术、精确播种技术、精确灌溉技术及作物动态监控技术等高新技术的综合系统工程。

明瑞农机提出绿色轨道农业发展理念后，现已经在水稻种植业有了突破性发展，已经研究制造并投入市场使用的轨道机械有水稻大棚平床机、水稻育秧摆盘机、水稻大棚覆土机、水稻大棚播种机、轨道运输车和大田轨道运输车。

四、轨道农业的拓展应用

经过明瑞农机的不断努力，在绿色水稻种植业方面已经基本实现把绿色轨道农业从意识形态转化成现实的机器作业。轨道农业已经不再是空想阶段。

明瑞农机提议开拓轨道农业的应用范围，建议把轨道农业逐步广泛应用于大棚蔬菜和果林业的领域中，建设轨道农业机械致力于实现棚内棚外同时发展，多农业领域共同开发的战略目标。目前大棚蔬菜种植业和果林业的种植面积不断壮大，在种植和采摘这两个过程都面临着同样的一个问题——如何在保证不破坏蔬菜和果实完整性和降低采摘种植成本的条件下加快作业效率。

大棚蔬菜种植过程中，蔬菜受棚内适宜环境的影响生长成熟较快，需要大量人工进行及时采摘，这就带来了一个问题，即手工切割造成大棚地面二次不平整，遗留菜根参差不齐，为下次移栽或种植蔬菜带来了二次种植的麻烦。引进轨道农业机械会有效地改善这些问题，在播种时机器在轨道上作业能够保证均匀的播种量，规范了蔬菜种植整齐度；在收割时可以根据具体的蔬菜工艺需求调整切割高度，弥补了人工切割整齐不一的缺点。

果林业的种植过程中仍面临很多问题，比较明显的问题就是在果实比较小的林业采摘过程中面临着巨额的人工采摘成本，降低了企业的经济效益。轨道农业的引进会很大程度降低人工成本，提高作业效率。在果林业中引进轨道农业的基本设想是从移栽树苗开始就要规范树苗的成长方向，在树苗两侧建设轨道，设计专业的采摘机器在轨道上行走进行果实采摘；果树品种的差异在不同的季节需要不同的养殖措施，例如蓝莓树在冬季时，防治枝干水分流失则需要大量的人工培土把枝干埋于土下，此时轨道农机作业就可以减少人工成本并且根据工艺需要设置培土量以达到最佳保护果林的目的。

现代牧场环境控制与生态养殖技术的应用

张青云　吕文作　李家明　徐　阳

山东科龙畜牧产业有限公司

一、概述

牧场环境控制与生态养殖技术是综合利用微生物技术对牧场从污染源源头做起，通过改善动物消化系统微生态环境，来改变牧场生态环境，从而促进畜牧业的健康发展。

随着时代的变迁，养殖业从传统的散户养殖逐渐走向规模化养殖，如果规模化养殖动物排泄物没有得到有效的处理，就会给牧场及周边带来环境污染问题。牧场环境污染是政府和企业最头痛的问题之一，解决不好会带来社会问题及法律追责。因此，牧场环境综合治理被列为国家重点关心解决的问题，全国200个整县制推进养殖环境污染源综合治理示范县，就是体现国家意志对规模化养殖环境问题治理的高度重视。解决养殖与环境的矛盾问题是政府和养殖企业的难题，也是社会责任。

二、牧场环境控制与生态养殖技术的原理

牧场环境控制与生态养殖技术是应用物理技术、生物发酵技术、生物降解技术、微生态改善技术等技术来改善牧场养殖环境的综合配套技术工艺。它是在传承瘤胃生物发酵的基础上，延伸到动物整个消化系统微生物的生理菌群及生物酶活性的试验研究。模拟瘤胃动物微生物生态系统，筛选对改善动物全日粮高效利用、分解、转化全日粮营养原的微生物及生物酶，进行分离强化，传代培养，优化组合，达到对动物生态调控的目的。原理是有效提高饲料转化率、增强动物肠胃生理功能，提高吸收菌体蛋白及B族维生素来平衡动物营养，实现膘肥体壮、毛色靓丽。由于几乎将营养素全部吸收，使动物排泄物无味、无臭，有利于构建养殖环境无蝇蛆的生态环保牧场。这也是目前解决牧场环境问题最经济、最有效的办法，也是当下解决养殖环境差的最有效的途径之一。

三、牧场环境控制与生态养殖技术的特点

（一）无臭、无味、无蝇蛆

山东科龙的创新在于把动物瘤胃生态学、瘤胃再造技术，模拟筛选强化动物肠道微生物菌群的活性，增强对全营养元素的高效利用与转化吸收，对产生臭味等物质进行分解、转化利用，排泄物营养原被吸干榨净。由于益生菌占主导，腐败菌没有生存的空间，使排泄物没有臭味，没有蛆蝇，自然分解干燥。

（二）变废为宝，成为土壤的活化剂

动物排泄物有益菌达到2亿单位以上，pH偏酸性，腐殖酸达80%以上，有修复土壤板结、活化土壤团粒结构的作用，符合国家耕地有机质提升计划的实施。动物所产生的粪便简单堆放发酵即是生物有机肥，可以直接用于土壤改良和果蔬生产，增加附加值300%。

（三）提高饲料转化率，降低养殖饲料成本

利用瘤胃再造技术向前延伸到饲料发酵及饲料添加剂，充分利用饲料发酵及动物消化系统的菌群优化组合，促进饲料转化利用率20%以上，分解消化吸收饲料中的营养素，提高饲料报酬率20%以上。

（四）有效调节动物胃肠功能，增强动物免疫力，减少动物疾病

特别是幼畜肠道疾病。同时，改善养殖环境，提高动物福利，缩短出栏时间，实现全程无抗饲养，提高畜产品质量。做到动物排泄物生态环境零排放的目标，是现阶段改善养殖生态环境最经济、最有效的手段之一。

（五）提高动物繁殖率、受孕率、成活率

通过有益微生物营造的良好环境及营养平衡，利于动物的生殖系统改善，让母牛能够正常发情受孕，提高繁殖率10个百分点和牛犊的成活率8个百分点。

（六）经济效益和社会效益双丰收

该技术的推广应用，降低牧场综合成本18%左右，比如，一头可繁母牛每年直接降低养殖成本800元，千头肉牛养殖场每年降低综合成本80万~100万元。环境治理成本节省50万~60万元。因此，养殖综合经济效益、社会效益显著，并且促进社会和谐，减少社会矛盾，有利于企业做大做强。

四、服务基础

山东科龙畜牧产业有限公司为山东省重点龙头企业，高新技术企业，山东省民营企业十大工程技术中心，2015年公司新上微生物发酵装置，日产复合菌种2000公斤，能够满足50万头肉牛开展牧场环境控制及生态养殖现阶段的需求。公司愿与社会同仁共同推进现代牧场环境控制与生态养殖牧场建设，提高动物福利，保障畜产品安全，减少规模化养殖发展给环境带来的社会压力，促进环境友好。

五、结语

牧场环境控制与生态养殖技术，是促进未来畜牧业健康发展的最有效的手段，越来越受到人们的关注。牧场环境控制与生态养殖技术是顺应时代的要求，转变传统养殖业主理念的技术手段。应对养殖生态化高度重视，建立健康、科学的现代畜牧业生态健康养殖体系，保障畜产品安全。采取牧场环境控制及生态养殖技术综合治理措施，使畜牧养殖业健康发展和环境保护逐渐达到社会的和谐统一，提高食品安全保障体系的大健康食品产业链，促进社会进步。保障现代牧场生态养殖的规模化可持续发展，满足人们对畜产品的需求为己任，社会同仁，让我们行动起来，共同努力，实现生态环境下的大健康生态畜牧产业，促进国家食品安全保障供应链的健康发展，为国人创造福祉。

绿色人居

绿色建造的格局观

刘燕华　中国科学研究院地理科学与资源研究所，国务院参事
李宇航　中国 21 世纪议程管理中心

在绿色发展成为时代潮流的今天，绿色建造的发展也应得到更深层次的认识。我们应该从绿色发展的层面深刻认识绿色建造的本质内涵及其外延拓展。绿色建造的格局观，就其宏观层面来讲，要追求天人合一，解决好城镇的总体规划和自然地貌景观和谐共生问题。从绿色建造过程中来看，城市建设要形成自己独有的格调，突出特色；通过优化功能，用建筑点亮城市的未来。在具体实施层面，要回归本源，让绿色建筑支撑城镇可持续发展。

一、天人合一，城镇的总体规划要和自然地貌景观相吻合

习近平总书记说，顺应自然、追求天人合一，是中华民族自古以来的理念，也是今天现代化建设的重要遵循。习近平同志在讨论绿色发展问题时说过，"要像保护眼睛一样保护生态环境，像对待生命一样对待生态环境"。

城镇化是现代化的必由之路，城市现代化是国家现代化的重要标志。这就要求在建设和谐宜居、富有活力的现代化城市进程中，秉承天人合一的理念，最大限度地保护自然环境。当下，城市生态环境问题日益凸显。亚里士多德认为，人们来到城市是为了生活，人们居住在城市是为了更好地生活。然而，近年来，随着城市化进程的推进，发展带来的诸多环境问题严重影响着人们的生产生活。因为不珍惜水，湖泊干涸、河水断流；因为过度使用汽车，交通拥堵、雾霾频扰。一边是不断增长的城市垃圾，一边是越织越密的摩天大楼。城市建设引发的环境问题，暴露出忽视自然环境的短视。疾在腠理，不治将恐深。城市要想获得可持续发展，必须对症下药，唯有秉承生态保护与发展的天人合一理念，方能获得长久的发展。"天人合一，道法自然"是我国古代城市规划思想的基础。"天人合一"思想的实质就是人与自然的和谐。

关中平原孕育了古长安，伊洛河平原孕育了古都洛阳。历代都城的选址都体现了人与自然相和谐的思想。作为古代城市规划的典范，元大都汲取了春秋战国时期理想都城的规划思想，因地制宜，不仅充分利用自然河流开渠引水，而且修建了完善的排水系统。在其基础上改造扩建而成的明清北京城，基本上继承了元代旧制，并成为中国封建时代都城规划和建设的辉煌实例。正是基于顺应自然、因势利导的思想，才创造了历代生态宜居城市，使人类文明生生不息地传承下去。

现代化城市建设更需秉承"天人合一"思想。老子说："人法地，地法天，天法

道，道法自然。"城市建设过程中如违背这一理念，对自然过分干预，势必造成生态平衡被破坏、城市发展难以持续的状况，如此，也背离了城市建设的初衷。为此，现代化城市建设，迫切需要摒弃急功近利的错误观念，以顺应自然的理念，打造美丽宜居的生态城市。千湖之城武汉，抓住湖泊众多的最大亮点，做足水文章，打造天人合一的湖岸景观与建筑形象，助推美丽武汉建设。正是对"天人合一"理念的践行，使武汉在彰显城市特色的同时更加美丽宜居。在城市化迅速发展的今天，"天人合一，道法自然"应成为城市建设的核心理念。习近平总书记指出："以人为本，其中最为重要的，就是不能在发展过程中摧残人自身生存的环境。"城市建设是为了让城市更宜居，只有敬畏自然，秉承天人合一理念，以人为本，科学规划，才能打造"诗意栖居"的城市，实现城市可持续发展的目标，助力我国生态文明建设。

北京作为全国政治中心、文化中心、国际交往中心、科技创新中心。它两面环山，北部和西部的山地，约占全市面积的2/3，5条主要海河水系由西北向东南流，北京城市水系建设成功之处是很好地保护了明清皇家园林水系。北京在城市建设过程中越来越重视绿色发展，当年的沙漠化边缘城市，正在大步迈向森林环绕的国际一流和谐宜居之都。2018年北京森林覆盖率由1980年的12.8%升至43.5%；城市绿化覆盖率由20.10%升至48.44%；人均公共绿地面积从5.14平方米升至16.3平方米。出现"绿进城退"的绿色发展局面。目前北京正在统筹实施"两山三库五河"生态保护和系统推进"一城两带多园"绿色发展，推动城市建设和自然地貌景观更加融合发展。

二、突出特色，城镇建设要形成自己独有的格调

城市特色是由城市自身发展的特定环境和历史因素所决定的。它是撑起一个城市的生存根基、竞争之本、发展之源，它是城市得以前进的核心动力。显著的城市特色可以增加城市辨识度，是城市聚资引才的有力帮手。城市风貌最能体现出城市独有特色，它能够反映出这个城市所特有的外部面貌、内在神韵以及气质性格，体现了城市的精神文明和经济发展状态，是一个城市的高度概括。"风"意味着风格、文脉，概括了人文取向的非物质系统，是社会习俗、风土人情等文化方面的表现。"貌"，则意味着外观、建筑、景观，概括了总体环境等物质形态，也是"风"所要表现的非物质的载体。简而言之，城市风貌应该涵盖两个方面，一是文化、历史的软质内涵，二是建筑形态的硬质表现，这二者应该是要相辅相成、互相促进的。

自然环境是城市特色的根基：在城市风貌的构成因素中，自然环境是所有因素的来源和根本。每个城市所处的地理位置、周边环境、气候特点不尽相同。城市风貌规划的过程中应当充分的认清、尊重并利用城市自有的自然环境。比较著名的例子就是意大利的威尼斯，若是设计者面对这典型的水系风貌不好好利用或干脆加以破坏，那这座汪洋之上的城市则根本不会建立起来。每个城市先天独特的自然环境优势理应在城市风貌规划时得到格外的尊重和利用，只有这样才能充分彰显城市的自然环境特色。

城市形态是城市特色的具体体现：城市形态是指城市风貌的全面实体组成，主要包括建筑空间组成、城市格局、交通、功能区域划分等。这些城市形态主要受两方面因素

影响，一是城市所处的环境，二是城市不同文化和历史的传承。不同国家、民族都有自己独特的聚落形式和独特的城市形态，如雅典的棋盘式道路，罗马以老城为中心的辐射式城市网络，巴黎的树枝般的交通网络伸展，华盛顿的中心放射式布局，不尽相同的城市形态给这些城市披上了个性特色的外衣，形成了自身与众不同的独特魅力。

建筑文脉是城市特色的历史传承：建筑是城市风貌的有机组成部分，建筑的形式、高度、体量、色彩在一定程度上影响着城市风貌特色的形成。建筑风格的铸就与它所处地区的环境和历史都有密不可分的关系。城市建筑文脉使新旧建筑物能在历史文化传统与新时代特色之间保持一种良好的连贯与承接，这也是保证城市中新建建筑与传统建筑和谐融洽共存的基本条件。相同的建筑文脉会在城市风貌上形成感官上和历史传承上的统一与相容，显示出传统文化在当今时代仍然能继续闪光的传承之美。

一座城市只有具备了自己的独特魅力和稀有特色，才真正意义上拥有了站在世界舞台上的资本。城市的风貌特色并不是一朝一夕就能形成的，它是历史的积累构成，是生活的真实反映，是文化的恒久积淀，是民族的精炼凝结。

北京的王者自信，上海的东方情调，西安的古朴历史，成都的休闲自然，济南的温厚贤良。城市规划设计者在规划城市风貌时应当认真研究城市历史和传统文化，尊重自然环境，明确城市风貌的建设主题，才能使城市具有自己独特的魅力风貌。

三、优化功能，用建筑点亮城市的未来

城市除了具有社会功能、经济功能、服务功能和创新功能之外，更重要的就是其生态功能，生态功能对其他功能有促进和补充作用。建设生态宜居家园，打造绿色发展高地，已然成为城市发展的重点方向。正像有人所说的，老百姓过去"盼温饱"现在"盼环保"，过去"求生存"现在"求生态"。

绿色城镇化作为新型城镇化的载体，不仅是实现中国高质量发展和美丽中国建设的路径选择，而且是实现"以人为本"顶层设计的根本保证。绿色城镇化的基本框架为：以人为本为其本质所在，两横三纵空间格局为其骨架，绿色城市群为其主体形态和支点，绿色产业为其内核，绿色制度为其保障手段。走绿色城镇化道路，应以绿色为底色，大力发展绿色产业；以绿色城市建设为突破口，加快绿色城市群建设步伐；以城乡融合发展为起点和过程，加快美丽城乡建设步伐；以绿色制度建设为切入点，助推绿色城镇化建设。

回顾这些年我们建造的房子，从英式到法式，从地中海到拜占庭，从唐宋到明清风，从玻璃幕墙到石材干挂。不是抄老外的，就是抄自己祖先的，却极少拥有属于今天中国的特点。

一座城市就像一个人，有着自身的外貌形象和性格内涵，正如男女老少有各自不同的性格一样，城市也各有各自的性格和标志，大城市有大城市的铺张和喧闹，小城市有小城市的精巧和安静。人们每到一个城市，总会对这个城市有一个深刻或概括或朦胧的感性印记。城市中的大学也是观察城市的独特视角，"纽大紫""哈佛红"和"耶鲁蓝"总能让人印象深刻。

伦敦的老建筑，百年的建筑依旧非常震撼时尚，伦敦的大建筑多半都有两百年的历史，依旧非常坚固，会让人对这些建筑设计师肃然起敬。设计师在建造这些建筑时，考虑的是100年后是否仍旧时尚实用。

100多年前德国人在青岛建造的下水道采用"雨污分流"，在100多年后的今天，依旧发挥余热，现金地下管网建设显示德在东亚"国家形象"，至今青岛仍延续雨污分流，保持可持续发展，体现绿色建造的格局。

长春城市高楼虽然不是特别多，但是长春的绿化很好，道路很规整。长春其实是中国第一个由日本专家规划设计的城市。当时日本人参考了各国的城市建设，规划了大新京计划，道路采用方格模式，重要路口都设置了广场，并且大力实施绿化，使得如今的长春绿化度居于中国城市之冠。当时的长春规划的道路都是比较宽的，据说长春第一路人民大街曾经是亚洲最宽的马路，是仿照巴黎香榭丽舍大道建设的。不光如此，当时的长春还创造了几个中国第一：中国最先规划地铁、普及管道煤气、最先普及抽水马桶、主干道电线入地的城市，比当时的东京还先进。

就建筑本身来说，建筑景观要深度融入城市景观，建筑属于城市人工景观的一部分，其中一些伟大的建筑形成了一个城市形象的名片（如伦敦塔和埃菲尔铁塔）。

1971年《马丘比宪章》中规定："城市中的每一座建筑及空间不是孤立的，而是系统中的一个单元。"1976年由联合国教科文组织主持制定的《内罗毕宣言》中指出："应特别注意对新建筑物制定规章并加以控制，以确保该建筑物能与历史建筑群的空间结构和环境协调一致。"这些公约告诫我们：新建或改建现有建筑时，应尊重现有的城市景观，在现代建筑元素引入时与周围环境互相协调。

城市的建筑都有着时代的烙印，每个城市在其发展过程中都会因其社会和自然条件的原因，形成自己独有特色。如深圳的现代化气息，苏州的江南水乡韵味，青岛的滨海城市风貌等。社会的不断发展，给建筑带来新技术、新材料、新形式的变革。不同的时代建筑，因其功能、风格、材料等因素的影响而各具特色，有鲜明的个性。尊重历史，尊重环境，并非提倡建筑盲目"复古"，是要建筑与周围环境协调，与之有机结合起来，同时突出个性，不断地给城市增添新的风景点。例如：贝聿铭先生的巴黎罗浮宫扩建工程很好地说明了这个问题，面对建于16世纪的古典式建筑，贝先生没有采用仿古式的折衷主义形式，而是采用了一个晶莹剔透的玻璃金字塔。金字塔的现代气息给建筑增添了新的生机，这无疑是创新的体现，同时，精致简练的三棱锥与老建筑物没有任何可比性，从而使金字塔对原有气氛的破坏减到最少，而且三角形是一种最古老、最纯粹的几何形，这又与原建筑氛围的悠久历史相吻合，使建筑既具突出的现代风格，又与原有环境相互协调。

四、回归本源，让绿色建筑支撑城镇可持续发展

绿色建筑是指建筑对环境无害，能充分利用环境自然资源，并且在不破坏环境基本生态平衡条件下建造的一种建筑，又可称为可持续发展建筑、生态建筑、回归大自然建筑、节能环保建筑等。新型城镇化建设要明确绿色建筑占的比例，形成"硬指标"。要

充分体现三个主题：一是减少对资源能源的耗用，减少对环境的影响和冲击；二是创造健康舒适的生活环境；三是建筑物要和周围的自然环境相融合。

人类建造房子的历史已有千年，而就在最近 100 年里几乎建造了约 80% 的建筑，近 20 年，中国又建造了地球上最多的新建建筑，因此可以说，绿色建筑是世界的事，也是中国的事。

当前大家普遍有一个误区，就是大家认为我们的建筑装上国外某些节能技术，比如光伏板、遮阳板或是零碳技术，大家认为只要装上了这些，那就是绿色建筑。其实，真正的绿色建筑要"温故知新，科技为先"。近百年的现代建筑因为有了电灯和空调，人们丢掉了老祖宗总结发展了近千年的建筑智慧精华。倒退 100 年，那时的建筑可不是全球都长成一个样。北京有四合院，伊朗有捕风塔，这些建筑外形上的差别不只是因为文化，最初也许是人们为应对当地气候环境而发明的建筑空间格局及造型。在没有空调和电灯之前，建筑生活所利用的都是太阳和风，也就是今天所说的可再生能源，从这个意义上讲，100 年前的建筑都是绿色建筑。世界不同位置的太阳和风不一样，所以各地的建筑就长得不一样。四合院和万神庙，一个凹屋面，一个凸屋面，都有降温和采光的物理学原理，捕风塔可以将室外 50 多摄氏度的温度降低到 30 摄氏度左右，这些后来被誉为物质文化遗产的建筑，不都源于美学需求，且有很多的实用性初衷。

现在全国各个城市全部楼盘化，从哈尔滨到海口，房子全都是几个著名的地产商建成的，各个城市风格都一样，唯有在博物馆里才能找到属于这个城市的基因了。我国建筑"寿命"不长是当前建筑行业的一个突出问题。我国 20 世纪八九十年代的多数建筑物寿命仅为 25 ~ 30 年，而在发达国家，如英、法、美建筑的使用寿命分别能达到 125 年、85 年、80 年。我国每建成 1 平方米的房屋，约释放 0.8 吨碳，建筑寿命短不仅造成了浪费，而且直接加大了建筑业的碳排放量。

国务院 2013 年出台的《绿色建筑行动方案》要求和中央城市工作会议提出的"适用、经济、绿色、美观"建筑方针有异曲同工之妙。截至 2017 年底，我国推广绿色建筑面积超过 20 亿平方米；获得绿色建筑标识的建筑项目超过 1 万个，面积超过 10 亿平方米。我国在绿色建筑规模、新建建筑绿色认证比例、绿色建筑节能环保性能等方面，取得了一定进展，但是与新时代人们对绿色宜居环境的期望以及日益增长的美好生活需要相比还存在一定的距离。

绿色建筑是真正意义上增值保值的建筑，绿色建筑的崛起将强有力支撑城镇可持续发展，也将成为减轻全球能耗的重要角色。

我国绿色建筑回顾与展望

仇保兴

国务院参事，国家住建部原副部长

一、绿色建筑的"初心"与五个里程碑

21 世纪初，清华大学建筑学院院长秦佑国、赖明等教授编写出版了绿色建筑的书籍，这对北京筹办"绿色奥运"起到了推动的作用。但是除了清华大学建筑学院少数人之外，当时我国的建筑界几乎没人知晓绿色建筑。

为此，2004 年我们专门组团参加了美国绿色建筑大会并在会上介绍了绿色建筑在中国必然会有大发展。在 2006 年，我们组织编写了第一版绿色建筑评价标准，到了 2014 年出台了第二版，2019 年出台了第三版绿色建筑评价标准，以及 2021 年最新实施的《绿色建筑评价标准》（GB/T 50378—2021）新版标准，为我国绿色建筑的发展奠定了基石。

绿色建筑是什么？在中国，绿色建筑就是指在建筑的全生命周期内最大限度地节约资源（节地、节能、节水、节材），保护环境、减少污染，为人们提供健康、适用和高效的使用空间，与自然和谐共生的建筑。概括起来，绿色建筑必须兼顾建筑的安全、生态可持续性以及人居环境的提升，这也就形成了绿色建筑的"铁三角"，这个"铁三角"所描述的绿色建筑特征和发展三目标不仅涵盖了当代人的宜居而且还涵盖对下一代人的生态空间需求。

图1　绿色建筑"铁三角"

我国绿色建筑全面发展经历了十五年的历史，可划分为"五个里程碑"。

第一个里程碑：2005 年绿建大会（绿博会）召开。

从 2005 年第一次绿色建筑大会由国家发改委、建设部等六部委主办，在北京国际会议中心隆重召开，向全社会正式提出我国开始大规模发展绿色建筑。

第二个里程碑：曾培炎副总理绿博会讲话。

在 2006 年第二次绿色建筑大会提出了"智能，通向节能省地型建筑的捷径"，时任国务院副总理曾培炎在大会上做了重要讲话，对我国发展绿色建筑作了充分的肯定并指明了方向。不久我国首部《绿色建筑评价标准》进行了公开发布。

第三个里程碑：2006 年中国绿色建筑与节能专业委员会成立。

中国绿建委的成立引发了全球同行的关注，成立之际，国际绿建委同美、英、德、法、印、日本、澳大利亚、墨西哥、新加坡等国绿建委都派主要领导参加了成立大会。现在这个专业委员会已经发展到 1500 多名会员，几乎已经把全国各地从事绿色建筑设计研究的工程师、设计师和设计研究所总工等全部包囊在内，近年内还发展了国外数十名著名的绿色建筑设计师。

第四个里程碑：2013 年国务院办公厅发了 1 号文件《绿色建筑行动方案》。

紧接着在 2014 年出台的《国家新型城镇化规划（2014—2020 年)》中明确提出："城镇绿色建筑占新建建筑的比例要从 2012 年的不到 20% ，提升到 2020 年的 50% 。"从此，绿色建筑被列入多个国家政策指引目录，各地也纷纷出台了激励政策。

第五个里程碑：习总书记巴黎峰会讲话。

到了 2015 年的时候，习近平总书记在巴黎峰会上明确提出"中国将通过发展绿色建筑和低碳交通来应对气候变化"。紧接着在近几年的我国全国人民代表大会上，李克强总理在工作报告中都提出了我国要发展绿色建筑的明确要求。

这五个里程碑相继推动着我国绿色建筑不断加速、不断升级。

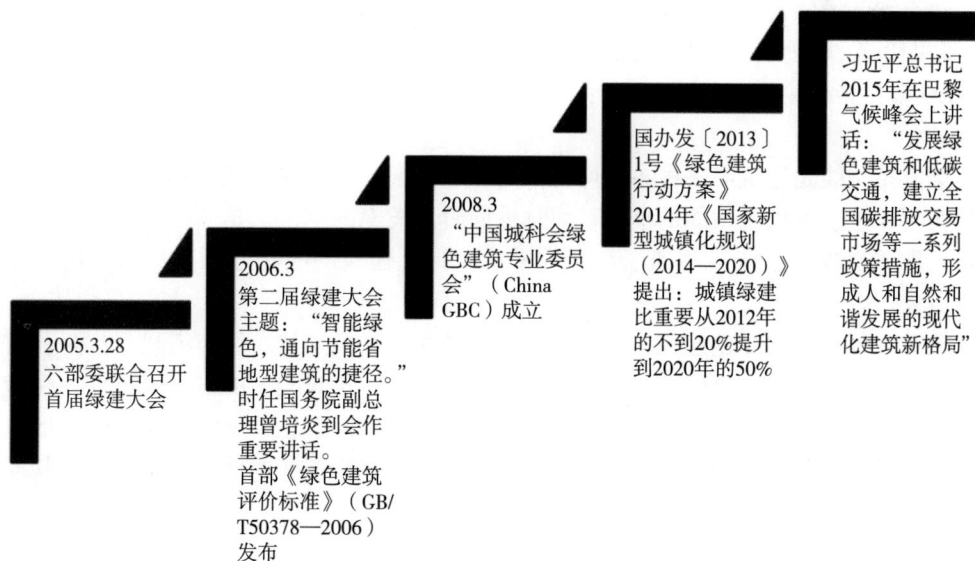

图 2　我国绿色建筑发展的五个里程碑

二、绿色建筑"演化"的丰富性

我国绿色建筑的演化路径是非常丰富的。

第一条轴线从省地节能建筑到被动房、低能耗建筑、近零能耗建筑，再到零能耗建筑，围绕这条能源节约轴线，建筑师们甚至提出碳中和建筑等新建筑形式。

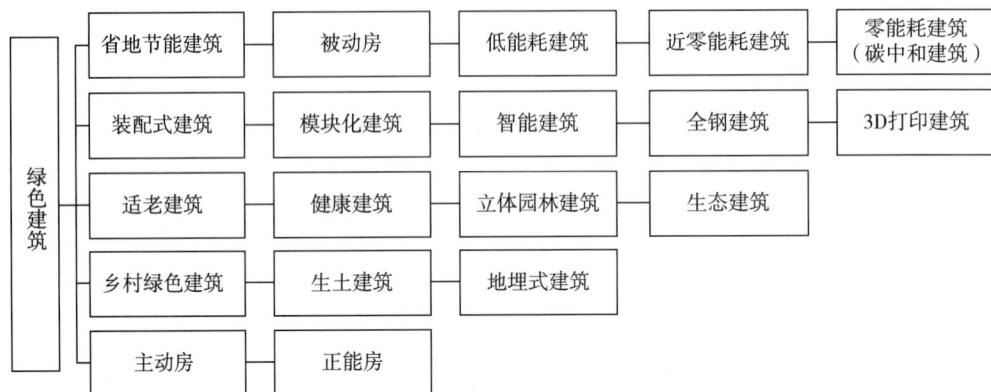

绿色建筑	省地节能建筑	被动房	低能耗建筑	近零能耗建筑	零能耗建筑（碳中和建筑）
	装配式建筑	模块化建筑	智能建筑	全钢建筑	3D打印建筑
	适老建筑	健康建筑	立体园林建筑	生态建筑	
	乡村绿色建筑	生土建筑	地埋式建筑		
	主动房	正能房			

图3　绿色建筑演化方向

第二条轴线是装配式建筑，从PC结构延伸到模块化、智能建筑、全钢建筑、3D打印建筑，围绕的是一条技术变革轴线。其中智能建筑，将来会借助人工智能、物联网等新技术的应用，将使得建筑的温湿度、照明、能耗、水耗都能调节到对环境更友好、对人类更宜居的这样一种"双全"的最佳状态，这是完全可以做到的。

第三条轴线是从适老建筑、健康建筑、立体园林建筑、生态建筑方向演化，将园林、建筑和环境融合在了一起，因为建筑终究是为了"人"本身诗意般的幸福栖息。

第四条轴线是乡村的绿色建筑、生土建筑到地埋式建筑的演变路线，这条轴线将我国5000多年传统生态文明积淀的地方知识、地方智慧凝聚到中国绿色建筑设计建造之中。

第五条轴线是建筑与各种各样可再生能源结合在一起，建筑就是利用可再生能源最好的场所，建筑不仅是用能的单位，而且也同时是发电的单位、是一个能够输出能源的单位，那就变成"正能"建筑了。总的来看，绿色建筑的演化范围很广泛，包容量也非常巨大。

除此之外，我国绿色建筑覆盖范围也越来越大，从商业建筑、住宅建筑、绿色村落建筑、商店建筑、飞机场建筑、工厂建筑等不断拓展，所有类型的建筑都可设计建造成为"四节一环保"的绿色建筑。而且我国绿色建筑标准将根据我国不同的气候区，每一类气候区将有最适宜的绿色建筑评价标准。因为，绿色建筑本质上属于"本地气候适应性建筑"，必须进行地理的区分和细化。

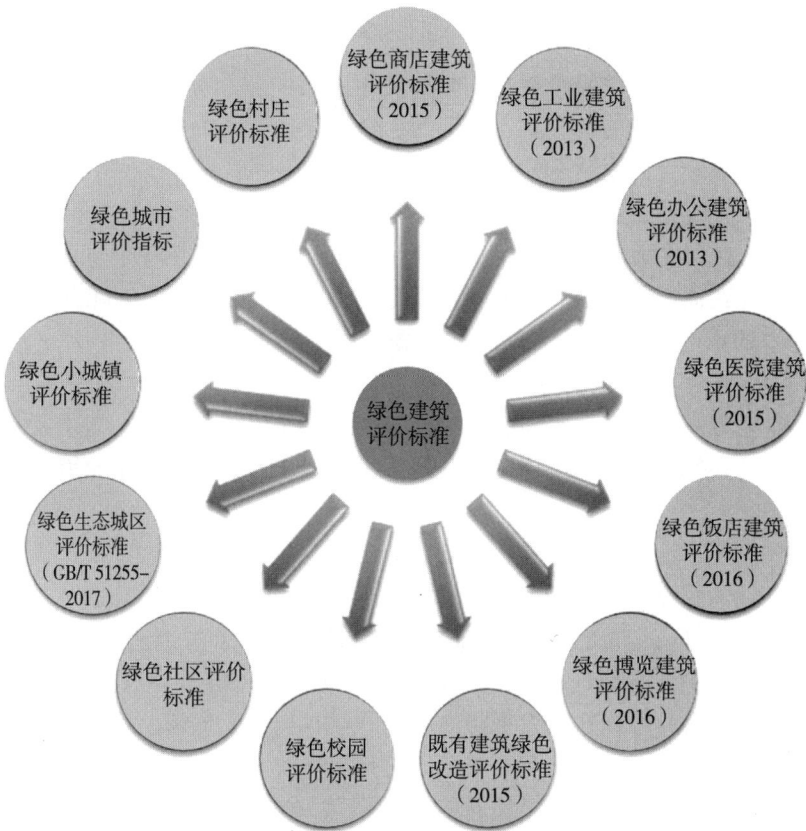

图4 绿色建筑评价标准覆盖范围

三、驱动绿色建筑发展因素的动态复杂性

绿色建筑驱动因素有着动态的复杂性。

一是政策驱动，中央领导讲话、国务院文件、部委政策、指导方针等的提出。几乎所有省委省政府，以及600多个城市都拿出了地方化的针对绿色建筑不同发展阶段的激励政策。这些政策大大推动了各地绿色建筑的发展。

二是观念转变。通过领导号召、生态文明方案的具体实施、全球人类命运共同体的提出、循环经济体系和生态绿色城市的构建等，这些绿色意识形态和生态文明制度方面绿色建筑的建设使绿色建筑观念逐步深入人心。

三是开放创新。从应对气候变化这一人类命运共同体的共识角度出发，我国在绿色建筑技术创新、可再生能源的利用、新材料的革命、新开放合作政策的涌现等方面都有所强化，再加上信息革命、大数据、云计算、人工智能、物联网等新技术的应用也将帮助绿色建筑的快速发展，从而形成了一个复杂的、不断变化的经济社会环境。

四是经济因素。随着劳动力价格上升和劳动方式的日益转变，人们对住宅"健康、绿色"的需求越来越强烈，人们待在建筑里的时间越来越长。建筑占了人们80％的停留时间，民众对建筑的质量、室内的空气、建筑对人体是不是友好和是不是保障健康等日益关注，这些因素都导致了绿色建筑关键技术日新月异，包括相关资源价格的变化和环保政策强化实施等也助推绿色建筑不断普及化。

五是企业家和管理者的响应。实践证明，企业家是市场中最活跃的主体，对绿色建筑的普及发展起决定性因素。

当然企业家也分几类：

第一类是迟钝的企业家，他们觉得对市场需求必须垄断，在这个过程中像柯达曾作为超级企业的存在而风光无限，它企图依靠大规模的技术专利保护对市场进行垄断，但是因数码技术的兴起而失败了，现在几乎没有几个人还记得柯达作为超级企业的存在了。

第二类企业家的原则是适时而变，他们的创新是为了满足民众的需求。一般企业家开发新产品都需要经过详细的市场调节，厘清民众现在需要什么，企业就开发制造什么产品。

这样一些企业家也会遇到问题，像著名的诺基亚、摩托罗拉这些仅为满足市场需要而跟随时代变化的企业也逐渐没落甚至消亡了。

第三类企业家是最优秀的企业家和管理者，他们是需求的创造者。我们知道苹果、华为。在不确定为主导的现代市场经济时代，民众未来的需求是优秀企业家创造出来的，当苹果的缔造者乔布斯在研发平板电脑的时候，当他设想新一代的手机能够跟网络相结合时，实际上人们还想象不到未来的手机是怎样的。

一流的企业家和管理者创造了民众的"需求"，这点在绿色建筑非常重要，绿色建筑是快速变化的，是创造当代人甚至未来民众最大的需求品，又是使用期最长久的产品，所以设计绿色建筑也应该着眼于创造未来的需求。

四、我国绿色建筑发展过程中的若干误区

（一）第一个误区——装配率、工业化程度越高越好

我国一些地方政府曾经盲目的认为建筑的装配率、工业化程度越高越好，其实这是一个误区。

20世纪50年代我国从苏联引进的大板建筑技术其装配率是最高的，那时从莫斯科市开始，在所有"社会主义"阵营国家中，这种装配式建筑曾经比比皆是、遍地开花，并且装配率几乎达到了百分之百。

但是1983年唐山大地震的惨痛教训使得这些装配式建筑被打上"休止符"，这个教训是以几十万人的死亡为代价换来的。在地震发生时，这些一个个像"夹板"结构的装配式构件把许多人压在了里面。从此以后，这些高装配率、高工业化水平的建筑几乎消失了。

最后，连它的发源地莫斯科市的这类被人们讥笑为"莫斯科假牙"的大板建筑都被拆除了。

由此可见，建筑装配率并不能成为"绿色"的主导目标，重要的是均衡的"铁三

角"性能与价格之比。

图5　"莫斯科假牙"大板建筑

（二）第二个误区——高新技术应用越多越好

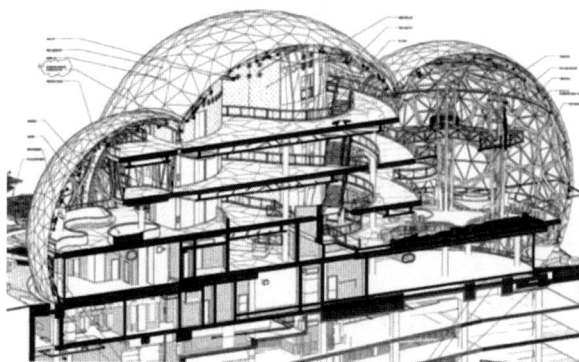

图6　亚马逊公司总部

图6和图7所示的这个建筑是世界上最大的公司之一亚马逊的总部，它耗资248亿美金，把各种新的建筑技术都集成组合在建筑之中，每平方米的造价非常高，维护保养的费用更加高昂，但是这样的建筑案例无法得到复制和普及。

由此可见，技术并不是运用越复杂、越高端越好，而是实用，满足"铁三角"的要求。和建筑装配率一样，科学技术是为了满足人性需求、创造未来更好生活环境的手段，不能"本末倒置"。

（三）第三个误区——中心化控制程度与规模越大越好

例如，人们希望中心控制式的能源站规模越大越好。工业文明是以流水线生产为高峰的生产体系，但生态文明是一种微循环经济社会体系，两类体系是不

图7　亚马逊公司总部

一样的。但是我国四十年工业文明的巨大成就，使得人们错误认为中心化控制与规模越

大越好，这对建筑的节能和绿色建筑发展埋下了隐患。

图8　具有中心化控制的大型能源中心

我国许多地方仍然是以工业文明的方法、手段、思路来建设绿色生态文明，这实际上造成很多能源被浪费了，会产生诸如"小马拉大车"，造成打着"生态绿色的旗帜"反生态文明的恶果来。例如一座建筑可以满足一万人需求，结果只住了一千个人，也要把这个中央能源系统启动起来，又例如南方某大学城投资十多亿元实施了"三联供"的热水、制冷和供暖集中控制系统，结果不到两年就因巨大的能耗和亏损而拆除，造成了严重的浪费。

事实证明，对能源进行分散式分布式储存和调节才应该是绿色建筑的标配。

（四）第四个误区——运行能耗越低越好

图9　应用"可变光"技术玻璃

片面追求"零能耗"、建筑运行的能耗越低越好，似乎"低能耗"就要通过高昂费用的、复杂的建筑维护结构把所有的热量散发渠道进行阻断或隔离，这常常是不合时宜的。

有些"高端"零能耗建筑在绝热隔离上下了很多功夫，有的"高技派建筑"在窗玻璃上应用了"可变光"等高价技术，一系列复杂技术和产品得到了应用，建筑运行能耗确实有所下降，但是在建筑全生命周期是不是"四节"非常值得怀疑。

没人对建筑各环节的资源节约水平进行科学计算和理性考虑，这就带来了很大的问题，我们可能把建筑运行环节上能耗降低了，但全生命周期能耗就有可能全面扩大了。

（五）第五个误区——忽视了当地气候适应性和原材料可获得性

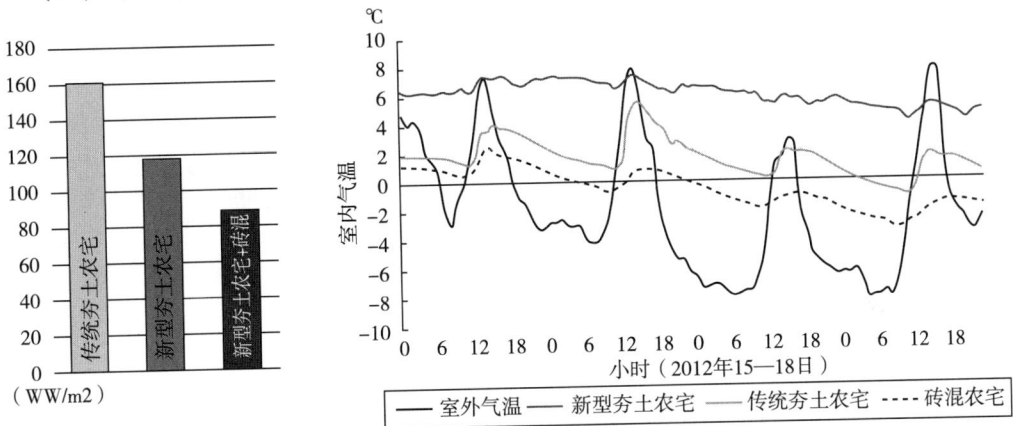

图10　地方建筑关于能耗的相关数据

中国地大物博，而且又是历史文明传承从未中断的大国，上万年的人类聚居创造出来许多原始生态文明的"本地智慧"。

图11　结合"本地智慧"的当地建筑

例如北方农村的窑洞、土坯建筑、地埋式建筑，我们可以适当地进行传承和改造，这些改造后的"地方传统"绿色建筑将比一般的混凝土结构建筑、砖砌建筑能耗要低得多，而且由于使用了新结构，它们同时又具有抗震性能。

实际上，我国不少此类建筑多次获得过联合国教科文组织奖。这类建筑成本是很低的，建筑材料在当地取之不尽，不需要长途运输，从而在全生命周期最具"绿色"。

（六）第六个误区，重设计、施工，轻运行、维护

全国各地绿色建筑基本处在重设计、轻运行的初级阶段。虽然我国绿色建筑的数量得到快速发展，但处在运行阶段的绿色建筑数量还比较少，很多城市的主管部门太注重设计环节，却忽略了绿色建筑必须投入运行才能节能减排，这就本末倒置了。

亿平方米

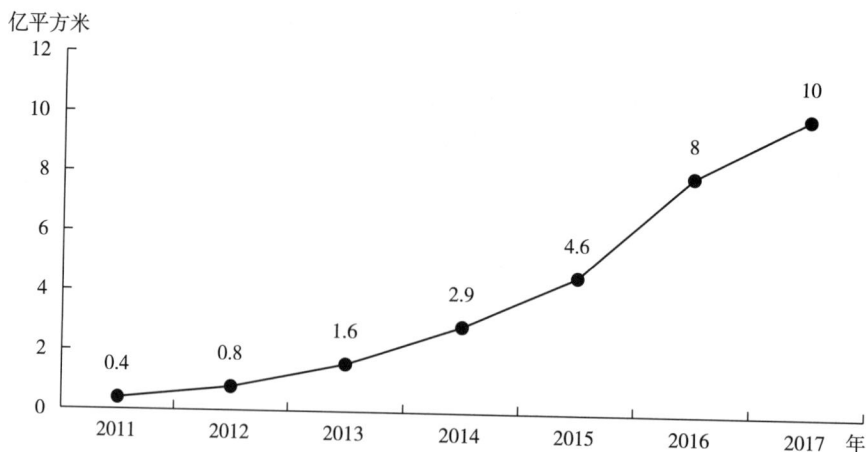

图12　2011—2017年全国累计绿色建筑面积

五、我国绿色建筑提升之路

如何提升我国绿色建筑？

第一，绿色建筑是一种环境适应性的建筑，是与周边环境、气候"融合""生成"的绿色细胞。所以它必须遵循"本地化"以及从中国五千年的历史文明中获取地方知识经验并和现代科技正确结合。

图13　能够与当地环境、气候"融合"的"本地化"建筑

第二，绿色建筑的形式、品种是多样化的，这也是其生命力的本质特征。只要符合"四节一环保"的建筑模式就缊含着"绿色"，绿色建筑是一种对新的创造形式和技术包容性极大的新建筑形式。

第三，要从全生命周期的四节来衡量绿色建筑的可持续性特征。

比如争议很大的"钢结构建筑"。在美国、日本等发达国家建筑的钢铁使用量已经超过了总的钢铁使用量30%，钢结构建筑在这些国家城镇建筑的总建筑面积中已经达到40%以上，但是我国还不到5%。

钢铁在冶炼生产阶段中的能耗占比是很大的，但是在建筑全生命周期中钢铁构件是

图14 品种多样化的绿色建筑

可循环利用的，同时由于钢铁优异的力学性能使得建筑用材也能够得到节约，建筑空间构造也可以更加灵活，居住空间可得性较大。我们这次绿色建筑国际奖第一名就是钢结构的建筑。

第四，绿色建筑，本质上应该是一种"百年建筑"。住房是中国百姓最大的财富，是民众使用期最长的生活、生产资料。

我国新的建筑方针——"适用、经济、绿色、美观"也正是在这种背景下被提出的。

解放之后，我国对建筑方针进行了三次调整，从十四字方针到八字方针再到2016年中央城市工作会议上明确了最新的"八字方针"（适用、经济、绿色、美观），特别增加了"绿色"二字。

第五，"多样化""群设计"将是建筑质量提升的一个新突破口。

图15 首届国际可持续（绿色）建筑设计竞赛金奖获奖项目

我们有许多建筑单体设计很优秀，但是开发企业为了节省设计成本把单体设计一拷贝"群发"，结果建成的社区由于景观单一变成了建筑垃圾。

建筑之美应该体现在"君子和而不同"。倡导绿色建筑"群设计优化"将会带来新建筑形式的诞生、社区节能减排的性能改善和社群整体宜居环境的提升。

上海市已开始实行绿色生态城区实践，从绿色建筑、绿色社区、生态城区、绿色城市三步走，绿色建筑的"四节一环保"性能也会被逐级放大。

第六，建筑将成为能耗、物耗和污染物排放最大的单一产业，应通过绿色建筑推广实现绿色发展。我们可以通过三步走的方式使全社会建筑整体能耗、物耗、水耗降下来，"无废"城市必须基于"无废建筑"，才能实现绿色发展。

第七，现代通信、人工智能等新技术的应用能使每个居住、办公单元的能耗、水耗

图16 上海市政府办公厅出台的建设生态城区的若干文件

图17 上海市绿色生态城区时实践案例

人性化,而且"可视化",将立刻调动民众"行为节约"的积极性。国外研究表明:仅通过简单的物联网技术,将每个建筑单位面积的水耗、能耗显示出来,并进行排位,就可以有效刺激用能单位和居民家庭对用能、用水行为进行本能的行为调节,进而使其达到节能节水15%以上。

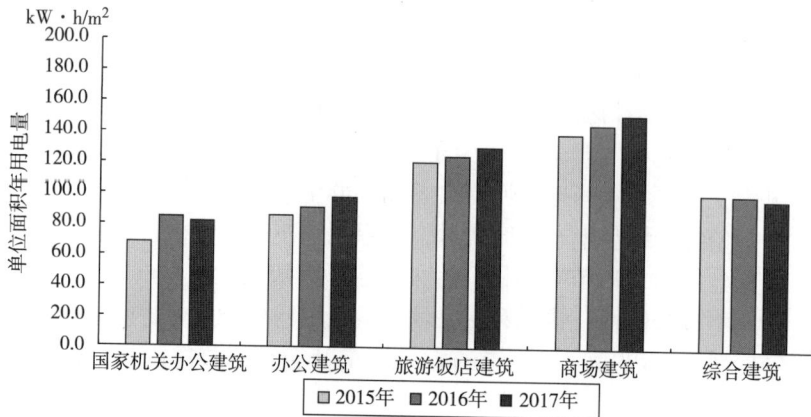

图18 几种类型的建筑在单位面积年用电量的比较

图19　能耗在线管理

六、总结

绿色建筑是一种包容性很大的自组织系统，是一种能满足并创造新需求的建筑形式。防止以行政命令的形式封杀、禁止某一种传统的建造模式（例如"消灭土坯屋"等简单做法）。

绿色建筑应该通过运行标志的有效管理使建筑水耗、能耗大幅度降下来，以实际的"四节一环保"实效来开展质量/成本的良性竞争。

绿色建筑设计、施工和运行阶段的新技术开发都应该尊重当地气候、尊重传统文化、尊重自然环境和普通老百姓的长远利益。只有坚持这种传承创新相结合的态度，才能使各地的绿色建筑更能汲取五千年文明的养料、创造出更适应民众需求、更"绿色"的建筑新技术。

绿色建筑是全生命周期"四节一环保"的建筑，防止片面强调某个阶段的"节能"损害建筑全生命周期的绿色性能。通过绿色建筑的推广，促使"微循环"生产生活方式的建立，进而逐步确立全社会循环经济新模式，将使我国的生态文明建设有一个坚强的载体。

全球知名绿色建筑认证体系的探讨

欧阳东　中国建设集团股份有限公司
唐　颖　施耐德电气中国有限公司

一、全球绿色建筑认证体系

（一）全球绿色建筑认证体系的起源和发展历史

第二次世界大战后，全球的现代建筑如雨后春笋般地快速发展，随着人们生活水平的不断提高，各个国家产生的能源消耗和建筑能耗也越来越大，各国能源消耗总量占比，详见图1。

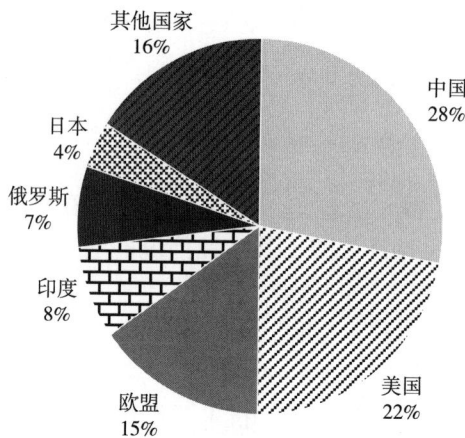

图1　各国能源消耗总量占比

建筑的高耗能逐渐引起各国的关注，绿色建筑的研究成为全球的热点。1969 年美籍建筑师鲍罗·索勒里（Paolo Soleri）第一次把建筑与生态两个相互独立的名词结合在一起，由此产生了生态建筑的理念。1970—1990 年，绿色建筑的概念逐步形成，20 世纪 90 年代初，英国率先制定了世界第一部绿色评价标准《BREEAM（Building Research Establishment Environmental Assessment Method）建筑研究院环境评估方法》，接着，美国绿色建筑委员会发布了美国《LEED（Leadership in Energy and Environmental Design）能源与环境设计先锋绿色建筑评估体系》，随后，德国也发布了《DGNB（Deutsche Gesellschaft für Nachhaltiges Bauen e. V.）可持续建筑认证体系》。进入 21 世纪后，绿色建筑蓬勃发展，其评估体系也逐渐完善，法国、中国、加拿大、澳大利亚、日本等国相继推出了适合各自国家特色的评估体系。如今人们对健康的关注度越来越高，从"绿色建筑"到"健康建筑",建筑与健康的深层关系越来越被重视,理念也在逐渐升级。

(二)全球主要绿色建筑认证体系的介绍

目前,世界上很多国家均有自己的绿色建筑评价标准体系,通过对建筑进行评估认证的方法推行绿色建筑。本文对全球主流认证体系,如英国 BREEAM 认证、美国 LEED 认证、德国 DGNB 认证、日本 CASBEE 认证、中国 GBL 认证、法国 HQE 认证、加拿大 SBTool 认证、澳大利亚 GSC 认证和美国 WELL 认证进行逐一介绍。

1. 英国 BREEAM 认证是世界第一个绿色建筑评价标准,其理念是鼓励设计师、开发商和业主在设计阶段就开始考虑低碳和低环境影响的设计理念,以降低建筑总能耗,最初只针对办公、商场和工业建筑,近几年加入针对新建与翻新住宅等评价类型。

2. 美国 LEED 认证是目前被认为最完善、最权威、最具影响力的评价标准,也是推广最好的绿色建筑评价标准,涵盖了大部分的建筑类型。LEED 认证在世界范围内有广泛的应用,2006—2016 年,中国的 LEED 认证项目年复合增长率达到 77%,使其成为美国以外最大的 LEED 认证市场。截止到 2017 年 8 月,中国累计 LEED 认证项目面积超过 4800 万平方米,覆盖了 54 个城市。

3. 德国 DGNB 认证是公认的第二代绿色评价标准,DGNB 认证是绿色建筑欧洲市场领导者。截至 2018 年 12 月 31 日,已在全球约 30 个国家计划,实施和认证了 4800 多个开发项目。DGBN 认证包含了建筑全寿命周期成本计算和建筑碳排放量计算等诸多科学技术方法。

4. 日本 CASBEE 认证是一个建筑环境综合性能评价体系,强调对建筑物性能的评估,在评价时更加看重对环境相关各方面的综合考虑而求得均衡,综合性较强。截至目前先后颁布了针对既有建筑、改建建筑、新建独立式住宅、城市规划、学校以及热导效应、房产评估的评价标准。

5. 中国 GBL 认证是全世界认证面积最大的评价标准体系,由于中国高速发展和大规模的建设,因此,需要认证的建筑规模也是最大的。评价对象为单栋建筑或建筑群,适用的建筑类型为居住建筑和公共建筑。经过不断发展,中国相继开发了适用于展览、铁路客站和工业建筑等各种建筑类型的评价标准,形成了比较完整的绿色建筑评价标准体系。

6. 法国 HQE 认证是把能源效率、对环境的尊重以及使用人员的健康和舒适放在首位。该认证基于以下三个原则:业主设定目标;不施加任何体系结构或技术解决方案,而由项目团队根据情况自己做出选择;项目管理帮助以实现使所有利益相关方都能参与并实现设定的目标。

7. 加拿大 SBTool 建筑性能评价系统,之前被称为 GBTool,2016 年改为 SBTool,是用于评估建筑物和项目的可持续性能的通用框架,也可被认为是一种工具包,可帮助各地组织开发本地 SBTool 评级系统。该系统涵盖了广泛的可持续建筑问题,不仅涉及绿色建筑问题,而且可以将系统的范围修改为所需的狭义或广义范围。

8. 澳大利亚 GSC "绿色之星"认证体系,自创建以来,一直是可持续发展领域的领导者。绿色之星是澳大利亚可持续建筑、装修和社区设计、建造和运营质量的标志。绿星认证是可持续发展专家组成的独立第三方评估小组基于文档来对建筑物、装修或区域进行评估。绿星认证等级可提供独立验证,证明建筑或社区项目是可持续的。

9. 美国 WELL 健康建筑标准认证是独立验证，基于性能进行评级的健康建筑系统，重点关注物理建造环境如何支持人类健康、生产效率、幸福与舒适，探索建筑与其居住者的健康和福祉之间的关系。

全球主要绿色建筑认证体系基本情况，详见表 1。

表 1 　　　　　　　　　　　　绿色建筑认证体系基本情况

名称	BREEAM	LEED	DGNB	C ASBEE	GBL	HQE	SBTool	GSC	WELL
国家	英国	美国	德国	日本	中国	法国	加拿大	澳大利亚	美国
创始时间（年）	1990	1998	2007	2002	2004	1992	1998	1998	2014
新版时间（年）	2018	2018	2016	2016	2019		2016	2020	2018
使用范围	欧洲为主	全球	德国为主	日本为主	中国	欧洲为主	加拿大、捷克、意大利、西班牙、以色列、葡萄牙、韩国	澳大利亚	全球
通用	国际	国际	国际	亚洲	中国	国际	国际	国际	国际
评价内容	健康与福利、能源、运输、水、材料、废弃物、土地与使用生态、污染、创新	土地规划、水资源、能源与大气、材料与资源、室内环境质量、创新	生态质量、经济质量、社会文化和功能质量、技术质量、过程质量、区位质量	环境性能、室内环境、服务质量、室外环境、环境负荷、能源、资源、材料、周边环境	安全耐久、健康舒适、生活便利、资源节约、环境宜居	能源、环境、健康、舒适度	环境可持续发展、室内空气质量、资源消耗、经济性、运维管理、环境负荷、可维护性	管理、室内环境质量、能源、交通、水、材料、土地使用及生态、排放	空气、水、营养、光、运动、热舒适、声环境、材料、精神、社区、创新
推广效果	79 个国家注册，22.6 万个认证项目	165 个国家注册，11.1 万个认证项目	21 个国家注册，2500 认证项目	670 个项目	累计 2017 年，12 亿平方米项目认证			2350 项目获得认证	14 个国家注册，总面积 300 多万平方米项目认证

（三）全球绿色建筑认证体系的分布及特点

全球主要绿色建筑认证体系的特点及 LOGO，详见表 2。

主要绿色建筑认证评价等级，详见表 3。

表 2 　　　　　　　　　　　　全球主要绿色建筑认证体系特点

序号	认证体系	认证等级	核心特点	LOGO
1	英国 BREEAM 认证	通过、良好、优秀、优异、杰出	注重建筑项目的全生命周期，是最早的绿色建筑认证	BREEAM® delivered by bre

序号	认证体系	认证等级	核心特点	LOGO
2	美国 LEED 认证	认证级、银级、金级、白金级	注重能耗、生态、环保、空气质量等，是最商业化的绿色建筑认证	
3	德国 DGNB 认证	铜级、银级、金级、铂金级	涵盖了生态、经济、社会三大方面因素，以建筑性能评价为核心，是绿色建筑欧洲市场领导者	
4	日本 CASBEE 认证	差（C）、比较差（B-）、好（B+）、很好（A）、优秀（S）	涵盖建筑环境综合性能评价体系，是最注重环境的绿色建筑认证	
5	中国 GBL 认证	基本级、一星、二星、三星	考虑多目标，集成了规划、建筑、结构、暖通空调、给水排水、建材、智能、环保、景观绿化等多专业知识和技术而制定的评价体系，是最符合当地实际的认证体系	
6	法国 HQE 认证	好、优秀、优异、超越	适应性和自由度，即尊重差异和特殊期望，不强推特定解决方案，可使各利益相关方在选择和创新方面拥有完全的自由，是最注重创新的认证体系	
7	加拿大 SBTool	-1、0、1、3、5	增加了舒适性、室内环境质量、持久性等新的评价范畴，是最注重生命周期的全过程评价体系	
8	澳大利亚 GSC	一星、二星、三星、四星、五星、六星	自愿性评估体系、性能评级、整体的团队方法，是最考虑持续发展的认证体系	
9	美国 WELL	银级、金级、白金级	更多地立足于医学研究机构，重塑建筑标准，全方位解决居住健康问题，是世界上第一个以人的身心健康为核心的绿色建筑认证标准	

表3 主要绿色建筑认证评价等级

美国 LEED	英国 BREEAM 认证	德国 DGNB 认证	中国 GBL 认证	法国 HQE 认证	美国 WELL
铂金级：≥80 分	杰出：≥85 分	铂金级：≥80 分	三星级：≥85 分	超越：≥12	铂金级：≥80 分
金级：≥60 分	优异：≥70 分	金级：≥65 分	二星级：≥70 分	优异：9-11	金级：≥60 分
银级：≥50 分	优秀：≥55 分	银级：≥50 分	一星级：≥60 分	优秀：5-8	银级：≥50 分
认证级：≥40 分	良好：≥45 分	铜级：≥35 分	基本级：满足全部控制项要求	好：1-4	
	通过：≥30 分				

二、英国 BREEAM 认证体系

英国 BREEAM 评价指标体系是世界上第一个建筑可持续评价和认证的标准，将最佳的环境实践纳入建筑规划、设计、施工和运营中，关注市场认可度，希望对环境影响降到最小。

英国 BREEAM 十大评分项类别，详见表4。

每类评分项，项目会得到相应的评估分数，按照各部分权重进行计分，项目最终的整体得分决定项目的评级。

表4 英国 BREEAM 评价指标体系类别

序号	内容	主要描述
1	管理 （Management）	工程简介和设计，全生命周期成本与服役寿命，负责任的施工方，调试和移交，善后
2	健康舒适 （Health and Wellbeing）	视觉舒适性，室内空气质量，实验室安全，热舒适性，声学性能，安全性，安全和健康的环境
3	能源 （Energy）	降低能耗和碳排放，能源计量，外部照明，低碳设计，节能蓄冷，节能运输系统，节能实验室系统，节能设备
4	交通（Transport）	交通评估和出行规划，可持续的交通措施
5	水（Water）	用水量，用水计量，防漏检测，高效用水设备
6	材料 （Materials）	全生命周期评估，环境友好性声明，负责的材料来源，耐久性设计，材料效率
7	废弃物 （Wate）	施工废弃物管理，废弃物回收利用，生活垃圾处理，选择性装修，气候变化的适应性浪费，拆卸和适应性设计
8	用地和生态 （Land Us）	选址，项目机遇与风险识别，负面生态影响管理，增强生态价值，生物性的长期管理和维护
9	污染 （Pollution）	制冷剂的影响，当地空气质量，地表径流管理，减少夜间光污染，减少噪声污染
10	创新 （Innovation）	被 BRE Global 审核通过的产品和流程设计创新点，创新点可以作为加分项

三、美国 LEED 认证体系

（一）LEED 认证的主要内容

美国 LEED 评价指标体系是目前各类建筑环保评估、绿色建筑评估以及建筑可持续性评估标准中被认为最具商业化的、最有影响力的评估标准。

LEED 评估体系在五大方面（可持续的场地规划，保护和节约水资源，高效的能源利用和大气环境，材料和资源问题，室内环境质量），由若干指标构成技术框架，LEED 根据每个方面的指标打分，综合得分结果，将通过评估的建筑分为铂金、金、银和认证四个认证级别，以反映建筑的绿色水平。针对不同性质，LEED 有不同的评估体系：LEED BD + C（Building Design and Construction 建筑设计与施工）；LEED ID + C（Interior Design and Construction 室内设计与施工）；LEED O + M（Building Operations and Maintenance 建筑运营与维护）；LEED ND（Neighborhood Development 社区发展）；LEED Homes（住宅）；LEED Cities and Communities（城市和社区）；LEED Recertification（重新认证）；LEED Zero（零）。

美国 LEED 评价指标，详见表 5。

表 5　　　　　　　　　　　　　　美国 LEED 评价指标

序号	内容	主要描述
1	选址与交通 LT	LEED 社区开发选址，敏感土地保护，高优先场址，周边密度和多样化土地使用，优良公共交通连接，自行车设施，停车面积减量，绿色机动车
2	可持续场址 SS	施工污染防治，场址评估，场址开发，保护和恢复栖息地，空地，雨水管理，降低热岛效应，降低光污染
3	用水效率 WE	室外用水减量，室内用水减量，建筑整体用水计量，冷却塔用水，用水计量
4	能源与大气 EA	基本调试和查证，最低能源表现，建筑整体能源计量，基础冷媒管理，增强调试，能源效率优化，高阶能源计量，能源需求反应，可再生能源生产，增强冷媒管理，绿色电力和碳补偿
5	材料与资源 MR	可回收物存储和收集，营建和拆建废弃物管理计划，减小建筑生命周期中的影响，建筑产品分析公示和优化（产品），环境要素声明，建筑产品分析公示和优化（原材），料的来源和采购，建筑产品分析公示和优化（材料），成分，营建和拆建废弃物管理
6	室内环境质量 EQ	最低室内空气质量表现，环境烟控，增强室内空气质量策略，低逸散材料，施工期室内空气质量管理计划，室内空气质量评估，热舒适，室内照明，自然采光，优良视野，声环境表现
7	创新 IN	创新，LEED Accredited，Professional
8	地域优先 RP	地域优先的具体得分点

（二）LEED 在中国认证情况

美国 LEED 在中国的认证情况，详见表 6。

中国大陆地区的 LEED 各级别的认证项目比例，详见表7。

美国 LEED 认证在中国主要城市分布统计表，详见表8。

表 6　　　　　美国 LEED 在中国的认证情况（统计截至 2018 年 12 月 31 日）

项目	大中华区	中国大陆
LEED 注册项目数量（个）	4280	3680
注册面积（平方米）	2.7 亿	2.4 亿
LEED 认证项目数量（个）	1820	1490
认证面积（万平方米）	7360	6080
LEED 专业人士（名）	4300	3000

表 7　　　　　中国大陆地区 LEED 各级别的认证项目比例

序号	奖项	比例
1	铂金级	12%
2	金级	59%
3	银级	20%
4	认证级	9%

表 8　　　　　LEED 认证在中国主要城市的分布统计

排名	名称	2016 年获得 LEED 认证的建筑面积（万平方米）
1	北京	209
2	上海	175
3	江苏	136
4	广东	105
5	天津	56.3
6	四川	46.6
7	浙江	30.7
8	辽宁	30.4
9	湖北	25.7
10	江西	18.9

目前，国内绿色建筑申请 LEED 认证主要分布于 BD＋C（建筑设计与施工）体系，BD＋C 的重点在于设计，但是对后期的运营和维护没有具体的要求。O＋M（建筑运营与维护）则更多是通过后期管理、采购、使用等手段进行节能运营。二者侧重于建筑生命周期的不同阶段。

中国大陆地区 LEED 不同体系认证比例，详见表9。

表9   **中国大陆地区 LEED 不同体系认证比例**

BD + C 新建建筑	O + M 既有建筑	ID + C 商业内饰
59%	7%	34%
新建及大翻修建筑，核心和外壳，学校，零售，数据中心，仓库及分配中心，酒店及旅馆，医院，交通，1~8 层住宅	学校，零售，数据中心，仓库及分配中心，酒店及旅馆，多户住宅，室内，其他既有建筑	零售，酒店及旅馆，其他商业空间

我们从表9中看到，O + M 项目数量在认证体系的分布情况仅为7%。

中国的超大型城市上海、北京与美国的典型城市纽约、芝加哥做对标，详见表10。

从表10中可以看出，中国的 O + M 数量占比还是比较低的。既有建筑在中国的绿色建筑焕新发展前景广阔，从市场趋势和经济效益两方面来看都非常值得我们加以重视及推广。

表10   **上海和北京通过 LEED   O + M   认证情况与美国城市对比**

城市	纽约	芝加哥	上海	北京
LEED 项目数（个）	3992	1862	1610	829
LEED—EB 项目数（个）	462	321	79	48
LEED—EB 比例（%）	15.44	17.24	4.9	5.8

四、德国 DGNB 认证体系

德国 DGNB 协会由约1200名成员组成，为欧洲最大的可持续建筑网络。DGNB 是世界绿色建筑委员会的德国官方代表。DGNB 评价指标体系包含绿色生态、建筑经济、建筑功能与社会文化等各个方面，DGNB 系统基于以下三个要素：建筑全生命周期评价，整体分析和注重性能表现。关注 GWP 温室效应、ODP 臭氧层破坏、POCP 光化学烟雾形成、AP 酸化效应、EP 水体富营养化等要素。

德国 DGNB 评价指标体系，详见表11。

表11   **德国 DGNB 评价指标体系**

序号	内容	主要描述
1	环境质量	六项环境质量标准对建筑物对全球和当地环境的影响以及对资源和废物产生的影响进行评估： 建筑生命周期评估，当地环境影响，可持续资源开采，饮用水需求和废水量，土地使用，现场的生物多样性
2	经济质量	三个标准用于评估长期经济可行性（生命周期成本）和经济发展： 生命周期成本，灵活性和适应性，商业可行性
3	场地质量	四个标准评估了项目对环境的影响： 本地环境，对地区的影响，传输访问权限，使用便利设施

序号	内容	主要描述
4	流程质量	九项标准旨在提高规划质量和施工质量： 综合项目简介，招标阶段的可持续性方面，可持续管理文档，城市和设计规划程序，施工现场/施工过程，施工质量保证，系统调试，用户通讯，符合 FM 的计划
5	技术质量	七项技术质量标准为评估有关可持续性方面的技术质量提供了依据： 消防安全，隔音，建筑围护结构的质量，建筑技术的使用和集成，易于清洁建筑部件，易于回收和再循环、排放控制，移动基础设施
6	社会文化及功能质量	八个标准有助于评估建筑物的健康、舒适性和用户满意度以及功能的基本方面： 热舒适度，室内空气质量，声学舒适度，视觉舒适度，用户控制，室内和室外空间的质量，安全性，全民设计

德国 DGNB 认证体系的主要特点：

一是建筑全寿命周期成本（建造成本、运营成本、回收成本）计算，有效控制建筑成本和投入风险，展示如何通过提高可持续性获得更大经济回报。

二是以建筑性能评价为核心，而不是以有无措施为标准，保证建筑质量的前提下，为业主和设计师达到目标提供广泛途径。

三是展示不同技术体系应用相关利弊关系（例如太阳能、中水系统等），以利综合应用性能评价。

四是建立在德国建筑工业体系高水平质量基础上的评价标准。

五、日本 CASBEE 认证体系

2003 年，日本发布了《CASBEE（Comprehensive Assessment System for Building Environmental Efficiency 建筑物环境效率综合评价体系)》，CASBEE 引入了生态效率的概念，以实现对建筑工地内部和外部两个因素的综合评估。

日本 CASBEE 评价标准采用"全生命期 CO_2 总量评价"和"建筑环境效率评价"双控，即以全生命期 CO_2 排放量为结果导向进行资源环境负荷评价；同时加以"建筑环境质量 Q（室内环境、服务质量、室外环境）"和"建筑环境负载 L（能源、水资源和材料、场外环境）的比值"评价。

日本 CASBEE 评价指标体系，详见表 12。

表 12　　　　　　　　　　　日本 CASBEE 评价指标体系

序号	内容	主要描述
1	室内环境 Q1	声音环境，热舒适度，采光和照明，空气质量
2	服务质量 Q2	服务能力，耐久性和可靠性，灵活性和适应性
3	室外环境 Q3	灵活性和适应性，城市景观和乡村景观，本土特色和户外美化
4	能源 LR1	建筑外表面热负荷控制，天然能源利用率，建筑服务系统的效率，有效操作
5	资源材料 LR2	水资源，减少不可再生资源的使用，避免使用含有污染成分的材料
6	场外环境 LR3	全球变暖问题，当地环境问题，周围环境问题

六、中国 GBL 认证体系

（一）中国 GBL 认证考核的主要内容

中国 GB/T 50378《绿色建筑评价标准》于 2006 年首次发布，目前的最新版本为 2019 年版，新版重新定义绿色建筑：在全寿命期内，节约资源、保护环境、减少污染，为人们提供健康、适用、高效的使用空间，最大限度地实现人与自然和谐共生的高质量建筑。新增认证等级为基本级、加原一星级、二星级、三星级，共四个等级，三星级是中国绿色建筑评估标准中的最高级别。绿色建筑评价指标体系由安全耐久、健康舒适、生活便利、资源节约及环境宜居 5 类指标组成，另外，和英国 BREEAM 类似，同时也设有"提高与创新"作为加分项，用于鼓励有利于建筑性能提高且被权威部门认可并成熟的创新技术、产品、管理等。绿色建筑评价分值设定表可参照《绿色建筑评价标准》（GB/T 50378—2019）。

中国 GBL 绿色认证评价内容详见表 13。

表 13 中国 GBL 评价指标体系

序号	内容	主要描述
1	安全耐久	抗震性能，人员安全防护措施，防滑措施，交通道路照明，建筑适变性的措施，耐久性措施等
2	健康舒适	空气污染物浓度，绿色装饰装修材料，水质，储水设施，管道，噪声，隔声性能，天然光，室内热湿环境，通风效果，遮阳措施等
3	生活便利	无障碍设施，交通便捷，服务设施，绿地，运动场，健身场地，自动远传计量系统，空气质量监测系统，智能化服务系统，物业管理等
4	资源节约	土地节约，地下空间利用，机械停车设施，热工性能，能效限定，施降低供暖空调系统能耗，节能型电气设备及控制措施，高效卫生器具，雨水综合利用，土建工程与装修工程一体化，建筑结构材料与构件等
5	环境宜居	生态环境，合理布局，建筑景观，排水措施，绿化用地，吸烟区位置，场地噪声，光污染，自然通风，降低热岛强度等

（二）中国 GBL 认证在全国的认证情况

自 2006 年建立绿色建筑认证体系，2008 年正式开展"中国绿色建筑三星认证"标识评价以来，尽管初期发展较为缓慢，但近年来，随着各地绿色建筑标识评价陆续展开，获得绿色建筑评价标识的项目增长迅速。截至 2018 年 12 月，全国评出绿色建筑标识项目超过 1.3 万个，建筑面积累计超过 12 亿平方米，2019 年共 17 批 179 个项目获绿色评价标识，截至 2020 年 4 月，共 3 批 42 个项目获绿色评价标识。

2016 年全国各省市绿色评价标识项目占比，详见图 2 。

中国为了鼓励建设更多的绿色建筑，地方政府也纷纷出台了绿色建筑的补贴政策。

中国部分地方政府的绿色建筑补贴政策，详见表 14。

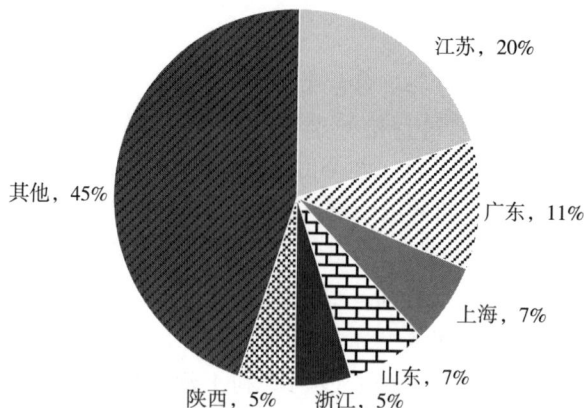

图2　2016年全国各省市绿色评价标识项目占比

表14　　　　　　　　中国部分地方政府的绿色建筑补贴政策

地区	补贴政策
北京	2020年，获得二星级标识的绿色建筑项目奖励50元/平方米，三星级80元/平方米，单个项目最高奖励不超过800万元
内蒙古	全区绿色建筑面积达到新建民用建筑总量的20%。取得一星、二星、三星级的绿色建筑，政府分别减免城市市政配套（150元/平方米）的30%、70%、100%
上海	建筑要求：公共建筑必须实施建筑用能分项计量，与本市国家机关办公建筑和大型公共建筑能耗监测平台数据联网。该办法还明确了扶持标准为：每平米补贴60元
江苏	一星级、二星级、三星级绿色建筑分别为15元/平方米、25元/平方米、35元/平方米。南京市从2013年1月起，单体1万平方米以上的建筑，符合国家节能标准的，审批规划时可给予0.1~0.2的容积率奖励
福建	2014年，厦门奖励标准：一星级绿色住宅建筑30元/平方米；二星级45元/平方米；三星80元/平方米；除住宅、财政投融资项目外的星级绿色公建建筑20元/平方米
山东	2014年，奖励标准：一星级绿色建筑15元/平方米，二星级30元/平方米，三星级50元/平方米
河南	2016年，奖励标准：二星级绿色建筑45元/平方米，三星级80元/平方米
广东	2014年，奖励标准：二星级补助25元/平方米，单位项目最高不超过150万元；三星级补助45元/平方米，单位项目最高不超过200万元

七、法国 HQE 认证体系

HQE认证将建筑使用者的健康和舒适放在首位，使所有相关人员受益：为人员提供最大的舒适度；通过减少员工缺勤来提高生产力；提高租户满意度；降低健康风险。HQE认证体系认证涵盖正在建造和改造的住宅和非住宅建筑、运营中的建筑物、可持续城市发展等三类。

评估体系内容详见表15。

表 15 法国 HQE 评价指标体系

序号	内容	主要描述
1	能源和节能	能源，水，维护
2	环境	场地，组件，工作场所，废弃物，水，维护
3	健康和安全	空间质量，空气质量，水质量
4	舒适度	湿热舒适，声学舒适，视觉舒适，嗅觉舒适

八、加拿大 SBTool 认证体系

SBTool 评价体系的可持续性评估的结构原则是在梳理影响可持续发展绩效的各种因素时，首先定义对人类和自然系统的重要影响。SBTool 基于评级系统必须适应当地条件且需要评估的通用建筑类型，其结果才有意义的理念，因此，该系统被设计为通用框架。SBTool 2016 评价体系架构由两个不同的评估模块组成，两个模块与生命周期以下各阶段有关：第一个是预设计阶段现场评估；另一个在设计，建造或运营阶段进行的建筑物评估。评估按照预设计、设计、建造和运营四个阶段由第三方二次开发人员选择大、中、小三个范围进行。

评估体系内容详见表 16。

表 16 加拿大 SBTool 评价指标体系

序号	内容	主要描述
1	场地 S	S1：场地位置；S2：可提供的现场服务；S3：场地特征
2	开发与基础设施 A	A1：场地再生和开发；A2：城市设计；A3：项目基础设施与服务
3	能源与资源消费 B	B1：全生命周期不可再生能源；B2：设施运营的用电高峰需求；B3：材料使用；B4：饮用水，雨水和灰水的使用
4	环境负载 C	C1：温室气体排放；C2：其他大气排放；C3：固体和液体废弃物；C4：对现场的影响；C5：其他本地和区域影响
5	室内环境质量 D	D1：室内空气质量和通风；D2：空气温度和相对湿度；D3：采光和照明；D4：噪声和声学；D5：电磁辐射控制
6	服务质量 E	E1：安全保障；E2：功能性和效率；E3：可控性；E4：灵活性和适应性；E5：优化和维护环境运行性能
7	社会文化 F	F1：社会方面；F2：文化遗产；F3：感性
8	成本和经济 G	G1：成本和经济

九、澳大利亚 GSC 认证体系

澳大利亚 GSC 认证针对建筑设计、施工、运维及装修和社区共有四个绿色星级认

证工具，分别是 GS – 社区、GS – 设计 & 建造、GS – 内装修、GS – 性能。

GS – 社区认证的内容详见表 17。

表 17　　　　　　　　澳大利亚 Green Star – 社区认证体系

序号	内容	主要描述
1	GS 认证专业人士	GS 认证专业人士认可 GS 认证的过程
2	设计	场地规划和布局，城市设计
3	参与者	利益相关者参与战略，战略执行
4	适应性和复原性	气候适应性，社区复原性
5	企业责任	企业责任，可持续发展报告
6	可持续发展意识	社区用户手册，可持续发展教育设施
7	社区参与与治理	社区设施管理，社区项目管理
8	环境管理	环境管理系统，环境管理计划

十、美国 WELL 认证体系

美国 WELL v2 试行版是近期发布的备受瞩目的 WELL 健康建筑标准™ 的升级版标准，连同 WELL 健康社区标准™ 试行版一起，为全球健康社区提供了杰出的评估与衡量工具。WELL v2 版依照以下六大原则制定：平等性、全球性、有据可循性、技术含量高、服务终端客户、高度适应性。

评估体系内容详见表 18。

表 18　　　　　　　　美国 WELL 认证体系

序号	内容	主要描述
1	空气	A01 基本空气质量；A02 无烟环境；A03 通风效率；A04 施工污染管理；A05 增强空气质量；A06 增强通风；A07 可开启窗；A08 空气质量监测和意识；A09 污染物渗透管理；A10 燃烧最小化；A11 源分离；A12 空气过滤；A13 挥发性有机化合物主动控制；A14 微生物和霉菌控制
2	水	W01 基本水质；W02 水污染物；W03 军团杆菌控制；W04 增强水质；W05 水质一致；W06 饮用水推广；W07 潮湿管理；W08 洗手；W09 β – 现场非饮用水再利用
3	营养	N01 水果和蔬菜；N02 营养信息透明；N03 加工成分；N04 食品广告；N05 人工添加剂；N06 分量；N07 营养教育；N08 用心饮食；N09 特殊膳食；N10 准备食品；N11 负责任的食品采购；N12 食品生产；N13 本地食品环境
4	光	L01 光接触和教育；L02 视觉照明设计；L03 昼夜照明设计；L04 眩光控制；L05 增强日光获取；L06 视觉平衡；L07 电气照明质量；L08 住户控制照明环境
5	运动	V01 积极的建筑和社区；V02 视觉和生理人体工程学；V03 运动网络和通道；V04 支持运动通勤者和住户；V05 场址规划和选择；V06 体育锻炼机会；V07 健身家具；V08 体育锻炼空间和设备；V09 鼓励运动的室外设计；V10 增强人体工程学；V11 促进身体锻炼；V12 自我监测

续表

序号	内容	主要描述
6	热舒适	T01 热舒适性能；T02 增强热舒适性能；T03 热环境分区；T04 个人热舒适控制；T05 辐射热舒；T06 热舒适监测；T07 湿度控制
7	声环境	S01 噪声地图；S02 最高噪声等级；S03 声障；S04 吸音；S05 声掩蔽；S06β－撞击声隔音性能控制
8	材料	X01 基本材料预防；X02 危险材料消减；X03 室外材料和结构；X04 废弃物管理；X05 就地管理；X06 场地整治；X07 杀虫剂使用；X08 减少危险材料；X09 清洁产品和规范；X10 减少挥发性成分；X11 长期挥发控制；X12 短期挥发控制；X13 增强材料预防；X14 材料透明度
9	精神	M01 推广心理健康；M02 接触自然；M03 心理健康支持；M04 心理健康教育；M05 抗压支持；M06 恢复的机会；M07 帮助恢复的空间；M08 帮助恢复的计划；M09 更多自然接触；M10 支持集中注意力；M11 睡眠支持；M12 商务旅行；M13 预防烟草使用与戒烟；M14 药物使用教育和服务；M15 阿片类药物紧急应对计划
10	社区	C01 健康意识；C02 整合设计；C03 住户调查；C04 增强住户调查；C05 健康服务和福利；C06 推广健康；C07 社区免疫；C08 对新晋父母的支持；C09 对新晋母亲的支持；C10 家庭支持；C11 公民参与；C12 组织透明度；C13 无障碍和通用设计；C14 洗手间配置；C15 应急准备；C16 社区开放和参与；C17β－住房平等
11	创新	I01 WELL 创新；I02 WELL 专业人士（WELL AP）；I03 WELL 教育；I04 健康之门；I05 绿色建筑评估体系

十一、小结

随着社会的快速发展、科技的不断进步，能耗问题凸显出来，人们开始越来越关注环境、关注绿色、关注健康，可持续发展成为了全人类共同面对的问题。降低建筑能耗，需要有绿色建筑标准作指导，而如何评价建筑是否是节能绿色建筑，必须要有科学的、完整的、可操作的评价体系支撑。世界各国都纷纷建立了各自的绿色建筑评价体系，中国作为能耗大国之一，了解并推广这些先进的绿色建筑认证和评价体系，在实践中因地制宜合理运用节能技术，以建造和改建更多的绿色建筑，是我们当仁不让的责任。

参考文献

［1］英国《BREEAM（Building Research Establishment Environmental Assessment Method）建筑研究院环境评估方法》.

［2］美国《LEED（Leadership in Energy and Environmental Design）绿色建筑评估体系》.

［3］德国《DGNB（Deutsche Gesellschaft für Nachhaltiges Bauen e.V.）可持续建筑认证标准》.

［4］日本《CASBEE（comprehensive assessment system for building enviromental efficiency）建筑物环境效率综合评价体系》（2014 版）.

［5］中国《绿色建筑评价标准》（GB/T 50378—2019）.

［6］加拿大 SBTool 2016 description 21Jul16.

［7］澳大利亚 Green Star – communities _ scorecard _ v11 _ r2.

［8］孙英. 发展新时代高质量绿色建筑［EB/OL］.（2019 – 10 – 30）［2019 – 11 – 30］. http：// www. fangchan. com/cchs/109/2019 – 10 – 30/6595178421796802582. html.

［9］吕添添. 基于绿色建筑需求的室外区域环境研究［D］. 兰州：兰州交通大学，2019.

［10］孙妍妍. 低碳建筑项目的碳排放核算及节能减排策略研究［D］. 马鞍山：安徽工业大学，2018.

［11］李晓虹，唐笑露，董岳. LEED 建筑，难言绿色环保［J］. 21 世纪建筑材料居业，2011（6）：46 – 48.

［12］LEED™金级认证　太阳公元开创中国生态豪宅新地标［J］. 安家，2010（12）：212 – 215.

2010—2020 年厚积薄发的十年间[①]

辛小光

国际绿色经济协会监事长

有位朋友对我讲："节能减排让你撞上了，绿色经济又让你赶上了。"是巧遇？还是必然！我现在可以做一个精准的回答，"第一要找对平台，第二要跟对人，第三要交好朋友"，我退休后一直在国际绿色经济协会任职，紧跟沙祖康名誉会长、邓继海执行会长，与国际绿色经济协会智库的同仁志士共同探索绿色发展的大业。

我退休后的十年间，不论是在论坛上、会议上，还是在课堂上，所到之处都受到尊重和尊敬。从节能减排实战案例、建筑节能后评价研究到绿色发展和可持续发展，都是多年正能量的积淀得已发挥而已，为绿色发展做一点贡献。实践证明只有顺应时势，才能求新求变。

一、不忘初心

现在疫情当下，不忘初心的故事，南丁格尔管理改革对现在也有一定的指导意义。

二十多年前，1997 年我参加了人民银行总行人事司在中国金融学院举办的"司局长、处长和分支行行长英语培训班"，英语培训班是当时兼任人民银行行长的朱镕基常委副总理特批的，目的是提高人民银行系统国际金融交流水平。我在学习过程中，不仅英语水平得到提高，而且，收获更大的是在设备管理方面得到了很大的启发。

在学习许国璋英语第十九课课文时，佛罗伦丝·南丁格尔主张的一项改革，使死亡率下降到百分之二。当她返回英国时人们把佛罗伦丝·南丁格尔作为英雄来欢迎，她是英国医院改革及护理运动中一个重要的推动者。这篇课文着实的启发了我。

当时的机关事务管理局大楼设备管理处有几十号人是行里第一大处室，人多、技术工种多，管理的确是一个头痛的事，一直困扰着设备处的历任领导。从南丁格尔的改革中，我悟出了管理的真谛。1997 年开始筹划"总行设备运行管理中心"（互联网虚拟平台），以人为中心，建立人机结合的体制，合理的实施，永远寻找解决方案，从不怨天尤人的文化理念，以科学为依据，以实用为原则，改变传统的管理方式，吸收 A 管理模式精华，以基础数据作为关键环节把总行办公大楼建成集高新技术、知识经济为一体的智能大厦（见图 1 和图 2）。

历经十年的建设，2006 年建成"设备运行管理中心"，完成了热力供暖系统、冷冻

[①] 本文写作于 2020 年 6 月 25 日。

图1　2006年建成"设备运行管理中心"

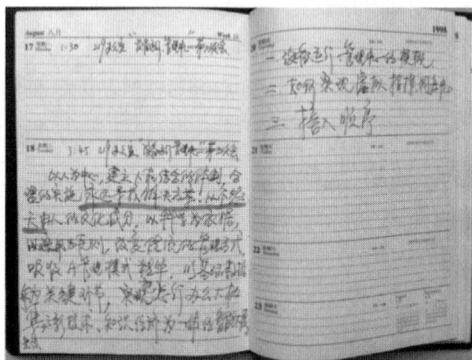

图2　1997年建立"设备运行管理中心"宗旨

站系统、变配电、电梯、照明等系统及33号院现有设备的在线实时监控，为设备运行管理、节能减排工作提供了有力保障。科学的管理使关键的运行和能耗指标在大型公建运行、公共机构节能中都处于领先的地位，得到社会认可和褒扬。弱者一直是抱怨命运，强者在书写历史。

二、十年磨一剑　积淀与前瞻

一部电梯、一座冷却塔、一处夜景照明……这些在人民银行总行办公大楼看似平常的设施，却对节能作用巨大。媒体的专访、报道一篇接一篇。新华社记者报道如图3所示。

辛小光，中国人民银行机关事务管理局设备部经理、工程师。从1997年担任设备管理处副处长以来，他历时十年，坚持运用所掌握的先进技术和超前意识，结合前瞻性的节能理念，从组织一系列设备技术改造入手，到严格把好节能论证关，选择具有良好节能效果的新设备设施，采取系统节能的思路，推进总行机关节能工作取得了明显成效。

辛小光长期从事电气自动化专业设计、设备运行管理工作，有丰富的理论知识。但他并不满足于这些，用科技手段和科技创新为节能增加技术含量，是他十年来一直遵循

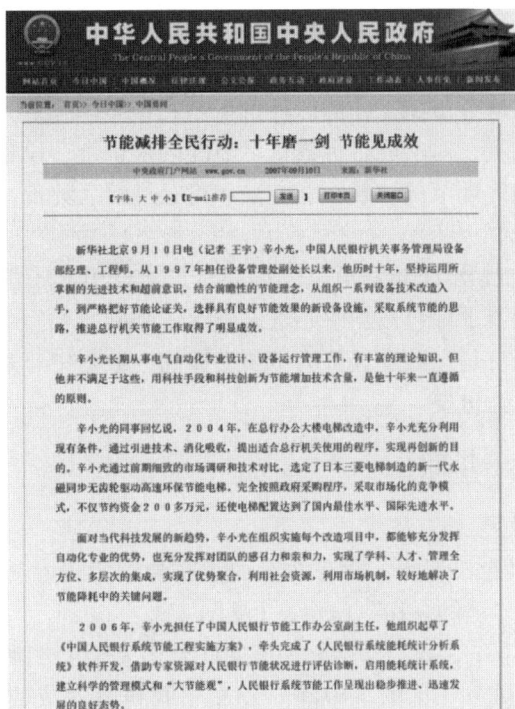

图3 新华社报道

的原则。

辛小光的同事回忆说，2004 年，在总行办公大楼电梯改造中，辛小光充分利用现有条件，通过引进技术、消化吸收，提出适合总行机关使用的程序，实现再创新的目的。辛小光通过前期细致的市场调研和技术对比，选定了日本三菱电梯制造的新一代永磁同步无齿轮驱动高速环保节能电梯。完全按照政府采购程序，采取市场化的竞争模式，不仅节约资金 200 多万元，还使电梯配置达到了国内最佳水平、国际先进水平。

面对当代科技发展的新趋势，辛小光在组织实施每个改造项目中，都能够充分发挥自动化专业的优势，也充分发挥对团队的感召力和亲和力，实现了学科、人才、管理全方位、多层次的集成，实现了优势聚合，利用社会资源，利用市场机制，较好地解决了节能降耗中的关键问题。

2006 年，辛小光担任了中国人民银行节能工作办公室副主任，他组织起草了《中国人民银行系统节能工程实施方案》，牵头完成了《人民银行系统能耗统计分析系统》软件开发，借助专家资源对人民银行节能状况进行评估诊断，启用能耗统计系统，建立科学的管理模式和"大节能观"，人民银行系统节能工作呈现出稳步推进、迅速发展的良好态势。

付出获得了回报。在 2006 年 6 月 26 日至 7 月 28 日政府机构节能测试诊断中，中国人民银行办公大楼各项能耗指标远远低于政府办公楼参考指标，中央空调系统每年节省电费 40 万元至 60 万元。中国人民银行经过多年努力建成并成功运行的"设备运行管理中心"（设备计算机网络管理中心），更从技术手段上改变了传统的测试方式，实现了在线监测，每 5 秒刷新一次，极大地提高了测试诊断的科技含量，为节能诊断提供了一个崭新的模式。

目前，辛小光正在研究节能工作的后评价机制，参照国际上先进的管理模式，在每个工程项目总结的基础上，对节能目标修订、节能因素识别、设备运行维护、物资采购控制、能源计量与监测等环节的一般节能方法和途径进行后评价，以此不断持续地推进节能工作。

2006 年，由我率先提出 IT 机房节电改造的有关建议引起了国家节能主管部门对数据中心节能的重视，为当下绿色数据中心建设奠定了基础。

毋庸置疑，绿色经济是以数字经济为主要支撑的，数据中心是数字经济的底座，抓好绿色数据中心建设尤为重要。

三、厚积薄发的十年间

1. 深刻理解绿色发展

2012 年 6 月，由邓会长带队，我有幸参加了联合国历史上规模最大的峰会"联合国可持续发展大会"（"里约 +20"峰会）（见图 4）。

2012 年 6 月 18 日下午，我与邓会长一起向联合国基金会能源气候办公室执行主任 Richenda Van Leeuwen 女士（见图 5 中间）递交了我执笔完成的《风电产业运行解决方案》。

图 4　"里约 +20"峰会　　　图 5　我和 Richenda Van Leeuwen 女士合影

最终形成的大会协议中，包含了"建立可持续发展目标""绿色经济作为实现可持续发展的手段""加强联合国环境规划署功能""建立超越 GDP 的国家福利评价指标"等多方面内容。两周的会议也使我对绿色经济、绿色发展有了更深的认识。

回国后，我和邓会长发表了《里约归来　绿色产业如何革新》。

2. 标准引领 真正实现绿色数据中心建设

回顾近十年的工作，在建立标准和引领数据中心建设方面做了大量工作。节能减排的经验告诉我们，要经常与国家政策、技术规范标准对标对表，才能实现绿色数据中心建设更上一层楼。对现在正在进行的新基建都要有一定的借鉴意义。

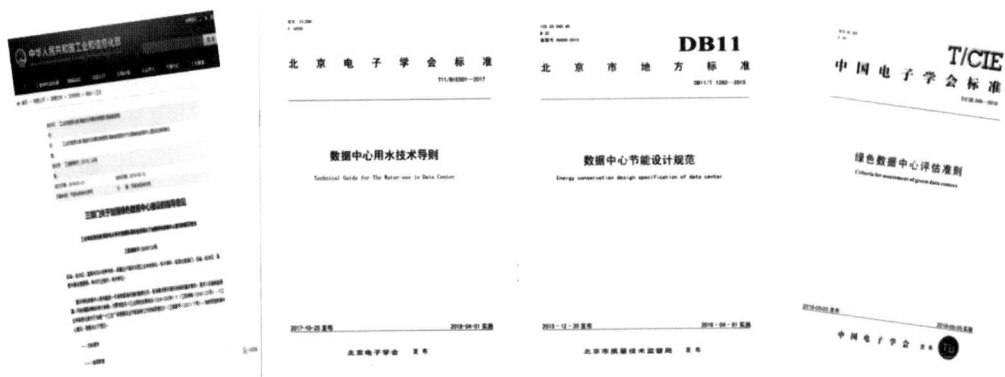

图 6　国家有关标准和规范

（1）参加了国务院三部门关于加强绿色数据中心建设的指导意见的专家讨论会，提出了有效的建议。

（2）牵头制定了《数据中心节能设计规范》（DB11/T 1282—2015）于 2016 年 4 月 1 日实施。

（3）牵头了《数据中心用水技术导则》（T/BIE 001—2017）团体标准于 2018 年 4 月 1 日实施。

（4）参与制定了《绿色数据中心评估准则》（T/CIE 049—2018）团体标准于 2018 年 5 月 5 日实施。

3. 由我牵头组织的《绿色智能新风控制系统技术导则》（T/IGEA 001—2019）于 2020 年 10 月正式发布。必将对室内人居新风系统绿色智能化升级和科学防疫产生重大的作用。

四、一点体会

贯穿节能减排管理工作的高科技只是手段，管理情怀是理想和格局。毫无疑问，"大节能观"是节能减排工作的特色，后评价是我们做好绿色发展工作的法宝，标准引领实现绿色数据中心建设是我们做好绿色发展这篇文章的关键。

后评价机制能较好地解决节能减排工作和绿色发展中的关键问题，科学的改善工作。主要体现在五个方面：

一是对技术改造效果进行"后评价"。1997 年建立了"设备运行管理中心"。经过 10 年建设，"设备运行管理中心"于 2006 年 6 月正式启用，实现了运行参数的实时监控和自动记录、故障自动报警、集中管理等功能。良好的硬件设施、有效的管理制度，再加上与时俱进的节能意识，不仅提高了设备系统运行的精细化水平，也达到了节约能源、资金的目的。

二是对管理控制手段进行"后评价"。科学管理是节能工作的有效手段，绿色数据中心建设是实现绿色发展重要的一环，而我们的管理是否科学，必须通过实践的检验。

三是对设备设施运行进行"后评价"。如何实现 PUE、WUE 的双降，需要改进冷却塔的运行模式，在安装空调冷却塔的运行中采用三台风机同时变频的模式，经专家鉴定，此措施有效的减少了电耗，在类似工程中具有应用价值，属国内首创，值得肯定和推广。

四是对各项节能指标进行"后评价"。对供电线路进行分类和分项，利用设备实时监视、远程控制、制动记录等功能，在电力系统的分项计量工作方面打下了坚实基础，为下一步的节能工作提供了数据统计平台。

五是对后评价工作进行"后评价"。为将节能目标落实到位，长期、有效、客观地开展节能工作，通过开发使用能耗统计系统软件，可较好地解决了系统内各种能耗数据的登记、统计问题，使节能诊断工作真正抓准问题的症结，为下一步的节能改造奠定了基础。

建筑节能后评价体系是借鉴我的导师、市委党校原副校长姚光业教授长期研究后评价的成果，以及本人长期从事电气自动化专业设计和节能减排管理工作积累经验基础上完成的。我主编的《建筑节能后评价研究》已于 2015 年 5 月出版（见图 7），将为节能减排工作和绿色发展事业提供借鉴。

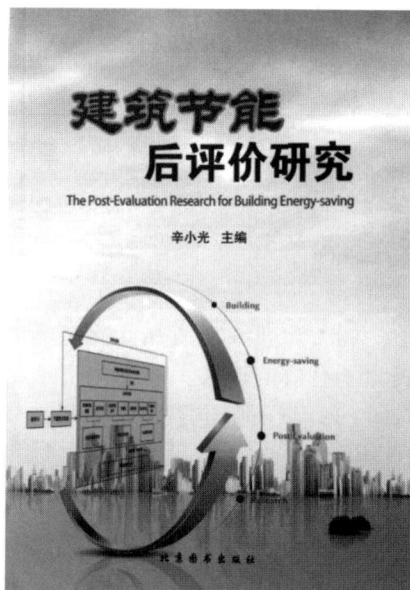

图 7　建筑节能后评价研究

五、结语

忆往昔峥嵘岁月，节能减排和绿色发展虽然取得了长足的进步，推动了经济社会发展。但是，今后还有很长的路要走，十年前你是谁，甚至昨天你是谁，都不重要了，重要的是继续砥砺前行，整理行装再出发，书写新的辉煌。

论智能空气环境系统与人和建筑的健康

——谈《绿色智能新风控制系统技术导则》的编制

李著萱　中国中元国际工程有限公司教授级高工

孙　丽　威海市建筑设计院有限公司

一、前言

伴随经济和科学技术的发展，世人越来越关住生活品质的提高、关注与身心健康相关的空气、水和建筑环境。但是室外空气污染、高温潮湿、低温高湿的气候及室内建筑装修材料的毒害性已经成为人们健康的杀手。室内外环境污染甚至造成人的心肺功能下降、免疫力下降，引发癌症；高温高湿、低温高湿可能造成体内湿毒积累，导致各类疾病缠身。因此健康的建筑和健康的室内空气环境已经和人的免疫力、疾病已经息息相关；建筑环境通风不良或对污染空气处理不当，"空调病""建筑装修病"都将成为疾病易感人群的疾病，良好的室内空气环境是人类健康的根本保障。

二、室内空气质量标准

国家标准《室内空气质量标准》（GB/T 18883—2002）适用于住宅和办公建筑，其他（工业建筑和有净化环境等）除有明确性的规定外可以参照该标准执行，该标准明确规定了对室内环境的温度、相对湿度、气流流速、新风量的物理性要求；规定了室内 SO_2、NO_2、CO、CO_2、NH_3、O_3 及甲醛、苯、甲苯、二甲苯、苯并［a］芘 B（a）P、可吸入颗粒物 PM10，总挥发有机物 TVOC 的化学性和放射性标准值要求。另外我国的健康建筑和健康住宅评价标准也提出了健康环境评价指标要求，其重要指标对比见表1。

表1　　　　　　　　　　　　　　室内空气质量标准对比

序号	参数类别	参数	单位	《室内空气质量标准值》（GB/T 18883—2020）	《健康建筑评价标准》（T/ASC 02—2016）（《健康住宅评价标准》T/CECS 462—2017）	备注
1	物理性	温度	℃	22～28	24～28	夏季空调
				16～24	18～24	冬季供暖
2		相对湿度	%	40～80	40～60	夏季空调
				30～60	≥30	冬季供暖

续表

序号	参数类别	参数	单位	《室内空气质量标准值》（GB/T 18883—2020）	《健康建筑评价标准》（T/ASC 02—2016）（《健康住宅评价标准》 T/CECS 462—2017）	备注
3	物理性	空气流速	m/s	0.3	0.25～0.3	夏季空调
				0.2	0.2	冬季供暖
4	物理性	最小新风量	m³/（h·人）	30	30（寒冷严寒：≮0.5 次 h-1；其他≮1.0 次 h-1）	
5	化学性	二氧化硫 SO₂	mg/m³	0.5		1 小时均值
6	化学性	二氧化氮 NO₂	mg/m³	0.24		1 小时均值
7	化学性	一氧化碳 CO	mg/m³	10		1 小时均值
8	化学性	二氧化碳 CO₂	%	0.10	0.09（0.07）	日平均值
9	化学性	氨 NH₃	mg/m³	0.20	（0.2）	1 小时均值
10	化学性	臭氧 O₃	mg/m³	0.16	（0.112）	1 小时均值
11	化学性	甲醛 HCHO	mg/m³	0.10	0.05mg/m²（0.08 mg/m²）	1 小时均值
12	化学性	苯 C₆H₆	mg/m³	0.11	（0.09mg/m²）	1 小时均值
13	化学性	甲苯 C₇H₈	mg/m³	0.20		1 小时均值
14	化学性	二甲苯 C₈H₁₀	mg/m³	0.20		1 小时均值
15	化学性	苯并［a］芘 B（a）P	mg/m³	1.0	1.20	日平均值
16	化学性	可吸入颗粒物 PM10	mg/m³	0.15	70（105）	日平均值
17	化学性	总挥发性有机物 TVOC	mg/m³	0.60	70% 家具 0.36（0.5）	8 小时均值
18	生物性	菌落总数	cfu/m³	2500	（1750ug/m³）	仪器测定
19	放射性	氡²²²Rn	Bq/m³	400	200（100）	年平均值（行动水平）
20	其他				设置空气净化	

1）除温度、相对湿度外，其余值为最低允许值。

2）对涂料、腻子、家具和其他装修材料污染源的限制尚应满足健康建筑标准。

3）括号内为《居住健康性能建筑评价标准》T/CECS 462—2017。

三、空气污染与疾病的关系

近年来，我国和世界的工业和经济提速发展造成的污染和雾霾（PM2.5），也使城市甚至农村居民增加了疾病和死亡的风险。研究表明，吸入的颗粒物粒径越小，进入呼吸道的部位越深，对健康危害越大，并且颗粒物对易感人群（儿童、老人、体弱人群、呼吸系统疾病等人群）的健康危害更严重。粒径在 2.5 ~ 10 μm 的颗粒物，能够进入上呼吸道，部分可通过痰液等排出体外。粒径在 2.5 μm 以下的颗粒物（细颗粒物），会进入支气管和肺泡，干扰肺部的气体交换，引发包括哮喘、支气管炎和心血管病等疾病甚至癌症；细颗粒物附着的 VOCs、SVOC、重金属等有害物质，可以随细颗粒物通过支气管和肺泡进入血液，对人体健康产生更大危害。2013 年，国际癌症研究机构宣布，室外空气污染为新的致癌物，属于一级致癌物，空气污染和吸烟、甲醛的致癌等级是一致的。另外冬季施工和建筑装修材料选择不当，也会造成室内空气污染。

污染的空气中主要含有两类致癌物质，一类是致癌化合物，另一类是致癌的颗粒。其中一级致癌物有：苯、石棉、氡、被动吸烟和甲醛，并还存在有很可能致癌的柴油发动机尾气、三氯乙烯、1，3 - 丁二烯，可能致癌的汽油发动机尾气、炭黑、苯乙烯、沥青、人造玻璃纤维等。

建筑材料和家具制品的使用会向室内空气释放甲醛、VOCs、氨、氡等污染物。主要来自室内装饰装修材料、家具制品等的甲醛、苯系物等挥发性有机化合物（VOCs）是室内空气重要的污染物种类，通常室内 VOCs 的浓度是室外的 2 ~ 5 倍。VOCs 对人体健康的急性影响主要是刺激眼睛和呼吸道，导致流泪、皮肤过敏，严重者使人产生头痛、咽痛与乏力等症状。致癌物之一的苯在室内装修行业中已经被禁用。甲醛在空气中浓度超过 0.6mg/m³ 时，即会使人的眼睛感到刺激，咽喉感到不适和疼痛；吸入高浓度甲醛会导致呼吸道严重刺激、水肿和头痛，可诱发过敏性鼻炎、支气管哮喘等，严重时可导致死亡。长期接触甲醛可以导致暴露人群的鼻咽癌、白血病、鼻窦癌和其他肿瘤的发生率显著增加。即使所使用的装修材料、制品均满足各自污染物限量控制标准，但装修后多种类或大量材料制品的叠加使用，仍可能造成室内空气污染物浓度超标，并危害人体健康。

因此除了在污染源头减少污染排放和进行处理之外，的确有必要通过过滤、静电吸附、化学过滤或其他方式处理室内外空气中的污染物，以提供能够保证建筑的健康和人需要的健康的空气质量环境。2016 年和 2017 年中国建筑学会和中国工程建设协会颁布的健康建筑、健康医院、健康住宅的评价标准，特别对 PM2.5 提出了评价指标和要求（见表 2）

表 2　　　　　　　　　　　　　PM2.5 标准的对比

国家或组织	室内健康 PM2.5 标准	备注
中国	24 小时平均浓度小于 75μg	《健康建筑评价标准》（T/ASC 02—2016）
中国	24 小时平均浓度小于 35μg	《健康住宅评价标准》（T/CECS 462—2017）

续表

国家或组织	室内健康 PM2.5 标准	备注
中国	24 小时平均浓度小于 25μg	《健康医院建筑评价标准》（标准送审稿）
美国	24 小时平均浓度小于 30μg	美国 WELL 标准
世卫组织	小于 10 μg 没有健康风险	

四、室内微生物环境及其控制

对于健康建筑和健康的空气环境，无论是细菌或是病毒，室内空气中的微生物环境在常态和疫情发生时都是有必要控制的。

2020 年新年前后武汉华南海鲜市场成为了新冠传染病的暴发源地，举世瞩目，从国家卫健委于 2020 年 1 月 20 日统计全国新型冠状病毒感染的肺炎统计数据以来，1 月 20 日全国有 4 省市确诊病例 291 例，其中湖北 270 例，全国 14 省市疑似病例 54 例，922 人接受医学观察；到 2020 年 2 月 3 日，全国有 31 个省市累计确诊病例 20348 例，疑似病例 23214 例，重症病例 2788 例，累计死亡人数 425 例，接受医学观察 171329 人，可见短短的十几天的时间，确诊病例增加了 70 倍，疑似病例增加了 430 倍，接受医学观察增加了 173 倍，可见这次新型冠状病毒感染的肺炎来势凶猛，传播速度快、蔓延范围广。也源于此次疫情警醒了所有国人，在中国政府领导下，举全国之力，经过不到 4 个月的努力武汉离开了疫情至暗时刻，病人清零。然而世界特别是美国至今疫情还在继续疯狂地蔓延，日确诊人数目前还在攀升新增至 5.9 万人/日；而北京 2020 年 6 月 11 日复燃的疫情来源还是海鲜市场，并在源头新发地海鲜市场陆陆续续发现了中国清零后的新的新冠病毒。从 2003 年的 SARS 以来，对各次呼吸道病毒传染事件的关注和看到的各次事件流调分析，并通过向科学家讨教和对感染科医生经验总结的研究分析，可以得出病毒具有以下基本特征：（1）病毒不是细胞结构，不是生物活体，病毒需要侵入并寄存在活体细胞上生存、靠宿主细胞复制而增值，当宿主细胞代谢停止病毒的增值亦停止。（2）病毒喜欢阴冷潮湿的环境，当细胞失去水分时或在高温、干燥环境中细胞的存活能力是会下降的，细胞的水分逐渐流失的时候，其病毒和细菌的活性逐渐减弱，离开了宿主活细胞后，暴露在空气中或随着寄宿的细胞（蛋白）失去活性将逐渐失去活性，随着时间的推移病毒会成为僵尸核，失活的病毒核是不具备传染能力的。（3）活性病毒可以通过病体的飞沫在近距离侵入易感人群的黏膜细胞传染至病，或通过体液、手接触、污染物接触活性病毒后在易感人群众中扩散传染。（4）在特定的空气气流受力情况下和不具备有效通风条件时，是可能发生空气传播（小于等于 5μm 的气溶胶）的，阴暗、封闭、不能及时有效排除仍然有活性的病毒颗粒空气的不良空气环境，病毒具有短时（数小时）存在活性的极大可能性。中国香港淘大花园 SARS 病毒的扩散和 2020 年 6 月 21 日北京市疾控中心报告的 2 例出现的永定路 70 号院内天客隆卫生间感染病例和海鲜市场的聚集性传染病例，足以说明通过悬浮在空气中的冠状病毒颗粒、人传人的可能性。

2020 年 5 月 17 日北京市西城区 5 家医院分别接治了来自中国工商银行总行的 33 例细菌性呼吸道感染患者，这一典型事例是因为疏于对空调系统运行安全的管理，而导致的细菌通过空调末端传染了易感人群。

以上案例分析还说明了一个问题：仅有新风不一定能有良好的通风效果，尤其是在类似海鲜市场这种人流密度时密时疏大内区的环境，或仅有新风没有排风的密闭空间，建筑门窗密闭性好，如果排风不畅，很难实现有效的空气流通排除室内污染空气的，使得新风也难以按照设计新风量实现室内空气质量的实质性改善。另外新风只可能对病毒起到稀释作用，没有自然通风条件时，污染空气只能在有限的空间里自循环，当这样的空间里存在有活性的病毒或细菌的载体颗粒时，在失去活性前病毒和细菌是具备感染及传染的可能性的。细菌是具备细胞结构的，细菌能在活体之外存活并能自我繁殖，因此医院、海鲜市场和疫情期间的公共建筑是应该考虑"平疫结合"，设置有效的排风系统和进行必要的消毒杀菌。有效排除室内污染源的污浊空气能直接能降低室内的细菌、病毒、有害物的数量。

暖通空调专业以往的认知源自于专业手册中[6]如图 1，图 1 呈现了病毒、细胞、细菌所示细菌、病毒在不同相对湿度下"减少表示生存环境降低"的观点是错误的。病毒和细菌的活性在相同时间内随相对湿度的升高而升高，活性越高其毒性或感染能力越强。

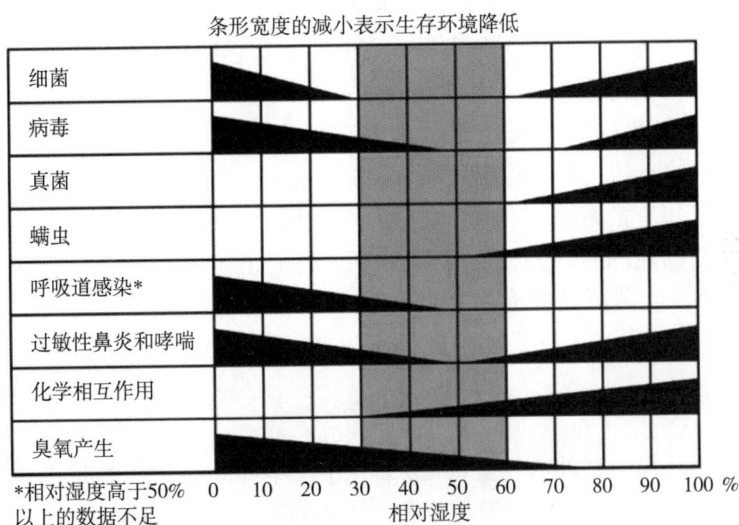

图 1　错误的病毒和细菌生存环境

五、对微生物的控制方法

（一）菌落总数的控制

细菌和病毒是不会在空气中独立存在的，通过附着在颗粒或物体表面上的，冠状病毒颗粒的直径为 $60 \sim 200\mu m$，平均直径为 $100\mu m$；而绝大多数细菌的直径大小在 $0.5 \sim 5\mu m$。

环境菌落总数的控制是抑制病毒和细菌微生物的有效方法，以医院各类环境卫生为例，分析不同环境类别对抑制环境微生物的要求（见表 3），通过采取必要的空气次数换气和空气处理措施控制微生物菌落数。

表3 不同环境类别对抑制微生物要求

环境类别		空气平均菌落数	物体表面菌落数
		Cfu/皿平板暴露法	Cfu/cm²
Ⅰ类环境	洁净手术部：其他洁净场所	≤4.0（30min）	≤5.0
Ⅱ类环境	非洁净手术室：产房；导管室；血液病区、烧伤病房区等保护性隔离病房；重症监护室；新生儿室等	≤4.0（15min）	≤5.0
Ⅲ类环境	母婴同室；消毒供应中心的检查包装灭菌区、无菌物品存放区、血液透视中心（室）；普通住院病房区等	≤4.0（5min）	≤10.0
Ⅳ类环境	普通门急诊及其检查、治疗室；感染性疾病科室门诊和病房	≤4.0（15min）	≤10.0

（二）通过不同级别的过滤器实现循环空气中过滤微生物及其颗粒

Ⅰ、Ⅱ环境采用机组保护级别的过滤器和高级别的末端净化器；

Ⅲ环境机组采用初中及亚高效；

Ⅳ类环境可以采用微生物一次通过率不大于10%的过滤器的净化风机盘管；并对应不同的净化级别采用不同的换气次数实现让环境中的菌落数达标。

（三）通过消毒剂擦拭手、器械、家具表面，来降低表面的菌落数（见表1）

医护人员手：外科人消毒医务人员手表面的菌落总数应≤5.0Cfu/cm²；卫生手消毒医护人员手表面的菌落总数应≤10.0Cfu/cm²。

医护器材：高度危险性医疗器材应无菌；中度危险性医疗器材应≤20.0Cfu/件（Cfu/g或Cfu/100cm²），不得检出致病性微生物。

消毒剂：使用中消毒液的有效浓度应符合使用要求；连续使用的消毒液每天使用前应进行有效浓度的监测。

灭菌用消毒液的菌落总数应为0 Cfu/cm²；使用中皮肤黏膜消毒液的菌落总数应≤10.0Cfu/cm²；其他使用中消毒液的菌落总数应≤100.0Cfu/cm²；不得检出致病性微生物。

六、对引进室外新风的空气质量控制

不同地区和环境，室外空气质量也会不相同，例如冬天北方地区供暖和工业生产用热，燃料燃烧中的 NOx、SO_2、CO_2、CO、烟尘等都可能形成雾霾天气，对人造成伤害，对应不同的室外空气等级采取不同组合的过滤器配置保证新风质量。

表4 不同室外空气等级对应的过滤器配置

室外空气等级	总悬浮物颗粒物 TSP		可吸入颗粒物		推荐配置	最低配置
	（mg/Nm³）		（mg/Nm³）			
	年平均	日平均	年平均	日平均		
1级（清洁空气）	0.08	0.12	0.04	0.05	F8	F7

室外空气等级	总悬浮物颗粒物 TSP（mg/Nm³）		可吸入颗粒物（mg/Nm³）		推荐配置	最低配置
	年平均	日平均	年平均	日平均		
2 级（多尘空气）	0.02	0.03	0.1	0.15	M5 + F7	F7
3 级（含不良气体）	0.3	0.5	0.15	0.25	F8	F7
4 级（多尘空气）					M5 + F7	F7
5 级（污染浓度很高）					M5 + 气体过滤器 + F9	F5 + F7

目前，市场上空气过滤处理材料不少，特别是武汉疫情发生后，更多更好的过滤材料孕育而生。无论是 HEAP 喷熔复合材料、活性炭复合材料、静电棉复合材料、铜银离子复合纤维等都能实现对一般性细菌和病毒颗粒的过滤。静电过滤器和铜银离子复合纤维能还能起到杀菌和杀毒作用，比其他高级别过滤器有更长的使用寿命，但静电或有杀消作用的过滤器材其工作时应保证所产生的臭氧和氮化物不能超出表 1 的室内空气标准的限值。

七、室内空气品质的智能化控制

近年来我国信息技术、纳米技术和云平台的建设给城市和工程的远程智能化建设和精细化精准调控提供了非常成熟和可靠的条件，也使室内空气环境可以按照个人意愿进行控制和调控。

根据上述标准分析，选择室内质量相关的参数应该根据建筑物的功能、室内外环境监测以及人群差异选择或设置，对应健康要求的运行标准值实现满足不同群体和个人的健康空气环境。智能控制实现满足个性化的健康环境的要求，达到保证健康安全的空气质量、实现舒适的空气环境品质要求和节约成本的个性愿望和目的；同时通过传感器和依靠云服务可以实现智能管家式的控制管理及服务，根据室内是否有人决定空气品质的远程管理，根据气候条件管理远程实现除湿防霉或远程防冻供热的控制；远程实时评估监控监管房间的家居、办公等室内环境的空气质量；监控室内温湿度、遥控通风量、除湿、加热，监控过滤器的阻力并收悉系统事故报警。根据室内外的空气污染情况实现室内的新风量的启停及风量调控等，还可以附加其他计量等服务，通过预定的参数管理室内空气环境。

新风系统控制系统利用云平台通过网络或 APP 远程提供室外、室内空气质量参数的功能，提供菜单式和标准式的控制选择方式，通过室内外的敏感要素监测仪表、控制单元系统、执行器、云平台实现绿色智能新风云服务（见图 2）。

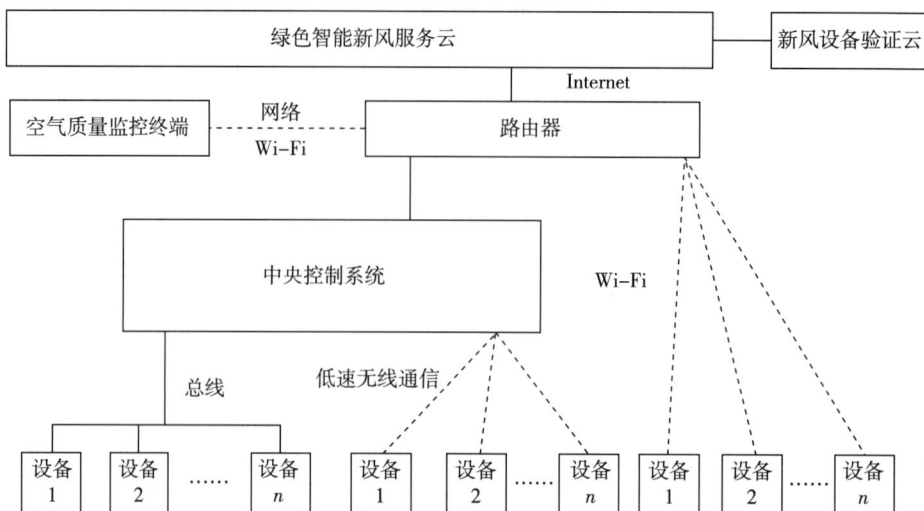

图 2　新风系统控制网络拓扑图

八、结语

国际绿色经济协会主编的《绿色智能新风控制系统技术导则》（T/IGEA 001—2019）即将面世社会，为营造智能安全空气环境制定了新风控制系统技术引导，对智能空气环境行业将起到积极的技术促进作用。

参考文献

［1］《室内空气质量标准》（GBT 18883—2020）
［2］《健康建筑评价标准》（T/ASC 02—2016）
［3］《健康住宅评价标准》（T/CECS 462—2017）
［4］《健康医院建筑评价标准》（报审稿）
［5］美国 WELL 标准
［6］美国 ASHARE 手册
【说明】
二氧化碳浓度单位引用的是 GB/T18883，关于 ppm 和%的换算如下：

$$1ppm \ 等于一百万分之一$$
$$1000ppm = 1000/1000000 = 1‰ = 0.1\%$$

村庄城镇化建设与环境保护

沈泽江

中国村社发展促进会副会长

城镇化，又称城市化，是指伴随着工业化进程的推进和社会经济的发展，人类社会活动中农业活动的比重下降，非农业活动的比重上升的过程，与这种经济结构变动相适应，使得乡村人口与城镇人口的此消彼长，同时居民点的建设等物质表象和居民的生活方式向城镇型转化并稳定，这样的一个系统性过程被称为城镇化过程。一般城镇化水平的大小是以都市人口占全国人口的比例来评定，数值越高，城镇化水平越高。

城镇化过程，是指农村人口不断向城镇转移，第二、第三产业不断向城镇聚集，从而使城镇数量增加。城镇化过程中，它主要表现为随着一个国家或地区社会生产力的发展、科学技术的进步以及产业结构的调整，其农村人口居住地点向城镇的迁移和农村劳动力从事职业向城镇第二、第三产业的转移。城镇化的过程也是各个国家在实现工业化、现代化过程中所经历社会变迁的一种反映。

"城镇化"一词出现很显然要晚于"城市化"，这是中国学者创造的一个新词汇，很多学者主张使用"城镇化"一词。1991年，辜胜阻在《非农化与城镇化研究》中使用并拓展了"城镇化"的概念，在后来的研究中，他力推中国的"城镇化"概念，并获得一批颇有见解、影响较广的研究成果。与"城市化"的概念一样，"城镇化"概念也是一片百家争鸣的景象，至今尚无统一的概念。不过，就数量看，对"城镇化"概念的论述要少于"城市化"。据粗略统计，近几年来，关于"城镇化"的概念，至少在20种以上。具有代表性的并符合中国西部地区现实的观点为：城镇化是由农业人口占很大比重的传统农业社会向非农业人口占多数的现代文明社会转变的历史过程，是衡量现代化过程的重要标志。

城镇化是一个历史范畴，同时，它也是一个发展中的概念。中共十五届五中全会通过的《中共中央关于制定国民经济和社会发展第十个五年计划的建议》正式采用了"城镇化"一词。这是近50年中国首次在最高官方文件中使用"城镇化"。

城镇化的核心是人口就业结构、经济产业结构的转化过程和城乡空间社区结构的变迁过程。城镇化的本质特征主要体现在三个方面：一是农村人口在空间上的转换；二是非农产业向城镇聚集；三是农业劳动力向非农业劳动力转移。对城镇化的特征，可以从不同的角度进行分析，这对进一步理解其本质特征是有益的。

从农村城镇化的角度而言，城镇化具有四个方面的特征：一是时间特征，表现为过程和阶段的统一，以渐进为主；二是空间特征，表现为城镇结合，以镇为主；三是就业特征，表现为亦工亦农，非农为主；四是生活方式特征，表现为亦土亦"洋"，以"洋"为主，亦新亦旧，以新为主。从世界城镇化的发展类型看可分为发达型城镇化与发展型城镇化，其特点是不一样的。包括重庆在内的中国西部均属发展型城镇化。发展型城镇化有5个特点：一是城镇化原始积累主要来自农业；二是城镇化偏重于发展第二产业，而非发展第三产业；三是城镇化具有明显的二元结构；四是城镇化的动力机制主要是推力而非拉力；五是城镇化中城市低收入人群占有很大比重。

必须从资源高度消耗型模式向绿色城镇化以人为本的模式转变，中国建立一个绿色城市的结构将是未来非常重要的财富。

——同济大学城市规划系教授潘海啸

中国高速的城镇化进程已经引起了全世界的关注，在加速发展的城镇化过程中，中国城市在发展绿色、低碳方向上具有高度的可塑性和巨大的潜力。为了应对环境和气候变化，根本之策在于改变城市发展观念、转变城市发展方式，探索一条适合中国国情的"代价小、效益好、排放低、可持续"的环境保护新道路。在发展低碳城市的过程中，尤其需要注意的是，不能忽视对农村环境的保护。

中共十八大把生态文明建设纳入中国特色社会主义事业总体布局。中共十八届三中全会提出，加快生态文明制度建设。当前乃至未来相当长的时期内，新型城镇化是我国现代化建设进程中的重大任务。如何将生态文明理念融入新型城镇化全过程之中，是当前需要思考的问题。

国家行政学院经济学部主任张占斌教授表示，城镇化是指伴随工业化的进程，非农产业不断向城镇集聚、农村人口不断向非农产业和城镇转移、农村地域向城镇地域转化、城镇数量增加和规模不断扩大以及城镇生产生活方式和城镇文明不断向农村传播扩散的历史过程。生态文明作为一种理念，从人与自然关系的角度来反映人类文明的程度，强调人与自然的和谐共处、良性互动和可持续发展，主张建设以资源环境承载力为基础，以自然规律为准则，以可持续发展为目标的资源节约型、环境友好型社会。因此，将生态文明理念融入城镇化过程，可以为城镇化建设提供可持续发展的方向和路径。

中央城镇化工作会议要求，把城市放在大自然中，把绿水青山保留给城市居民，慎砍树、不填湖、少拆房，尽可能在原有村庄形态上改善居民生活条件……高度重视生态安全，扩大森林、湖泊、湿地等绿色生态空间比重，增强水源涵养能力和环境容量；不断改善环境质量，减少主要污染物排放总量，控制开发强度。

"宁留空白，不留遗憾。"环境保护部环境规划院王金南说，"世界上最美的城市都是依山而建、依水而建，我们的一些地方削山造城，即便是实现了高度城镇化，环境被破坏掉了又有什么意义？"他说，生态保护是衡量一个城市是否宜居的尺度，也是衡量居民生活质量的尺度。今后的城市建设，要回到以人为本的本质上去。对于造新城，要从规划角度重新审视，避免破坏生态；旧城改造，也要划定生态保护红线，将湖泊、绿地等生态系统保留下来。

"城镇建设的目的不是把城市的形态照抄照搬到农村，而是在统筹城乡发展进行中发挥城市和乡村的各自优势和积极性，提高生态绿化面积和城镇宜居程度，实现城市和乡村的共赢互补。"清华大学建筑学院副院长毛其智说。

"要体现尊重自然、顺应自然、天人合一的理念，依托现有山水脉络等独特风光，让城市融入大自然，让居民望得见山、看得见水、记得住乡愁。""乡愁"一词，刺痛了多少人的回忆。

"青山绿水才是美丽家园，千疮百孔的村庄、污水横流的县乡怎能唤起人们的乡愁？"建筑学家吴良镛说。一颗老树、一间老屋、一出家乡戏，或是一泓碧水……每个地方都有自己的根脉、灵魂和风韵，每个地方的人也有独特的"乡愁"记忆，现今在一些地方却被"跑偏"的城镇化列车碾得支离破碎，曾经的美丽"乡愁"变成难以释怀的"乡痛"。在许多老天津人的记忆中，画乡南乡三十六村"家家能点染，户户善丹青"，因盛产杨柳青年画而远近闻名。然而，它却在近几年的城镇化建设中一块块分拆瓦解。如今，暂居在城中一隅的78岁画匠王学勤每每提起都会说："我们不就要这一点精神吗？有它我们心里就舒坦得多！为什么不给我们……"

"最近10年，我国每天消失80个村落！最近30年，4万多处不可移动文物消失！"民俗专家冯骥才疾呼，"他们被切断的不只是一段历史，还有世代积淀在那里的特有的文化与习俗、与生俱来的劳作习惯与天人关系、土地里的祖先及其信仰，以及中华民族文化的'根性'！"

更普遍的，在许多地方，城镇化被异化为"大拆大建大手笔，高楼大厦平地起，各种园区扎堆聚，CBD扮靓GDP"，传统文化却一再被边缘化。一些地方拆除旧城建设新城，一招鲜吃遍天，处处玻璃幕墙，抬眼摩天大厦，毫无特色可言；一些地方片面追求视觉效果忽视文化内涵，遍地"盆景"式建筑，仿古、洋地名盛行。这样的城市建设理念一度被嘲讽"既不如古人也不如洋人"。

"留住乡愁，不能依靠'临终抢救'！"冯骥才说，记得住乡愁，是民意期待在中央政策中的诗意体现，是城镇化文化回归的信号。新型城镇化，不是"拆旧立新"，不是生搬硬套一套标准去搞"千城一面"，不能让特色和文化在无序开发中，成为一个个空洞的历史符号。

村镇生态文明实践

江苏常熟蒋巷村

蒋巷村位于常、昆、太三市交界的阳澄水网地区的沙家浜水乡。全村 200 户，900 多人，村辖面积 3 平方公里。2019 年全村三业经济总产值超过 10 亿元，村级可用财力超过 2200 万元，村民人均收入超过 5 万元（不包括集体福利和别墅房补贴）。人均社区股份制分红股金 10000 元。党的十五大以来，我们不断追求，要把蒋巷村建成"学校像花园，工厂像公园，村前宅后像果园，全村成为社会主义大乐园"；随着村级经济的发展，我们进一步提出要建设"人间新天堂"；党的十七大以来，我们向群众承诺要建设一个"又富又安更要美，瓜果飘香果实累"的不是公园的天然大公园；正是多年来的坚持和奋斗，我们建成了首家国家级生态村、中国最美田园、全国生态文化村、全国乡村旅游模范村、江苏省循环经济示范村、江苏最美乡村等。还获亚太农业低碳奖项。一个生态安全、绿色发展的美好家园正在加快步伐。实践使我们认识到，环境可以再造，理念的升华，是生态文明建设的先导。加强生态文明建设，坚持生态优先理念，全力建设人文与山水交相辉映、人与自然和谐共生的绿色蒋巷，营造人人参与生态文明建设的社会氛围。这是蒋巷村三十多年来生态文明的实践总结。凡是来过蒋巷村的中央首长、省市领导、各地干部都对我村给予肯定，国内外宾客也赞赏向往。2004 年 3 月，温家宝总理视察我村时称"你这个村叫作全面发展，农业发展、乡镇企业发展、农民富裕"。

一、不断更新理念，立足环境再造

蒋巷村，50 多年前是一个偏僻、闭塞的穷村，绝大多数老百姓是外来户，住的都是择高而居的泥墙草棚，稍好一点的本地村民也不过是低矮的小瓦房。由于地势低洼，到处是荒坟荒滩，90% 以上的人患有面黄饥瘦肚皮大的血吸虫病，农业上半荒不熟，生活上半饥半饱。那时的环境是只见一片荒芜。1966 年，我们党支部调整思路，决心改变面貌，改善生活质量，结合消火血吸虫，提出了水利开道、低圩改造等治水造出方案，动员群众聚户成巷，发动迁坟填坑，平整土地，建设良田。十多年的艰苦拼搏，初步实现了田平路通河畅流、泥墙草房集成巷。加上改革种植模式，创新耕作方法，推广秸秆还田，实施科学种田，到 70 年代后期，蒋巷农业生产达到了江苏省的先进水平，80 年代初受到省政府嘉奖，国家农业部刊文称"荒草洼飞出了金凤凰"。在农业经济持续增长的同时，我们先后三次规划建设新村巷，一次比一次更漂亮。随着村级经济实力的不断增强，于 1995 年又进行了以"四园一基地"（蒋巷生态园、村民新家园、常盛工业园、农民蔬菜园和无公害优质粮油生产基地）为基本布局的新农村建设总体规划。开启了社会主义新农村建设工程。如今的蒋巷村，实现了"学校像花园，工厂像公园，村前宅后像果园，全村像个天然大公园"和一二三产业协调发展、五个文明同步进步，社会和谐稳定、村民安居乐业的总体目标。老年人按"老"取酬，每月享有 500～1500 元养老金，全村统一享受粮食补贴。

二、保护生态环境，推进持续发展

习总书记曾经指出，像保护眼睛一样保护生态环境，像对待生命一样对待生态环境。这是生态文明建设的最高境界。生态环境的问题，归根结底是经济发展方式的问题，只有实现人与自然和谐，才能实现经济社会的全面持久发展。20 世纪 90 年代初，我们的乡村工业遇到挫折，为了加快发展，引进了化工产品生产，半年利润上百万，部份干部群众欣喜地看到了强村富民的希望。欣喜之余，党支部也发现土壤、水质、空气遭到污染的另一面。经过反复研究，我们统一了思想，为水清稻绿，为子孙万代的长居乐业，即使生产金子也要立即关停化工厂，修复被污染的土地，我们在附近建办起了养牛场，几年后这片土地变成了生态种养场。通过这事我们举一反三，党支部又作出决定，推平占地 40 多亩的四口小土窑，复耕复垦增加了一个种粮大户，每年向社会提供30 多吨优质粮食；先后取缔了工厂两台 5 吨锅炉，倒逼企业转型升级，引导村龙头企业做大做强以钢结构为主打的轻质建材系列产品，在创立全省同行业唯一名牌产品的基础上，不断寻找升级产品，以腾笼换鸟的方式引进新型制造设备，研发车床和压力设备，扩展无纺设备生产及风电设备加工等，迈出了工业转型升级实质性的步伐。为乡村企业的永续发展提供支撑。在农业种植结构合理调整的基础上，依托全村农田林网化、农田氮磷拦截工程建设以及全面建成海绵田的优势资源，实践探索种植业的转型升级，2015 年试种、2016 年成功扩大种植有机水稻，为 3～5 年内全村 1200 多亩水稻有机化种植打牢基础，届时每年可以减少百余吨化肥农药对土壤、水体和大气的污染。在坚持秸秆全部还田的基础上，实行一年只种一熟的休耕养地、冬耕冻垡等储肥于田的措施，建设高标准优质粮田、提升现代化农业水平。支持有机化专业养殖大户发展，对废弃物采用专业无害化治理，同时，我们把生态环境建设与土地整理复耕、农业产业提升相结合，改善了环境质量，为区域发展提供了环境保障。蒋巷村多年来实践了绿色发展、循环发展、低碳发展，实现了发展理念和方式的深刻转变，印证了"绿水青山就是金山银山"的思想。

三、建设生态文明，爱护生命质量

习近平总书记指出，生态环境问题是利国利民利子孙后代的一项重要工作，决不能说起来重要，喊起来响亮，做起来挂空档。我们在三十年前就认定绿化林网，生态平衡。从求生存到求生态，是经过了前二十多年艰苦努力才领悟到的，生态环境在我们心目中的地位不断提高，生态环境成了普惠群众的民生福祉，全村绿化覆盖率达 100%。天蓝、地绿、山清、水秀，生态、绿色、健康、长寿，成了老百姓温饱富裕之后，追求生命质量的迫切诉求。我们蒋巷已基本做到了望得见青山、看得见绿水，记得住乡愁。结合本村实际，建成"城里人羡慕，本村人舒服，外国人信服"的独具江南风情、苏州风貌、渔米之乡特色的"绿色蒋巷、优美蒋巷、整洁蒋巷、和谐蒋巷、幸福蒋巷"。

近年来，推倒了村域内企业的七个烟囱，又发动了向灶台污染的宣战，推进了厨房能源革命，村集体办起液化气站，为村民发放厨房灶具和钢瓶液化气，推倒了家家户户的小烟囱，全面倡导村民绿色、低碳生活方式。现在，为全村 365 副灶具全部接通用上了省心省力省钱的天然气。夕阳西下，炊烟袅袅的乡村夜景不见了，星星月亮却更明亮了。我们引进了德国生态湿地技术，建设了生态湿地污水处理中心，对生活和农家乐废水进行处理，处理后作为景观湿地灌溉用水和池塘补水，循环利用，降本节支，也保护了环境资源。我们注重对水资源、水环境、水生态、水景观的修复建设，使生物链在逐步恢复。打造了中国最甜美的乡村湿地花园。以此区域为核心的湿地公园，为村民日常休闲、健身提供了舒心场所。湿地岸边、水面遍植植物，吸收水中的富营养，提升水体自净能力，为各类生物栖息、繁衍提供了保障，也使生物日益多样性，这一区域，也成为 2016 年 9 月在常熟召开的第十届国际湿地大会的重要考察点之一。国际友人和专家对蒋巷村的乡村湿地产生了浓厚的兴趣，对农村环境质量非常满意。我们坚持河道清淤，保持绿水畅流；坚持专人保洁，垃圾日清日洁；坚持绿化管护，建立专业队伍。我们在村设立了市镇公交首末站，方便村民绿色出行，减少废气排放。我们在全村完善健身设施，倡导全民运动等。在实践中我们把生态环境建设作为惠民谋福的实事来抓，让村民百姓生产、生活在优越的自然环境里，享受着安居乐业、和谐稳定的幸福感和获得感。

尊重自然、以人为本是我们建设生态文明的核心，也是我们向村民的承诺，一切以民众需求为出发点，以百姓的满意为立足点。为此，我们要不忘初心，继续前进，在党的十八大、十八届三中、四中、五中全会和习近平总书记系列重要讲话精神指引下，按照"强富美高"的新要求，在各级党委政府的坚强领导下，发扬团结拼搏，务实创新的蒋巷精神，艰苦奋斗、奋力拼搏，沿着中国特色社会主义道路，把蒋巷村建设成为城里人羡慕、本村人舒服、外国人信服的绿色蒋巷、优美蒋巷、整洁蒋巷、和谐蒋巷、幸福蒋巷。

光伏村：新农村 新能源 新产业相融共生

——对浙江龙观 BIPV 光伏 + 乡村振兴新模式的探析

陈　颖　姜春香　陈迪明①

实施乡村振兴战略，建设美丽乡村、数字乡村，历史的车轮将中国农村推到了实现高质量发展的新起点上。

开发利用农村光伏发电，是近几年科技扶贫、乡村振兴的一个重要战略方向。

位于浙东革命老区、四明山脚下的龙观乡，牢记习近平总书记"绿水青山就是金山银山"的发展理念，近五年来，把实施农村新能源行动，规划建设"光伏村之乡"，整体推进 BIPV"寓建光伏"，列为乡村振兴的重要抓手，使全乡呈现出一派"新农村 新能源 新产业"相融共生的新景象。光伏村建设带动农村增量投资，给村级集体经济带来新的增长活力，促进了农村绿色能源产业与内循环经济的发展，农村变得更美、更有现代气息，村级组织的凝聚力得到增强，广大村民的获得感、幸福感、安全感显著提升，更高层次满足人民日益增长的美好生活需求。"龙观模式"引起了各级政府部门、社会各界广泛关注。2017 年 7 月，联合国官员考察李岙光伏村并给予了高度评价，央视连续三个月四次宣传报道了李岙光伏村。

一、生态、旅游名乡，再添"光伏村之乡"新名片

龙观乡，位于宁波市西南、四明山东麓。全乡 10 个行政村、1 个居委会，户籍人口 4253 户、常住人口 1.5 万人；全乡耕地面积 1.1 万亩、山林面积 9.4 万亩，其中生态公益林 8.1 万亩，森林覆盖率达到 86%。从地域、人口看，龙观显然是一个山区小乡，但其生态环境与山水旅游远近闻名，绿色发展亮点纷呈。

1. 生态资源丰富、山水秀美。境内有国家 4A 级风景名胜区"五龙潭"、省级森林公园"中坡山"、省级运动休闲旅游项目"绿谷龙观"、市级赏花基地"李岙桂花园"、浙东天池"观顶湖"、水上运动"青云峡漂流"，"植物界的大熊猫"中华水韭和中国雨蛙等国家珍稀动植物，在这里繁衍生息。

2. "龙文化"传承千年，人文荟萃。从南宋名将郑世忠、"浙东刘胡兰"李敏到中科院院士洪国藩，从唐代五龙神堂与古祭坛、宋代古刹天井寺与灵威庙、明清牌坊群到摩崖石刻与楼钥墓，从磻溪、半山、茶耷等古村落到龙观革命史迹陈列馆、竹文化博物馆、五龙潭茶博园、光伏展览室等一批历史文化、科普体验基地，共同见证着历史的

---

① 陈颖系浙江财经大学工商管理学院博士、副教授；姜春香系光年太阳能科技开发有限公司副总经理；陈迪明系光年企业战略发展委员会执行主席。

变迁。

3. "红色基因、绿色发展"，成绩斐然。历届乡政府紧紧围绕建设原生态山水旅游基地和美丽乡村的目标定位，牢固树立"绿水青山就是金山银山"理念，抓生态旅游就是抓经济发展，抓绿色农业就是抓富民强乡，把发展生态旅游业与绿色现代农业做到有机结合，用景观的概念经营农业、用旅游的业态建设农村、用共享的模式造福农民。先后获得全国特色景观旅游名乡、全国环境优美乡、中国桂花之乡、浙江省旅游强乡、浙江省美丽乡村示范乡、浙江省生态乡镇等省级以上荣誉十余项，还是宁波市全域旅游示范乡。

4. 战略驱动、乡贤带动，再添"光伏村之乡"新名片。围绕乡村振兴宏伟目标，龙观乡与时俱进，不断探索新路径、新模式，通过支持乡贤回乡创业、共建平台，引进人才、技术、资金等，走出了光伏版乡村振兴又一新模式。早年走出龙观、被媒体誉为"光伏狂人"的周松成，从跟德国企业合作做光伏组件出口贸易，到在国内投资建设工厂屋顶光伏电站，对分布式光伏发电有独特认知，他认为农村光伏是一个尚待开发的蓝海市场，国家乡村振兴战略推动下，千万家光伏、万亿级市场规模。周松成在2014年春节后毅然回家乡龙观创业，立志做农村BIPV"寓建光伏"探路人，引进光伏技术、产品参与支持农村建设与治理，让乡村植入新技术、凝聚向上力，光伏赋能增强村集体经济创新活力，增加村民收入。

同样是办企业有成，2013年底回乡担任李岙村书记的洪国年，他赞同周松成的想法，第一个看好"寓建光伏"，决定把李岙打造成宁波市光伏第一村，让村经济强起来、村民富起来、村庄美起来。结合新村建设把屋顶光伏电站融入建筑方案，光伏投资纳入建安成本。光伏材料供应商、设备安装商让利于村。项目由宁波光年太阳能科技开发有限公司设计建造。2015年12月新村建成交付之日也是光伏电站并网发电之时，一举成为全国最大BIPV光伏村而闻名。李岙光伏村2015年被浙江省住房和城乡建设厅列为"浙江省可再生能源建筑一体化应用双2+X示范项目"；2016年，获得首届全国分布式光伏应用创新金奖"最佳居民分布式金奖"；2017年荣获上海SENC国际太阳能光伏展农村光电建筑二等奖（光农铂金奖）；2018年荣获首届中国国际低碳科技博览会"中国低碳先锋100"和首届中国国际低碳科技博览会"最具投资价值项目奖"。2018年3月，时任浙江省委副书记、宁波市委书记郑栅洁视察李岙，称赞李岙架起了"两山转化"光伏桥，走出了新农村建设新路子。

李岙光伏村在龙观产生了蝴蝶效应，短短几年时间里，又建成大路光伏村、龙谷光伏村，还有毗邻镇的李家坑光伏村，龙溪村、雪岙村已完成前期设计与签约，施工在即。今天的龙观，又新添了一张靓丽的"光伏村之乡"新名片。从李岙光伏村、大路光伏村一路过来，沿龙溪公路两侧形成了一条光伏经济带，BIPV光伏+给龙观输入了新鲜的"血液"，推动了乡村新能源建设和内循环经济的发展。

二、"三高"促"三新"，光伏+助龙观增添发展新动能

实施农村新能源行动，推进分布式光伏发电，架起"两山转化"光伏桥，这为乡

村振兴、农村小康提供了新路径。

龙观乡结合全乡的经济基础、资源特色与新农村建设进程，从实际出发，因地制宜，精准施策，坚持高起点、高标准、高品质规划建设"光伏村之乡"，促进"新农村、新能源、新产业"相融共生，光伏+助龙观增添发展新动能。探析龙观做法，可以将之概括为：样板示范、规划指导、创新引领。

1. 立足高起点，样板示范。时间倒回到 2013 年底，准备回乡创业的周松成，先在龙溪村自己母亲家建成装机容量为 3kW 的屋顶光伏电站，光伏材料采用了获得国家能源科技进步奖、国家发改委新能源产业化项目推荐产品的光伏陶瓷瓦，它是一种符合建筑美学，具有隔热、防水、发电功能的高档屋面装饰材料。2014 年 3 月，样板电站并网发电验收后，区、乡、村政府，电力部门和村民代表现场参观体验了光伏发电，在光年太阳能光伏展示厅，周松成向大家详细介绍了晶硅系列、薄膜系列光伏材料技术特点和应用场景。大家的共识为：认同 BIPV"寓建光伏"是发展方向，以村为单位实现光伏组件的统一，整村规划、一体推进，坚持"高起点、高标准、高品质"，以实现"新农村、新能源、新产业"相融共生；一致建议第一批建设的光伏村要使之成为样板村。大家支持光年太阳能作为推进"光伏村之乡"的创新资源整合平台，牵头实施光伏村项目，发挥市场主体作用。这之后的几年里，一个个光伏村在龙观诞生了：李岙光伏村（324 户）——由村投资 600 万元，利益共享，建成全国第一个覆盖全村屋顶的光伏村；大路光伏村（一期 250 户）——企业投资 300 万元，利益共享，建成绿色可持续光伏+乡村振兴样板村；龙谷光伏村（天井岙新村 200 户）——国网出资 260 万元，利益共享，全国首个采用碲化镉薄膜电池的光伏村；邻镇李家坑光伏村（85 户）——革命老区光伏扶贫项目，由区财政出资 80 万元，光年太阳能设计和施工，电站收益归村集体和村民。

2. 定位高标准，规划指导。结合全乡整体发展规划，助力绿色农业、生态山水旅游业的发展，助力新农村建设提质、换档，以打造"光伏村之乡"为抓手，龙观乡政府于 2014 年编制了《龙观乡新能源示范城镇创建规划与实施方案》（简称《规划方案》）。《规划方案》提出了 3~5 年行动目标，将李岙村、大路村、龙谷村等家庭住户光伏发电项目和麦克潘特电动工具、龙豪健身器材等骨干企业工厂屋顶光伏发电项目列入首批建设计划，提出用 3~5 年的时间，沿龙溪公路两侧建成一条光伏经济示范带。《规划方案》对光伏发电项目带来的经济效益、社会效益、环境效益做出了全面评估，得出：按照当时的建造成本与并网电价测算，首批项目所带来的经济效益：工厂装机容量 3.2MW，年平均发电量 320 万千瓦·时，年平均收益 320 万元，25 年总发电量 8000 万千瓦·时，总收益 8000 万元；三个村总装机容量 2MW，年平均发电量 200 万千瓦·时，年收益 200 万元，25 年总发电量 5000 万千瓦·时，总收益 5000 万元；所带来的环境效益，共可节约标煤 46800 吨、纯净水约 520000 吨、减排 CO_2 约 129610 吨、粉尘约 35360 吨、二氧化硫约 3900 吨、氮氧化物 1950 吨，相当于种植树木 7.2 万棵；所带来的社会效益，有效改善全乡生态环境，提升乡民生活品质，促进生态系统和生态服务的健康可持续发展，激发奋进的创业热情，给全乡增添创新活力，形成新循环经济。《规划方案》的公布，一方面大大激发了全乡各村投资建设光伏村的积极性，另一方面也对光伏组件的选型和技术产品先进性提出了更高要求。在规划指导下，光伏村的建设严格按照高起点、高标准、高品质实施，实现新农村、新能源、新产业相融共生的目标。

3. 目标高品质，创新引领。BIPV 是指光伏建筑一体化，将光伏产品集成到建筑当中，实现光伏与建筑的融合，是绿色建筑的重要组成部分。BIPV"寓建光伏"，就是利用农村民居建筑屋面，将光伏材料以建材的形式，按照建筑规范的要求，不给建筑带来额外负担、不存在安全隐患的前提下，光伏与建筑的融合，具备符合建筑审美的材料同一性、美观性、和谐和灵活性。作为平台公司的光年太阳能，2014 年就成立 BIPV"寓建光伏"工程技术创新中心，对晶硅系列和薄膜系列光伏材料在 BIPV"寓建光伏"应用上进行集成创新，获得 9 项专利和 4 项软件著作权，参与编制全国首个光伏地方标准《宁波市建筑屋顶光伏系统建设技术细则》；2015 年，成立了光伏电站运维服务中心，定期巡检，做出 2 小时内响应服务的承诺；同时建立了生产制造端、技术服务端、应用消费端行业资源库等，搭建起了创新资源整合平台。光年太阳能于 2019 年获得全国光电建筑优秀设计、咨询、施工单位荣誉称号，业已成为光伏村规划设计、安装施工、运维管理的综合服务商，具备"创新为引领、一站式服务"能力的平台企业。

三、"共享、融合、一体"实施路径，绿色发展可持续、可复制

"搞几个光伏项目不难，难的是一个村整体协商一致发展光伏电站"。光伏＋，是光伏与其他行业的融合和链接，从而创造新的市场、新的供应链、新的产业形态和服务模式。龙观乡正确地把握农村发展方向，从实施 BIPV"寓建光伏"入手，达到了美化农村人居环境、提升农村生活品质、促进农村高质量发展的目的。从李岙、大路、龙谷光伏村示范建设中，探索出了以"共享为本、融合为源、一体为形"的可持续可复制的投资建设服务新模式。

1. 共享为本，把赋能村集体经济、造福村民摆在第一位

投资建设服务新模式的核心点在利益分配机制上，把赋能村集体经济、造福村民摆在第一位。第一，整村规划、统一建设的好处是，无论李岙、大路采用晶硅光伏瓦，还是龙谷采用碲化镉光伏瓦，都把替换下来的传统琉璃瓦购置成本直接返利给村集体，以一个 300 户规模全村"寓建光伏"为例，村集体能一次性获得或节约 80 万～100 万元因用光伏瓦带来的可观收入，为激活村集体经济助上了一臂之力。第二，村和村民配合前期项目调研、工程施工、维护管理等劳务收入和定额免费用电补贴收入，每年可获得6 万～8 万元，如大路村，合约期 25 年，全部建成并网发电后的前 12 年，村集体和村民保底享受 7 万元。第三，创新分享机制，投资回收期满后，村与投资方按照四六分成，如大路村，投资回收期满后的 13 年，村和村民每年可分得利润收益达到 15 万元，25 年合约期满后，电站全部设备和收益归村集体所有，金太阳赋能，让村集体经济活力持续增长。李岙、大路都用光伏红利设立了村阳光账户，用于村公益事业和村民的福利支出。

2. 融合为源，为"两山转化"架起光伏桥

BIPV"寓建光伏"，把光伏融入建筑，让建筑和绿叶一样发生"光合作用"，让建筑能源化，是农村传统建筑的一次革命性创新。光伏瓦具有防水、隔热、发电三大功能，与建筑完美融合，助力美丽乡村创新发展，为新农村建设和旧村改造找到了最佳路径。

BIPV"寓建光伏"，开启了瓦片从遮风挡雨到光伏发电的绿色新能源时代，也开启了以输出能源为主要功能的全新家用电器——能源家电时代。

BIPV"寓建光伏"不仅为农村带来新的绿色能源产业经济，也为光伏行业带来新的产业革新机会，能源家电将产生一个大产业。在农村发展光伏+还将激发农村一二三产业的高质量发展。

龙观实践证明，以BIPV"寓建光伏"为特色的光伏村，是打通"两山转化"的理想桥梁，是贯彻乡村振兴战略、实现美丽乡村建设目标与绿色可持续高质量发展的有效抓手。

以李岙村为例，因光伏而改变。村书记洪国年说："刚到李岙时，村集体经济年收入不足5000元，光伏村建设未占用一分土地资源，将闲置的屋顶科学合理地利用好，现在单光伏发电村集体年收入就近60万元，近几年又把分散的村级闲置资产盘活，又是一笔村集体稳定的收入，2018年以来村里每年可以拿出45万元预算用于村公共事业建设与村民福利改善。修建李敏烈士纪念馆、村文化礼堂等文化旅游设施。用光伏发电收入设立了'阳光账户'，用于奖励村民子女上学、入伍和补贴红白喜事。来李岙村参观、研学、体验、观光的人多了，带动了村生态旅游发展，带动了党建、团建、科普教育等活动的开展，村党支部、村委会及村集体经济的凝聚力、向心力、号召力大为增加。村民们因光伏村的闻名而感到自豪，每户每月可享受50千瓦·时免费用电，每天免费享受2壶热水供应等村福利中得到了实惠，全村呈现一片和谐向上的文明新风尚。"

3. 一体为形，高标准建设光伏村。农村"寓建光伏"一般都会遇到三个共性问题，一是农村老旧房屋屋顶承载能力较低，存在承重、防漏、安保等隐患；二是单户报装、分别并网、布局分散，不但附属配套设施投资增大，而且维护成本高、维护难度大；三是资金问题更为突出，由村集体和村民集资建光伏电站很难实现，尤其是经济薄弱村。如何破解？光年太阳能与当地电力部门建立了联合攻关小组，坚持问题为导向，历时一年，通过理论建模、数据测算、企业合作等方式，认识到建设光伏村，需以整体规划、一体推进为原则，从技术、管理、投资模式上找到了解决方案，在大路村开展了落地实践。

技术产品选型上，采用BIPV光伏建筑一体化方案，将170W的单晶光伏瓦替代传统琉璃瓦安装到村民屋顶，接口处用配套瓦收口，使屋面达到一体化效果。重量轻、防风、防雨集成可以发电的光伏瓦片，彻底解决了农村包括老旧房屋在内的"寓建光伏"的安全隐患问题。报建报批采用行政村为单位，实现"整体设计、集体申报、一体安装、集中并网"，节省了许多管理成本，集中并网极大方便了统一运维管理，一体为形，屋顶建筑形制规范、整洁美观。建设资金采用"引进资金、企业投资"，村集体和村民

不出一分钱，在投资回收期内享受固定分红，投资回收期满后，发电利润村和投资方四六分成。屋顶上发电，阳光下创收。

四、龙观模式的启示与建议

龙观"光伏村之乡"的5年创新实践，给我们带来以下启示：

1. "光伏村之乡"龙观，将市场的作用和政府的作用有机结合，有效推动要素市场优化配置。理念超前、做法科学、走在前列，为"两山转化"、乡村振兴创造了新的样板，在全国具有复制、推广意义。

2. 光伏村在乡村振兴中具有独特的作用，整体规划、一体推进、集中并网、统一运维，较好地实现了经济与环境的和谐发展，光伏村相对投入少见效快，对于以绿色高质量发展为理念的新农村建设是一种极佳选择。

3. BIPV"寓建光伏"，无须新增或占用宝贵而紧缺的土地资源，本身又是一种发电设备系统类的固定资产增量投资，抓有效投资就是抓高质量发展。光伏＋与多种业态融合发展已经成为一种趋势，将会有更多光伏＋新技术、新产品、新业态融入光伏村概念之中。

几点建议：

1. 龙观乡在"两山转化"上通过光伏村建设，找到了新路径、收获了新成果、取得了新经验。建议以习近平新时代中国特色社会主义思想为指导，用战略思维与国际视野，在"十四五"时期继续做好"光伏村之乡"的拓展、深化和提升工作，为全省乃至全国乡村振兴提供鲜活案例，为"一带一路"沿线国家农村发展输出新经验。

2. "乡村兴则国家兴，乡村衰则国家衰"。具有绿色高质量发展特征的农村BIPV"寓建光伏"一体化建设，对于乡村振兴具有重大作用与现实意义。建议各地结合数字乡村试点，将光伏村建设列入"十四五"规划，在全国范围有组织、有计划开展示范推广。

3. 光伏技术的成熟和制造成本的大幅度下降，为在全国各地推广BIPV"寓建光伏"一体化建设的光伏村提供了物质条件。建议各级政府指导，财政、行业、电力、金融等联合设立光伏村"产业引导基金""光伏贷""光伏险"等金融产品，通过对应用端光伏村建设和光伏村创新资源整合平台的支持和扶持，带动农村增量投资，发展新能源产业，拉动绿色新消费，促进经济内循环，提升创新发展力。

浅谈我国装配式卫生间的现状与发展前景

刘国华

江苏吉润住宅科技有限公司

摘要： 随着我国住宅产业现代化的大力推行，人们对装配式建筑及装配式卫生间的认识逐渐知晓，装配式卫生间产品的优势越来越被装饰装修行业业内人士所认识，本文现对我国装配式卫生间的现状及未来前景进行剖析。

关键词： 装配式 卫生间 现状 前景

一、装配式卫生间的定义

装配式卫生间是指工厂加工、工地装配而成的集成卫生间，它是利用新型工艺加工成组装的模板，具有防漏、防渗、隔音、隔热、抗震、节源、环保等功能。它有利于实现卫生间装修工业化，所以推广并普及装配式卫生间具有十分重要的现实意义。

二、装配式卫生间的现状

我国装配式卫生间经历过三个阶段。

第一阶段：FRP 材料整体卫生间

FRP（纤维增强塑料），又称 GRP，学名"纤维强化塑料"，更直观的名称是"玻璃钢复合材料"。由于 FRP 制成整体卫生间时不需要大型压机，可以根据实际需求做出各种造型，又被称为手糊法卫生间。它的明显缺陷是机械化程度低、生产周期长、质量不稳定、抗老化性能差、使用寿命较短、成品材质不够细腻，无法满足高端客户要求，已不能适用我国对"低碳建筑"和质量控制体系的要求。

第二阶段：SMC 材料整体卫生间

SMC（Sheet molding compound），学名"片状模塑料"，是一种不饱和聚酯树脂材料，也是玻璃钢的一种。SMC 整体卫生间的防水渗透具有一定优势，但是受模具限制严重，外观有塑料感，敲触有空洞感，尤其不耐碱性，例如洗衣粉、洁厕剂等，而且面板装饰性不强，浴室不能开窗，也不能敲钉悬挂东西，无法适应星级酒店、普通家居等较高要求的客户需求。

第三阶段：全定制装配式卫生间

"全定制装配式卫生间"发明的灵感——源自航空航天技术，所以第三代整体卫生间又被称为"太空舱整体卫生间"。通过铝芯蜂窝聚氨酯复合玻璃纤维，在模具热压条件下，复合成瓷砖、人造石、天然石等材料获得的装配式卫生间、装配式厨房，其底盘、墙体、天花等，具有重量轻、强度高、刚性好、质感稳重、成本低、安装简易等特点。在防渗漏设计、保温、防潮、高强度、噪声隔绝等性能方面经过职能部门检验，均远远优于传统制作方式的国家标准要求，而且面材可以自由选择，造型自由设计，产品覆盖了从五星级酒店、高档别墅、精装房、酒店、公寓、医院、普通家庭卫生间装修等全部市场。

三、我国第三代装配式卫生间的特点及优势

第三代装配式卫生间具有人性化定制、绿色环保、经久耐用、滴水不漏、隔热保温和易清洁等特点。

装配式卫生间的特点：

1. 整体设计

像设计汽车一样设计卫生间。集合人体工学、建筑、工业、模具、材料、美学等领域资深专家共同研发设计，同时兼顾到浴室的功能性和美观学。

2. 整体生产

像生产家具一样生产卫生间。所有部件均在工厂预制生产完成，主体部分使用大型数控压机，实现工业化、标准化生产，确保了品质的稳定性和可靠性。

3. 整体提供

一站式提货。卫浴系统所有部件均可一站式采购，省钱、省力、省心、方便、便捷。

4. 整体安装

搭积木式装配。现场"积木拼接"，标准化干法施工，高效、快捷、环保、即装即用。

5. 整体服务

4S店式服务。专业的技术，便利的服务网点，售前、售中、售后全程立体化服务。

装配式卫生间的优势：

1. 杜绝渗漏

一体成型防水底盘，专利防水反沿和流水坡度设计，无渗漏隐患。

2. 结构牢固

与建筑的构架分开独立，实现良好的负重支撑，即使房屋下沉，也不受影响。

3. 强度出众

面材都具有很强的表面强度，耐腐蚀、易清洁。

4. 细腻舒适

肤感细腻，无冷水不适感，且保温隔热性能好。

5. 精湛防水

本身具有流水坡度，实际安装底盘调整水平即可，不需要做防水。

6. 安装简便

因为是整体结构，在现场底盘直接放在基层上固定。

7. 缩短工期

施工不受季节及气温高低影响，与湿法作业相比，工期大大缩短。

8. 集成排水

一体式排水地漏，现场只需要连接排水管就可以。

9. 环保节能

在产品生产及工地施工过程中，不使用黄沙和水泥，无装修垃圾。

四、装配式卫生间的应用及发展前景

借鉴国外发达国家装配式卫生间在装修行业的成功经验，综合我国行业基础和现状，现对我国未来装配式卫生间生产的发展前景进行预测和总结如下：

住建部关于《装配式建筑评价标准》（GB/T 51129—2017）标准中明确装配式卫生间在整体装配式建筑百分考核体系中占 6 分，对建筑装配式达到一定比例，各省市人民政府都相继出台了奖励措施和政策，可见，国家对建筑装配式是多么的重视。由此各种复合体系装配式卫生间相继问世，如瓷砖、彩钢瓦、pc 板与蜂窝复合、硅酸钙板与轻钢龙骨干挂等，但防渗漏、耐腐蚀、抗外力、阻隔音、提档次、升品味等效果差异化很大。江苏吉润住宅科技有限公司生产的第三代瓷砖装配式卫生间远销广东、广西、浙江、河南、湖北等地，深受房地产开发商、酒店宾馆用户欢迎。

装配式卫生间作为装配式建筑中的重要组成部分，不仅是未来装饰装修业的一次革命性跳跃，也极大地缓解了目前装修市场技术工人紧缺的压力，其前景不可估量，大力推动和推广装配式卫生间生产对未来装配式建筑具有十分重要的现实意义。

空调未来发展新趋势

王全龄

秦皇岛昌浦集团有限公司

摘要：国家出台空气源热泵补贴政策，大力推广应用空气源热泵采暖计划。为支撑空气源热泵高效采暖，以及可再生能源可持续发展，秦皇岛昌浦集团有限公司研发出"无霜空调"和"江海水源热泵"，将为我国北方可再生能源冬季低成本采暖供热，奠定了一条新的技术和设备基础。新冠肺炎疫情期间又发明了"通风空调瞬间灭菌系统"，为疫情和后疫情时代公共场所新风和空调系统灭菌运行，提供一个前瞻性的技术方案，这将引领未来空调行业走向更高效、更节能和灭菌的新趋势。

关键词：无霜空调　江海水源热泵　通风空调瞬间灭菌系统　空调未来发展新趋势

一、前言

为了空气质量，利用可再生能源采暖，实施煤改电策略，出台补贴政策，鼓励北方应用空气源热泵采暖供热，是一个明智的选择。但是，空气源热泵在寒冷的北方，冬季采暖运行费用比燃煤、燃气要高很多，一旦补贴减弱，如同电动汽车补贴政策削减之后，出现电动汽车堆积如山的场景。这证明用户并非主动购买应用空气能热泵采暖，也不是空气源热泵采暖比燃气便宜，然而吸引用户的是政府补贴。因此，煤改电下空气源热泵采暖可持续性发展，应是今后需要关注的重点问题。本文将全面系统地阐述空气源热泵在北方冬季采暖供热存在的弊病，无霜空调和江海水源热泵为我国北方寒冷气温环境低成本运行奠定技术和产品基础，推动北方冬季可再生能源采暖供热意义重大。

二、空气源热泵

我国北方冬季以燃煤采暖供热为主时代，导致大气 PM2.5 超标，京津冀频发雾霾天气。政府实施煤改气乃至煤改电，出台补贴政策推广应用空气源热泵采暖计划，以应对日益严重的大气雾霾。

空气源热泵早期叫分体空调，为了迎合发展升级高大上名称：空气源热泵或空气能热泵，均是同一类产品的不同叫法，都属于空气可再生能源利用技术产品。三四十年前开始推广应用的分体热泵空调，就是因为冬季采暖供热运行费用比燃煤、燃气昂贵，只能在我国南方应用，北方由于气温寒冷应用很少。近年来，虽然降低空气源热泵采暖供热温度，应用地盘管采暖缓解了空气源热泵在寒冷气温下的制热效果的不足，然而对提高空气源热泵效率没有实质性的技术进步。空气源热泵配合地盘管采暖运行费用，要比燃气配置地盘管采暖费还是高出很多，没有竞争优势。因此，一旦政府补贴撤销，空气源热泵的可持续性值得关注和探讨。

为了支持空气能热泵可持续发展，有必要剖析空气能热泵高能耗的机理和阐述一下冬季采暖供热，在可再生能源应用领域的可持续性。

空气能热泵由一个室外机和一个室内机构成。室外机内配置有制冷压缩机、风机、四通换向阀、膨胀阀和室外空气换热器构成；室内机由风机、室内空气换热器以及电控器件组成。空气能热泵存在一个世界性的弊病，即由于室外空气换热器采用的是蛇形铜管外套铝翅片式的空气表面式冷却器，简称表冷器。冬季制热运行时，表冷器作为蒸发器使用，用以提取空气热量。为了有效提取空气热量，需要控制表冷器的蒸发温度常常低于环境温度 10 至 20℃。假如室外平均气温为 - 10℃，那么蒸发温度大约在 - 20℃以下，也就是说空气能热泵冬季制热工况下，制冷循环回路是在 - 20℃以下运行的。通过制冷压缩机性能表检索，蒸发温度 - 20℃时，压缩机的制热能效比 COP 值是很小的，所以导致空气能热泵冬季采暖效率是非常低的。通俗讲就是制热运行时耗电量虽比高气温稍减少，但制热量却显著降低，其输出热量与输入电量的比值即 COP 值很小，也就是平时感觉冬季分体空调采暖吹不出多少热风，基本是靠内部电加热吹出的热风。再有冬季空气含有一定的水分，因此，空气掠过表冷器时，表冷器表面要结霜。众所周知，霜层热阻非常大，所以空气热量受到霜层的阻碍，很难传入表冷器内制冷剂之中。且霜层随着运行时间越积越厚，当达到一定程度空气热量无法传递给表冷器内部制冷剂时，就要通过四通换向阀化霜，将室内热量经四通换向阀倒至室外机的表冷器，用室内大量热能去化掉室外表冷器外面的霜层，甚至严重时的冰层。所以分体热泵空调运行一个小时左右后，室内机便停止供热，将室内热量导向室外机，利用压缩热量向室外机表冷器化霜。因为空调器在化霜时，将室内热量倒换给室外表冷器后，室内吹出冷风，导致冬季空气能热泵制热运行化霜产生忽冷忽热的感觉以及热能损失。基于上述冬季制热运行能效比低下和化霜时热能损失，这就是造成了空气能热泵采暖供热运行费用高昂的原因；夏季制冷空调运行时，室外表冷器通过四通换向阀将其转换为冷凝器，由于室外空气酷热，造成冷凝温度升高，导致制冷压缩机排气压力增大，功耗增加，致使空气能热泵夏季制冷空调运行费用远远高于水冷却式空调。综上，空气能热泵冬季制热运行由于结霜导致采暖供热运行费用不尽如人意；夏季制冷空调运行由于冷凝温度升高，远不如水冷空调运行费用低廉。

为了寻找比空气能热泵制热效率更高的热泵技术，中国于 20 世纪 90 年代初，可再生能源在采暖供热领域广泛应用着从国外引进的打井式水源热泵和埋设土壤换热管方式的地源热泵，以获得地下高于环境气温的地温式热泵采暖供热系统。一度打井取地下水式的水源热泵盛行，一口或多口出水井，抽取的地下水，供应水源热泵热作为热源水，以通过地下水提取地表热能。经水源热泵将地下水热量换热提取后，较低温度的地下水排入回灌井，通过土壤渗透回地下。由于地下水的水温代表了地下土壤的温度，我国东北三省冬季一般地下浅层，如几十米深的井水的水温在 7 ~ 10℃，华北平原平均在10 ~

15℃，江南平均地下水温度在15℃以上。上述水温说明井水式水源热泵的蒸发温度平均在10℃以上，这与前面空气能热泵平均蒸发温度－20℃相比，能效比高多了。因此，打井方式的水源热泵制热效率非常高，采暖供热运行费用低廉，得到广泛的推广应用。然而，大自然中被厚厚的土壤埋在地下与空气隔绝的地下水，是洁净且可以饮用的。人类祖祖辈辈靠地下水生存的水源，却因打井开采地下水供水源热泵提取地热，而与空气接触产生曝气现象，洁净的地下水被大气氧化反应生成氧化铁水，严重时导致回灌的井水呈现红褐色的铁锈水，经过一段运行时间后，回灌井就会被氧化铁水中的铁粉堵塞，抽水井提取的地下水无法回灌，不但造成路面发河成了溜冰场，且造成采暖供热中断，导致采暖极度不稳定。上述，地下井水循环方式的水源热泵的高效采暖，是以严重污染破坏地下水的代价为基础的，受到国家有关部门的高度关注。最近，多地政府水务和环保部门已经严格限制井水式水源热泵的运行，个别地区负责任的政府，进行了封井式的限制举措。

为克服打井式水源热泵存在浪费与破坏地下水资源的现象，又搞起了地源热泵，在地面钻孔直径150至180毫米，深度100至200米的土壤钻孔，然后在土壤深孔中配置塑料换热管，换热管内注入清水，利用循环泵循环清水，管内清水通过换热管壁与土壤换热，换热后代表地温的循环清水作为水源热泵的热源水，为水源热泵提供水源。虽然，埋设土壤换热管方式的地源热泵没有了抽水井和回灌井，但是为了提高换热管的换热效果，钻孔通过地表浅层水直至钻孔达到100～200米深度的地下水。众所周知，浅层地表水是含有多项重金属和各种污染物且对人体有害的，而土壤深层的地下水是洁净可饮用的，土壤钻孔打穿浅层地表水和深层地下水，特别是为了提高换热能力，在回填土中掺入70%～80%的沙子，以增强土壤的透水性，这样地表水通过混有沙子的土层与洁净的地下水长期连通，有毒的地表水混入洁净的地下水之中，严重污染着地下水资源，这个污染程度远比井水式的水源热泵更为严重，因为地源热泵钻孔深，直接将有毒的浅层地表水与深层的地下水贯通。然而，有毒的浅层地表水与深层地下水贯通的地源热泵依然在中国盛行，就是因为地源热泵提取的地温较高，为个别人节省点采暖费用，诸不知将对地下水造成严重污染。

三、无霜空调

针对空气源热泵存在结霜和化霜的弊病与水源热泵及地源热泵严重污染破坏地下水的问题，秦皇岛昌浦集团历经十年，终于攻克了空气能热泵结霜和化霜的难题，发明出空气源热泵液态换热技术，并研发了无霜空调技术和产品。下面详细叙阐述液态换热技术和无霜空调。

空气源热泵冬季制热运行，表冷器结霜是必然的物理现象。秦皇岛昌浦集团经多年反复试验研究，最终发明一种液态换热技术，即不让表冷器直接接触空气换热，而是通过防冻液的液膜或防冻液直接与空气换热——利用海盐或食用盐液态换热技术。同时在耐盐水腐蚀换热材料研究方向，也有重大技术突破。耐盐水腐蚀廉价的表冷器研发成功，贡献给寒冷地区空气可再生能源利用事业。与现有技术空气源热泵结构一样简单、安装方便的无霜空调定会为中国蓝天白云做出贡献。以适应煤改电的需求，不但研发了适应家庭的小型无霜空调，还有广泛应用于任何大型建筑物中的中央无霜热泵空调。

无霜热泵空调研发成功，如何让空气源热泵在严寒地区高效采暖应用，采暖运行费用接近甚至低于燃煤和燃气采暖，秦皇岛昌浦集团经过多年的努力，终于在无霜空调的结构和系统应用上，突破了运行费用高于燃煤、燃气采暖的瓶颈，研发成功蒸发温度自动优化，低气温自适应高效采暖热泵等前沿热泵技术，为严寒大气应用空气源热泵奠定了技术与设备基础。同时又研发出高水温热泵，利用电力部门夜间廉价谷电时段蓄热，经多方技术整合后的空气源热泵替代产品："无霜空调"，可以适应我国东三省寒冷天气高效采暖供热。无霜空调在秦皇岛经济经济开发区泰和精工有限公司和盛泽新材料有限公司厂房和办公楼两个无霜空调采暖示范工程运行，冬季采暖平均2元/（平方米·月）左右，特别极端寒冷天气零下20~25℃时段在3元/（平方米·月）左右，一般天气1元/（平方米·月）左右。虽然夜间不进行采暖供热，但需要保暖防冻运行的，如果24小时不间断采暖供热可以实现平均3~4元/（平方米·月）左右的。秦皇岛经济经济开发区集中供热单价：居民6.97元/（平方米·月），厂房车间9.87元/（平方米·月）左右。无霜空调冬季采暖运行费用在华北地区低于城市集中供热采暖价格，在东三省可与城市集中供热费用持平。这个突破具有重大的节能环保意义。

四、江海水源热泵

为了进一步拓展可再生能源利用空间，应该号召向江、河、湖、海水提取可再生能源，希望广大科技人员研发江河湖海水源热泵技术和产品，简称江海水源热泵。因为，在寒冷的冬季，无论在地球的任一地域，江河湖海水表面都要结上厚厚的冰层。然而，冰层下面的流水无论环境气温有多低，其水温依然在0℃以上，一般为2~5℃，当然这个2~5℃的低温水直接采暖是不行的，但是对水源热泵而言则是非常好的热源水。我国北方冬季无论气温多么低，但冰层下面的海水、河水平均依然在2℃以上，这个温度虽然比上述井水式水源热泵和地源热泵所提取的土壤地温低，但远比空气源热泵-20℃蒸发温度高多了，其能效比正好界于空气能热泵与水、地源热泵之间。因此，应该大力发展江海水源热泵。特别是我国东三省冬季气温都在-20℃甚至-30℃以下，如果应用空气源热泵采暖供热，制热效率将大幅提高。然而，冬季提取江河湖海水作为水源热泵的水源，也并非易事。世界海水源热泵领军国家瑞典只能做到提取水温大于或等于7℃的海水，方可正常运行水源热泵。可是要提取大于或等于7℃的海水需要将取水点延伸至几公里甚至十几公里远的深海取水，这将带来巨额的海水管道建设费用，并给海面船舶航行带来危险。取水点放在海边近距离取水，由于冬季水温低7℃，冬季寒冷天气时段时水温常低至2~5℃，一般常规水源热泵无法正常可靠运行。因此，至今江河湖海水源热泵应用受到极大的阻碍。这就是现有技术水源热泵机组，冬季无法应用在江河湖海水源热泵之中的瓶颈。秦皇岛昌浦集团历经十多年研究，终于攻破水源热泵运行在2~3℃这一世界性难题，为全球各国推广适应小于或等于7℃低水温的水源热泵，奠定了技术和设备基础，以适应人类应用江河湖海水可再生能源，造福百姓。

五、通风空调瞬间灭菌系统

当前，新冠肺炎疫情肆虐全球，为防控疫情扩散和蔓延，公共场所的通风空调系统，除全新风空调系统外，均停止运行，进入商场超市佩戴口罩，影剧院禁止营业，以防止交叉感染，给世界经济带来巨大的损失，也给百姓生活造成极大的不便。新冠肺炎疫情封闭隔离期间，秦皇岛昌浦集团发明了"通风空调瞬间灭菌系统"，可以广泛应用于家庭、商业新风系统和空调系统，以及公共汽车、地铁、高铁、舰船和飞机通风空调系统，还可以制造负压救护车和传染病房灭菌无害化排放系统。

六、结束语

秦皇岛昌浦集团有限公司绿色经济 10 年积淀，始终走可再生能源高效利用与发展道路，研发的无霜空调、江海水源热泵和通风空调瞬间灭菌系统，定会成为引领未来空调走可再生能源更高效、更节能和灭菌运行新趋势的道路，为可再生能源可持续发展做出更大贡献。

参考文献

［1］水利部 .2008 年中国水资源公报 .（2008 – 12 – 31）［2020 – 05 – 15］. http：//www. mwr. gov. cn/sj/tigb/szygb/201612/t20161222 _ 776048. html.

［2］水利部 .2013 年中国水资源公报 .（2013 – 12 – 31）［2020 – 05 – 15］. http：//www. mwr. gov. cn/sj/tigb/szygb/201612/t20161222 _ 776053. html.

植物纤维被动式超低能耗建筑应用技术研究

（参照《被动式低能耗建筑（中德合作）示范项目手册》）

孙成建　河北绿环新型墙材科技有限公司

麻建锁　河北建工学院

关键词： 植物纤维被动式超低能耗建筑　气态介质建筑保温材料技术　墙体、保温一体化技术　墙体窗框一体化技术　外围护结构无缝全包覆，0 冷桥外露工艺技术

"十四五"期间各级政府，都对被动式超低能耗建筑推出了扶持政策，为"十四五"建筑业绿色可持续的发展，规定了路径，指明了方向，也为实现习总书记 2060 年前中国实现碳中和的国际承诺设定了时间表。我国建筑业的同人应积极响应，大胆创新，争做贡献。

植物纤维生物质建筑：它是用年年可再生的植物类材料为主原料，经过无极改性处理，与多种类胶凝材料复合，重叠发泡并添加其他特性功能材料，按照特定的化学发泡程序，制成的各种建筑构件；再按照建筑设计要求，装配成各种充分体现生态、节能、抗灾害、清洁健康特性的建筑，是一种生态的超低能耗的绿色建筑。

植物纤维建筑体系，2020 年编入住建部《宜居型绿色农房建设先进适用技术与产品目录（第一批）》。技术成熟，实验充分，市场反应积极。项目 2016 年获得华夏建设科学技术奖三等奖，2017 年获得河北省科技进步奖三等奖，2016 年获得张家口市科技进步一等奖。

一、植物纤维被动式超低能建筑（以下简称"植纤试验工程"）启动的背景

我国建筑节能经过十几年的快速发展，节能率提高至 65% 的标准后，面临两个重大的发展瓶颈：一个是现有的建筑保温材料的功效极尽极限，很难再做大幅度的提升；另一个是现有保温材料本身以及施工工艺具有极大的灾害性隐患。要进一步提升建筑节能的功效，消除安全隐患，就必须突破上述两个瓶颈。住建部《被动式低能耗建筑（中德合作）示范项目手册》（以下简称"示范项目手册"）的发布，为超低能耗建筑设定了各项热工数据，确定了设计、建设和验收的标准。为我国的超低能耗建筑发展，确定了标准。为整个产业的规范有序发展，设定了遵循。"植纤实验工程"的立项、研发、实验、验收的数据设定，均依照"示范项目手册"规定的数据为标准。下文对各种主要数据做出比照描述，以引发大家的探讨和商榷。

"植纤试验工程",是在"示范项目手册"设定的各项热工指标公示后,2015年建设的一个超低能耗实验工程。它是由河北绿环新型墙材科技有限公司、北京新型建筑材料设计研究院和中国建筑材料科学研究总院建筑材料检验检测认证中心,三方合作以"近0耗能源生产型建筑"课题正式立项,并于2015年8月完成了"植纤实验工程"的建设。"植纤实验工程"建成于2015年8月;采集15/16/17三年耗能数据平均值,进行了工程检验、检测数据的统计确认工作,于2018年完成。

毋庸讳言,"示范项目手册"设定的热工功效指标是极高的,将现有的建筑节能率由65%提升至90%以上,在现有的建筑节能材料、建筑节能构件生产技术、建筑节能施工工艺基础上,不做大梯度的、体系综合的、原始创新的极大努力,是无法达到的。为了达到"示范项目手册"设定的各项热工指标,"植纤试验工程"实验和应用了植物纤维建筑体系中始创的多项新技术、新工艺:(1)气态介质建筑保温材料技术;(2)墙体、保温一体化技术;(3)墙体窗框一体化技术;(4)外围护结构无缝全包覆,0冷桥外露工艺技术等。经过一系列的新理论的提出,新产品的研发,新技术、新工艺的实验,集诸力于一器,在"植纤试验工程"中取得了较好的实验成果,描述出来给大家参考和评议。

二、"植纤试验工程"简介

实验工程名称:被动式超低能耗植物纤维装配式建筑实验楼。

图1 实验工程实照

表1　　　　　　　　　　　　"植纤试验工程"房屋基本要素

建设地点	气域属性	建筑面积	房屋朝向	房屋形式	新风方式	供暖方式	完工时间
张家口市宣区	寒冷地区	360平方米	坐西向东	独立建筑	自然通风	碳晶地暖	2015年8月

"植纤实验工程"与"示范项目手册"设定的建筑热工数据的比较如下。

两个工程的气域划分,均属寒冷地区。"示范项目手册"工程位于河北秦皇岛,"植纤实验工程"位于河北张家口。"示范项目手册"对不同气域条件下,建筑全寿命使用期间的主要耗能指标，做出了确定的规定，作为检验认定的标准。

"植纤实验工程"，在三年的使用中，逐日测取了耗能数据，进行了三年的平均统计，获取的数据符合"示范项目手册"设定的耗能数值要求。由于"植纤实验工程"本次实验的目标气域就是寒冷地区，所以列表直接标出实际冬、夏耗能指数，冬季大于夏季，不做平均计算；因为采用自然通风的新风方式，没有新风机耗电。实验统计耗能数据符合"示范项目手册"要求（见表2）。

表2   "植纤实验工程"与"示范项目手册"耗能值数的对比表

数据类别	温度设定	供热 [kW·h/ (m²a)]	制冷 [kW·h/ (m²a)]	通风 [kW·h/ (m²a)]	照明 [kW·h/ (m²a)]	四项总耗能 [kW·h/ (m²a)]
示范项目手册	冬20℃ 夏26℃	19	16	17	12	64
植纤试验工程	冬20℃ 夏26℃	44	6	0	14	64

从表2可以看出，超低能耗建筑耗能值极低，建筑节能率提高到了90%以上，对建筑的外围护结构的热工性能提出了极高的要求。实现"示范项目手册"要求的热工指数，现有的技术无法满足，必须在建筑保温介质、外围护结构建造方式、外窗的气密等诸多方面，应用新的技术和产品才能完成。"植纤实验工程"在整个建筑的外围护结构的墙体材料、保温介质、无缝拼装，保温窗气密等几个方面，进行了技术创新，研发和始创了新产品，实现了外围护结构整体热工性能全部达标的实验成果（见表3）。

表3   植纤实验工程外围护结构热工数据与"手册"限定数据对比表

数据类别	外墙传热系数 W/ (m²·K)	屋面传热系数 W/ (m²·K)	保温窗传热系数 W/ (m²·K)	室内地面传热系数 W/ (m²·K)
示范项目手册	≤0.15	≤0.15	≤1.0	≤0.15
植纤试验工程	≤0.15	≤0.12	≤1.1	≤1.5

由表3可以看出，"植纤实验工程"外围护结构的热工性能完全满足"示范项目手册"设定的要求。但是"植纤实验工程"实验结果的取得，是采用与"示范项目手册"完全不同的技术手段完成的。

三、植纤试验工程始创应用及经过工程检验的几项新技术

（一）气态介质建筑保温材料技术

气态介质建筑保温材料技术概念：指采用以气态形式存在，具有极低导热系数的气体材料，例如，干燥空气、氮气等气体为保温介质；采用墙体、保温一体化技术将气态保温介质，按照设定的热工数据要求，在墙体空间内进行严密、永久的密封，阻断冷热封面的热传递，实现简捷、高效、安全、经济的一种建筑节能技术。

由于现有的以聚苯、聚乙、聚氨酯为主的化石制品保温材料，在建筑节能的应用中暴露出来的易燃、空鼓、脱落等灾害性弊病，加之建筑节能效率不断提高的要求，探索和创新新的节能保温材料和工艺技术成为必需，在此背景下，植物纤维建筑体系的研究项目中，首次提出了"气态介质建筑保温材料技术"研究的课题。经过工程实验，取

得极好的保温效果，为超低能耗建筑的开展，提供了实用的技术和产品。几种物质的质量与导热系数比较（见表4）。

表4　　　　　　　　几种物质的质量与导热系数比较

名称	空气湿度≤25%	聚苯板	聚乙板	聚氨酯	珍珠岩水泥	岩棉板	植纤水泥板	砖墙	钢筋混凝土
密度 kg/m³	1	15～20	32	1.20～1.26	142.33	120	600	2360	21700
导热 W/（m·K）	0.02	0.04	0.020～0.038	0.03	0.07	0.03～0.047	0.05	0.50～1.4	2.1

表4说明，气态物质的导热系数低于固态物质；质地越轻的物质，导热系数越低。

植物纤维超低能耗建筑的外墙板、屋面板、保温窗均采用湿度低于25%的干燥空气，作为保温的功能介质。根据气态介质建筑保温技术理论，在植物纤维超低能耗建筑中，又相继研发成功多种气体介质保温技术、多种气体混合介质保温技术和多种气体介质不同比例配置保温技术。使之保证在各种不同的保温隔热要求条件下，都能够满足各种建筑的热工需求。几种常用气态保温介质配置状况见图2。

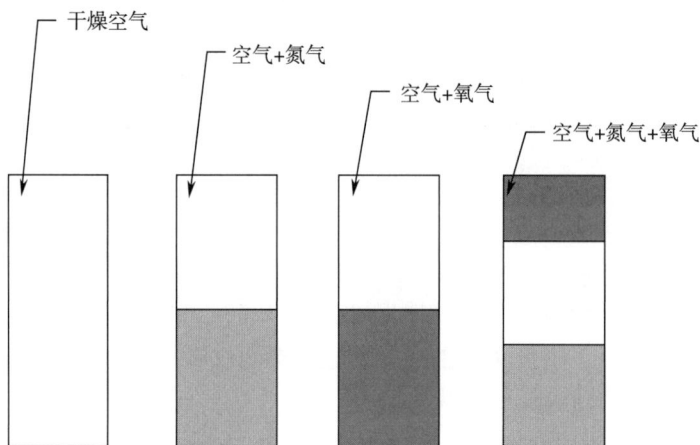

图2　几种常用气态保温介质配置状况

现在已经采用的气体介质保温材料主要有：空气（湿度25%以下）、氮气（纯氮气）、氩气；它们可以单独使用，亦可混合使用。上述气体均为无味、无色、无毒害物质。

（二）墙体、保温一体化技术

植物纤维建筑构件中的自保温外墙、自保温屋面板，均采用"墙体、保温一体化技术"制作而成。自保温墙体的概念：将保温介质用内填充的方式，置于建筑墙体内，构成墙体板壁部分承担墙体的物理力学功能；内充的气体保温介质完成墙体冷、热锋面热传递的阻断功能，制成的一种墙体、保温一体化的新墙材。

（a）

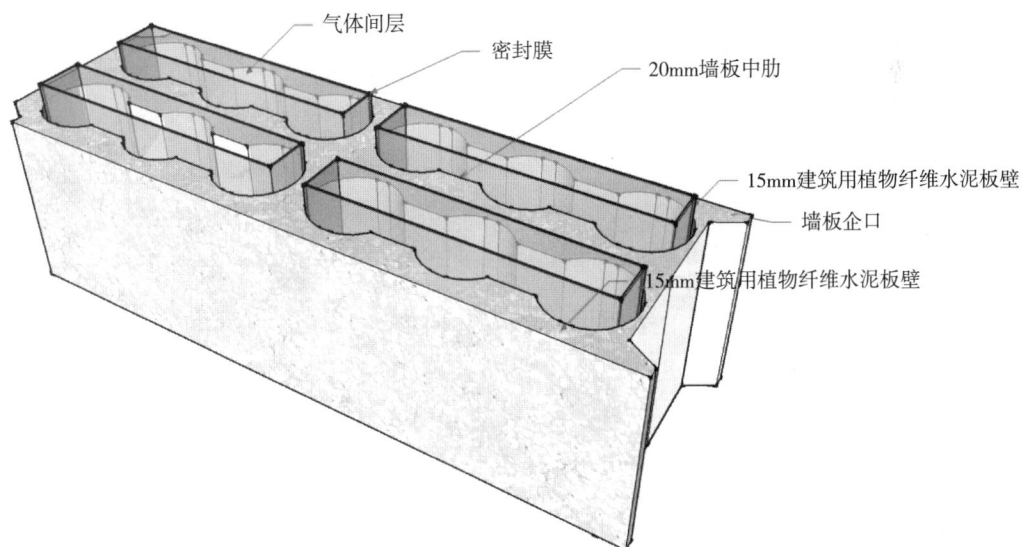

（b）

注：（a）成品堆场；（b）结构剖面图。

图3　植物纤维自保温外墙

植物纤维自保温墙体的结构构成：纵向两表面为15mm厚，中间为20mm厚的建筑用植物纤维水泥板层；横向由三道肋板构成一个完整的空心墙体；两层各70mm空间中，加入用封闭膜封闭好的气体保温介质；这样就形成了一个由三层板壁材料＋两个空气间层的自带保温功能的建筑外墙。板壁材料的导热系数0.050W/（m·K），气体间层的导热系数0.024W/（m·K），200mm厚外墙的导热系数1.5W/（m²K）。

植物纤维自保温墙体的研制成功，完成了"气态介质建筑保温材料技术"和"墙体、保温一体化墙体技术"的理论提出、产品研发，工程的实践验证全过程，为超低能耗建筑的大力推广，提出了新思路、创造了新手段，提供新技术和产品；在更大空间上，开拓了大规模展开的道路。详见图4。

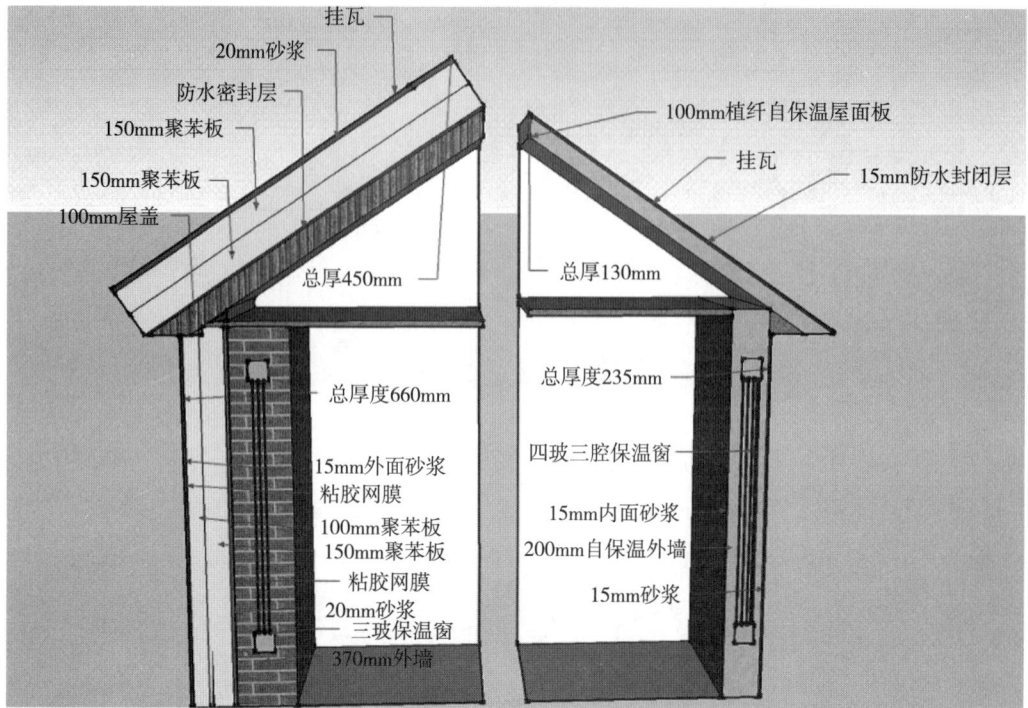

图4 "植纤实验工程"与"示范项目手册"外墙、屋面、外窗保温结构比较

图4描述了两个工程，使用不同的材料，不同的工艺而完成同一个热工指标的状况。首先看看外墙的不同。见表5。

表5　　"植纤实验工程"与"示范项目手册"外墙结构与热工数据比较

科目名称	墙体厚度	保温层厚度	砂浆厚度	专用网、膜	总厚度	K值 W/（m²K）
示范项目手册	370mm	苯板250mm	20×2＝40mm	网1膜2＝5mm	665mm	0.12
植纤实验工程	200mm	气态140mm	10×2＝20mm	0	220mm	0.12

图4还表明了两个工程采用不同的材料和工法完成相同的热工效率的状况，"植纤实验工程"与"示范项目手册"屋面结构与热工数的比较，见表6。

表6　　"植纤实验工程"与"示范项目手册"工程屋面结构与热工数的比较

科目名称	屋盖	保温层	抹灰封闭层	总厚度	K值 W/（m²K）
"手册"屋面	150mm现浇	苯板300mm	20×2＝40mm	490mm	0.15～0.12
"植纤"屋面	100mm屋面板	气态70mm	10×2＝20mm	130mm	0.15

在外围护结构的构成中，室内地面的保温控制是不可无视的范畴，在"示范项目手册"之前，往往被忽视，加强这一环节的处置，对提高整个外围护结构的热阻值贡献很大。在植物纤维建筑建筑体系中，对室内地面的热工控制，执行两个原则：一是使用地

暖取暖，不做地面保温；二是不使用地暖取暖的室内地面，进行地面保温处理。"植纤实验工程"与"示范项目手册"地面保温的不同做法见图5。

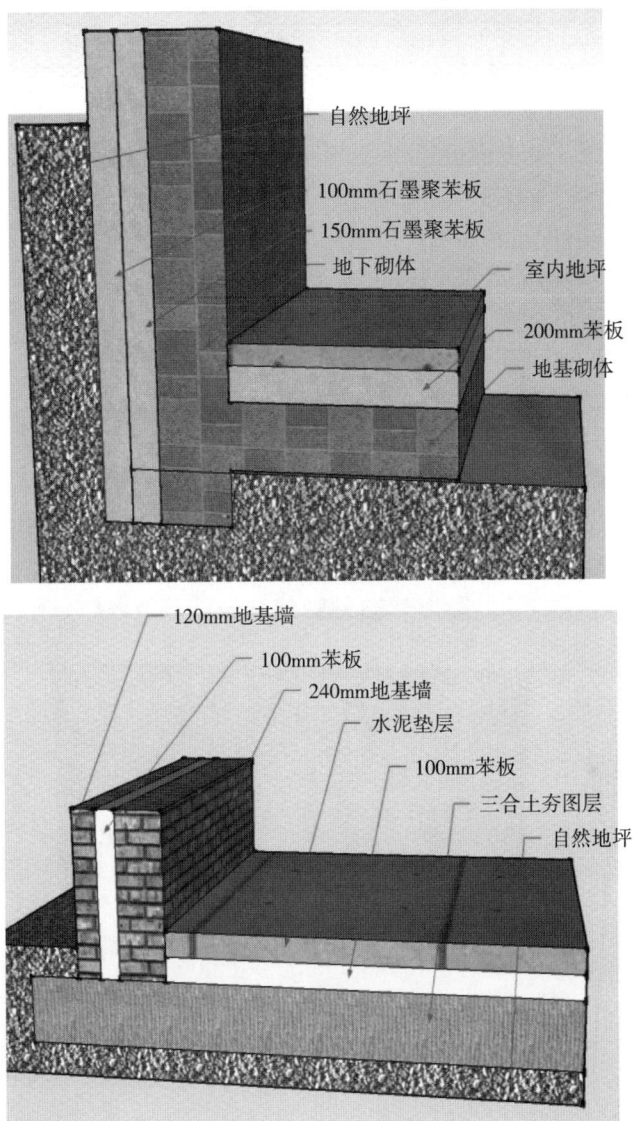

自然地坪
100mm石墨聚苯板
150mm石墨聚苯板
地下砌体
室内地坪
200mm苯板
地基砌体

120mm地基墙
100mm苯板
240mm地基墙
水泥垫层
100mm苯板
三合土夯图层
自然地坪

图5　"示范项目手册"地面保温做法（上）和"植纤实验工程"地面保温做法（下）

两个工程的地面保温做法有所不同，"示范项目手册"外侧的保温层为250mm石墨苯板，与竖向墙体联通一体；水平地面铺置200mm厚苯板；"植纤实验工程"的工法为，地基三合土夯土层上面铺置100mm厚苯板然后做100mm垫层；竖向将100mm厚的苯板夹在基础墙体中。两种不同的做法，执行和达到的热工指数均符合手册要求的数值，即传热系数 1.2~1.5W/（m^{2}K）。见表7。

表7　　　　　"示范项目手册"与"植纤实验工程"的地面保温结构和工法比较

科目名称	竖向苯板厚度	地面苯板厚度	苯板处置工法	基础墙类型	传热系数 W/（m^2K）
"手册"地面	200mm	200mm	外贴敷工法	实心墙	1.2
"植纤"地面	100mm	100mm	夹心工法	空心墙	1.5

从图5和表7的表述中可以看出，"植纤实验工程"的地面处理，苯板的厚度低于"示范项目手册"一倍，但传热系数基本相同，都在要求的范围之内，这是因为，"植纤实验工程"的地基做法是自然土下挖400mm做三合土的夯土层，夯土层很好的阻断了地下冷、热向地面的传递，无须再做较厚的苯板铺设。由于植物建筑的外墙厚度仅为200mm，竖向夹心基础墙的外侧贴敷一片100mm苯板，外面再由一道120mm砖墙保护，而植纤主墙则放置在保温层里面的240mm基墙上面，因此墙基部分的可以保证传热系数在1.5～1.2W/（m^2K），符合"手册的要求"。

（三）"墙体自带外窗"新技术

墙体自带窗框应用技术，是指在墙板制造过程中，按照设计的要求，在有窗洞部位的墙板上同时完成相应窗框的制作。满足施工时墙体拼装完成时，窗框亦同时完成。彻底克服了窗洞密封的施工难题，提高了外围护结构整体的气密性，保证了建筑高效节能的实现。见图6。

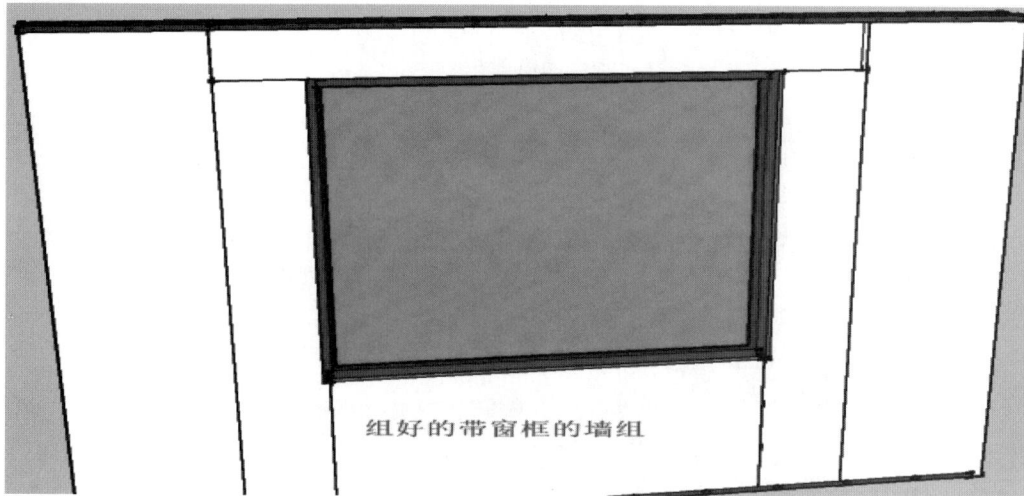

图6　植物纤维自带窗框外墙

比较现行的外窗安装工艺窗洞与窗框材料不同，热工系数相差较大；窗框在墙洞的安装位置很难确定，照顾了防水就得牺牲气密；照顾了气密防水就有隐患；多种材料多种工艺重叠施工，最后也很难达到高气密度的要求。见图7。

植物纤维自带窗框的制造和施工技术，有效地解决了困扰建筑节能中外窗封闭的难题；这对提高建筑外围护结构的平均热阻率起到了关键作用。我们都知道，外围护结构的平均热阻值的决定因素，主要有外墙、外窗、屋面、地面四维要素构成，其中外窗的散热绝对量，比较其他要素是最大的，即使是按照窗墙比37%的要求，其散热量已达

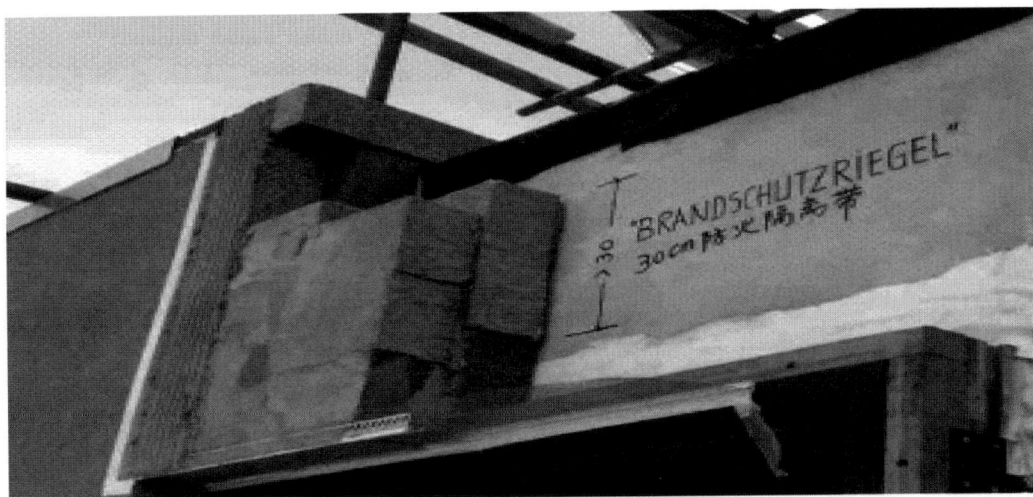

图7 "示范项目手册"外墙和外窗施工实例

到总值的45%，况且现在的建筑大多窗墙比超过50%以上，所以，超低能耗建筑为保证节能率90%以上的目标，必须从图纸设计、建筑构件制造、建筑拼装施工各个环节充分重视和用可靠的材料、技术手段予以保证。

植物纤维自带外窗墙体的构成为：墙体、窗框，玻璃组、玻璃组压条；窗框采用与墙体一样的"建筑用植物纤维水泥"制成；玻璃组为 7 + 12 + 5 + 12 + 5 + 12 + 7 的自然透光玻璃组成；隔垫厚度12mm，共三层；玻璃组与窗框密封使用密封胶密封，窗框外表使用喷塑工艺喷涂，可喷涂各种颜色的涂装，涂层0.3～0.7mm。

外窗的传热系数可控在 1.5～0.8W/（m²K），与"示范项目手册"不同的是，"植纤实验工程"外窗没有采用三层 L－OE 玻璃而是采用普通玻璃，这样在保证热工性能达标的前提下，大大降低了制造成本，为广泛的普惠性推广，铺平了道路。见表8。

表8　　"示范项目手册"外窗与"植纤实验工程"外窗的结构和热工数据比较

科目	窗框规格	玻璃层数	玻璃厚度	玻璃间垫	传热系数 W/（m²K）
手册示范工程	100×100mm	3 层 L－OE	5 + 5 + 5	9mm	1.0
植纤实验工程	100×150mm	4 层普通	7 + 5 + 5 + 7	12mm	1.0

外围护结构无缝全包覆工艺技术

建筑的装配式工法是超低能耗建筑气密度的保证。超低能耗建筑的外围护结构的气密性水平，直接关系到外围护结构的热工效力，进而影响外围护结构的节能率，因此，尽力的提高外围护结构的气密度，是建设超低能耗建筑不可或缺的措施。植物纤维建筑是一种大集成度的装配式建筑，项目研发之始就遵循"建筑产业化"的要求，严格按照"标准化设计、工厂化制造、干法拼装的式施工"标准，进行植物纤维建筑的设计、制造、拼装施工。具有十几年的装配式制造、施工经验。在植物纤维超低能耗建筑的建设中，将多年积累的建筑产业化的技术和工艺予以应用和发展，始创了外围护结构无缝全包覆的新技术，无缝全包覆的封闭工法，极大地提高了外围护结构整体的气密度水准，保证了较高的节能效果并取得了很好的成果。

外围护结构无缝全包覆工艺技术在"植纤实验工程"的外围护结构拼装中的应用，见图8。

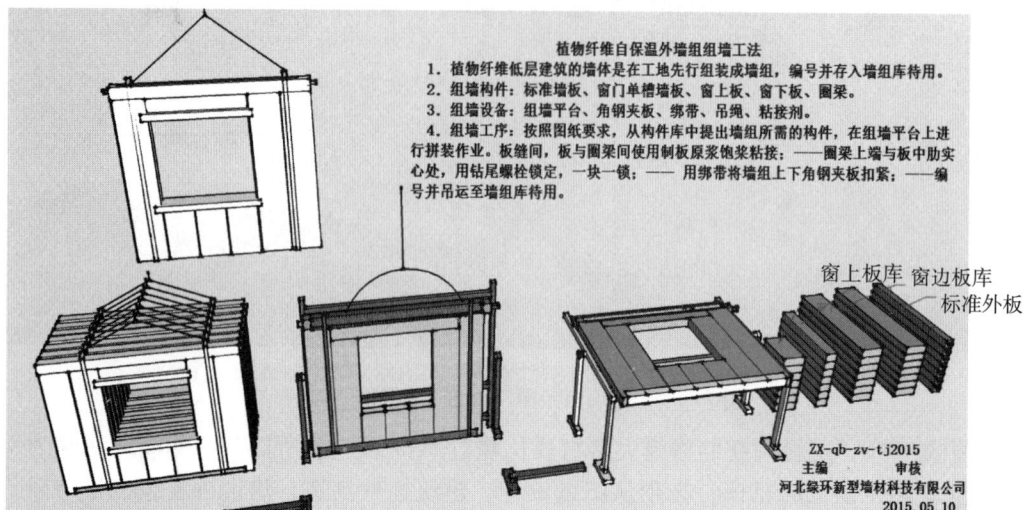

图8　植物纤维无缝外墙组合工艺

图8说明，植物纤维自保温外墙拼装之前，首先按照设计要求，将自保温外墙组装成各种规格的"外墙组"墙组组装完成后，存入墙组库待用；组好的墙组是无缝全密封的，每块板均有凸凹企口，其口内涂抹专用粘接剂，进行粘接和密封。

拼装施工时，墙组的两边与柱有凸凹企口涂抹专用粘接剂，进行粘接和密封。见图9。

图9　柱与墙组无缝拼接

"植纤实验工程"在保证墙组及其竖向柱墙之间的无缝拼装外，在水平构件的拼装上亦全部做到无缝封闭，见图10。

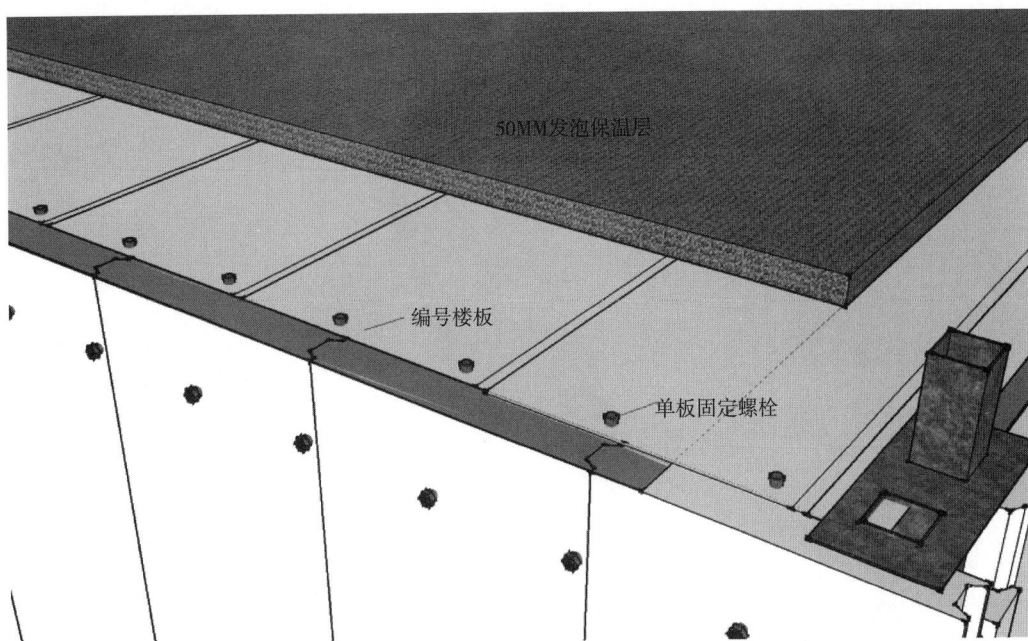

图10　楼板的无缝拼装

墙板组的上端面留有150mm的L型槽口，楼板卧入槽口中，上平面保持水平，墙组与楼板的拼接缝得到完全的密封。

平面构件还有屋面板，亦采取同样的工法，将屋面板卧入墙组的L槽中，实现屋面板的无缝拼接（见图11）。

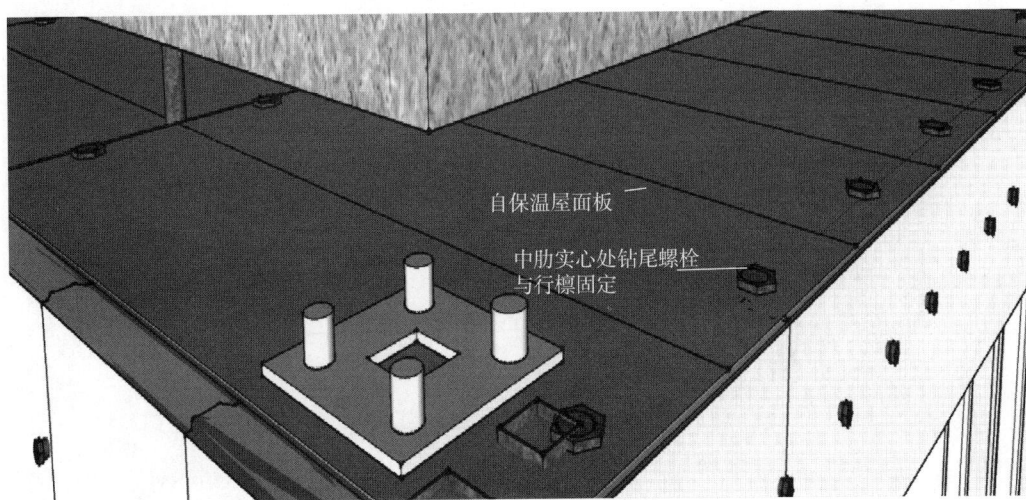

图11　屋面板的无缝拼接

　　"植纤实验工程"中的外围护结构是严格保障0冷桥外露的，对于各种柱、梁及其各种转角均作出了严格的大包覆的构件和工艺规定。这里主要介绍 L 和 T 角转弯的构件及工法，见图 12。

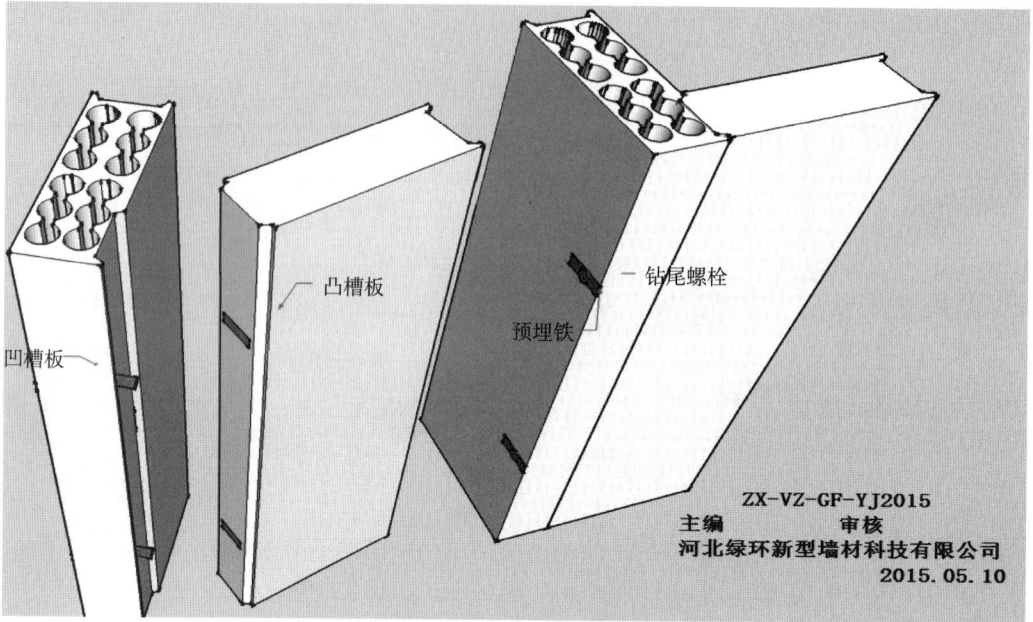

图 12　L 型转弯做法

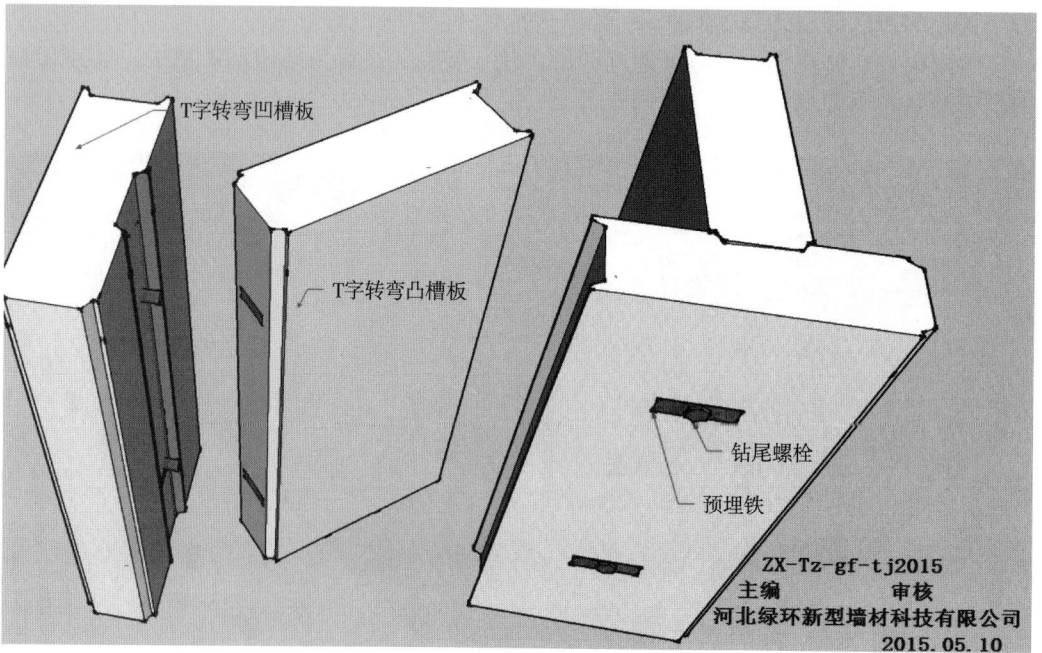

图 13　T 形转弯做法

前文讲述了植物纤维超低能耗建筑在外维护结构建设中的"无缝全包敷"和"0冷桥外露"技术和工法，它的应用在很大程度上提升了植纤超低能耗建筑的热工性能。

"植纤实验工程"中的自保温外墙、自保温屋面、自保温隔户墙板还广泛应用于钢结构和钢筋混凝土框架结构中外围护结构，对于广泛的提高建筑节能率具有积极作用（见图14）。

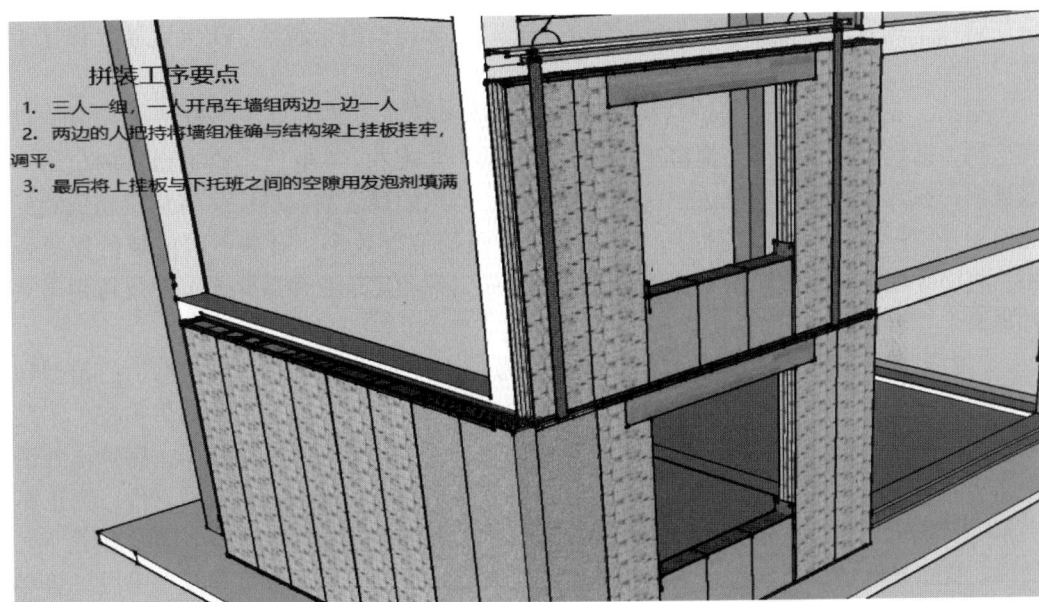

图14 "植纤"自保温外墙用于钢结构、混凝土结构

植物纤维的自保温墙组外挂在结构梁上，将结构的柱、梁全部包敷与保温外墙之内，实现无缝全包覆和0冷桥外露。大大提高建筑的外围护结构的气密度、保温性能。

四、"植纤实验工程"的意义

"植纤实验工程"与"示范项目手册"工程，执行的标准是一致的，达到的实验数据是同一水平的，但是采用的技术手段不同，所走的技术路线是不同的，可谓是"殊途同归"。"植纤实验工程"为超低能耗建筑提供了新路径，验证新技术，提供了新手段。其意义在于：

第一，突破了现有保温材料的节能效率极限。"植纤实验工程"始创并实践应用的"气态介质保温材料技术"有效的突破了现有建筑保温材料节能效率极限。"气态介质保温材料技术"的应用，使得建筑节能行业新添了一种获取便捷、环境友好、健康清洁、造价低廉的新型建筑保温材料。这种材料极大的提高了建筑节能的功效，例如，比导热系数较低的聚苯板的0.040W/（m·K），干燥空气的导热系数只有0.024W/（m·K），其导热系数降低近一半，热阻系数增加一倍以上，大大提高了建筑节能的效率。

第二，解除了现有保温材料的灾害隐患。当前以聚苯、聚乙、聚氨酯及石棉材料为保温介质材料的节能建筑，存在严重的火灾隐患，同时现有建筑外围护结构的空鼓、开裂、脱落等危害，严重威胁人的生命安全，遭到北京、上海等一线城市的明令禁止。"植纤实验工程"综合"气态介质保温材料技术"和"墙体保温一体化技术"的应用，为杜绝这些危害，提供了新的技术和工艺。采用"墙体保温一体化技术"的植物纤维自保温外墙板和植物纤维自保温屋面板的建筑构件，在施工中避免了多种材料、多种工艺重复进行的弊病，一次拼装，墙体、屋面与保温全部完成，省时，省力。这些技术的应用替代了现有建筑保温材料外部贴敷的工艺，永久地杜绝了脱落、火灾威胁，保证了住户安全。

第三，克服了建筑外围护结构气密难题。植物纤维"墙体自带外窗技术"的始创和应用，彻底根除了墙洞与窗框缝隙无法封闭的工艺难题。"植纤实验工程"的应用实践证明，在装配式建筑的推进中，将外墙外窗一体化的概念加以推广，将对于超低能耗建筑的外围护结构气密度的提高，进而提升建筑的节能效率，有着不可或缺的保障作用，将引导建筑外窗向墙窗一体的产业方向发展，带动建筑业建造样式、功效得到丰富和提高。

"植纤实验工程""外围护结构无缝全包敷技术"和"0冷桥外漏技术"的始创和应用，解决了建筑外围护结构多种材料、多种工艺、多次叠加施工造成的多重皮、不贴合、透风漏气的弊病；实现一次施工、一种材料、无缝拼装、0冷桥外漏，保障了外围护结构的高度气密度，紧实一体，为提升建筑节能率搭设了平台，创造了条件，真正解决了"针尖大的窟窿，漏进斗大风"的难题，堵住了针尖大的窟窿，也就没有了斗大的风。这些技术的广泛应用，为建筑业产业化发展，提供了新的尝试和技术手段，势必引起"装配式建筑"向着建材制造"构件化"、建筑拼装"集成化"、功能介质"统一化"的方向快速发展。

第四，为超低能耗建筑提供了具有普惠性的产品和技术。植物纤维建筑体系的社会价值大于市场价值。我们都承认，重大的科技发现、发明必须具有普惠性的特征，不具有普惠性的发明也好，技术也好，"阳春白雪，合者盖寡"对社会对百姓意义不大，相反，流传久远的重大发明和应用技术，都具备极大的普惠性，社会百姓受益良多。植物纤维建筑体系始终将性价比、普惠性作为研发的目的，着眼取材便利、价格低廉、应用门槛低、受益效果大的研发路线，保证研发成熟的技术和产品，是百姓消费上买得起，材料方便找得到，使用简单好上手的东西。相信随着植物纤维建筑技术的不断完善和市场的展开，普通的低收入百姓，也能很顺利地享受到生态健康的、节能舒适的、价格低廉的、不怕地震不怕火灾的安全建筑。

"示范项目手册"公示以来，"被动式超低能耗建筑"的造价就成为能否顺利推进的各方着眼点，各种建工造价相差很大，莫衷一是，这里列出比较权威的可参考的几个数据供大家比较。详见表9。

表9　　　　　　　　　　　　　　超低能耗建筑建议建工造价

示范项目手册	北京市发改委	河北省建设厅	植纤实验工程
6500 元/平方米	5000 元/平方米	3600 元/平方米	1550 元/平方米

表 9 中的比较造价是不同地区、不同时间各级主管部门给出的建议价格，植纤实验工程的实际完成价格，大幅度低于各项建议造价，其原因是主要依靠新技术为支撑，避开了现有主流建筑节能材料的价格控制，新技术的贡献率远远大于高端材料的贡献率，例如，外窗使用的普通透玻璃与"示范项目手册"使用的三层 L – OE 玻璃的造价相差 10 倍以上。

综上所述，"植纤实验工程"的实践，以及其取得的建筑热工数据，很好地满足了"示范项目手册"规定的标准，为超低能耗建筑的广泛展开，提供了新的尝试，入选住建部《宜居型绿色农房建设先进适用技术与产品目录（第一批)》，为我国即将开展的乡村振兴战略助力，为乡村振兴中的新民居建筑提供了产品技术和普惠实用的房型，我们和业内同仁将继续努力，为国家的被动式超低能耗建筑发展贡献力量。

用 30 年践行"对每个家庭的居家环保负责任"的使命

张 贤

红星美凯龙家居集团股份有限公司

"对每个家庭的居家环保负责任"是红星美凯龙始终坚持的企业使命。为了全流程把控绿色环保的质量体系，红星美凯龙从终端市场环保检测"全覆盖"、工厂端源头把控、正品流通追溯到构建家居物流链、筑造正品成品住宅，用 30 年的匠心，不断探寻"家居绿色环保"的服务理念与场景应用，打造企业绿色环保竞争力，用初心为消费者提供一份实实在在的绿色环保安心服务。

一、严格管控，确保终端市场产品质量保障

红星美凯龙为确保场内经营商品的品质，打造从"源头、过程、售后"的全流程质量服务闭环。当前，在全国红星美凯龙所有商场都实行了进驻品牌的严格准入制度。为了确保入驻品牌百分之百的资质合规，红星美凯龙运营管理系统实现了对资质开展自动化管理，资质到期前一个月预警。

对场内销售的商品，红星美凯龙商场也会严格执行检测管理，每月会邀请指定的检测机构至商场抽检商品，所有商场年检测品牌比例不得低于整体品牌数的 36%，集团在全国范围内对检测品牌进行统筹，确保全国红星美凯龙的经营品牌年检测覆盖率100%。对于抽检不合格的，商场会要求商户停业整顿，直至完全符合商场检测管理标准。售后环节，红星美凯龙还提出了"星承诺，心服务"，承诺对商品的质量全负责，绿色环保和先行赔付，保障消费者的售后服务，解决后顾之忧。

二、绿色领跑，推动行业绿色环保发展方向

针对家居建材产品复杂的生产工序，保证生产安全环保、产品品质过硬，红星美凯龙还从工厂端源头加强引导和检测，综合评定工厂端基础设施、管理体系、能源和资源投入、产品的环境排放等各个要素和环节，形成家居行业绿色环保发展核心联盟。2013年，红星美凯龙与中国质量认证中心，启动"红星美凯龙绿色领跑项目"，由来自全国的认证专家层层把关，从工厂源头质量检测及评估、工厂质量保证能力检查、商场终端环保质量检测、市场终端环保质量表现四方面着手，对参选品牌进行严格认证评选，以此号召全行业共同参与，持续推动行业绿色环保发展方向。

项目运营至今，红星美凯龙绿色领跑项目由目前已有千余品牌参与绿色领跑项目，

参选品牌产品的质量逐步提升。平台等级也已经由 1.0 升级至 2.0，从之前的单纯申报扩展至智慧管理综合应用，实现统一入口、过程管控、数据流转、智慧数据以及监督把控，以绿色领跑综合管理平台为系统支撑，保障绿色领跑机制常态运行。同时，绿色领跑项目的落地活动也能向社会传递绿色环保理念。如今 2019 年红星美凯龙已在全国 25 个一线城市 7810 个点位实施精准投放，传播绿色领跑项目。

三、正品平台，为产品全流程追溯提供路径

从工厂到客厅，涉及诸多商业流转的环节，如何保障全过程的质量安全管理和风险控制，让消费者"所见即所得"，是一道现实难题。红星美凯龙从 2011 年起着手组建团队开启前期调研工作。2014 年联合中国质量认证中心发起、中国标准化研究院进入平台建设阶段。2015 年 12 月 10 日，红星美凯龙响应中宣部发政委"诚信兴商"的号召，在国家商务部、国家质检总局的支持下，正式推出了中国家居正品查询平台。

在平台正式推出之后，红星美凯龙立即于全国各地举办了"正品战略"发布会，得到家居行业同行、媒体、消费者等多方面的高度关注。中国家居正品查询平台通过追溯体系建设，运用信息化手段构建"来源可查、去向可追、责任可分"的追溯链条，打通产品流通的上下游，实现对正品产品的全流程追溯保障，为安心、安全消费提供了权威查询平台和路径。同时，也有效帮助企业提高供应链信息化管理水平，敦促生产经营企业加强产品质量安全控制，促进生产流通各环节高效对接和协同，解决了长期以来上下游流通信息不对称和供需错配的问题，助推供给侧结构性改革。

四、家居供应链体系，开启家居物流新时代

可视化的产品追溯体系建设不仅对品牌产品的质量建设和消费者的直观甄选有突出作用，而且对家具绿色化综合供应链也有典型应用。2017 年，国务院办公厅印发《关于积极推进供应链创新与应用的指导意见》，明确了供应链在推动资源整合和促进产业跨界协同发展的重要作用。"标准化、智能化、绿色化、协同化"成为家居供应链体系新的发展方向。红星美凯龙从行业供应链实际需求出发，致力于改善顾客终极体验、降低全行业供应链成本，成立"星和宅配"全资子公司，以绿色家居产业链管理体系建设为着力点，推动形成以"终端管控，源头检测，全程追溯，绿色配送，环保精装"为核心的供应链环节，实现家居商流、物流、信息流和资金流的高效协同，不断推动产业升级。

星和宅配围绕"仓储保管、配送运输、安装作业、维修保养、顾客服务、库内加工"等经典运用场景，依托中鲁全智、香港大学、中国科学技术大学、红星美凯龙的人才优势，联合供应链上下游公司和外部机构，共同开发全系列的家居供应链标准，试点实施"家居 GS1 编码标准""家居商品周转箱笼标准""家居商品仓储标准""家居商品货架标准""家居商品安装作业标准"等标准。目前，星和宅配已覆盖南京、石家庄、沈阳、长沙、济南、青岛等 10 多座城市，并规划 3 年内覆盖 300 座主要城市及 1500 个主要城镇。

五、住建集采，将绿色环保融入居家生活

值得一提的是，2020年是我国绿色建筑、绿色建材发展的关键一年。国家住建部等部委以及多个地方政府近期已密集发布绿色建筑、绿色家居建材产品相关实施方案、评价标准等政策文件，明确优先使用获得认证的绿色家居建材产品。2013年，在红星美凯龙集团副总裁张贤的带领下，成立了"红星美凯龙住建集采"品牌，以行业标准的绿色品质，为客户提供定制化的对公精装绿色供应链服务，推动更多绿色环保家居建材落户千家万户。

红星美凯龙住建集采秉承批量精装领域"第二开发商"的理念，从品牌、设计、供材、施工、营销到售后的一揽子绿色集成解决方案，将绿色环保理念最大限度融入居家生活。依托全国300多家商场以及32年的地产采购经验积累，打造住建集采优选产品库，保证所有产品均为厂家直供的正品正货。目前已经陆续在国内百城落子。其首倡的"绿色环保正品成品住宅"，在常规原有的施工组织设计的基础上，加入环境保护和节能降耗等内容，以可持续发展的施工方法，尽量降低建设过程对环境的影响。

红星美凯龙"对每个家庭的居家环保负责任"正在一步步从理念走向现实，也正因绿色环保领域的积极探索，红星美凯龙先后荣获"全国产品和服务质量诚信示范企业""全国家居零售行业质量领先企业"等国家级荣誉。未来，红星美凯龙还将继续与CQC（中国质量认证中心）携手，为消费者提供绿色环保家居产品，为家居产业发展构建绿色环保供应链，领跑家居行业绿色环保发展，让健康环保家居有源可循！

旅游产业引爆乡村振兴

哈尔滨帽儿山天马旅游景区管理有限公司

　　黑龙江是中国著名农业大省，现代农业发展走在全国前列。精彩纷呈的自然生态、悠久独特的历史民俗更赋予了黑龙江丰厚的农业农村休闲旅游资源。全省夏季气候凉爽，有浩瀚的森林和众多的江河湖泊，独特的乡村风景，是避暑休闲、漂流垂钓、农耕体验的绝好去处。冬季白雪皑皑、银装素裹，冰灯树挂、马拉雪橇，独具北国特色和异域风情。冰雪旅游大规模发展已近二十年，旅游产品特别是冰雪乡村游趋于成熟定型，成为黑龙江省乡村游主打品牌。寒地黑土举世闻名，渔猎农耕历史久远，现代化大生产景色迥异，游有深山秀水峰谷田园，购有米耳瓜菌参蜜鹿蚕，发展休闲农业和乡村旅游的条件十分优越、潜力巨大。

　　近年来，黑龙江省坚持把休闲农业和乡村旅游作为推动乡村振兴的新产业和新支柱来抓，充分挖掘寒地黑土、现代田园、绿色农业的文化功能和环境价值，加快催化新的产业形态和消费业态，吸引国内外及省内外游客到龙江农村休闲消费，全省休闲农业和乡村旅游快速发展，截至 2017 年末，全省经营主体发展到 5703 家，经营收入达到 82.4.5 亿元，同比分别增长 10.2% 和 10.6%。吸纳 14.3 万农民就业，带动 13.9 万户农民在产业发展中受益，成为农村经济发展的新亮点之一。在 2019 年全国乡村重点村名录中，黑龙江省双鸭山市饶河县林子乡小南河村等 10 个乡村入围。这不仅标志着国家对黑龙江乡村旅游的支持与信心，也代表着黑龙江的乡村旅游进入了高质量高速度发展的新阶段。

　　本文要探讨的帽儿山景区项目，便是一个典型的旅游产业引爆乡村大振兴的案例，经过八年的实践证明，旅游产业不仅可以引爆乡村经济的全面振兴，还能为镇域县镇省域经济带来巨大的发展机遇。本文将从旅游产业对镇域经济影响、旅游产业引爆乡村经济振兴及对国家乡村振兴的影响三个方面阐述旅游产业对乡村全面振兴的深远意义。

一、绿色景区帽儿山

　　帽儿山景区位于哈尔滨市东郊 79 公里，是哈尔滨周边最高峰、国家 AAA 级景区、红色文化教育基地、道教名山，黑龙江省乡村旅游发源地。景区具有得天独厚的自然资源禀赋，依托于哈尔滨特大城市，森林植被茂盛，黑土肥沃，负氧离子含量为 30000 个/cm³，是难得的集山地、森林、河流、田园为一体并相得益彰的自然资源。既是绿水青山，又是冰天雪地，极具发展文化、旅游、康养项目的天然优势。自 2012 年起，景区依托独特的绿色资源建设了玻璃栈道、丛林飞跃、高山滑道、高山漂流、崖壁攀岩、恐龙园、食草动物园、抗联密营、丛林露营等项目，将景区打造成为"丛林王国""山地游乐园"。从 2017 年起，开发景区二期太和水镇项目，紧抓"康养度假、中医养生、绿色农业"等绿色经济产业特点，树立黑龙江乡村振兴战略实施与精准扶贫政策落实的典范，创造黑龙江流域文化与东北少数民族文化延续的传奇，成为中国集康养、旅游、乡村振兴三位一体发展模式的全新实践地。

经过八年的建设与管理，帽儿山景区先后获得了多项荣誉：2015 年获国家 AAA 级旅游景区称号、被评为国家优选旅游项目；2014 年、2016 年成功举办两届哈尔滨五花山赏秋节；国家知识产权培训（黑龙江）基地、2016 年玻璃栈道及丛林飞跃项目被评为黑龙江省特色旅游项目；2017 年荣获黑龙江省"最佳景区"称号。帽儿山景区太和水镇项目被列入尚志市重点项目、《哈尔滨市产业特色小镇创建规划（2019—2021 年）》20 个特色小镇中的文化创意小镇、国家重大建设项目库储备项目。如今的帽儿山景区，在哈尔滨及其周围形成良好的声誉，成为黑龙江省著名的旅游景点和最受欢迎的旅游目的地之一，素有黑龙江的"冰城后花园"之美誉。

二、帽儿山景区对帽儿山镇域经济影响

自 2012 年 5 月成立年以来，经营方哈尔滨帽儿山天马旅游景区管理有限公司先后投资 8000 余万元，在景区内建成了东北首条玻璃栈道、高山滑道及高山漂流项目，并引进了泰国清迈的丛林飞跃和国际岩壁探险项目——飞拉达。这五个项目每年的综合收入在 1500 万～2000 万元，加上登山门票收入，每年创收 3000 万元以上，是哈尔滨近郊游收入最好的景区之一。帽儿山景区不仅自身收入可观，还以自身优势带动帽儿山镇域经济的发展，以每年 40 万人次的接待量，稳居哈尔滨近郊游游客接待量首位，并促进帽儿山镇域特产加工、住宿、餐饮等产业全面发展，成为镇域经济的发展支柱。

（一）旅游产业促进镇域经济总收入稳步发展

帽儿山镇域内 2013 年、2016 年每年旅游人口总量为 50 万人次左右，其中帽儿山景区接待量占五分之四，即 40 万人次；2017 年旅游人口总量为 60 万人次，其中景区接待量占三分之二，即 40 万人次；2018 年度旅游人口总量为 50 万人次，其中景区接待量占五分之三，即 30 万人次；2019 年度旅游人口总量 50 万人次，其中景区接待量占五分之三，即 30 万人次。

从帽儿山镇域近五年旅游人口总量来看，自从帽儿山景区开发建设投入运营以来，每年帽儿山镇域的旅游人口总量大 50 万至 60 万人次，按吃、住、游、购、娱等人均消费 200 元计算，近四年为帽儿山镇域带来直接或间接总收入 4.2 亿元。

（二）旅游产业直接促进镇住宿及餐饮等第三产业快速发展

帽儿山镇域内山庄总数 120 户，高档星级宾馆一家（霏读宾馆，可容纳 320 人），普通或小型宾馆酒店等 20 余家，日接待食宿总量为 1 万人。帽儿山景区三条山路起点分别是帽儿山镇农家乐山庄商户的聚集地，这些山庄为季节性开放，每年景区开业，山庄业主便着手筹备，准备经营。景区十月底休园，山庄商户也随之歇业。山庄产业，六、七、八月和节假日为入住高峰期，七月中旬至八月中旬为高峰期，入住率在 80%

以上，高峰期其他时段入住率为 35%～50%，其他月份入住率为 20% 以下。平均每年为中小型宾馆、山庄等带来近 20 万至 50 万元的营业收入，为山庄商户带来直接销售利润 10 万～30 万元。

三、帽儿山景区发展成乡村经济振兴引爆点

综观黑龙江省旅游产业发展的战略布局，几乎都是以自然景观景区为主，基本客群将以短途的近郊游客为主。现在以 SWTO 分析法，对黑龙江域内的旅游资源的优劣势进行分析，具体如下：

优势：

一是黑龙江的旅游资源是中国唯一具有寒地资源（北极村）及边塞少数民族（满族、朝鲜族、回族、蒙古族、达翰尔族、锡伯族、鄂伦春族、赫哲族、鄂温克族、柯尔克孜族 10 个世居民族）文化最多的省份。这两大元素使黑龙江的旅游产业利用北极和少数民族文化有无限的发展可能性。

二是黑龙江的冰雪旅游产业已具备相当的技术优势及资源优势。

三是黑龙江具有独特而知名的东北原乡风情文化，东北话、东北菜、二人转、农村生活等巷尾皆知东北印象，为乡村旅游发展提供了优厚的先期条件。近几年黑龙江省非遗文化产业宣传迅猛，各学校、社区等均组织相关非遗手工艺和产品的展销和推广活动，为非遗文化与旅游产业结合提供了较大的空间和机会。

劣势：

现阶段黑龙江旅游产业现状是缺季旅游，即户外景区大多是春夏秋三季经营，冬季休园，冰雪旅游也是年底到春季冰雪期经营，而能够四季经营的室内景区大多也存在明显的淡旺季。

针对目前黑龙江旅游产业的优劣势，帽儿山景区找到产业结合点，开发太和水镇项目，总规划用地面积 107 万平方米，总建筑面积 54 万平方米，总投资 16.5 亿元。项目由水镇核心区、田园综合体、农村博物馆、生活怡养区四部分组成。本项目是以关东文化为灵魂，非物质文化遗产业态为亮点，以大健康产业为特色的大型旅游综合体。建成以后，太和水镇将是哈尔滨近郊首家文旅康养度假小镇、黑龙江东部黄金旅游线上的第一首选住泊地、黑龙江康养产业与文旅产业互融共生的标杆。

太和水镇项目包括：田园综合体：规划用地面积 30 万平方米，包括农业观光、农业科普、农业体验、农业采摘。农村博物馆：规划用地面积 15 万平方米。水镇核心区：规划用地面积 32 万平方米，建筑面积 9 万平方米，包括：关东大街：特色小吃街、非遗文创休闲街、主题客栈、休闲酒吧街；温泉体验区（山洞温泉、森林温泉、山地温泉、雪地温泉）；麓居精品酒店、会议中心、博物馆群落、养生康养区；国学文化园区；民族组团（达翰尔族、满族、朝鲜族、锡伯族、蒙古族、鄂伦春族、鄂温克族、赫哲族八大民族组团）。生活怡养区：规划用地面积 30 万平方米，文旅康养地产建筑面积 30 万平方米（见图 1）。

太和水镇项目积极促进健康与养老、旅游、互联网、健身休闲、食品融合，催生健

图1 太和水镇总体规划

康新产业、新业态、新模式。健康服务业已被国际经济学界确定为"无限广阔的兆亿产业"。休闲、旅居式康养生活正成为65岁以上老年人的主流生活方式，而"文化 + 旅游 + 康养"产业模式在黑龙江省尚属空白，为项目在黑龙江融合发展迎来巨大的市场发展空间（见图2）。

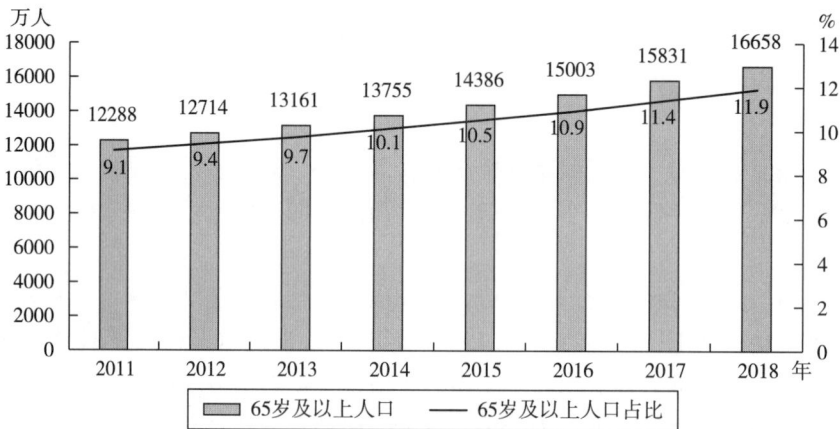

图2 2011—2018年我国65岁及以上人口数及占比

太和水镇将依托帽儿山景区成熟景区的品牌优势，以"一山 + 一镇"模式进行联合营销，在每年镇域内近60万的稳定游客群基础上，着力吸引东北三省城市客群及全国范围内的游客。以关东和东北民族文化旅游产品为主要宣传点，我们可以预见太和水镇将引起较强的市场反响，在成熟期实现年游客量300万将成为可行目标。

表1　　　　　　　　　　　　太和水镇项目预期收益分析

项目	发展期（1~2年）	成熟期（3~4年）
年游客量	180万~200万人次	260万~300万人次
年收入	3.6亿~4亿元	5.2亿~6亿元
年可支配利润	1.26亿~1.4亿元	1.82亿~2.1亿元

未来帽儿山·太和水镇，通过特色化服务、品牌化运作、国际化营销将实现：300万人次/年稳定游客接待量。计划实现6亿元的年收入，创造税收8000万元；提供直接就业人数2000人，带动社会间接就业人数10000人。通过景区科学运营，全面带动农业、土特产加工业、服务业等产业发展，实现乡村经济全面振兴，镇域经济全面提高，从而引爆省域经济的前进与发展（见表1）。

四、帽儿山景区对国家乡村振兴战略的影响

（一）推进景区邻近七村一、二、三产业融合发展，促进农、林、牧、渔等产业链延伸，为农民创造更多增收机会

帽儿山景区三条登山路周边临近大同、仁和、太平、粉房、元宝、顶子、富民等七个村。每年风景区开业，便有很多村民加入山庄经营，小吃餐饮、煎饼、干豆腐、烧鸡及山野菜、蘑菇等地方土特产品加工和销售行列。每年5月至10月，大量的帽儿山游客，在旅游过程中，住宿、就餐及购买土特产品。在人流量高峰的旺季和节假日，元宝村的干豆腐，粉房村的煎饼，帽儿山镇村民郭老二、郭老四的烧鸡产品，即使每天大量备货，也经常出现供不应求，产品脱销情况。即使在风景区的休园期，也会有游客通过电话、微信、网络等方式向村民订购土特产，为村民带来持续的经济收益。帽儿山镇村域的居民通过旅游产业带来的间接收入达到人均三万至五万元，品牌的村民商户可达上百万元。帽儿山景区正带动农民走向致富之路。

（二）通过提供就业岗位，使景区郊乡农民成为新型职业农民

景区现有员工160人，其中90%为本地农民。二期的太和水镇项目预计增加岗位2000个，其中85%将提供给本地的村民，使村民能走出家门，在尚志市最大的旅游企业学习、培训和工作，成为新型职业农民。

（三）企业通过精准扶贫帮扶工作，帮助政府打好精准脱贫攻坚战，助力乡村减贫

帽儿山景区建设经营以来，在景区内开展精准扶贫帮扶工作，为贫困村民岳秀环提供免费商铺，使其改善生活贫困状况，年收入超过十万元，帮助政府打好精准脱贫攻坚战，助力乡村减贫。

（四）促进村内水、电、路等基础设施完善改革，提高农村宜居环境

帽儿山景区是尚志市域内规模最大、知名度最高的风景区。景区的二期太和水镇项目是尚志市重点建设项目，为支持风景区和建设项目发展，尚志市政府划拨专项资金用于景区周边的道路、水、电等配套设施建设，并大力支持当地镇、村等建设工作，使风景区周边的七个村的村民在宜居环境上有了较高程度的提高。

通过帽儿山景区的发展，我们不难看出，旅游产业已成为黑龙江省转方式调结构的有效途径，是推动高质量发展、实现黑龙江省乡村振兴乃至东北振兴的引爆点和重要支撑。黑龙江省正在把资源优势打造成为产业优势，将旅游业打造成战略性支柱产业。"以旅带农、以旅兴镇"的大趋势正日益明显，相信不久的将来，黑龙江必成为中国的旅游强省，中国乡村振兴的示范基地和标杆省份。

绿色金融

绿色金融已渐成金融发展的主流趋势

马　骏

清华大学国家金融研究院绿色金融发展研究中心主任

（根据《国际融资》杂志记者对马骏先生采访对话改编）

摘要： 构建中国绿色金融体系，是中国经济实现可持续发展的保证。如何使央行投放的流动性更多地进入急需输血的包括绿色环保行业在内的实体经济中？在"去杠杆"的大背景下，为引导流动性进入绿色环保行业，可以考虑如下措施：第一，适度降低环保产业的税率，如降低污水、垃圾、危废、医废、污泥处理等行业的增值税税率。第二，保证已开工的绿色PPP项目的正常运作，满足其合理融资需求。第三，将绿色企业纳入定向降准和再贷款的支持范围。第四，在中国人民银行对金融机构的宏观审慎评估（MPA）系统中纳入鼓励银行持有绿色债券的内容。第五，扩大对绿色企业的担保、贴息支持。第六，鼓励商业银行以应收账款质押、知识产权质押、股权质押等方式开展绿色信贷。

一、中国绿色金融的顶层设计足迹

1. 设计路径与进展

中国关于绿色金融的正式讨论始于2014年7月召开的"生态文明贵阳国际论坛"中的绿色金融分论坛。为形成一些更加具体的推动绿色金融发展的政策共识，在我主持的贵阳绿色金融分论坛讨论的基础上，发起了一个绿色金融工作小组。经过包括五个部委和金融业界数十位专家的研究，2015年初，该工作组正式向决策层提交了一份政策研究报告，得到了中共中央财经工作领导小组办公室（以下简称中财办）的高度重视。在报告中，绿色金融工作小组首次提出了"构建我国绿色金融体系"的框架和14条具体建议，这些建议中的绝大多数此后都写入了中共中央、国务院印发的《生态文明体制改革总体方案》中。《方案》首次以中共中央、国务院的名义提出要构建中国绿色金融体系。这标志着中国绿色金融政策体系的顶层设计的正式启动。

随后，经中国人民银行批准，中国金融学会绿色金融专业委员会（以下简称绿金委）于2015年4月22日正式成立，主要的发起成员就是绿色金融工作小组的一些骨干单位。自成立以来，绿金委的一个重要职责就是开展绿色金融领域的学术研究，并提出相关政策建议。2016年8月底，经国务院批准，由中国人民银行牵头，国家发改委、财政部、银监会、证监会、保监会和环保部七个部委联合发布了《关于构建绿色金融体系的指导意见》（以下简称《指导意见》）。《指导意见》提出了落实中共中央、国务院在《生态文明体制改革总体方案》中关于"构建我国绿色金融体系"的一系列具体措施，也发出了一个重要的政策信号，表明中国从最高战略层面到各相关部委的层面已经形成高度共识，决心全力支持和推动中国的绿色投融资，加速经济向绿色化转型。《指导意见》的出台，使得中国成为全球首个建立了比较完整的绿色金融政策框架的国家。

《指导意见》共九个方面 35 条内容，提出了支持和鼓励绿色投融资的一系列激励措施，包括通过再贷款、专业化担保机制、财政贴息、设立国家绿色发展基金等措施支持绿色金融发展；明确了证券市场支持绿色投资的重要作用，要求统一绿色债券界定标准，积极支持符合条件的绿色企业上市融资和再融资，支持开发绿色债券指数、绿色股票指数以及相关产品，建立和完善上市公司和发债企业强制性环境信息披露制度。提出发展绿色保险和环境权益交易市场，按程序推动制订和修订环境污染强制责任保险相关法律或行政法规，支持发展各类碳金融产品，推动建立环境权益交易市场，发展各类环境权益的融资工具。《指导意见》还支持地方发展绿色金融，鼓励有条件的地方通过专业化绿色担保机制、设立绿色发展基金等手段撬动更多的社会资本投资绿色产业。同时，还要求广泛地开展在绿色金融领域的国际合作。

此后，中国人民银行等七部委还就落实《指导意见》的具体措施制定了详细的实施方案，明确了具体的责任主体和时间表。2017 年 6 月，国务院决定在浙江、江西、广东、贵州、新疆等五省（区）的八个城市建设绿色金融改革创新试验区。各试验区分别出台了各有侧重、各具特色的总体方案，并结合自身发展阶段、经济特色和财务能力出台了许多创新性政策措施和激励机制。

2. 绿色金融如何支持绿色创新企业的思考与解决方案

过去几年，绿色金融政策的焦点确实集中在动员银行、股市、债市的金融资源来支持大中型的环保、节能、清洁能源、清洁交通、绿色建筑等项目，因此，绿色金融的主要参与者是大中型金融机构和大中型企业。下一步绿色金融发展的一个重点应该是覆盖更多的中小企业和绿色创新企业。

绿色金融如何支持绿色小微企业，包括绿色科技创新企业，确实需要克服许多障碍。比如，小微和创新企业一般没有太多的资产可以作为抵押向银行融资，也达不到在股票市场上市和发行债券的基本财务要求。因此，发展绿色 PE、VC 基金应该是支持小微绿色创新企业的主要手段。国家正在鼓励这类基金的发展，比如，将成立国家级别的绿色产业基金。过去几年，地方上也成立了二百多家各类绿色产业基金，其中不少是以支持绿色创新企业为主要方向。以后，还应该鼓励和支持地方发起一批绿色科技的孵化器，针对创新企业的特点，提供相应的科技、法律、市场和信息服务，提供低成本租金等优惠政策。

对绿色创新企业，银行也并非完全无所作为。如果有了针对绿色科技企业的担保机制，银行就会有兴趣为这些企业提供贷款。关于对中小绿色创新企业的担保，目前国内外已有了一些成功的案例，未来中国应考虑成立专业性的绿色贷款担保机构，还可以考虑多级政府（包括省、市、县）出资建立绿色项目风险补偿基金，用于分担部分绿色项目的风险损失，来支持绿色担保机构的运作。另外，一些银行正在试点的绿色投贷联动的做法也值得进一步探索。

3. 政策层面如何支持绿色私募基金的发展

银行、保险、绿色债券和私募基金是不同的金融产品，具有不同的特点和风险偏好。比如，信贷和债券风险容忍度较低，相比较而言，私募基金的风险偏好更高，一般对风险较高、回报率更高的项目感兴趣。保险资金可以是私募基金的资金来源之一。

关于培育绿色 PE、VC 投资者，可从如下几个方面入手：第一，对现有的私募基金进行绿色投资理念的宣传和推广，培育崇尚绿色投资的舆论氛围，鼓励这些投资者自愿采纳或加入绿色投资相关的原则，在投资分析和决策的过程中引入 ESG〔Environment（环境）、Society（社会）和 Governance（治理）三个单词的首字母缩写〕理念，即将更多的"非绿"的私募基金改造成为绿色的基金。第二，政府以出资人的身份，参与组建新的绿色 PE 和 VC 基金。政府可以出 10%～20%，其余来自社会资本，这样用一块钱的政府资金就可以撬动五元到十元的社会资本参与绿色 PE 或 VC 的投资。这些做法在欧洲比较普遍。第三，建立绿色 PE 和 VC 投资者网络，加强同业交流，共享评估和投资绿色资产的方法、工具，提升开展绿色投资的能力。第四，强化企业的环境和项目信息披露制度，为机构投资者进行绿色投资创造更好的信息基础。

4. 金融机构如何大力支持绿色项目

2012 年银监会就发布了《绿色信贷指引》，列出了绿色信贷支持的 12 类领域。2015 年 12 月，绿金委又发布了《绿色债券支持项目目录（2015 年版）》，包含六大类、31 小类环境效益显著项目及其解释说明和界定条件。31 小类中的很多项目就是为了解决高耗能、高污染行业的耗能或污染问题，例如高效能设施建设、节能技术改造项目，脱硫、脱销、除尘、污水处理等设施建设项目，以及工农业废弃物再生利用项目等。这类绿色项目，不论是被统计为绿色行业，还是属于"污染性"行业，都是应该被大力支持的。

某些银行忽视或不支持这类项目，一方面是银行自身对于绿色信贷的界定标准理解不够，或者缺乏内部评估的专业能力，因此，便简单地将行业大类作为评估项目是否"绿色"的标准。针对这个问题，有关部门可以考虑对绿色信贷指引出台更加细化的操作指南，引导银行具体识别属于污染性和高耗能行业的绿色项目。银行内部也应该强化对绿色项目的鉴别和评估的能力。另一方面，绿色认证评估等第三方机构应该发挥更大的作为，为这些银行提供相关服务。

二、绿色产业发展的障碍与解决之道

1. 目前制约绿色金融发展的主要障碍有哪些？

过去几年，绿色金融虽然发展很快，但所占的金融业务的比例仍然很小，原因是绿色金融还面临着许多障碍。

一是绿色项目的环境外部性难以内生化。举个例子，一项清洁能源项目的效果是降低空气污染，周边三百公里之内的居民都能够因此受益。但这些受益的居民没有给这个项目付钱，所以这个项目的正外部性就没有被完全内生化，使得这个项目的收益率不是很高，很可能低于私营部门所要求的收益率。因此，私营部门不太愿意参与这种正外部性没有被内生化的绿色项目。

二是信息不对称。有些投资者想找到有明显环境效益的绿色企业进行投资，但问题在于缺少对相关企业和项目绿色程度的判断依据，因为这些企业往往不披露如二氧化碳、二氧化硫、污水等排放和能耗信息。如果有量化数据，资本市场就有能力识别哪些项目或者企业是深绿、哪些是浅绿、哪些是棕色、哪些是黑色的。另外，只有企业披露了这些数据，资本市场才能用各种方法对这些企业的环境效益或绿色表现进行评估、排序。还有一类重要的信息不对称是投资者不完全掌握绿色科技是否在商业上可行的信息。

三是期限错配。绿色产业很多是中长期项目，但中国的银行系统平均负债期限只有六个月，所以其能够提供中长期贷款的能力非常有限，这就制约了中长期绿色项目的融资能力。

四是金融机构缺乏对环境风险和机遇的分析能力。一方面一些金融机构过低地估计对污染性行业的投资给自身可能带来的风险，从而为污染行业过度地提供贷款；另一方面又没有充分估计到投资绿色产业可能带来的长远好处，反而高估了这些绿色项目面临的风险，因此对绿色项目有过度的风险厌恶，不愿意投资。

五是绿色金融自身的一些问题。绿色金融的概念还没有被大多数金融机构真正了解和认可，绿色金融产品还处在不断开发与完善的过程中，现阶段为绿色产业发展提供的金融支持还比较有限。

绿色金融《指导意见》提出的35条措施，在很大程度上就是针对以上障碍所提出的改革。比如，《指导意见》提出了用再贷款、贴息、担保等手段来提高绿色项目的回报率，缓解外部性问题。再如，《指导意见》提出的对上市公司建立强制性环境信息披露制度，就是要解决信息不对称问题。另外，发展绿色债券市场、绿色基金等措施就是要解决期限错配的问题。只要将这些措施落实到位，并继续在相关领域创新，就有望持续改善绿色金融的发展环境。

2. 触及既有利益是产业转型的必然之路

触及利益集团蛋糕的问题，其实是每一个国家产业转型升级中必然会遇到的。而产业的绿色转型是全球的一个大的趋势，特别是在我国，目前政府和人民对绿色发展的意愿和决心都是很强的，所以，绿色转型的趋势是不可逆转的。一些传统产业，比如煤炭业、煤电和高污染的制造业，虽然仍有很大的体量，但其实已经是夕阳产业，如利润逐步下降、监管成本不断上升，必然会逐步退出市场。绿色金融在某种意义上可以加快传统产业的转型：绿色金融要求金融机构（如银行）不断减少对污染性、高碳企业的贷款，要求资本市场减少对这些企业的投资。

3. 政府推出的支持绿色创新企业和绿色产业发展的政策如何能够落实到位？

关于某些政策落实不到位，问题是多方面的。一些政策文件还停留在说原则、喊口号的阶段，没有具体的、可操作的办法，也没有落实政策的分工方案，没有具体的机构和官员对其负责，文件出台之后自然不了了之。也有的政策文件，确实因为制定阶段就没有充分考虑到市场的实际情况，缺乏可操作性（如政府答应的补贴由于缺乏资金无法落实），往往也是出台后不了了之的原因。

4. 在双重（金融机构怕风险，传统产业怕靠边）挤压下的绿色创新企业，如何才能快速发展？

至于"银行怕风险"而不提供贷款的说法，部分是对银行业本身运行特点的误解。银行的钱来自于储户，银行的贷款要保证安全第一，不能做大量高风险的投资，这是银行自身高杠杆的特点和监管要求。所以不可能要求银行像风险投资基金一样大量为存活率很低的创新企业提供贷款。当然，通过担保、提升银行识别项目的能力、投贷联动等方式，可以在一定程度上提高银行参与绿色科技投资的积极性，但科技投资的主体应该是股权投资机构和同行企业。

三、中国可持续/绿色金融重点探索的三个思路

1. 如何使央行投放的流动性更多地进入到急需输血的实体经济中，包括绿色环保行业？

在"去杠杆"的大背景下，为引导流动性进入绿色环保行业，可以考虑如下措施：第一，适度降低环保产业的税率，如降低污水、垃圾、危废、医废、污泥处理等行业的增值税税率。第二，保证已开工的绿色 PPP 项目的正常运作，满足其合理融资需求。第三，将绿色企业纳入定向降准和再贷款的支持范围。第四，在中国人民银行对金融机构的宏观审慎评估（MPA）系统中纳入鼓励银行持有绿色债券的内容。第五，扩大对绿色企业的担保、贴息支持。第六，鼓励商业银行以应收账款质押、知识产权质押、股权质押等方式开展绿色信贷。

2. 《2018 年 G20 可持续金融综合报告》中提出的三项新思路对中国有什么特别意义？

G20 可持续金融研究小组的前身是 2016 年中国倡导发起的 G20 绿色金融研究小组。该小组在 2016 年推动形成了 G20 框架下全球发展绿色金融的共识，将绿色金融从一个小众话题提升为金融发展的主流趋势。2018 年，该小组提出了三个新思路，推动发展可持续，即要发展可持续资产证券化、可持续绿色 PE/VC 基金、利用数字技术发展绿色金融。这份文件已经于 2018 年 7 月得到 G20 财政和央行行长会议的批准。

这三个思路也是中国可持续/绿色金融下一步应该重点探索的方向。第一，中国国内目前绿色信贷总额是八万多亿元人民币，但绿色债券余额只有五千多亿元人民币，机构投资者可以持有的绿色资产非常有限。若能将大量绿色信贷证券化，持有数十万亿元人民币的中国机构投资者就可能深度参与绿色投资，对于绿色金融发展会是一个非常大的推动。第二，可持续和绿色领域的企业大多是轻资产的中小微企业，特别是初创期的可持续科技型企业，银行一般不愿意贷款，因此，绿色 PE 和 VC 应该是最合适的投资者。绿色科技能否快速发展也在很大程度上取决于绿色 PE 和 VC 的作用，因此，有必要大量推动绿色 PE 和 VC 的发展。第三，数字技术是现在金融领域很热的一个概念，

虽然目前在可持续金融领域还没有很多的具体产品，但这是未来发展的一个重要方向。例如，利用卫星遥感技术加上大数据，可以对企业的碳排放和一个地区的生态环境指标进行实时监测。这些数据可以帮助金融机构及时、准确地判断企业的绿色程度，为绿色信贷、绿色债券，以及碳交易提供信息基础。

3. 未来是否应该降低绿色资产的风险权重？这项措施对绿色金融发展将产生怎样的作用？

降低绿色资产的风险权重，可以明显降低绿色信贷的成本，激励银行增加对绿色产业的贷款。这项措施如果到位，其对绿色金融的提升作用可能会大于历史上其他任何一项绿色金融的支持政策。据我们初步测算，对中国来说，如果将绿色信贷的风险权重从100%降到50%，就可能把全部绿色信贷的融资成本降低50个基点。

从国际上看，许多国家对此政策选项有兴趣，但对其利弊还无法做出明确的判断，主要原因是多数国家还没有对绿色信贷明确定义，也没有绿色信贷的统计和违约率的数据。但是，中国银监会于2013年就界定了绿色信贷的定义，并有了绿色信贷的统计和违约率的数据。据2017年的数据显示，中国绿色信贷的不良率不到0.4%，远低于银行业贷款平均不良率的1.7%。这表明，降低绿色信贷的风险权重是符合维护金融稳定这一审慎监管政策本意的，可以起到鼓励银行向低风险资产类别配置资产的目的。也就是说，降低绿色资产的风险权重，既能提升银行业的稳健性，又能加快金融资源配置向绿色转型，从而推进经济的绿色转型，是一举多得的措施。我建议监管机构认真考虑这项改革建议。

打造中国绿色金融的升级版

马　骏　清华大学国家金融研究院绿色金融发展研究中心主任

程　琳　清华大学国家金融研究院绿色金融发展研究中心副主任

摘要： 过去五年中，绿色金融从我国金融业内的一个小众话题成为了主流趋势，绿色信贷和绿色债券的余额已达十几万亿元，中国已经成为全球最大的绿色金融市场之一。"自上而下"顶层推动和"自下而上"基层创新的两支力量互相强化，使得我国的绿色金融体系建设在标准制定、激励机制、产品创新、地方试点和国际合作等领域取得了一系列令人瞩目的成绩。

本文简要总结近年来我国在国内发展绿色金融和在国际上积极开展合作、提升影响力的经验，并对如何进一步升级我国绿色金融体系，以推动经济高质量、可持续增长提出若干建议。

一、我国发展绿色金融的经验

近年来，我国初步建立了涵盖绿色信贷、绿色债券和绿色产业的绿色金融标准体系，建立了包括绿色再贷款、绿色 MPA、担保和贴息等措施的激励机制，在六省九市开展了绿色金融改革创新试点，推出了包括绿色贷款、债券、基金、保险等在内的各类绿色金融产品，实现了绿色金融的快速发展。总结近年来我国绿色金融的发展历程，我认为有四点宝贵经验。

一是证明了绿色金融有助于促进经济增长，而不是像有些人担心的会抑制经济发展或就业。这也是越来越多的地方开始主动要求（而非被"文件"要求）发展绿色金融的原因。以浙江省湖州市为例，作为绿色金融改革创新试验区，过去三年内其绿色信贷（中国人民银行口径）余额年均增长 31%，远高于全部贷款增速。在绿色金融的有力支撑下，湖州 GDP 增速连续三年居浙江省前三位，绿色发展指数连续两年居浙江省第二位，高新技术产业、战略性新兴产业和装备制造业三大主导产业增速均居浙江省前列；单位 GDP 能耗和 COD（化学需氧量）排放量分别累计下降 9.7% 和 11.25%，降幅均居浙江省前列。

二是证明了绿色金融可以有效促进环境改善和应对气候变化。据银保监会统计，以贷款资金占项目总投资的比例计算，2018 年末国内 21 家主要银行机构节能环保项目和服务贷款预计每年可节约标准煤 2.47 亿吨，减排二氧化碳当量 5.18 亿吨，减少 COD 463.19 万吨，减排氨氮 60.17 万吨、二氧化硫 685.52 万吨、氮氧化物 329.18 万吨，节水 10.04 亿吨[①]。再以湖州为例，当地金融机构通过绿色项目贷、绿色园区贷、环境污染责任保险等 117 款绿色金融产品，以及政府推出的"绿贷通"、绿色授信管理机制、垃圾分类绿色信用积分等机制，有效支持了环境改善。三年来，湖州空气质量优良率累计提高 8.6 个百分点，PM2.5 浓度累计下降 26%，两项指标居浙江省前列，"水十条" 13 个考核断面 100% 达到考核要求，连续三年获得"美丽浙江"考核优秀市。

三是证明了绿色金融发展可以降低系统性风险，促进金融系统稳定。据人民银行统计，2018 年末全国绿色贷款的不良贷款率仅为 0.48%，比银行业企业贷款不良率低 1.81 个百分点[②]。我国部分银行和资产管理机构已经开展环境风险分析和环境信息披露，开始识别、监测和管理环境风险敞口。目前，工商银行已完成火电、水泥和钢铁行业的环境风险压力测试，兴业银行参照"赤道原则"建立了全面的环境和社会风险体系，制定了《环境与社会风险管理政策》和《环境与社会风险管理子战略》，初步建立了防范由于环境和气候因素所导致的金融风险的机制和方法。

四是证明了"自上而下"与"自下而上"改革相结合的模式的有效性。与西方国家主要依赖投资者推动绿色金融的路径不同，我国近年来绿色金融的快速发展，主要得益于政府从政策层面上的大力推动。尤其是在标准体系、激励措施和地方试点等领域的突破，如果没有政府和监管部门的推动，仅靠市场力量是难以达到的。但是，这些标准、激励和试点措施的着眼点又是充分调动金融机构和绿色企业的积极性，从而创造更多"有商业价值"的绿色投融资机会，即让金融机构和绿色企业在实现环境效益的同时产生更大的经济效益。中国在绿色金融领域的实践表明，政府推动和市场发挥更大作用是可以有机结合的。

二、通过国际合作提升影响力的范例

过去几年，中国在绿色金融领域的国际影响力不断提高，并在许多国际平台中发挥了主导和引领的作用，得到了国际同行的广泛好评，中国在标准制定和激励机制等方面创造的经验也开始被一些国家借鉴。我认为，中国在这个领域的国际影响力的快速提升得益于多方面因素，包括国家和监管部门领导的大力支持（比如习主席亲自在 G20 峰会期间宣介绿色金融倡议，人民银行领导在许多国际场合给与大力支持和推动）、选对题目（绿色发展和应对气候变化是最容易形成国际共识的"构建人类命运共同体"的议题）、选对方法（用全球可接受的语言和合作方式构建国际平台）、用对人才（用懂专业的人来推动和落实国际合作平台的构建）、主动为发展中国家提供能力建设服务（让这些国家体会到实际的好处，以形成广泛的"朋友圈"）。

近年来，我国主导、推动和积极参与的国际合作至少包括 G20 绿色（可持续）金融研究小组、央行绿色金融网络（NGFS）、"'一带一路'绿色投资原则"（GIP）、可持续金融国际合作平台（IPSF）、中英绿色金融工作组、中法绿色金融联系会议、ISO 可持续金融标准技术委员会、全球绿色金融领导力项目（GFLP）等。

---

① 资料来源：中国人民银行研究局《中国绿色金融发展报告（2018）》。
② 资料来源：银保监会。

以下对这些国际合作的内容做一简介。

G20 绿色（可持续）金融研究小组：2016 年，中国在担任 G20 主席期间，将绿色金融纳入了 G20 峰会议程，并发起了 G20 绿色金融研究小组。该小组主导形成了发展绿色金融的全球共识，所提出的七项倡议均写入了 G20 杭州峰会的领导人公报，成为推动绿色金融主流化的一个重要里程碑。此后两年（2018 年该小组更名为可持续金融研究小组），该小组又在强化金融机构环境风险分析、改善环境数据可获得性、推动绿色资产证券化、支持建立绿色 PE/VC 基金和金融科技在可持续金融中的运用等方面提出了一系列具有前瞻性的建议，许多倡议开始成为引领全球绿色金融发展的新热点。

央行绿色金融网络：在 G20 绿色金融研究小组的影响下，2017 年 12 月法国央行、中国人民银行、英格兰央行、德国央行等 8 家机构共同发起成立了央行与监管机构绿色金融网络（NGFS），旨在强化央行和金融监管机构在推动绿色金融中的作用。在短短的两年时间内，NGFS 已经发展为有 50 多个国家成员的国际平台，影响力日益扩大。NGFS 下设 3 个工作组（监管工作组、宏观工作组和发展工作组），分别由中国人民银行、英格兰银行和德国央行担任主席。其中，监管工作组的主要任务是推动全球金融机构开展环境和气候风险分析，并采用监管手段强化相关的信息披露。2019 年 4 月，NGFS 发布了综合报告，首次提出气候变化已经成为影响金融稳定的重要因素，这个观点可能成为未来相当一段时间内全球央行推动绿色金融的重点领域，也可能带来重要的监管改革。

"'一带一路'绿色投资原则"：为推动金融机构和企业在"一带一路"沿线国家开展投资过程中注重环境和社会风险，并开展更多绿色投资，中国金融学会绿色金融专业委员会（以下简称绿金委）和伦敦金融城牵头多家机构制定并于 2018 年 11 月发布了"'一带一路'绿色投资原则"（GIP）。截至 2020 年 3 月，共有 37 家全球机构正式签署了 GIP，包括参与"一带一路"投融资的商业银行、投资机构和证券交易所等，这些大型金融机构所管理的资产总额超过 30 万亿美元。GIP 成立了三个工作组，分别围绕"环境与气候风险评估""环境和气候信息披露"和"绿色金融产品创新"三大主题开展工作，通过开发和推广相关工具，帮助成员在"一带一路"投资中提高对环境和社会风险的管理水平，支持其开展更多绿色投资。

全球绿色金融领导力项目：近年来，不少发展中国家产生了通过绿色金融实现可持续发展的强烈愿望，但普遍面临着能力不足的困难，迫切需要技术援助和能力建设。在此背景下，清华大学绿色金融发展研究中心联合 IFC 旗下的可持续银行网络（SBN）和中国环境与发展国际合作委员会（CCICED），于 2018 年 5 月共同发起了全球绿色金融领导力项目（GFLP），旨在通过搭建国际交流平台，共享绿色金融发展的方法、工具和经验，在发展中国家培养绿色金融领域的领军人才。截至 2019 年 9 月，GFLP 已分别在中国、摩洛哥和哈萨克斯坦成功举办了四次绿色金融能力建设活动，参加者包括来自59 个国家和地区的近 600 位高管和专业人士。作为该项目的一部分，清华大学绿色金融发展研究中心与蒙古可持续金融协会（MSFA）展开合作，帮助蒙古国开发了适用于该国实际情况的绿色金融分类标准，该标准于 2019 年 12 月获得了蒙古国金融稳定委员会批准并已正式发布。这也是我国专家帮助他国制定绿色金融标准的首个案例。

ISO 可持续金融技术委员会：2018 年 9 月，国际标准化组织（ISO）发起成立了可持续金融技术委员会（ISO/TC 322），旨在制定一套指导可持续金融的国际标准。2019年 3 月，ISO/TC 322 举行了首次全体会议，选举英国专家 Peter Young 为技术委员会主席，中国绿金委主任马骏为顾问组副主席，并成立了可持续金融术语特别专家组，由中方专家担任召集人。自 ISO/TC 322 成立以来，中方专家在制定战略规划、主持专家组、提供案例、推动行业联络组织等方面发挥了十分重要的作用，并作为东道主在中国深圳支持了 ISO/TC 322 第二次全体会议。

中英、中法绿色金融合作：2017 年，中国绿金委和伦敦金融城成立中英绿色金融工作组，推动两国绿色金融相关双边务实合作。近三年来，该工作组先后就环境风险分析、信息披露、ESG 投资、绿色资产证券化、"一带一路"投资绿色化、绿色资产的财务表现等重点议题展开了深入研究与合作，形成了一批具有国际影响力的产品和标准。比如，在该工作组的推动下，双方共同发布了"一带一路"绿色投资原则（GIP），并组织两国十余家金融机构开展环境信息披露试点工作。信息披露工作组提出了三年行动计划和披露模板，有望成为中英金融机构开展环境信息披露的通行标准。

此外，中法两国也在"中法高级别经济对话"框架下开展了绿色金融双边合作。2018 年 10 月和 2019 年 11 月，中国绿金委和法国 Finance for Tomorrow 牵头在中国上海和法国巴黎成功举办了二届中法绿色金融联席会议，会议讨论了绿色资产风险权重、环境信息披露、GIP 和绿色投资，以及绿色金融科技等议题。今后，中法双方还将在信息披露、GIP 和研究调整绿色资产风险权重等领域加强双边合作。

三、关于打造绿色金融升级版的几项建议

最近几年，我国在绿色金融的标准制定、产品创新、国际合作和地方试点等领域都取得了十分积极的进展。但是，与改善环境和应对气候变化所需要的巨大的绿色融资需求相比，我们的绿色投资仍然远远不足。比如，我国绿色债券占整个债券市场融资总量的比重仍然较低；我国有绿色偏好的机构投资者的比重也明显低于欧洲和英国。在一些污染和高碳的领域，我们的投资仍然过大，而许多金融机构还没有意识到这些贷款和投资在未来将面临成为不良资产的风险。主要问题还在于目前的政策对绿色经济活动的激励机制不足，对棕色活动的约束力度不够。在我国经济面临下行压力的背景下，应该进一步加大对绿色金融的支持力度，在推动经济绿色转型的过程中更好地发挥稳增长的作用。

我们建议，未来应该从如下几个方面入手，强化激励和约束机制，更有效地引导金融资源向绿色产业配置，切实防范环境和气候因素导致的金融风险，打造绿色金融的升级版。

第一，借鉴法国外贸银行（Natixis）的做法，试点在内评法的基础上，降低绿色资产风险权重，提高棕色资产的风险权重。该做法可以基本不改变银行的整体风险权重，只是在银行内部对不同环境表现的资产给予一个风险权重的调节因子，从而改变内部资

本占用并间接影响定价（即降低绿色信贷的利率、提高棕色信贷的利率），相当于形成了一个内部的绿色贷款补贴机制。绿金委就此问题组织的课题组已经取得初步成果，认为在我国大行试点类似做法具有可行性，希望监管部门支持。我们估计，风险权重调整之后，所产生的对绿色贷款的激励效果将远大于历史上所有绿色金融激励政策的总和。

第二，在银行等金融机构中推广环境风险分析。央行绿色金融网络（NGFS）正在起草《金融机构环境风险分析手册》，完成后将向全球发布。此手册将正式向全球央行和监管部门建议，在银行、基金、保险行业推广环境和气候相关的压力测试和情景分析，以帮助这些机构判断在环境高风险领域的投资可能带来的信用风险和市场风险，防范环境和气候因素冲击金融稳定。清华大学绿色金融研究中心用环境压力测试方法的初步研究结果显示，由于气候相关因素（包括可再生能源成本大幅下降和碳价上升等），5 年之后在煤电领域的贷款不良率可能会超过 20%。但目前我国多数金融机构（包括在"一带一路"国家开展煤电项目贷款的一些金融机构）对此风险还没有预判。为提升风险防范意识和应对风险的能力，建议监管部门组织金融机构学习和推广环境风险分析的方法。

第三，政府和金融机构有效合作，加快推进在绿色建筑、绿色消费、绿色农业和绿色科技领域的绿色金融产品研发。到目前为止，从融资量上来看，我国绿色金融活动的主体还是大型银行或债券市场为绿色基础设施（如新能源、污水固废处理、轨道交通等）提供融资。有巨大潜力的绿色建筑、绿色消费、绿色农业等领域的经济活动还没有得到金融的有力支持。未来所有的新建筑都应该达到绿色标准，大部分旧建筑都要进行节能改造，将对绿色开发贷、绿色按揭贷和合同能源管理贷款产生巨大需求。在消费和农业领域，对各种绿色消费品（如节能家电和新能源汽车等）和有机农产品的需求潜力巨大，也应该得到绿色金融的支持。此外，绿色发展亟须通过科技创新来解决绿色产品的成本和价格高于非绿色产品的问题，亟须更多的 PE/VC 等资金投入绿色技术创新。

因此，我们建议：相关部委明确绿色建筑、绿色消费和绿色农业在绿色金融业务中的认定标准，并将这些绿色金融业务纳入已有的激励机制（如人民银行 MPA 考核和再贷款、再贴现等）；行业协会或行业领军企业牵头制定这些领域绿色金融活动的标准实施办法和环境效益测算方法；在房地产宏观调控政策的落实中区分"绿色"与"非绿"建筑，支持绿色建筑扩大其市场份额；金融机构要定量分析在这些领域中的绿色贷款与"非绿"贷款的信用风险差别，并在此基础上实行差别化定价；鼓励和引导更多的长期资金投入绿色科技基金。

第四，及时出台上市公司强制性环境信息披露要求，支持 ESG 投资。七部委在《关于构建绿色金融体系的指导意见》中提出，要对上市公司和发债企业实行强制性的环境信息披露要求。在讨论过程中，有的上市公司认为实行强制性披露要求会加大企业的负担，一些企业的相关能力建设也没有到位。我们建议，各方应该充分认识环境信息披露对构建绿色金融体系和推动 ESG 投资的关键作用，充分利用第三方机构的力量为企业提供环境信息披露能力建设，大力宣传试点企业解决操作性问题的具体方法和案例，合理设计对强制披露内容的要求（可按不同行业设计披露模板和实施路线图，以确保可操作性），保证 2020 年底之前按计划推出强制性披露要求。

第五，强化我国金融机构在"一带一路"投资过程中的环境风险管理意识和能力。在 2019 年 4 月举办的第二届"一带一路"国际合作高峰论坛上，习近平主席特别强调了构建绿色"一带一路"的重要性。为落实习近平主席有关讲话精神，强化我国机构在"一带一路"投资过程中的环境风险管理意识和能力，我们建议：一是国家发改委和生态环境部牵头就我国对外投资制定强制性环境影响评估的要求，对达不到环境和气候标准的项目不予批准；二是将环境与气候风险管理要求纳入官方出口信用担保机制，拒绝担保污染性、高碳的项目，增加对绿色、低碳和可持续项目的担保额度；三是要求参与"一带一路"项目的金融机构开展环境压力测试和强化环境信息披露，有效评估和管理由于环境与气候因素对金融机构可能带来的风险；四是将银行类金融机构对境外提供的绿色贷款纳入 MPA 考核和其他激励机制的覆盖范围；五是支持更多的金融机构和企业加入"'一带一路'绿色投资原则"，强化绿色投资能力建设。

第六，推动中欧可持续金融标准一致化。中国已经出台了一系列绿色金融标准，欧洲也即将正式出台可持续金融标准。中国和欧洲是全球最大的绿色金融市场，双方投资者有着到彼此市场开展绿色投融资的需求。比如，中资机构在境外发行的绿色债券大部分由欧洲投资者购买；欧资机构也有在中国发行绿色熊猫债的需求。此外，欧洲投资者在负利率的背景下对中国绿色资产有很大的投资兴趣。中欧双方有必要统一绿色金融标准，避免在跨境投资中出现"洗绿"（green washing）风险和由于标准不一而产生的双重认证和难以对话等成本。中欧双方应考虑尽快启动中欧可持续金融标准一致化工作组，推动两大市场之间更加便利、更低成本的跨境绿色投资，并为全球绿色金融标准趋同化提供铺垫。

构建支持绿色技术创新的金融服务体系[①]

马　骏　安国俊　刘嘉龙等

绿色金融发展研究中心

摘要： 目前，我国面临着绿色技术创新能力不足，绿色产品和服务成本过高的问题，这将制约绿色发展的可持续性。要加快推动绿色技术创新，必须解决绿色科技企业面临的一系列融资问题，构建一个有效支持绿色科技企业的金融服务体系。该体系应该包括如下特点：（1）多层次的融资和风险管理模式，包括股票市场、PE/VC、投贷联动、担保和保险机制，以解决银行不愿贷、风险资金不到位的问题；（2）政府提供一定的激励机制，包括孵化、担保、贴息等，以降低绿色科技企业的融资成本和风险溢价，缓解绿色项目的环境外部性问题；（3）提供有较长期限的资金，以满足部分绿色技术项目回报周期长的特点；（4）建立一套适合于绿色技术和绿色 PE/VC 基金的界定标准和环境效益评估标准，利用数字技术提升绿色评估能力，降低评估成本。本文在这个框架之下提出了十条具体的政策建议。

一、引言

"十四五"作为中国经济新旧发展动能的重要转换期，绿色发展有望成为更为重要的新动力，以推动经济可持续、高质量发展。尽管近年来我国在推进节能减排、清洁生产、循环经济、绿色消费等方面取得了积极成效，但在绿色发展仍然面临一些严重的瓶颈。其中，最突出的一个问题是绿色技术创新不足所导致的绿色产品和服务成本过高，使得大量绿色生产（如清洁能源、电动车）和消费绿色（如节能家电、绿色建筑等）的发展仍然严重依赖有限的政府补贴。

未来必须要通过大规模的绿色技术创新，明显降低绿色生产、绿色消费、绿色出行的成本和价格，使得绿色经济活动比非绿色经济活动更有成本和价格方面的优势。只有这样，才能真正利用市场机制（包括价格机制）来推动资源向绿色产业配置，推动投资、生产和消费向绿色化转型，在很少依赖政府补贴的前提下实现经济的可持续发展。

我国政府在推动绿色经济和绿色技术创新发展方面采取了积极的行动和政策。2019

① 本文是由马骏、安国俊牵头的《绿色金融支持绿色技术创新体系研究》课题报告的部分内容。马骏：清华大学国家金融研究院金融与发展研究中心主任，中国金融学会绿色金融专业委员会主任；安国俊，中国社会科学院金融研究所副研究员；刘嘉龙，清华大学国家金融研究院绿色金融发展研究中心研究人员。作者感谢科技部对此项研究的支持，也感谢课题组其他成员所做的重要贡献。

年4月，由国家发展改革委和科技部共同制定了《关于构建市场导向的绿色技术创新体系的指导意见》，同时发布了绿色产业指导目录、绿色技术推广目录、绿色技术与装备淘汰目录，引导绿色技术创新方向，推动各行业技术装备升级，鼓励和引导社会资本投向绿色产业。

但是，目前我国绿色技术投资仍然严重不足，绿色金融对于绿色技术创新的支持作用没有充分发挥，绿色科技企业仍然面临许多融资瓶颈。如：（1）由于缺失担保和抵押及银行对绿色技术了解有限，绿色科技企业和项目难以从传统金融市场（如银行和债券市场）获得融资；（2）由于我国私募股权和风险投资机构对绿色技术的认知和经验不足、基金存续期较短，导致PE/VC对绿色技术的投资不足；（3）绿色技术的界定、标准化和认证存在困难，绿色技术评估标准亟待建立，相关部门的政策和实施协调性有待加强；（4）对绿色技术带来的环境效益（如碳减排）进行量化、定价和收费存在困难，使得这些环境效益难以转化为金融机构和金融市场可预期的经济效益和未来的现金流。（5）对绿色技术投资缺乏政策激励机制，绿色技术公共投入规模相对有限，财税、投融资等激励机制尚待建立，市场化激励手段相对不足。

要解决绿色技术发展面临的一系列融资问题，必须构建一个有效支持绿色科技企业的金融服务体系。本文提出如下具体的建议。（1）鼓励银行业金融机构针对绿色技术创新开展投贷联动业务；（2）支持银行在巴塞尔III新规之下试点投资绿色基金；（3）支持和培育专注投资于绿色技术的私募股权和创投机构；（4）鼓励保险公司开发支持绿色技术创新和绿色产品的保险产品；（5）鼓励保险、养老基金等长期资金投资于绿色PE/VC基金；（6）对绿色技术创新企业提供担保和其他类型的风险补偿；（7）支持地方政府、社会资本及外资设立绿色技术孵化器和产业园；（8）用数字技术为绿色产品、技术和资产提供认证、贴标、评估服务；（9）建立PE/VC的绿色标准和环境信息披露制度；（10）建立绿色技术界定标准。

二、绿色技术投资所面临的融资瓶颈

绿色技术是指降低能消耗、减少污染和碳排放、改善生态的各类新兴技术，涵盖节能环保、清洁生产、清洁能源、生态保护与修复、基础设施、生态农业等领域，以及产品设计、生产、消费、回收利用各个环节。从行为主体来看，绿色技术创新体系的构成要素主要包括企业、科研机构、政府、金融机构等。企业是绿色技术创新的主体，是绿色技术创新的需求方、发起方和实施方。科研机构是绿色技术创新的重要智力提供方，科研机构与企业的良好互动是绿色技术创新的重要支撑。政府是绿色技术创新的激励方和受益方，一方面政府的激励政策和机制能在很大程度上促进绿色科技企业、科研机构、金融机构参与绿色技术创新，另一方面绿色技术创新也有利于各级政府建设生态文明和可持续发展等目标的实现。金融机构通过组织市场化的金融资源投入绿色技术创新领域，实现产业、科研、政府和金融的良性循环。

尽管政府已经出台了多项支持绿色技术创新的政策文件，但目前我国企业开展绿色技术投资的力度仍然不足。比如，中国环境保护产业协会在2018年发布的全国环保产业重点企业调查报告显示，被调查的近一万家环保企业的研发经费占营业收入的比重为3.0%，略微高于全国规模以上工业企业研发经费支出水平，但这一比例还是低于发达国家3.8%的平均水平。例如德国环保制造业企业的研发投入一般为营业收入的4%左右。又如英国低碳、环境服务企业的研发投入占总营收的比重约为5%。绿色技术创新活动初期投入成本巨大，从研发到产生经济效益的周期又较长，对规模较小的企业或者缺乏创新经验的企业，如果选择投资短期没有收益的绿色技术项目，可能会更快、更容易被市场淘汰。导致我国绿色技术投资不足的原因有多个，本课题专注于研究绿色科技企业面临的融资瓶颈。这些瓶颈的具体表现如下：

1. 难以从银行等传统渠道获得足够融资

一方面大多数绿色技术创新企业是轻资产的中小民营企业，缺少可抵押资产，而银行贷款一般都要求有抵押品；另一方面大多数绿色技术项目的投资周期长（有的长达5~10年），但我国银行传统信贷的平均期限只有2~3年。缺少可抵押资产和期限错配的问题导致绿色技术企业难以通过传统金融市场，尤其是从银行贷款渠道获得足够的融资。另外，债券市场一般只为比较成熟的、规模较大、风险较低的企业提供融资，因此也不适用于中小绿色科技企业。

部分银行也有支持高科技类中小企业的产品，比如投贷联动的产品，可以帮助解决绿色科技企业的融资需求，但是与整体上庞大的中小企业数量相比，它们的资金量还是太少，比如上海和北京地区投贷联动的年度规模只有几十亿元。相对于银行贷款，中小型绿色科技企业通过互联网金融公司（P2P）和产业金融公司获得贷款的利率很高，有的甚至达到20%以上，一般只适合小企业短期流动资产的救急，无法作为企业中长期科技投资项目的资金来源。

2. 通过私募股权和风险投资途径获得融资也存在困难

一般来说，科技企业的主要外部融资来源应该包括私募股权（PE）和风险投资（VC）。但是，许多绿色科技企业商业模式仍不成熟，市场规模有限，且项目收益率较低，与国内私募股权（PE）和风险投资（VC）者的风险偏好也存在较大差异。

国内的PE/VC近些年的投资热点主要集中于互联网、生物医药、金融和物流运输行业，在绿色科技企业方面的投资规模较为有限。在2018上半年，新能源和节能环保领域的PE/VC投资仅占全部行业的0.81%。但是在欧美，绿色科技企业已成为许多大中型PE/VC基金的核心关注点和新的增长点。据国际金融公司的研究报告，美国的PE/VC投资者在2006—2018年期间在可持续科技（sustainable technology）领域的投资达490亿美元，而同期欧洲和亚洲的这一数字分别是200亿美元和120亿美元；同时有估算表明，美国PE/VC管理的资金中超过20%都应用了可持续和社会责任相关的投资标准。从全球范围来看，2018年全球VC行业在清洁技术（cleantech）领域的投资占比为8.7%，也远高于中国。

一个严重阻碍国内PE/VC在绿色科技企业项目上投资的重要因素是投资期限错配和投资风险过高。投资期限方面，目前国内PE/VC基金的存续期大多为5~7年，而许多绿色科技企业能够达到IPO门槛需要7~10年的成长期，导致国内的PE/VC基金难以青睐科技企业。而美国PE/VC基金的存续期期一般在10年左右。导致这种国内外差别的一个重要原因是西方国家的PE/VC基金的主要投资人（LP）来自养老金、保险公司和大学的捐赠基金，而这些资金本身就有长期投资的需求。相比之下，在我国这些长期资金的来源严重不足，许多PE/VC的投资人是企业和靠发行短中期理财产品筹资的信托公司、银行理财公司、证券公司资管计划等。

此外，由于绿色科技企业大多数处于成长期和产品研发期，其商业的可持续性和回报的确认需要较长时间和较高成本，对于下游消费者偏好和产品收益的难以预测性也导致了较大的市场风险，使得许多PE/VC基金望而却步。总体而言，绿色科技企业的投资期长、高风险、项目流动性差的特质与我国PE/VC的投资偏好不符，导致这类企业不能很好地通过此种途径获得充足、稳定的资金来源。

3. 绿色项目面临多种特殊的产业风险

许多使用绿色技术的项目，由于其技术特点，都面临着其他产业所没有的风险。比如，光伏和风力发电面临着日照时间和风力不确定的风险，绿色建筑面临着所用技术是否够达到节能、节水标准的风险，许多环保和节能设备面临着性能不稳定的风险。如果用户过于担心这些风险，而同时缺乏相应的风险管理的工具，就会导致需求不足，从而制约绿色技术的运用和推广。

4. 绿色技术的界定、标准化和认证存在困难

由于缺乏绿色技术的相关界定或认证标准，部分企业可能存在"洗绿"（green washing）行为，即企业声称将资金用于绿色技术创新，但实际上相关技术并不能产生新的环境效益，只是假借绿色技术的名义进行融资。

导致洗绿的原因包括缺失绿色技术标准以及认证和披露要求。虽然我国已经推出了绿色信贷、绿色债券和绿色产业的界定标准（说明），但是目前还没有绿色技术的标准或目录。绿色技术的标准应该使专注投资于绿色技术的PE、VC等投资机构可以便捷地界定和识别其投资标的。目前由于缺乏标准，第三方机构也无法以此标准为依据对绿色技术进行认证，包括量化评估绿色技术项目所带来的环境效益。

由于上述"洗绿"风险的存在，投资者在识别有投资潜力和正当动机的绿色科技企业时存在困难和疑虑，或者识别过程给投资者造成较大的额外成本。这也是当前导致绿色科技企业融资困难的原因之一。

5. 对绿色技术投资缺乏政策激励机制

推动绿色技术创新和绿色科技企业的发展，主要应依靠市场化机制和社会资本的支持，但相关的政策激励机制也十分重要。包括财政激励和税收减免等在内的政策激励机制，一方面可以直接给绿色科技企业的发展提供便利和优惠条件，降低其成本或提高其收益；另一方面可以起到一个杠杆作用，给市场释放积极的信号，引导私人资本和社会资本进入绿色技术领域，以有限的政府资源撬动庞大的市场资源支持绿色科技企业的发展。

虽然我国已经推出了一些支持绿色信贷和债券的激励政策（如绿色再贷款、绿色MPA、绿色项目的担保和贴息），但主要用于支持采用传统或成熟技术的项目，而早、

中期的绿色科技企业和项目则由于难以获得贷款和债券融资,因此无法享受现有的绿色金融激励政策。此外,我国地方性的碳交易市场覆盖面有限,全国性的碳交易市场尚未启动,因此也无法为大部分中小低碳科技企业提供激励。

三、关于强化金融支持绿色技术的建议

前文的分析中指出,虽然我国已经在绿色科技领域进行了不少创新,但我国绿色技术创新的融资仍然面临着一系列障碍。我们认为,要解决绿色技术发展面临的一系列融资问题,必须构建一个有效支持绿色科技企业的金融服务体系。该体系应该包括如下特点:(1)多层次的融资和风险管理模式,包括股票市场、PE/VC、投贷联动、担保和保险机制,以解决银行不愿贷、风险资金不到位的问题;(2)政府提供一定的激励机制,包括孵化、担保、贴息等,以降低绿色科技企业的融资成本和风险溢价,缓解绿色项目的环境外部性问题;(3)提供有较长期限的资金,以满足部分绿色技术项目回报周期长的特点;(4)建立一套适合于绿色技术和绿色PE/VC基金的界定标准和环境效益评估标准,利用数字技术提升绿色评估能力,降低评估成本。基于以上思路,我们提出如下具体的建议。

1. 鼓励银行业金融机构针对绿色技术创新开展投贷联动业务

由于银行的资金来自与客户(如储户或债券投资者),因此对风险的容忍度较低,传统的银行一般不愿介入科技类的、风险较大的项目的贷款。而银行又管理着我国金融体系中最大比例的资金,占全部社会融资来源的80%左右,应该寻找合适的、风险可控的途径参与支持绿色技术。我们建议,应该鼓励银行在绿色技术领域开展"投贷联动"试点。投贷联动,是指银行与有经验的PE/VC基金或银行集团内设的股权投资子公司共同支持绿色技术项目,由PE/VC基金提供股权融资,银行提供配套贷款。在这种模式下,银行可以借力专业化的股权投资机构对项目的筛选和尽调能力,避免由于银行内部缺乏专业人员而出现投资失误;同时,外部或内部股权机构作为股权投资者,承担较大的风险(和享受较高的未来收益),减少银行在这些项目中所承担的风险。

2016年4月,银监会将投贷联动作为重点工作之一,并与科技部、人民银行联合出台了《关于支持银行业金融机构加大创新力度 开展科创企业投贷联动试点的指导意见》。根据该意见,信贷投放由商业银行来完成,股权融资的主体则可根据不同的投贷联动运作模式,可以由外部风险投资机构(VC/PE)或商业银行集团内部具备投资资格的子公司、产业投资基金来承担;前者称为内部投贷联动,后者称为外部投贷联动。

投贷联动的国内外案例已有不少。比如,成立于1980年的硅谷银行(Silicon Valley Bank,简称SVB),专门为中小科技型创新企业提供综合金融服务,目前已发展成为金融集团架构(硅谷金融集团)。集团旗下有硅谷银行,主要为科技企业提供贷款;旗下的硅谷资本(股权投资子公司)提供股权投资;硅谷银行和硅谷资本之间形成投贷联动机制。硅谷银行对固定资产较少、专利较多的科技企业提供专利质押贷款。硅谷资本一般与其他风投机构共同投资于这些科技企业。

硅谷银行有时有采用"认股期权贷款"模式来对冲风险。在这种模式下,硅谷银

行发放贷款时，硅谷金融集团同时获得企业的部分认股权或期权，在企业公开上市或被并购时行使。采用认股权证的贷款对象一般是早期阶段的高科技企业，风险较大，硅谷银行集团利用认股权证的方法可以补偿银行面临的部分信用风险。

从国内的实践来看，已有招商银行、南京银行、北京银行、兴业银行、民生银行等开展了投贷联动的业务试点。这些银行的投贷联动主要通过两种模式，一是银行 + PE/VC/券商模式，为企业提供贷款和股权综合融资服务。二是银行 + 投资子公司模式。即借助银行集团的投资子公司，进行直投业务，并与银行贷款业务进行联动。部分投贷联动的项目已经涉及了新能源、节能环保等绿色领域（如招商银行与 SLARZOOM 光伏亿家的战略合作、民生银行的"启明星"所参与的节能环保等项目）。

但是，总体来看，投贷联动的项目主要还在医疗健康、高端装备制造、互联网运用等领域，得到投贷联动支持的绿色技术项目还不多。主要问题包括：（1）银行及其投资子公司以及银行之外的 PE/VC 基金在绿色领域的专业能力还比较缺乏，项目识别能力有限；（2）绿色技术创新领域的中小企业数量较多，企业管理和风控能力较弱；（3）绿色技术的环境效益尚未得到监管部门和市场充分的认可，外部性尚未内生化。

未来，要强化绿色技术领域的投贷联动业务，应该：（1）鼓励银行内部股权投资子公司和外部 PE/VC 投资管理公司建立跟踪绿色技术的专业团队，包括成立银行的绿色技术支行；（2）与当地的绿色技术孵化器、产业园合作，在投贷联动过程中，为中小绿色科技企业配套提供孵化和服务能力；（3）将央行和地方政府提供的绿色金融激励政策（包括人民银行的绿色再贷款、再贴现和地方政府对绿色项目的贴息、担保）与绿色投贷联动业务有机结合，降低投贷联动业务的融资成本和信用风险。

2. 支持银行在巴塞尔 III 新规之下试点投资绿色基金

目前，银行掌握着金融体系中最大的资金量，但基本没有参与科技投资，包括绿色技术投资。一个主要的原因是传统的银行监管要求基本不允许银行参与股权投资。但是，在 2017 发布的巴塞尔 III 的最新监管细则已经允许银行以 250% ~ 400% 的风险权重参与股权基金的投资，但中国机构还没有开始关注和使用这项改革。我们建议，应该探索巴塞尔 III 关于允许银行以 250% 风险权重投资分散化的股权资产的条款在中国绿色技术产业的试点方案，鼓励试点银行在风险可控的前提下（如不超过银行总资产的 0.5% 和投资标的充分分散化的前提下）投资专业化管理的绿色股权基金。

巴塞尔（Basel III Guidelines）的监管细则规定，银行资金可以投资股权投资基金，适用的风险权重范围为 250% 至 400%，250% 的风险权重适用于风险较低的、投资足够分散化（如投资于 250 家公司以上的投资组合）的基金，400% 的风险权重适用于风险较高的创投（VC）基金。英国、欧洲和加拿大的银行已经开始试行此类针对中小企业的股权投资，在充分控制和分散风险的前提下取得了很好的收益，银行进一步开展这类投资的积极性很高。我们估算，在 250% 的风险权重下，银行投资这类基金的资本金回报率可以达到 25%。因此，只要各国（地区）银行监管部门参照巴塞尔规则发布执行细则，许多银行（不需动员，它们会主动要求加入）将有很大的积极性参与这类投资，设立较大规模的绿色基金并不需要政府财政出资。我们建议，可以在若干银行启动在此新规下的试点项目，设立绿色基金，部分资金可以投资绿色科技企业。

3. 支持和培育专注投资绿色技术的私募股权和创投机构

缺乏专业化的绿色 PE 和 VC 基金管理机构，是现阶段我国绿色技术投资的一大瓶颈。根据基金业协会的统计，目前在协会注册的、冠名为绿色的各类基金共有 500 多只，但绝大部分投资绿色上市公司和使用成熟技术的绿色项目，很少有基金涉足绿色技术创新领域，我们了解到的国内专注投资绿色、清洁或环境科技的基金只有几只。

未来，随着全球应对气候变化战略行动的强化和我国绿色发展战略的深化，越来越多的投资者会认识到，未来绿色低碳项目将会得到更大的激励（如碳价可能在未来上涨几倍或十几倍、各种税收和绿色金融激励政策将逐步到位）和体现更好的长期回报，绿色技术在绿色经济和绿色投资中所占的比例一定会大幅提高。因此，未来需要的不是几只，而是几十只、上百只绿色技术基金。

缺乏合格的、有经验的绿色技术基金管理机构是绿色技术发展的一大瓶颈。为了缓解这个瓶颈，我们建议：（1）政府要有意识地培育绿色技术创投基金，将部分政府产业基金（母基金）所管理的资金配置给绿色技术基金，帮助其建立优质的团队和业绩，并给以适当的激励机制（如租金减免等）。中央和地方发起的绿色发展基金、民营企业引导基金、国家新型产业创业投资引导基金、国家科技成果转化引导基金应该把绿色技术创新作为优先支持领域。（2）鼓励银行、产业基金管理机构强化绿色投资的能力建设，支持发展绿色母基金。鼓励机构投资者将绿色投资原则纳入其投资决策过程中，将部分现有产业基金改造为绿色技术基金。对相关人员开展能力培训，包括识别绿色项目、量化环境效益、披露环境信息等方法和工具的使用，提高其开展绿色投资的能力。（3）通过提供绿色项目储备和介绍国内外绿色投资机构，鼓励和引导现有的（非专注投资绿色技术的）基金管理团队向绿色技术领域转型。（4）支持绿色技术基金所投资的企业上市融资，比如在同等条件下优先推荐绿色企业到创业板上市。

4. 鼓励保险公司开发支持绿色技术创新和绿色产品的保险产品

许多绿色技术项目在商业化过程中所面临的一个挑战是，这些技术和运用面临较大的市场或技术风险。比如，光伏和风电项目面临日照时间和风力的不确定性（从而导致收益不确定），绿色建筑面临着市场认知（和需求）的不确定性，环保技术设备可能出现故障等风险。为了支持绿色项目和这些项目所运用的绿色技术，保险机构应该进一步研发和推广支持绿色建筑、清洁能源、绿色交通、环保技术装备、绿色农业等产品创新，通过金融产品创新来化解这些风险或这些风险可能带来的经济损失，为绿色技术的落地推广提供更多支持。

除了为绿色技术购买方面临的市场或技术风险提供风险保障外，建议保险公司创新商业模式，与第三方机构合作，整合风险管理资源，加强对绿色技术项目所面临风险的研究，强化专业服务能力建设，尝试通过"保险+服务"的方式，为项目提供以风险减量为导向的、覆盖全生命周期的、囊括一揽子风险的保险解决方案。

绿色技术项目在传统金融机构看来，面临着各种各样的不确定性，因而在资金支持上通常持谨慎态度。通过质押自身的知识产权获得融资，对于绿色科技企业来说不失为一种可以探索的途径。建议金融板块之间加强联动，保险公司与银行深度合作，通过提供知识产权质押融资保证保险的方式，完善风险分担机制，共同支持绿色技术创新。

面对与绿色技术创新有关的风险，绿色科技企业或由于意识不到位，或心存侥幸心理，或出于对成本支出的考量，一般不愿意主动投保相关保险。为培育企业的风险和保险意识，更好地运用保险机制防范管控风险、增进市场信用、促进技术推广，放大财政资金使用效率，建议政府部门完善绿色金融激励政策，对绿色科技企业投保相关的科技保险险种给予保费补贴，出台可享受补贴的绿色科技企业名单和险种名单，明确补贴比例，以此促进保险覆盖面的提升，让企业切实感受到保险的益处，再视情况，逐步降低补贴比例，直至完全退出补贴。

保险具有丰富的应用场景和广泛的客户接触界面，可以成为对接和整合社会资源的入口平台。保险公司以机构身份具有较强的议价能力，能够为客户争取到具有合理成本的、符合质量标准的产品和服务。建议保险公司创新商业模式，尝试将绿色技术和绿色产品融入到为客户提供的解决方案当中，增加对于绿色技术供应商的产品采购，促进绿色技术和绿色产品的规模化应用。例如，在为车险客户的受损车辆提供维修服务时尽可能多地采用绿色环保的汽车零配件；在为工程质量保险客户的房屋提供维修服务时尽可能多地使用绿色环保的建筑材料等。

5. 鼓励保险、养老基金等长期资金投资绿色 PE/VC 基金

由于多种原因，绿色技术项目的回报期可能比其他产业的项目回报期稍长，因此存续期过短（如五至七年）的 PE/VC 基金就难以专注绿色技术投资。这些原因包括：一些重要的绿色项目所涉及的技术较新，开拓市场需要一个周期，短期内难以盈利；由于激励政策短期无法到位（如许多减碳的企业尚未被纳入碳交易机制，短期内无法活动碳汇收益，但长期可以收益），项目进入盈利状态的速度较慢；一些绿色项目的前期投入（较同行业非绿项目）较大，投资回报更容易呈现前低后高的特点。

目前，国内多数 PE/VC 基金的资金来自政府引导基金和上市公司，这些机构的激励机制一般不倾向于支持存续期较长（如九年）的绿色技术基金。比如，政府一般重视考核引导基金的年度业绩，上市公司也多看年度的盈利，很少有只关注长期业绩的 LP 投资者。为了解决绿色技术创新企业面临的长期资金需求和短期资金之间存在的期限错配问题，我们建议，政府应鼓励和支持养老、保险等长期资金参与创立和投资存续期较长的（如九年或更长期）的绿色技术基金。政府和监管部门可以通过文件和规定明确这个意向，为全国社保基金理事会和保险机构向绿色技术基金配置长期资产提供依据。

6. 对绿色技术创新企业提供担保和其他类型的风险补偿

随着国家政府性融资担保基金的建立和推动，目前我国已经初步形成了以股权投资、再担保方式为纽带，以国家融资担保基金、省政府性融资担保机构和市县级政府性融资担保机构为层级的政府性融资担保体系。这个体系定位于准公共性，以缓解小微企业、"三农"和创业创新企业融资难、融资贵为目标，按照"政策性导向、市场化运作"的运行模式，带动各方资金扶持小微、"三农"和创业创新企业。但目前尚未有专

注支持担保绿色技术项目贷款的举措，缺乏符合绿色企业特点的政策措施和制度安排，如担保期限和周期、保费定价和补贴、科技奖励和补贴、信用信息体系对接、股权及风险对价安排等。

我们建议，应该明确绿色技术产业属于政府性融资担保体系的支持范围，依据绿色企业资金需求、期限、成本等特点，细化担保支持绿色技术企业的政策措施和制度安排。此外，还应该支持、鼓励设立绿色技术产业担保基金，委托专业担保机构试点、试验开展绿色技术企业担保投资服务，为国家绿色科技成果积极、成功、有效转化创造条件。

我们建议，刚刚成立的国家融资担保基金应该将绿色技术创新作为其重点支持的领域之一。理由如下：（1）绿色科技企业的许多产品具有改善环境、应对气候变化等公共属性或正外部性，这与国家融资担保基金的准公共金融属性较为契合。（2）在国家绿色金融政策的引导下，许多地方政府都有出资提供绿色担保的意向，但却面临缺乏专业能力的瓶颈，许多地方的担保计划因此迟迟无法落地。国家担保基金可以作为 LP，与地方财政共同出资，共同发起地方性的担保基金，委托专业担保公司管理，从而解决专业能力的瓶颈问题。（3）大部分绿色科技企业都是民营中小企业。近年来，我国民营企业违约频率明显高于往年，信用环境快速收缩。在这种情况下，国家融资担保基金加大支持绿色科技企业的力度，既可以推动绿色转型，也能为国家稳增长、稳就业发挥积极作用。

7. 支持地方政府、社会资本及外资设立绿色技术孵化器和产业园

我国已经设立了上万个科技孵化器，但专注绿色技术的孵化器和产业园还很少。我们建议，应该鼓励在有条件的由地方政府、社会资本和外资设立绿色技术创新孵化器和产业园，探索使用各种绿色金融工具吸引国际资本和先进绿色技术，支持绿色技术成果转化。绿色技术创新孵化器和产业园应该为绿色科技企业提供一站式服务和税收、租金等优惠政策，吸引国际资本和技术，并争取培育一批具有核心竞争力的绿色技术创新企业。

作为一个绿色技术孵化器，应当具备以下基本条件：有一个孵化绿色企业进驻的物理空间；有一个健全的软服务体系，包括会计、法律、信息、融资、担保、市场营销和企业经营管理顾问等服务，特别是要有评估、认证绿色项目的第三方服务机构；有一支具有丰富经验的产品开发、项目管理、市场营销和企业管理经验的孵化器管理队伍，要有专业人士提供"创业辅导"。绿色技术产业园可以作为孵化器的延申，为进入成长期的绿色科技企业的产业化提供更大的场地和营销、管理服务。

8. 用数字技术为绿色产品、技术和资产提供认证、贴标、评估服务

绿色项目与其他项目的一个重要特点是必须有环境效益，如降低污染物和碳排放等。但是，这些环境效益的识别、量化、认证和披露往往十分困难，或者成本较高。比如，量化环境效益，必须有绿色技术带来的降低各种排放物的效果进行量化分析，在投资之前进行这些量化分析会涉及到大量技术参数、模型和公式以及参照标准。在投资之后，需要对项目所产生的实际环境效益进行监测，往往需要投入大量人力和成本较高的

监测设备。过去，由于缺乏科技手段，导致认证和评估成本过高，或者由于缺乏认证、贴标而无法取得市场对产品"绿色效益"的认同。

随着大数据、人工智能、物联网、区块链等技术日趋成熟，对绿色技术带来的环境效益进行低成本、高效率的认证、贴标和评估将变得越来越可能。比如，卫星遥感技术可以用来高频监测企业的各种污染物和碳排放情况，物联网技术可以用来监测有机农产品的生产、加工和运输的全过程，智能仪表可以高效、实时监测绿色建筑和绿色家电的节能情况等。未来，应该大力推动这些数字技术手段在绿色金融中的运用，帮助投资机构以更低成本掌握其被投企业和项目所产生的环境效益。这些技术还可以被用于构建"绿色资产交易所"，交易各类有环境效益的绿色资产（如减碳的分布式光伏、林业资产等）。

9. 建立 PE/VC 的绿色标准和环境信息披露制度

"洗绿"是绿色金融体系需要防范的一个重要风险。所谓"洗绿"，是指企业以投资绿色项目为名，取得绿色融资（如绿色信贷、绿色债券和绿色基金的投资），但实际上却从事非绿（如污染性、高碳）项目的投资。对各类绿色金融产品，都需要防范洗绿风险。在绿色信贷、绿色债券领域，有关监管部门已经出台了绿色标准、环境效益计算方法和环境效益披露标准。但是，在 PE/VC 领域，目前还没有明确的绿色 PE/VC 的界定标准，也没有对所投项目的环境效益和披露要求。

我们建议中国证券基金业协会参考科技部关于绿色技术的支持目录和发改委牵头发布的《绿色产业指导目录（2019 年版）》，编制和落实《绿色 PE/VC 基金界定标准和信息披露要求》，有效防范在绿色产业和绿色技术投资领域的"洗绿"风险。对信息披露要求的设计应该参考 TCFD 小组的建议（气候相关的财务信息披露），要求绿色 PE/VC 基金定期披露基金管理的 ESG 信息，包括公司治理、绿色化战略目标和政策、环境与气候风险管理，以及绿色资金的实际用途和绿色项目所取得的环境效益。

10. 建立绿色技术界定标准

国际组织和发达国家已经制定了一批绿色技术标准。但这些标准大都由发达国家根据其生产水平和技术水平制定的，对于发展中国家来说未必都适用。我们建议，依据国家发展改革委、科技部《关于构建市场导向的绿色技术创新体系的指导意见》，深入开展我国绿色技术通用标准研究，在生态环境污染防治、资源节约和循环利用、城市绿色发展、新能源、能耗和污染物协同控制技术等重点领域制定一批绿色技术标准，明确绿色技术关键性能和技术指标，开展绿色技术效果评估和验证。

应该确保这些绿色技术项目和绿色科技企业的标准既能促进市场公平竞争，又能有效兼容国际规则，促进绿色科技企业评定的科性、可行性和实操性，从而为金融市场与金融机构和绿色企业发展与绿色技术创新提供合理、可信赖的绿色项目评估认定方法体系，助力绿色技术创新的发展。

绿色金融支持绿色建筑发展的障碍分析

清华大学绿色金融发展研究中心
住建部科技与产业化发展中心
联合课题组[①]

摘要： 建筑是我国能源消费的三大部门之一，其减排潜力巨大。推动建筑行业绿色发展是我国经济社会绿色低碳转型以及实现碳减排目标的必然要求。然而目前绿色建筑行业的发展主要靠行政手段与财政资金支持，绿色金融等市场化机制的作用尚未得到充分的发挥。本文分析了绿色金融支持新建绿色建筑面临的主要障碍，包括房地产宏观调控政策的限制、绿色建筑行业监管政策与配套措施不完善、绿色建筑的增量成本与收益存在错配、产业链上的小微企业面临融资困境、消费端尚未激活、绿色金融激励政策和配套措施有待完善、绿色金融工具有待创新等，并在此基础上提出了探索应对措施的若干思路。

一、绿色金融支持绿色建筑的潜力尚未充分发挥

2018 年 6 月，《中共中央　国务院关于全面加强生态环境保护 坚决打好污染防治攻坚战的意见》指出，"建设美丽中国，鼓励新建建筑采用绿色建材，大力发展装配式建筑，提高新建绿色建筑比例。"大力发展绿色建筑，并通过绿色建筑降低能耗、水耗、空气污染和二氧化碳排放，不仅是我国生态文明建设和经济绿色低碳转型的必然要求，也是我国在应对气候变化过程中应该承担的大国责任。

2013 年，《国务院办公厅关于转发发展改革委住房城乡建设部绿色建筑行动方案的通知》指出，综合运用价格、财税、金融等经济手段，发挥市场配置资源的基础性作用，营造有利于绿色建筑发展的市场环境，激发市场主体设计、建造、使用绿色建筑的内生动力。但是，我国绿色建筑的发展长期主要依靠行政力量和财政资金，市场化机制尚未形成。进入"十三五"以来，财政资金已逐渐不能满足建筑领域绿色化发展的需求，传统的推动建筑领域绿色化的工作需要与绿色金融相结合，形成土地、价格、财税、金融的综合支持体系。

---

①　课题组成员包括清华大学国家金融研究院绿色金融发展研究中心的刘嘉龙、邵丹青、徐稼轩、姜楠、杨一帆，住房和城乡建设部科技与产业化发展中心的梁俊强、殷帅、武朋、段天疑。课题组感谢绿色金融发展研究中心主任、中国金融学会绿色金融专业委员会主任马骏博士的指导，以及人民银行研究局杨娉、银保监会政策研究局李晓文在多次课题讨论会上提出的宝贵意见和建议。

广义的"建筑绿色化"包括新建绿色建筑和既有建筑的节能改造，两者在项目流程、利益相关方、融资流程与特点等方面都存在较大差异。本文仅针对新建的绿色建筑进行分析，文中的"绿色建筑"特指符合国家绿色建筑标准的新建建筑。

建筑活动和物业运营在我国能源消费中占很大的比重。据清华大学 2014 年进行的一项研究，建筑活动和物业运营分别占我国全社会能源消费总量的 16% 和 20%①。而且从发达国家的经验来看，随着我国城镇化的进展和人民生活水平的提高，建筑能耗很可能会持续增长，峰值时占全社会终端能耗的比例或达 40%。另外，在工业、建筑和交通三大能源消费部门中，建筑部门的减排潜力最大。因此大力发展绿色建筑应该成为推动中国经济绿色低碳转型的重要一环，是我国实现碳排放达峰目标的关键。

绿色建筑在中国的发展已驶入快车道。"十三五"期间，政府开始全面推动绿色建筑发展。《住房城乡建设事业"十三五"规划纲要》中提出的目标包括：到 2020 年，实现城镇新建建筑中能效水平比 2015 年提升 20%；绿色建筑占新建建筑面积比重从 20% 提高至 50%；绿标二星以上项目比重从 59% 提高至 80%；运行标识项目比例从 6% 提高至 30%；绿色建材应用比重超过 40%；全国城镇既有居住建筑中节能建筑所占比例超过 60%；全国新增绿色建筑面积达 20 亿平方米以上。

我国的绿色建筑标准逐步完善。2006 年，住建部发布了我国第一个绿色建筑评价标准《绿色建筑评价标准》（GB/T 50378—2006）。2014 年，在原标准的基础上发布了新的评价标准《绿色建筑评价标准》（GB/T 50378—2014）。2019 年，住建部发布了最新的《绿色建筑评价标准》（GB/T 50378—2019），自 2019 年 8 月 1 日起实施。新修订的《绿色建筑评价标准》首次在标准中将绿色金融服务与绿色建筑联系起来，明确：申请绿色金融服务的建筑项目，应对节能措施、节水措施、建筑能耗和碳排放等进行计算和说明，并应形成专项报告。

绿色金融已将绿色建筑纳入支持领域。近年来，多部委和行业协会开始推动并鼓励利用绿色金融工具支持绿色建筑项目。2013 年银监会颁布的《绿色信贷统计制度》中，"节能环保项目及服务贷款情况统计表"将"建筑节能及绿色建筑"纳入绿色信贷统计。2015 年 12 月 22 日，中国金融学会绿色金融专业委员会发布了《绿色债券支持项目目录（2015 年版)》，将"新建绿色建筑"及"既有建筑节能改造"划入节能大类中的"可持续建筑"小类。2019 年，国家发改委等七部委发布了《绿色产业指导目录（2019 年版)》，其中将"建筑节能与绿色建筑"划归"基础设施绿色升级"大类，下分"超低能耗建筑建设""绿色建筑""建筑可再生能源应用""装配式建筑"等小类。

绿色金融对于绿色建筑领域的支持已经起步。各金融机构并始探索相关的金融产品和工具，包括支持绿色建筑的绿色信贷、绿色债券、绿色 CMBS②、类 REITS 等证券化

① 戴德梁行 . 绿色金融：将绿色投资引入绿色地产 ［R］. https：//www. cushmanwakefield. com. cn/images/up-load/2/F206F82739ED49A68E11728C705F54EC. pdf.

② 搜狐网 . 首单绿色建筑 8. 2 亿 CMBS 成功发行 ［EB/OL］. https：//www. sohu. com/a/204982075 _ 803365.

产品、绿色建筑保险产品试点①、绿色建筑主题的基金等。从市场规模来看，支持绿色建筑最主要的产品是绿色信贷和绿色债券。

绿色信贷方面，按人民银行统计口径，截至 2019 年二季度末，全国本外币绿色贷款余额 9.47 万亿元，余额占同期企业及其他单位贷款的 9.9%②。分用途看，绿色交通运输项目和可再生能源及清洁能源项目贷款占比最高，分别为 45% 和 24%。同期，房地产开发贷余额 11.04 万亿元，若基于"十三五"规划的绿色建筑占全部建筑的比例估算，接近半数开发贷应该计入绿色信贷，而根据若干银行反映，实际情况是绿色建筑信贷远未达到这一比例（全国建筑业绿色信贷余额尚未披露）。另据银保监会统计，截至 2017 年 6 月，21 家主要银行绿色信贷余额共计 8.30 万亿元，而建筑节能和绿色建筑项目余额 1348 亿元，仅占比 1.6%③。由此可见，与能源等部门相比，建筑业和房地产业贷款被监管认可的绿色化程度还很低。

绿色债券方面，以《气候债券分类方案》的标准，中国内地绿色债券的资金投放结构与绿色信贷类似，募集资金投向最多的是低碳交通和清洁能源领域，分别占 2017 年发行总额的 22% 和 30%，占 2018 年发行总额的 33% 和 28%，而两年中投向绿色建筑的占比只有 7% 和 9%④。而在欧洲，建筑领域是绿色债券的第二大资金投向，占发行规模的 25%⑤。在北美市场，房利美（美国联邦国民抵押贷款协会）以超大规模的绿色 MBS（住房抵押贷款证券）连续两年（2017 年和 2018 年）成为全球最大的绿色债券发行人，撑起美国绿债市场的半壁江山。通过与境外主要绿色债券市场的对比，可以看出中国内地通过绿色债券支持建筑领域绿色化的资金规模很小。

由此可见，以目前的市场现状来看，虽然已存在各种支持绿色建筑领域的金融工具，但绿色金融的支持力度仍然不足，通过绿色金融倒逼建筑行业绿色化（例如发行绿债之后，由于披露等要求，开发商就面临实现全流程绿色化的压力）的功能没有得到有效的发挥。

同时，多家国际知名房地产咨询机构的研究显示，虽然绿色建筑较普通建筑的成本稍高，但投资绿色建筑未来会比投资普通建筑有超额收益。例如，仲联量行对房地产开放商及投资者的问卷调查显示，85% 的受访者认为绿色建筑拥有更好的升值潜力，并认同绿色建筑资产的流动性更强。仲联量行在对总体运营成本和绿色改造成本的敏感性分析中，假设总体运营成本减少 15%～30%（主要由于节省电费）、改造成本控制在建筑成本 5% 以内，其现金流折现模型的结论是，绿色建筑比非绿色建筑的内部收益率

① 人保财险北京分公司签发全国首单绿色建筑性能责任保险 [EB/OL]. http：//www.epicc.com.cn/renbao/zixunzhongxin/xinwen/201904/t20190408 _ 14008. html.

② 人民银行.2019 年二季度金融机构贷款投向统计报告 [R]. http：//www.pbc.gov.cn/goutongjiaoliu/113456/113469/3865563/index. html.

③ 银保监会.21 家主要银行绿色信贷情况统计表 [R]. http：//www.cbrc.gov.cn/chinese/home/docView/96389F3E18E949D3A5B034A3F665F34E. html.

④ 气候债券倡议组织、中央国债登记结算有限责任公司.中国绿色债券市场报告 2018 [R]. https：//www.chinabond.com.cn/cb/cn/yjfx/zzfx/nb/20190227/150962459. shtml.

⑤ CBI. The Green Bond Market in Europe 2018 [R]. https：//www.climatebonds.net/resources/reports/green－bond－market－europe.

（IRR）高出 2.5～2.8 个百分点[①]；世邦魏理仕选取了国内 15 个大中型城市的 31 个中心地段进行对比，其结论显示，LEED 楼宇在 24 个子市场中（大于 75%）具有租金溢价，租金溢价中位数为 11.3%[②]。

总体来看，目前我国绿色建筑市场的发展潜力巨大，一方面由于各种障碍，绿色金融对绿色建筑市场的支持尚不充分。另一方面，由于投资绿色建筑的潜在回报率高于对非绿色建筑的投资，可以预见，在化解了一些障碍后，绿色金融参与和支持绿色建筑领域的前景将十分广阔。

二、绿色金融支持绿色建筑的障碍分析

在现阶段，绿色金融在支持绿色建筑的过程中还面临多种障碍。课题组在湖州、北京、青岛等地的调研结果显示，这些障碍至少包括：房地产调控政策在落实中未对绿色建筑实行差别化处理，绿色建筑的行业监管政策与配套措施不足，增量成本与增量收益的时间错配，产业链上中小企业面临融资困境，消费端未充分激活，绿色金融基础设施缺失、配套政策以及产品体系的不足等。

（一）房地产宏观调控未对绿色建筑实行差别化处理

绿色建筑是政府鼓励的一类房地产业的"产品"，但在国家对房地产实行宏观调控时，却出现了对"绿"和"不绿"的房地产项目"一刀切"的做法。2019 年以来，中央明确提出"不将房地产作为短期刺激经济的手段"，表明了对房地产调控的坚决态度，中央有关部门也认为房地产行业占用较多的金融资源，并明确对控制房地产信贷和非银行渠道融资的具体要求。在对房地产领域进行调控的过程中，没有将一般房地产开发与绿色建筑开发区别开来。在这个背景之下，金融机构对绿色建筑的支持容易被"视为"借机支持房地产开发，违背调控政策。因此，许多商业银行和非银金融机构不敢、不能或不愿意支持绿色建筑开发。

（二）绿色建筑运行标识的管理方法和评估机制仍然缺位

如何保证绿色建筑"一直绿"是建筑行业监管部门推动绿色建筑发展面临的一大瓶颈。依据绿色建筑 2019 年的"新国标"，取消了原来的"设计评价标识"，改为在建筑工程施工图设计完成后，可进行预评价（预评价不授予标识），据此可以从金融机构和市场获得绿色融资（如绿色信贷和绿色债券）。但项目建成投入运行之后的绿色建筑运行标识的管理办法以及项目建成后的评估机制仍然缺位，绿色建筑的信息披露机制也尚未建立，因此行业监管部门、金融机构和消费者无法及时了解和监测绿色建筑的实际运行效果是否符合绿色标准。

例如，目前大部分建筑的能源管理平台的能耗数据及各项节能设施的实际运行效果并不对外公布，行业监管机构也未能对运营阶段的绿色建筑进行跟踪评价与监督，金融

[①] 仲量联行. 绿色金融与地产白皮书［R］. https：//www. joneslanglasalle. com. cn/zh/trends – and – insights/research/green – finance.

[②] 世邦魏理仕研究部. 2017 中国绿色建筑报告［R］. https：//www. cbre. com. cn/zh – cn/research – reports/2017 中国绿色建筑报告.

机构无法获得这些数据来评估绿色建筑是否"一直绿",业主/消费者也无法判断绿色建筑所"声称"的环境效益是否真实可信。这一方面会导致绿色建筑在运行阶段的"绿色"效益难以得到保证,另一方面也降低了金融机构支持绿色建筑的动力和业主/消费者购买、租用绿色建筑的兴趣。

(三) 增量成本与增量收益的时间错配

开发绿色建筑项目需要比传统建筑项目在前期投入更多的成本,如使用绿色技术、设备与材料带来的增量成本,项目设计、模拟与论证的成本,申请绿建标识的附加成本等。据中国建筑科学研究院上海分院统计,当前中国绿色建筑增量成本占建筑整体造价的 2.7%~9.3%①。由于绿色建筑可以达到节电、节水等效果(降低未来的水电费等运营成本),居住环境也优于普通建筑,因此对开发商或投资者来说,这一增量成本应该可以通过提高房价或者租金来弥补,以解决增量成本(短期发生)和增量收益(长期发生)之间的时间错配问题。

但是,由于以下几方面的原因,这种错配未必能得到顺利解决。第一,目前中国许多买房者和租户对绿色建筑的认知还较少,对绿色建筑的节省水电费和环保、健康等效益的了解有限,一般也不会计算未来节省的水电费如何折算为现值,因此不愿意为增量成本买单。第二,在无差别的房地产金融调控政策之下,许多金融机构在提供开发贷和按揭贷时,没有充分考虑到绿色建筑的长期效益,没有为绿色建筑提供优惠的贷款利率和较高的贷款额度。第三,在产业政策方面,政府对绿色建筑还没有提供优于普通建筑的激励措施(例如限价放宽、容积率放宽等),因此难以对冲成本和收益的错配问题。

(四) 绿色建筑产业链上的中小企业面临融资困境

绿色建筑行业的产业链较长、涉及主体较多,除了大型的房地产开发商,还有大量的中小民营企业,包括许多绿色建材企业和节能技术服务公司。这些企业有一定的绿色技术创新能力,但大多为轻资本、高信用风险类企业,难以提供金融机构接受的抵押担保品。

一方面,由于绿色建筑的"绿色效益"评估与信息披露机制的缺失,导致金融机构包括担保机构难以直接衡量这些中小企业绿色技术的价值;另一方面,针对这些企业的信用评价体系的缺失也让金融机构难以准确评估其信用风险,从而不愿为其提供融资或担保。这些绿色建筑产业链上的中小企业的融资困境不利于整个绿色建筑行业的长远发展。

(五) 绿色建筑的需求端还未激活

首先,消费者对绿色建筑的认知不足。绿色建筑在我国的发展起步较晚,大多数消费者对于绿色建筑的概念及其对于自身的益处(节能收益、环境改善和健康影响等)还缺乏认识,同时在我国基本国情的背景之下,广大消费者对于房价十分敏感,不愿意承担绿色建筑相对较高的价格。因此目前我国消费者对于绿色建筑的自发需求还明显不足,为房地产开发商投资绿色建筑项目带来不确定性。

---

① 孙大明,邵文晞.当前中国绿色建筑增量成本统计研究 [J].动感(生态城市与绿色建筑),2010 (4):43-49.

其次，消费者不相信可能获得的节能、节水的财务效益。即使开发商宣传了绿色建筑的益处，但在实际使用的过程中，由于缺乏相应的对于绿色建筑运维阶段的监控和信息披露机制，消费者无法直观地了解到绿色建筑的节能效益。

由于这些原因，我国绿色建筑的消费市场还未有效激活，价格优势尚不明显。这成为阻碍房地产开放商投资绿色建筑的重要因素之一，也直接和间接导致了对相关金融产品的需求不足。

（六）金融产品有待完善与创新

除了政策层面的问题之外，由于金融机构创新能力的不足，目前绿色金融产品尚未能很好地匹配我国绿色建筑市场发展的需求。几个例子为：

第一，除了个别金融机构之外，我国绝大多数银行缺乏对绿色开发贷和绿色按揭贷的违约率的研究，尚未认识到这些绿色贷款由于信用风险较低，银行应该可以降低利率（利率中的信用风险溢价部分）①。由于利率没有优惠，因此难以从需求端激励更多的绿色建筑融资。

第二，我国还很少有金融机构尝试将绿色开发贷、绿色按揭贷和其他与建筑相关的绿色资产（如房顶上的光伏资产）证券化，因此机构投资者（如保险公司、基金公司等）基本没有渠道投资于绿色建筑相关的资产。

第三，除了人保财险之外，我国多数保险公司还没有开始涉足绿色建筑保险。事实上，绿色建筑保险（担保建筑物达到开发商声称的节能、节水等环境效益）可以在很大程度上通过金融创新缓解投资者和消费者因为难以判断建筑的绿色属性所导致的需求不足的问题。

第四，建筑物的碳减排量应该纳入碳市场作为"核证自愿减排量"CCER（Chinese Certified Emission Reduction）交易，但目前我国的碳交易市场还难以容纳此类产品。

三、小结及初步建议

绿色建筑具有巨大的碳减排潜力和市场发展潜力，应该成为我国绿色经济发展的重点产业。但长期以来，建筑领域的绿色化主要还是靠行政手段和财政资金支持，尚未形成市场化的激励与发展机制。为了更好地发挥有限的财政资金的效用，撬动社会资本投入绿色建筑领域，需要充分利用我国绿色金融体系内的政策与金融工具，以推动绿色建筑领域的可持续发展。

虽然目前绿色金融在支持绿色建筑方面已有了一些尝试，但仍处于起步阶段，支持的力度还远远不够。绿色金融支持绿色建筑面临着宏观、行业和微观层面的多种障碍，主要包括房地产调控政策没有区别绿色和非绿建筑、绿色建筑行业监管政策与配套措施

---

① 相反，英国和欧洲的不少金融机构则已经通过研究认识到这个事实。"Home Energy Efficiency and Mortgage Risks"（2013），by the Institute for Market Transformation（IMT）；"Impact of energy use and price variations on default risk in commercial mortgages：Case studies"（2017）by Mathew et al.；"Insulated from risk？The relationship between energy efficiency of properties and mortgage defaults"（2018），by Guin and Korhonen；"Transition in Thinking：The impact of climate change on the UK banking sector，case study 1："Tightening energy efficiency standards and the UK buy – to – let market"（2018），by the Bank of England.

不完善、绿色建筑的增量成本与收益存在时间上的错配、产业链上的中小企业面临融资困境、绿色建筑的消费端尚未激活、服务于绿色建筑的金融产品和工具缺失等。

针对这些障碍，以下我们提出通过绿色金融的手段推动绿色建筑市场发展的若干初步设想。

（1）在房地产产业进行总量调控的过程中，应该将绿色建筑项目与普通房地产开发项目区分对待。目前房地产调控政策的主要目的是防范房地产企业高杠杆融资带来的金融风险以及抑制房地产行业的粗放增长，因此对于房地产企业的融资采取了一些限制性措施。我们建议，应该在保证落实总量调控目标（如控制整个房地产行业贷款增速和总体杠杆率水平）的前提下，重点限制"非绿色"的房地产企业和项目，对符合条件的绿色开发商和绿色项目则给予相对宽松的融资条件，即在"控总量"的要求下"调结构"。

（2）尽快完善绿色建筑行业的运行标识体系。一是要建立完善的绿色建筑标识管理体系，包括建筑运行阶段的评估与监管及相应的失信惩戒机制，保证具有绿色建筑标识的建筑"一直绿"。二是要完善绿色建筑的信息披露机制，让监管机构、消费者、金融机构、物业公司等利益相关方能方便及时地了解绿色建筑全生命周期的"绿色信息"，解决信息不对称的问题。三是要建立绿色建筑企业和项目的信息库及信用评价体系，一方面降低金融机构寻找绿色建筑投资标的的成本和投资风险，另一方面也有利于降低相关企业的融资成本和融资障碍。

（3）通过供应链金融等手段解决绿色建筑产业链上中小企业的融资难问题。结合绿色建筑行业的信用体系和信息披露机制，供应链金融可以基于大型房地产企业为风险控制主体，通过金融产品的设计，有针对性地为建筑供应链的某个环节或全链条上的绿色中小企业提供定制化的金融服务。这样一方面可以缓解产业链上中小企业的融资难，另一方面可以提高金融机构资金的使用效率，并把单个企业的不可控风险转变为供应链企业整体的可控风险。

（4）提高消费者对于绿色建筑的认知，激活绿色建筑的消费市场。一方面行业监管部门要加大对绿色建筑的宣传推广，另一方面要通过绿色建筑的信息披露和失信惩戒等配套措施保证消费者享有应得的"绿色效益"。金融机构要通过提供"节电、节水计算器"APP等工具为客户提供绿色建筑节能、节水所带来的财务效益的计算方法，用最简单易懂的方法展示"由于未来节省大量水电费，现在值得多花百分之几的钱去买或租绿色建筑"的道理。

（5）金融机构应该针对绿色建筑业的特点，创新研发一批金融产品。银行要投入力量分析绿色开发贷和绿色按揭贷的违约率与"非绿"贷款的区别，在此基础上实行差别化定价。要研发绿色开发贷、按揭贷、建筑光伏资产的证券化产品，绿色建筑保险产品，以及与绿色建筑碳减排相关的交易机制。

参考文献

[1] 戴德梁行. 绿色金融：将绿色投资引入绿色地产［R］. https：//www.cushmanwakefield.com.cn/images/upload/2/F206F82739ED49A68E11728C705F54EC.pdf.

［2］搜狐网．首单绿色建筑 8.2 亿 CMBS 成功发行［EB/OL］．https：//www. sohu. com/a/204982075_803365.

［3］中国人民财产保险股份有限公司．人保财险北京分公司签发全国首单绿色建筑性能责任保险［EB/OL］．http：//www. epicc. com. cn/renbao/zixunzhongxin/xinwen/201904/t20190408_14008. html.

［4］中国人民银行．2019 年二季度金融机构贷款投向统计报告［R］．http：//www. pbc. gov. cn/goutongjiaoliu/113456/113469/3865563/index. html.

［5］中国银行业监督管理委员会．21 家主要银行绿色信贷情况统计表［R］．http：//www. cbrc. gov. cn/chinese/home/docView/96389F3E18E949D3A5B034A3F665F34E. html.

［6］气候债券倡议组织，中央国债登记结算有限责任公司．中国绿色债券市场报告 2018［R］．https：//www. chinabond. com. cn/cb/cn/yjfx/zzfx/nb/20190227/150962459. shtml.

［7］Climate Bond Initiative, The Green Bond Market in Europe［R］．https：//www. climatebonds. net/resources/reports/green – bond – market – europe.

［8］仲量联行．绿色金融与地产白皮书［R］．https：//www. joneslanglasalle. com. cn/zh/trends – and – insights/research/green – finance.

［9］世邦魏理仕研究部．2017 中国绿色建筑报告［R］．https：//www. cbre. com. cn/zh – cn/research – reports/2017 中国绿色建筑报告．

［10］孙大明，邵文晞．当前中国绿色建筑增量成本统计研究［J］．动感（生态城市与绿色建筑），2010（4）：43 – 49.

［11］Institute for Market Transformation（IMT）. Home Energy Efficiency and Mortgage Risks［R］．https：//www. imt. org/wp – content/uploads/2018/02/IMT_UNC_HomeEEMortgageRisksfinal. pdf.

［12］Mathew Paul, et al. Impact of energy use and price variations on default risk in commercial mortgages：Case studies［R］．https：//buildings. lbl. gov/sites/default/files/mortgage – case – studies – 9 – 26 – 17. pdf.

［13］Guin B. , Korhonen P. Insulated from risk? The relationship between energy efficiency of properties and mortgage defaults［R］．https：//bankunderground. co. uk/2018/10/16/insulated – from – risk – the – relationship – between – the – energy – efficiency – of – properties – and – mortgage – defaults/.

［14］Bank of England. Transition in Thinking：The impact of climate change on the UK banking sector［R］．https：//www. bankofengland. co. uk/ – /media/boe/files/prudential – regulation/report/transition – in – thinking – the – impact – of – climate – change – on – the – uk – banking – sector. pdf? la = en&hash = A0C99529978C94AC8E1C6B4CE1EECD8C05CBF40D.

［15］赵建勋，操群．绿色金融促进绿色建筑持续健康发展的思考［J］．中国银行业，2019（2）：78 – 81.

金融科技推动中国绿色金融发展
案例与展望

清华大学绿色金融发展研究中心、
保尔森基金会

一、引言

金融科技是指新技术带来的金融创新，它能创造新的业务模式、应用、流程或产品，从而对金融市场、金融机构或金融服务的提供方式产生重大影响。技术与金融结合的业务场景主要有金融监管、支付结算、融资产品与服务、保险、智能投顾和能源交易等，其底层技术主要包括人工智能、区块链、云计算、大数据、物联网等。

从全球视角来看，借助技术创新推动绿色金融发展的探索可追溯到 2014 年。联合国环境署在当年年初发起了"可持续金融体系探寻与规划"项目，首次对数字金融如何支持可持续发展提出探讨。2016 年，在中国倡导下，首次将绿色金融纳入 G20 峰会议题，发展绿色金融成为重要的全球共识。2017 年，联合国环境署与蚂蚁金服共同启动成立了绿色数字金融联盟，目的在于利用数字技术，寻求推动全球可持续发展的新路径。2018 年，G20 可持续金融研究小组把金融科技推动可持续金融列为三大研究议题之一[①]，旨在扩大资金来源，以应对环境气候风险。所有这些努力都致力于解决全球环境挑战的融资需求，促进绿色金融的创新发展。

中国不仅拥有全球发展最快、体量最大的绿色金融市场，而且在金融科技领域也发展迅猛。根据毕马威最新报告[②]，在全球排名前十的金融科技公司中，有三家中国公司，其中，蚂蚁金服和京东科技分别位列第一和第三。在过去的四年，中国绿色金融发展取得了快速发展，绿色信贷、绿色债券、绿色基金等板块的市场规模均位居全球前列。

虽然近年来我国绿色信贷和绿色债券发展很快，但绿色信贷余额仍只占中国国内全部信贷余额的 10% 左右，绿色债券仍只占债券发行量的 1% 左右。要提升发展潜力，中国绿色金融的发展必须要克服标准不统一、信息不对称、绿色识别成本高、监管成本高、绿色金融难以向小微企业和消费领域延伸等障碍。而金融科技则为克服这些障碍提供了新的工具和方法。具体来说，金融科技手段在绿色金融中的运用可以为金融机构降

---

① 二十国集团（G20）可持续金融研究小组 . 2018 年 G20 可持续金融研究小组综合报告［R］. 2018.
② KPMG. 2019 Fintech100：Leading Global fintech innovators［EB/OL］. https：//home. kpmg/xx/en/home/insights/2019/11/2019 – fintech100 – leading – global – fintech – innovators – fs. html.

低成本、提升效率、安全性和数据真实性，也可以为金融监管在标准推广、统计、审计与反洗绿等方面提供更加准确高效的服务。

保尔森基金会绿色金融中心与清华大学绿色金融发展研究中心合作开展本课题研究。课题通过梳理中国利用金融科技促进绿色金融发展的成功案例，分析金融科技在中国绿色金融的应用过程中面临的挑战，提出了一系列未来运用的具体场景，并从政策监管和产业推进等角度提出建议。

二、全球金融科技在绿色金融中的运用概况

在全球可持续金融发展进程中，世界各国特别是欧洲、美国及中国的金融机构和金融科技公司，通过积极利用区块链、人工智能、大数据、物联网等技术手段，尝试将金融科技与绿色金融相结合，开展绿色金融科技探索实践。本部分简述欧美和中国在这个领域的发展概况。

1. 欧洲和美国

全球金融中心城市绿色金融联盟①等机构的研究发现，已有 100 余家机构在欧洲开展金融科技与绿色金融相结合的实践案例，主要分布在中欧、西欧地区，最为突出的是瑞士、法国、英国、西班牙，机构数量约占全欧洲的 50%。

在欧洲，金融科技使绿色金融应用场景有了新的形态。应用场景涉及众筹，能源交易，环境、社会和公司治理（ESG）分析及碳足迹等多个领域。

美国在全球金融科技投融资市场居领先地位。据 CBInsight 统计②，2019 年全球金融科技投融资总额达 345 亿美元，其中，美国 2019 金融科技风投融资 176 亿美元，占全球的 51%。

根据可持续数字金融联盟（现更名为绿色数字金融联盟）等机构的研究报告③，美国一些机构正在探索利用卫星数据、机器学习绘制全球自然资源碳汇地图。美国的一家卫星成像公司利用人工智能和机器学习等技术解读卫星数据，实现以较低成本获得地球自然资源演变的实时信息，并尝试与卡内基研究所收集的秘鲁森林 LiDar 数据叠加在一起，通过机器学习识别森林等地貌的空间结构，绘制出相应的碳地图。一旦算法成熟，这种成本低廉的方法便可应用于全球自然资源的碳汇信息的获取。这些方法都在绿色金融领域有运用潜力。

2. 中国

清华绿色金融发展研究中心近期牵头完成的一项问卷调查显示，目前中国已有 60 余家机构应用金融科技的技术手段服务于绿色金融场景。这些机构包括金融企业、研究机构、金融技术服务提供商等，主要集聚在北京、上海、广东、浙江地区。

---

① UN Environment Financial Centres for Sustainability（FC4S）European platform, Stockholm Green Digital Finance. Sustainable Finance and FinTech in Europe［EB/OL］. https：//stockholmgreenfin. tech/sustainable – fintech.

② CBInsight. CB – Insights _ Fintech – Report – Q4 – 2019［R］. https：//www. cbinsights. com/reports/CB – Insights _ Fintech – Report – Q4 – 2019. pdf.

③ DBS, the Sustainable Digital FinanceAlliance, and UN Environment. Sustainable Digital Finance in Asia［EB/OL］. https：//www. dbs. com/sustainability/insights/sustainable – digital – finance – in – asia.

此项调研还表明，创新性应用场景驱动不同学科的交叉与融合，通过采用或集成大数据、人工智能、区块链、云计算、物联网等新兴技术，将其应用在 ESG 分析、环境风险管理、环境效益测算、绿色信贷、碳金融、绿色债券等十余个绿色金融的业务场景中。

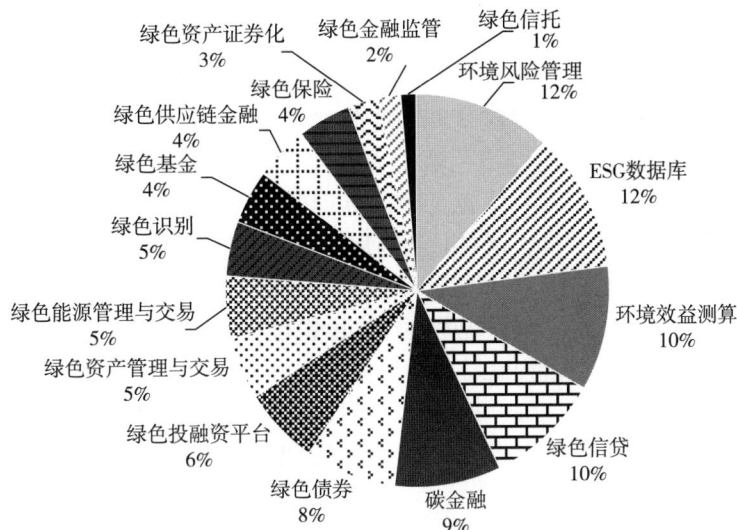

注：针对调查范围内的六十余家机构，在该绿色金融领域运用金融科技的场景数量占这些机构全部绿色金融科技场景数量的比重。

图1　中国金融科技在绿色金融的应用场景

（资料来源：清华大学绿色金融发展研究中心）

三、金融科技推动绿色金融发展：中国案例

本节通过跟踪中国绿色金融市场发展的最新动态，结合中国绿色金融改革创新试验区的实践探索，从监管部门、地方政府、商业银行、保险公司等不同用户角度，梳理了利用金融科技促进绿色金融发展的若干有代表性的成功案例，以期为推动金融科技促进绿色金融可持续发展提供有益借鉴。这些案例包括：

- 中国人民银行绿色金融信息管理系统——金融科技促进绿色金融监管
- 湖州市绿色金融综合服务平台——金融科技赋能小微企业可持续发展
- 湖州银行绿色信贷管理系统——金融科技助力商业银行绿色信贷业务
- 人保财险巨灾保险远程定损理赔系统——金融科技推动绿色保险创新

案例一　中国人民银行绿色金融信息管理系统

1. 背景

早在 2014 年至 2015 年间，中国人民银行（以下简称人民银行）与相关部委和学界专家在深入研究国际经验和总结本国实践的基础上，提出了构建中国绿色金融体系的一系列建议，并得到了决策层的高度重视。2016 年，随着人民银行牵头的七部委《关于

构建绿色金融体系的指导意见》的发布，发展绿色金融上升为我国的国家战略。

绿色金融相关数据的可得性是绿色金融政策制定和金融监管的重要保障之一。但是，这些数据的采集、报送、管理等基础设施建设相对滞后。比如，监管部门缺乏全面、准确、实时的绿色信贷数据，因此难以构建统一完整的绿色信贷考核机制，有限的监管考核也面临成本过高的问题。

2018 年，人民银行提出明确的工作要求，"建立绿色信贷业务管理系统，推动金融机构提升绿色信贷管理能力、提高绿色信贷数据报送的精确性，为宏观决策和政策制定提供行业投向、贷款定价、资产质量和环境效益等数据支撑，为顶层制度设计打好基础"[1]。为此，人民银行以银行业绿色信贷为突破口，由人民银行研究局牵头，开展绿色金融信息管理系统建设，并在绿色金融改革创新试点区之一的浙江省湖州市进行试点——探索通过金融科技手段，建立绿色信贷信息管理系统。

2. 举措：金融科技促进绿色金融监管

人民银行绿色金融信息管理系统是连接人民银行与金融机构一套系统。该系统融绿色信贷统计分析、绿色信贷流程监管、绿色信贷政策实施效应评估为一体，通过运用大数据、人工智能、云计算等金融科技手段，实现数据可溯源、可比较、可计算，以期解决目前普遍存在的绿色金融数据报送滞后、信息数据不全面、监管考核难等问题。

（1）三大优点

● 提高数据获取的速度及可靠性：金融机构在"T+1"日，对每笔绿色信贷业务的详细信息进行上报，人民银行实现了对绿色信贷数据的精准、准实时统计管理。

● 加强绿色认定和统计质量：根据人民银行、银保监会及地方不同的绿色认定统计口径，自动形成统计报表，提高了金融机构的绿色信贷业务管理能力和统计质量。

● 促进业绩考核和政策制定：系统数据除应用于统计、监测、分析等基础功能外，还可应用于人民银行对金融机构绿色信贷业绩评价和绿色信贷资产抵质押登记等政策支持。

（2）六大功能

人民银行绿色金融信息管理系统的主要功能包括管理驾驶舱、报送管理、统计分析、业绩评价、政策支持、信息管理六大模块。

● 管理驾驶舱：从绿色贷款分布、绿色贷款投向、绿色信贷余额及占比、绿色贷款质量、环境效益指标、环境与社会风险、政策支持等不同维度展示各个金融机构的绿色金融数据全景及排名动态。

● 报送管理：逐笔展示已报送绿色贷款业务，提供每笔绿色贷款的详细信息，包括绿色认定标准及环境效益指标，监管机构可据此进行业务巡检。

● 统计分析：根据人民银行、银保监会及当地不同统计口径的要求，提供各时间敞口的各类业务口径统计分析，包括金融机构、客户所在地及所属行业、客户规模、绿色认定分类等多维度动态组合查询。

---

① 陈雨露. 陈雨露行长在绿色金融改革创新试验区建设座谈会上的讲话［EB/OL］. http：//greenfinance. xinhua08. com/a/20181111/1784899. shtml.

- 业绩评价：依据人民银行绿色信贷业绩评价相关要求，提供绿色信贷业绩评价模型、指标、评分及权重的配置与计算，对金融机构进行定性和定量评价。

- 政策支持：提供绿色信贷资产质押再贷款业务的信息登记与统计，监控金融机构绿色信贷资产质押再贷款状态。

- 信息管理：提供用户友好的绿色金融政策学习、案例分享等信息发布和管理。

3. 成效

人民银行绿色金融信息管理系统于 2019 年 8 月 23 日在中国人民银行杭州中心支行正式上线。截至目前，实现了湖州市辖区内的全部 36 家银行与人民银行端（湖州市中心支行）的全量、准实时逐笔数据报送，人民银行湖州市中心支行实现了对辖区内所有银行绿色信贷的精准信息统计、全面信息管理和业绩评价。

4. 展望

人民银行绿色金融信息管理系统有利于监管部门实现绿色金融信息的全面实时管理，为政策制定提供数据支撑。未来还将在以下几个方面不断完善：

- 系统完善：增加环境效益计算工具和绿色智能识别功能，有效防范"洗绿"风险；进一步探索开发绿色信贷资产质押、央行内部评级、金融机构环境效益交易机制等功能创新。

- 试点推广：在人民银行的指导下，适时在其他几个中国绿色金融改革创新试验区进行推广使用。

- 国际视角：探索通过绿色金融国际合作平台，就如何利用金融科技推动绿色金融监管进行经验交流。

案例二　湖州市绿色金融综合服务平台

1. 背景

中国绿色金融的主要业务目前大多在大中型金融机构和大中型企业之间开展，小微企业的参与仍较有限。工信部的统计数据表明，截至 2018 年底，中国的中小企业（含微企业）数量已超过 3000 万家，贡献了全国 50％以上税收，60％以上 GDP，70％以上技术创新成果和 80％以上劳动力就业。人民银行、银保监会、财政部等监管部门也通过开展政策制定、普惠金融试点等工作引导金融机构加大对小微企业的金融支持力度。尽管如此，小微企业融资仍面临银企信息不对称、抵押难、担保贵、风险大、金融资源可获得性低等困难和挑战。如何低成本、有效地对小微企业的绿色资产和经营活动进行识别和认证，支持小微企业的绿色可持续发展，从而推动绿色小微融资，仍然是一个难题。

浙江省湖州市是中国首批创建绿色金融改革创新试验区的城市之一。湖州市小微企业数量众多。据不完全统计，湖州市生产制造及服务等各类小微企业数量达 4 万至 5 万家，占全部企业数量的比重在 99％以上。基于当地的资源禀赋和产业特点，扶持小微企业的绿色可持续发展是其绿色金融的重点工作之一。湖州市金融办牵头建立了湖州市绿色金融综合服务平台，引导金融服务精准对接、主动服务绿色小微企业。

2. 举措：金融科技赋能小微企业可持续发展

湖州市绿色金融综合服务平台，借助大数据、云服务等金融技术手段，通过搭建和运行"绿贷通""绿融通"和"绿信通"三大服务系统，为小微企业提供银行贷款、股权融资、绿色评价等金融服务，支持中小微企业的绿色可持续发展。

（1）三大优点

湖州市地方政府通过搭建绿色金融综合服务平台，引导金融服务精准对接、主动服务绿色小微企业，有效提升了当地小微企业融资效率、降低了企业融资成本、改善了企业融资环境。

- 建立企业（项目）绿色识别标准。湖州市制定了中国首个绿色融资主体认定评价标准，并通过"绿信通"平台，对小微企业和项目进行绿色认定评价，有效破解小微企业"绿色识别难"的问题。

- 拓展绿色企业和项目融资渠道。政府通过搭建平台，帮助绿色小微企业与银行和投资机构对接。把投资机构和企业股权融资信息进行对接，破解资本与项目信息不对称的问题。

- 提高小微企业融资效率。利用"数字湖州"大数据平台，"绿贷通"整合了湖州市工商、税务、环保等31个部门单位的企业信息，实现了跨部门信息共享，提高绿色小微企业的融资效率。通过"银行抢单"、数据共享服务等机制，各银行机构纷纷减费让利，降低企业融资成本。

（2）三大平台

- 绿贷通——企业与银行的对接平台。借助大数据、云服务等技术，"绿贷通"汇集了湖州市辖所有36家银行和300余款信贷产品，为企业与银行打造高效的对接平台。此外，"绿贷通"整合了湖州市工商、税务、环境等31个主管部门单位的企业信息，实现了跨部门信息共享，提高绿色小微企业的融资效率。

- 绿融通——企业与资本的对接平台。通过"绿融通"服务平台，把投资机构和企业股权融资信息进行对接，拓展企业的股权融资渠道，提高融资效率。绿融通"平台自7月底上线运行以来，已帮助73个项目与投资机构进行了对接，实现融资总量超66亿元。

- 绿信通——企业与项目的绿色评定平台。湖州市制定了中国首个地方绿色融资主体认定评价标准，通过"绿信通"平台，对小微企业和项目进行绿色认定评价并实现50%的绿色评价指标数据的自动获得和评判，有效破解小微企业"绿色识别难"的问题。在此基础上，地方政府落实绿色金融激励政策，对评价为"深绿、中绿、浅绿"的企业和项目进行贷款贴息补助。

3. 成效

自2018年底三大服务系统陆续上线以来，在湖州市绿色金融综合服务平台上已累计注册中小微企业1.6万余家，金融机构30余家，投资机构近80家。平台已累计帮助1.3万余家绿色小微企业获得银行授信超过1600亿元，为73个项目与投资机构对接并实现融资66.42亿余元。在破解中小微企业的绿色评定难和信息不对称、改善小微企业融资环境、提高融资效率及降低融资成本等方面，该平台已显现出金融科技促进小微企业融资绿色发展中的作用。

4. 展望

利用大数据等金融科技手段，地方政府通过搭建小微企业与银行及资本市场对接平台，为小微企业提供更多的融资渠道和完善便捷的服务，解决小微企业融资信息不对称的问题，改善资本市场的就绪程度和信息可获得性，引导支持小微企业绿色可持续发展。

下一步，湖州市金融办将从以下几个方面进一步完善绿色金融综合服务平台：

• 平台建设：把司法保障接入"绿贷通"平台，打造了"大数据＋普惠金融＋智慧法院"的湖州模式，防范和化解银行与企业间的融资纠纷。

• 运营完善：建立跨部门协调保障机制，对重大事项及潜在风险进行定期会商，促进绿色金融服务于小微企业可持续发展；同时将探索更加开放、有效的平台运营模式。

• 试点推广和国际视角：总结绿色信贷超市、绿色融资主体认定、企业数据共享等绿色金融平台经验，探索在中国其他有条件的省市进行推广，并在国际层面开展绿色金融与金融科技应用的经验交流。

案例三　湖州银行绿色信贷管理系统

1. 背景

在全球范围内，商业银行致力于开展可持续融资及绿色信贷业务时，经常面临识别和管理环境风险的能力不足、成本高、缺乏制度规范及流程管理等诸多挑战。

湖州银行是中国绿色金融改革创新试验区之一浙江省湖州市的一家地方商业银行。从2016年起，湖州银行开始探索创建小型绿色金融特色银行。为重塑绿色信贷业务的全流程管理体系，提升绿色信贷业务管理能力，湖州银行采用金融科技手段，启动绿色信贷管理系统的开发建设。

2. 举措：金融科技助力商业银行绿色信贷业务

湖州银行绿色信贷管理系统是利用大数据、云计算、人工智能技术，开发建设的一套绿色信贷业务流程管理系统和绿色金融科技服务云平台。通过将科技元素融入绿色信贷业务的全流程，实现对绿色贷款操作进行自动指引，对绿色项目分类进行自动识别，对环境社会效益进行自动测算和对环境风险进行自动预警。

（1）四大优点：

• 利用人工智能和机器学习，提升绿色识别精准度。系统根据项目信息自动判别是否属于绿色贷款，经过人工评判的纠错完善，进而在人工智能机器学习及数据训练下不断精准。同时，系统通过内嵌环境效益测算模块，实现对项目环境效益的测算和动态跟踪。

• 利用大数据抓取和智能识别，提升环境风险管理时效性。系统自动抓取企业被监管部门处罚的信息，对企业的环境风险进行智能识别、评估和预警。

- 利用大数据抓取和智能评判，降低管理成本。系统将银行工作人员从繁重的案头工作中解放出来，降低了传统管理流程中的人力、时间成本，实现全行的绿色信贷管理的成本下降和质量提升。

- 通过系统运用，提升银行的绿色偏好和专业能力。通过将系统应用到银行信贷全流程，提高银行绿色识别能力，增强银行绿色偏好，推动绿色金融产品创新开发。

（2）两大功能

湖州银行绿色信贷管理系统包括绿色信贷识别及环境风险管理两个系统功能。

- 绿色信贷识别。根据国家或地方绿色标准，对项目进行智能绿色贴标，再由专职人员对智能绿色贴标结果进行复核，做出最终绿色认定结果。按照金融监管部门的环境效益测算具体要求，建立专业的环境效益测算模型。依据项目环境效益测算公式及参数要求，测算项目环境效益指标，并动态跟踪项目环境效益。

- 环境社会风险管理。通过大数据信息抓取，智能判断企业的环境社会风险分类和等级。自动抓取客户排污许可证、安全生产许可证等证照信息，实现对许可证到期、吊销等风险信息的智能预警提示；自动监测企业环境处罚、安全生产事故等多类环境表现，进行环境风险影响的智能评估及预警。

3. 成效

湖州银行绿色信贷管理系统于 2019 年 3 月 7 日正式上线，湖州银行已将其应用到了信贷业务全流程管理。在有效增强银行的绿色识别及环境风险管理能力的同时，降低了银行管理成本，提高工作效率。2019 年 7 月，湖州银行正式宣布采纳赤道原则，成为中国境内第三家赤道银行。

4. 展望

下一步，湖州银行将继续开展绿色金融技术创新，进一步优化绿色信贷管理系统。具体包括：

- 继续完善湖州银行绿色信贷管理系统功能：在系统运行一段时间后，通过积累大量的真实数据，开发环境风险分析模块和基于环境风险的绿色信贷定价模块，并为降低绿色资产风险权重等绿色金融重大政策的研究提供一手基础数据参考。

- 国际合作：与联合国环境署可持续银行项目开展合作，借鉴中英金融机构环境信息披露试点经验，丰富赤道原则在中小银行的实践。

案例四　人保财险巨灾保险远程定损理赔系统

1. 背景

气候变化是人类面临的共同挑战，特别是气候灾害损失具有高度不确定性，由此可能带来的金融风险，正在日益引起全球金融界的重视。中国人民银行近日提出，要加强研究气候变化对金融行业不同细分领域的影响与政策对应[①]。如何提高环境和气候风险管理能力及反欺诈监管水平，对于保险行业的绿色可持续发展具有重要意义。

---

① 陈雨露. 气候变化是导致经济和金融体系结构性变化的重大因素之一 ［EB/OL］. http：//www. greenfi-nance. org. cn/displaynews. php？ cid = 21＆id = 2693.

宁波市位于中国东部沿海地区地区，经常受到自然灾害、恶劣天气影响且情况较为严重，每次灾后保险理赔，需投入巨大的人力、物力，但效率低、误差大，易引起各种纠纷。作为中国首批巨灾保险试点城市之一，中国人民财产保险股份有限公司（以下简称人保财险）在宁波市开始试行公共巨灾保险，建立智能化公共巨灾水灾远程核灾定损管理系统，从而提高巨灾保险的风险识别能力和保险理赔效率。

2. 举措：金融科技推动气候风险保险创新

2016年起，人保财险在宁波市开展公共巨灾保险试点，以期加强公共巨灾保险的查勘效率和定损准确率，提高保险业的风险管理能力和水平。通过利用大数据、现代测绘及地理信息技术，生成宁波市巨灾保险洪水地图，构建完善的居民内地坪标高信息数据库，建立智能化公共巨灾水灾远程核灾定损管理系统，改善了传统的定损理赔方式，实现居民住宅水灾保险的高效理赔，加强气候风险管理能力。

（1）三大优点

● 基础数据采集精准：通过现代化测绘技术，实现对高程起算点建设、居民住宅内坪标高测绘等基础数据采集，其中，居民标高测绘精度相对于基准平台误差仅±3厘米。

● 查勘定损智能化：利用现代测绘技术和大数据，构建每户居民的室内海拔高度基础数据库，建立智能化公共巨灾水灾远程核灾定损管理系统，推动查勘定损智能化，实现查勘工作3天内完成，勘探定损完成率实现100%。

● 理赔快速高效：在灾害发生后，通过在系统中录入灾害信息，系统将自动生成灾害数据并计算每个村的受灾户数和理赔金额，第一笔理赔在第4天（含3天公示期）完成支付，投入人力比系统安装前减少了三分之一。

（2）两大功能

● 灾后定损理赔：一旦发生水灾，通过数据采集，系统将自动生成一张带有身份证和银行卡号的定损清单，公示三天无异议后实施理赔。

● 气候风险管理：通过应用大数据、现代测绘及地理信息技术，系统生成宁波市巨灾保险洪水地图，为灾害来临前的防灾重点区域的选择和物资调配，灾害后避灾安置点的位置选择以及受灾区域的基础设施建设提供数据参考。此外，系统还能以镇和市为单位，对受灾情况进行统计分析，为下次防灾减灾救灾提供参考。

3. 成效

通过将金融科技应用于保险定损理赔，提高保险业的环境和气候风险管理能力，提升其服务能力，促进社区可持续发展。自2016年宁波市建立智能化公共巨灾水灾远程核灾定损管理系统以来，有效提升定损赔付工作效率，大大减少人工成本。

4. 展望

基于测绘地理信息服务和大数据的巨灾保险远程定损理赔系统，解决了传统理赔核查效率低、误差大、道德风险高等众多问题，提高了保险理赔的准确性和效率，为人保财险绿色金融业务创新奠定了良好的工作基础。

下一步，人保财险将不断探索运用科技手段降本增效，创新商业模式，推动绿色保

险的可持续发展。具体包括:

- 开展气候灾害风险评估模型研究。
- 进一步推动气候巨灾保险的查勘定损智能化。
- 应用技术手段,不断开展应对气候风险的绿色保险产品创新。

四、绿色科技在绿色金融运用过程中面临的挑战

我们从案例分析和问卷调查中发现,金融科技在绿色金融领域可以有很多应用场景,包括数据统计、监测和报送、资产登记、用户画像、交易、供应链管理、风险管理等,所涉及的潜在用户包括金融监管机构、地方政府、银行、保险公司和资产管理机构等。这些运用可以为金融机构带来成本、效率、安全和数据真实性等方面的改善,也可以为金融监管在标准推广、统计、审计与反洗绿等方面提供更加准确高效的服务。但是,金融科技在运用到绿色金融的过程中也遇到许多挑战。这些挑战包括:

1. 标准不统一或缺失

许多与绿色金融业务相关的标准,如环境数据信息标准、环境效益计算标准以及绿色金融产品、绿色项目的认定方法标准等,还面临着标准之间不统一或标准缺失的问题。比如,各部门发布的环境相关数据,其定义和格式没有统一标准,时效性也不统一。这就对环境数据获取造成困难,环境数据有效性、统一性很难得到保障。再以环境效益测算为例,也缺乏统一的计算公式,各机构所采用的公式和方法学所得出的结果不一。另外,绿色金融产品、绿色项目的认定方法不统一,使得许多地方、机构对结果各自表述,不同机构、不同产品间缺乏可比性。这些问题导致识别和认证资产和经济活动是否为绿色较为困难,识别认证的成本较高。最后,在小微企业和消费等领域,对绿色经济活动定义和标准还处于空白状态。

2. 环境数据质量有待提升

环境数据是展开环境风险分析的基础,环境数据的质量直接影响环境风险分析的准确性和有效性。当前中国的环境数据在准确性和完整性方面还存在不同程度的问题。

比如,污染排放数据的准确性不足,公开信息中披露的部分污染排放数据不能准确反映企业的污染排放情况。全国排污许可证管理信息平台公开的企业污染排放数据,存在填报不规范的问题,执行报告中的污染排放量存在异常值或空值。部分中小企业提供的环境数据质量较差。

再如,环境数据完整性不高,具体表现在环境数据的披露率横向覆盖率较低,历史数据覆盖范围较短。环境数据的公开披露信息当中,环境行政处罚数据相对披露率较高,历史数据覆盖范围较长,但总体披露率仍表现较低;上市公司能源消耗数据披露极低;污染排放数据、空气质量数据等环境数据大多从 2017 年起才开始有所披露。

3. 绿色金融和金融科技领域的专业能力不足

金融科技在绿色金融的有效运用,要求使用者有集中的、可管理的大数据应用能力,并且具备完善的数据治理机制和具有较强能力的金融科技与环境科学的复合型人才。但是,目前中国金融机构普遍缺乏绿色金融和金融科技专业人员,缺乏环境风险管

理的专业工具，也缺乏环境大数据的支持。识别绿色金融项目或产品，目前采用的手段往往是由第三方专业环境机构提供服务。而第三方环境机构人员，一般对于金融应用场景不熟悉、不了解；服务模式也是线下，成本比较高，时效性较差。

4. 缺乏产品和产业集聚效应

随着中国绿色金融体系的建设，绿色基金、绿色保险、绿色信托、绿色 PPP、绿色租赁等新产品、新服务和新业态不断涌现，对金融科技支持绿色金融产品、工具和业务模式的应用需求也进一步提高。但是由于业务场景不同、不同产品对象存在差异化，大多包含机密商业信息，新技术的运用难以形成规模效益。另外，由于缺乏明确监管标准和要求，一些金融企业担心金融科技的运用带来不确定性和风险，不敢率先投入进行研发。同时，因为金融科技支持绿色金融发展的技术和应用处于起步阶段，实践成果较少，尚未形成绿色科技产业园等绿色科技产业聚集区带来的产业集聚效应。

5. 缺乏国际交流与合作

英国、美国和欧洲在绿色科技与绿色金融相结合的领域中已经有不少实践，也对中国用户有重要的借鉴意义。另外，中国的巨大市场和运用潜力也理应为国际合作提供很大的空间。但是，目前绿色金融的国际交流还主要停留在传统绿色金融产品和政策激励措施的水平，与金融科技运用相关的案例、技术和产品的交流与合作还十分有限。

五、机遇、展望和建议

本文所讨论的若干案例，还只是金融科技在绿色金融相关领域的初步尝试，涉及范围十分有限。根据相关的国际经验和课题调研发现的趋势，我们认为，金融科技在绿色与可持续金融中的运用场景十分广阔。本节对这些潜在的运用作一展望，并简述金融科技与绿色金融融合所需要的监管和行业支持政策。

1. 金融科技在绿色金融监管方面的运用

金融科技企业可从监管科技入手，服务于绿色金融监管部门及相关地方政府部门，探索监管科技的解决方案，创造更高效、更有效的监管措施和报告机制，以助力绿色金融改革发展。具体运用场景的例子包括：

● 建立绿色金融与绿色项目对接平台。服务地方绿色金融改革，建立绿色金融（如银行信贷和股权投资）与绿色项目的对接平台，聚焦绿色信贷业务线上撮合，实现企业绿色融资"一站式"供给，实现不同渠道间绿色融资数据整合、信息共享和实时监测，提高绿色融资对接效率。同时实现政府优惠政策与绿色项目快速对接，简化申请和落地。

● 建立绿色信用评价体系。当前绿色金融发展所面临的一大阻碍为不同机构之间的信息共享机制不健全，特别是与绿色金融密切相关的金融机构与环保部门，信息不对称问题为金融风险的发生埋下隐患。金融科技企业可服务于政府地方绿色金融改革，整合多个政府部门的信息及数据，建立包括各类企业 ESG 信息的绿色信用信息体系。

● 建立绿色金融信息统计平台。通过金融科技手段，建立金融信息统计平台，帮助金融监管部门提升监管效率。通过绿色金融业务信息的实时采集、统计分析和管理应用，为绿色金融支持政策和衍生交易等提供充分的信息和数据基础。实现节能减排和环境效益精准统计，为后续环境效益交易奠定数据基础。实现对绿色贷款效益测评，为政府和监管部门政策激励、绩效考核提供系统支撑。探索绿色信贷业绩评价自动化，实现各类环境监管信息实时共享。

2. 金融科技在绿色金融机构中的运用

金融企业可以利用金融科技，通过专业能力和系统建设等方式提升绿色业务营销能力、环境风险管理能力、绿色业务定价能力、绿色业务流程管理能力。具体的运用场景的例子包括：

● 帮助金融机构提升环境风险识别能力。利用金融科技，可集成企业环境表现监测能力，通过大数据技术获取目标客户的环境行政处罚、安全生产事故、污染物排放、环境负面舆情等环境表现信息，帮助金融机构尽早发现客户是否存在环境风险，实现实时采集、统计分析和风险预警，以及制定相应的策略和方案。同时帮助金融机构实现绿色业务的资金穿透管理。区块链技术所具有的去中心化、开放透明、自治匿名、不可篡改的特征为绿色金融带来了新的思路，利用区块链等技术，解决资金穿透管理的问题，可以帮助金融机构实现对绿色信贷、绿色债券等投向的跟踪，帮助降低"洗绿""漂绿"的风险。

● 环境风险建模及智能定价。环境风险管理、压力测试等对建模、分析、预测的要求日趋复杂，人工智能、大数据分析等相关技术可更高效和有效。金融科技可帮助金融机构利用相关大数据，不断调整风险评估模型对应的调整因子，更新模型指标，实现环境风险的动态分析。也可服务于保险公司、商业银行等金融机构，实现对环境风险的量化分析，从而进行科学定价，将环境成本的外部性转化为内部性；也可服务于资管机构，将环境风险纳入到投资决策过程中。

● 建立绿色评级数据库和绿色评级模型。绿色评级涉及的领域包括可持续发展领域，如道琼斯可持续发展指数、联合国可持续发展委员会（CSD）可持续发展指标体系、企业社会责任（CSR）、《环境管理　环境绩效评价　指南》（ISO 14031：2013）等方面，尤其以 ESG 为代表。金融科技企业可依托企业大数据，建立企业绿色评级模型，帮助金融机构直观的了解企业的"绿色程度"，了解其环境风险情况，以支持投资决策，筛选符合投资要求的绿色企业或项目。

3. 金融科技在企业绿色化过程中的运用

金融科技通过帮助在绿色化过程中的企业获得绿色认证，得到相关的政策支持和金融支持，降低企业成本。若干运用场景的例子包括：

● 提供绿色认证及辅导服务。依托于金融科技手段，帮助申请绿色企业、绿色项目认证的机构提供智能预评估，并为企业提供绿色认证的辅导，帮助企业获得"绿色"相关的认证，进而获得相应的政策支持或是金融支持。

● 帮助绿色企业对接合适的金融服务。用金融科技手段，包括大数据和人工智能能力，充分、及时解读相关产业政策，分析不同绿色金融机构提供的绿色金融产品的特点，建立绿色金融产品库，依据绿色企业的特点（行业、发展阶段、环境表现、技术特点等），为不同发展阶段的绿色企业推荐匹配的绿色金融产品或服务。

为了支持金融科技在绿色与可持续金融领域的发展，相关的监管部门和行业协会也应该提供配套政策和服务于行业的一些"公共产品"。我们建议：

- 监管部门应考虑建立统一的环境信息共享平台，将散布在各个信息源头的企业环境处罚信息、企业排污许可证信息、绿色项目可研报告整合在一个公开数据库，便于金融机构使用。

- 建议参考欧盟《通用数据保护条例》的有关经验，对公共环境数据和企业环境数据分类管理，建立数据授权机制。

- 建议在有条件的绿色金融改革试验区和具有金融科技优势的城市开展绿色金融科技产品和服务的试点，可采用沙盒监管的管理手段，确保绿色金融科技产品和服务的安全性。

以绿色金融为抓手，
积极投身"三个地球"建设

陈新寰

中煤地质总局中能化创投集团党委书记、董事长

生态文明建设是关系中华民族永续发展的根本大计。党的十八大以来，以习近平同志为核心的党中央高度重视生态文明建设，坚持节约资源和保护环境的基本国策，坚持绿色发展，提出"两山理论"，把生态文明建设融入经济建设、政治建设、文化建设、社会建设各方面和全过程，加大生态环境保护力度，推动生态文明建设在重点突破中实现整体推进。

作为一家拥有60多年历史的中央企业，中煤地质总局利用自身多年来形成的技术市场优势，积极投身于新能源开发、生态环保等绿色产业，创造性地提出"三个地球"建设的宏伟愿景，将建设天更蓝、山更绿、水更清的"美丽地球"作为企业主要发展方向与目标；同时为了给绿色产业发展插上金融的翅膀，成立专门的国有资本投资运营平台——中能化创新投资集团有限公司，通过产融结合、以融促产，有力推动了总局绿色产业的高质量发展。

一、积极践行"地质＋"理念，投身"三个地球"建设

随着社会公众环境保护意识的提升和国家生态文明建设步伐的加快，我国生态环境治理逐渐进入法制化、制度化、系统化、常态化轨道，对企业可持续、高质量发展的要求愈显突出。在环境保护、节能减排等政策要求之下，高污染、高耗能、高耗水的工业企业发展遇到越来越多的障碍，而清洁能源、生态环保等绿色产业发展前景看好。

中煤地质总局以习近平新时代中国特色社会主义思想为指导，贯彻落实党中央、国务院方针政策和国务院国资委的决策部署，始终服务国家战略，积极践行"地质＋"理念，创造性地提出"三个地球"建设愿景，即"以地质勘查技术为依托，全面加强地下空间探测，投身"透明地球"建设；以地火治理、环境修复技术为依托，做生态文明建设的先行者，奉献"美丽地球"建设；以地理信息技术为依托，全面打造地质信息化产业平台，参与"数字地球"建设"。

"三个地球"建设以地质勘查技术为基础，以生态文明建设为核心，以地理信息数字化为先导，三者互为支撑、相辅相成。在这一战略思想的指引下，中煤地质总局积极探索创新，围绕绿色、清洁、智慧三大主题进行产业布局，努力实现经济效益、社会效益、生态效益的和谐统一，目前已初步实现了由传统地质勘查向矿山全生命周期、城市

建设
透明地球
Build Transparent Earth
地质与资源勘查、
地下空间探测
Geology and Resource Exploration,
Underground Space Exploration

建设
美丽地球
Build Beautiful Earth
绿色勘查、绿色矿山建设、
生态环境修复与治理
Green Exploration, Green Mine
Construction, Restoration and
Control of Ecological Environment

建设
数字地球
Build Digital Earth
遥感、地理信息、卫星定位
互联网、数字传输
Remote Sensing, Geographic
Information, Satellite Positioning,
Internet, Digital Transmission

图1 中煤地质总局"三个地球"建设战略愿景

安全运营服务的转变，由单一勘查向地、矿、山、水、林、田、湖、草等自然资源综合评价与保护的转变，由单要素调查向资源、环境、空间、灾害等多要素综合调查转变，形成了"资源勘查、新能源开发、生态环境治理、地理信息、地下工程建设、农业地质技术服务"六大产业格局，初步走出了一条独具特色的绿色地勘企业发展之路。

二、大力发展绿色金融，打造专业化投资运营平台

建设美丽地球，实现生态环保事业可持续、高质量发展，离不开绿色金融这一重要抓手。绿色金融可以有效发挥金融资本对产业结构的优化和升级作用，通过向绿色产业和实体经济提供金融支持，为企业绿色转型及高质量发展提供资金保障。近年来，我国绿色金融发展迅速，市场规模持续扩大，根据央行公布的《2018年金融机构贷款投向统计报告》，截至2018年末，我国本外币绿色贷款余额8.23万亿元，绿色债券（含资产证券化）存量接近6000亿元，绿色金融产品在覆盖传统融资渠道的基础上不断进行创新探索。

为了更好地促进绿色产业发展、助力"三个地球"建设，中煤地质总局牢牢把握以"管资本"为主线的国资国企改革契机，着力打造国有资本投资运营平台，中能化创新投资集团应运而生，为总局产融结合、资本运营提供了有力抓手。中能化创投成立以来，短短一年内即取得商业保理、资产管理、融资租赁三项金融牌照资质，填补总局在金融业务领域的空白；成功并购信息科技类新三板企业，实现总局在资本市场的重大突破；以融资租赁、绿色债券等方式创新金融服务，不断引导国有资本合理布局，为绿色产业发展注入资金活力。

从中煤地质总局和中能化创投的产融发展经验来看，金融资本在绿色产业发展过程中具有重要作用，而专业化的投资运营平台对于产业转型升级具有重要意义。实体企业

既需要在金融机构的支持下取得发展绿色产业所必需的资本，同时也要利用绿色产业优势有效降低融资成本。2019年，总局与兴业银行等金融机构签订100亿元《生态环境投资建设和绿色金融合作协议》，推进以融促产和绿色发展，助力企业转型升级；同时，中能化创投利用商业保理、融资租赁、基金管理等金融工具，充分发挥金融资本的杠杆作用，建立多元化可持续的资金保障机制，全力支持总局发展绿色产业，不断引导国有资本和社会资金向清洁能源、生态环保产业板块投放。

三、绿色金融产业前瞻及建议

总体来看，绿色金融促进绿色产业发展已经深刻融入我国实体经济发展进程当中。一方面，绿色金融提供并引导低成本资金流向绿色产业，帮助企业进行产业转型升级；另一方面，绿色金融通过直接或间接提高污染型企业的融资难度及成本，抑制污染型企业的发展，从而促进整体产业结构调整。

放眼未来，在党中央"绿水青山就是金山银山""一张蓝图绘到底"等政策号召下，生态文明理念将更加深入人心，中国的绿色产业仍将长期处于上升通道。仅就中煤地质总局所涉产业而言，绿色发展必将带动煤层气、页岩气、致密砂岩气、铀、地热能等清洁能源的需求加大，并将催生生态环保、环境地质、城市地质、旅游地质、灾害地质、环境修复与治理等新需求；同时国家正在推动实施美丽乡村、美丽城市、美丽中国为代表的生态文明建设，将带动基础设施领域的投资加大，催生了岩土工程、市政基础设施、城市地下空间开发、海绵城市建设等与地质产业相关的新需求。

新业务的发展壮大必然带来新的挑战，包括企业转型发展的成本依然较高、金融机构绿色金融产品的覆盖面依然不足、政府对于绿色产业和绿色金融的政策引导依然存在提升空间等。这就要求政府、金融机构、实体产业三者共同构建完善绿色金融与绿色产业相互促进的体系机制，真正实现绿色金融为实体经济赋能的期望目标，具体建议如下。

一是发挥政府监管部门的支持引导作用，切实改善绿色产业、绿色金融发展的整体环境。通过政府平台搭建、土地税收优惠等政策倾斜，进一步解决绿色产业融资难、融资贵的问题；同时通过监管部门加大对高污染高耗能企业的处罚监管力度，增加高污染高耗能企业的环境成本，进一步提高绿色产业的竞争力，进而迫使要素生产率低下、环境成本高的部分企业缩减规模，引导更多资源流向绿色产业，精心培育绿色产业的长期竞争优势。

二是提高金融机构服务水平，着力提升绿色金融体系的深度、广度和专业化程度。绿色金融体系的构建要由点及面，协同推进。一方面要创新绿色金融产品，不局限于银行贷款、债券、信托、基金等这些传统融资渠道模式，积极进行绿色证券、保险及碳融资等方面的探索。另一方面，要大力拓展绿色金融服务领域，包含但不限于支持可再生及清洁能源、水资源保护、绿色建筑、绿色交通、节能环保等领域，涵盖绿色产业成长全周期。

三是实体企业要充分利用好绿色金融的抓手，真正实现提质增效。绿色金融只是绿色产业发展的手段，要想充分利用好这一手段，实体企业还必须抓住规模效益及长期竞争力的核心要素，通过高新环保技术、资源循环利用、区域化市场等优势，逐步打造绿色产业的核心竞争力。绿色金融提供产融服务的目的是让绿色产业在实体经济中发挥更重要的带动作用、产生更显著的社会经济效益，同时这也是绿色产业企业高质量发展的归宿。

绿色金融体系的构建和完善是一个长期的过程，中能化创投作为中煤地质总局国有资本投资运营平台，将进一步探索绿色金融与绿色产业结合的有效模式，持续赋能新能源开发、生态环保等绿色产业发展，与产融界同仁一道推动中国实体经济转型升级，共同为践行"两山理论"、建设"美丽地球"做出新贡献。

中国和世界的绿色金融

蓝 虹

中国人民大学生态金融研究中心

　　绿色金融是伴随着全球可持续发展理念的深入而产生的，最初是联合国环境署为全球可持续发展行动筹集资金而引导的全球金融可持续化的行动，但最后，随着生态环境风险和生态环境机遇对金融机构核心业务影响日益增加，金融机构本身成为全球绿色金融发展的主要推动者。中国目前已经成为全球绿色金融的引领者，中国至上而下的政策推动与绿色金融试验区至下而上的实践创新密切结合，形成了具有中国特色的绿色金融发展路径。

一、绿色金融在全球发展的动因

　　在20世纪七八十年代，全球生态环境危机开始显现，人们开始关注可持续发展问题，开始关注人类到底可以生存多久？我们的自然资源、我们的生态资源，我们的环境污染问题是怎样让人类可能在未来的生存中，在地球的生存中举步维艰。为了解决全球性环境问题，联合国成立了联合国环境署。最初关注的领域是环境科学，如何运用环境科学的手段去推动绿色发展，研究污染和各种生态环境问题产生的原理到底是什么。但经过大约十年的探索，人们发现，生态环境危机并不是仅仅靠环境科学可以解决的，如果要解决大气、水、土壤各种污染问题必须要有环境工程，来进行污水处理厂的建设，大气污染的治理，二氧化硫的脱硫脱硝和各种土壤污染的治理等等大型工程建设。

　　环境科学和环境工程的结合，推动了全球生态环境治理。但随后人们发现，仅依靠末端治理，我们还是比较被动的。当我们把污水处理了以后，它的污染物形成了污泥，污泥再埋到土壤里面。土壤污染又通过焚烧或者淋洗，或者进入水体，或者进入大气。大气污染一般采取的是沉降法，通过沉降的方式把它沉降到水体和土壤。当我们用环境工程去解决每一轮环境问题的时候，好像又带来了新一轮的环境问题。

　　人类在地球上到底怎么才能够解决严重影响我们发展和生存的坏境问题？这时候开始提出了环境经济学、环境经济政策的需求。人们意识到，不能仅末端治理，必须要在前端去控制人们的污染行为。当环境经济学产生和发展之后，人们又发现，所有的环境经济政策都需要监管，怎样才能更好地监管人们的行为呢？污染真的只是企业的责任吗？这时出现了拉夫运河事件。人们发现，在所有的污染背后都站着银行或其他金融机构，如果所有的污染企业、所有的热带雨林砍伐等对生态环境损害的工程，如果背后没有银行的资金支持，这些灰色的、黑色的项目是没有办法顺利执行的。于是，人们开始把污染者付费理论进行拓展，将与污染相关的利益相关者都纳入污染者付费范畴。

新的污染者付费理论认为，污染者并不仅仅是企业，与污染行为相关的利益相关者都应该算做污染者，都应该为污染付出代价，只有这样，才能形成利益相关者之间互相监督的链接，才能更好地促进人们控制污染行为。而这些利益相关者，最重要的就是金融机构。当银行等金融机构将这些钱投放到污染的黑色项目中拿到的利润，就叫污染红利，既然享受了污染红利，就必须要付出代价。于是在整个西方国家的法律体系里进行了环境金融法的改革和创新，以"超级基金法"为代表。超级基金法规定，如果发生了污染事故，背后的金融机构要和企业一起站在被告席上承受法律的惩罚。当这些法律的惩罚让金融机构真正的丧失了钱、声誉，导致股价下跌的时候，痛彻心扉的痛感让金融机构从心里感受到环境的重要性，从而自动的把整个环境的因素纳入到金融机构核心的业务范畴中。

"超级基金法"导致了很多保险公司倒闭，很多的银行比如说马里兰银行等都受到了重创。在这种情况下，全球绿色金融开始轰轰烈烈地推进。在这场运动中，最初联合国环境署起了重要的推动作用。但到后期真正在推动的恰恰是银行，是金融机构自己，因为金融机构不愿意失去自己的资金并希望拓展新的业务空间。每年有全球赤道银行社区交流。赤道银行是执行赤道原则金融机构，而赤道原则是全球金融机构管理环境和社会风险的国际行业准则，说明绿色金融已经进入金融机构核心业务范畴，不管是绿色金融的风险分析，还是绿色金融的业务机遇，都已经成为金融机构的核心业务。

二、中国绿色金融发展历程

全球轰轰烈烈绿色金融的发展，最终推动了中国绿色金融的发展，到现在，中国已经在引领全球的绿色金融发展了。2015 年，中国人民大学绿色金融团队发布绿色金融研究报告，对 2014 年到 2020 年，以及 2021 年到 2030 年的融资需求进行了核算，根据核算，2014—2030 年，"低方案""中方案"和"高方案"下的中国绿色融资需求分别为 40.3 万亿元、70.1 万亿元和 123.4 万亿元。如此巨大的融资需求，资金的缺口却是非常大的。根据课题组的核算，2013 年实现环境无退化水平的绿色金融资金需求是 3.7 万亿元，但 2013 年实际的绿色投资额（包括财政资金与社会资金）仅为 0.9 万亿元，资金缺口高达 2.8 万亿元。整个国家都在进行绿色转型，但金融机构投入绿色产业和绿色转型资金占比却非常小，无法满足国家绿色转型对绿色资金的急切需求。所谓巧妇难为无米之炊，金融是现代的核心，如果金融不全面的转化为绿色金融，如果金融的大部分资金还是投入传统产业而不是绿色产业中，整个国家的绿色转型就会因为资金缺乏而无法实现。这样一些震撼的数据，让大家认识到，我国必须要推动绿色金融的发展。

2016 年 8 月 31 日，七部委联合印发了《关于构建绿色金融体系的指导意见》，对绿色金融进行了顶层设计，推动绿色金融迅猛发展。同年 9 月央行发布了《G20 绿色金融综合报告》。2016 年是还是中国绿色债券的发展元年，两个关键的绿色金融部门：人民银行在 2015 年 12 月 22 日、国家发改委在 2015 年 12 月 31 日分别发布了关于绿债指导性文件，从绿色金融债、绿色企业债方面分别推进。中国绿色债券的发行在 2016 年迅速增长，从几乎为零增长到人民币2380亿元，占全球发行规模的39%。2016年碳金融也在全力的推进，为了促进低碳转型，我国建立了7个试点的碳交易市场，全年碳交易额超过10亿元，累计交易额超过25亿元。

2016年绿色金融主要在供给端发力，2017年绿色金融发展最大的特点是供给端和需求端共同发力推进，形成了三大亮点：第一是绿色金融地方试点，第二是央行将绿色金融指标纳入MPA宏观审慎考核指标体系，第三是绿色债券的发行从国内走向国际。

绿色金融是支持生态文明建设支持绿色发展的金融体系。但是怎样考核绿色金融真的是推动了生态文明建设和绿色发展呢？2016年作为供给端的绿色金融在轰轰烈烈推进，但需求端的绿色项目还是没有钱，这是因为在整个绿色资金和绿色项目对接中出了问题。绿色金融所面对的绿色项目，它和常规性的项目具有不一样的特征。生态环保的项目原来来源于财政的供给，但是随着全球公共事业民营化的浪潮、随着全球绿色化的推进，所需的绿色资金越来越多，仅仅靠财政来承担已经不行了，必须获得金融的支持。

在传统的公共经济学中，公共物品资金是由财政支持，而市场物品的资金是由金融支持，二者泾渭分明。但绿色金融，在实践中，实现了金融支持绿色公共物品供给的创新。其实，科斯灯塔已经阐诉了如何将公共物品通过特殊的定价机制转化为市场物品。在中国，生态环保公共产品也经历了一个从完全由财政供给到由市场供给的转变过程。2002年我刚进入绿色金融领域的时候，污水处理厂在中国还是属于公共物品，仍然是事业单位，是由财政供给。但从2002年到2019年，整整十七年时间，整个污水处理完全实现了从财政供给到市场供给的转型，污水处理已经成为绿色金融板块中利好最大的一块。中国污水处理企业例如北京首创，他们甚至挺进到新加坡、马来西亚等地承接污水处理业务。

可见，短短的十几年时间，整个的生态环保正在逐渐地向市场化方向发展。但是这个转型需要对绿色项目进行设计。一个公共物品它不会自动地转化为市场的产品，一定要有设计的。在绿色金融的环节里，很重要的一个环节就是绿色金融的设计技术。如何将绿色项目设计为可以让金融机构感兴趣的、收入回报比较好的项目，这正是绿色金融中很容易被忽视的重要环节。

金融的工具和手段有很多，但是只有将绿色项目设计为可以与金融对接的项目，各种各样的金融工具和手段才可以发挥作用。这样的设计，包括如何让绿色项目的回报达到金融最基本的要求，如何让它的风险控制在金融可以接受的范围之内。这些设计包括技术的选择，包括如何在资金流方面设计，如何跟财政联动的设计等。比如跟财政联动的设计，例如很多生物质发电项目，如果全流程都交给市场，收益会小于成本。现在的设计基本上采用的是前端的生物质原料的收集，例如厨余垃圾的收集系统都是由政府的财政来承担，但是后端的运营厨余垃圾转化为沼气、替换天然气的过程，由市场来承担。绿色项目的设计，是促进绿色资金和绿色项目对接的重要环节。

2017年第一大亮点就是五个试验区绿色金融试点，2017年6月14日，国务院常务会议决定在浙江、江西、广东、贵州、新疆五省区选择部分地方建设绿色金融改革创新试验区，支持地方发展绿色金融。同年 6 月 23 日，中国人民银行、发展改革委等七部委联合印发各试验区的总体方案，明确了浙江省湖州市、衢州市，江西省赣江新区，广东省广州市花都区，贵州省贵安新区以及新疆维吾尔自治区哈密市、昌吉州、克拉玛依市共 8 个试验区作为全国首批绿色金融改革创新试验区。主要在培育发展绿色金融组织体系、创新发展绿色金融产品和服务、拓宽融资渠道、夯实基础设施、加强对外交流合作、强化政策支持以及建立风险防范化解机制等领域探索实践符合地方特色和实际需求的绿色金融体机制。

绿色金融地方试点的重要意义在于，绿色金融在支持绿色发展的落地实践中，立即显现出绿色金融供给端与需求端联动发展的强烈需求。

2017 年第二大亮点是绿色信贷有了巨大的推动。人民银行在《2017 年第四季度中国货币政策执行报告》中指出，人民银行在开展 2017 年第三季度宏观审慎评估（MPA）时，将绿色金融作为一项评估指标，纳入"信贷政策执行情况"项下进行评估。报告中还指出，从 2018 年起将优先接受符合标准的小微企业贷款、绿色贷款，作为信贷政策支持再贷款和常备借贷便利的担保品。这在绿色信贷发展历程中具有里程碑式的重要意义。考虑到 2017 年我国绿色信贷贷款余额占全国各类绿色融资余额的 95% 以上，这项政策对绿色金融的推进意义就更为深远。

2017 年第三大亮点是中国绿色债券市场的继续蓬勃发展。2017 年，中国约占同期全球绿色债券发行规模的 22%，符合国际绿色定义的中国绿色债券发行规模位居全球第二。中国境外发行的绿色债券达到 442 亿元，较 2016 年有大幅增长，增长 70%。绿债的全国和全球发行，特别是跨境绿色债券发行，可以让有较多绿色资金的国家向有较多绿色项目的国家进行投资，从而降低全球的绿色项目融资成本，进一步增加绿色项目资金的可获得性。中国与伦敦已经签署了合作协议，中国将定期在伦敦发行绿色金融债，因为伦敦是国际金融城，意味着中国通过伦敦金融城向全球的投资者发行债券，为中国的绿色项目融资。

2018 年，绿色信贷制度创新有了新的突破。2018 年 1 月，中国人民银行发布《关于建立绿色贷款专项统计制度的通知》（银发〔2018〕10 号），自 3 月起实施。通知要求，金融机构在自评估具备数据质量管理机制或数据准确可靠的基础上按季度提交报数申请，经人民银行确认后按要求报送绿色贷款专项统计数据。引导金融机构加强绿色信贷基础统计能力。2018 年 7 月，中国人民银行发布《银行业存款类金融机构绿色信贷业绩评价方案（试行）》（以下简称《方案》）。该《方案》是人民银行分支机构开展绿色信贷业绩评价的基础参照。

2018 年，中国绿色债券市场持续稳定增长。共发行贴标绿色债券 144 只，发行金额 2676 亿元人民币，占全球绿债发行的 18%，排名第二。金融机构仍是最主要的发行人。共有 31 家银行发行 38 只贴标绿色债券，总计发行金额为 1289.2 亿元，占比 62.36%。募集资金投向领域广泛。交通和能源绿债仍是两大主题，投向低碳交通的募集资金占发行总额的 33%，能源占比 28%。此外，绿债建筑主题增速较快。

2018 年，七省市二级市场线上线下共成交碳配额现货接近 7748 万吨，较 2017 年交易总量增长约 14.96%；交易额约 16.41 亿元，较 2017 年增长约 38.95%。2018 交易年度，中碳市值指数走势相对平稳，基本维持在 500 点至 800 点区间震荡，全年最高点为 784.68 点，最低点为 522.88 点，显示 2018 年试点碳市场的配额价格已经止跌趋稳。

2018 年以来，在绿金委和伦敦金融城的组织指导下，中英金融机构环境信息披露试点工作得到大力推动。中英双方先后于北京和伦敦举行了五次环境信息披露试点工作会议，与会的试点机构代表和相关国际组织、智库的专家就环境信息披露的意义、目标、方法和时间表等进行了探讨并达成共识，中英环境金融机构信息披露试点机构共同确定"中英金融机构环境信息披露试点工作方案"。工商银行作为中方试点牵头机构，先后组织中方试点金融机构开展三次研讨，在深入分析国际环境信息披露实践的基础上，结合我国实际情况，制定了《中国金融机构环境信息披露试点工作方案》，研究构建了《中方金融机构环境信息披露目标框架》，明确了建议披露的定性信息和定量指标；推动各试点单位依据行动计划和目标框架，开展各自的环境信息披露工作。

2018 年 11 月 30 日，中国金融学会绿色金融专业委员会和伦敦金融城共同发布了《"一带一路"绿色投资原则》，将低碳和可持续发展议题纳入"一带一路"倡议，致力于强化对投资项目的环境和社会风险管理，推动"一带一路"投资的绿色化。《"一带一路"绿色投资原则》共确定了七大原则：一是将可持续性纳入公司治理，二是充分了解"环境—社会—治理"风险原则，三是充分披露环境信息，四是加强与利益相关方沟通，五是充分运用绿色金融工具原则，六是采用绿色供应链管理原则，七是通过多方合作进行能力建设的原则。同年 12 月 4 日，在波兰卡托维兹举行的联合国气候变化大会期间，中国绿金委与欧洲投资银行发布了《探寻绿色金融的共同语言》第二版白皮书，回顾和分析了过去一年间中国与欧洲各自推动绿色金融和绿色金融标准化工作的进展情况，并提出未来应在中欧绿色债券标准之间建立较为清晰的标准比对和转换机制，为市场提供便利，降低成本。

2019 年，中国绿色金融进入全面深化阶段，在绿色信贷、绿色保险、绿色基金等方面都进一步推进。2019 年绿色金融取得的最大成绩是在绿色金融标准领域的推进。2019 年国家发改委牵头包括央行在内的七部委联合发布了《绿色产业指导目录（2019年版）》，为绿色金融标准的统一奠定了基础。同时，各绿色金融试验区出台了自己的绿色金融地方标准，先行先试，为推进绿色金融全国性标准的统一积累了丰富的经验。

三、绿色金融发展面临的问题和未来发展趋势

不管是从中国还是全球，绿色金融的发展实际上是在不断地创新中，我们始终面临着一些非常大的困境，又始终面临着非常大的创新机遇。但是从绿色金融的试点、从绿色金融发展，我们可以看到，绿色金融一定是金融未来发展的方向。所以我们的口号是绿化所有的金融机构，让所有的金融机构都可以在为全球的可持续发展、为全球的人类生存、为绿色的地球来发挥它的核心作用，这就是中国和世界的绿色金融的发展趋势。

目前中国绿色金融发展亟须解决三大问题：

第一，必须尽快制定统一的绿色金融标准。绿色金融资金要精准对接绿色项目，首

先就必须有效识别绿色项目，才能推进绿色金融政策的发展。因为绿色项目具有外溢的生态环境收益，绿色金融政策在一定程度上是运用国家的政策工具和资源对这些外溢的生态环境资源收益进行纠正。如不能精准识别绿色项目，就无法让绿色资金真正投入绿色项目中，就无法实现绿色金融真正支持绿色发展的目标。

第二，央行应该尽快建立专门的绿色金融技术部门，负责设计、评估绿色项目，并定期发布绿色项目，促进其与金融机构的对接。目前绿色金融发展最大的问题是绿色资金和绿色项目无法很好对接。很多没有经过设计的绿色项目，其收益特征和风险特征对金融机构来说都是全新的陌生的，必须经过设计才能满足金融机构的需求。绿色金融技术设计，是解决绿色项目和绿色资金对接困难的关键环节。

第三，国家应该通过给金融机构或者绿色项目的贴息或者风险分担等政策，激励金融机构更有动力参与到绿色金融中。另外，生态环保部应该出台更严厉的生态环保法并严格执行，才能让金融机构感受到环境风险对其核心业务的影响，从而更加关注生态环境问题。

ESG 助力绿色金融发展的思考

赵建勋

兴业银行绿色金融部

环境、社会和治理（ESG）是国际上推进可持续发展的重要手段，这方面我国刚刚起步，在 ESG 评级体系构建、企业可持续发展水平评价，以及 ESG 全面深入的信息披露等方面与国际先进水平还存在较大差距。银行机构作为我国绿色金融发展的主力军，应深入开展 ESG 研究，通过探索 ESG 将绿色金融发展进一步推向深入，提升全面风险管理水平，支持实体经济高质量发展。

一、ESG 的基本概念

1992 年，联合国环境规划署金融倡议（UNEP FI）提出，希望金融机构能把环境、社会和公司治理（Environment，Social and Governance，ESG）因素纳入决策过程。ESG 要求企业在经营管理过程中注重经济与环境、社会、治理之间的平衡发展，实现可持续发展目标。ESG 影响企业绩效的理论主要包括：一是可持续发展理论。该理论认为，发展的根本要求是既满足当代人的需要，又不对后代人满足其需要的能力构成危害。经济可持续是社会可持续的前提，企业作为经济发展的微观单位，只有在自身效益、环境利益和社会利益三者之间做出平衡，才能实现自身以及整个经济和社会的长期可持续发展。二是利益相关者理论。该理论认为，影响企业经营和管理的因素不仅包括企业的股东、债权人等，也包括了雇员、上下游客户、自然环境等。企业对环境的污染、社会责任的缺失、公司治理的不健全都将损害员工、所在社区甚至整个社会的利益，从而影响企业自身绩效，降低企业估值。三是企业竞争力评价理论。该理论认为，企业的潜在竞争力并不仅取决于财务绩效，还取决于公司的治理能力以及与环境、社会相协调的能力。

二、ESG 投资主流化，相关体系建设不断完善

从投资者角度来看，全球可持续发展理念的主流化、应对气候变化和绿色金融在全球范围内被纳入金融政策框架、中长期资金投资避险的需求，以及 ESG 表现良好的上市公司收益更加稳健的大量实证等因素，推动中长期投资对 ESG 投资重视程度不断提升。ESG 投资正加速成为主流。根据全球可持续投资联盟（GSIA）的数据，欧洲的资管市场已有近半采纳 ESG 投资，美国的资管市场也有约四分之一采纳 ESG 投资。施罗德集团（Schroder Group）2019 年全球投资者研究结果显示，全球 60% 的

投资者会将可持续性因素纳入投资决策，他们认为选择可持续投资产品有助于世界的可持续发展；64％的投资者认为气候变化会对自己的投资产生显著的影响。全球75％的投资者认为在未来五年，ESG 在投资决策中将扮演更加重要的角色。目前，将 ESG 纳入投资决策、负面排除法两种可持续投资策略应用最广，对应的资产规模居于各类可持续投资的前列。国际上，Vanguard、荷宝等 ESG 领先投资机构已经形成明确的操作流程。

从 ESG 评价体系来看，为迎合投资者的可持续发展理念及投资行为，金融市场上相关评分等应运而生。国际上已经建立了以 MSCI、道琼斯、汤森路透（Thomson Reuters）、富时罗素（FTSE Russell）等为代表的 ESG 评估方法学以及应用。ESG 评价指标体系是 ESG 核心价值的具体体现，也是 ESG 投资的基础。这些机构将评级的指标分别划入 E、S、G 三个方面，但底层指标设计上各有不同。计算方法上，以加权平均为主，根据各自方法学赋予一定的指标权重，并按照行业情况对权重进行调整。

从 ESG 纳入信用风险分析进展来看，传统的企业融资风险评价较多地考虑了财务因素，对环境、社会、公司治理等非财务因素考虑欠缺，这导致传统评价方法不能够全面衡量企业的风险状况以及可持续发展能力。ESG 非财务风险评估方面，单个 ESG 因素已纳入融资风险分析（例如环境风险压力测试、利用赤道原则进行项目融资的环境和社会风险分析以及管理等），但是 ESG 作为一个系统框架纳入融资风险分析尚处于起步探索阶段。目前主要有附加法和内置法。附加法是通过附加考虑 ESG 因素，对传统的融资风险评价结果进行调整，该方法对现有的风险评价体系影响较小，但存在"重复计算"风险以及 ESG 信息与财务信息质量不匹配的问题。目前，大部分 ESG 信息均未经过审计或鉴证，信息质量低于经过审计的财务信息质量，ESG 作为附加考虑因素，风险影响可能会被低估。内置法更符合 ESG 集成，但目前最大的挑战是缺乏 ESG 非财务风险模型以及可信度较高的数据。

三、我国银行业金融机构 ESG 表现

我国银行机构 ESG 表现与国际先进同业差距明显。根据 2019 年 8 月英国富时罗素 ESG 评分结果，中国 A 股各板块 ESG 分数表现从高到低依次为：金融、采掘和公用事业、工业、科技和通信、客户服务和健康、消费品。该结果与港交所上市公司 ESG 报告行业分析结果吻合。图 1 为富时罗素中国 A 股十大成分股 ESG 分数。从图中可以看出，工商银行、招商银行、兴业银行等在国内 A 股上市公司中 ESG 分数居于领先地位（同期 MSCI 对农业银行、建设银行、中国银行、招商银行、兴业银行的评分为 BBB，分值处于评分体系的中间，与富时罗素的评分结果基本相同）。富时罗素 ESG 评分体系的单项分数显示，我国银行机构在 E 方面的表现相对较好，S 和 G 两方面的表现仍有较大提升空间。中国 A 股上市公司 ESG 分数，与国际领先银行 ESG 分数仍然存在较大差距。国际 ESG 专家认为中国上市公司 ESG 相关披露的信息有限，ESG 分数计算输入数据不足是 ESG 分数偏低的重要原因。

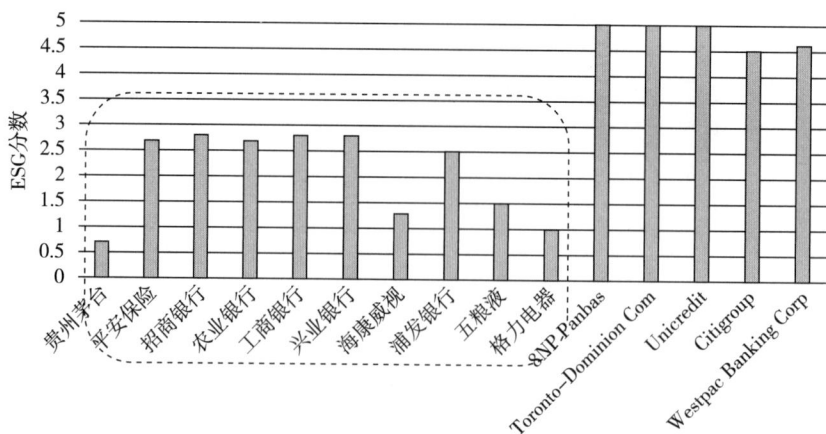

图 1 FTSE Russell 中国 A 股十大成分股 ESG 分数以及国际领先银行 ESG 分数

四、发展 ESG 促进绿色金融发展的思考

ESG 强调经济与环境、社会、治理之间平衡发展，以此实现可持续发展，而通过发展绿色金融支持绿色发展也是可持续发展的路径之一，两者殊途同归。为进一步提升 ESG 体系与绿色金融之间的相互促动效果，笔者认为主要有以下几个着力点：

（一）发展 ESG 助力完善银行业金融机构绿色金融体系

2014 年原银监会印发《中国银监会办公厅关于印发〈绿色信贷实施情况关键评价指标〉的通知》，前瞻性地对银行机构的 E、S、G 方面的表现设置了考核评价指标。经梳理统计，与 E、S、G 相关的定性自评价指标约 61 项，约占全部绿色信贷自评价指标的 76%。与 E、S、G 相关的定量自评价指标约 10 项，约占全部绿色信贷定量自评价指标的 59%。从近年来银行机构绿色信贷自评价实际情况来看，符合率较低的指标大多与银行治理层或高级管理层的决策有关。例如，对高环境和社会风险分类客户实施动态评估并在贷款定价、经济资本分配方面采取差别化风险管理措施；公开发布环境和社会风险分类为 A 类的客户名单等。从现实情况来看，银行机构对 ESG 的投入更多体现为中长期的成本投入，存在创新失败的风险，而目前对银行机构治理层的考核主要以即期财务绩效指标为主，缺乏对中长期可持续发展指标的考核。因此，金融监管部门在对银行机构治理监管评估体系中，建议进一步增加对中长期可持续发展关键举措、战略投入的考核，并明确尽职免责规则，鼓励中长期可持续发展创新。

（二）发展 ESG 助力完善绿色金融全面风险管理

如前文所述，在传统的融资风险评价的基础上，附加考虑 ESG 因素的方法比较现实，可操作性较高。银行机构可依托现有的环境和社会风险评价体系、ESG 评分体系，探索将 ESG 纳入全面风险管理体系，并做好以下两方面工作：

1. ESG 风险分类管理。鉴于 ESG 主要侧重于前瞻性的可持续影响因素的分析，建议主要对于一定融资规模的中长期项目融资、并购融资等在风险评估时考虑 ESG 因素。一方面，可以参照赤道原则环境和社会风险管理体系，对企业和项目进行环境和社会风险分类；另一方面，对于融资申请人（或实际控制人）可以参照国内外主流 ESG 总体评分以及关于 G 的单项评分结果，按照"高、中、低"评价融资申请人治理风险水平，识别出主要治理风险点，由环境和社会风险（A、B、C）风险分类结果与治理风险（高、中、低）风险分类结果，按照孰高原则确定 ESG 整体风险分类结果。

2. ESG 风险过程管理。对于 ESG 风险分类为"高"的客户和项目融资，可作为内部评级、授信准入、管理和退出的重要依据，并在投融资"三查"、投融资定价和经济资本分配等方面采取差别化的风险管理措施。例如，对于 ESG 风险分类为"高"的客户和项目融资，金融机构可采用 ESG 专项尽职调查，合理确定授信权限和审批流程，完善合同条款督促客户加强 ESG 风险管理，制定并实行有针对性的投融资后管理等差别化风险防控措施。

（三）发展 ESG 促进银行机构信息披露

中国银行机构的信息披露水平与发达国家金融同业相比存在较大差距。在绿色金融领域，底层资产的 ESG 信息、绿色资产质量、绿色业务收入等关键信息披露较少。由于担心率先披露核心信息，会使自身在竞争中处于不利地位，大部分银行机构在深度信息披露方面推进缓慢。目前，相关部委正在研究上市公司及发债企业强制信息披露规则，建议披露范围覆盖 ESG 内容。对于上市银行机构而言，信息披露水平将整体得到提升，ESG 分数也将得到提升。凭借良好的 ESG 分数以及信息披露形象，将吸引更多境内外绿色专业投资者，上市银行的投资环境及股票市值将得到改善。在商业利益驱动下，信息披露有望由政府行政命令变为银行机构自愿的商业行为，市场将更好地发挥价值发现和资源配置作用。

综上，深化 ESG 工作，有利于破除制约银行机构绿色金融发展的深层次的体制机制障碍，进一步提升全面风险管理能力，带来多方面的商业价值，有望成为我国银行业下阶段绿色发展的新引擎。

构建绿色金融服务体系
拓展商业银行业务空间

黄剑辉

中国民生银行研究院院长

加强生态环境保护和生态文明建设，建设美丽中国，已经成为国家的重大发展战略。当前，我国正处于经济结构调整和发展方式转变的关键时期，对支持绿色产业和经济社会可持续发展的绿色金融需求持续扩大。构建绿色金融体系，增加绿色金融供给，是贯彻落实"五大发展理念"和发挥金融服务供给侧结构性改革作用的重要举措。在此背景下，加快发展绿色金融，构建自身的绿色金融体系，助力绿色经济，也成为商业银行顺应国家政策导向和促进自身经营转型的重要方向。

一、提升绿色金融的战略认知，纳入商业银行三年规划和中长期发展战略

目前，面对内外部的迫切需求和巨大的发展潜力，民生银行亟须在绿色金融领域加快拓展。为此，应借助当下对构建绿色金融体系的政策指导，从战略高度构建商业银行绿色金融发展的顶层设计，纳入"三年规划"和中长期发展战略，加强战略认知和规划执行。同时，要加大对绿色金融的宣传力度，积极宣传绿色金融领域的最新政策、优秀案例和业绩突出的机构部门，推动形成发展绿色金融的广泛共识和良好氛围。

二、强化产品与服务创新，加快构建我行绿色金融服务体系

1. 完善绿色信贷总体框架，大力发展绿色信贷

当前，绿色信贷仍在我国绿色金融体系中占据首要位置，也是金融机构支持绿色企业发展和绿色经济转型的主要手段。为此，商业银行一是制定并完善绿色信贷的综合性和分行业指导政策，在现行绿色信贷相关政策的基础上，充分借鉴国内外先进同业的经验，作为全行必须严格执行的信贷标准；二是构建绿色信贷的责任体系，明确总、分行分支机构各部门在绿色信贷方面的职能分工，建立易操作的考核措施，在公司高管和员工绩效考核中涵盖社会责任指标；三是创新丰富绿色信贷工具，扩大绿色信贷服务范围，开发出针对企业、项目、个人和家庭的各类绿色信贷产品，如结构化节能抵押品、生态家庭贷款、商业建筑节能贷款、清洁空气汽车贷款、中小企业绿色贷等，开展绿色供应链管理，大力发展绿色消费信贷；四是在环境和社会风险方面，进一步明确贷前、贷中和贷后的各项管理措施，实现内部各部门与地方政府、金融机构和企业的互相协作和配合，建立健全风险分析预警机制，强化对绿色金融资金运用的监督和评估。

2. 加强布局和业务创新，塑造绿色商业银行投行形象

第一，研究布局，着手绿色金融债、绿色资产证券化等业务的准备工作。一是注意研究国内的绿色金融扶持政策，以便在开展绿色投行业务时为符合条件的客户争取相关政策优惠和财政补贴，提供主动式绿色财务顾问或撮合服务。二是随着监管部门态度日趋明朗，民生银行应着手绿色金融债券、绿色资产证券化等业务的准备工作，以抓住市场机遇，满足符合绿色标准的企业融资需求。此外，通过绿色金融债券等绿色融资工具筹集资金，也可应对民生银行负债成本过高和期限错配问题；并通过绿色资产证券化，提升民生银行资产质量和流动性。

第二，立足实际，选择适合的绿色业务切入点。从我国商业银行投行业务的发展来看，在债券承销、权益融资、顾问咨询、投行类非信贷以及信贷资产证券化领域都有较好的基础，过去对于多数环保、清洁能源领域事实上也都有所涉及。因此，认真梳理已开展过的绿色信贷业务，并结合业务优势，筛选相关行业有融资需求且环保意识较高的客户，为其设计绿色投行业务综合性解决方案。

第三，横向打通，与商业银行的绿色信贷部门协同。传统商业银行业务是投行业务的基础，对于绿色投行业务而言同样如此。例如，绿色信贷资产证券化业务顺利开展的前提，就是有大量可作为基础资产的绿色信贷业务。目前，商业银行基础性的绿色金融业务多由公司业务条线承担，熟悉绿色金融业务的专业人才也多集中于公司业务条线。商业银行绿色投行业务要想驶入快车道，应与公司条线的绿色金融团队加强对接和交流。此外，考虑到客户需求的多元化，必要时也可由总行相关人员组成临时项目组，配合分行对客户开展协同营销，提供包括绿色投行业务在内的全面绿色金融服务。

3. 参与设立绿色发展基金，以 PPP 模式助力绿色发展

2016 年，七部委联合印发的《关于构建绿色金融体系的指导意见》中称，要鼓励有条件的地方政府和社会资本共同发起区域性的绿色发展基金，支持地方绿色产业发展；绿色产业基金将以市场化方式运作，有效带动社会资本投入，进一步提高资金使用效率。绿色发展基金将成为未来推动绿色金融发展的一股重要力量。

4. 发展各类碳金融产品，形成"全产业链"配套综合金融服务

当前，我国碳金融市场正在起步，全国统一的碳排放权交易市场正加快建立，未来发展空间广阔。商业银行要充分利用此契机，有序创新发展碳远期、碳掉期、碳期权、碳租赁、碳债券、碳资产证券化和碳基金等各类碳金融产品和衍生工具，发展环境权益回购、碳保理、碳托管、碳交易财务顾问等金融产品，初步形成涵盖企业碳资产从生成到交易管理的"全产业链"配套综合金融服务，拓宽企业绿色融资渠道，在市场竞争中赢得先机。

5. 借助集团和外部力量，打造绿色金融综合产品体系

在综合化需求日趋强烈的今天，应整合集团力量，将绿色金融作为集团的核心业务之一。要在集团层面建立专项推动机制，利用各附属机构的牌照、渠道和优势，创新提供包括绿色融资、绿色投资、绿色基金、绿色租赁、绿色信托、绿色消费、绿色理财、绿色咨询顾问，满足绿色企业和项目"融资＋融智＋融商"等全方位需求，实现从

"单兵作战"向"集团联动"转变。

三、积极推行国际原则，大力参与国际合作

在当前国内绿色金融跨越式发展的背景下，商业银行一是应积极研究和参考国际上现有的较为完善的原则制度，如赤道原则、联合国责任投资原则、联合国环境规划署金融行动等，来制定实施绿色金融的政策和方针，以加快与国际金融体制和惯例接轨。二是要积极参与绿色金融领域的国际合作，创新开发各类信贷产品（如国际金融公司能效贷款、法国开发署绿色中间信贷、亚洲开发银行建筑节能贷款等）；紧紧围绕"一带一路"、中国—东盟等国家和区域战略布局，推动区域性绿色金融国际合作，探索设立合资绿色发展基金，并以跨国银团贷款等方式来分散和规避合规风险。

四、完善组织机构建设，打造专业人才团队

从早批的赤道银行和国内的领先银行看，均成立了绿色金融专业负责机构，并赋予其制定和发展绿色金融战略的权利和责任。为此，要实现绿色金融的专业和持续发展，商业银行有必要在集团层面成立"可持续发展委员会"，负责确定绿色金融发展战略，审批高级管理层制定的绿色金融目标和提交的绿色金融报告，监督绿色金融实施情况和绩效考核等；将现有的"绿色企业金融服务中心"扩展并升级为总行专营部门，用以制定绿色金融的分步目标、总体框架和实施方针，并建立起总—分—支的绿色管理层级，实现绿色金融业务的专职管理和全面覆盖。

五、加强前瞻性研究和对外交流，不断提升影响力和品牌形象

作为绿色金融领域的追赶者，商业银行一是需紧密关注和掌握国家政策导向、国内外同业发展现状，紧抓市场机会；二是要在业务拓展过程中，结合内外需求，加强对绿色金融领域的前瞻性研究，定期出具绿色金融发展报告，传播绿色金融业务知识、分享绿色经验、提升影响力和品牌形象；三是要积极参与人民银行、银监会等监管部门牵头的相关政策的制定，注重加强与国内众多国家部委、地方政府、金融同业、学术机构以及 IFC、WWF、UNEP FI 等国际机构在绿色金融领域的交流合作，不断提升自身绿色金融能力建设；四是要积极走出去，与发达国家、新兴市场国家银行同业交流，分享绿色金融发展经验，取长补短，强化合作；五是在经营过程中，要不断向客户普及绿色金融领域的先进理念和管理经验，引导客户从被动遵循绿色原则向寻求以绿色原则标准管理自身环境与社会风险主动转变，实现多方共赢。

绿色金融对中国能源发展的影响

翟永平　亚洲开发银行能源部门总监

莫凌水　亚洲开发银行绿色低碳发展顾问

摘要：能源转型需要绿色金融的支持。中国绿色金融的发展经历了从认知到逐步深化发展的过程。不同的经济发展阶段和能源发展所面临的问题，绿色金融在能源发展中所挥的作用也有所不同。当前中国能源行业正在从高速发展步入高质量发展阶段，能源绿色低碳转型需要绿色金融更大的支持力度。本文将分析绿色金融在不同时期对能源发展的影响和经验启示，提出未来绿色金融推动能源转型需要解决的关键问题及政策建议。

关键词：绿色金融　能源转型　能源投融资　清洁能源投资

一、引言

绿色金融是为解决环境和气候变化问题，满足经济可持续发展应运而生。尽管国际上对绿色金融的定义和范围不尽相同，但是其本质离不开为节能环保和应对气候变化提供的投融资服务。广义上的绿色金融是指支持可产生环境效益的投融资活动，这些环境效益包括减少空气、水和土壤污染，提高资源使用效率，减缓和适应气候变化并体现其协同效应。绿色金融还将环境外部性内部化，并调整对环境风险的认知，以提升环境友好型投资和抑制污染型投资[1]。绿色金融一是可以改变不同类型项目的融资成本与可获得性，一方面降低绿色产业的融资成本和增加资金供给，促进绿色产业发展；另一方面增加污染和高耗能产业的融资成本，引导社会资本从高污染、高耗能行业退出。二是借助于金融交易的资产定价功能，绿色金融市场（排放权交易市场等）可以实现环境成本的内部化，挤出低效率、高污染的产业。中国绿色金融始于20世纪80年代，其发展经历了从认知到逐步深化发展的过程。如今中国在绿色金融政策体系、发展规模上已成为世界的引领者，绿色金融规模已超过10万亿元[2]。

能源的发展离不开金融的支持。从起源开始，绿色金融就担负着推动能源行业技术水平提高、淘汰落后产能和调整能源结构的使命。在过去四十年，中国能源行业支撑经济快速发展，同时也成为环境污染和碳排放的主要来源。当前在经济新常态的背景下，中国能源行业正在从高速发展阶段步入高质量发展阶段；在国家绿色发展战略和生态文明建设的总体布局下，能源行业也需要加快绿色低碳转型的步伐，这为绿色金融发展创造了更大的市场需求，同时也需要绿色金融突破现有的发展瓶颈，扩大规模，满足能源高质量发展和绿色低碳转型的需要。本文将分析绿色金融发展的不同阶段对能源转型的影响及未来绿色金融推动能源转型需要解决的问题及政策建议。

二、绿色金融的演变和对能源投融资的影响

绿色金融的发展从起源至今分为萌芽、起步、快速发展和全面发展四个阶段。伴随着不同阶段经济发展重心的转变和能源发展需要解决的突出问题，绿色金融在能源发展中所扮演的角色和发挥的作用又有所不同。绿色金融对能源发展的影响是通过增加绿色金融供给（融资）和促进绿色金融需求（投资）来改变能源行业的投资融资方向，从而推动能源产业水平的升级和能源结构的改善。

（一）萌芽阶段（1984—2005 年）：以信贷手段促进环保政策实施和削减落后产能

这时期的绿色金融政策所发挥的作用是通过信贷手段在经济建设中落实环保政策、削减落后产能。信贷政策考虑的并不是节能减排的目标及环境和社会风险，节能减排只是政策实施产生的附属结果，因此基于这种目的的信贷形式并非真正意义的绿色信贷，只能看作是"准绿色信贷"。

1984—2000 年是以信贷手段落实环保政策。1979 年中国开始试行《中华人民共和国环境保护法》（简称《环保法》）。1984 年，国务院发布了《关于环境保护工作的决定》，要求建设项目必须考虑污染防治和生态破坏的措施。第九个五年规划（1996—2000 年）提出转变经济增长方式，以提高经济效益作为经济工作的中心。在此背景下，1995 年中国人民银行出台了《关于贯彻信贷政策与加强环境保护工作有关问题的通知》，要求金融机构对不落实环保措施的项目和不符合产业政策的项目实现禁贷或限贷，同时鼓励对污染防治和综合利用"三废"的项目提供贷款等。

2001—2005 年这一时期利用信贷政策削减落后产能、支持技术改造。"十五"期间（2001—2005 年），党中央提出的科学发展观，其基本思想是经济、资源、环境、人口的全面协调可持续发展。"十五"规划中提出了节能、污染物减排的目标，制定第一个生态建设与环保规划。2004 年，国家发改委联合金融监管机构发布了《关于进一步加强产业政策和信贷政策协调配合控制信贷风险有关问题的通知》，信贷政策是作为配合经济、行政、法律手段来削减落后产能、支持技术改造、控制污染行业的发展。

这一时期的金融政策对重点支持能源行业中的煤炭、火电领域，其对能源投融资的影响体现在以下几个方面：

第一，"准绿色信贷"重点支持能源工业的"上大压小"、技术改造和大气污染治理。在"九五"和"十五"时期，满足经济发展的需要、提高能源生产技术水平和能源利用效率、保护生态环境成为这一时期对能源行业发展的总体要求。金融政策主要是以信贷支持煤炭开采和火电领域的"上大压小"工程，煤矿和电厂的技术改造，燃煤电厂二氧化硫、烟尘、粉尘治理工程，新建大型煤炭基地和大型煤电机组的建设；禁止向小炼油厂、小火电机组、小煤矿、不符合环保要求及资源回收利用要求的项目提供贷款。

第二，加大对能源工业技术改造的政策支持和投入。在此期间，中国实行二氧化硫

排放收费政策（0.63元/公斤）和出台了脱硫电价政策，对运行的燃煤发电企业的燃煤机组脱硫电价加价标准为1.5分/千瓦·时。脱硫电价政策的实施拉动了发电企业安装脱硫设备。

国家增加对能源企业技术改造的投资。在"九五"期间，国家对煤炭企业技改投资50亿元，对矿井、选煤厂和劣质煤电厂等154个重点工程进行技术改造。利用外资和进口设备对煤炭企业技术改造分别为11.4亿美元、4.8亿美元[3]。

第三，"上大压小"信贷政策和脱硫电价政策拉动了煤炭工业投资。在信贷、财政和价格激励政策下，大型煤电机组快速发展，大大加速了煤炭采选工业的投资。在"十五"期间，中国能源投资年平均增长22%，而煤炭采选工业投资年平均增长达到42%。2005年煤炭工业的投资增长高达到68%，成为历史上煤炭采选投资增长最高的年份。煤炭采选工业投资在能源投资占比从2001年的6%上升到2005年的11%。到"十五"期末，煤炭消费占一次能源消费的比重攀升到69%，比世界平均水平高42个百分点。"十五"计划的主要目标中，二氧化硫排放总量控制目标不降反升。

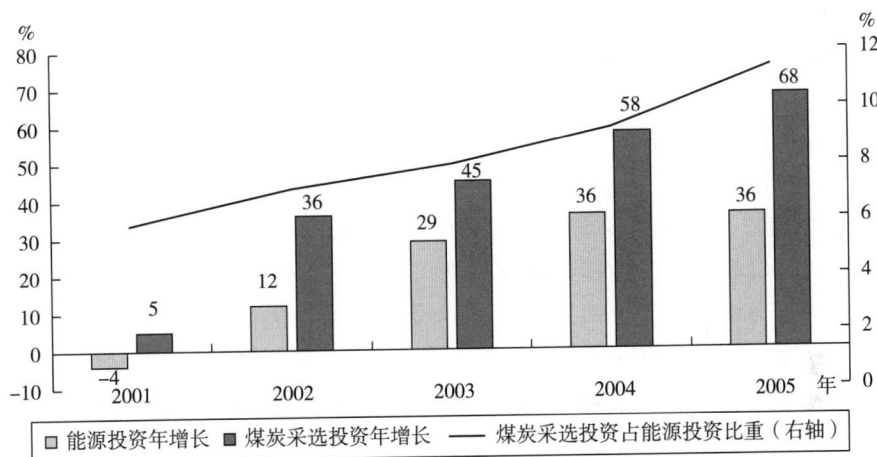

注：因缺少"九五"时期的数据，所以只比较2001年后的数据。

图1　2001—2005年能源投资和煤炭采选投资增长比较

（资料来源：国家统计局）

（二）起步阶段（2006—2010年）：以金融手段调整产业结构、控制污染产业发展

这一阶段是全面落实科学发展观、转变经济增长方式的时期，中国开始建设小康社会，控制高耗能、高污染行业过快增长，加速淘汰落后产能。"十一五"规划将单位GDP能耗下降20%和主要污染物总量减少10%作为约束性的指标，在这期间中国制定及修改出台《循环经济促进法》《节约能源法》，为环境保护对绿色金融的需求奠定了法律基础。

这个时期的金融政策所发挥的主要作用是以金融手段促进产业结构调整、控制污染产业过快发展。金融政策开始考虑如何通过金融手段降低高耗能、高污染引起的各类风险，并关注节能减排目标。针对节能减排的金融政策出现，绿色金融发展从"准绿色信贷"向绿色金融过渡：一是2007年，中国银监会出台了《节能减排授信工作指导意见》，要求银行根据国家产业政策实施"区别对待、有保有压"的信贷政策，控制对高耗能、高污染行业的授信，有重点、有条件的支持节能减排项目和企业；实行项目授信分类管理等。二是发行节能减排企业债券，对重污染行业的企业IPO和上市公司再融资实行环保核查，在污染行业开展环境污染责任险试点。三是加强了绿色金融政策与其他政策的协同，将企业环境信息纳入征信系统，设立了可再生能源专项资金，用于可再生能源贴息贷款，通过财政激励政策支持绿色信贷的发展。

绿色金融实践有了实质性的进展。第一个绿色信贷产品、第一家赤道银行相继出现。2006年，国际金融公司（IFC）与兴业银行合作实施中国节能减排融资项目（CHUEE），推出了中国市场上第一个绿色信贷产品（能效融资产品），创立了损失分担的商业模式。IFC为节能减排相关的贷款提供本金损失分担，同时为项目参与各方提供技术援助。在IFC的协助下，2008年，兴业银行承诺采纳国际绿色金融领域的黄金标准——赤道原则，成为中国第一家采纳赤道原则的金融机构。

2005年《京都议定书》开始正式生效。2009年，中国在《哥本哈根协议》承诺2020年单位国内生产总值二氧化碳排放比2005年降低40%～45%、非化石能源比重达到15%目标。内部需求和外部环境开始推动能源向低碳化、清洁化方向发展，这一时期也是可再生能源，尤其是风电大规模发展的阶段。金融政策对能源行业的支持从煤炭、火电领域扩展到可再生能源领域，绿色金融对能源投融资的影响也随之扩大：

（1）利用信贷、证券手段支持能源结构调整。绿色金融供给政策上采用了以下措施：第一，对煤炭和火电工业信贷政策依然采用"区别对待，有保有压"的原则，重点支持煤炭和电力行业的"上大压小"的建设；第二，火电企业IPO需要通过环保核查；第三，以绿色信贷支持国家节能重点工程、可再生能源项目、二氧化硫治理、节能减排技术研发和产业化示范及推广，对可再生能源和节能项目贷款进行贴息；第四，支持节能企业发行节能债券。

（2）积极的价格和财政政策拉动可再生能源对绿色金融的需求。在绿色金融的需求端，国家采用价格和财政补贴政策支持可再生能源发展。2006年《可再生能源法》出台后，中国逐步建立了可再生能源发展的资金支持和费用分摊机制；随后，国家又分别出台风电分资源区标杆价格政策，标杆电价高出燃煤发电标杆上网电价部分由可再生能源电价附加予以补偿。

中央财政也加大对可再生能源发展规模化和产业化的支持。国家以补助和贷款贴息的方式支持可再生能源的开发利用，例如设立专项资金支持风力发电设备产业化；在实施光伏发电标杆上网电价政策前，国家实施金太阳示范工程，对光伏发电投资给以直接补助，同时通过贴息和补助的方式对光伏发电关键技术产业化和基础能力建设项目给予支持，以此推动国内光伏发电产业技术进步和规模化发展。政府还在可再生能源消费环节采取了补贴措施，鼓励清洁能源的消费。这些政策的实施无疑刺激了可再生能源的投资，增加了可再生能源对绿色金融的需求。

（3）煤炭采选工业投资增速开始下降。绿色金融政策开始发挥明显的作用，煤炭采选工业投资平均增长速度从"十五"期间的42%降到了26%（图2）。然而脱硫电价的激励政策和支持煤炭和电力工业"上大压小"的金融政策虽然改善了煤炭工业和电力工业的投资质量，提高了行业整体的技术水平，但也继续拉动了煤炭的生产和消费，没能从根本上控制煤炭采选工业投资的增长。煤炭投资增长速度仍然保持在20%以上，2010年煤炭采选投资占能源投资比重也从2005年的11%攀升至17%，比2001年增加了将近2倍。

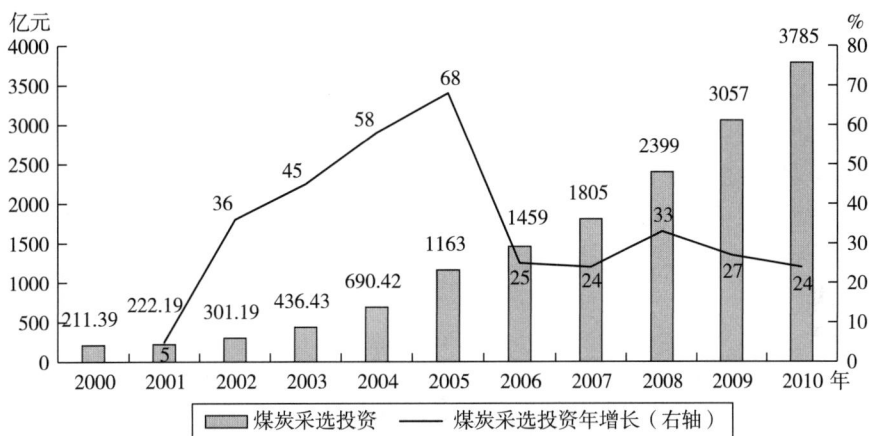

图2　2001—2010年煤炭采选投资和增长趋势

（资料来源：国家统计局）

（4）清洁能源投资增长迅速。生产和消费领域的绿色信贷、财政补贴政策拉动了清洁能源全产业链的投资。"十一五"期间清洁能源投资平均增长速度达到59%，高于同期煤炭投资增长速度33个百分点，尤其是在2006年可再生能源法出台后，清洁能源投资爆发式增长，增长速度高达127%（图3）。到2010年，清洁能源投资已经是2005年的5倍。

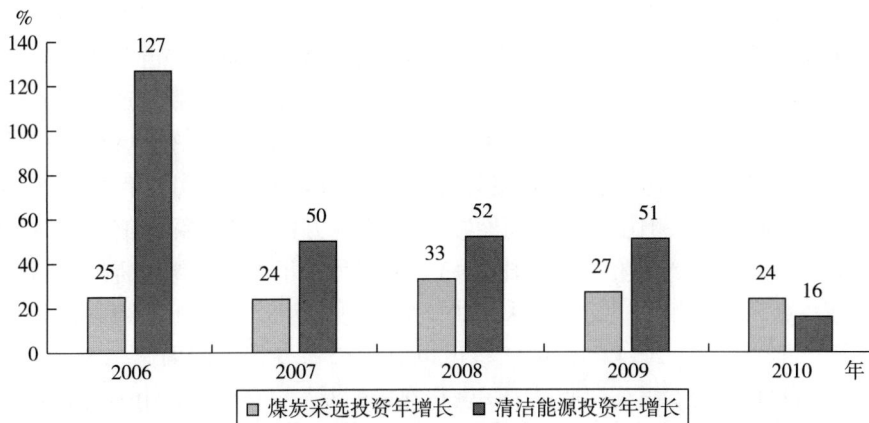

图3　2006—2010年煤炭采选投资和清洁能源投资增长比较

（资料来源：国家统计局、BNEF）

然而，在不断增加的煤炭工业投资下，"十一五"期间，能源的生产和消费总量依然快速增长，主要污染物和温室气体排放总量已经居世界前列。

（三）快速发展阶段（2011—2015年）：初步绿色金融体系、全面支持绿色产业发展

进入"十二五"，经济增长的资源环境约束更为强化，环境污染、气候变化成为现实的问题。"十二五"规划提第一次将应对全球气候变化写入规划，首次将非化石能源占能源消费比重和GDP碳排放强度下降目标、煤电二氧化硫排放系数和氮氧化物排放系数作为规划的约束性指标。党的十八大提出要加快建立生态文明制度，首次将生态文明建设纳入社会主义"五位一体"的总体战略布局，绿色发展上升为国家发展战略。节能减排政策持续推出，国务院先后出台了"大气十条""水十条"，2014年，新《环境保护法》颁布，国家绿色政策不断升级，成为这一时期绿色金融快速发展的动因。

这个时期的绿色金融政策是配合国家产业结构的调整，全面支持绿色、循环经济和低碳发展，抑制高耗能、高排放行业"两高一剩"行业的发展，中国开始初步建立绿色金融政策体系和制度：一是建立绿色信贷体系。2012年，银监会出台了《绿色信贷指引》，随后又出台了绿色信贷统计制度、绿色信贷实施关键评价指标等具体的绿色信贷政策，对商业银行开展绿色信贷提出具体的要求；明确绿色信贷是包括支持节能环保、新能源、新能源汽车等三大战略性新兴产业生产制造端的贷款，以及支持节能环保项目和服务的贷款。此外还将银行业金融机构涉及落后产能、环境、安全等重大风险企业信贷的减少情况作为绿色信贷制度实施的一个评价指标。二是加强资本市场制度建设。2015年，国家发改委和人民银行等分别出台了《绿色债券发行指引》、绿色金融债券公告、《绿色债券支持项目目录（2015年版）》，鼓励通过资本市场为节能环保项目融资。三是开展绿色金融制度的创新，探索排污权交易。国家在2011年批准在深圳、北京、天津、上海、重庆、广东、湖北开展碳排放交易试点。

绿色金融实践全面铺开。绿色金融的实践取得了明显的进展：一是中国21家主要银行发布《银行业绿色信贷共同承诺》，制定了相应的绿色信贷政策和加大对绿色信贷的投入。二是绿色金融支持的范围扩大，绿色金融产品和商业模式也逐渐丰富。银行支持绿色项目的范围从能效项目、新能源项目，扩大到其他环境保护和资源综合利用领域，推出了能效融资、清洁能源融资、环保融资、碳金融产品、排污权抵押贷款等产品。七个试点碳市场启动，涵盖的市场规模为12亿吨 CO_2 的排放，并且都将电力行业纳入管控的范围。三是绿色信贷支持产业结构调整和经济绿色发展的成效突显。2015年银行业金融机构"两高一剩"行业贷款余额比2014年同期减少了0.48万亿元[4]。绿色信贷规模大幅度上升，国内21家主要银行绿色信贷余额比2013年6月增长了44%。绿色贷款余额在各项贷款比例不断提高，2013年末、2014年末、2015年末分别为8.7%、9.3%和9.7%。四是绿色债券实现了零的突破。2014年，中广核风电有限公司发行了国内第一单"碳债券"。2015年，金风科技股份有限公司通过中国银行在境外发行绿色债券，中国农业银行在伦敦发行了美元和人民币的双币种绿色债券，其中55%的募集资金投向清洁能源[5]。

在国家的绿色发展战略下，这一时期能源发展需要解决的主要问题是大气污染治理、降低碳排放。能源发展的基本原则是节能优先、多元清洁发展、保护生态环境。绿

色金融对能源投融资的影响也发生质的变化：

（1）绿色金融政策对能源行业支持重点和方式发生了变化。一是信贷政策对煤炭工业和煤电的支持从"区别对待"转向对煤炭和煤电全行业整体控制；二是对能源行业转型的支持由被动转向主动，从限制污染项目的金融政策向全面支持清洁能源发展转变；三是对能源行业的支持范围从节扩展到全面支持清洁能源的发展和大气污染防治、改善农村清洁用能；四是支持能源投融资的金融工具从绿色信贷扩大到绿色债券、碳排放交易等，针对清洁能源融资的绿色金融产品增多。

（2）不断加大对光伏发电和新能源汽车消费补贴力度刺激清洁能源投资。2011 年，国家实行全国统一太阳能光伏发电标杆上网电价政策。2013 年，国家实行分类光伏发电标杆上网电价、对分布式光伏发电全电量补贴、对自用电量免收各类附加以及系统容量费和相关并网服务费、光伏发电项目运营执行标杆上网电价和 20 年的补贴期限[6]等一系列优惠政策，全面支持光伏发电发展。在此基础上，各省市相继出台地方太阳能光伏补贴政策，国家和地方双重补贴政策无疑刺激了太阳能光伏发电的投资。

国家加大对清洁能源消费补贴力度。2012 年，国家采取财政补贴的方式支持太阳能热水器的推广使用。2013 年、2014 年国家相继出台新能源汽车使用补贴政策。在国家补贴政策出台后，各地也相应出台补贴政策，鼓励新能源汽车消费。到 2017 年，全国共有 37 个省市出台了新能源汽车补贴政策。积极的生产、消费价格和补贴政策全面拉动了清洁能源的投资。

（3）能源行业的投融资方向发生根本性的变化。在融资方面，一是绿色信贷对清洁能源的支持力度加大。国内 21 家主要银行清洁能源贷款余额从 2013 年 6 月的 9970.8 亿元增长到 2015 年 12 月的 1.39 万亿元，平均年增速超过 11%。二是全面控制涉煤行业的融资抑制了煤炭投资增长。在"十二五"期间，煤炭采选工业投资经历了二十多年的增长后，增长速度从 2011 年开始下降，投资额在 2012 年达到峰值，2013 年投资开始出现了负增长（图 4），煤炭采选投资占能源投资的比重也从 2012 的最高点 21% 开始下降，2015 年降至 12%。

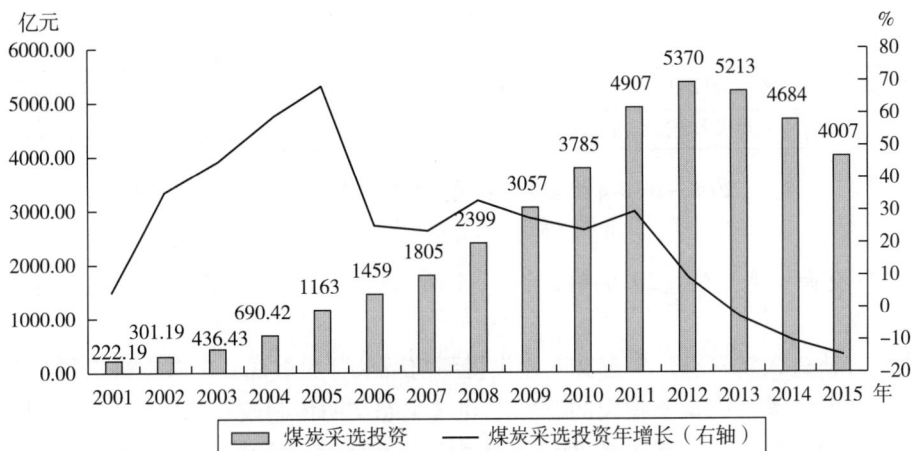

图 4　2001—2015 年煤炭投资和年增长趋势

（资料来源：国家统计局）

清洁能源投资超过了煤炭投资。2014 年清洁能源投资达到 5484 亿元，首次超过了煤炭采选工业的投资（4684 亿元），2015 年清洁能源投资已是煤炭采选投资的 2 倍（图5），在能源投资的比重也超过了煤炭采选工业（图6）。这些变化反映了绿色金融供给政策及国家的财政和价格刺激政策对能源结构调整起到作用。

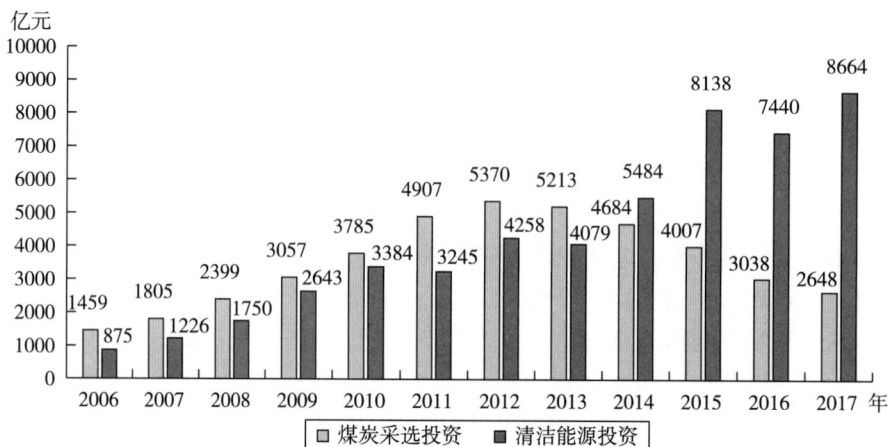

图 5　2006—2015 年煤炭采选投资和清洁能源投资比较
（资料来源：国家统计局、BNEF）

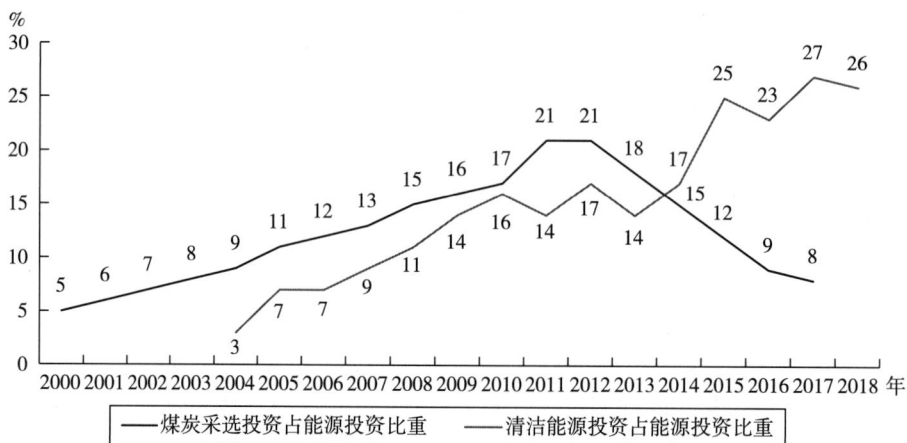

图 6　2000—2018 年煤炭采选和清洁能源投资占能源投资比重比较
（资料来源：国家统计局、BNEF）

（四）全面发展阶段（2016 年至今）：全面构建绿色金融体系，大力支持绿色经济全方位发展

中国经济进入新常态，生态文明建设得到前所未有的重视。中共中央、国务院出台了《关于加快推荐生态文明建设的意见》和《生态文明体制改革总体方案》。"十三五"规划提出绿色发展理念，首次将 PM2.5 作为约束性的考核指标。资源环境指标从 8 项增加到 10 项。中国在《巴黎协定》中承诺 2030 年单位国内生产总值二氧化碳排放比

2005 年下降 60%～65%、非化石能源占一次能源消比重达到 20% 左右、二氧化碳排放 2030 年左右达到峰值并争取尽早达峰。这一时期的经济形势、面临的生态环境的挑战、应对气候变化的压力及政策环境使绿色金融作为生态文明建设的抓手得到前所未有的重视和全面发展。

全面构建绿色金融体系。这个时期的绿色金融政策发展如下：第一，构建绿色金融政策体系。国家 2016 年出台了《关于构建绿色金融体系的指导意见》，提出了发展绿色金融的八大措施；2019 年发布了《绿色产业指导目录（2019 年版）》，确定了绿色金融支持的范围和重点。第二，配合供给侧的改革和节约优先、生态环境保护和治理的重点，绿色金融政策的支持范围全面扩展到绿色生产、绿色消费、构建绿色服务体系和市场体系领域。第三，完善绿色债券政策体系。2017 年《绿色债券评估认证行为指引》推出，证监委出台了支持上市公司发展绿色债券的指导意见，全面推进绿色债券市场的发展。第四，探索绿色金融区域试点。2017 年，国家批准浙江、广东、新疆、贵州、江西五省区开展绿色金融改革创新试验区。第五，启动全国统一碳市场，2017 年，《全国碳排放权交易市场建设方案（发电行业）》出台，对电力行业 1700 多家企业超过 30 亿吨实行碳排放总量控制。第六，建立绿色信贷的考核、约束和激励机制。人民银行将绿色金融纳入宏观审慎评估（MPA），开展绿色银行评价。

绿色金融实践向广度、深度扩展。第一，绿色金融成为中国主要银行的重要业务组成部分。中国 21 家主要银行不断加大对绿色信贷的投入，截至 2019 年 6 月，21 家主要银行绿色信贷余额超过 10 万亿元[7]。地方银行开始加入绿色金融行列，江苏银行和湖州银行宣布采纳赤道原则。第二，绿色债券市场的迅速发展。建立了由金融债、公司债和非金融债多层次的绿色债券市场。中国绿色债券发行规模从 2016 年前几乎为零到 2018 年的 144 只贴标债券，发行额为 2676 亿元人民币，约占同期全球绿色债券发行规模的 18%，位居第二。第三，绿色金融工具和服务产品增多。银行开始探索绿色信贷资产证券化产品。绿色基金数量剧增，2017 年成立的绿色基金达到 209 只，比 2016 年增长 72.72%[8]。试点碳市场不断创新碳金融产品和服务模式，为企业提供碳配额托管、碳债券、碳资产管理、配额和 CCER 质押贷款等碳金融服务。第四，绿色金融改革试验区创新绿色金融政策和服务，探索绿色金融标准。一是探索引导、考核加激励的政策组合，财政设立专项资金用于绿色信贷贴息、绿色贷款风险补偿、绿色担保基金、绿色引导基金等；将绿色信贷业绩考核纳入 MPA。二是拓展绿色金融服务产品和服务模式，推出了排污权抵押贷款模式，探索构建绿色信贷风险补偿及费用补贴机制、绿色资产滚动融资等方法。三是在绿色金融标准上进行先行先试，分别开发了绿色企业和绿色项目认定评价方法、绿色项目认定评价指标体系、绿色银行认证体系等。第五，开展多层次的绿色金融国际合作。2016 年，中国将绿色金融列入 G20 议题；2018 年，共同推动并发布了《"一带一路"绿色投资原则》。国内商业银行加强与国际多边银行的合作，扩大绿色金融服务的规模、创新绿色金融服务模式。2016 年，中国投融资担保股份有限公司（中投保）与亚洲开发银行（亚行）合作建立了绿色融资平台，通过综合利用多种金融工具撬动社会资本为京津冀及周边区域优化能源结构、污染治理提供融资[9]；

华夏银行与世界银行合作共同为京津冀大气污染防治项目提供融资。

这一阶段，中国能源发展进入从总量扩张向提质增效转变的新阶段，节约、清洁、低碳、绿色发展成为能源发展的主旋律，能源生产和消费革命全面展开。在此背景下，绿色金融对能源投融资支持也发生了变化：

（1）全方位支持清洁能源产业化。绿色金融供给政策一方面全面限制了对传统涉煤行业的资金供给，另一方面加大了对清洁能源产业化的金融支持力度。绿色金融对能源转型的支持不仅范围扩大，而且上了一个台阶，支持的重点包括：①提高能源系统运行效率（如智能电网、储能、分布式能源等）；②能源的清洁生产；③新能源汽车产业链，包括新能源汽车制造和产业化、充电和换电等应用设施；④能源利用基础设施绿色升级，如建筑节能、城镇能源基础设施等；⑤能源服务体系包括能源合同管理、用能权交易、碳排放权交易、可再生能源绿证交易等服务。2017年，国家能源局印发了《关于深化能源行业投融资体制改革的实施意见》，提出要激发社会资本参与能源投资的动力和活力，并畅通能源投资项目的融资渠道，能源投融资迎来前所未有的发展机遇。

（2）清洁能源的融资规模扩大、融资渠道扩展。绿色信贷和绿色债券对清洁能源的支持逐步扩大。至2018年底，21家银行绿色信贷余额中，可再生能源和项目占了25%，比2015年上升了5个百分点。中国贴标的绿色债券中，所募集资金28%投向清洁能源[8]。非金融企业绿色债券募集资金投向清洁能源的比例从2016年的10.8%上升到2018年的29%（表1）。2017年成立的基金中，投向投资清洁能源领域的有117只，占了56%。

表1   非绿色金融债投向

年份	有明确募集资金投向的绿色债券发行总额（亿元）	投向清洁能源的绿色债券发行总额（亿元）	投向清洁能源的绿色债券比例（%）
2016	1648.3	178	10.80
2017	943.7	228.4	24.20
2018	739.59	219.9	29

资料来源：兴业研究。

（3）清清洁能源引领能源投资。煤炭工业投资持续下降，出现负增长趋势，占全部能源投资的比重也在继续降低（图7）。

清洁能源投资已经大大超过煤炭采选投资（图8），2017年的清洁能源投资已是煤炭采选投资的3.3倍。在2017年能源投资的比重也提高到27%，稳稳占据能源投资的主导地位（图9）。

虽然2016年清洁能源投资有所下降，但是上升的趋势并没有改变。这主要是2016年能源供给侧改革，国家缩减新的大型项目的建设，将重点转向消化产能库存，加上太阳能光伏组件成本下降等因素使清洁能源投资增速趋于放缓[10]。2017年，光伏发电投资爆发式增长，比2016年增长58%，占了清洁能源投资的65%[11]，使2017年清洁能源投资比2016年增长了24%（图9）。绿色金融政策的实施加大了资金供给、光伏补贴力度的加大，以及能源投融资体制改革利好多重因素拉动了光伏投资的快速增长。

图7　2001—2017年煤炭采选投资趋势和占能源投资比重

（资料来源：国家统计局）

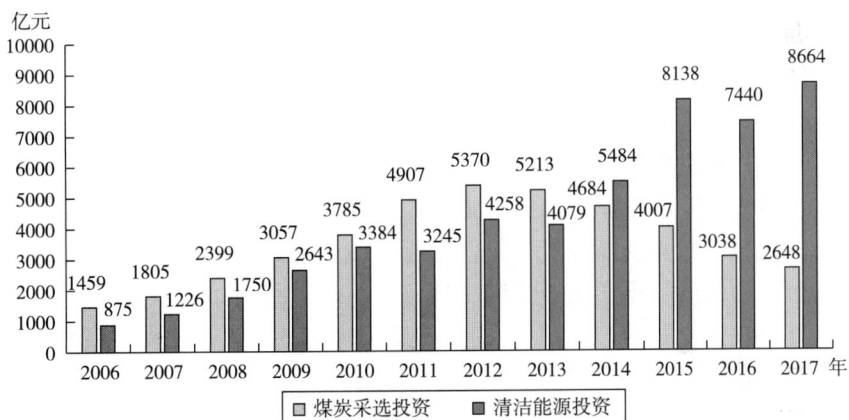

图8　2006—2017年煤炭采选投资和清洁能源投资比较

（资料来源：国家统计局、BNEF）

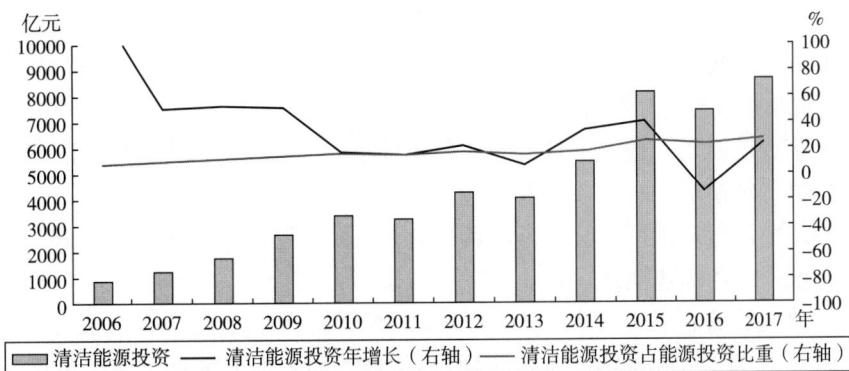

图9　2006—2017年清洁能源投资增长和占能源投资比重

（资料来源：BNEF）

三、结论和展望

（一）明确的绿色发展目标和完善的绿色金融制度是支持能源绿色转型的前提

绿色经济是绿色金融发展的前提。绿色金融对能源绿色转型所发挥的作用和影响程度随着绿色金融政策体系和制度建设的不断完善而增强。在"十二五"之前（2010年之前），经济发展仍然是首要任务，缺乏系统的绿色金融政策指导，没有建立引导金融机构开展绿色金融业务和绿色投资的制度约束，煤炭采选工业的投资增长趋势并没改变，对能源绿色发展的影响作用有限。党的十八大以来，国家开始重视绿色发展，对绿色金融发展进行了顶层设计，建立了绿色信贷和绿色债券政策体系和制度，绿色信贷规模快速增长，绿色债券市场发展突飞猛进，对清洁能源支持的力度随之加大。政府先后制定了上市公司环保审查制度和信息披露要求，出台了环境污染责任保险、生态环境损害赔偿制度相关的政策，在绿色金融政策的激励和约束下，能源的投资也开始向绿色化方向发展。

（二）绿色金融服务于不同时期能源发展的需要

在不同的发展阶段，绿色金融对能源发展支持的重点和所发挥的作用、效果有所不同。从起源阶段开始，绿色金融始终都没有离开对煤炭和煤电工业的支持。然而在不同时期，其支持方式和程度的变化深刻影响着能源投融资的方向。在"十一五"之前，围绕满足经济对能源发展的需要和提高能源工业生产技术水平，绿色金融是以"准绿色信贷"的形式出现，重点支持煤炭、火电工业的"上大压小"和技术改造，降低能源生产和利用所带来的污染问题（主要是解决脱硫、脱硝的问题）。在这一阶段，煤炭工业的投资一直处于快速增长阶段。进入"十一五"时期，国家开始发展可再生能源，绿色金融从"准绿色信贷"向绿色金融过渡，一方面继续支持煤炭和火电的"上大压小"，另一方面开始大力支持可再生能源的发展，清洁能源投资突飞猛进。在"十二五"以后，党的十八大提出生态文明建设的目标、绿色发展战略，能源的低碳绿色发展成为主旋律，绿色金融转向全面支持清洁能源发展和能源工业更高水平的技术改造（超低排放的改造），限制对涉煤行业的支持，煤炭工业的投资增长趋势得到抑制，清洁能源投资开始取代煤炭工业长期以来占据能源投资的主导地位。

（三）能源领域的国际合作提升绿色金融发展水平

中国借鉴赤道原则，建立了自己的绿色信贷制度，使绿色信贷成为我国绿色金融体系中起步最早、规模最大的服务能源转型最主要的绿色金融工具。商业银行在与国际金融机构的合作中，通过执行转贷业务，其社会和环境风险管理水平显著提高。国际合作创新绿色金融产品和商业模式。兴业银行在与国际金融公司（IFC）合作在能效项目中推出了损失分担的商业模式。从2006年至今，该模式已动员了22.9亿美元的投资[12]，每年帮助减少2200多万吨温室气体（GHG）排放。如今地方绿色金融改革试验区借鉴这种模式建立了绿色担保基金和绿色项目风险补偿机制，支持商业风险高的绿色项目融资。通过该项目的合作，兴业银行也成长为中国首家赤道银行。中投保与亚行合作建立创新性的绿色融资平台，综合利用银行增信、债权投资、股权投资、融资租赁等多种金融工具组合支持京津冀及周边区域的大气污染治理，全方位、高效地满足各类受众企业在节能减排方面的融资需求。

（四）未来绿色金融推动能源转型需要解决的关键问题

绿色金融推动中国能源转型需要从投资和融资两侧发力。一方面在绿色金融供给端，需要建立绿色金融发展的激励机制、创新绿色金融产品，为清洁能源发展提供更多的资金来源。另一方面在资金需求端，需要设立绿色投资活动的准入条件和突破清洁能源发展的瓶颈。未来绿色金融向纵深发展，满足能源转型的投融资需求，要解决当前影响绿色金融发展的一些关键性问题。

1. 尽快制定投资活动绿色属性认定标准和绿色评级方法

投资活动绿色属性的认定和绿色评级是绿色投融资标准体系建设的核心内容，它不仅是投资者与金融机构识别和管理环境风险及投资决策的依据，也是绿色金融深化发展的前提条件，更是绿色产业发展的重要保障。

第一，统一现有的绿色金融产业/项目分类标准并与国际标准接轨。目前国家已经出台了《绿色产业指导目录（2019年版）》，在绿色信贷和绿色债券上都有各自的项目分类方法和资金流向的统计标准，国内也存在多重绿色债券标准。例如在能源行业，《绿色产业指导目录（2019年版）》和《绿色债券支持项目目录》包括了煤的清洁利用，并没有包括绿色信贷统计标准。绿色信贷和绿色债券对企业和项目要求的信息披露也执行各自的准则。

国内的绿色金融标准与国际标准也不一样。中国绿色金融对能源行业的支持范围始终没有放弃煤，而以多边银行为主导的国际金融机构并没将煤的清洁利用纳入绿色金融支持的范围。例如亚开行的《绿色债券框架》中所支持的项目只包括可再生能源和能源效率项目（化石能源除外）；不管是使用亚开行贷款或绿色债券募集资金的项目在项目的分类、项目选择标准、环境和社会影响及减缓措施、信息披露上都统一执行亚行的《环境与社会保障政策》。

国内缺少统一的绿色金融项目分类和统计、信息披露标准，会造成资金流向非绿色项目，也影响到未来绿色金融资产之间的流动和交易。而绿色金融标准与国际标准不一致，不仅影响中国金融机构在国际上的竞争力，也会引其国际社会对中国在"一带一路"投资的目的和结果产生质疑。其结果是削弱绿色金融支持中国和"一带一路"国家实现可持续发展目标及《巴黎协定》下的自主减排目标的作用。

建议中国首先要在国内绿色投融资工具中的产业和项目分类方法上进行统一，并参照多边金融机构的项目分类标准建立国内统一的绿色金融产业分类和统计标准。

第二，制定绿色项目属性认定标准和绿色项目评级方法。统一的绿色项目认定方法和绿色评级是绿色资产交易的前提，绿色金融标准需要在现有的绿色产业、绿色信贷、绿色债券支持项目目录下进一步细化，制定具体的识别绿色项目/绿色活动的量化方法和认定标准，引导资金流向绿色效益最大化的项目。需要将项目能否产生额外的减排效益，推动实现可持续发展目标和《巴黎协定》下的减排承诺作为项目绿色属性的认定标准。绿色评级需要考虑环境可持续性和经济可持续性的统一，对投资活动的环境可持续性和经济可持续性指标进行考核，保证环境治理的可持续性。建立统一的绿色项目第三方认证制度和信息披露制度，监管资金的流向，避免绿色金融市场中假借"绿色"寻求融资便利的"漂绿"行为。国家要在地方实践的基础上尽快统一绿色项目认定标准和绿色评级方法。

2. 以市场手段突破清洁能源投资的瓶颈

中国绿色金融对清洁能源的支持倚重国家财政和价格政策，容易受到国家对清洁能源补贴政策变化的影响。在绿色金融供给端，政府建立节能技术改造、可再生能源发展专项资金用于贷款的贴息和补贴，降低金融机构的信贷风险，引导金融机构为清洁能源提供资金供给。2017 年国家财政支持节能环保的支持为297 亿元，其中用于能源方面的资金占了 40. 43%[13]。在资金需求端，政府对清洁能源生产和消费进行补贴（如脱硫电价、可再生能源电价补贴、新能源汽车消费补贴等），使清洁能源通过补贴满足绿色金融最低盈利需求，清洁能源投资趋势的变化很大程度与国家对清洁能源的补贴政策的变化相关。这种方式不仅给政府背上沉重的负担，绿色金融支持清洁能源发展也不可持续。中国可再生能源标杆上网电价政策将逐步退出，最终走向平价上网，政府补贴的红利消失，必须通过市场机制解决清洁能源绿色成本内化、效益外化的矛盾，才能使清洁能源投资和融资方式真正的走向市场化。为此建议：

第一，发展环境权益交易市场，重点推动碳交易市场和碳金融体系建设。碳金融体系是碳排放交易市场构建中不可缺失的部分，也是绿色金融体系的重要组成部分。推进碳金融体系建设首先要将非减排目的碳交易活动纳入金融监管范畴；其次以大湾区碳期货交易所建设作为试点，将碳交易市场中非控排企业的配额和碳信用现货、碳期货作为交易标的，随着期货交易市场的完善，逐步丰富碳金融衍生产品。

第二，探讨建立绿色成本分摊和绿色收益分享机制。合理核算绿色投资中绿色成本和绿色收益，鼓励通过市场机制建立清洁能源供应链投资联盟，通过绿色成本和绿色收益在清洁能源供应链中利益相关方合理分配来达到清洁能源产业链的联动，增强清洁能源产业可持续发展的动力。发展绿色供应链金融，为清洁能源投资联盟企业提供供应链金融产品和融资模式。建立绿色资产交易机制，使绿色投资形成的收益和资产能通过交易实现其价值。

3. 完善绿色金融激励机制

当前绿色金融的激励机制主要针对清洁能源投资端（绿色金融需求端），在电价补贴、财政贴息贷款、税收减免等方面，更多的是直接补贴至相关投资和生产企业，对为清洁能源投资提供资金的金融机构缺乏激励机制。绿色金融对清洁能源的支持需要供给端和需求端的联合互动。要充分发挥财政、价格、税收政策在绿色金融供给的引导和撬动作用。通过财政专项资金建立差别化的绿色贷款贴息机制和绿色信贷风险补偿机制。根据投资活动的绿色程度制定差别化的利率政策，引导资金投向绿色化程度高的项目和企业。对绿色金融供给方面做得好的金融机构给予财政奖励；对金融机构开展绿色金融业务和绿色债券发行人实行税收减免。

4. 加快发展多层次的融资体系和创新绿色金融产品

支持能源转型中国绿色金融主要依赖于绿色信贷，绿色信贷占了绿色金融供给的 95% 以上。绿色信贷和绿色债券是清洁能源融资的主要金融工具，绿色资产证券化、股权投资、碳金融、保险等适用于清洁能源的金融工具虽有发展，但是进展较慢、体量小，难以满足清洁能源的融资和对风险管理的需求。要挖掘清洁能源绿色资产在融资上的作用，推动绿色资产证券化、绿色资产担保债券、绿色收益支持证券的发展。开发符合可再生能源项目和清洁能源企业特点的绿色项目贷、绿色债券、绿色集合债产品，为不同类型、不同规模、不同群体的清洁能源项目和企业提供融资。要借鉴国际金融机构如亚开行、世界银行的有益经验，发挥公共资金撬动私营部门资金的作用，例如利用财政资金和开发性金融资金建立清洁能源投融资担保和风险补偿基金，分担清洁能源投资的风险和保证清洁能源投资的环境结果（对绿色环境效益的担保）。可再生能源的生产经营往往是"看天吃饭"，收益不稳定，要创新绿色保险产品和服务，开发气候变化相关的保险产品如天气指数保险、收益保险、灾害保险服务等。要充分发挥碳市场的金融聚集作用，开发多元化的碳金融产品。现阶段要充分利用碳排放权质押贷款、碳债券、碳租赁、碳资产证券化和碳基金等为清洁能源融资，逐步发展碳金融衍生工具（如碳期货、碳远期、碳期权）为清洁能源提供多元化的投融资产品。

参考文献

［1］G20 绿色金融研究小组. G20 绿色金融综合报告［R］.（2016 – 09 – 06）［2019 – 08 – 11］. http：//www. tanjiaoyi. com/article – 18432 – 1. html.

［2］银保监会. 银保监会国新办新闻发布会答问实录［EB/OL］.（2019 – 07 – 04）［2019 – 08 – 28］. http：//jtc. zhihedongfang. com/？p =3941.

［3］国家能源局，煤炭工业"十五"规划［EB/OL］.（2011 – 08 – 17）［2019 – 08 – 28］. http：//www. nea. gov. cn/2011 – 08/17/c _131055698. htm.

［4］银监会. 严控"两高一剩"行业信贷［EB/OL］.（2016 – 06 – 28）［2019 – 08 – 28］. http：//www. ocn. com. cn/jinrong/201606/juibt28112614. shtml.

［5］马骏，周月秋，殷红. 中国绿色金融发展与案例研究［M］. 北京：中国金融出版社，2016.

［6］国家发改委. 关于发挥价格杠杆作用促进光伏产业健康发展的通知［EB/OL］.（2013 – 08 – 26）［2019 – 08 – 28］. https：//www. ndrc. gov. cn/xxgk/zcfb/tz/201308/t20130830 _963934. html.

［7］银保监会. 银保监会国新办新闻发布会答问实录［EB/OL］.（2019 – 07 – 04）［2019 – 08 – 28］. http：//jtc. zhihedongfang. com/？p =3941.

［8］马中，周月秋，王文. 中国绿色金融发展研究报告（2018）［M］. 北京：中国金融出版社，2018.

［9］翟永平. 亚开行与中国能源的转型发展［J］. 开发性金融研究，2019（1）：3 – 10.

［10］人大重阳金融研究院. 中国绿色金融发展研究报告（2019）［R］. 2019.

［11］彭博社新能源财经. 2016 年中国清洁能源投资［R］. 2017.

［12］彭博社新能源财经. 2017 年中国清洁能源投资［R］. 2018.

［13］Imsia. CHUEE 十年铸绿成金［EB/OL］.（2016 – 11 – 15）［2019 – 08 – 28］. http：// www. imsia. cn/index. php？a = show&c = index&catid = 12&id = 9450&m = content.

区块链技术助力贸易金融业务变革

狄　刚

中国人民银行数字货币研究所副所长

随着贸易金融服务需求的迅速增长，传统的贸易融资方式由于市场信任机制、票据真实性审核、多方数据共享和风险管控等方面面临的问题已无法满足各方需求，而区块链技术由于其特有的数据防篡改、可追溯、统一账本实时共享、多方对等协作等特点为解决贸易融资业务当前面临的痛点问题提供了新的思路。中国人民银行利用近年来在区块链技术上的积累和探索，于2018年6月启动建设了基于区块链技术的贸易金融平台（以下简称贸金平台），旨在促进贸易金融业务创新，服务国家战略发展，并初步取得了良好成效。

一、传统贸易金融面临的困境

随着中国城市化、工业化的快速推进，中国经济迅速崛起，进出口贸易额近年来一直位居世界前列，相关的贸易金融服务需求也在迅速膨胀，贸易融资额缺口不断增大，2020年，我国融资缺口高达2.7万亿美元。尽管贸易融资缺口巨大，但传统的融资方式却使得无论是融资方、资金方，还是金融服务方、公共服务方均陷入进退两难的境地。

1. 中小企业在获得融资方面步履维艰

据国际商会2017年调查结果显示，70%以上的受访银行认为金融机构在满足贸易金融的需求方面存在障碍，57%的中小企业客户申请贸易融资时遭拒。此外，银行为保证贸易融资自偿性，纷纷要求中小企业缴纳保证金，提供抵押、质押、担保等，进一步加大了企业的融资成本，提高了获得融资的门槛。

2. 传统贸易融资的真实性审核问题形势严峻

当前的贸易融资服务依赖于纸质单据，导致一桩普通的货物贸易业务会涉及提单、临时发票、品质证、重量证、原产地证、货物运输保险单、品质和重量证明等纸质单据几十甚至上百张，耗费了银行大量人力物力进行单据真实性审核。此外，在贸易融资生态链涉及众多参与者的情况下，每个参与者只能获得部分的交易、物流和资金流信息，信息割裂进一步增加了业务真实性审核的难度。

3. 银行对贸易融资业务的管理和风险控制捉襟见肘

由于贸易本身涉及的行业面广，交易链条长，结算方式多样，因此，银行对各类贸易融资的业务管理和风险控制写在规章制度上易，落在实际操作环节难。企业容易以相同单据重复融资，或虚构交易背景和物权凭证融资，2012年江浙地区出现的钢贸融资虚假仓单就是银行"风控难"的典型案例。

4. 贸易融资业务中多部门协作问题日益突出

由于传统贸易融资业务涉及企业、银行、物流商、海关、税务、仓储都诸多部门，不同部门之间的业务相对独立，业务定位和管理模式不同，导致业务协调难度大；同时，不同部门均已建设了服务于各自业务的系统，而系统建设的标准不统一、数据格式和接口不统一，进一步导致不同部门之间的信息共享难度大。

5. 提高贸易融资监管能力迫在眉睫

目前，监管部门对于贸易融资业务的开展情况仅有统计类监管数据，统计口径粗、颗粒度大，很难及时获得具体的业务品种和实时发展变化情况；同时，监管部门缺乏对银行贸易融资资金的发放、运用和还款等环节有效的统计监测工具，难以对贸易融资业务的风险状况、合规性进行全盘和实时监控。

二、对区块链技术引领贸易金融范式的思考

利用金融科技手段解决传统贸易金融领域的顽疾已成为业界共识。在众多技术中，区块链技术独有的信息无法篡改、可追溯、统一账本实时共享、多方对等协作等特点与贸易融资业务具有天然的契合，有望破题当前贸易融资领域的诸多困境。

1. 业务数据真实可信化

利用区块链技术的不可篡改特性，将业务数据上链可以有效解决融资业务信息真实性可信问题。一方面是纸质单据的电子化。不仅仅是将纸质信息转换成电子信息，还需要权威部门存储电子信息并对外提供服务，例如，工商管理部门对社会提供的企业注册信息查询服务可以便捷地解决日常生产活动中的信息核实问题。另一方面是电子化信息的可信化，通过区块链技术的数据不可篡改特性，结合数字签名技术可追溯性，可以有效实现电子信息的可信化，解决融资主体之间相互信任和耗费大量人力物力进行票据真实性审核的问题，也便于银行对相关业务进行风险管控。

2. 参与主体对等化

贸易融资业务参与方众多，每个机构或部门都是相对独立的组织，各自履行不同的职能。然而，在将不同的独立机构或者部门联合起来，共同解决行业问题时，"业务主权"问题便逐渐凸显。当跨部门共建信息化系统时，最大的难题在于集中存储的数据由哪个机构或部门管理。而区块链的统一分布式账本技术，天然解决了"业务主权"问题，有效实现了每一个参与主体的身份对等、权力对等、责任对等、利益对等，所有参与主体都拥有全部的数据，并实时同步更新。因此，在基于区块链技术的融资模式下，跨部门合作可以更加方便、快捷，不同参与方加入合作的积极性和动力也更加强烈，有利于各方高效协作。

3. 智能监管多维化

区块链技术可以进一步丰富金融监管的技术手段。通过在区块链平台节点上增加专门的监管模块，将普通节点升级为监管节点，可以有效改变传统金融监管的数据报送流程，采用监管探针植入的方式提高监管部门获取数据的及时有效性。同时，在金融监管

的统计口径、监管数据颗粒度等方面，监管节点可以实现灵活定制、实时获取与快速制表。此外，在区块链应用层增加相应的监管应用可以规范业务规则，实现事前事中监管。因此，通过区块链技术的灵活运用，可以形成多维度、多层次的监管体系，使得监管部门的监管重点也由金融机构的合规和风险层面逐步上升至对系统性风险的识别与监控层面，在促进金融创新的同时有效防范金融风险、维护金融稳定。

4. 隐私保护立体化

隐私保护一直以来是全社会关注的重要内容之一，而金融行业业务系统的隐私保护要求则更加严格。相比于传统单一的隐私保护方式，基于区块链技术的隐私保护机制可以从身份、通信、数据等三个维度切入，满足更强、更高、更严格的保护要求，实现隐私保护的立体化。

从以上分析中可以看出，区块链独有的技术特性对于解决传统贸易融资业务的顽疾具有天然优势。利用区块链技术打造"协作高效、服务可信、监管智能"的贸易金融平台将有效促进贸易融资业务的开展。

三、人民银行在贸易金融区块链平台上的探索与实践

中国人民银行一贯非常重视金融科技的发展和应用，紧跟人工智能、区块链、云计算、大数据等新兴技术的最新进展。早在 2014 年中国人民银行便努力推进区块链技术的相关研究，旨在利用区块链技术提高监管能力、服务实体经济、防范金融风险，并在 2017 年成立数字货币研究所，主动把握金融科技应用与区块链技术发展机遇。多年来，中国人民银行在区块链技术上的积累和探索取得了丰硕成果，无论在专利数量还是实践探索方面，均远远领先于其他国家央行。2018 年 6 月，中国人民银行启动建设基于区块链技术的贸易金融平台，旨在助力传统贸易金融走出当前困境，促进贸易金融创新。

1. 平台定位与建设情况

央行贸金平台定位于为贸易金融提供公共服务的金融基础设施，平台具有中立性、专业性和权威性，旨在促进形成市场信任机制，落实党中央、国务院关于深化"放管服"改革决策部署，为金融机构提供贸易背景真实性保障，降低数据获取门槛，解决中小企业融资难、成本高等难题。平台以深圳湾区为试点，面向全国、辐射全球，由人民银行数字货币研究所和人民银行深圳市中心支行牵头，多家商业银行共同参与建设。作为人民银行贸易金融区块链平台的试点项目，2018 年 9 月，"湾区贸易金融区块链平台"在深圳成功试运行。作为全球范围内为数不多的贸易金融区块链平台之一，该平台成功实现了"供应链应收账款多级融资""跨境融资""国际贸易账款监管""对外支付税务备案表"等业务上链，并拟于近期上链"微票通"业务。经过近一年试运行，贸金平台的运行平稳、成果显著。截至 2019 年 8 月，平台已近 30 家银行 500 余家网点业务上链运行，业务量已超 500 亿元人民币，有效提高了贸易融资效率。

相比于当前其他平台，央行贸金平台还具有一些无法比拟的突出优势。一是实现了线上线下的无缝衔接。在实践中，商业银行负责对企业背景调查和相关资料的真实性审核，确保上链企业的业务资质；各参与方对自身在平台上传相关信息的真实性负责；通

过建立相应的惩罚和退出机制，将企业线上的违规记录纳入相关重点监管企业名单，有效保证了上链信息的真实性和准确性。二是兼备一二级市场。由于平台的初衷为允许各类市场主体通过平台开展多种场景的贸易融资活动，因此，在一级市场业务顺利开展的基础上，平台同时也具备了开展贸易融资的二级市场业务的能力。三是成功实现了境内境外市场的对接。在粤港澳大湾区框架下，平台在建设时便具有良好的跨境贸易基因，在运行初期便吸收了中国香港及澳门地区的大量市场主体加入。可以预见，随着平台业务的逐步扩大，将逐步覆盖"一带一路"沿线国家和地区的市场主体，并积极探索与亚洲及欧洲同类平台的互联互通。四是兼顾了商业和监管的需求，既有效解决了当前贸易融资业务中面临的诸多商业问题，便于市场主体主动地、持续地在平台上开展贸易融资业务，同时也从多维度建设了智能化的监管平台，满足了市场的监管需求，实现了市场主体准入、管理和业务行为的智能管控。

2. 平台技术创新

央行贸金平台从多层面进行了创新性设计。底层平台为自主设计的分层解耦、混合架构，有效应对贸易金融生态业务复杂、需求多变带来的技术挑战。针对金融市场的监管需求，平台设计了适用于贸易金融生态的监管探针植入方法，创造性地解决了技术多样、业务多元、监管多策的治理难题，保证监管由事后，变为事中甚至事前。为了解决身份认证问题，平台创新地提出了自主身份管理方案，统一应用登录入口，兼顾了隐私保护和便利性，并通过融合零知识证明、隐私数据链外存储、敏感信息抽取等技术，构筑了三维立体隐私保护方案。此外，平台还充分吸收了分布式系统优点，设计了新型的通信及存储架构，极大提升了平台的适应性、可用性和可扩展性，并创新实现了面向服务切面的中间件组件，达到了异构系统柔性对接、业务数据透明传输、热点数据快速处理的目标。综合而言，央行贸金平台在建设过程中紧密围绕"信息可穿透""信任可传递""信用可共享"三大目标，旨在充分发挥区块链技术的潜力以实现"包容性对接""可控性共享""对等性互联"三大能力，使平台具有贸易数据交叉验证、数据不可篡改、业务全生命周期管理的特点，充分降低融资成本，促进金融贸易的便利化。

3. 平台应用愿景展望

未来中国人民银行数字货币研究所将继续推动贸金平台的生态建设，以吸引更多的市场主体加入平台中，同时继续完善相关机制建设，让融资方能够获得最便利、便宜的资金，减少审计、合规、运营成本，降低操作风险和交易风险，获得新的业务机会；让资金方用最低的风险获得资产和更便利高效的投融资方式，进而得到更多的投融资机会以及更低的交易风险；让服务方统一数据和业务标准，提供真实贸易背景和可信数据，降低服务的进入门槛，全面促进国际贸易便利化、落实"放管服"要求，激发企业活力，服务实体经济高质量发展。

资本化运营是林业产业长远发展的战略选择

——以伊春市国有林区为例

付剑玫

中国人民银行伊春市中心支行副行长

国有林区是现代林业建设的主体，在创造生态价值和经济价值方面担负着重要使命。作为国有林区资源枯竭城市的典型代表，伊春在全国率先试点国有林区改革和探索林区资源型城市转型，缓解了主导产业经济下滑与城市发展之间的矛盾。但随着转型和改革的逐渐深入，受林区资源性、体制性、结构性叠加影响，金融体系的供给和服务质量无法满足绿色发展的需求，如何通过市场化方式引导国有林区破解经济要素实现资本化运营，对绿色金融赋能林业产业长远发展具有重要的战略意义。

一、绿色金融赋能林业产业发展的基本情况

伊春市金融部门积极调整优化信贷结构，立足市情，大胆创新，不断尝试推进绿色金融的伊春实践，探索在林下经济、生态旅游、森林碳汇、国有林区改革、林业企业建设等方面的发展空间，让绿色金融在伊春绿色化转型发展的道路上大有可为，大有作为，切实发挥金融支持实体经济的作用。创新推出林权抵押贷款业务，累计发放贷款54 笔，金额 2703 万元，实现民有林抵押面积 43784 亩。2013 年，在人民银行的牵头下，伊春第一笔 18 万元的森林经营碳汇交易落锤。2015 年伊春发放首笔以林地使用权为抵押的贷款 200 万元，目前共发放国有林权抵押贷款 4 笔，累计发放 910 万元。2010 年以来，伊春市金融机构共推出创新型金融产品 39 项，"国有林权 + 粮食直补""景点门票收费权质押 + 固定资产"等信贷产品应运而生，2019 年创新型信贷品种余额达 3 亿元。据统计，截至 2019 年末，伊春市金融机构信贷资金中投向绿色矿山、森林食品、生态旅游、木材深加工、现代农业、新型装备制造以及现代服务业各项贷款余额 86.8 亿元，较 2010 年增加 53.7 亿元，增长 162.23%。全市地区生产总值从 2010 年 202.4 亿元增长到 2018 年 274.2 亿元，年均增长率达到 4.43%。产业结构逐步优化，一二三产业分别所占比重由 2010 年的 30.4∶39.1∶30.5 调整到 2018 年的 37.9∶21.6∶40.5，比重大小由 2010 年"二、三、一"传统工业主导逐步调整到 2018 年"三、一、二"旅游及林下经济和现代农业主导态势，其中，第一产业比重提高 7.5 个百分点，第三产业比重上升 10 个百分点，比重结构更趋合理。

二、绿色金融实现市场化配置的主要桎梏

（一）林业资源有偿使用制度不完备。全面放开林业资源的所有权、经营权、处置

权和收益权是实现林业资源市场交易的前提，有利于吸引金融资本自由配置，而国有林区林业资源所有者是国家，所有权和处置权不可转让，导致林业产权主体要素出离于市场，吸引金融资源介入能力不强。虽然在林业经营权、收益权有偿转让方面进行了有益尝试，但受林业企业产权虚置、抵押物有价无市变现难等因素的影响，使用价值（效益）和交换价值（价格）相互割裂导致资源和资本联系脱节。

（二）林业资源风险补偿机制不健全。林业是个充满风险的"露天"产业，具有投入大、生产周期长、不稳定程度大等特点，很容易遭受自然灾害而损失巨大。由于国有林区财税政策等激励措施缺位，森林保险制度缺失、资源资产评估体系和风险补偿机制不健全等，造成国有林权承包经营的难度大于预期，融资风险较大，使林业越来越缺乏内在发展动力、投资吸引力与向心力，制约金融资源的市场化配置，致使林业投入严重不足。

（三）绿色金融定价机制不成熟。虽然基于污染物总量控制的碳排放交易是被国际广泛接受的重要方案，但在金融机构内部如何开展资本核算、运作模式和风险管理缺少明确规定。金融机构综合型人才储备和积累不足，使得金融机构碳金融业务开展内部动力不足，加之金融机构开展国际合作方面经验、人才匮乏，碳汇市场不成熟，不利于绿色金融业务开展，在无法充分控制技术风险、信用风险和法律风险的情况下，金融机构不敢贸然介入林业综合价值核算体系。

（四）林业产业集群化发展尚未形成。虽然全市建立多座经济产业园区，但产业布局分散，区域间相互独立、缺少合力，未形成完整的产业链条，生产粗放，精深加工不足，产品附加值低。同时林业产业发展模式单一，潜力挖掘力度不足，林下经济主要以林禽、林牧和林菌为主，林下经济资源没有充分开发利用。加之信息提供、产品推介、市场开发、技术服务配套组织不到位，产业集群化规模尚未形成，经济承载能力弱，可持续性差，导致金融投入高风险、低收益，投入和收益严重不对等，金融供给主体服务意愿不强。

三、采取资本化运营手段促进林业产业长远发展

（一）建立林业产权资本运营制度。在现有法律支持的基础上，继续深化国有林区林权制度改革，清除市场配置资源的制度障碍。扩大国有林权改革的试点范围，继续推进和深化改革，建立权责利相统一的林业运行机制。对森林资源资产评估审核，坚持国有森林资产为主体地的前提下，通过成立林业资产股份管理公司，规范公司经营管理体系，推动符合条件地国有控股、参股企业上市，通过上市融资、发行债券等资本运营方式，大规模募集民间资本，解决林区接续替代产业发展遇到的资金"瓶颈"问题，促进林业产业快速发展和森林资源保值增值。

（二）完善多元林业风险分担制度。国有林区产业风险分担需要从全局的高度统筹规划，应采取林木资源国家承担、林下资源和其他林业附属资源经营者分担的模式。银保监会应联合林业部门尽快制定林业保险业务管理文件，明确国有林区林业保险的经办条件、条款费率和管理方式。建立财政支持的、多层次的林业风险转移分担机制，扩大

政策性保费投入，增加中央、地方财政对林业发展的保费补贴，建立林业巨灾风险基金，形成以政府为主导，以商业保险为主体的多层次林业保险模式。同时鼓励各类保险机构通过保险与担保相结合的形式，打造银保互动金融服务链条，合力防范林业经营风险。

（三）规范绿色金融价格管理制度。政府要加强碳汇市场监督管理，让市场制度和规则清晰化、标准化，减少不确定性，严格跟踪排放权价格制定、买卖等具体交易，完善市场自我运转功能，增强碳汇市场价格的反馈作用，为碳汇信贷发展提供市场参考。推进碳汇市场证券化交易，设立森林碳汇期货商品，为交易双方提供套期保值交易业务，提高森林碳汇交易商品流动性，最大限度节约交易成本，降低风险损失，提升金融资本的吸引力。金融机构要结合绿色金融产业发展的需要，强化专业人才培养，制定绿色融资办理规范，结合区域碳汇市场引导，提升主动融入林业综合核算价值体系的能力。

（四）探索现代林业企业经营模式。创新利益联结模式，整合盘活存量资源，优先发展壮大生态旅游、林下经济、碳汇经济等初具规模的产业，牢固市场配置金融资源的产业基础，促进林业立体复合式发展。借鉴国际林业公司及资本化运营成功模式和经验，在确保森林资产国有主体地位不变的基础上，以商品林为切入点，以出售、注资和入股等形式，集中人力、财力积极引进具有发展眼光的战略投资者，走发达国家林业产业快速发展和森林可持续经营之路。发挥资本助推作用，探索股份制经营、林业合作社、家庭林场等新型林业经营形式，通过建立产权明晰、科学经营、运营规范的组织体系，推动林业产业标准化、产业化、信息化。

以多元基金模式破解
我国生态保护修复资金困境

王　遥　中央财经大学财经研究院研究员、绿色金融国际研究院院长

王文翰　王文蔚　中央财经大学金融学院博士生

乔　颖　自然资源部国土整治中心

摘要：近年来，生态环境问题日益引起各方面的关注。生态保护修复工作具有很强的专业性，且周期长、成本高、资金需求量大。目前，我国生态保护修复主要依靠政府的财政投入，社会资金介入较少，面临着资金缺口大、资金来源渠道单一，资金期限错配等困境。本文构想了一种包括生态保护修复超级基金、专项基金和投资基金在内的多元基金模式，以破解上述诸多资金困境。借鉴各方面经验，本文详细论述了多元基金的结构、性质以及投融资运作模式，并提出如加强立法、加强标准体系建设、出台激励措施、因地制宜设置基金运作模式等促进多元基金模式有效运转的政策建议。

关键词：生态保护和修复　资金困境　生态保护修复基金

长期以来，受高强度的国土开发建设活动[1]、粗放式的经济发展模式等因素影响，我国部分地区生态系统退化严重、生态环境遭受严重破坏。要想推进我国高质量发展，并实现人与环境和谐共生的局面，必须对生态环境进行积极的保护和修复。党的十八大以来，生态保护修复在政府文件中被多次提及[2]。例如，国务院印发的《"十三五"生态环境保护规划》中提到"贯彻'山水林田湖是一个生命共同体'理念，坚持保护优先、自然恢复为主，推进重点区域和重要生态系统保护与修复"。2020年李克强总理在全国两会《政府工作报告》中明确将"实施重要生态系统保护和修复重大工程，促进生态文明建设"作为2020年的政府工作任务之一。

推动生态保护修复需要大量的资金支持。如何推动资金流向生态修复领域日益成为学界关注的热点问题，如 Alastair Iles（1993）、HopeWhitney（2003）、关礼子（2009）、EmmaLees（2012）等主要围绕美国的超级基金制度进行探讨，并基于此论述了这一模式的优劣与可借鉴意义[3][4][5][6]。孟春阳（2009）、沈绿野（2015）、何嘉男（2016）、周妍（2019）等中国学者结合我国实际，探讨了我国在生态补偿修复方面的资金问题，并提出一些解决思路，尤其是对建立我国的生态修复基金制度提出了政策建议[1][7][8][9]。

一、我国生态保护修复资金体系的现状及所面临的困境

生态环境作为公共产品，其保护和修复具有较大的正外部性。但同时，生态保护修

复工作具有很强的专业性，且周期长、成本高、资金需求量大。当前，政府投资在推动我国生态保护和修复方面发挥了主导作用，助力推动良好投融资环境的形成，为相关市场主体的参与奠定了基础；而一些专门从事生态保护修复业务的企业也持续开展运营，如铁汉生态、蒙草抗旱、棕榈园林等。由于生态保护与修复工作具有自身的特殊属性，当前我国生态保护修复资金体系仍面临资金缺口巨大、来源单一，资金期限错配，金融支持生态产业化不足等问题。

（一）资金缺口巨大、来源单一

我国生态保护修复工作面临着巨大的资金缺口。资金需求方面，目前尚没有针对生态保护修复资金的完全统计，但以其中重要的矿山土地修复为例，据有关测算，矿山的土地复垦每平方米需要投入100～200元，我国目前受破坏的矿区土地约200万公顷，修复所需的资金达上万亿元规模[10]。从资金供给来看，目前生态保护修复资金主要来自中央财政支出，根据不完全统计，近年来生态环境保护修复有关专项资金中央年度投入总量在1000亿元以上，其中用于国土空间生态保护修复的资金不足两成[11]。2020年，中央财政预计在大气、水、土壤等方面污染防治资金分别安排250亿元、317亿元和40亿元。在中央加大财政资金投入的背景下，一些地方政府也加大地方财政支出，是生态保护修复的另一重要资金来源。社会资金来源方面，以绿色信贷、绿色债券和绿色基金为主，但由于资金投入大、收益不确定、风险较高以及受市场因素等影响，信贷和债券支持生态修复领域的资金规模较小，而绿色基金、绿色PPP等主要着眼于支持和推动其他绿色产业发展，在生态保护修复方面投入较少。

显然，从整体上看，生态保护修复投资以政府财政资金为主，社会资金来源的渠道相对有限。政府财政投入则主要来源于中央财政的相关专项资金，由于中央和地方对生态保护修复等工作的事权和财权界定不清[12]，再加上跨区域的生态保护修复难以协调，导致地方财政环保投入责任落实不到位。此外，我国约有70%的贫困县分布在生态脆弱地带[13]，经济水平的限制也使得当地政府在生态环境上的支出十分有限。受全球疫情影响，我国经济增速放缓，中央严控财政支出的背景下，可以预见未来政府的生态保护修复财政支出上升幅度有限。同时，以银行信贷和债券融资为主的社会资本投入短期内难以填补财政资金的缺口以及统筹协调生态修复企业和金融机构的资源，无法打通整个生态产业链的上下游企业，仅仅以工程项目投资为主，缺乏产业化途径和有效的投资回报机制，极大地抑制了社会资本投资的积极性。因此，资金来源单一，且公共资本尚未有效撬动社会资本是目前我国生态保护修复工作亟待解决的问题。

（二）资金期限错配

山水林田湖草生态保护修复项目通常具有周期较长的特点，例如，废弃矿山治理、土地沙化和盐碱化治理、功能退化生态系统修复和整治等项目，均需要五至十年，甚至几十年的治理时间，才能逐步恢复生态系统原有功能。因此，支持生态修复项目需要长线资金的投入。当前，生态保护修复资金的公共资金来源有赖于每年的中央和地方财政预算，受到经济发展情况、财政收入及其他财政支出的各种因素影响，规模大小具有不确定性，资金使用周期短且限制较多。而社会资本主要通过银行贷款、债券投资等模式来进行投资，绿色基金以及股权投资模式运用不足，由于资本追求盈利最大化的本性，往往需要在较短的期限内实现本金和利润的兑现退出。例如，银行贷款周期通常是 1～3 年，债券周期稍长，但也主要以 3～5 年为主。由于生态保护修复项目多数为公益性和准公益性，如何解决其经济效益仍是撬动社会资本的最大难点，股权投资的介入更是十分有限。因此，生态保护修复项目的长周期和资金投资期限短的要求之间构成了一对张力，导致生态保护修复项目面临资金期限错配的问题。

（三）金融支持生态产业化不足

现有的投融资模式主要立足于具体的单个生态修复和保护项目，未能树立产业化的视角以实现生态融资的良性循环。对于政府公共部门，其融资主要依赖政府的财政资金和行政指令，经济效益和利润在一定程度上并非其考虑的主要目标，因此，往往疏于对生态产业的培育和维护；对于社会投资，其融资模式以银行信贷和债券为主，相应的资本周期较短，难以适应生态项目长周期的特征，自然也无法充分培育有自生盈利能力的生态产业。

二、完善生态保护修复资金体系的新构想——多元基金模式

要推动生态保护修复资金体系的可持续运转，下一步的改革方向在于拓宽企业等社会主体参与生态保护修复的渠道，同时要完善投融资模式，综合运用各类金融工具，尤其是要推动生态的产业化，培育有自生盈利能力的生态产业，并在融资的同时引进专业的管理团队，运用市场化机制开展生态保护和修复工作。基金公司作为一类重要的投资机构，通常具有现代化的经营理念、高水平专业化投资团队以及严格的风控体系。建立生态保护修复基金，可利用市场化模式开展长期的股权投资，并充分发挥公共资本的引导作用，积极撬动更多社会资本投入到生态保护修复领域，弥补资金缺口。同时，基金可以整合银行、券商、保险、资产管理等金融资源，覆盖生态项目运营的全周期，实现对上下游企业的全面投资，加快行业整合，推动形成生态产业化和产业生态化，提升生态产业自身的盈利能力，实现生态、社会和经济效益的有机统一。

基于上述分析，本文构想一种包括生态保护修复超级基金、专项基金和投资基金在内的多元基金模式，以期破解目前所面临的困境，形成可持续的生态项目投融资体系。其基本构想包括：

（一）基金组成

根据发起人和性质的差异，多元基金模式的生态项目资金体系包括以下组成部分：

一是生态保护修复超级基金，由中央财政设立的政策性基金，主要投资于"生态效益高、回报低甚至没有回报"的公益性生态保护修复项目。在超级基金之下，还可以进一步设立生态保护修复担保子基金，为准公益性和市场化生态保护修复项目的贷款提供担保。同时，中央财政设立的生态保护修复超级基金可与地方财政合作，设立地方生态保护修复超级子基金，精准支持当地的生态保护修复公益性项目。

二是生态保护修复专项基金，由国家开发银行、中国农业发展银行依照《公司法》分别发起设立，主要投资于"有生态效益、有合理回报、不产生挤出效应"的准公益性生态保护修复项目。

三是生态保护修复投资基金，按照"聚焦生态、政府引导、资管分离、市场运作"原则，采取"引导基金、母基金、子基金"三层架构模式，引导基金通过母、子基金放大政府出资效用，撬动社会资本，市场化运作、专业化管理，用于支持市场化生态保护修复项目、其他适合以市场化手段开展的各类生态保护项目等。

（二）资本来源

多元基金模式下的各类基金有各自的定位，基于其目标和支持方向的不同，应设计差异化的资金来源渠道。

对于生态保护修复超级基金而言，其主要定位于支持经济效益低、纯粹公益性质的生态保护修复项目，在整个多元基金体系下起引导、撬动、增信作用，旨在通过前期各级政府投资和提供担保，为引入社会资本创造良好的投资环境奠定基础。

生态保护修复超级基金的资金来源主要是财政资金，在当前财政"收支"两条线的制度下，生态修复超级基金的设立资本可比照目前各项生态修复专项资金规模，由中央财政给予拨款1000亿元设立，随着环境税收收入的增加，再对该基金进行增资。同时，各省（区、市）根据地方财政情况，积极与超级基金合作设立地方生态保护修复超级子基金。

生态保护修复专项基金主要支持有一定经济效益的准公益性生态保护修复项目，可视为一种政府引导式的基金形式。其资金由政策性银行（国家开发银行和中国农业发展银行）向金融机构发行专项金融债券进行募集，中央财政按照专项债券的90%给予贴息，可根据资金需求量分次发行，总规模可达到万亿元，后续资金可通过资本公积方式陆续注入。

生态保护修复投资基金则是在以上两类基金的基础上专门承担汇集社会资本，对有盈利能力的生态项目开展市场化投资并引入相关团队进行专业化管理。投资基金着力实现资本的盈利需求，实现经济、生态和社会效益的有机统一。生态保护修复投资基金采取"引导基金、母基金和子基金"的三层架构模式，其中，引导基金由各级政府出资，不以盈利为目的，旨在撬动和引导社会资本的投入，可通过财税资金或上述的生态保护修复超级基金与专项基金进行支持。母基金（Fund of Fund，FOF）并不直接投资证券或项目，而是通过投资其他基金实现间接持有相关资产，有助于支持和推动更多子基金的设立。在生态保护修复投资基金体系中，母基金的设立有助于撬动更多的社会资本设立相关的子基金群，根据不同类型生态项目的差异，通过子基金因地制宜地实现定向支持。母基金可由政府出资的引导基金与金融机构共同发起设立，采用市场化运作模式，预计规模可达1000亿元；对于母基金支持引导下的子基金群，则主要通过各种方式吸引社会资本的投资参与，可引入PPP模式，一方面以特许经营权的形式赋予参与基金投资的社会资本对相关生态补偿项目的所有权或项目的经营权，增强社会资本参与投资基金的动力，撬动大量的社会资金参与；另一方面引入富有生态补偿和综合治理管理经验的社会主体，实现"引资+引智"相结合，打造PPP生态补偿修复基金。

（三）基金结构

对于生态保护修复超级基金与专项基金，由于其资金来源相对单一，主要是政府财政投入或政府与金融机构联合出资，因此，不存在优先劣后之别，以平层模式为主，设立非结构化基金（见图1）。

对于生态保护修复投资基金，为保证社会资本获取投资收益以及满足风险防范的需求，可设立为结构化基金，由引导基金或主营生态修复的行业龙头企业出资作为基金的劣后级（有限合伙人，LP），生态保护修复投资母基金出资作为夹层（或中间级）（LP），并负责募集优先级资金（LP），银行等其他对盈利要求较高的机构以及社会资金成为优先级投资人。生态保护修复投资母基金可以和行业龙头企业的控股公司合资成立投资公司作为普通合伙人（GP），也可以双 GP 模式运作。此外，在一定情况下，投资基金也可以采取平层模式，由发起机构共同出资，不存在优先劣后之别（见图1）。

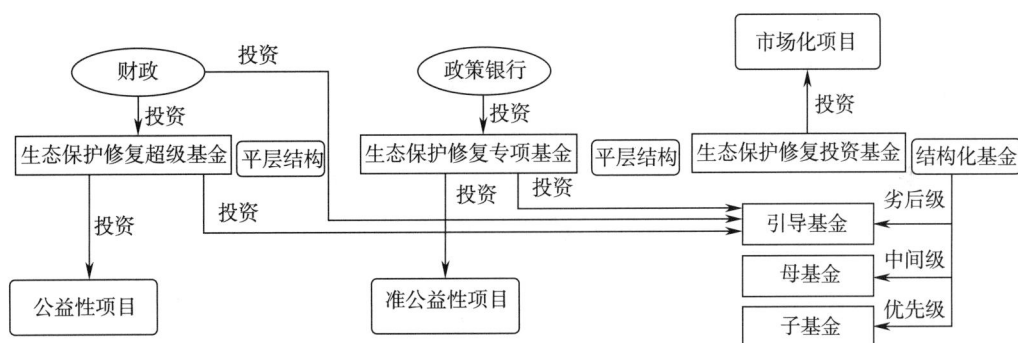

图1　多元基金体系示意

三、多元基金模式对现行资金体系困境的破解

（一）多元基金模式有助于拓宽资金来源，弥补资金缺口

多元基金体系通过对资金的有效搭配，充分调动政府部门和市场主体的积极性，一方面使得政府财政资金更好地发挥引导撬动作用，提升利用效率；另一方面拓宽了市场化资金的来源渠道，丰富了支持生态项目的绿色基金形式。通过结构化基金等有效的组织结构设计，多元基金体系为社会资本提供了稳定的收益预期和有效的风险防范机制，形成了有效的收益让渡机制，对社会资本具有一定的吸引力，引入包括民间资本、养老金、金融机构、国外资本和政府资金在内的多元化投资主体结构。此外，多元基金体系有助于吸引多层次、风险偏好差异化的资金用于支持相关企业，尤其是支持环境领域的科技型初创企业来从事生态环境科技的研发创新，促进生态科技的发展进步。

（二）多元基金模式有助于引入长期投资，有效缓解资金期限错配

多元基金模式改革了传统的以债务为主的生态项目融资体系，推进股权融资，进而引入了长期、可预期的稳定资金（流），缓解期限错配的难题。基金投资可覆盖生态项目"立项、爬坡、建设、成熟、经营"的全周期，综合债权和股权的形式，因地制宜地进行支持。同时，多元基金体系有助于推动传统融资模式的长期化，例如，可以推动商业银行的投贷联动试点，在项目获得基金支持的启动资金形成底层资产后贷款，加长贷款周期；可推动基金所投资产的市场化交易与公司上市，实现股权融资等。在 PPP

模式下，多元基金实现"引资＋引智"的有机结合，有助于引入专业化的管理团队，并能厘清各方职责。

（三）多元基金模式有助于推进生态产业化，培育自身盈利能力

多元基金的设立旨在推动"生态产业化"，其投资覆盖整个生态产业链的上下游企业，既包括具体从事生态项目的实体企业，也包括银行、券商、资产管理等金融机构，丰富融资形式，拉长资金周期。基金的投资标的既包括相应的自然资源，也包括从事相关项目企业的绿色生态产品和生态科技创新产品。此外，还可通过设立生态并购基金的形式推动行业整合，推进集约规模化经营。多元基金的模式相当于提升了生态产业自身的"造血"功能，通过产业化培育其自身的盈利能力，有助于实现整个生态融资体系的良性循环。

四、推动多元化生态修复基金健康发展的政策建议

（一）加强立法，为生态基金有序运作提供制度保障

市场化的资本运作需要法治保障，尤其是对于偏股权性质的基金的运作，更是需要完善的法律法规和制度体系对产权进行有效保护。可借鉴美国超级基金制度的有益经验，完善相关立法，出台类似于美国《超级基金法》的法律法规，对多元基金体系的整体运作进行规范，明确中央政府、地方政府、企业及各利益相关方的环境责任并严格敦促责任的履行，严格保护产权，明晰补偿权利和付费义务等[7]。在此基础上，明确规定多元基金体系的资金来源、管理机构、监督主体、使用范围等一系列内容，增强制度刚性[14]。

（二）加强标准体系建设，引导生态修复基金健康发展

首先要引入国际先进的责任投资标准，指引生态基金的投资行为。要结合我国生态保护和修复的发展现状，因地制宜地设计符合实际的指标体系，基于现有成果，针对生态修复保护项目设定环境、社会和公司治理（ESG）评分标准体系，将 ESG 理念纳入投资决策之中。同时，基于产业链与项目全周期的视角，设计动态的基金绩效评价机制，根据各自特征筛选相应的指标体系。

（三）出台激励措施，拓宽基金融资渠道

生态保护修复专项基金和投资基金，均需要社会资本的积极参与。为此，应设计相关的激励机制，解决相关项目经济效益低的难点。一是探索切实有效的风险分担机制，如由国际机构资金、各级政府财政资金与基金共同设立风险缓释机制，分担投资风险；二是将非盈利性生态保护修复项目与盈利性项目相结合，即在完成生态保护修复项目后，可通过就地开发具有现金流的项目、在异地获得盈利性项目补偿或土地资源"占补平衡"跨区交易等多种形式实现盈利；三是政府主管部门和社会参与主体共同设立特殊目的载体（SPV），以生态修复项目所带来的生态收益，如旅游收入、特色生态产品收入等为抵押，发行相应的股权型或债权型资产支持证券（ABS），面向社会公众发行，所获融资可投向生态保护修复基金，支持基金的运转；四是鼓励参与生态修复投资基金的主体发行结构性债券，以政府补贴的方式实现结构性债券的浮动利率成本与投资生态修复基金的情况挂钩，投资比重越大，浮动发债成本越低；五是可利用社会捐赠或探索

发行环保彩票获得的公益收入[15]，设立生态保护修复公益基金。

（四）因地制宜设置基金运作模式

我国幅员辽阔，东、中、西部处于不同的发展阶段，在经济发展和环境保护的双重约束下具有相对差异化的发展目标与绩效考核指标。因此，在探讨市场化生态修复基金的运作模式时，可根据不同地区状况，设计不同的资金募集模式：东部地区经济发达，市场化程度高，生态环境保护理念普及程度较高，可鼓励更多的 NGO 或公益组织参与，政府则更多提供法律法规和风险方面的保障支持；中西部地区经济发展水平相对滞后，需要政府更多地参与引导，尤其是发挥政府财政资金的撬动引导作用。具体而言，可在全国层面按照上文所述设立统一的多元基金体系，之后再到各地区孵化相应的区域基金，根据各地区的生态和社会经济发展状况制定具体的投融资方案与评价标准体系，形成灵活的投融资模式。

参考文献

［1］周妍，周旭，翟紫含．多元化的生态保护修复资金筹措［J］．中国土地，2019（1）：40－42.

［2］沈国舫．从生态修复的概念说起［N］．浙江日报，2016－04－21（15）．

［3］ALASTAIR I. Financial Liability For The Clean－up of Contaminated Land［J］．Melbourne University Law Review，1993.

［4］WHITNEY H. Cites and Superfund：Encouraging Brownfield Redevelopment［J］．Ecology Law Quarterly，2003，30（1）：59－112.

［5］関礼子，中澤秀雄，丸山康司，等．環境の社会学［M］．東京：有斐閣，2009.

［6］EMMA L. Interpreting the Contaminated Land Regime：Should the 'Polluter' Pay？［J］．Environmental Law Review，2012，14（2）：98－110.

［7］孟春阳．美国超级基金法的实践及其对我国的启示［A］//中国法学会环境资源法学研究会，昆明理工大学．生态文明与环境资源法：2009 年全国环境资源法学研讨会（年会）论文集［C］．2009.

［8］沈绿野，赵春喜．我国环境修复基金来源途径刍议：以美国超级基金制度为视角［J］．西南政法大学学报，2015，17（3）：68－73.

［9］何嘉男．关于完善我国生态修复资金保障制度的思考［A］//中国环境科学学会．第六届重金属污染防治及风险评价研讨会暨重金属污染防治专业委员会 2016 年学术年会论文集［C］．2016：4.

［10］中国证券报．矿山生态修复有望启动万亿投资［EB/OL］．（2012－11－30）．http：//www.cs.com.cn/gppd/sjjj/201211/t20121130_3756294.html.

［11］乔思伟，姜大明，等．健全国土空间生态修复资金投入机制［EB/OL］．（2019－03－12）．http：//www.mnr.gov.cn/dt/ywbb/201903/t20190312_2398301.html.

［12］苏明，刘军民．科学合理划分政府间环境事权与财权［J］．环境经济，2010（7）：16－25.

［13］张硕．我国环境保护财政支出的现状及建议［J］．河北经贸大学学报，2016，37（6）：80－85.

［14］梁增然．我国森林生态补偿制度的不足与完善［J］．中州学刊，2015（3）：60－63.

［15］张锐，肖彬，曹芳萍．中国环保彩票发行的可行性探究［J］．环境科学与管理，2015，40（4）：190－194.

发挥母基金投资关键作用
培育绿色产业集群

姜明明

盛世投资董事长

近年来，我国经济社会高速发展，但环境污染、资源枯竭、气候变暖、自然灾害等诸多严峻的生态环境问题也日渐凸显，引起全社会的关注和重视。同时，部分企业在成长过程中缺乏绿色发展意识，进一步加剧了我国资源和环境的压力。

党的十八大报告中首次提出了中国特色社会主义事业"五位一体"的总体布局，即在经济建设、政治建设、文化建设、社会建设之外，将生态文明建设融入其中。"五位一体"的总体布局表明了国家将生态文明建设提升到了战略高度，并将生态环境保护融入经济社会发展的全局中。习近平总书记明确指出"加快生态文明体制改革，建设美丽中国"，并把"发展绿色金融"作为推进绿色发展的路径之一。绿色金融意在发挥金融对环境治理和产业发展的引导、约束和杠杆作用，鼓励更多资金流向绿色环保产业，撬动更多社会资本开展绿色投资，推进经济发展、社会进步和生态环境保护的协调共生。

本文以盛世投资开展绿色投资实践为例，剖析通过母基金支持绿色产业发展、推动生态文明建设的具体做法和典型案例，为私募股权投资机构开展绿色投资提供实践经验，并提出相关建议，以期更有效地发挥私募股权投资促进绿色科技、绿色产业发展的作用，为区域绿色经济发展贡献力量。

一、构建 ESG 体系，探索绿色投资新模式

2016 年，中国人民银行、财政部等七部委联合印发了《关于构建绿色金融体系的指导意见》，鼓励设立绿色发展基金，支持地方绿色产业发展。2018 年 11 月，中国证券投资基金业协会发布了《绿色投资指引（试行）》，进一步贯彻落实绿色金融发展要求，明确绿色投资内涵，推动基金行业发展绿色投资，改善投资活动的环境绩效，促进绿色、可持续的经济增长。

绿色金融是推动我国生态文明建设、实现绿色发展的重要手段，倡导通过投资实现经济、社会的绿色、长效发展，兼顾环境、社会和公司治理（简称 ESG）的责任投资理念与其不谋而合。盛世投资在充分借鉴海外成熟经验的基础上，结合我国绿色金融发展特点与创投行业发展趋势，在集团层面设立了独立的责任投资委员会，负责 ESG 战略规划与决策，并打造了"内外兼修"的 ESG 体系。一方面，通过建立内部 ESG 行为

指南，将 ESG 因素融入到经营管理和公司治理过程中，防范风险、提升组织效率和活力。另一方面，制定 ESG 投资制度与策略，将 ESG 因素融入基金的募投管退全流程中，对基金和项目进行综合评估并做出投资决策。同时在投后管理中主动管理 ESG 表现，通过行为改善进行 ESG 风险防控。

从功能属性上，国内政府引导基金和财政属性资金天然肩负着履行社会责任，推动可持续发展的使命。作为母基金和政府引导基金管理机构，盛世投资始终坚守价值投资与责任投资理念，以服务实体经济转型升级和创新国家建设为根本，秉承市场化、专业化、产业化之道，实现经济效益、环境效益、社会效益共赢。

与绿色债券、绿色信贷等传统绿色金融产品不同，绿色投资基金更加关注长期收益，具有机制灵活、无需抵押担保、融资成本低等特点，能够更加直接有效地支持绿色产业发展。在充分了解区域产业布局与绿色产业发展特点的基础上，盛世投资逐步探索出了"资本＋产业＋区域优势资源"的新模式，通过"母基金＋子基金"的方式，充分发挥投资机构的专业、产业优势和资本力量，促进区域资源合理配置，重点关注节能环保、新能源、新能源汽车、高端装备制造、新兴信息产业、新材料等相关产业，支持绿色实体产业发展，提升绿色产业对推进资源节约循环利用、生态系统保护的支撑能力，助力建设绿色低碳循环的现代化经济体系。

二、布局绿色产业，推动区域经济可持续发展

截至目前，盛世投资管理了 70 余只财政属性资金，投资了近 300 只基金，基金涵盖环保、新能源、新材料、绿色农业等多个绿色产业领域，覆盖了 4000 多个项目，其中 90% 以上为高科技、高成长、高创新战略性新兴产业项目。在内蒙古通辽，盛世投资还设立了"绿色生态＋产业扶贫"为主题的肉牛产业发展基金、重点产业基金等。

以江苏徐州老工业基地产业发展基金（有限合伙）（以下简称徐州老工业基地基金）和湖南湘江盛世股权投资基金合伙企业（有限合伙）（以下简称湘江盛世基金）为例，盛世投资管理的这两只政府引导基金通过"母基金＋子基金"，充分发挥了政府投资基金的杠杆和放大作用，集中资金和资源，以股权投资支持节能环保、新能源、高端装备制造、新材料等绿色产业领域的项目发展，提升生态环境质量，有效促进区域产业转型升级。

（一）挖掘绿色产业 GP，为绿色经济注入新动力

1. 徐州老工业基地基金背景与简介

早在 2013 年，徐州就被国家列入《全国资源型城市可持续发展规划（2013—2020年）》，提出"牢固树立生态文明理念，加强资源开发规划和管理，严格准入条件，引导资源规模化、集约化开发，提高资源节约和综合利用水平，强化生态保护和环境整治，推进绿色发展、循环发展、低碳发展，实现资源开发与城市发展的良性互动"。作为江苏省唯一肩负国家老工业城市振兴和资源型城市转型双重任务的地区，徐州摒弃了以往只注重经济规模增长的发展模式，坚持生态优先、绿色发展理念，通过促进当地在产业结构、能源资源结构等方面做出调整和优化，助推当地经济和生态环境实现绿色、有序发展。

徐州老工业基地基金于 2016 年 11 月成立，基金规模 20.1 亿元。该基金围绕老工业基地发展特点和优势产业资源，采用"母 + 子"基金架构，按照"政府引导、市场运作"的原则，探索生态优先、产业转型升级的绿色模式，助力资源型城市转型和老工业城市振兴。通过财政资金撬动金融资本、社会资本的投入，以股权方式重点布局了新能源、装备与智能制造、集成电路与 ICT、生物医药与大健康等领域，激发徐州重点产业活力，助力徐州产业提质增效，实现高质量发展。

2. 绿色投资案例——徐州云荷基金投资金利海

作为徐州老工业基金的管理人，盛世投资将 ESG 投资原则融入投资和投后管理中，发挥基金的引导作用将资金和资源汇聚到更多能为社会经济发展持续增加动力、提升产业绿色发展水平的投资机构和被投项目上。

徐州云荷投资合伙企业（有限合伙）（以下简称徐州云荷基金）成立于 2018 年 6 月，是云和资本募集管理的第四只私募股权基金，总规模 2.5 亿元人民币。徐州老工业基地基金于 2019 年对徐州云荷基金进行了投资。徐州云荷基金已投和拟投项目共 8 家，投资行业包括生物质热电联产、污水处理、屋顶太阳能、新能源汽车电池、电池材料、生物柴油和油气行业的柔性加强管道。在徐州云荷基金完成投资、企业满产后，8 家企业预计每年可以完成约 200 万吨二氧化碳的减排，参与每日近 1000 万吨工业污水处理，大大减少油气行业的安全事故以及由此引发的人力、财物损失，为改善人类生活、解决地球生存问题做出显著贡献。

截至目前，徐州云荷基金已对外投资超过 1.2 亿元，成功投资了唐山金利海生物柴油股份有限公司（以下简称金利海）、天壕新能源有限公司、埃索凯生物循环科技有限公司等多个项目。其中，金利海是国内领先的生物柴油制造企业，具有年处理地沟油 20 万吨、生产生物柴油 16 万吨及生物重油 4 万吨的能力。

作为环保型的可再生绿色能源，生物柴油是通过油料废弃物、废弃餐饮油和动物油脂等生物质资源为原料制取的以脂肪酸甲酯为主的新型燃料，也是极有发展前景的化石柴油替代燃料。我国城市垃圾回收利用率还很低，而废油脂作为主要生活垃圾之一，如果处置不当，将会成为严重污染源，造成土层涵养能力下降、水体污染，破坏生态环境。以非粮作物生产的生物柴油，主要原料就是废油脂，不但节能减排效果更为显著，而且有效减少地沟油回流餐桌给人们带来的身体健康危害。

徐州云荷基金投资金利海的资金将用于生产线升级改造，原有 1 万吨产线将改造为 5 万吨生物酶法产线。与传统化学法相比，生物酶法可以有效提升规模、降低生产成本，同时对环境更为友好。改造完成后的生物柴油产能合计将达到 20 万吨/年，能够进一步巩固金利海在行业中的领先地位，预计可减少二氧化碳排放量 514000 吨。此外，云和资本将协助金利海在我国其他废弃油脂产量丰富的地方建立新的产线，布局全国，进一步巩固行业地位。

（二）打造绿色产业集群，抢占绿色发展先机

1. 湘江盛世基金背景与简介

湖南湘江新区是中部地区首个国家级新区。在打造中部崛起和长江经济带新增长极

的大背景下，湘江新区重点发展先进装备制造、智能装备制造、新材料、新一代电子信息、生物医药与健康、新能源与节能环保等产业集群，打造具有国际竞争力的高端制造研发转化基地。2017 年，湘江盛世基金设立，规模 20 亿元。通过母子基金两级放大，有效实现了财政资金的杠杆效应。自设立以来，作为湘江新区政府引导基金的市场化管理机构，盛世投资一直秉承"绿水青山就是金山银山"的发展理念，积极配合湘江新区的产业发展方向，循序布局新能源与节能环保、新材料、高端智能制造等绿色行业。截至目前，湘江盛世基金共投资了 18 只子基金，每个子基金均投资了绿色产业相关的项目。其中，有 10 只子基金重点布局绿色产业，如昆仲元昕基金、中启基金、华业天成基金、湘江启赋基金、合勤基金、湘江元航基金、湘江盈创基金等，累计投资了 76 个绿色产业项目，投资金额近 14 亿元。值得一提的是，中启基金、合勤基金和华业天成基金投资的项目全部属于绿色行业，湘江启赋基金投资的项目中将近一半属于绿色行业，仅此 4 个子基金在绿色金融领域的投资金额就达 7 亿元，投资绿色项目 42 个。

2. 绿色投资案例——中启基金投资长远锂科

湖南中启洞鉴私募股权投资合伙企业（有限合伙）（以下简称中启基金）设立于 2018 年，首期规模 10 亿元，全面布局绿色产业领域，重点投向新能源、新材料、清洁技术等领域。中启基金投资的湖南长远锂科股份有限公司（简称长远锂科）在推动锂电池产业发展和绿色低碳等领域均实现了一定突破。

长远锂科是一家主要从事高效正极材料研发、生产和销售的高新技术企业，主要产品包括三元正极材料及前驱体、钴酸锂正极材料、球镍等，是国内最早从事三元正极材料相关研发、生产的企业之一，也是国内最早具备三元正极材料量产能力的企业之一，已成功进入宁德时代、比亚迪、亿纬锂能、欣旺达等主流锂电池生产企业的供应商体系。据高工产业研究院（GGII）统计，2016—2019 年，长远锂科稳居国内三元正极材料出货量前两名，其中 2016 年、2018 年位列国内三元正极材料出货量第一名。

中启基金于 2018 年投资长远锂科。在湘江盛世基金和中启基金的资金和资源赋能下，长远锂科 2019 年达到 2 万吨/年前驱体、3 万吨/年的正极材料产能，预计 2022 年将达到 2 万吨/年前驱体，11 万吨/年正极材料的产能。2018 年、2019 年，其营业收入和利润总额的复合增长率均达到了 30% 以上，2019 年全年净利润超 2 亿元。与此同时，企业的研发投入占营业收入的 5% 左右，在行业中处于领先水平。

2020 年 4 月，长远锂科车用锂电池正极材料扩产项目在长沙高新区开工，拟建设长远锂科第三个生产基地。项目致力于锂离子动力电池三元材料 NCM 和 NCA 系列产品的研发和生产，主要建设多元正极材料厂房、氧气站、110KV 变电站、检测研发楼等，全部建成后可具备 8 万吨/年动力电池三元材料产能，预计可实现年产值 122 亿元，解决 1200 人就业问题。项目一期建成后产能 4 万吨，达产后预计实现营业收入约 61.5 亿元。

近年来，新能源汽车领域发展迅猛，其对更高续航里程的更高需求，使得市场对三元正极材料的供应需求迅速上升。作为新能源领域的上游优质供应商，长远锂科有效提升动力电池的节能效率和降低供应成本，助推了新能源汽车产业发展。

除长远锂科外，自设立以来，湘江盛世基金还培育起深耕智能城市管理以及占领全场景作业机器人的酷哇中联、新一代云网络架构的解决方案提供商和全球领先的开放式网络交换机设备提供商星融元、智能自动化装备和工业制造数据系统供应商上海先惠自动化技术股份有限公司等绿色产业项目，加速形成绿色产业集群，优化了产业发展环境，进一步吸引更多优质企业落地湖南，形成绿色产业发展的良性循环。

三、私募股权投资基金开展绿色投资面临的困难与建议

自 2016 年建设绿色金融体系的纲领性文件颁布实施以来，我国在绿色金融领域的探索取得了一定的成效，但是相较于海外成熟市场而言仍处于起步阶段，依然面临着法制不健全、投资观念落后、金融产品缺乏创新性、企业缺乏对绿色发展意识的重视以及对绿色技术的创新等方面的问题和困难。

绿色投资基金作为绿色金融的重要组成部分，具有资金利用率高、降低企业融资成本、促进资源有效配置等特点，是私募基金行业支持绿色产业发展，助力生态文明建设，推动经济社会可持续发展的重要手段之一。为了更好地发挥绿色投资基金的推动性作用，针对当下面临的问题，笔者提出以下几方面的建议：

（一）健全绿色金融相关法律体系和标准体系

健全绿色金融法律体系、完善绿色投资标准体系，有助于打造良好的绿色金融发展环境，从投资的各个环节保障绿色金融的有序探索和实践，降低不必要的经营性风险。此外，建立健全的绿色金融法律法规和相关标准，可以明确各参与方的责任与义务，通过设立奖惩机制，鼓励更多社会主体参与进来。

（二）设立绿色政府引导母基金

不同于纯市场化的母基金和直投基金，政府引导基金追求的是经济、社会、环境效益的统一，应鼓励和支持设立秉承绿色投资理念和 ESG 投资的政府引导母基金，引导私募股权投资机构投向绿色领域，并在登记备案、税收优惠等方面予以考虑。

（三）鼓励长期资本支持绿色产业发展

绿色领域的投资往往存在一定产业壁垒，且资金投入大、风险高、周期性长，需要大量长期资本金投入到这些领域。但目前私募股权投资机构募资难度大，因此，呼吁养老金、险资、国有资本等长线投资资金重点参与到绿色经济投资中来，发挥长期资本的引导和杠杆作用，撬动社会资本参与，为绿色产业注入源源不断的发展动力。

（四）加强绿色基金和项目的信息披露和评价体系建设

建议借鉴海外经验，结合我国绿色经济发展现状及特点，进一步完善绿色基金和绿色资产的界定，完善信息披露和评价体系，编制适合中国的绿色指数，全面精准地呈现绿色投资的环境、社会效益。同时，有效的信息披露和评价体系也有助于绿色风险和绿色机遇的识别，有利于为绿色资产的退出打下良好的基础。

其他

数字经济专题

"十四五" 数字经济助力绿色低碳转型

刘文强

国家工信部中国电子信息产业发展研究院副院长

总书记在 2021 年 G20 峰会上讲到，全球经济的数字化转型是大势所趋。党的十九大报告和五中全会都对数字经济做出了一系列部署，尤其是五中全会，对数字的产业化、产业的数字化两个方面的趋势做了一系列的部署。

人类的经济发展和产业演变，从农耕时代到蒸汽时代到电气时代到信息时代，跟农业经济、工业经济、信息经济和数字经济，从时间维度分析判断大致是一致的，因为这个概念没有被严格界定过，所以约定俗成的来界定，第一次工业革命：蒸汽机时代；第二次工业革命：电气化内燃机；第三次工业革命：计算机发明；而现在则被定义为第四次工业革命。

到底怎么界定，是从什么时候开始划分第四次工业革命时期，国际上则众说纷纭，产业革命的定义还存在学术之争，但生产方式的变革已经悄然发生。我们国家生产生活方式已经开始线下与线上融合发展，加上新冠肺炎疫情的影响，从消费端到生产端，生产方式的变革已经悄然发生，新的生产方式，新的技术设施的建设等都在发生重大的变革。

数字经济逻辑是怎样的呢？当下数据正在成为全社会关注的重点，数据生成之后，便有了数字概念。首先是数字经济数字化，数字行业所有的流程，从传感器开始，便产生一系列数据（数字化），数字化之后通过网络（工业互联网、物联网、车联网等）和平台（平台经济、平台支撑）实现网络化，最后通过算法、人工智能加工的方式变成智能化，从数字经济到网络经济到智慧经济，便是数字经济的基本逻辑。

数据已经成为新生产要素。当下信息资源日益成为重要生产要素和社会财富，信息掌握的多寡成为国家软实力和竞争力的重要标志。通过对数据资源的整合分析和深度挖掘，发现规律，创造价值，从而建立起物理世界到数字世界和网络世界的无缝链接。数据已成为除劳动力、资本之外的新的生产要素，广泛渗透到经济社会各领域。互联网已成为经济社会发展的战略性基础设施。以数据产业为代表的信息产业成为 20 世纪 90 年代以来，推动全球经济增长、财富创造和就业增加的主导性产业，是"数字经济"的核心力量。

数字经济现在正在改变什么？从总体上大家可以明显感觉到，消费端线下正在往线上加速演变。从生产端，组织方式正在变革，由原来的产业链条式转变为网络协同式。例如，海尔做了一个平台，全球的客户都可以在这个平台上进行共同探索、产品创新、技术创新、验证。传统的资本、劳动力、土地等要素驱动正在向创新驱动转变。生态要素、数据成为自生长的生产要素。生产方式由原来的标准化、集中化向定制化、分布式的方式转变，生产方式正在发生变革。发展方式，由原来的线性增长向裂变式指数增长转变，尤其是互联网平台极大地提升了交易效益和产品销售速度。

在全球数字经济发展现状和趋势方面，首先，全球数字经济领域仍然存在分歧，内涵界定、新型基础设施投入、数据流通规则不一、数字鸿沟的拉大趋势、数字治理多元化要求等挑战，都有待统一认识。其次，中国和美国是当前数字经济领域的两大巨头，近年来随着信息技术和互联网发展，数字经济在加速发展。另外，如何联合和带动发展中国家和欠发展国家在数字经济领域的共同发展，让数字经济造福多数人，是当前中美等数字经济主要国家的重要使命。

数字经济规模正在迅速发展。从联合国《2019年数字经济报告》和《中国数字经济发展与就业白皮书（2019年）》提供的数据来看，整个全球数字经济规模占全球GDP的4.5%~15.5%。2018年，中国数字经济规模31.3万亿元，占GDP比重为34.8%，增长20.9%，高于同期GDP名义增速11.2个百分点。数字产业化达到6.4万亿元，在GDP中占比达到7.1%。产业数字化规模为24.9万亿元，占GDP比重为27.6%。

全球数字经济继续保持稳健增长，中国数字经济将步入快速成长期。根据联合国《2019年数字经济报告》，数字经济规模占GDP的4.5%~15.5%。2015年至2018年，全球数字设备数量从155亿台增加至200亿台，年均增幅约8%，远高于人口（1.1%）和经济增速（3.5%）。再看国内情况，2018年，中国数字经济高于同期GDP名义增速11.2个百分点；数字经济领域就业岗位为1.91亿个，占当年总就业人数的24.6%，同比增长11.5%。大致估算在5G网络支撑下，我国未来的联网跟各类泛在联网大概会到1000亿台的规模。"数字经济"在各省、自治区、直辖市的政府工作报告中频频出现。国家发展改革委联合工业和信息化部等16个部门，启动"数字化转型伙伴行动（2020）"，加快构建数字化产业链，为培育数字经济新业态提供支撑。从目前来看，电子信息行业已经跃居为中国工业和信息化部主管的装备、消费品、原材料等几大行业中第一大行业的位置，占的比重最高。

2020年，新冠肺炎疫情和"新基建"按下数字经济加速键，全面赋能经济增长。以数字基建为主的基础设施建设，是数字经济发展的底层基石。关于"新基建"国家发改委给了一个定义，新型基础设施建设，包括传统的信息基础设施建设、融合基础设施建设和创新基础设施建设三大类。根据赛迪智库《新基建发展白皮书》2020年3月数据显示，中国未来"新基建"带动间接投资逾十万亿级，成为经济复苏新动力。5G、新能源充电桩、大数据、人工智能、工业互联网成为核心赛道。预计2025年5G基站建设数量约为500万座，直接投资将达2.5万亿元。带动终端、高清视频等行业快速发展，到2025年5G全产业链相关投资累计超5万亿元。在新能源充电桩方面，2020年1

月，公共类充电桩累计53.1万台，年增长15万台；私人安装充电桩年增长30万台；2025年投资规模将达到1000亿元。预计2025年，带动相关投资累计超2700亿元。大数据中心的建设成为当下很多央企的区域布局热点。中国数据中心机架年增速超过30%。预计2022年将新增220万机架，新增投资1.5万亿元。带动云计算、物联网产业发展，2022年带动相关投资超3.5万亿元。人工智能方面，中国AI芯片市场45%的平均增速，预计2025年，人工智能基础设施建设新增投资约2200亿元。带动计算机视觉、语言处理等技术进步，促进智慧医疗、智慧交通、智慧金融等产业快速发展。预计2025年人工智能核心产业规模超过4000亿元。工业互联网也是近几年的热点，2019年工业互联网市场规模6110亿元；13.3%年均复合增速，预计至2025年新增投资超6500亿元。赋能传统工业向智能制造转型，预计2025年带动相关投资超万亿元。人工智能的应用，现在已经成为中美战略冲突的焦点。

数字技术正成为推动能源产业生态链各环节绿色低碳转型的关键。5G、物联网、大数据等数字技术成为生产端到消费端有机融合衔接的关键，能够有效提升各个方面效率。对生产行业和传统的工业制造业，生产系统的智能化改造对节能降耗、绿色发展带来潜在作用，对生产效率的提升和能源效率的提升都发挥了极大的作用。

数字技术正在重构能源行业的管理模式。数字技术在能源革命战略大局中占据重要地位。未来，需要以大数据、云计算、人工智能为技术支撑，将业务、人、知识、物，更好地联接到客户、伙伴、供应商，形成全联接的数字生态，向开放、共享、共赢的能源生态圈发展。首先，促使能源系统智能管理：基于云计算、移动互联网、大数据等先进技术，通过采集各类能耗监测点的用能数据，对能源生产使用实现全面数字化，辅以智能决策优化能源使用。其次，生产系统智能化改造：智能制造在2014—2030年将节省15艾焦（150万亿焦耳）能源，远超德国一次能源需求总量（IEA《能源效率2019》）。在未来大数据、云计算等技术的支撑下，能够有效形成一个泛在链接网络，从而形成全链接数字生态，对整个能源生态圈的发展影响是巨大的。人工智能和云计算正在改变能源系统的运行和控制方式；区块链技术使将来能源的生产交易模式可以做到点对点，为能源生产交易提供相关的支撑；5G技术正在改变能源的生产和传输模式，使微网、数据瞬间传输，为分布式可再生能源的发展提供了很好的支撑；大数据和智能物联网的建设，为能源系统从原来的传统模式向综合体系建设提供了支撑。

数字技术已经成为引领能源产业变革的源动力。移动互联网、大数据、云计算、物联网等数字信息技术得到迅猛发展，能源数字技术成为引领能源产业变革、实现创新驱动发展的源动力。自2014年以来，我国总发电量与装机总量持续保持上升趋势，清洁能源比率逐年递增。在数字技术的赋能下，所有类型的发电设备利用率都在逐年提升。风力发电的效率提升率接近4%，到2018年达到24%的水平；火电设备利用率2018年达到49.8%，初步达到了国家"清洁能源设备利用率进一步提高"的发展要求。

数字经济推动能源消费结构演变。数字经济具备典型的"信息化、智能化、集约化"特征，从能源消费环境及能源消费内容两个方面，推动能源消费结构演变。数字经济推动能源消费趋向清洁化。相较于传统化石能源，数字技术及数字经济能更大幅度地提升核能、太阳能等清洁能源的生产效率，降低设备损耗及安全风险。受数字经济加持，未来能源消费愈将趋于清洁化。数字经济催生能源消费环境的多元化。随着数字经济发展，能源种类，传输与分配方式等基础消费结构因素都发生了重要变革，如智能家居、智慧电网等消费环境多元化发展，这将衍生出各类新型生产性服务业。

但是数据中心快速发展也带来了弊端。数据中心及其能耗快速增长，亟待绿色转型。2015—2019年全球互联网流量已增加了两倍。根据美国环境保护署报告，数据中心的能源消耗每五年翻一番。IEA《能源效率2019》表示，全球数字设备、网络和服务器年耗电已达到8000亿千瓦·时（800TWh），急需提升效率降低对全球能源的影响。数据中心整个运营周期中能耗占比超过50%，降低PUE值（PUE是数据中心消耗的所有能源与IT负载使用的能源之比。PUE是一个比值，基准是2，越接近1表明能效水平越好）一直是数据中心建设与设计需要考虑的关键。2022年，中国新建大型、超大型数据中心的电能使用效率值达到PUE1.4以下。

数字经济正在加速新经济发展模式的形成。第一，数字技术加速信息互联网、能源互联网、物联网"三网"融合，最终将会让我们的商业模式和社会模式发生翻天覆地的变化。第二，信息互联网系统的广泛建立，能源互联网络的初具雏形，加上智能交通物流网络的构建，发展形成一个以数据为基础的三网融合新的技术平台，构成了新工业发展的基础平台。第三，里夫金——第三次工业革命的五大支柱包括可再生能源、分布式能源结构、储能设备、能源互联网、智能交通运输转型。第四，数字技术加速发展、智能制造成为趋势、新能源比重不断提升、储能技术方兴未艾、汽车电动化智能化不断加速。第五，新经济模式的发展远景：每个人既是生产者又是消费者，可更直接地在物联网上生产并相互分享能源和实物，边际成本接近于零。第六，新的生产平台体系，极大促进能源效率突破20%极限的提升。

"十四五"时期，数字经济产业发展展望如下。

第一，高度关注数字经济发展带来系统效率提升以及ICT能耗快速增长问题。持续推动解决数据中心、互联网以及信息基础设施、终端快速增长的能耗问题，努力提升5G基站、数据中心能效。

第二，从智慧能源系统到能源互联网建设。智能电网仅仅是电网管理模式上的革新，根本的出路在于把互联网技术与可再生能源相结合，在能源开采、配送、利用上从石油世纪的集中式变为智能化分散式，将全球的电网变成能源共享网络。持续推动智慧电厂、能源互联网、泛在电力物联网、加强智能电网等智慧能源基础设施建设。

第三，加强数字能源系统核心技术创新。持续深化对人工智能、量子计算、区块链等数字核心技术在能源系统的创新发展方面的研究和跟踪。

第四，高度关注智能交通数字化转型。汽车的电动化、智能化趋势加速，对能源系统的影响十分巨大。新能源动力、互联网以及无人驾驶汽车协调融合将会构成一个新的平台，加速发展互联网协调的无人驾驶汽车的智能交通网络，从而对能源环境产生巨大影响。

未来十年，智能联网设备急剧增长，交流方式和获取信息途径飞速发展，数字化正在改变我们的生产制造、医疗、出行、教育、娱乐等生产生活方式，数字经济也必然将助力全球经济、能源、社会加速转型！

自主创新专注大数据应用
安全可控推动政务数字化转型

中科恒运股份有限公司

摘要：近几年来，许多国家的政府和国际组织都认识到了民政大数据的重要作用，纷纷将开发利用民政大数据作为政府部门提高办公效率、优化管理体系的重要抓手。中科恒运股份有限公司在电子政务大数据应用领域深耕细研，深刻理解政务用户的需求、业务规则、流程以及各类相关技术标准，自主研发的智慧民政综合服务大平台，进一步降低了工作实施过程的建设成本，有效提升为民服务和政务管理公平化、精准化和信息化水平，使民政信息化在核对、救助、扶贫、济困、扶老、救孤、恤病、助残、救灾、党建、督办督查、优抚等方面发挥积极作用。

关键词：大数据　智慧民政　自主创新　安全可控

习近平总书记在中共中央政治局集体学习会议时强调，要运用大数据提升国家治理现代化水平。要建立健全大数据辅助科学决策和社会治理的机制，推进政府管理和社会治理模式创新，实现政府决策科学化、社会治理精准化、公共服务高效化。要以推行电子政务、建设智慧城市等为抓手，以数据集中和共享为途径，推动技术融合、业务融合、数据融合，打通信息壁垒，形成覆盖全国、统筹利用、统一接入的数据共享大平台，构建全国信息资源共享体系，实现跨层级、跨地域、跨系统、跨部门、跨业务的协同管理和服务。

中科恒运股份有限公司（以下简称中科恒运）成立于2010年5月，注册资金5009.42万元，是一家以数据挖掘、数据分析和三维仿真为核心技术，以大数据应用软件、电子政务软件、模拟仿真软件为主导产品的军民融合型高新技术企业，公司总部位于河北省省会石家庄市，在北京、西安、贵阳、郑州、成都、乌鲁木齐等地设有多个分支机构，业务覆盖全国23个省市区、2100多个县市区，并于2016年成功登陆新三板（股票代码836277）。

公司坚持走自主创新、自主研发的道路，重视知识产权保护，承担省部级以上科研项目15项，有33项新产品开发列入河北省工业新产品开发指导计划，获得市级以上科技奖励和创新创业大赛奖励17项，取得授权发明专利11项、实用新型专利2项，已受理发明专利110项，计算机软件著作权240余项。被评为工信部智慧健康养老示范企业，河北知名品牌、河北省"明星企业"、"技术创新示范企业"、"十佳软件企业"、"创新引领型领军企业"、"科技小巨人"企业、"专精特新"中小企业和石家庄市"创新型企业"、"技术创新示范企业"。

公司长期围绕民政、司法、发改、退役军人、党建、督查督办等政务大数据应用深耕，形成了独特的业务理解优势、市场营销优势和技术支撑优势，是国内较早将大数据概念融入民政产品的企业，民政部首选合作伙伴，民政软件全国市场占有率位居前列。2014年在我公司研发的民政部项目"居民家庭经济状况信息核对系统基础平台"，实现了与公安、住房、金融、保险、工商、税务等24个部门信息资源共享互通，目前全国各省市县民政部门正在与该系统实现对接，完成后将形成我国第五个国家基础数据库，市场前景十分广阔。此外，公司大力进行大数据技术开发，研发了民政大数据应用平台、"数据铁笼"大数据综合服务平台、宏观经济大数据分析和挖掘系统、大数据挖掘建模平台、大数据存储及计算平台、深度学习平台以及可视化平台等大数据产品，承建了国家"数据铁笼"大数据试点项目——贵阳"数据铁笼"大数据服务平台，先后中标贵阳市民政局、纪委监察局、外事办、旅发委、司法局、文广局、督查督办局等9个委办单位的系列"数据铁笼"大数据服务平台项目和"数聚高新"一体化基础系统平台，同时还是新疆、甘肃、河北等10多个省厅级"退役军人信息管理"、"智慧民政大数据云服务平台"等政务系统的研发共建单位。2018年公司再次中标承接国家民政部金民工程一期专项社会事务管理业务系统项目，目前部分系统已经率先上线并得到部委领导的高度肯定及赞扬。

公司同时是河北省军民融合型企业、河北省军民融合促进会常务理事单位，并取得了保密、装备承制及科研生产许可等军工相关资质证书。公司抓住国家"将军民融合发展上升为国家战略"的有利契机，紧紧围绕军事仿真这一核心领域，依托在仿真、通信、控制、数据挖掘等技术领域的多年积累，紧贴部队需求，先后为部队机关、军队院校、军工企业等客户提供了200余项优质服务，打造了完全自主可控、跨平台的军事模拟仿真平台，逐渐形成了包含作战指挥、装备训练、综合保障、仿真平台、基础支撑等五个方向的军工产品体系。先后开发了军事模拟仿真平台、实战化战场场景仿真显示系统、VR模拟训练系统、虚拟战场战术训练系统、侦察情报指挥系统等软件、混合现实飞行模拟器、VR战术训练系统、联合军演综合保障系统、兵棋推演作战训练保障一体化系统等系列军工产品，在诸军兵种及相关院校得到了应用，为军工产业的发展做出了积极贡献，受到了省、军领导的高度关注。中科恒运还顺利保障了"中部砺剑——2016确山C"演习指挥系统和"利刃——2017确山"演习指挥系统，在日趋激烈的军工市场展示了创新发展实力。

中科恒运注重标准化和专业化建设，获得了众多荣誉和资质，拥有"国家高新技术企业"、"国家科技型中小企业"、武器科研生产相关资质、CNAS国家实验室认可标志、DILAC国防科技工业实验室认可标志、ITSS信息技术服务运行维护标准符合性证书、CMMI5国际资质和国际质量、环境、职业健康安全、信息技术服务、信息安全管理体系等多项认证。公司大力引入高端人才并持续加大研发投入，设有省级企业技术中心、工程研究中心、技术创新中心、企业重点实验室和院士工作站、博士后科研工作站，与中国科学院院士朱位秋、英国皇家学会工艺院院士、教育部第四批长江学者特聘教授赵正旭等国内高端人才展开团队合作，并积极引进印度优秀软件人才，进一步增强公司在政务软件应用和军工模拟仿真、大数据精细挖掘等领域的核心竞争力，拓宽公司高层次科研技术人才的引进渠道，进一步利用省市各级的人才引智政策，积极引进高端人才，公司现有员工400余名，本科以上学历占比95%，博士及以上13人，多人入选河北省"高层次创新创业人才"、"河北省三三三人才"、河北省科技专家库和"河北省科技英才双百双千推进工程"等人才名录，形成了高、低搭配的合理人才梯队。

公司重视产学研合作，提倡合作共赢。近年来，先后与澳大利亚新南威尔士大学林学民教授、北京航空航天大学、石家庄铁道大学、石家庄陆军指挥学院、陆军航空兵学院、军械工程学院、中国船舶工业716所、中国电子科技集团第53、第54研究所等开展了产学研合作项目。与国家第四批"千人计划"专家、澳大利亚新南威尔士大学林学民教授在大数据应用技术方面开展合作；与北京航空航天大学共同开发高铁SOS智能紧急呼救系统；与石家庄铁道大学合作共建轨道交通数据挖掘研发中心；与石家庄陆军指挥学院合作完成了数据分发服务中间件（DDS），固定资产管理系统；与中国电子科技集团第54研究所合作研发军工项目，承担军事大数据挖掘、WEB通用检索、工作流引擎平台、即时通信、文书报批审批等项目研发。

公司研发的产品多次荣获重要奖项。"智慧民政大数据云服务平台"在2018中国创业创新博览会荣获"2018中国双创好项目"，在中国创新创业大赛全国总决赛中荣获优秀奖，在河北省第四届创新创业大赛暨第五届中国创新创业大赛（河北赛区）中荣获一等奖；"沉浸式飞行训练模拟及大数据评估系统"在第六届中国创新创业大赛（河北赛区）暨河北省第五届创新创业大赛荣获一等奖，在中国虚拟现实创新创业大赛以总排名第8名获全国总决赛三等奖；"一体化基础系统平台"荣获2018中国智慧城市百佳应用产品奖；民政"数据铁笼"大数据云平台项目荣获2017年度河北省"互联网＋"应用创新奖；"恒运无线通信系统"和"居民家庭经济状况核对信息系统"荣获河北省"优秀软件产品"；"4G无线通信教研系统"荣获2017度石家庄市科学技术进步二等奖。

未来，公司将紧紧围绕政务、军工和大数据应用等核心业务领域，全力推进主导产品研发和创新，并立足国际视野，规范提升产品技术和服务标准，提高企业核心竞争力，力争在政务软件、军工软件和大数据软件市场进一步做大做强，成为国内甚至国际上最具市场竞争力的软件服务商。

智慧城市运营模式助力城市绿色发展

常向魁

中睿信数字技术有限公司智慧城市研究院院长

2021 年是中国"十四五"开局之年,"十四五"规划提出,坚持创新在我国现代化建设全局中的核心地位,把科技自立自强作为国家发展的战略支撑,提出"加快数字社会建设步伐""建设智慧城市""探索建设数字孪生城市"等,智慧城市建设成为今后城市发展的重要方向。对于数字化发展,"十四五"发展规划提到要打造数字经济优势,加快数字社会的建设步伐,提高数字政府的建设水平,营造数字生态的良好环境,通过数字产业化来构建数字经济的优势和基础。

一、智慧城市与数字化转型

智慧城市是数字化进程的重要承载。第一,充分发挥海量数据和丰富应用场景优势,促进数字技术与实体经济深度融合,壮大经济发展新引擎。第二,适应数字技术全面融入社会交往和日常生活新趋势,促进公共服务和社会运行方式创新,构筑全民畅享的数字生活。第三,将数字技术广泛应用于政府管理服务,推动政府治理流程再造和模式优化,不断提高决策科学性和服务效率。第四,坚持放管并重,促进发展与规范管理相统一,构建数字规则体系,营造开放、健康、安全的数字生态。

智慧城市运营是关键。运营服务主要是在数据要素、新型基建、政府、社会主体四个方面,保证智慧设施和内容以及社会的可持续发展。第一,设备与技术迭代更新快需要运营维护提供持续发展保障。第二,服务型政府、社会提出新的要求,运营服务才能提供服务效果保障。第三,数据要素市场的培育需要运营服务提供市场增值渠道。第四,新业态、新模式的趋势发展通过运营服务展现政企合作成果。

二、智慧城市运营助力绿色发展

智慧城市运营在内容上主要包括以下几方面:第一,ICT 基础设施运营,主要是在网络通信基础设施、物联网感知基础设施、计算与存储基础设施三方面。第二,数据运营,主要包括原始大数据交易、加工大数据交易、基于大数据的决策方案交易、大数据中间商交易四个方面。第三,信息系统运营。主要是指在日常业务操作流程、应急处理流程、测试流程、应用备份流程、进行信息系统等方面。第四,安全运维。主要包含信息安全管理体系、安全技术服务体系、安全运营服务体系、安全测评和安全评估四方面。

需建设运营模式特点，改变以往"重建设，轻运营"的发展理念；建立"资本支撑、技术融合、服务生态、运营付费"的发展模式，打造有温度、可持续的智慧之城。

建立数据资产运营模型，以大数据运营平台为中心，建立数据监管方，政务数据提供方、社会数据提供方、产业数据提供方，数据开发方、技术支撑方、模型开发方，数据使用方，四个维度建立全方位数据资产运营模型。

形成智慧城市运营效果评价机制。从运营服务合同形成评价依据；针对不同的运营服务类别，确定具体的评价周期；网上采集和线下调查问卷、访谈等方式形成评价数据；多方式分析评价，相互印证形成可靠的评价结果；根据评价结果，调整运营服务内容、方式及配置，形成有效的评价反馈。最终形成由评价依据、评价周期、评价数据、评价结果、评价反馈有机结合的评价体系，作用到由规划设计、投融资、建设实施构成的运营模式前端，保证运营模式的最佳呈现。

三、中睿信"绿色实践"创新

中睿信由中信产业投资基金管理有限公司控股、浙江大华技术股份有限公司参股合资成立。中睿信多年来致力于成为国内领先、国际一流的新型智慧城市综合运营服务商，专注于智慧城市领域的投资＋建设＋运营＋资产盘活，核心业务涵盖城市大脑、基层治理、智慧警务、智慧交通、智慧应急等领域，业务市场覆盖全国。

中睿信的运营模式主要通过资本来进行支持，通过产业、技术进行融合，通过智慧城市大数据运营公司来为政府、产业和民众提供信息交换共享服务，改变了以往的重建设、轻运营的发展理念，以生态的方式来为城市构建整体的大数据运营体系。

中睿信的运营主要包括了行业的运营、社会化的运营，还有基于数据资产的运营。运营模式主要基于把社会化运营向社区、物业、文旅、在线教育、远程治疗、充电等辐射，未来中睿信将不断迭代技术，将数据要素纳入。在智慧城市打造方面，中睿信通过统筹规划、统一建设、统一管理和统一运营"四统"的设计路径，通过本地化、定制化、实战化、专业化"四化"的建设服务能力，为智慧城市提供整体运用服务。让城市从智能化走向智慧化，以科技创新催生"绿色发展"动能。

记录历史的下一代

——孪生地图解决方案

孙 一

中钢生态环境科技有限公司副总经理

中钢生态环境科技和全球知名的提供商一起共同研发的"关于记录历史的下一代孪生地图",将为生态环境检测提供有效帮助。第一代地图是测绘地图;第二代地图是信息记录,即 POI 静态地图;第三代地图则是孪生地图,可以在地图上面承载所有类型的数据,包括社交媒体、IOT(物联网)、地下管网等,都可以在一个地图里进行承载、融合以及实时发布。

第三代孪生地图有六大技术要素:

第一,时空大数据,可融合巨量全景数据。第二,实时动态数据,可实现实时毫秒处理。第三,人工智能,可以实现智能数据、智能地图,揭示数据内部价值及运行规律。第四,毫米级,高精度。第五,支持全场景全业务的数字孪生应用。第六,实时孪生地图搜索,支持全景巨量数据时空搜索。六大要素可有效提供数字孪生底层的场景应用,在生态环境检测、智慧城市、智慧管网、数字孪生、边防等具有丰富的运营经验。

第三代孪生地图的特点是可以融合多类型的空、天、地、海全类型数据,包括卫星遥感、高精地图、倾斜摄影、视频,而且支持 MOTT 物联网相关数据,以及全球的社交媒体。同时具有四个优势特点,一是按照时间和空间管理和处理数据。二是数据处理速度非常快。三是针对多维数据进行并行运算,尤其针对生态环境检测牵扯到的各类型相关数据,可以提供最优解决方案。四是能把包括监管方、数据运营方在内的各类信息孤岛充分打破,以全景色角度管理自己的应用场景等。

第三代孪生地图使用的是新一代高精度 Google Earth,全球最高精度 2.6 毫米高精度地图引擎,是现在适配到北斗卫星进行底层设备管理的引擎,可以从太空看到地面四个硬币。

在数据处理方面,第一代,谷歌的互联网地图,是把全球分成千亿瓦片,每张图里面的数据存储在云盘,这样就可以在手机里面浏览。第二代,就是定制化地图,也是把全球分成千亿瓦片,但是把数据存储在数据库上,能根据地貌进行不同性质的表达。第三代,孪生地图,跳开了过去数据处理屏障,尤其针对超大范围、超多类型的数据处理,在展示效率上是全国领先的。

在实时智能方面,第三代孪生地图实时数据处理,实时生成 2D 和 3D 地图,并对地面 60 多种常见物体进行识别和搜索。目前技术可以把遥感卫星图进行矢量化处理,通过 AI 的方式代替大量的人工消耗，把过去矢量图的处理由数周、数月变成几分钟。

孪生地图社交方面，针对全球各类型的社交媒体数据进行处理，可以将全球任意一个区域的数据进行实时的运算、分析，随时呈现全球任意区域最火图片、视频，最热门的话题讨论，比新闻更实时。这个功能可以应用在生态环境监测上，不同的人可以在不同的地方播报不同的信息，以时空化的方式来表达。

物联网搜索引擎是针对动态的物联网数据进行搜索，还包括时空瓦片的架构，实现精准的商业营销。当有人搜索星巴克，搜索引擎会实时分析每一条和星巴克相关的推文，向特定的用户推送和星巴克有关的热点新闻及相关产品。可以实现基于时空信息的广告营销（200 亿美元市场）、事件策划、商业运作。同时在舆情监控，公共安全层面可以提供领先的顶层时空化数据管理架构。

孪生地图在城市应用层面，据世界银行测算，一个百万人口的数字孪生城市建设，当达到实际应用程度 75% 时，该城市 GDP 在投入不变的条件下，将增加 3.5 倍。从遥感卫星到摄影数据，在单体分析上多规合一，物信融合。例如，房子顶上有了固定的楼号，则可以把这个区域所有的数据跟政府网络平台结合，届时，楼的信息、住户的信息、水电气的信息都可以融合在一个平台里进行展示。并且可以接入小区所有摄像头的数据。应用在生态环境检测中，底板数据整合打通，各类信息都会呼应到对应的地理位置，就可以很好地检测污染问题。

案例：深圳市可视化城市空间数字平台。可视化城市空间数字平台是支撑深圳新型智慧城市暨"数字政府"建设的时空信息基础设施，为全市提供统一的二三维地理空间数据服务，着力打造数字孪生城市"双一流"的"智慧城市操作系统"。伍溢动科技为该项目提供基于自研时空大数据平台和孪生地图的，满足 TB－PB 级数据处理能力的多项核心系统，打造包括世界最大规模的 10TB＋城市空间数据部署和 1 秒内发布的世界最快的 3D 数据发布等多项标杆案例，成为国内最早拥有"全城市"范围的数字孪生应用案例。

数据量爆发

——新一轮"信息革命"

张　敬

北京酷数智能科技有限公司 CEO

现在是一个数据爆发的时代，前谷歌 CEO 埃里克·施密特（Eric Schmidt）曾经讲过，"每两天，我们能产生的信息量相等于从人类文化开始到 2003 年的总量。"由此可见当下每天产生的数据量是非常巨大的，数据储存能耗问题已经成为"2030·2060 碳目标"下值得关注的问题。

"数字资源长期保存"包括两个方面内容，即比特保存与逻辑保存。比特保存主要指在存储载体老化或逐步过时的过程中，或是在经历自然灾害后，人们恢复载体中所存信息的能力，重在解决硬件过时的问题。例如，比特保存需要确保信息在 5 年之后仍然能被读取。比特保存手段主要在于维持载体可读性，因而围绕载体的技术，如备份、更新、载体迁移可视为比特保存的内容。逻辑保存主要指在未来技术和用户群体变化的情况下，长期确保数据可理解性和可用性，重在解决编码、语法甚至部分语义过时的问题。为此，逻辑保存需要维护数据的背景信息，以便确认其真实性和完整性。

数据根据使用频率的高低，可分为"冷"数据和"热"数据。将高频使用的"热"数据存放在高性能、高能耗的磁存储上，将相对低频使用的大量"冷"数据存放在更环保、更经济的蓝光介质中，充分结合光存储与磁存储的相互优势，可以大幅降低数据中心的能耗。

蓝光存储有什么特点？超长寿命，可以把数据永久的保存在介质上，无须介质更换，可以存储 50 年以上，这个保存时间会比磁带、硬盘保存的时间要长很多。可追溯性强，不怕电磁干扰、病毒攻击等。由于蓝光保存时间可以在 50 年以上，相比硬盘 3 ~ 5 年的寿命期和磁盘 6 ~ 8 年寿命期，基本上不需要数据迁移，一次性投入，省时省力，综合用户成本会非常低。同时因为介质和驱动器之间处在一个分离状态，大大降低能耗，低碳环保。

对于"蓝光"来说，之前没有太大的商业价值，因为它介质密度太低，所以造价很高。随着技术的发展，现在的蓝光介质密度已经比七八年前提高为十分之一，而成本降低为十分之一。各行各业都在走数据化道路，其中总是有一些不常用的数据需要长期保存，用常规方法保存冷数据，成本高，可靠性差，蓝光存储可以大幅减少功耗，10 倍提高保存时间，尤其是金融、医疗等行业，有着巨大的用户增长空间。

酷数智能，致力于为大数据存储管理提供最佳解决方案。面向金融、医疗、互联网企业，提供基于蓝光技术的数据管理服务。可以有效解决归档数据转入蓝光应用难的问题，极大降低冷数据长期保持 TCO（即总拥有成本，包括产品采购到后期使用、维护的成本）。酷数智能运用平台把数据进行热/温/冷数据分层、多介质存储管理。利用人工智能的方式，把客户的数据进行标签化处理，根据客户的数据使用规则，将不常用的数据或者已经冷却的数据剥离出来，通过酷数智能管理平台存储到光盘库系统，可以有效减少数据中心数据保存能耗，极大减少碳排放。同时，酷数系统平台完全兼容紫晶、SONY、酷数智能（光盘库系统）、松下全线光盘库产品。能高效实现冷数据归档及检索回迁，并提供大数据智能管理上层应用。酷数智能，致力于以"蓝光"科技降低数据存储能耗，助力新时期碳减排。

健康养老专题

新公益经济助推 "一老一小"
服务社会化与产业发展

耿照轩

中健普惠（北京）养老产业集团有限公司

摘要： 凝聚社会力量，缓解"一老一小"社会保障服务的巨大压力；以积极的、综合的政策措施推进健康"一老一小"系统工程；以"服务指导产业发展，产业反哺于服务"的新公益经济供需服务体系为核心，整合新旧动能推动"一老一小"产业成为新的经济增长点，是我们必须面对和破解的全局性、战略性难题；以"家庭和社区"服务为基础的全生命周期综合服务的新公益经济体系为破解这一难题提供了可资借鉴的理论和实践模式。

关键词： 新公益经济　一老一小　全生命周期　社区综合服务　产融融合

"泱泱大国，璀璨传承"，在全球老龄化社会到来的时候，在"新经济、新动能"的大健康战略基础上我们提倡一种新型的，以"新公益经济发展体系和全生命周期服务为核心"构建坚持以人民为中心、人民需求为基础，中国共产党的领导，各级政府为监督，社会组织与企业参与下市场化运营的公益性与产业化相结合具有普惠的"一老一小"综合服务体系。

人口老龄化背景下的"一老一小"问题是涉及重大民生的政治问题，也是关乎国家可持续发展活力的经济和社会问题。党的十九大报告把"积极应对人口老龄化，构建养老、孝老、敬老政策体系和社会环境，推进医养结合，加快老龄事业和产业发展"列入提高保障和改善民生水平，加强和创新社会治理，实施健康中国战略的重要任务。这标志着保障老年健康、鼓励老年社会参与、拉动老年消费、促进经济发展四大主题，实现保障和改善基本民生、积极应对人口老龄化、成为新的经济增长点三大目标，促进老龄事业和产业发展的新使命。

供给侧结构性改革将政府公共服务资源与社会资本整合，形成更开放、更大规模的养老服务市场，使服务社会化扩展为多领域、多学科、多种资源整合、事业与产业、金融相互融合发展的社会化系统工程，为推动"一老一小"服务由单一化服务向全生命周期综合服务的高质量供需平衡跃升开辟了广阔前景。

一、建立与优化具有中国特色的多元化新公益经济综合发展体系

新公益经济是欧美国家在 20 世纪中后期兴起的一种以经济手段结合社会治理方法解决重大社会问题的混合型经济。而具有中国特色的新公益经济是以兼顾社会目标和商业价值为前提，把公益理念、市场优势和社会化管理融入公共服务，鼓励多元服务主体以商业模式创新和社会创新结成与服务消费者的利益联合体，在共建共享、责任共担、互利共赢中实现服务增值、资本增值和可循环的、可持续的及可扩展的公益服务，形成"公益指导产业发展，产业反哺于公益"的永动机发展体系。

以新公益经济支撑的"一老一小"综合服务模式是有效兼顾社会目标和利益需求的服务模式，是一个系统的、全生命周期、全服务、全产业链运营管理模式，同时也是发展社会福利、改善公共服务的创新模式和新的社会融合模式。在公益政策和公益精神引导下，把养老保障、婴幼儿及青少年保障、老年人社会参与、提升"一老一小"消费、促进产业发展融入全服务、全产业链，整合各服务要素和产业要素，形成以"一老一小"产业发展和"一老一小"消费的集合效应，以及跨越经济与社会、服务与民品制造的巨大市场，开启企业、社区和消费群体融合互动的新经济模式。凭借多元整合机制，把各主体凝聚起来，为提高公共服务质量和效率，满足多元需求，防止垄断和对公众利益的侵害，提供具有灵活性、创新性和透明、易行、便于监督的机制。在公益服务与经济运行框架内，社会组织、专业机构、公益慈善机构和社区自组织，作为连接市场和服务终端的纽带桥梁，与企业、社区、家庭群体深度融合，结成利益相关的服务共同体，在增强社区凝聚力、改善社会治理、促进社会和谐、实现服务与消费升级的同时提升其自我发展能力。

以新公益经济助推"一老一小"综合服务体系，将政府和企业的社会责任、养老服务的公益性与市场性统一起来，在共同价值取向上实现公共服务与市场供给、公益慈善与社会治理、社区与家庭发展多种动能高效整合，是新时代社会化综合服务的新探索，对于促进经济社会协调发展，实现健康老龄化意义深远。

二、凝聚全社会力量，实现"一老一小"服务社会化

党的十九大报告提出全面建成多层次社会保障体系，这是党中央对新时期社会保障体系建设作出的重大部署。在经过多年社区和家庭综合服务产业发展的研究和实践中，我们发现社区不再是一个简单的居住区，它可以是一个"孵化器"、一个"旅游景点"，可以形成"一老一小"综合服务体系的载体，整合传统医疗、养老、婴幼儿教育、社区便民服务、社会福利、慈善事业、商业保险、养老保险基金等社会保障服务，既相互独立又相辅相成，形成无法撬动的巨大产业群。而"产业功能缺失""缺乏完善的社会化服务平台、机制和理论创新""缺乏关键服务技术的突破和核心竞争力""融资需求与金融供给无法有机融合"，则成为了社区发展的公益性、普惠性、产业化可持续发展的瓶颈。

在此基础上，我们提出坚持保基本、强基层、建机制、补短板的基本原则，凭借我

国的政治优势和制度优势，把政府、企业、社会组织、专业机构、公益慈善机构和社区自组织的力量聚合起来，形成优势互补、协调互动的运行机制，以社区和家庭综合服务中心为载体，通过社区综合服务（包括但不限于养老、便民、医养结合、婴幼儿及青少年教育等），围绕"五位一体"和"三位一体"的服务模式，改变被动、单一的服务模式，优化升级现有服务模式，调动社会组织与企业的社会责任，发挥社会组织与企业的主观能动性，推动单一社会服务模式向多元化服务体系发展，构建服务保障公益、产业反哺服务的普惠性服务体系，以公益慈善服务满足"一老一小"基本需求，形成对特殊困难人群的帮扶救助机制，营造以公益服务为核心的社会环境，在城乡社区层面开拓新的服务市场和消费需求，缩短城乡"一老一小"综合服务体系的差距，把养老服务、老年人力资源开发与优生优育、青少年教育、优秀家文化传承紧密结合，促进家庭发展。帮助老年人群更多融入社会，参与终身学习和再就业，赢得更多获得感、幸福感和社会价值感。

三、以服务为核心，构建产融融合的产业发展模式

"新经济"的背景下，坚持以人民的需求为核心，构建新公益经济的产融融合的产业发展模式，是以"服务指导产业发展，产业反哺于服务"的新公益经济供需服务体系为核心，促进"一老一小"的相关服务产业发展，并建立有效的闭环产业链，并以供需服务体系为基础建立完善的供需评估体系，直接将服务延伸到家庭和城乡社区。完全打破原有的政府补贴式服务体系，在市场经济的环境下鼓励全社会参与的一种多元化社会服务，建立完善的普惠性"一老一小"全生命周期综合供需服务的产融融合的发展体系。

首先，在社区与家庭层面开拓新的服务市场和消费需求，构建整合型服务和跨行业经营的新经济模式，不断满足基本服务需求和多元化、个性化需求，引领新的健康理念和消费理念，培育发展经济新常态下新的经济增长点。

其次，以"一老一小"服务体系为支柱产业，建立新型的"基金 + 多产业"融合发展的模式，直接降低各省市"一老一小"服务和产业发展的资金弊端，在将资金注入的同时将产业运营和管理模式导入，做到了"服务与产业"相融合的"EPC + F"模式，农业、制造业、科技、互联网、金融等行业辅助发展的"一业带百业"发展体系。

最后，政府在规划布局、协调社会资源、健全法规、规范市场、政策支持和投入引导、服务监管、确保基本健康养老保障投入和服务供给、推动专业人才培育和专业化服务运行与市场机制融合等方面发挥主导作用，同时降低市场准入门槛和制度运行成本，减少对"一老一小"公益经济模式运行的干预，营造公平竞争的市场环境，强化服务品质评估与市场监管，调动好、保护好各类服务主体的积极性。强化养老服务的专业性、安全性、可靠性和规范性，坚持服务标准，保证服务质量，不断提升专业水平、服务整合能力、创新能力和低耗能高效率管理能力。建立完善以服务品质和信誉为前提的准入退出机制，真正做到健康绿色可持续发展的普惠性"一老一小"综合服务社会化的产业发展体系。

绿色企业融媒体展示专栏

动向国际科技股份有限公司

中健普惠（北京）养老产业集团有限公司

佳木斯明瑞农业机械制造有限公司

佛山市三水雄鹰铝表面技术创新中心有限公司

青岛卓唯绿色铸造技术有限公司

上海泓宝绿色水产股份有限公司

内蒙古毛乌素生物质热电有限公司

武汉光谷蓝焰新能源股份有限公司

巩义市良慧环保设备贸易有限公司

武汉东川自来水科技开发有限公司

陕西省延安市应急产业协会

内蒙古聚点环保餐具有限公司

北京中科江枫科技有限公司

洛阳新雨环保科技有限公司

龙基电力有限公司

十叶草（天津）科技发展有限公司

北京融绿建筑节能科技有限公司

神农百翔（北京）生物科技有限公司

北京靓臣初新再生资源回收有限公司

云南卓印科技有限公司

武汉鼎业环保工程技术有限公司

枫采（北京）电子商务有限公司

哈尔滨帽儿山天马旅游景区管理有限公司

河南成立粮油机械有限公司

宁波光年太阳能科技开发有限公司

中林万达国际生态科技股份有限公司

河南顺天生物科技有限公司

北京优利康达科技股份有限公司

北京瑞特爱能源科技股份有限公司

江苏保力装配式住宅工业有限公司

上海勤义节能科技有限公司

广东沃德隆生物科技有限公司

锦州阳光能源有限公司

新乡市宏瑞防弹玻璃股份有限公司

北京誉铧生物科技有限公司